Erinnerungen im Konflikt

Annett Schulze

Erinnerungen im Konflikt

Nation-Building-Prozesse im Post-Apartheid-Südafrika

Springer VS

Annett Schulze
Berlin, Deutschland

Zugl. Dissertation an der Humboldt-Universität zu Berlin, 2012

ISBN 978-3-658-01552-7 ISBN 978-3-658-01553-4 (eBook)
DOI 10.1007/978-3-658-01553-4

Die Deutsche Nationalbibliothek verzeichnet diese Publikation in der Deutschen Nationalbibliografie; detaillierte bibliografische Daten sind im Internet über http://dnb.d-nb.de abrufbar.

Springer VS

Gedruckt auf säurefreiem und chlorfrei gebleichtem Papier

Springer VS ist eine Marke von Springer DE. Springer DE ist Teil der Fachverlagsgruppe Springer Science+Business Media.
www.springer-vs.de

Für Thorsten, der sich nicht entmutigen lässt.

Für Traudel, an die meine Erinnerung nicht verblasst.

Für Gerald, dem Versöhnung unmöglich scheint.

Bemerkenswertes

Dieses Buch ist selbst eine Erinnerung: an eine Zeit voller Herausforderungen. Ohne die Unterstützung bemerkenswerter Menschen und Einrichtungen wäre diese Forschung für mich nicht realisierbar gewesen. An erster Stelle gilt mein Dank Thorsten Schäfer, dessen Ermutigungen immer glaubwürdig waren und der selbst nie an mir und meinen Fragen (ver-)zweifelte. Ich danke Annemarie, Hartmut und Steffen Schulze für ihre beständigen Ermutigungen. Die Klugheit und Freundschaft Katja Grotes ermöglichte, Leidenschaft und Leid zu teilen. Das Vertrauen Ingo Woelkes und sein Humor machten Ängste erträglicher.

Das Stipendium der Hans-Böckler-Stiftung half sehr, mein Forschungsvorhaben zu verwirklichen. Den Titel verdanke ich auch den Menschen, die sich dort täglich engagieren. Ohne die Arbeiten von Prof. Dr. Ulrike Auga und Prof. Dr. Christina von Braun wären mir viele Zugänge verschlossen geblieben. Ich danke beiden ganz herzlich für ihre Offenheit, ihre Neugier und ihr Wissen, die sie mir auch im Graduiertenkolleg „Geschlecht als Wissenskategorie“ an der Humboldt-Universität zu Berlin zukommen ließen. Eine der engagierten Lehrkräfte, Prof. Dr. Beate Binder, stützte mich ebenfalls mehrfach: durch ihre scharfsinnigen Bemerkungen, ihr Angebot, mit mir ein Seminar zu geben und die Empfehlung an das Labor „Theorie und Praxis von Museen und Ausstellungen“. Dort traf ich auf Menschen, die mein Interesse in Bezug auf Medien und Museen teilten und die mir die Chance gaben, den Sammelband *Museum*^{x} mitherauszugeben: Ich danke Fred von Bose, Kerstin Poehls und Franka Schneider. Margot Häusler und Prof. Dr. Ulrike Kistner waren mir in Südafrika Vorbild ganz unterschiedlicher Couleur. Beiden ist gemein, dass sie trotz kräftezehrender Anforderungen weiterhin gegen Armut kämpfen. Rosi Häusler zeigte mir, dass Leben Genuss und Auseinandersetzung ist. Sie ermöglichte Momente des Glücks.

Viele der Angestellten an den Erinnerungsorten waren bereit, mir einen Einblick in ihren Lebensalltag nach der Apartheid zu gewähren. Dafür danke ich ihnen. Ich will mit meiner Studie Auseinandersetzungen über Sichtweisen, Deutungen und Zuschreibungen anregen. Begeben Sie sich mit mir auf die Suche nach Streitbarem, nach Widersprüchen und nach Ent-/Täuschung. Lassen Sie uns denkbare Perspektiven entwickeln, die Veränderungen ermöglichen. Suchen wir nach dem, was gewusst wird, aber nicht überall und immer sagbar ist: Sprechen wir die Kritik aus, die die Sicherheit bedroht und Freiheit ermöglichen kann.

Inhaltsverzeichnis

Abbildungsverzeichnis

Einleitung

Südafrika stand in der zweiten Hälfte des 20. Jahrhunderts weltweit synonym für Apartheid: Zuerst unterstützten zivile politische Bewegungen in zahlreichen Staaten den Widerstandskampf, der sich im Land bereits seit der Kolonialisierung im 17. Jahrhundert organisierte. Dann folgten Nationalstaaten und Staatenbünde wie die United Nations Organization (UNO). Nach dem Ende des Apartheidsstaates und mit den ersten freien Wahlen für alle Menschen mit südafrikanischer Staatsbürgerschaft im Jahr 1994 änderten sich die Machtverhältnisse. Der African National Congress (ANC) gewann die Wahlen mit 62,5 Prozent der abgegebenen Stimmen. Die neue Regierung löste die ‚weiße'[1] Herrschaftsregierung durch eine verhandelte Revolution ab. Staatsbürgerrechte gelten seitdem für alle Menschen, die einen südafrikanischen Pass besitzen. Menschenrechtsbezüge wurden Teil der südafrikanischen Verfassung, die nach einer Interims-Verfassung 1996 in Kraft trat.

Die Regierungen nach 1994 mussten große Herausforderungen bewältigen. Die vergangene Apartheidsregierung hinterließ eine Gesellschaft in desolatem Zustand: Aufgrund der rassifizierten Kolonialpolitiken und der Politiken der Apartheid, die von der National Party (NP) zu verantworten waren, lebten mehr als die Hälfte der als ‚nicht-weiß' rassifizierten Menschen in ländlichen Gebieten unterhalb der Armutsgrenze.[2] Der Staat hatte 190 Milliarden Rand Schulden.[3]

---

1 Ich verwende die Begriffe ‚schwarz', ‚weiß' und ‚nicht-weiß' in einfachen Anführungsstrichen, um ihren sozialen Konstruktionscharakter aufzuzeigen und um mich von biologistischen Konstruktionen abzugrenzen. Dabei ist jede Kategorie in ihren jeweiligen sozio-historischen Kontext einzuordnen, der immer auch eine Identitätskategorie entwirft und Vorstellungen von Sein einschreibt. Diese Zugehörigkeitskonstruktion hat je nach Verortung eine unterschiedliche Bedeutung. In Südafrika und abhängig von der jeweiligen Positionierung der Sprechenden bedeuten die Zuschreibungen sowohl Selbstermächtigung als auch Abwertungen. Beide können zugleich essentialisieren. Vgl. u. a. Biko, Steve. *I write what I like. A Selection of his Writings.* Hg. Aelred Stubbs C. R. Johannesburg: Picador Africa, 2004.

2 Julian May zeichnet die Entwicklung der Armut in Südafrika unter der Apartheidsregierung nach und stellt für die Mitte der 1990er-Jahre fest: „Data collected from the first nationally representative sample survey undertaken in 1993 just prior to the democratic election that ushered in the government of Nelson Mandela revealed that just over half (52 percent) of all Africa households in rural areas were poor (Carter and May 1999). Using a national poverty line of R(2000) 322 per person per month around 58 percent of South Africa's population were categorised as being poor in 1995, (…)." May, Julian. „Poverty Eradication: The South African

Das Verwaltungssystem der Apartheid rassifizierte Menschen und stellte ,Nicht-Weiße' systematisch schlechter.[4] Gegner und Gegnerinnen des Systems, Oppositionelle unterschiedlicher Zugehörigkeiten, bezahlten ihren Widerstand u. a. mit Gefängnis oder ihrem Leben.

Die Politiker und Politikerinnen, die nach dem Ende der Apartheid in Regierungsverantwortung gewesen waren, entschieden sich für eine Versöhnungspolitik, die vor allem ein Ziel hatte: die Schaffung nationaler Einheit. Unter dem Motto „Unity in Diversity"[5] trat durch ein Gesetz[6] die nationale Wahrheits- und Versöhnungskommission (Truth and Reconciliation Commission, TRC) in Kraft.[7] Von 1995 bis 1998 fanden landesweit an unterschiedlichen Orten Anhörungen statt, in denen sowohl Überlebende, Angehörige von Getöteten als auch Täter und Täterinnen zu Wort kamen. Die Kommission empfahl in ihrem Abschlussbericht feste Orte der Erinnerung als symbolische Reparationen, um Nation-Building-Prozesse zu institutionalisieren.[8] Unter dem Begriff Nation-Building

---

Experience." *NEPAD Division Expert Group Meeting on Poverty Eradication.* Addis Abeba: United Nations Conference Centre, 15.-17.09.2010. URL: http://www.un.org/esa/socdev/social/meetings/egm10/documents/May%20paper.pdf (11.03.2012). S. 1.

3 Vgl. ebd. S. 5.

4 Häufig besetzten ,weiße' Männer die Führungspositionen. Vgl. Thompson, Leonard. *A History of South Africa.* Johannesburg, Kapstadt: Jonathan Ball Publishers, 2006. S. 258.

5 Vgl. URL: http://www.info.gov.za/speeches/1996/960424_0x264.htm (11.03.2009)

6 Das Gesetz heißt Promotion of National Unity and Reconciliation Act, No. 34 of 1995.

7 Vor allem positiv bewertet die Arbeiten der TRC u. a. Gobodo-Madikizela, Pumla. „Intersubjectivity and Embodiment: Exploring the Role of the Maternal in the Language of Forgiveness and Reconciliation." *Signs* 36.3 (2011). S. 541-551. Es gibt aber auch Arbeiten, die neben Aspekten von Beteiligung auch Ausschlusspraxen und Strukturen der Produktion hegemonialen Wissens in den Arbeiten der TRC perspektivieren. Vgl. u. a. Kistner, Ulrike. „The Truth of Justice and the Truth of Reconciliation: Considerations from Non-Narrative and Narrative Historiographies." *Commissioning and Contesting Post-Apartheid's Human Rights. HIV/AIDS – Racism – Truth and Reconciliation.* Münster, Berlin: LIT Verlag, 2003. Unter dem Fokus der Vergeschlechtlichung: u. a. Auga, Ulrike. *Intellektuelle – zwischen Dissidenz und Legitimierung. Eine kulturkritische Theorie im Kontext Südafrikas.* Münster, Berlin: LIT Verlag, 2007. Auga, Ulrike. „Wahrheit und Versöhnung oder maskuline Erlösung am Kap? Religiöse Legitimierung nationaler Geschlechterformation." *Erlöser: Fantasmen und Figurationen männlicher Herrschaft.* Hg. Sven Glawion, Elahe Haschemi Yekani, Jana Husmann-Kastein. Bielefeld: transcript, 2007. S. 197-210. Ross, Fiona. *Bearing Witness. Women and the Truth and Reconciliation Commission in South Africa.* London, Stirling: Pluto Press. 2003. Khulumani Support Group. *How the TRC failed Women in South Africa: A failure that has proved fertile ground for the gender violence women in South Africa face today.* URL: http://khulumani.net/truth-a-memory/item/527-how-the-trc-failed-women-in-south-africa-a-failure-that-has-proved-fertile-ground-for-the-gender-violence-women-in-south-africa-face-today.html (11.12.2011). Kusafuka, Ayumi. „Truth commissions and gender: A South African case study." *African Journal on Conflict Solution* 9.2 (2009). S. 45-67.

8 Vgl. URL: http://www.justice.gov.za/trc/report/finalreport/Volume%205.pdf (14.3.2011). S. 175. Der Abschlussbericht der Kommission informiert detailliert über Ziele, Verlauf und Ergebnisse der Arbeit.

wurden gesellschaftliche Transformationsprozesse verhandelt: Das Land musste nach Kolonialismus, Apartheid und den daraus resultierenden konsequenten Widerständen in anderen Weisen regierbar gemacht werden. Wissensproduktion spielt dabei eine bedeutende Rolle. Je nach gesellschaftspolitischem Bereich finden sich unterschiedliche Anrufungs- und Legitimierungsstrategien, um diese Regierbarkeit zu sichern.

Die Kulturpolitiken sind eines dieser Felder, in welchem Wissen transformiert wird – u. a. an Erinnerungsorten[9], deren Analyse der zentrale Gegenstand meiner Studie ist. Ich unterscheide bei meiner Untersuchung der Erinnerungsstätten zwischen Orten, an denen während des Kolonialismus und der Apartheid Verbrechen an Menschen verübt wurden und neu gebauten Orten im Zuge des ministerialen Programms der „heritage legacy projects“[10]. Das Kunst- und Kulturministerium definiert legacy projects[11] folgendermaßen:

> „Monuments, museums, plaques, outdoor art, heritage trails and other symbolic representations create visible reminders of, and commemorate, the many aspects of South Africa‘s past. Government has initiated several national legacy projects to establish commemorative symbols of South Africa‘s history and to celebrate its heritage.“[12]

Der heutige südafrikanische Nationalstaat wirbt national wie auch weltweit vor allem mit seinem kulturellen Erbe, das in eine Kontinuität des Kampfes für Freiheit und Menschlichkeit eingeordnet wird. Benannt als heritage legacy projects sind die geschaffenen Wissensformationen ordnende Systematisierungen und Teil des national-kulturellen Funktionsgedächtnisses. Sie sind in unterschiedlichen sozio-kulturellen und politischen Kontexten lesbar: so auch an den Orten der Erinnerung, die Teil meiner Forschung waren. Entsprechend der von Aleida Assmann, Paul Ricoeur und Maurice Halbwachs entworfenen Theorien zum kulturellen bzw. kollektiven Gedächtnis und in der Kontextualisierung der Foucaultschen Definition von Gouvernementalität sind gegenwärtige Machtverhältnisse, legitimiert durch Technologien des Rechts, der Disziplin und der Sicherheitstechniken, ausschlaggebend für die Deutungen der Vergangenheiten. Ver-

---

9 Ich fasse den Begriff ‚Erinnerungsort‘ enger als die „lieux de mémoire“ von Pierre Nora. In dieser Arbeit meinen Erinnerungsorte konkrete Orte, an denen Erinnerungen gesammelt und archiviert werden. Nora definiert am Beispiel Frankreichs mehr als nur Denkmäler und Gebäude als Erinnerungsorte. Auch Feiern, Fahnen oder Texte wie die Nationalhymne verkörpern für ihn „lieux de mémoire”, die der Bildung von Zugehörigkeit zum Nationalstaat dienen. Vgl. Nora, Pierre. *Zwischen Geschichte und Gedächtnis.* Frankfurt/M.: Suhrkamp, 1998. S. 11ff.

10 Vgl. Department of Arts and Culture. *Annual Report 2006/2007.* o. A. URL: http://www.dac.gov.za/publications/annual_report/DAC%20annual%20report06-07.pdf (21.04.2011)

11 Englische Begriffe werden in der Originalsprache und -schreibweise wiedergegeben.

12 URL: http://www.dac.gov.za/projects.htm#legacy (21.11.2010)

handlungsgegenstand sind gegenwärtige Besitzansprüche auf Deutungshoheiten, Sicherungsinteressen von staatlicher Hegemonie, ökonomische Interessen an der Verwertbarkeit von Erinnerungen und nationale Zugehörigkeit.

In der vorliegenden Studie setze ich mich mit den Erinnerungspolitiken nach der Apartheid im Nationalstaat Südafrika auseinander, indem ich die Formationen der Nation-Building-Diskurse am Beispiel von heritage legacy projects analysiere. Dafür gehe ich folgendem Fragekomplex nach: Welche Aussagen lassen sich in den öffentlichen Äußerungen, z. B. in Gesetzestexten oder Reden, des Kunst- und Kulturministeriums finden, die Teil des Formationssystems kulturpolitisches Nation-Building sind? Welches Wissen wird produziert und auf welche Weise wird es geordnet? Welche Hoffnungen und welches Potenzial werden dem Konzept ‚Nation'[13] zugeschrieben? Welche Grenzen schreiben sich in ein nationalisiertes Wissen ein? Wie werden das nationalisierte ‚Wir' und dessen imaginierter Kollektivkörper konstruiert?

Unter diesem Fragekomplex analysiere ich die Agenden der Erinnerung an ausgewählten Erinnerungsorten von nationaler Bedeutung, die den heritage legacy projects zuzurechnen sind. Das in diese Orte eingeschriebene Wissen folgt unterschiedlichen Logiken, die ich schwerpunktmäßig herausarbeite. Mein Fokus liegt zudem auf der Frage, wie frühere Widerstandsgruppen gegen die Apartheid heute selbst in politischer Verantwortung handeln. Die Analyse eines Nationalstaatskonzeptes am Beispiel von Erinnerungsorten in einem postkolonialen Kontext birgt sowohl Chancen als auch Problematiken. So verbanden viele die Vorstellung von Nation-Building als Derassifizierung des bürgerlichen Gesetzes mit der Hoffnung auf eine gerechtere Gesellschaft, zumindest im Sinne der Chancengleichheit. Diese Hoffnung hegten auch Unterstützer und Unterstützerinnen des Widerstands außerhalb Südafrikas.

Das Nationalstaatskonzept ist eines, das in Europa entstand und durch gewaltvolle Kolonialismen in diverse Teile der Welt exportiert und als gesellschaftliche Organisationsform erzwungen wurde. Heute ist der Nationalstaat die Voraussetzung für eine internationale Anerkennung gegenüber anderen – nationalstaatlich organisierten – Mächten. So könnte ich mich mit der Erklärung, dass es keine pragmatische Alternative gab und gibt, zufriedengeben und die bestehenden Machtverhältnisse akzeptieren. Oder aber, und das tue ich in dieser Untersuchung, ich nutze die beiden Ebenen der Kritik, die von Judith Butler[14] im Anschluss an Foucault beschrieben werden: Eine historische Analyse bzw. eine

13 Im Folgenden werden alle für die Konstruktion der Nation wichtigen Begriffe mit einfachen Anführungszeichen gekennzeichnet, um den Konstruktionscharakter nationaler Zugehörigkeit zu verdeutlichen.

14 Vgl. Butler, Judith. *Was ist Kritik? Ein Essay über Foucaults Tugend.* Übers. Jürgen Brenner. 05.2001. URL: http://www.transform.eipcp.net/transversal/0806/butler/de#redir (19.10.2009).

Verortung von Macht und deren Einflüssen kann hegemoniale und marginalisierte Diskurse sichtbar machen. Es erfordere, so Butler, damit zu beginnen, Gehorsam und die Forderung nach Gehorsam infrage zu stellen.[15] Zweitens heiße Kritisieren, die Subjektbildung aufgrund von staatlich definierten Pflichten zu hinterfragen und damit die Ordnungsfunktionen des Staates selbst. Demnach befrage ich die Erinnerungsorte von nationalstaatlicher Bedeutung sowohl nach Möglichkeiten der Kritik in Bezug auf die Gegenstände und Begriffe als auch bezüglich der Bewertungsmaßstäbe selbst, die dem Wissen über sie eingeschrieben werden. Ich versuche, die Ordnungsweisen der Verhältnisse, Praxen und Produktionsweisen von Wissen entlang der Linie Zugehörigkeit/Differenz zu dekonstruieren.

Zur Struktur des Buches: Erinnerungsorte in historisch-globalen Kontexten

Im Folgenden will ich den Aufbau des Buches darstellen. Im ersten Kapitel wird der Forschungsstand eingebunden in einen ersten Problemaufriss, die Relevanz des Forschungsthemas und mein methodisches Vorgehen.

Im zweiten Kapitel werde ich zunächst eine deskriptive Tour aus meiner Sicht anbieten, um dann eine empirische Analyse und deren theoretische Kontextualisierung darzustellen. Die von mir gewählte Struktur entspricht vor allem meinem Forschungsprozess. Ich unterstelle jedoch auch, dass es vielen Museumsbesuchenden in Südafrika ähnlich ergangen sein wird: Zuerst das Sichtbare wahrzunehmen, also die Gestaltung der Orte, die Farben und Formen der Gebäude, die Ausstellungsdisplays – aber auch das Hör- und Lesbare: die Erzählungen der Tourguides, die geschriebenen Texte zu den einzelnen Fotografien oder Gegenständen. Ergänzt werden die deskriptiven Rundgänge durch die Darstellung der Genese des jeweiligen Ortes. Im Anschluss an die Touren arbeite ich Detailanalysen und Spezifika wie die Architektur, Vergeschlechtlichungen, Vermarktung von Erinnerungen und Gefangenendiskurse am Beispiel jeweils eines Erinnerungsortes heraus. Anhand des empirischen Materials sollen die Theorien über Konstruktionen eines hegemonialen Erinnerungskanons und dessen Wissensordnungen rückgebunden werden.

Im dritten Kapitel fokussiere ich auf die Gemeinsamkeiten der Erinnerungsorte. Im Zentrum stehen Ökonomien nationalstaatlich-kultureller Räume der Erinnerung. Dabei begreife ich die Nationenwerdung als Aushandlungsprozesse in der Wissensproduktion sowohl auf nationaler als auch auf globaler Ebene. Während ich im ersten Teil dieses Kapitels den Schwerpunkt auf die produzierten

15 Vgl. ebd. S. 3f.

Wissensbestände des national-kulturellen Funktionsgedächtnisses richte, stehen im Anschluss die Produktionsprozesse selbst im Zentrum meiner Betrachtungen.

Im vierten Kapitel verbinde ich die Erinnerungsorte mit einer Machtanalyse zu Gouvernementalitätsstrukturen und -logiken. Unter dem Stichwort Gouverne/monu/mentalität setze ich die drei Aspekte der Foucaultschen Definition – ‚Bevölkerung', politische Ökonomie und Sicherheitsdispositive – in den Kontext der Erinnerungsorte und deren vergeschlechtlichten Nation-Building-Prozessen. Die unterschiedlichen Technologien der Macht definieren über den Wissenskanon Grenzen der Zugehörigkeit und produzieren Veridiktionen des Zugehörigkeitsdiskurses zum Kollektivkörper.

Im letzten Kapitel dieses Buches werden alternative Erinnerungsformen am Beispiel des Centre for the Study of Violence and Reconciliation als Kontrastfolie zu den zumindest teilweise staatlich geförderten Kulturinstitutionen dargestellt. Das reformorientierte Wissen zu den nationalen Memorialisierungsprozessen greift den von mir zu Beginn definierten Kritikbegriff wieder auf. Über dieses Verständnis von Kritik lässt sich ‚nationalisiertes' Wissen auch als krisenhaft begreifen. Diese Krisenmomente, die an bestimmten Orten sagbar werden, eröffnen Möglichkeiten, Gegendiskurse wahrzunehmen und alternatives Wissen zur Kritik von Nation und deren Bewertungsmaßstäben herzustellen.

1 Konstruktionsprozesse nationaler Agenden der Erinnerung

Der Post-Apartheid-Nationalstaat hat es sich zur Aufgabe gemacht, ein kollektives Gedächtnis zu schaffen, das auf Unity in Diversity zielt. Im Folgenden werden die Prozesse der Auswahl und Zusammensetzung von Erinnerungen zu einem national-kulturellen Funktionsgedächtnis skizziert. Das doing memory will ich auf zwei Ebenen einleitend betrachten: der Ebene der Anerkennung und Pflege von Erinnerungen und der Ebene der Brüche und Veränderungen. Beide Ebenen ermöglichen Dekonstruktionen. Während die offizielle Erinnerung an den Sieg über die Apartheid ein Bild der Kraft, Freiheit und Menschlichkeit vermitteln soll, konfrontieren lokale Konflikte um Eigentum, Mit-/Bestimmung und Gewaltverhältnisse in marginalisierten Gruppen dieses tendenziell harmonisierende Bild von Unity in Diversity mit Widersprüchen und fortbestehenden sozialen Missverhältnissen.

Südafrika nach der Apartheid: Nation-Building und die Konstruktion eines national-kulturellen Funktionsgedächtnisses

Zunächst will ich an Beispielen der nationalstaatlichen Kulturpolitik Südafrikas zeigen, wie ich mit dem Begriff national-kulturelles Funktionsgedächtnis die Prozesse von Nation-Building in Südafrika begreifen und analysieren kann. Ich fokussiere auf die Merkmalsdimensionen Namen, Ort und Zeit, die wiederum Bestandteil von Erinnerungspolitiken sind. Nationalstaatliche Erinnerungspolitik nach der Apartheid bedeutet in der Praxis eine Re- und Neuorganisierung von kulturellen Praktiken, die hegemoniales Wissen werden sollen. Die Post-Apartheid-Regierung rahmt Hegemonie in ihrer nationalstaatlichen Ausprägung nicht als herrschaftlich. Sie will eine Regierung der Menschen sein und Mitbestimmung über freiheitliche Staatsbürgerrechte sichern. Diese Perspektive räumt bestimmten Herrschaftslogiken keinen Platz ein.

Die Anerkennung der Post-Apartheid-Kulturpolitiken soll vor allem durch zwei Strategien gelingen: durch die Verwendung von Worten, die nicht aus dem

Englischen oder Afrikaans, der Sprachen des Kolonialismus in Südafrika, kommen. Darüber hinaus erhielten öffentliche Orte Namen von Personen, die in der Apartheid als terroristisch bezeichnet wurden und nun als Symbole für Freiheit und Menschlichkeit Anerkennung finden. Diese Erinnerungspolitiken materialisieren sich vor allem in urbanen Räumen – auf Straßenschildern, an Plätzen und öffentlichen Gebäuden – überall dort, wo Sprache eine Möglichkeit der Intervention bzw. des Umschreibens von Geschichte bietet. Neu geschaffene Gesetze legitimieren die Transformationsprozesse der Sichtbarkeit: Die öffentliche Agenda wird neu gesetzt. Die ausgewählten Erinnerungen in südafrikanischen Großstädten haben mindestens drei Funktionen: Sie stellen Öffentlichkeit her. Sie begründen den gegenwärtigen Nationalstaat nach der Apartheid und verschaffen diesem Anerkennung. Sie materialisieren hegemoniale Geschichtsperspektiven des Post-Apartheid-Nationalstaates.

Das südafrikanische Kunst- und Kulturministerium nutzt diese Funktionen, um Nation-Building-Prozesse zu initiieren und nationale Vergemeinschaftung im Interesse des Staates zu ermöglichen. Es definiert die Aufgaben von Nation-Building wie folgt:

> „Nation building[16]: Shall foster a sense of pride and knowledge in all aspects of South African culture, heritage and the arts. Shall further encourage mutual respect and tolerance and inter-cultural exchange between the various cultures and forms of art to facilitate the emergence of a shared cultural identity constituted by diversity.“[17]

In Räumen der Erinnerung treffen Zeiten, Orte, Personen und Ereignisse der Vergangenheit aufeinander, um die Gegenwart zu stützen. Entsprechend der Legitimierungsfunktion sind es keine beliebigen Daten aus der Vergangenheit, sondern bewusst ausgewählte Punkte, die ein Netz bilden, das der gegenwärtigen nationalstaatlichen Ordnung Halt gibt. Bevor die Erinnerungsorte in den Fokus rücken, will ich zunächst die verschiedenen Ebenen des Gedächtnisbegriffes in ein Verhältnis zueinander setzen und Erinnerungspolitiken im Südafrika nach der Apartheid beispielhaft veranschaulichen. Ziel ist das Verorten theoretischer Perspektiven, Praxen und Auseinandersetzungen um Erinnerung im südafrikanischen Kontext. Die ausgewählten Theoriekonzepte skizzieren gleichzeitig den Forschungsstand und bilden meine analytische Perspektive auf die Konstrukti-

---

16 In den Dokumenten, und das wird in dieser Arbeit noch mehrfach zu Irritationen führen, nutzen die Autoren und Autorinnen unterschiedliche Schreibweisen englischer Begriffe. Das ist vor allem der Kolonialsprache und ihrem Zwang als Lingua Franca geschuldet. Viele Menschen in Südafrika wachsen zwei- oder dreisprachig auf. Die erste Sprache, die sie erlernen, ist meist nicht Englisch. Vgl. URL: http://www.statssa.gov.za/census01/html/default.asp (21.11.2010)

17 URL: http://www.dac.gov.za/white_paper.htm (20.10.2010)

onsversuche von national-kulturellem Funktionsgedächtnis im Post-Apartheid-Südafrika.

National-kulturelles Gedächtnis in der Entstehung: von individuellen Erinnerungen zum kollektiven Gedächtnis

Im Laufe des Lebens sammeln Menschen Erfahrungen und setzen sich meist mit diesen durch Erinnern bzw. Verdrängen aktiv oder passiv auseinander. Viele Forscher und Forscherinnen im Bereich des kulturellen Gedächtnisses fassen diese persönlichen Erinnerungen zum individuellen Gedächtnis zusammen.[18] Dabei ist der Gedächtnisbegriff vor allem ein metaphorischer, den ich als soziale Konstruktion und nicht als biologische Gegebenheit begreife.

Das Erlebte kann auch durch Kommunikation geteilt werden. Wenn eine Person gemeinsam mit anderen Menschen Leben teilt – in Freundschaften, im Familienleben, in Hobbygemeinschaften oder in politischen Zusammenhängen, kann die Gruppe als eine ‚Wir'-Gruppe[19] bezeichnet werden. Maurice Halbwachs setzt das individuelle Gedächtnis ins Verhältnis zum kollektiven und hält fest, dass sich beide bedingen.[20] Der Mensch bleibe ein soziales Wesen im Sinne der Erfahrungsbezüge.[21] Dem individuellen Gedächtnis folgt als nächste Dimension das soziale oder kommunikative Gedächtnis. Jan Assmann definiert es folgendermaßen:

> „Das interaktive oder kommunikative Gedächtnis existiert in uns, überschneidet sich aber in vielfältigster Weise mit den Gedächtnissen aller anderen mit uns kommunizierenden Personen und dauert daher noch eine Weile über unseren Tod hinaus. (...)

---

18 Vgl. u. a. Halbwachs, Maurice. *Das Gedächtnis und seine sozialen Bedingungen.* Frankfurt/M.: Suhrkamp, 1985 (1925). Fabian, Johannes. „Erinnerung/Gegen-Erinnerung, Sammeln/Verstreuen. Reflektionen aus einer ethnographischen Perspektive." *Erinnern verhandeln. Kolonialismus im kollektiven Gedächtnis Afrikas und Europas.* Hg. Steffi Hobuß, Ulrich Lölke. 2., erw. Aufl. Münster: Westfälisches Dampfboot, 2007. S. 13-45. Assmann, Jan. *Das kulturelle Gedächtnis. Schrift, Erinnerung und politische Identität in frühen Hochkulturen.* 5. Aufl. München: Beck, 2005.

19 Vgl. Assmann, Aleida. „Kollektives und soziales Gedächtnis." *Kulturelles Gedächtnis. China zwischen Vergangenheit und Zukunft.* Berlin. 24.-26.03.2006. URL: www.bpb.de/files/0FW1JZ.pdf (17.05.2009)

20 Vgl. Halbwachs, Maurice. *Das Gedächtnis und seine sozialen Bedingungen.* Frankfurt/M.: Suhrkamp, 1985 (1925). S. 21ff., 363.

21 Annie E. Coombes diskutiert das Verhältnis von persönlichen Erinnerungen in der Brechtschen Dialektik ähnlich. Sie zeigt am Beispiel von Memorialisierungsstrategien im District Six in Kapstadt, dass urbane Räume immer auch persönliche sind und persönliche immer auch kollektivierte. Vgl. Coombes, Annie E. *History after Apartheid. Visual Culture and Public Memory in a Democratic South Africa.* Durham, London: Duke University, 2003. S. 132f.

> Das kommunikative Gedächtnis umfaßt typischerweise einen Zeithorizont von drei miteinander interagierender Generationen, also maximal 80-100 Jahre.“[22]

In einem überschaubaren Zeitraum werden Erfahrungen in einer gesellschaftlich dominanten Organisationsstruktur wie der Familie weitergegeben. Die sozialen Strukturen, die Ordnungen und Normen bestehen bereits und sind von den jeweiligen Kräfteverhältnissen abhängig und veränderbar.[23]

In öffentlichen Räumen wie den Erinnerungsorten werden Erinnerungen aufgerufen, die teilweise deutlich älter als die Großelterngeneration sind und dennoch gelebt, zelebriert oder verdrängt werden. Sie sind Bestandteile des kulturellen oder auch kollektiven Gedächtnisses. Es überschreitet den Zeitraum der Großelterngeneration, bedarf jedoch, um überhaupt als kollektives Gedächtnis imaginiert zu werden, konkreter Handlungen. Jan Assmann fasst das kulturelle Gedächtnis als: „(...) Sammelbegriff für alles Wissen, das im spezifischen Interaktionsrahmen einer Gesellschaft Handeln und Erleben steuert und von Generation zu Generation zur wiederholten Einübung und Einweisung ansteht.“[24] Das kulturelle Gedächtnis besteht demnach nicht per se: Menschen müssen die Rituale, Feiertage, Symbole anerkennen und für sich einen Wert darin empfinden. Sie müssen das Wissen praktizieren. Aleida Assmann betont:

> „Dieses Gedächtnis setzt sich nicht einfach fort, es muß immer neu ausgehandelt, etabliert, vermittelt und angeeignet werden. Individuen und Kulturen bauen ihr Gedächtnis interaktiv durch Kommunikation in Sprache, Bildern und rituellen Wiederholungen auf. Beide, Individuen und Kulturen, organisieren ihr Gedächtnis mit Hilfe externer Speichermedien und kultureller Praktiken.“[25]

---

22 Assmann, Jan. „Der Begriff des kulturellen Gedächtnisses.“ *Kulturelles Gedächtnis im 21. Jahrhundert. Tagungsband des internationalen Symposiums*. Hg. Thomas Dreier, Ellen Euler. Karlsruhe. 23.04.2005. URL: www.digbib.ubka.uni-karlsruhe.de/volltexte/1000003721 (17.05.2009). S. 21. Die Begriffe, die die einzelnen Zeitebenen beschreiben, werden oft äquivalent für die gleiche Ebene benutzt. Das soziale kann auch das interaktive oder kommunikative Gedächtnis meinen, das individuelle auch das persönliche, verkörperte oder biografische Gedächtnis und das kollektive das kulturelle oder nationale Gedächtnis. Einen Überblick zu den unterschiedlichen Konzeptionen von Gedächtnis gibt: Pethes, Nicolas. *Kulturwissenschaftliche Gedächtnistheorien zur Einführung*. Hamburg: Junius, 2008.

23 Christina von Braun argumentiert im Anschluss an Halbwachs und Erving Goffman, dass „jede Alltagserfahrung vom sozialen Kontext vorgegeben“ sei. Vgl. Braun, Christina von. *Versuch über den Schwindel. Religion, Schrift, Bild, Geschlecht*. Berlin, Zürich: Pendo, 2001. S. 271.

24 Assmann, Jan. „Kollektives Gedächtnis und kulturelle Identität.“ *Kultur und Gedächtnis*. Hg. Jan Assmann, Tonio Hölscher. Frankfurt/M.: Suhrkamp, 1998. S. 9-19.

25 Assmann, Aleida. *Erinnerungsräume. Formen und Wandlungen des kulturellen Gedächtnisses*. 3. Aufl. München: C. H. Beck, 2006. S. 19.

Von nationaler Bedeutung: Namen historisierter Orte

Neben den sozio-kulturellen Praxen können auch Orte eine nationale Bedeutung in der Erinnerungspolitik eines Staates erhalten. In Südafrika erlaubt die 1996 in Kraft getretene Verfassung, geschichtlich bedeutsame Orte umzubenennen. Sprache, verstanden als sozio-historische Praxis,[26] markiert durch Namensänderungen im öffentlichen Raum auch Veränderungen sozio-politischer Verhältnisse und visualisiert die Post-Apartheid-Nation:

> „The South African Constitution mandates government and, indeed, the entire nation to take active steps to redress the injustices of the past. Among such injustices was the consistent denigration, debasement and corruption of African expressions, words, names, and especially place names, in the past. In order to ensure stability and to minimize the threat of confusion, South Africans collectively agreed that this necessary process of redress would be governed by law and would be as inclusive as possible. These procedures to be followed were written into laws that enjoyed the support of a wide range of political parties, reflecting the degree of consensus reached around the issue."[27]

Die Änderung eines Ortsnamens kann von jedem Bürger und jeder Bürgerin des südafrikanischen Staates beantragt werden: über ein Antragsformular bei dem 1996 gegründeten South African Geographical Names Council (SAGNC), der Teil des Ministeriums für Kunst und Kultur ist. Das Ministerium verweist zudem auf eine Resolution der Vereinten Nationen aus dem Jahr 1967[28]:

> „In terms of UN resolution 4 of the First UN Conference on the Standardization of Geographical Names, every country has the sovereign right to standardize its geographical names, i. e. to decide what the name for each feature in that country should be, and how that name should be written."[29]

Jeder souveräne Nationalstaat verfügt demnach über das Recht, die Namen den gegebenen Verhältnissen anzupassen. Im Dokument *Procedures for Changing Geographical Names* beruft sich das Kultusministerium auch auf die Wahrheits-

26 Vgl. im Anschluss an Foucault: Butler, Judith. *Haß spricht. Zur Politik des Performativen.* Frankfurt/M.: Suhrkamp, 2006. S. 50f.

27 Department of Arts and Culture. *Procedures for Changing Geographical Names.* URL: www.dac.gov.za/projects/heritage/geographical_names/procedures.htm (30.09.2009)

28 Die Konferenz zur Resolution fand vom 04.-22.09.1967 in Genf statt. Die dort getroffenen Vereinbarungen sind digital unter: URL: www.unstats.un.org/unsd/geoinfo/UNCSGN-Reports/1-UNCSGN-Rpt-en.pdf (30.09.2009) nachlesbar.

29 Department of Arts and Culture. *Procedures for Changing Geographical Names.* URL: www.dac.gov.za/projects/heritage/geographical_names/procedures.htm (30.09.2009)

und Versöhnungskommission und deren Empfehlung symbolischer Wiedergutmachungen:

> „The standardization of geographical names in the country may [be] regarded as an aspect of the healing and reconciliation process. The Truth and Reconciliation Commission, for example, recommended the re-naming of geographical features as a form of symbolic reparations to address South Africa's unjust past. Geographical names may reflect culture, heritage, legend, geography and history. They are rarely ever completely untainted. The correct and accurate rendering of geographical names conveys meaning well beyond the name itself. But besides such political considerations, it brings real benefits to local, national and international communities engaged in trade and commerce. Places and their names occupy such an important space in societal life and impact on urban and regional planning, environmental management, sustainable development and conservation, natural disaster relief, security strategy and peacekeeping operations, search and rescue operations, map and atlas production, automatic navigation, tourism, communication, the population census and national statistics, property rights and cadastre."[30]

Der Name eines Ortes wird im Zitat nicht nur als symbolischer Beitrag für den angestrebten Versöhnungsprozess betrachtet. Auch ökonomisch ist der Name von Bedeutung: Die letzten beiden Sätze weisen darauf hin, welchen Einfluss eine „korrekte und akkurate Wiedergabe geografischer Namen" im gesellschaftlichen Raum auf „reale Gewinne" haben kann. Die Begriffe „korrekt" und „akkurat" signifizieren hier die Anerkennung von Widerstand gegen das Apartheidsregime. So wurden in Johannesburg bspw. die Hendrik Verwoerd Road in Bram Fischer Drive und die Hans Strijdom Road in Malibongwe Drive umbenannt. Verwoerd und Strijdom waren maßgeblich an der Institutionalisierung des rassifizierenden Apartheidsregimes beteiligt. Bram Fischer kämpfte als Anwalt für Menschenrechte gegen die Menschenrechtsverletzungen unter dem Apartheidsregime. Das Wort Malibongwe bedeutet auf Zulu „seid gesegnet" und soll laut der beratenden Johannesburg Development Agency (JDA) an die Proteste von Frauen gegen die Passgesetze von 1956 erinnern.[31]

Allerdings bestehen in weniger bedeutenden Städten wie dem südafrikanischen Heidelberg mit seinen rund 71.000 Einwohnenden die H. F. Verwoerd Street und die dazu parallel verlaufende Strydom Street bis heute.

---

30 Ebd.

31 In dem Artikel wird zudem ausgeführt: „‚Malibongwe igama lamakhosikazi' (Praise the women's voice) was a slogan normally used by women during protest marches and gatherings." URL: http://mg.co.za/printformat/single/2006-08-02-moves-afoot-to-rename-randburg-roads/ (23.04.2011)

Gesetzliche Legitimierungen: das Funktionsgedächtnis im Recht

Die Regierung nach der Apartheid begann 1994, einen national-demokratischen Staat durch Gesetzesänderungen zu institutionalisieren. So musste die neue Regierung festlegen, welche Figuren, Symbole und Zeiten nun Südafrika bebildern, wenn es um das Herstellen von Öffentlichkeit geht. In Nationalstaaten wählen Regierungen abhängig vom politischen Fokus nationale Feiertage, an denen Namen oder Ereignisse öffentlich erinnert und zelebriert werden. Im Post-Apartheid-Südafrika sind am 1. Januar 1995 durch den Public Holidays Act weitere Feiertage in Kraft getreten, die Ereignisse des Widerstands auf die offizielle Erinnerungsagenda setzen. Diese Feiertage werden mit öffentlichen Zeremonien verbunden, z. B. mit der Einweihung des Verfassungsgerichtes am Tag der Menschenrechte.[32] Dieser Tag unterscheidet sich im Datum vom Human Rights Day der Vereinten Nationen, dem 10. Dezember[33]. Der Staat Südafrika institutionalisierte seinen eigenen Tag der Menschenrechte und begründet die Wahl des Datums mit einem historisches Ereignis vom 21. März 1960. In Sharpeville, einer Township in der Nähe des Ortes Vereeniging im damaligen Bundesstaat Transvaal[34], protestierten rund 300 Menschen gegen die Passgesetze, die allen als ‚Nicht-Weißen' klassifizierten Menschen verboten, sich frei und unabhängig von Behördenerlaubnissen im Land zu bewegen. Auf der Demonstration verletzten Polizisten mehr als 180 und erschossen 69 Menschen.

Die symbolische Besetzung von Daten und Orten ist nicht konfliktfrei. Dabei verläuft die Konfliktlinie einerseits zwischen Tätern und Täterinnen und Überlebenden und andererseits zwischen verschiedenen ‚Wir'-Gruppen innerhalb dieser binären Einteilung. Am Beispiel des 21. März und Sharpeville lässt sich die Multiperspektivität[35] von Erinnerungen und deren Beanspruchung im öffentlichen Raum aufzeigen: Der Pan African Congress (PAC) gründete sich als Abspaltung des African National Congress (ANC) 1959, weil die innerorganisatorischen Auseinandersetzungen um den Weg aus der Apartheid nicht mehr zu über-

---

32 Vgl. O. A. „President Thabo Mbeki inaugurated the Constitutional Court on Human Rights Day, 21 March." URL: http://www.constitutionhill.org.za/ (09.10.2009)

33 Der 10. Dezember wurde ausgewählt, weil an diesem Tag die Aufmerksamkeit auf die „Allgemeine Erklärung der Menschenrechte vom 10. Dezember 1948" gerichtet werden soll. Die Generalversammlung der Vereinten Nationen verabschiedete die Erklärung nach der Shoah.

34 Mittlerweile wurde die ehemalige geografische Ordnung des Landes (vier Provinzen und die sogenannten Homelands) geändert. Heute gibt es neun Provinzen. Alle Menschen haben das Recht, sich frei zu bewegen. Transvaal ist nun aufgeteilt in die Provinzen Limpopo, Mpumalanga, Gauteng und die östliche Hälfte von North West.

35 Michael Rothberg verwendet dafür den Begriff „multidirectional memory". Vgl. Rothberg, Michael. *Multidirectional Memory. Remembering the Holocaust in the Age of Decolonization.* Stanford: Stanford University Press, 2009.

brücken waren.[36] Beide erheben heute Anspruch auf den 21. März und dessen Erinnerung.[37] Apartheidsgegner und -gegnerinnen erinnerten den Tag nach 1960 bis zur gesetzlichen Namensänderung in Human Rights Day als Sharpeville Day. Die Namensänderung war und ist umstritten: Durch die Umbenennung wurde der polizeiliche Angriff auf die Demonstration in den Kontext der Internationalen Menschenrechte eingebettet. PAC-Mitglieder befürchteten, dass mit der neuen Rahmung das lokal Geschehene in Sharpeville überlagert werden könnte. Sie warfen dem ANC vor, sich die Erinnerung und deren Ausgestaltung anzueignen und damit denjenigen zu schaden, die an diesem Tag ihr Leben verloren hatten.[38] An dieser Auseinandersetzung zwischen politischen Bewegungen wird deutlich, dass es nicht nur um die schlichte Erinnerung der Ereignisse geht, sondern um die Aneignung und damit die Definitionsmacht über das Geschehen bzw. deren Deutung für die Gegenwart und Zukunft.

Die unterschiedlichen Interessen veranschaulichen, wie umkämpft Erinnern im Nationalstaat Südafrika nach der Apartheid ist: Die Staatsform mit ihrer Zentralgewalt durch Gesetze etc. setzt Maßstäbe, die wiederum versuchen zu vereindeutigen. Die Transformationsprozesse des Nationalstaates von der Apartheid in die Post-Apartheid-Gesellschaft ermöglichen eine Untersuchung der Konstruktionsversuche eines nationalen Gedächtnisses und dessen Etablierung. Fragen danach, wie Erinnerungspolitiken an Orten der Erinnerung materialisiert werden, könnten Aufschluss darüber geben, welche Interpretationen der Vergangenheit die heutige Ordnung sichern sollen.

---

36 Zu den Auseinandersetzungen zwischen den unterschiedlichen politischen Gruppierungen innerhalb des ANC zu jener Zeit vgl. u. a. Auga, Ulrike. *Intellektuelle – zwischen Dissidenz und Legitimierung. Eine kulturkritische Theorie im Kontext Südafrikas.* Münster, Berlin: LIT Verlag, 2007. S. 220f.

37 Näheres zu den Konflikten zwischen den beiden südafrikanischen Widerstandsorganisationen und deren Konkurrenz um Legitimation in den aktuellen Erinnerungsdiskursen Südafrikas vgl. Marschall, Sabine. „Pointing to the Dead: Martyrs and Public Memory in South Africa." *South African Historical Journal* 60.1 (2008). S. 103-123.

38 So Ali Hlongwane, Mitglied des Pan African Congress und ehemaliger Kurator des *Hector Pieterson Museum*, jetziger Direktor des *Museum Africa* in Johannesburg: Hlongwane, Ali. „Commemoration, Memory and Monuments in the Contested Language of Black Liberation: The South African Experience." *The Journal of Pan African Studies* 2.4 (2008). S. 135-170. Hlongwane, Ali. *The Commemoration of Sharpeville.* 2000. URL: http://www.sahistory.org.za/pages/library-resources/articles_papers/1960_2000_sharpeville_commemoration_paper.html (12.10.2009)

Nationalgeschichte, Nationalkollektiv und national-kulturelles Funktionsgedächtnis

Nationalgeschichte zu schreiben, bedeutet, eine Geschichte zu formulieren, mit der sich möglichst viele Bürgerinnen und Bürger eines Staates identifizieren. Das Narrativ einer Nation soll die unterschiedlichen Gruppen im Land über eine Vorstellung der Zugehörigkeit einen. Die Vorstellung einer nationalen Gemeinschaft, die durch nationalstaatliches Recht und juridische Institutionen immer wieder angerufen wird, ist auch an den Erinnerungsorten materialisiert. Benedict Anderson definiert den Begriff Nation folgendermaßen:

> „Sie ist eine vorgestellte politische Gemeinschaft – vorgestellt als begrenzt und souverän. Vorgestellt ist sie deswegen, weil die Mitglieder selbst der kleinsten Nation die meisten anderen (Mitglieder) niemals kennen (...), aber im Kopf eines jeden die Vorstellung ihrer Gemeinschaft existiert."[39]

Die südafrikanische Wissenschaftlerin Anne McClintock beruft sich auf Anderson und schreibt über Nationen: „(...) they are systems of cultural representation (...). As such, nations are (...) historical practices through which social difference is both invented and performed."[40] Das Praktizieren von sozialer Differenz entscheidet u. a. über die Inklusion von Erinnerung oder aber deren Ausschluss von der offiziellen Erzählung.

Wenn es um die Nationalgeschichte geht, dann findet sich die Konstruktion einer nationalen Zeit wieder, die dem Raum der dargestellten Geschehnisse eine temporäre und scheinbar lineare Dimension gibt. Interessant wird es, wenn die Auswahl der Geschehnisse und damit auch die Erinnerungen in das Blickfeld rücken. Zu fragen ist, ob eben auch diejenigen, die sich nicht als Teil der Gemeinschaft imaginieren oder noch treffender, die nicht von den kulturstaatlichen Institutionen als Teil der nationalen Gemeinschaft anerkannt werden, ihre Erinnerungen in den Abbildungen wiederfinden. Die Begründungsmuster für den Ausschluss werden in dieser Studie von besonderem Interesse sein. Wenn Kultur als Vorstellung einer „fiktiven Ethnizität" auf einem bestimmten Gebiet definiert wird,[41] dann geht es auch um diejenigen, die nicht mehr zu den definierten Krite-

---

39 Anderson, Benedict. *Die Erfindung der Nation. Zur Karriere eines folgenreichen Konzeptes.* Berlin: Ullstein, 1998 (1983). S. 14f.

40 McClintock, Anne. *Imperial Leather: Race, Gender and Sexuality in the Colonial Contest.* New York: Routledge, 1995. S. 353. Sie stellt fest: „All nations depend on powerful constructions of gender." Das gilt es bei der Konstruktion des national-kulturellen Gedächtnisses zu bedenken.

41 Vgl. Williams, Raymond. *Keywords: A Vocabulary of Culture and Society.* London: Fontana Press, 1988 (1976). Zum Begriff der „fiktiven Ethnizität" vgl. Balibar, Etienne; Wallerstein,

rien passen. Kultur und Nationalismus spielen somit eine wichtige Rolle in der Begrenzung von Kollektiven, die wiederum die offizielle Geschichte als die ‚ihre' definieren und sich damit aneignen.

Das kulturelle Funktionsgedächtnis unterscheidet sich vom kulturellen Gedächtnis durch dessen Aufgabe, Nationalstaaten durch eine homogenisierende Geschichtskonstruktion zu etablieren und zu legitimieren. Was erinnert wird, soll die Gegenwart stabilisieren:

> „Das kulturelle Funktionsgedächtnis ist an ein Subjekt gebunden, das sich als dessen Träger oder Zurechnungssubjekt versteht. Kollektive Handlungssubjekte wie Staaten oder Nationen konstituieren sich über ein Funktionsgedächtnis, in dem sie sich eine bestimmte Vergangenheitskonstruktion zurechtlegen."[42]

Der Träger ist der Nationalstaat Südafrika. Er ist das kollektive Handlungssubjekt. Seine Institutionen, Ministerien wie z. B. das südafrikanische Ministerium für Kunst und Kultur oder das Ministerium für Bildung[43], vereinbaren Richtlinien, die definieren, welche Themen im offiziellen Kanon der kultur-historischen Darstellungen über die Vergangenheit in Museen oder anderen Medien für die Öffentlichkeit aufbereitet werden. Die Ergebnisse bilden eine offizielle Vergangenheitskonstruktion, die wiederum die Funktion hat, den Nationalstaat zu legitimieren.

Aleida Assmann betrachtet dieses Konstrukt eines kulturellen Funktionsgedächtnisses vornehmlich auf der Ebene der Erinnerungsproduktion im Kontext historischer Ereignisse. Ich will das kulturelle Funktionsgedächtnis in meiner Analyse mit der Ideologiedefinition von Nicos Poulantzas zusammendenken. Er schreibt:

> „Die Ideologie besteht nicht nur aus einem System von Ideen oder Vorstellungen: sie betrifft auch eine Reihe von materiellen Praktiken, Bräuchen, Sitten, Lebensstil und vermischt sich so wie Zement mit der Gesamtheit der gesellschaftlichen Praktiken, inklusive der politischen und ökonomischen Praktiken."[44]

Immanuel. *Rasse, Klasse, Nation. Ambivalente Identitäten.* Übers. Michael Haupt, Ilse Utz. 2. Aufl. Hamburg: Argument Verlag, 1998.

42 Assmann, Aleida. *Erinnerungsräume. Formen und Wandlungen des kulturellen Gedächtnisses.* 3. Aufl. München: C. H. Beck, 2006. S. 137.

43 Das Bildungsministerium wurde in der Legislaturperiode 2009-2013 in zwei Ministerien unterteilt: das Department of Basic Education und das Department of Higher Education and Training.

44 Poulantzas, Nicos. *Staatstheorie.* Hamburg: VSA Verlag, 1978. S. 26. Zitiert nach: Candeias, Mario. *Neoliberalismus – Hochtechnologie – Hegemonie. Grundrisse einer transnationalen kapitalistischen Produktions- und Lebensweise. Eine Kritik.* Hamburg: Argument Verlag, 2004. S. 54.

Mario Candeias schlussfolgert, dass wirksame ideologische Praktiken in gesellschaftlichen Verhältnissen notwendigerweise auch materielle sind und damit nicht im Gegensatz zu ideologischen stehen.[45] Dabei geht es mir nicht darum, das wahre Leben zu suchen und dementsprechend meine Analysen als Wahrheitsproduktion zu verstehen. Ich will jedoch den möglichen Konfliktlinien und der spezifischen Wissensproduktion in hegemonialen Strukturen an Erinnerungsorten von nationaler Bedeutung nachgehen. Denn das Festgelegte ist nur tendenziell eindeutig und vor allem umstritten. Wie ich am Beispiel von Sharpeville zeigte, konkurrieren in Südafrika unterschiedliche politische Gruppen um die Symbole der Hoffnung. Die Konkurrenz geht einher mit dem Anspruch auf Macht und Hegemonie. Die offizielle Geschichte einer Nation unterliegt immer auch einem Konkurrenzkampf um die hegemoniale Deutungsmacht. Innerhalb des nationalen Kollektivs gibt es unterschiedliche ‚Wir'-Gruppen, die ihre Interessen lobbyistisch in den einzelnen Staatsinstitutionen vertreten.

Diese gesellschaftlichen Konfliktmöglichkeiten begreift Candeias unter Rückgriff auf Theorien Louis Althussers, Antonio Gramscis und Nicos Poulantzas' als grundlegend Widersprüche erzeugend.[46] Mit Althusser spricht er von einer „spezifischen Verbindungsweise von Elementen im Sinne eines Verhältnisses der Verhältnisse". Das bilde die „Matrix der Produktionsweise"[47]. Die Produktionsweise von sozialen Verhältnissen einer Gesellschaft artikuliere sich in den Instanzen des Ökonomischen, des Politischen und des Ideologischen. Ihre jeweilige Artikulation zeigt sich laut Althusser in historisch spezifischen „Gesellschaftsformationen", deren Wirkungen durch Struktur bedingt seien.[48] Ich untersuche diese spezifischen Ausdrucksformen des Ökonomischen, Politischen und Ideologischen am Beispiel ausgewählter Erinnerungsorte im Nationalstaat der Post-Apartheid. Dementsprechend ist meine Perspektive auf die nationalisierten Legitimierungsprozesse des kulturellen Funktionsgedächtnisses an diesen Orten mindestens eine dreifache. Ich erweitere den von Aleida Assmann geprägten Begriff des kulturellen Funktionsgedächtnisses um das Wort national.

Nation-Building-Prozesse begreife ich zudem als Produktionsweisen von Hegemonie. Wenn Hegemonie prozess- und konflikthaft ist, dann ist es auch Nation-Building. Laut Poulantzas sind die Artikulationen auf politisch-ideologischer Ebene für die Reproduktion der Gesellschaft von Bedeutung. Angewandt auf meinen methodologischen Ansatz, Agenda-Setting und Diskursanalyse mit-

45 Vgl. ebd. Fußnote 96.

46 Vgl. ebd. S. 18ff.

47 Vgl. ebd. S. 19.

48 Vgl. Althusser, Louis; Balibar, Etienne. *Das Kapital lesen*. Reinbek bei Hamburg: Rowohlt, 1972. S. 254. Zitiert nach: Candeias, Mario. *Neoliberalismus – Hochtechnologie – Hegemonie. Grundrisse einer transnationalen kapitalistischen Produktions- und Lebensweise. Eine Kritik*. Hamburg: Argument Verlag, 2004. S. 19.

einander zu verbinden, erscheinen auf der kulturpolitischen Agenda der Erinnerungsorte vor allem die Diskursfragemente, denen eine legitimierende Funktion im Sinne des Aufbaus der Nation zukommen. Diskursanalytisch ist jedoch auch eine Suche nach den Bruchstücken notwendig, die zwar Teil des Diskurses sind, aber eben nicht notwendiger Teil des Funktionsgedächtnisses auf kulturpolitischer Ebene. Dazu will ich die ökonomischen Produktionsbedingungen im südafrikanischen Nationalstaat in den Fokus rücken. Ich schließe mich dementsprechend folgender These von Alain Liepitz an:

> „Eine Gesellschaft als kapitalistisch zu bezeichnen heißt also nicht, sie auf die für den Kapitalismus charakteristischen Verhältnisse zu reduzieren, sondern (…) anzuerkennen, dass ein großer Teil des gesellschaftlichen Lebens um die Reproduktion dieser Verhältnisse herum organisiert wird.“[49]

Ich werde also analytisch mit dem Begriff national-kulturelles Funktionsgedächtnis arbeiten, um darstellen zu können, welche Artikulationen auf der öffentlichen Agenda an staatlich geförderten Erinnerungsorten lesbar werden. Meine These lautet, dass die gesetzten Themen im Dienste des Nation-Building stehen. Sie haben die Funktion, Zugehörigkeit zum Nationalstaat über Identifizierungsmöglichkeiten herzustellen.

Von inoffiziellen Erzählungen und Leerstellen: das Speichergedächtnis

Hinter der offiziellen Version der Geschichtsdarstellung gibt es auch immer ein Mehr an Informationen, das das Potenzial weiterer Auseinandersetzungen und Gegendiskurse birgt: das Nichtdargestellte oder Nichterinnerte in gesellschaftlich-kulturellen Praxen der Erinnerung. Beides ist Teil des Speichergedächtnisses. Das Speichergedächtnis ist laut Assmann neben dem Funktionsgedächtnis der zweite Modus von Erinnerung, dessen Aufgabe nicht darin bestünde, „Identität zu fundieren“. [50] Es enthalte mehr Erinnerungen als das Funktionsgedächtnis, die wiederum Ressourcen für Veränderungsprozesse und Korrektiv aktueller Funktionsgedächtnisse seien.[51] Dieses figurative Archiv ermöglicht demnach

49 Liepitz, Alain. „Akkumulation, Krisen und Auswege aus der Krise. Einige methodische Überlegungen zum Begriff der ‚Regulation‘.“ *Prokla* 58 (1985). S. 109-137. Zitiert nach: Candeias, Mario. *Neoliberalismus – Hochtechnologie – Hegemonie. Grundrisse einer transnationalen kapitalistischen Produktions- und Lebensweise. Eine Kritik.* Hamburg: Argument Verlag, 2004. S. 24.

50 Vgl. Assmann, Aleida. *Erinnerungsräume. Formen und Wandlungen des kulturellen Gedächtnisses*. 3. Aufl. München: C. H. Beck, 2006. S. 137.

51 Vgl. ebd. S. 140.

Transformationen in Orientierungen und Werten. Das nicht offiziell Erinnerte findet hier seinen Platz, insofern Interesse und die Möglichkeiten bestehen, dissidentische Diskurse, Informationen, Betrachtungen aufzubewahren.[52]

Allerdings gestaltet sich die Praxis für diejenigen, die marginalisierte Diskurse innerhalb der Gedächtnismobilisierung führen, schwieriger, da „[d]ie Vermittlungsträgerinnen und -träger, die mithilfe von kulturellen Mobilisierungen versuchen, kulturelle Codes zu verändern, Symbole mobilisieren können [müssen]“[53]. Dazu ist es notwendig, Öffentlichkeit herzustellen. Einen leichteren Zugang haben diejenigen, die sich in den hegemonialen Diskursen bewegen. So werden auch ihre Sprechakte eher gehört und können sich mit der ihnen zur Verfügung stehenden Macht einfacher materialisieren und somit Normierungen herausbilden.[54] Gegendiskurse sind auch in Südafrika und vor allem aufgrund der bereits heterogenen Widerstandsbewegungen während der Apartheid Teil gesellschaftlicher Auseinandersetzungen um Erinnerungspolitiken. Die Vision von einer Post-Apartheid-Gesellschaft war keineswegs eindeutig und homogen. Diese Perspektive wird dann interessant, wenn die Erinnerungen derjenigen in den Blick kommen, die gegen die Apartheid kämpften, ein egalitäreres Südafrika wollten und nicht Teil der Elite geworden sind (vgl. Kap. 5). In Bezug auf dissidentische Sprechakte lässt sich also fragen, inwieweit sie in die offiziellen Erinnerungen – in die publizierte Geschichte – gelangen können.

Zwischenfazit: konflikthafte Erinnerungen und begrenztes Funktionsgedächtnis

Es lässt sich feststellen, dass es mehr Erinnerungen gibt als die offiziellen. Damit bleibt die Konstruktion eines kulturellen, nationalstaatlichen Funktionsgedächtnisses durch Kulturpolitik abhängig von den gegenwärtigen dominanten politisch-kulturellen Interessen. Geschichtsschreibung als Bestandteil der neuen Ordnung und der sortierten Erinnerung des Funktionsgedächtnisses innerhalb des kollektiven Gedächtnisses dient somit der Bindung und Festigung der nationalen, imaginierten Gemeinschaft.

Maurice Halbwachs schreibt: „(...) es gibt kein mögliches Gedächtnis außerhalb derjenigen Bezugsrahmen, deren sich die in der Gesellschaft lebenden

52 Mehr zu der Funktion von Speichergedächtnissen vgl. Assmann, Aleida. *Erinnerungsräume. Formen und Wandlungen des kulturellen Gedächtnisses.* 3. Aufl. München: C. H. Beck, 2006. S. 140ff. Niethammer, Lutz. *Kollektive Identität. Heimliche Quellen einer unheimlichen Konjunktur.* Reinbek bei Hamburg: Rowohlt, 2000. S. 314ff.

53 Auga, Ulrike. *Intellektuelle – zwischen Dissidenz und Legitimierung. Eine kulturkritische Theorie im Kontext Südafrikas.* Münster, Berlin: LIT Verlag, 2007. S. 16.

54 Vgl. Butler, Judith. *Haß spricht. Zur Politik des Performativen.* Frankfurt/M.: Suhrkamp, 2006.

Menschen bedienen, um ihre Erinnerungen zu fixieren und wiederzufinden."[55] Die Ordnung der sozialen Beziehungen und ihre Wissensproduktion, die sich hegemonial im Funktionsgedächtnis durchsetzt und (dissidentisch) im Speichergedächtnis bewahrt wird, schreiben die Geschichte der Vergangenheit aus Sicht der Gegenwart. Deshalb stellten u. a. Aleida Assmann, Walter Benjamin und Maurice Halbwachs fest, dass es sich immer um eine Rekonstruktion bei der Betrachtung von Gedächtnis handelt. Im besten Falle findet man eine Annäherung an die Vergangenheit – Leerstellen inklusive.[56] Diese Leerstellen entstehen nicht nur durch zeitliche und räumliche Veränderungen in der Produktionsweise, sondern auch auf der Ebene der Sprache durch den Abstand zwischen Signifikat und Signifikant[57] – dem Zeichen und dem Bezeichneten. Dementsprechend will ich jetzt meine methodologischen Ausgangspunkte skizzieren.

Methodologisches

Die Wissensproduktion von Nationalgeschichte an Orten der Erinnerung aus kulturwissenschaftlicher Perspektive erfordert es, meine methodologischen Zugriffe zu erläutern. Als Kommunikationswissenschaftlerin, die im Fach Kulturwissenschaft ihre Dissertation verfasste, habe ich mich für einen transdisziplinären Forschungszugang entschieden, um diverse Methoden hinsichtlich der Konstruktionsversuche von national-kulturellem Gedächtnis kombinieren zu können. Für meinen Forschungsgegenstand national-kulturelles Funktionsgedächtnis ist ein Zugang aus verschiedenen Richtungen hilfreich, um gesellschaftliche Praxen, institutionelle Verwobenheiten und Brüche aufzeigen zu können. Im Anschluss an die Argumentation von Sabine Hark[58] will ich die gesetzten disziplinären Grenzen von Kulturwissenschaft und von Publizistik- und Kommunikationswissenschaft überschreiten. Beide Disziplinen stehen im Austausch mit anderen Wissenschaftsbereichen. Meinen Zugang erweitere ich vornehmlich um Theoriekonzepte aus den Gender Studies, der Politikwissenschaft und der Arbeits- und Organisationspsychologie.

---

55 Halbwachs, Maurice. *Das Gedächtnis und seine sozialen Bedingungen.* Frankfurt/M.: Suhrkamp, 1985 (1925). S. 121.

56 Vgl. ebd. S. 132. Assmann, Aleida. *Erinnerungsräume. Formen und Wandlungen des kulturellen Gedächtnisses.* 3. Aufl. München: C. H. Beck, 2006. S. 29. Benjamin, Walter. *Gesammelte Schriften.* Bd. 1. Hg. Rolf Tiedemann. Frankfurt/M.: Suhrkamp, 1980. S. 1238.

57 Vgl. Prange, Regine. *Der Verrat der Bilder. Foucault über Magritte.* Freiburg im Breisgau: Rombach, 2001.

58 Vgl. Hark, Sabine. „Magical Sign. On the politics of inter- and transdisciplinarity." *Graduate Journal of Social Science* 4.2 (2007). S. 11-33.

Zwei Forschungsstrategien sind in meinem Vorgehen zentral: Die erste verbindet den Begriff der Wissensproduktion mit der Diskursanalyse Foucaults. Die zweite Forschungsstrategie verknüpft Diskursanalyse mit Agenda-Setting, einem Ansatz aus der Medienwirkungsforschung. Wie die Inhalte beider Forschungsstrategien miteinander konzeptionell verbunden werden können, will ich im Folgenden darstellen.

Ich leite mein Verständnis von Wissensproduktion von Foucaults Begriff der Genealogie ab. Foucault bestimmt Genealogie als die fortwährende Produktion von Geschichte und von Subjekten[59] – im Gegensatz zum Versuch von Nationalstaaten, Ereignisse oder Identitäten in ihrer nationalen Dimension festzuschreiben und eine bestimmte Erzählung über ein spezifisches Wissen zu legitimieren, um Stabilität herzustellen.[60] Im Anschluss an Foucault halte ich die Vorstellung von einer fixierbaren Identität für wenig angemessen im Verständnis eines fortwährenden Prozesses der Auseinandersetzung verschiedener gesellschaftlicher Akteure und Akteurinnen in Bezug auf die Deutungshoheit über Erinnerungen, Orte, Sprache etc. Vielmehr will ich nach Antworten auf die Frage suchen, wie in den Jahren von 2009 bis 2011 Zugehörigkeit zum Nationalstaat nach der Apartheid an den ausgewählten Erinnerungsorten konstruiert wurde. Ich betrachte den Begriff der Wissensproduktion als geeignet, Diskurse und Gegenstandsbereiche als Herstellungsprozesse von gesellschaftlichen Verhältnissen zu fassen. Geschichte ist eine Form von Wissensproduktion; Wissensproduktion ist eine historische Verlaufsform.

Eine Analyse der Erinnerungsorte von nationaler Bedeutung ermöglicht, nationale Geschichtsschreibung in Südafrika nach der Apartheid zu perspektivieren. Ihre Inhalte können Aufschluss über die heutigen kulturpolitischen Prämissen in der Auslegung von Vergangenheiten geben. In die Ausstellungsagenden schreiben sich gegenwärtige Nation-Building-Prämissen ein.

Kulturpolitisches Agenda-Setting in diskursiven Erinnerungsräumen

Von Vergangenheiten zu erzählen, heißt auch immer, aus Vergangenheiten auszuwählen. Wie die Erzählungen an den jeweiligen Orten von erinnerungspolitischer Bedeutung strukturiert sind, kann mit dem Ansatz des Agenda-Setting erfasst werden.

59 Foucault leitet sein Begriffsverständnis von Nietzsche ab. Vgl. Foucault, Michel. „Nietzsche, die Genealogie, die Historie.“ *Dits et Ecrits. Schriften.* Band II. 1970-1975. Hg. Daniel Defert, François Ewald, Jacques Lagrange.Frankfurt/M.: Suhrkamp, 2002.

60 Vgl. ebd. S. 179.

In der Medienwirkungsforschung hat sich das Agenda-Setting-Konzept als Forschungsansatz etabliert.[61] Die Agenda umfasst laut Rogers und Dearing: „(...) a set of issues that are communicated in a hierarchy of importance at a point of time.“[62] Analysiert wird die Thematisierungs- und Strukturierungsfunktion von Massenmedien. Themen werden aufgegriffen, dargestellt und kommentiert. Dabei birgt ein Thema soziales und politisches Konfliktpotenzial, das in den Medien zur Sprache kommt.[63] Mit dem Ansatz des Agenda-Setting lassen sich Wissens- und Vorstellungselemente auf drei Agenden erfassen: der Medien-, der Publikums- und der Politikagenda. Die Medienagenda umfasst Medien im Sinne der Mittler von Informationen. Die Publikumsagenda fokussiert auf die Mediennutzenden als Rezipierende der Medien.[64] Die Politikagenda ist die von politisch Verantwortlichen gesetzte Themenordnung. Meist werden zwei der Agenden miteinander verglichen, um gegenseitige Beeinflussungen festzustellen. Im Unterschied zum Agenda-Setting wird Agenda-Building als strategische Setzung von Themen in der Öffentlichkeit definiert und findet als Forschungsansatz in der Öffentlichkeitsforschung und der Politikwissenschaft Anwendung.[65]

An den Erinnerungsorten als Medien und als Kulturbetriebe verschränken sich Agenda-Setting und Agenda-Building als Prozesse der Wissensproduktion. Dementsprechend will ich zwei Dinge verstehen. Erstens: Wie sind die Narrative an den staatlich geförderten Erinnerungsorten strukturiert? Das heißt: Welche konfliktbezogenen Wissenselemente, die z. B. historisierte Themen, Ereignisse,

---

61 Zur historischen Entwicklung und Kritik der Agenda-Setting-Forschung vgl. Lowery, Shearon; DeFleur, Melvin. *Milestones in Mass Communication Research: Media Effects*. 3. Aufl. New York: Longman, 1995. Dearing, James W.; Rogers, Everett. *Agenda-Setting*. Thousand Oaks: Sage, 1996. Eichhorn, Wolfgang. *Agenda-Setting-Prozesse. Eine theoretische Analyse individueller und gesellschaftlicher Themenstrukturierung*. 2. Aufl. Digitale Ausgabe. 2005. URL: http://epub.ub.uni-muenchen.de/archive/00000734/ (10.11.2010)

62 Dearing, James W.; Rogers, Everett. *Agenda-Setting*. Thousand Oaks: Sage, 1996. S. 2.

63 Die Themen werden im Sinne der „formale[n] Darstellung von Handlungen und Informationen“ gerahmt und durch den Prozess des Framing beschrieben. Vgl. Eichhorn, Wolfgang. *Agenda-Setting-Prozesse. Eine theoretische Analyse individueller und gesellschaftlicher Themenstrukturierung*. 2. Aufl. Digitale Ausgabe. 2005. URL: http://epub.ub.uni-muenchen.de/archive/00000734/ (10.11.2010). S. 13.

64 Die Sichtweisen und Lesarten der Besuchenden einzubeziehen, ist auch Teil von Agenda-Setting, wenn es um die Wirkungen der gesetzten Agenden auf die Rezipierenden geht. Aus diesen Perspektiven ergäben sich relevante Forschungsansätze für Anschlussuntersuchungen zu Konstruktionsprozessen von national-kulturellem Funktionsgedächtnis (vgl. Kap. 5).

65 Vgl. u. a. Cobb, Roger W.; Elder, Charles D. *Participation in American Politics. The Dynamics of Agenda Building*. Baltimore: Johns Hopkins University Press, 1983. Cobb, Roger W.; Ross, Jennie-Keith; Ross, Mark Howard. „Agenda Building as a Comparative Political Process.“ *American Political Science Review* 70 (1976). S. 126-138. Lang, Gladys Engel; Lang, Kurt. „Watergate – an exploration of the agenda-building process.“ *Mass Communication Review Yearbook Vol. 2*. Hg. Cleveland Wilhoit, Harold DeBock. Beverly Hills: Sage, 1981. S. 447-468.

Personen, Orte und Zeiten sein können, werden auf die Agenda des Erinnerungsortes gesetzt? Zweitens: Welche Themen mussten aus Sicht des Museumsmanagements auf die Agenda bzw. in die Erzählung vor Ort und verweisen auf Prämissen aus anderen Gesellschaftsbereichen wie bspw. staatlicher Kulturpolitik in internationalen Kontexten? Mir geht es nicht darum, nach den Wirkungen der Narrative auf die Museumsbesuchenden zu fragen, also ob die Besuchenden die gesetzten Themen für/wahr/nehmen.[66] Vielmehr werde ich die Agenda-Setterinnen und Agenda-Builder in das Zentrum meiner Analyse stellen, um die Produktionsweisen hegemonialen Wissens an Erinnerungsorten von nationaler Bedeutung darstellen zu können.

Museen oder Erinnerungsorte sind für mich Medien im Sinne der Mittler von Zeichen und damit Orte der Kommunikation. Kommunikation wird sowohl in der Agenda-Setting-Theorie als auch in der Diskurstheorie nach Definitionen, Auswahl, Gewichtungen von Themen bzw. Formationen von Begriffen hin untersucht. Im Agenda-Setting geht es um die direkte Sichtbarkeit von Aussagen. Die Prioritätensetzung wird als Priming bezeichnet.[67] Die Diskursanalyse zielt auf die immanenten Regelhaftigkeiten eines Diskurses, definierbar als „eine genau umrissene systematische Anordnung eines Wissenskorpus".[68] Die Ordnung, so schreibt Ulrike Auga im Foucaultschen Diskursverständnis, ist auf den ersten Blick eher eine Unordnung, da es um die verstreuten Aussagen und Ereignisse gehe, die Veränderungen kennzeichnen.

In den beiden Theoriekonzepten des Agenda-Setting und der Diskursanalyse geht es demnach um das Erfassen von Wissenselementen und deren Systematiken. Der entscheidende Unterschied besteht in den Suchkriterien, um die Wissenselemente zu finden. In der Agenda-Setting-Theorie ist die Suche nach gesetzten Themen, die deutlich erkennbar (salient) und damit verstärkt wahrnehmbar auf der jeweiligen zeitlich begrenzten Agenda stehen, zentral. Es geht also um das sichtbare Ergebnis der Auswahl der Themen und deren Wiederkehr bzw. Dauer der Präsenz auf der jeweiligen Medienagenda. Im Gegensatz zur Diskursanalyse: Hier steht zwar auch das Sagbare in einem zeitlich festgelegten Abschnitt, das „Auftauchen von Aussagen in historischen Formationen"[69], im Blickfeld. Die Aufmerksamkeit zielt jedoch auf den Wandel, die Brüche, das

66 Ein Überblick zu intervenierenden Variablen, die vor allem seit den 1970er-Jahren im Fokus der Forschung stehen, bietet: Eichhorn, Wolfgang. *Agenda-Setting-Prozesse. Eine theoretische Analyse individueller und gesellschaftlicher Themenstrukturierung*. 2. Aufl. Digitale Ausgabe. 2005. URL: http://epub.ub.uni-muenchen.de/archive/00000734/ (10.11.2010). S. 13, 22-31.

67 Vgl. Iyengar, Shanto; Kinder, Donald R. *News That Matters. Television and American Opinion*. Chicago: University of Chicago Press, 1987.

68 Vgl. Auga, Ulrike. *Intellektuelle – zwischen Dissidenz und Legitimierung. Eine kulturkritische Theorie im Kontext Südafrikas*. Münster, Berlin: LIT Verlag, 2007. S. 37.

69 Vgl. Ruoff, Michael. *Foucault-Lexikon*. 2. Aufl. Paderborn: Wilhelm Fink Verlag, 2007. S. 69.

Gestreute und Diskontinuierliche, die wiederum von Foucault auch als Ereignistypen[70] definiert werden. Sie zielt auch auf das, was explizit nicht auf die Agenda kommt, auf die Aussagen, die verhindert werden. Die Suche ist also mindestens eine doppelte: erstens eine Suche nach den Bedingungen der Möglichkeit einer Aussage. Und zweitens in Bezug auf das Ereignis: eine Suche nach dem „Schnittpunkt zwischen zwei Beständigkeiten, zwei Geschwindigkeiten, zwei Entwicklungen, zwei geschichtlichen Linien".[71] Das Ereignis kann nicht losgelöst von gesellschaftlichen Kräfteverhältnissen, von der Kategorie der Macht und deren Vernetzungen analysiert werden. Die Analyse muss, dem Vorschlag Foucaults folgend, Möglichkeitsgesetze und Existenzregeln, benannte Relationen des Gegenstandes und die Analyse des Auftauchens im Feld selbst miteinbeziehen.

Die Kombination Agenda-Setting – die Suche nach dem Offensichtlichen und Wiederkehrenden – und Diskursanalyse – die Suche nach sich überlagernden Diskontinuitäten unterschiedlicher Dauer – bieten theoretisch-konzeptionell die Möglichkeit, sowohl das Augenscheinliche als auch das nicht auf den ersten Blick Erkennbare sichtbar zu machen. In Bezug auf Geschichtsschreibung und Narration lassen sich durch die Anwendung beider Theoriekonzepte, Erinnerungsräume als Knotenpunkte im Geflecht national-staatlicher Praxen beschreiben. Die Analyse ihrer Einbindung in Machtbeziehungen wird möglich.

Erinnerungen als Wissen: Macht Wissen Kritik?

Der Erinnerungsort ist Produktionsstätte von Wissen und ist Archiv, in dem Wissen definiert und gesammelt wird. An diesem Ort werden Entscheidungen getroffen. Als ein staatlich gefördertes Projekt ist der Ort in ein Netzwerk von (staatlichen) Institutionen eingebunden. Wenn die sozialen Bedingungen, Institutionen und Machtverhältnisse Praxen beeinflussen, dann ist auch das nachgelagerte Wissen von den Produktionsbedingungen betroffen. Foucault definiert Wissen als eine „Gesamtheit von Elementen (Gegenständen, Formulierungstypen, Begriffen und theoretischen Entscheidungen)".[72] Wissen ist das Sagbare und damit auch das Wissen über das, was in bestimmten Konstellationen besser nicht gesagt wird.

---

70 Zu den Ereignistypen bei Foucault gehören allerdings auch Ereignisse, die einen Zeitverlauf aufweisen. Das wiederum entspräche den zeitlichen Themenkarrieren, die im Agenda-Setting von Interesse sind.

71 Vgl. Foucault, Michel. „Die Bühne der Philosophie." *Dits et Ecrits. Schriften*. Band III. 1976-1979. Frankfurt/M.: Suhrkamp, 2003. S. 730.

72 Vgl. Foucault, Michel. „Über die Archäologie der Wissenschaften. Antwort auf den Cercle d'épistémologie." *Dits et Ecrits. Schriften*. Band I. 1954-1969. Hg. Daniel Defert, François Ewald, Jacques Lagrange. Frankfurt/M.: Suhrkamp, 2001. S. 921.

Die Wissensproduktion – mit Foucault verstanden als soziale Praxis, die Wissen formt und formiert – wirkt auf die Praxis und umgekehrt. Alles Wissen ist wiederum von Machtbeziehungen konstituiert. Macht bildet die Voraussetzung für Wissen. Was heißt nun Macht in dieser Argumentationskette? Macht ist die „Vielfältigkeit von Kräfteverhältnissen“ und der „Name, den man einer komplexen strategischen Situation in einer Gesellschaft gibt“.[73] In meiner Untersuchung betrachte ich Gouvernementalität als eine bestimmte Form von Macht im Foucaultschen Sinne. Er definiert Gouvernementalität als

> „(...) die Gesamtheit, gebildet aus den Institutionen, den Verfahren, Analysen und Reflexionen, den Berechnungen und Taktiken, die es gestatten, diese recht spezifische und doch komplexe Form der Macht auszuüben, die als Hauptzielscheibe die Bevölkerung, als Hauptwissensform die politische Ökonomie und als wesentliches technisches Element die Sicherheitsdispositive hat.“[74]

Ich fokussiere in diesem Verständnis auf Post-Apartheid-Gouvernementalitätslogiken an Erinnerungsorten von nationaler Bedeutung. Bisheriges geschichtliches Wissen wurde und wird auch an diesen Orten neu hergestellt und machtvoll geordnet. Die Kriterien der Ordnung verändern sich. In das Wissen fließen weitere Perspektiven ein. Die offizielle Wissensordnung folgt heutigen gesellschaftlich-juridisch gültigen Prämissen u. a. im Sinne der Verfassung.

Die Wissensordnungen und die Bedingungen ihrer Produktion an Orten der Erinnerung können allein über die Analyse der Ausstellungssettings nicht ausreichend erfasst werden. Zusätzlich müssen meiner Ansicht nach die Entscheidungsträger und -trägerinnen betrachtet werden. Sie besitzen nicht die alleinige Macht, das stünde im Widerspruch zur relationalen Macht und ihrer Prozesshaftigkeit. Aber ihr Status und die dazugehörigen Kräfteverhältnisse, die Institution, für die sie arbeiten und sprechen, und die ihnen zugewiesenen Entscheidungsbefugnisse sind wichtige Anhaltspunkte, um die Wissensproduktionen und deren Bedingungen vor Ort in ihrer Komplexität zu analysieren. Sie gestalten Bildungsprozesse und besitzen ein gewisses Maß an Entscheidungsmacht über Tätigkeiten wie Sammeln, Archivieren und Ausstellen. Das Management trifft auch Personalentscheidungen und ist an Sicherheitspolitiken vor Ort beteiligt. Mit dem Blick auf ihre institutionelle Anbindung an staatliche Ministerien und Ge-

---

73 Foucault betrachtet in seinen Schriften ganz unterschiedliche Aspekte von Macht und unterscheidet verschiedene Machttypen z. B. die Pastoral-, Bio- oder Disziplinarmacht. Vgl. Foucault, Michel. „Der Wille zum Wissen.“ *Michel Foucault. Die Hauptwerke.* Hg. Axel Honneth, Martin Saar. Frankfurt/M.: Suhrkamp, 2008. S. 1098.

74 Foucault, Michel. „Die ‚Gouvernementalität‘.“ *Dits et Ecrits. Schriften.* Band III. 1976-1979. Hg. Daniel Defert, François Ewald, Jacques Lagrange. Frankfurt/M.: Suhrkamp, 2003. S. 820.

setze werden die Ordnungsweisen auch von hegemonialen, nationalstaatlichen Prinzipien und normierten Logiken bewegt, die infrage gestellt werden können.

Machtverhältnisse sind jedoch weder statisch noch gelingt eine totale Kontrolle (vgl. Kap. 1.1). So ist es notwendig, Wissensformationen als Ergebnis historischer Auseinandersetzungen zu begreifen. Das Wissen in den Narrativen beansprucht, allgemeingültig und selbstverständlich zu sein. An den Erinnerungsorten stehen philosophisch-politische Begriffe wie Freiheit und Menschlichkeit neben einer alltäglichen Praxis von Effizienzbestrebungen in den organisatorischen Abläufen des Erinnerungsortes. Erinnerungsorte in Südafrika sind Teil des staatlich-kulturellen Nation-Building mit der Prämisse history as heritage. Erinnerungen werden in Wert gesetzt. Der Erinnerungsort ist Kulturbetrieb und Produktionsstätte innerhalb der heutigen kapitalistischen und demokratischen Gesellschaft. Trotz staatlicher Unterstützung sind finanzielle Sorgen Alltag (vgl. Kap. 3.2). Wissen über solche Abhängigkeiten ermögliche Kritik. Das sei, so Foucault, der entscheidende Unterschied zwischen Wissen und Macht.[75]

In Südafrika führt die staatliche Maxime history as heritage zu Konflikten zwischen Begriffsdeutungen: Wenn Geschichte das Definiendum ist, hat Geschichte auch ein Definiens, also eine Präzisierung? Was genau meint der Begriff in konkreten Praxen? Geschichte wurde seit der Kolonialisierung des Landes mit Objektivität gleichgesetzt. Die Definitionsmacht lag meist bei Historikern: Geschichte schrieben ‚Weiße'. Deshalb galt sie als wissenschaftlich im Sinne von unvoreingenommen und professionell – verortet an Universitäten, zu denen vor allem wohlhabende ‚Weiße' uneingeschränkten Zugang hatten. Demgegenüber wurden Erinnerungen im Sinne von mündlichen Erzählungen als subjektiv betrachtet. Aus individueller Sicht erzählte Lebensgeschichten, so beschreibt es der Historiker Ciraj Rassool, stellten damals keine Geschichte dar.[76] Das ‚Ich' habe sie, so Rassool, fehlerhaft, unvollständig, einseitig etc. gemacht.

Die Diskursanalyse entzieht dieser Betrachtung ihre Gültigkeit. Rassool zeigt, wie stark persönliche Aussagen Teil von diskursiven Praktiken sind und damit Teil von Geschichte, verstanden als Veränderungen und Ereignisse. Wie bereits ausgeführt, können Ereignisse auch Aussagen sein. Eine ‚Ich'-Aussage kann Hinweise auf Veränderungen und Ereignisse geben. Sie kann als Aussage über ihre Beziehungen im Diskurs gelesen werden: Wenn ein Mensch aus seinem Leben erzählt, gibt die Sprache Hinweise auf soziale Verhältnisse, auf die

75 Vgl. Foucault, Michel. „Strukturalismus und Poststrukturalismus." *Dits et Ecrits. Schriften.* Band IV. 1980-1988. Hg. Daniel Defert, François Ewald, Jacques Lagrange. Frankfurt/M.: Suhrkamp, 2005. S. 552.

76 Vgl. Rassool, Ciraj. „Power, knowledge and the politics of public pasts." *Reconciliation and the work of Memory in post-Apartheid South Africa: a Dialogue.* Houghton: Nelson Mandela Foundation, 02.-03.04.2009. URL: http://www.nelsonmandela.org/images/uploads/PAPER_-_RASSOOL.pdf (28.04.2011). S. 3f.

Bedingungen ihrer Existenz und auf das Umfeld, in dem die Äußerungen möglich waren. Dementsprechend verweisen die Aussagen auf Machtbeziehungen, die Sprache als soziale Praxis durchziehen. Eine Aussage in einer Erzählung bspw. eines Tourguides besteht demnach aus mehreren Schichten, die miteinander verwoben sind. Eine Objektivität im Sinne eines gleichen Verständnisses von Sprache durch alle Personen ist somit nicht gegeben. Der Anspruch, dass Geschichte Wahres spreche, Erinnerungen jedoch nicht, wird aufgehoben. Wahrheit kann nur relativ betrachtet werden. So hängt ‚Wahrheit' von Regeln eines spezifischen historischen Zeitabschnitts ab, die anerkannt werden müssen. Die Anerkennung wiederum interferiert mit einem machtvollen Denksystem, das Ordnungsregeln rechtfertigt und Gesetze, die von Menschen gemacht wurden, als Naturgesetze ausgibt. Mike Laufenberg spricht von einer „Ökonomie der Wahrheit (...), in welcher Wahrheit stets als Ressource und Einsatz politischer Kämpfe und sozialer Konflikte fungiert".[77] Geschichte muss demnach zum Plural werden: Geschichten zu erzählen, ist umkämpft (siehe die Auseinandersetzung um den 21. März zwischen ANC und PAC). Geschichten zeigen Widersprüche und Brüche. Abseits der Suche nach der Kontinuität, trage Kritik zur „Auflösung von Normalismen, logisch erscheinenden Artikulationen, Ordnungen, Identitäten" bei.[78]

An den Orten der Erinnerung soll Nationalgeschichte erzählt werden. Räume entstehen, die Erinnerungen ordnen und Vorstellungen von einer vollkommenen Nation aufrufen. Welchen Raumbegriff ich meinen Analysen der Erinnerungsorte zugrunde lege, soll im folgenden Abschnitt geklärt werden.

Heterotopie in Räumen der Erinnerung

Die Verräumlichung von Erinnerungen und Sprache will ich mit einem relationalen Raumbegriff analysieren. Martina Löw definiert Raum als „eine relationale (An)Ordnung sozialer Güter und Menschen an Orten"[79]. An Erinnerungsorten entstehen Räume also abhängig von den An-/Ordnungen[80] der sozialen Güter[81]

77 Vgl. Laufenberg, Mike. „Der Preis der Wahrheit. Michel Foucaults Wissenschaftskritik und die Politik post-souveräner Wissenschaften." *Erkenntnis und Kritik. Zeitgenössische Positionen.* Hg. Devi Dumbadze, Johannes Geffers, Jan Haut, Arne Klöpper, Vanessa Lux, Irene Pimminger. Bielefeld: transcript, 2009. S. 75.

78 Vgl. Demirović, Alex. „Leidenschaft und Wahrheit. Für einen neuen Modus der Kritik." *Kritik und Materialität.* Hg. Alex Demirović. Münster: Westfälisches Dampfboot, 2008. S. 26.

79 Löw, Martina. *Raumsoziologie*. Frankfurt/M.: Suhrkamp, 2001. S. 271.

80 Im Folgenden werde ich aufgrund der Einheitlichkeit meiner gewählten Ordnung diesen Begriff mit Schrägstrich schreiben.

und abhängig von den Menschen vor Ort. Soziale Güter oder das Verhalten von Menschen verbinden sich mit Erfahrungen, persönlichen Erinnerungen und Erzählungen: Räume und Atmosphären entstehen.

Raum wird zudem hergestellt. Produktion von Raum bedeutet Reproduzieren von räumlichen Regeln: Ein Raum entsteht an einem anderen Ort aufgrund ähnlicher gesellschaftlicher Normen. Dieses Spacing, wie es Löw nennt, reproduziert nicht nur Raum, sondern auch gegenwärtig gültige Klassifizierungen, Rassifizierungen, Vergeschlechtlichungen, Normierungen sexueller Orientierung etc. Löw spricht somit von einer Dualität des Raumes: Raum strukturiere Handeln und werde im Handeln generiert und produziert.[82] Es gibt demnach auch räumliche Regeln eines Erinnerungsortes, die an identitäre Kategoriestrukturen wie ‚gender' oder ‚class' gebunden sind.

Kategorisierungen[83] des Individualkörpers wie Rassifizierung, Milieuzuordnung, Vergeschlechtlichung sind nur drei Herstellungspraxen, die in Kombination mit politischen Werten eine Imagination des südafrikanischen Kollektivkörpers hervorrufen. Christina von Braun schreibt im Anschluss an Benedict Anderson, dass viele Gruppen sich als ein Ganzes vorstellen. Der Kollektivkörper soll sowohl unsterblich als auch begrenzend sein.[84] Analogien von individuellem und kollektivem Körper finden sich auch in Konzepten von Nationalstaaten. Wie der Nationalkörper durch die Prämisse Nation-Building an Erinnerungsorten konstruiert wird, ist eine der Hauptfragen dieser Fallstudie. Martina Löw charakterisiert die Beziehung zwischen Ort und Raum folgendermaßen:

> „Die Konstitution von Raum bringt systematisch Orte hervor, so wie Orte die Entstehung von Raum erst möglich machen. Der Ort ist somit Ziel und Resultat der Plazierung (!). An einem Ort können verschiedene Räume entstehen, die nebeneinander sowie in Konkurrenz zueinander existieren bzw. in klassen- und geschlechtsspezifischen Kämpfen ausgehandelt werden."[85]

---

81 Soziale Güter definiert Löw nach Kreckel als „(...) Produkte gegenwärtigen und vor allem vergangenen materiellen und symbolischen Handelns". Zitiert nach: Löw, Martina. *Raumsoziologie*. Frankfurt/M.: Suhrkamp, 2001. S. 153.

82 Vgl. ebd. S. 244.

83 Zur Kritik der Praxis von Kategorisierungen und deren Binaritätenproduktion: vgl. Lorey, Isabell. „Kritik und Kategorie. Zur Begrenzung politischer Praxis durch neuere Theoreme der Intersektionalität, Interdependenz und Kritischen Weißseinsforschung." *Kritik und Materialität.* Hg. Alex Demirović. Münster: Westfälisches Dampfboot, 2008. S. 142ff.

84 Vgl. Braun, Christina von. *Versuch über den Schwindel. Religion, Schrift, Bild, Geschlecht.* Zürich, München: Pendo, 2001. S. 291, 302f., 317ff.

85 Löw, Martina. *Raumsoziologie*. Frankfurt/M.: Suhrkamp, 2001. S. 271f. Vgl. auch Massey, Doreen. „Places and Their Pasts." *History Workshop Journal* 39 (1995). S. 182-192.

Wenn ich von mehreren Räumen an einem Ort schreibe, dann können diese Räume nur entstehen, weil es verschiedene Lesarten des Museumssettings gibt und weil unterschiedliche Interaktionen zwischen den Menschen vor Ort entstehen. Wirklichkeit, so Gabriele Dietze, werde nicht von allen gleich erfahren: „Menschen mögen sich an einem Platz, in einer Nation aufhalten und trotzdem nicht denselben ‚sociohistorical space' bewohnen (vgl. Chow 1991: 93)."[86] Demnach gibt es mehrere Sichtweisen auf das Materielle am Ort, mehrere Lesarten des Dargestellten. Einerseits bringen also die Besucher und Besucherinnen ihre Sozialisationen mit und nehmen kulturelle Deutungen vor. Die Lesarten der Exponate können u. a. durch die Rolle während der Apartheid differieren: Jemand, der ‚weiß' ist und nicht gegen die Apartheid opponierte, wird nach dem Offenlegen der Verbrechen dieser Zeit andere Gefühle gegenüber einem Ausstellungsobjekt wie dem Militärfahrzeug Casspir im *Apartheid Museum* hegen als ein Mensch, der z. B. in Soweto mit einem solchen Symbol der Gewalt konfrontiert war. Persönliche Erinnerungen werden wichtig, weil sie Zustimmung oder Widerspruch auslösen können. Vom Erinnerungsort angebotene Identifikationsmöglichkeiten schaffen atmosphärische Nähe und Räume der Zugehörigkeit, die alle einen Bezug zur Nation aufweisen.

Andererseits nutzen Angestellte und Architekturbüros soziale Güter wie Erinnerungen, um Räume und Atmosphären entstehen zu lassen. Sie achten im Designprozess darauf, dass Menschen Materialität spüren[87]: Die Positionierung von Musik, die Auswahl der Lieder, das Anbringen von Lichtquellen und Nationalflaggen, Formen und Farben der Architektur, Wegführungen, der Einsatz von Tourguides und Sicherheitspersonal, soziale Interaktionen zwischen Besuchenden und Angestellten sind nur einige Aspekte, die Raum bedingen. So entwirft das Management zusammen mit Architekten und Architektinnen, Interessensgruppen und den Verantwortlichen im Kulturministerium Gestaltungselemente und Narrative. Sie definieren die Materialität des Ortes, der sich auf diverse Zeiten und andere Orte in seiner Erzählung bezieht.

Dementsprechend häufen sich Bezüge auf Zeiten und Orte – an einem realen Ort innerhalb eines definierbaren Zeitabschnitts. Foucault bezeichnet das Zusammenkommen von verschiedenen Orten und Zeiten als Heterotopie. In seinem Aufsatz „Von anderen Räumen" umfasst der Begriff Heterotopie für ihn

86 Dietze, Gabriele. „Intersektionalität und Hegemonie(selbst)kritik." *Transkulturalität. Gender- und bildungstheoretische Perspektiven.* Hg. Wolfgang Gippert, Petra Götte, Elke Kleinau. Bielefeld: transcript, 2008. S. 30.

87 Vgl. Lorenz, Claudia. *Atmosphäre. Eine praktische Annäherung an den ästhetischen Begriff Gernot Böhmes am Beispiel des Museums für Moderne Kunst Frankfurt am Main.* 1999. URL: http://www2.hu-berlin.de/museumspaedagogik/forschung/lorenz/atmosphaere.html (14.03.2010). S. 3ff.

„(...) reale, wirkliche, zum institutionellen Bereich der Gesellschaft gehörige Orte, die gleichsam Gegenorte darstellen, tatsächlich verwirklichte Utopien, in denen die realen Orte, all die anderen realen Orte, die man in der Kultur finden kann, zugleich repräsentiert, in Frage gestellt und ins Gegenteil verkehrt werden.“[88]

Der Alltagsort Museum birgt Alltagspraxen und Gegenorte zum Alltag zugleich (vgl. Kap. 2.1.2.1). An ihm entstehen in Relation zur temporären Ordnung heterotope Erinnerungsräume, die sowohl Vergangenes als auch Zukünftiges in der Gegenwart verbinden. So kann gefragt werden, wie (staatlich) finanzierte Erinnerungsorte nicht nur wirklich, sondern auch wirksam, affektiv und effektiv, sein können.[89]

Orte der Erinnerung als zentrale Elemente des Nation-Building

In Südafrika gibt es eine Vielzahl an neuen Museen und historisierten Orten. Um Macht und Wissen in Nation-Building-Prozessen analysieren zu können, habe ich vier Erinnerungsorte ausgewählt, die alle aufgrund von Post-Apartheid-Gesetzen umstrukturiert oder neu geschaffen wurden: *Constitution Hill*, *Robben Island Museum*, *Apartheid Museum* und *Freedom Park*.

Alle Orte sind rechtlich einer Verwaltung und Kontrollinstanz zugeordnet. *Constitution Hill* und *Freedom Park* sind legacy projects, deren Verwaltung dem Kunst- und Kulturministerium obliegt. Das *Robben Island Museum* ist dem derzeitigen Kultusminister zur Berichterstattung verpflichtet. Als National Heritage Site unterliegt es der Kontrolle der South African Heritage Resources Agency (SAHRA). Das *Apartheid Museum* ist kein staatliches Projekt, aber aufgrund eines Gesetzes entstanden, das die Vergabe von Kasinolizenzen regelt. Da es eine Section 21 company ist, darf es keinen Gewinn machen. Staatliche Ministerien wie das Kultur- oder Bildungsministerium subventionieren Sonderausstellungen, Besuche von Schulklassen etc. Allen Orten sind also der Nationalstaatsbezug und ein rechtlicher Rahmen gemein. So lässt sich fragen, wie sich Nation-Building-Diskurse am Beispiel von heritage legacy projects formieren. Welche Erzählungen werden als historisches Wissen produziert und wie geordnet?

Freedom Park und das *Apartheid Museum* waren im Gegensatz zum *Robben Island Museum* und *Constitution Hill* keine Gefängnisorte, an denen Verbrechen während der Apartheid begangen wurden. Letztere sind Erinnerungsorte,

88 Foucault, Michel. „Von anderen Räumen.“ *Raumtheorie. Grundlagentexte aus Philosophie und Kulturwissenschaften.* Hg. Jörg Dünne, Stephan Günzel. Frankfurt/M.: Suhrkamp, 2006 (1967). S. 320.

89 Vgl. Foucault, Michel. *Die Heterotopien. Der utopische Körper: Zwei Radiovorträge.* Frankfurt/M.: Suhrkamp. 2005 (1966).

die historisch traumatische Orte gewesen waren und nun als Erinnerungsort für die Bürger und Bürgerinnen des ‚neuen‘ Südafrikas rekonstruiert werden, sowohl für die Täter und Täterinnen als auch für die Opfer. Für die Überlebenden bedeutet Erinnerung die mögliche Verarbeitung erlittenen Unrechts und eine Vergegenwärtigung traumatischer Erfahrungen.

Für die Täter und Täterinnen eröffnet sich die Möglichkeit, die eigene Beteiligung an Verbrechen oder aber ihre Teilhabe an einem rassistischen Unterdrückungssystem zu reflektieren, Verantwortung einzugestehen und ihre Position in der Gesellschaft des heutigen Südafrikas als Konsequenz dieser Auseinandersetzung neu zu bestimmen. Dieser Prozess ist nicht nur schmerzhaft, weil er die eigene ‚Identität‘ ins Wanken bringen kann, sondern ist auch mit dem Verlust der Dominanzposition und damit dem Verlust von Privilegien verbunden. Dementsprechend will ich nach den Erinnerungsangeboten an die unterschiedlichen ‚Wir‘-Gruppen Südafrikas fragen.

Erinnerungsorte – Museen – Medien

Museen und Erinnerungsorte dienen dem kulturellen Gedächtnis als materielle Stützen, die Erinnerungen vergegenständlichen und archivieren. Muttenthaler und Wonisch schreiben: „Museen sind Teil der kulturellen Praktiken, in denen sich Repräsentationsbedürfnisse, individuelle und kollektive Narrationen sowie gesellschaftliche Diskurse und Wissensformen manifestieren.“[90] In Museen, in Erinnerungsorten, sind An-/Ordnungen von Geschichte/n lesbar, die Botschaften transportieren. Mediale Agenden sind Teil von Museen. Als externe Speichermedien thematisieren sie Ereignisse und strukturieren Wissen.[91]

Die Agenden dieser Orte werden von den Ausstellungsmachenden gesetzt und begrenzen visuell die entstehenden Räume. Sowohl die Agenda als auch Visualisierungen sind Ergebnisse alltäglicher und gesellschaftlicher Strukturen:

> „Die Entstehung des Raums ist ein soziales Phänomen und damit nur aus den gesellschaftlichen Entwicklungen heraus, das heißt auch als prozeßhaftes Phänomen, zu begreifen. Raum wird konstituiert als Synthese von sozialen Gütern, anderen Menschen und Orten in Vorstellungen, durch Wahrnehmungen und Erinnerungen, aber auch im Spacing durch Plazierung (!) (Bauen, Vermessen, Errichten) jener Güter und Menschen an Orten in Relation zu anderen Gütern und Menschen. Die Konstitu-

90 Muttenthaler, Roswitha; Wonisch, Regina. *Gesten des Zeigens. Zur Repräsentation von Gender und Race in Ausstellungen*. 1. Aufl. Bielefeld: transcript, 2006. S. 9.

91 Vgl. Assmann, Aleida. *Erinnerungsräume. Formen und Wandlungen des kulturellen Gedächtnisses*. 3. Aufl. München: C.H. Beck, 2006. S. 19. Assmann versteht unter Medien sowohl Bilder und Schrift als auch Körper und Orte.

> tion von Raum (Synthese und Spacing) vollzieht sich im Alltag vielfach in Routinen. Über die repetitiven Handlungen werden räumliche Strukturen rekursiv reproduziert. Räumliche Strukturen sind in Institutionen eingelagert, die durch relationale Plazierungen (!) und das Wiedererkennen bzw. Reproduzieren dieser (An)Ordnungen repetitiv wiederholt werden. Räumliche Strukturen sind eine Variante gesellschaftlicher Strukturen.“[92]

Aus kulturwissenschaftlicher Perspektive lassen sich im Kontext der Agenda-Setting-Theorie folgende Fragen stellen: Welche Themen stehen auf den Agenden der jeweiligen Museen? Welche Perspektiven werden eingenommen? Was stellen die Erinnerungsorte in ihren Ausstellungen dar – in welcher Form? Was ist nicht Bestandteil des ausgewählten Erinnerungsinhaltes? Welcher Rahmen wird geboten, innerhalb dessen sich zahlreiche Anschlusskommunikationen vollziehen?

Muttenthaler und Wonisch stellen fest: „(...), dass Ausstellungen mindestens genauso viel über die jeweiligen gesellschaftlichen Kontexte, in denen sie stattfinden, aussagen, wie über die Kunst und Kultur, die sie zeigen.“[93] Gesellschaftliche Strukturen sind also auch im Museum ausgestellt – möglicherweise nicht auf den ersten Blick lesbar, aber doch als Bedeutungsüberschuss bzw. als Signifikant wahrnehmbar. Das Mehr eines Bedeutungsträgers, eines Signifikats, ist hier mindestens dreifach vorhanden:

Erstens: „Die ausgestellten Objekte stehen dabei niemals nur für sich selbst, sondern weisen immer über sich hinaus auf einen Sinnzusammenhang, stehen für etwas anderes.“[94] Zweitens: „Jedes Statement, jede Repräsentation schließt in diesem Rahmen andere Varianten aus, aber das, was gezeigt wird und das, was unsichtbar bleibt, ist unlösbar miteinander verbunden.“[95] Und drittens:

> „Museale Repräsentationen sind immer auch Ausdruck dessen, wie eine Gesellschaft historische Ereignisse und kulturelle Phänomene ‚verarbeitet‘. Damit ist ein Kernbegriff der Psychoanalyse, das Unbewusste, bei der Ausstellungsanalyse von Bedeutung. Denn gerade in den nicht-beabsichtigten Botschaften kommen gesellschaftliche Übereinkünfte oder Konflikte gleichsam symptomatisch zum Tragen.“[96]

Meine Analyse der Repräsentationen an den Erinnerungsorten unter dem Fokus nationalisierter Narrative will ich im 2. Kapitel ausführlich darstellen.

---

92 Löw, Martina. *Raumsoziologie*. Frankfurt/M.: Suhrkamp, 2001. S. 263.

93 Muttenthaler, Roswitha; Wonisch, Regina. *Gesten des Zeigens. Zur Repräsentation von Gender und Race in Ausstellungen*. 1. Aufl. Bielefeld: transcript, 2006. S. 22.

94 Ebd. S. 39.

95 Ebd. S. 13.

96 Ebd. S. 43.

Qualitatives Forschungsdesign

Die dargestellten theoretischen Zugänge – Transdisziplinarität, Agenda-Setting, Diskursanalyse, Raumtheorien nach Foucault und Löw – zu meinem Forschungsgegenstand sollen nun durch die Beschreibung der einzelnen Methoden und Auswertungsschritte operationalisiert werden. Dafür werde ich zunächst meinen Zugang zu den zentralen Dimensionen der Analyse skizzieren und anschließend die zwei zentralen Stränge meiner Analyse der Orte darlegen. Zur Analyse der Architektur, der Ausstellungssettings und der Ikonografien nutzte ich die Ansätze des Agenda-Setting und der Diskursanalyse, um die zur Materialität gewordenen Vorstellungen von Erinnerung und Nation zu erschließen. Die An-/Ordnungen vor Ort nahmen Akteure und Akteurinnen vor, die damit konkrete Absichten verbanden. Mit einigen Angestellten des Museumsmanagements führte ich Interviews, um ihre Erklärungen zur Wahl der Narrative hörbar zu machen. Hier beziehe ich mich auch auf den Forschungsansatz *Research Up*, der hier doppelt zu verstehen ist.[97] Bezogen auf die Akteursebene richte ich den Blick auf Entscheidungsbevollmächtigte. Im Sinne des Verhältnisses zwischen Mikro- und Makroebene verstehe ich diese Akteurinnen und Akteure zudem als Mittler zwischen nationalen und lokalen Gouvernementalitätspolitiken an Erinnerungsorten. Die Kombination verschiedener Methoden soll meinem Verständnis von Erinnerungsorten als Orte der Wissensproduktion und regulierter Ordnungsweisen in staatlichen Nation-Building-Prozessen Rechnung tragen.

National Memory in the Making: Bedeutungsdimensionen von Nation-Building und deren Operationalisierung

Um konkret erfassen zu können, welche sprachlichen Zeichen in welcher Bedeutung sowohl in den Interviews als auch den Bildern, Bildunterschriften und dazugehörigen Textausführungen verwendet wurden, bedarf es einer semantischen Analyse, um „(...) die Bedeutung der verwendeten Begriffe in ihrem sprachlichen Kontext [zu] rekonstruieren“.[98] Dieser Aspekt der Analyse ging der Untersuchung vor Ort teilweise voraus. Zum Teil wurde zu ihm im Rahmen eines iterativen Forschungsprozesses zurückgekehrt. Ziel war es, die Bedeutungsdimensionen und deren Merkmalsausprägungen zum Begriff Nation-Building zu konturie-

97 Vgl. Kaschuba, Wolfgang. *Einführung in die Europäische Ethnologie.* München: Beck, 1999. S. 223.

98 Vgl. Kromrey, Helmut. *Empirische Sozialforschung. Modelle und Methoden der standardisierten Datenerhebung und Datenauswertung*. 9., korr. Aufl. Opladen: Leske + Budrich, 2000. S. 130. Hervorh. i. O.

ren, um dessen strukturelle Konzeptionierung zu erfassen, dessen praktische Umsetzung zu analysieren und damit den abstrakten Begriff des Nation-Building am Beispiel der Konstruktion von Erinnerungsorten zu präzisieren. Was ist tatsächlich gemeint, wenn sich an diesen Orten auf die Nation Südafrika nach der Apartheid bezogen wird und darauf, dass diese aufzubauen sei? Wie wird die Geschichte des heutigen Südafrikas erzählt? Welche Legitimationen sind in den Darstellungen enthalten? Für und durch wen? Welche Prinzipien des Staates werden hervorgehoben und welche bleiben unsichtbar?

Die zunächst abstrakten Begriffe wie Freiheit, Erbe, Spiritualität, die in den ersten Analysen der Internetauftritte der Erinnerungsorte auftauchten, bedürfen einer Klärung der Bedeutungsebenen/-dimensionen im Sinne von Lacans „empty“ bzw. „floating signifier“. Matthew Sharpe erklärt, wie Lacan den Begriff „empty signifier“ im Kontext von „master signifier“ versteht:

> „(...), Lacan‘s idea about these signifiers is that their primary importance is less any positive content that they add to the subject’s field of symbolic sense. It is rather the efficacy they have in reorienting the subject with respect to all of the other signifiers which structure his/her sense of herself and the world. It is precisely this primarily structural or formal function that underlies the crucial Lacanian claim that master signifiers are actually ‚empty signifiers‘ or ‚signifiers without a signified‘.“[99]

Ähnlich wie das individuelle Gedächtnis auch immer ein kollektives ist (Halbwachs), verweisen die Bedeutungsdimensionen der Begriffe nicht nur auf subjektive Auslegungen, sondern auch auf gesellschaftliche Strukturen. Durch die empirische Analyse will ich Antworten auf die Frage finden, was der jeweilige Begriff im Kontext ‚Nation‘ meint. In meiner qualitativen Forschung und diskursanalytisch gedacht, entsteht eine Bedeutung eines Begriffes erst durch die Kontextualisierung mit dem jeweiligen Material, sodass der Übersetzungsvorgang nachgelagert ist.[100] Der Begriff ‚Nation-Building‘ in der staatlichen Museumspolitik des Post-Apartheid-Südafrikas muss dementsprechend durch indirek-

---

99 Sharpe, Matthew. „Jacques Lacan (1901-1981).“ *Internet Encyclopedia of Philosophy. A Peer-Reviewed Academic Resource*. 07.11.2002. URL: http://www.iep.utm.edu/lacweb/ (12.01.2011). Stuart Hall definiert „floating signifier“ wie folgt: „Signifiers refer to the system and concepts of a classification of a culture to its making meaning practices. And those things gain their meaning not because of what they contain in their essence but in the shifting relations of difference which they establish with other concepts and ideas in a signifying field. Their meaning because it is relational and not essential can never be finally fixed, but is subject to the constant process of redefinition and appropriation.“ URL: http://www.mediaed.org/cgi-bin/commerce.cgi?preadd=action&key=407 (15.12.2011). Die Anführungsstriche setze ich wegen der Einheitlichkeit auch in den englischen Zitaten wie in den deutschen.

100 Vgl. Auga, Ulrike. *Intellektuelle – zwischen Dissidenz und Legitimierung. Eine kulturkritische Theorie im Kontext Südafrikas*. Münster, Berlin: LIT Verlag, 2007. S. 38ff.

te Beobachtungstermini inhaltlich erschlossen werden. Als sprachliches Zeichen kann es unterschiedliche Begriffsdimensionen in den jeweiligen Aussagekontexten bezeichnen.[101] Das wiederum kann auch auf einer vorgelagerten Ebene der Fall sein. Zum Beispiel könnte sich das Wort ‚Freiheit' als Signifikant einerseits auf den Gegenstandsbereich der Religion bzw. Spiritualität innerhalb des Nation-Building-Verständnisses beziehen. Andererseits können die bürgerlichen Freiheiten einen wichtigen Baustein der neuen Nation definieren. Diese Mehrdimensionalität gilt es zu beachten. Sie lässt zudem unterschiedliche Lesarten zu. Die Uneinheitlichkeit des Begriffes und mögliche Widersprüche können auch diskursanalytisch mit national-kulturellen Gedächtniskonstruktionen korrelieren.

Agenda-Setting und diskursanalytische Ansätze zusammenzudenken, bedeutete konkret, zunächst das Forschungsfeld anhand der aufgestellten Hypothesen zu explorieren. Dazu analysierte ich offizielle Dokumente des südafrikanischen Kunst- und Kulturministeriums, um die Bandbreite der Vorgaben und der dementsprechenden Definitionen bezüglich der Umsetzung von Nation-Building-Prämissen zu skizzieren. So konnte ich erste Dimensionen des Forschungsgegenstandes ‚national-kulturelles Gedächtnis' im Post-Apartheid-Südafrika herausarbeiten. Die Internetauftritte der Museen boten weitere Kontextualisierungsmöglichkeiten, um ein Verständnis für die jeweiligen Konzeptionierungen der Erinnerungsorte zu entwickeln.

Im nächsten Schritt bildete ich entlang der Hypothesen und der gezogenen Grenzen des Theoriefeldes staatliches Nation-Building Fragekomplexe, die in den Experten- und Expertinneninterviews Anwendung fanden. Analysefragen wurden auch für die Fotografien, Bildunterschriften und Texte formuliert.

Die Auswahl von Indikatoren, die den jeweiligen Begriffsdimensionen zugeordnet werden sollten, fand erst nach der Analyse des Untersuchungsmaterials vor Ort (Museen und Interviews) statt. Die Methode der Dichten Beschreibung von Clifford Geertz[102] ermöglichte, die Interviewantworten, also die Interpretationen und Beschreibungen der Museumsmitarbeitenden, und meine Lesarten miteinander zu verbinden.

---

101 Vgl. Kromrey, Helmut. *Empirische Sozialforschung. Modelle und Methoden der standardisierten Datenerhebung und Datenauswertung*. 9., korr. Aufl. Opladen: Leske + Budrich, 2000. S. 130.

102 Vgl. Geertz, Clifford. *Dichte Beschreibung. Beiträge zum Verstehen kultureller Systeme.* Frankfurt/M.: Suhrkamp, 1983. S. 7-43.

Zur Untersuchung der Erinnerungsorte

In den nächsten Abschnitten werde ich mein methodisches Vorgehen im Forschungsprozess ausführlich darstellen. Zuerst beschreibe ich die Analysen der materiellen symbolischen Anordnungen in der Architektur, der Settings und der Ikonografien. Dann gehe ich auf die Analyse der Intentionen des Museumsmanagements bei der Gestaltung der Orte ein. Der Zugang zu meinen unterschiedlichen Quellen (Ausstellungen, Interviews, Bildungsmaterial der Erinnerungsorte, Internetdokumente) war mehrheitlich ein offener, da sowohl viele Mitarbeitende der Erinnerungsorte überaus hilfsbereit waren als auch die südafrikanische Regierungspolitik in Bezug auf offizielle Dokumente eine sehr transparente ist: Gesetzestexte, Berichte, Strategiepapiere sind im Internet einsehbar.

Das Außen des materiellen Raumes: Architekturanalyse

Das Museum selbst besteht aus den Ausstellungsdisplays und aus gestalteten Außenflächen bzw. Gebäuden. Vieles ist intentional gestaltet. Das Ziel, Nation sichtbar zu machen, soll an den Erinnerungsorten in der Textur der visualisierten Formen, in der architektonischen Sprache, lesbar – mindestens jedoch fühlbar – werden. Walter Benjamin schreibt in seinem Aufsatz zur „Aufgabe des Übersetzers“:

> „Es bleibt in aller Sprache und ihren Gebilden außer dem Mitteilbaren ein Nicht-Mitteilbares, ein, je nach dem Zusammenhang, in dem es angetroffen wird, Symbolisierendes oder Symbolisiertes. Symbolisierendes nur, in den endlichen Gebilden der Sprachen; Symbolisiertes aber im Werden der Sprachen selbst.“[103]

Dieses Symbolisierte wird abhängig vom Erlernten und den Erfahrungen der Besuchenden decodiert: Die Intertextualitäten oder „Interlinearversion[en]“[104] sind ähnlich wie die entstehenden Räume relational, aber nicht beliebig. Sie sind eingewoben in kollektive Prozesse, da Menschen soziale Wesen sind und in den institutionalisierten Verkehrsformen Verknüpfungen erlernen. Im Folgenden geht es um die Analyse des Gebauten, des Platzierten und der gewählten Formen. Methodisch wählte ich folgende Analysemerkmale für die Architektur der Museen:

103 Benjamin, Walter. „Die Aufgabe des Übersetzers.“ *Walter Benjamin. Sprache und Geschichte. Philosophische Essays.* Hg. Rolf Tiedemann. Stuttgart: Reclam, 1992 (1921). S. 62.

104 Vgl. ebd. S. 64.

1. Die Elemente oder Teilorte, die das Außen bilden. Hier geht es um die verwendeten Materialien, um Oberflächen, Formen, Farben. Welche Elemente werden gewählt? Welche Kontrastierungen werden vorgenommen? Gibt es Leitmotive?
2. Die Anordnung der Elemente zueinander in der Umgebung des Museumsbaus. Welches Verhältnis besteht zwischen Innen und Außen? Damit rekurriere ich einmal auf das Museum und seine Umgebung. Zum Zweiten geht es mir jedoch auch um die Gesamtheit des Erinnerungsortes definiert als Innen im Verhältnis zur städtischen Außenumgebung. Welche (sichtbaren) Linien werden zueinander gezogen? Welche Wege müssen/können gegangen werden? Welche Öffnungen und damit direkteren Bezüge markiert? Welche Blicke werden zugelassen?
3. Die Gesamtheit eines Teilelements und dessen gesellschaftliche Kontextualisierung. Welche Assoziationen sind möglich? Sind Zuschreibungen offensichtlich, die für eine bestimmte Zugehörigkeit stehen sollen? Werden damit Abgrenzungen erkennbar, die historisch zu verorten sind? Werden in der Anordnung Hierarchien von Plätzen deutlich? Welche Bilder einer südafrikanischen Nation sollen diese illustrieren?

Auch das „leibliche Spüren“[105] kann Atmosphären beschreibbar machen: Die Organisation und das Begrenzen von Raum in Räumlichkeiten, das Rooming und Spacing, kann als Agenda-Setting der Museumsverantwortlichen definiert werden – lässt jedoch innerhalb dieser Grenzen Spielraum für eigene Lesarten des zu Sehenden und zu Fühlenden: Das Symbolisierte wird. Es entsteht im Prozess.

Das Innen des materiellen Raumes: Ausstellungsräume und -displays

Die Gestaltung der Innenräume war ein weiterer Analysebereich. Das methodische Vorgehen ist mit der Architekturanalyse der Gebäude im Sinne der Untersuchung von Anordnungen vergleichbar, muss hier jedoch präzisiert werden.

Von besonderem Interesse sind vor allem die Ausstellungsdisplays der Dauerausstellungen[106], da sie faktisch das symbolische Fundament der inneren

105 Vgl. Lorenz, Claudia. *Atmosphäre. Eine praktische Annäherung an den ästhetischen Begriff Gernot Böhmes am Beispiel des Museums für Moderne Kunst Frankfurt am Main*. 1999. URL: http://www2.hu-berlin.de/museumspaedagogik/forschung/lorenz/atmosphaere.html (14.03.2010). S. 9.

106 Die temporären Ausstellungen werte ich nicht detailliert aus. Ich nutze diese exemplarisch, um auf die Verbindung von Zeit und Ort im Museumsraum aufmerksam zu machen. So werden bspw. Nationalfeiertage an den Erinnerungsorten zelebriert. Es gibt zu diesem Anlass temporäre Ausstellungen, die einen nationalistisch perspektivierten Raum entstehen lassen.

Anordnungen bilden. Im Zentrum der Analyse stehen folgende Fragen: Was/wer wird wie (nicht) visualisiert und wie kontextualisiert? Welche Ereignisse, Personen, Funktionen werden thematisiert? In welcher Form werden sie visualisiert ([bewegte] Bilder, Text, Objekte)? Legen die Visualisierungen und die Auswahl der Worte und Semantiken bestimmte Lesarten nahe? Welcher Perspektivenzuschnitt wurde vorgenommen? Gibt es Widersprüche zwischen den Visualisierungsformen oder aber gegenseitige Bestärkungen der getroffenen Aussagen? Gibt es typologische Anordnungen – wenn ja, nach welchen Kriterien? Wurden Vorder-/Hintergrundebenen geordnet? Welche Wege durch die Ausstellungen sind wählbar?

Im materiellen Innenraum ist das Beschreiben und Analysieren der Unterteilungen des Raumes, der Sammlungen, Ausstellungen etc. für das Bestimmen der Organisationsstrukturen wichtig. So kann es ein eher fragmentarisches Nebeneinander wie im Außen des *Freedom Park* geben oder aber eine umfassende Systematik z. B. nach chronologischen und örtlichen Kriterien wie im *Apartheid Museum*. Das betrifft auch die Narrativstruktur, die thematische, zeitliche, örtliche usw. Verschränkungen aufweist.

In Bezug auf das der Diskursanalyse eigene verstreute und heterogene Nebeneinander von Aussagen, die doch eine Ordnung bilden und im Fall dieser Analyse die Ordnung der Nation Südafrika, gilt zu fragen: Was wird nicht gezeigt? Welche Widersprüche oder Irritationen treten auf?[107]

Experten- und Expertinneninterviews

Nun beziehen sich die Deutungen der drei vorhergehenden Teilanalysen[108] vor allem auf das Gesagte der Tourguides und meine Perspektiven als Forscherin. Die interdisziplinäre Methodenauswahl ermöglicht über das Nutzen von Experten- bzw. Expertinneninterviews das Einbeziehen weiterer Perspektiven wie der Sichtweisen Handlungsverantwortlicher im Kunst- und Kulturministerium und an den Erinnerungsorten.

Die musealen Entscheidungsträger und -trägerinnen stellen Begriffe in den Kontext von Nation-Building, die einer semantischen Analyse bedürfen. Auch wenn sie selbst nicht definieren, was sie bspw. unter dem Wort Versöhnung

---

107 Diese Fragen decken sich zumindest bei den Irritationen in den diversen Lesarten mit der zweiten Stufe des Agenda-Setting. Stichproben wiesen auf Abweichungen in der Interpretation und in der Wirkung des Thematisierten hin. Dies läuft auch mit der Grundannahme von Löw zusammen, dass Raum sowohl Handeln strukturiere als auch durch Handeln produziert werde. Vgl. Löw, Martina. *Raumsoziologie*. Frankfurt/M.: Suhrkamp, 2001.

108 Die Teilanalysen des Erinnerungsortes, der Architekturanalyse, der Analyse der Ausstellungsdisplays und des Innen der materiellen Räume sowie der Ikonografien der ausgestellten Fotos.

verstehen, ist der Kontext, in dem sie das Wort benutzen, aufschlussreich. Verknüpfungen mit anderen Begriffen wie Spiritualität, Erbe, Vielfalt bestimmen den zunächst nicht erklärten Terminus: „Begriffe ‚konstituieren' die Wirklichkeit aus der Sicht des Sprechers."[109] Der Untersuchungsgegenstand nationalkulturelles Funktionsgedächtnis kann so durch andere Dimensionen beschrieben werden.

Bei der Auswertung der Interviews ist zu beachten, dass die Auswahl des Gezeigten von Entscheidungen abhängig ist. Das Präsentierte entsteht durch das Selektieren von Informationen. Die Auswahl wird u. a. vom Motiv bestimmt, der Vergangenheit im heutigen Südafrika den Sinn zu geben, eine ‚nationale Identität' zu entwickeln. Die Sinnstiftung schließt Selektivität ein, die Wertbindungen ermöglicht, um somit der Nation Zukunft gewährende Stabilität zu verleihen. Gemeinsame Erinnerungen stabilisieren eine Gruppe, schaffen ein ‚Wir' und geben diesem ein kollektives Gedächtnis.[110] Die Kulturpolitik ist ein Mittel, das Gefühl zu organisieren, zu dem Kollektiv der Nation dazuzugehören: „Konzepte von Kultur sind zentral für das ‚Funktionieren' des Nationalstaates, aber wer instrumentalisiert diese wie und wofür (...)?"[111] Experten- bzw. Expertinneninterviews[112] eignen sich methodisch, die Motivationen und Überlegungen von Personen in verantwortlichen Positionen, die zur Gestaltung der Erinnerungsorte und zur Auswahl der Erinnerungen selbst geführt haben, zu untersuchen. Die Gruppe der Experten und Expertinnen definiere ich als a) die in den Museen Verantwortlichen, denn:

> „AusstellungsmacherInnen fördern bestimmte Perspektiven – selbst wenn sie Allgemeingültigkeit suggerieren – und entwerfen als ideale BesucherInnen in der Regel solche, die die Narrative akzeptieren, die Autorität der Institution Museum als Wissens- und Deutungsmacht anerkennen. ErzählerInnen werden so als omnipotent und die RezipientInnen als deren Suggestionskraft ausgeliefert gedacht."[113]

---

109 Kromrey, Helmut. *Empirische Sozialforschung. Modelle und Methoden der standardisierten Datenerhebung und Datenauswertung*. 9., korr. Aufl. Opladen: Leske + Budrich, 2000. S. 154.

110 Vgl. Assmann, Aleida. *Der lange Schatten der Vergangenheit. Erinnerungskultur und Geschichtspolitik*. München: C.H. Beck, 2006. S. 21ff.

111 Auga, Ulrike. *Intellektuelle – zwischen Dissidenz und Legitimierung. Eine kulturkritische Theorie im Kontext Südafrikas*. Münster, Berlin: LIT Verlag, 2007. S. 10.

112 Näheres vgl. Bogner, Alexander; Littig, Beate; Menz, Wolfgang, Hg. *Das Experteninterview. Theorie, Methode, Anwendung*. 2. Aufl. Wiesbaden: Verlag für Sozialwissenschaften, 2005. Sowie darin: Meuser, Michael; Nagel, Ulrike. „ExpertInneninterview – vielfach erprobt, wenig bedacht. Ein Beitrag zur qualitativen Methodendiskussion." S. 71-93.

113 Muttenthaler, Roswitha; Wonisch, Regina. *Gesten des Zeigens. Zur Repräsentation von Gender und Race in Ausstellungen*. 1. Aufl. Bielefeld: transcript, 2006. S. 40.

Muttenthaler und Wonisch halten jedoch auch im Anschluss an Mieke Bal fest: „Dass Ausstellungen aber immer erst im Kopf der Betrachtenden entstehen, die Rezeption also nicht in der Gerichtetheit des ‚Sender-Empfänger-Modells' erfolgt, (...).“[114] Sie schließen diesen Gedankengang mit dem Statement:

> „(...), dass die Machtposition der 1. Person nicht zu unterschätzen ist. Auch wenn Repräsentationen vieldeutig sind, formt die Rede des ausstellenden Subjekts die Wahrnehmung des Publikums. (…). Insofern ist es für eine Analyse von Ausstellungsdisplays zentral, der Art und Weise nachzugehen, wie die Aufmerksamkeit der BesucherInnen gelenkt und Autorität gestützt wird.“[115]

Ebenfalls als Experten und Expertinnen definiere ich b) die kulturpolitisch Verantwortlichen, die aus der Wissenschaft und im Ministerium für Kunst und Kultur Anregungen formulierten und Entscheidungen trafen.

Die gewählten Experten und Expertinnen sind demnach zum einen konkrete Personen mit ihren individuellen Erfahrungshintergründen, ihrem Insider-Wissen und ihren Zielen in den jeweiligen Settings: „(...) ihre Handlungsorientierungen, ihr Wissen und ihre Einschätzungen [strukturieren] die Handlungsbedingungen anderer Akteure in entscheidender Weise [mit] und damit [weist] das Expertenwissen die Dimension sozialer Relevanz [auf].“[116] Zum anderen geht es hier jedoch auch um die abstrakten Positionen, die sie jeweils besetzen und individuell gestalten. Das heißt, es geht um Aufgabenbereiche und Organisationsstrukturen, Hierarchien und Machtpotenziale im Namen des Staates.

Sowohl die Wahl als auch die Ansprache erfolgte, weil sie den kulturellen Staatsbetrieb und die Erinnerungsorte repräsentieren. Hier spielt auch der medientheoretische Gatekeeper-Ansatz[117] eine Rolle, da die Befragten abhängig vom eigenen Rollenverständnis und von den Normen des Sagbaren auf konflikthafte Themen offen oder verschlossen reagierten. Arbeits- und organisationspsychologische Konzepte von Hierarchisierung und Arbeitsteilung in Organisationen werden in der Analyse wichtig.

Da ich mit den Hauptamtlichen auf der obersten Ebene bis auf das *Apartheid Museum* und *Constitution Hill* keinen Termin für ein Interview bekommen

---

114 Ebd.

115 Ebd.

116 Bogner, Alexander; Menz, Wolfgang. „Das theoriegenerierende Experteninterview. Erkenntnisinteresse, Wissensformen, Interaktion.“ *Das Experteninterview. Theorie, Methode, Anwendung*. Hg. Alexander Bogner, Beate Littig, Wolfgang Menz. 2. Aufl. Wiesbaden: Verlag für Sozialwissenschaften, 2005. S. 45.

117 Vgl. u. a. White, David M. „‚The Gate-Keeper': A Case Study in the Selection of News.“ *Journalism Quarterly* 27 (1950). S. 383-390. Weischenberg, Siegfried. *Journalistik. Medienkommunikation: Theorie und Praxis*. Bd. 1. 3. erw., überarb. Aufl. Wiesbaden: Verlag für Sozialwissenschaften, 2004.

hatte, waren vor allem das Management auf der zweiten und Mitarbeitende auf der dritten Ebene diejenigen, die ihr Wissen über ihre Aufgabenbereiche und die darin gewonnenen Erfahrungen mit mir teilten. In Bezug auf das *Apartheid Museum* und *Freedom Park* konnte ich auch, vermittelt durch den Direktor des *Apartheid Museum*, ein Interview mit einem der Architekten führen, das in die Auswertung miteinfloss.

Mir war wichtig, zusätzlich zu den Gesprächen mit den Angestellten weitere Perspektiven auf die Entwicklung der Erinnerungsorte zu bekommen. Hierfür konnte ich Professoren der University of South Africa, UNISA, in Pretoria/Tshwane, einen Privatdozenten an der University of the Witwatersrand, in Johannesburg, die Leiterin der Abteilung für Kommunikation und Zusammenarbeit des südafrikanischen Kunst- und Kulturministeriums in Pretoria und einen Mitarbeiter des Centre for the Study of Violence and Reconciliation in Johannesburg interviewen.

Erhebung der Daten und Auswertung der Interviews

Nach einer ersten Orientierung auf den Internetseiten und der Herausarbeitung relevanter Dimensionen war es notwendig, internes Wissen über die Abläufe der Entscheidungsprozesse als auch Definitionen des Nation-Building jenseits offizieller Darstellungen zu erfahren. Die Methode des Experten- bzw. Expertinneninterviews konnte ich zur Exploration und Theoriegenerierung nutzen. Für die Erhebung des Kontextwissens wurde ein leitfadengestütztes, offenes Interview verwendet. Diese Interviews unterschieden sich in wenigen Fragen von Erinnerungsort zu Erinnerungsort, die entsprechend den im Internetauftritt gesetzten Schwerpunkten angepasst wurden. Die Selbstdarstellungen des Museumsteams auf den Internetseiten boten weitere Ansatzpunkte, um das Untersuchungsgebiet zu strukturieren, Bedeutungsdimensionen des jeweiligen Ortes zu konkretisieren und generell die Aufmerksamkeitsstrukturen der jeweiligen Orte zu fokussieren.

In der Auswertung ging es darum, gemeinsam geteilte Wissensbestände über museales Nation-Building, Vorstellungen von sozialen Realitäten, staatliche Aufgaben und Vergangenheitsrekonstruktionen herauszuarbeiten. Die Analyse der Interviews diente dem Gewinnen empirischen Wissens sowohl durch das Finden von Gemeinsamkeiten als auch von Unterschieden. Ziel war es, museenübergreifende typische Äußerungen zu sichten und diese mit Aussagen der Verantwortlichen aus dem Kunst- und Kulturministerium, mit Aussagen von Universitätsmitarbeitern und auch mit denen eines Mitarbeiters des Centre for the Study of Violence and Reconciliation zu vergleichen.

Das konkrete Vorgehen nach der Durchführung der Interviews bestand zunächst in der wörtlichen Transkription. Der Transkription und den später verwendeten Zitaten ist der Hinweis zur Seite zu stellen, dass die gemeinsame Sprache nur die Englische war, die in den meisten Fällen weder meine zuerst erlernte Sprache noch die der Interviewten ist. Die Zitate sind daher nicht immer nach den grammatikalischen Regeln der englischen Sprache korrekt.

Im Anschluss an die wörtliche Transkription erfolgte eine erste Orientierung über farbliche Markierungen in den Einzelinterviews durch die Suche nach thematischen Einheiten, die auch über die Antwort zu einer Frage hinausgehen konnten. Ausschlaggebend für die Bildung von Texteinheiten war ihre Sequenzialität. Dann wurden die Textpassagen paraphrasiert, um eine Verdichtung des sehr umfangreichen Materials und eine Bündelung und Zuspitzung der getroffenen Aussagen vorzunehmen. Dafür habe ich textnahe Überschriften zu den einzelnen Sequenzen gebildet und dabei, ähnlich dem Vorgehen von Meuser und Nagel[118], möglichst passende Terminologien der Interviewten genutzt.

Nach der Verdichtung ging es nun darum, erstens zwischen den Interviews und zweitens zwischen den untersuchten Museen thematisch ähnliche Textteile zu finden und diese nach ähnlichen Überschriften zu sortieren, um erste inhaltliche Zusammenhänge zu typisieren. Im nächsten Arbeitsgang, dem der theoretischen Generalisierung, stand die Typisierung der Interpretation der Kategorien im Kontext wissenschaftlicher Konzepte im Mittelpunkt. So konnten auch die Vorannahmen, die durch die Exploration über die Webauftritte der Museen und des Kunst- und Kulturministeriums gebildet wurden, überprüft werden. Die Umsetzungen der auf den Seiten offiziell formulierten Visionen und Missionen, der Ziele und Aufgaben der jeweiligen musealen Organisation, entsprachen, soviel sei an dieser Stelle bereits vorweggenommen, nicht immer den theoretischen Formulierungen, sondern wurden individuell, machtpolitisch als auch unter ökonomischen Aspekten in der Praxis ausgelegt.

Vor dem Hintergrund dieser Verschränkung unterschiedlichen empirischen Materials, diverser Perspektiven und methodischer Zugänge soll im Verlauf dieser Studie sichtbar werden, wie Nation-Building-Prozesse an Erinnerungsorten wirken.

118 Vgl. Meuser, Michael; Nagel, Ulrike. „ExpertInneninterview – vielfach erprobt, wenig bedacht. Ein Beitrag zur qualitativen Methodendiskussion.“ *Das Experteninterview. Theorie, Methode, Anwendung.* Hg. Alexander Bogner, Beate Littig, Wolfgang Menz. 2. Aufl. Wiesbaden: Verlag für Sozialwissenschaften, 2005. Hier: S. 83-91.

2 Räume der Erinnerung

Geschichte wird auch an Erinnerungsorten geschrieben. Besuchende sehen, hören und lesen Zeugnisse aus der Vergangenheit. In jedem der Erinnerungsorte wurden Narrationen ausgewählt, die das Museum legitimieren. Die Ausstellungslogiken und Wissensordnungen an den von mir untersuchten Orten können als Erinnerungspolitiken in staatlichen Nation-Building-Prozessen perspektiviert werden. Die Strukturen vor Ort schaffen Räume, die dominanten Logiken politischer Entscheidungsträger und -trägerinnen entsprechen. Die Strukturen lassen immer auch Platz für marginalisierte Erinnerungen und Raumdispositionen, die vor allem durch assoziatives Lesen und das Wahrnehmen von Leerstellen entstehen. Die Erinnerungsorte selbst sind Teil von gesellschaftlichen Strukturen und reproduzieren diese. Daraus lässt sich der Umkehrschluss bilden, dass ähnliche Raumkategorien (hegemonial, marginal) auch Teil gesellschaftlicher Ordnungssysteme sind. In diesem Kapitel will ich die theoretischen Vorüberlegungen anhand meines erhobenen Datenmaterials empirisch überprüfen bzw. analysieren, wie die erst einmal leeren sprachlichen und visuellen Bedeutungsträger an staatlich geförderten Erinnerungsorten mit Inhalten zum Zweck des Nation-Building gefüllt werden.

Kapitel 2 besteht aus vier Unterkapiteln, in denen ich mich mit jeweils einem Erinnerungsort auseinandersetze. Jedes Unterkapitel teilt sich in den Besuch des Erinnerungsortes, dessen Genese und in die Detailanalyse. Im ersten Teil beschreibe ich exemplarisch einen Besuch des Erinnerungsortes und skizziere die Entstehung des Ortes nach der Apartheid. Ich fokussiere auf ein subjektives Beschreiben jeweils einer beispielhaften Tour, ohne dabei auf die Metaebene zu gehen. Ziel ist es, meinen Blick zu verdeutlichen und die Lesenden aus meiner Perspektive mit auf eine Tour zu nehmen. Dabei versuche ich, möglichst alle Informationen der Tourguides wiederzugeben. Diese Vorgehensweise erfordert Geduld, da bestimmte Worte, Ereignisse etc. während der Touren nicht erklärt wurden. Der von mir gewählte ethnografische Zugang bindet englische Zitate der Tourguides in die Deskription ein, verzichtet auf fortlaufende Quellenangaben und lässt entstehende Verständnislücken in den Touren bewusst offen. Diese Lücken und die von mir in der Beschreibung gesetzten Bedeutungsteaser greife ich in den sich anschließenden Raumanalysen auf und versuche, diese sowohl mit den Erklärungen der Interviewten als auch meinen Deutungsangeboten zu füllen. Dementsprechend analysiere ich im zweiten Teil die Räume, die den Ort dominieren. Die ausgewählten Räume unterscheiden sich signifikant vom Spacing der anderen Erinnerungsorte, auch wenn sich thematische Schnittmengen auf der jeweiligen Agenda ergeben oder sich Diskussionen zu einem Aspekt in ähnlicher Weise anschließen. Ich verzichte zudem bewusst auf eine Zusammenfassung der einzelnen Unterkapitel, da dies die Kapitel 3 bis 5 leisten werden.

2.1 Historisiertes Wissen im *Robben Island Museum* (RIM)

2.1.1 Tour und Genese

Das *Robben Island Museum* hat zwei Hauptstandorte: das neu gebaute *Nelson Mandela Gateway* auf dem Festland in Kapstadt, am Rande des Vergnügungsviertels Victoria and Alfred Waterfront. Und die Insel Robben Island, die ca. 30 Bootsminuten von Kapstadt entfernt liegt. Besichtigt werden kann auch ein etwas unscheinbarer Teil der Museumsanlage namens *Jetty 1* am Kai Nr. 5, abseits des großen Glas- und Stahlgebäudes des *Nelson Mandela Gateway*. Dort legten früher die Schiffe ab, mit denen die Gefangenen nach Robben Island transportiert wurden. Auf der Insel befand sich unter anderem das ehemalige Hochsicherheitsgefängnis, in dem männliche ‚politische' (von 1961-1991) und ‚common law'-Gefangene (von 1961-1996) inhaftiert waren. Zunächst schildere ich eine Tour, gefolgt von Informationen zur Genese des Museums und den Schwerpunkten der Erinnerungsagenda.

2.1.1.1 Tourüberblick[119]

Vom *Nelson Mandela Gateway*, „the Gateway to Robben Island", legen die Fähren ab, mit denen die Besuchenden zur Insel gelangen. Auf den Fahnen vor dem Haupteingang stehen die Worte „Courage", „Freedom", „Humanity" und „Triumph" geschrieben. Im Gebäude sehe ich direkt vor mir den Informationscounter. In einem Souvenirshop werden Merchandising-Produkte zum Museum angeboten. Ich gehe an der *Wall of Honour* vorbei, auf der silbergraue Plaketten Geldgebende in drei Kategorien ausweisen: Gold, Platinum, Diamond. Der Spendenaufruf lautet: „Corporate South Africa claim your space". Am Ticket-

119 Die nachfolgenden deskriptiven und subjektiven Eindrücke beziehen sich auf eine Tour am 10.02.2010.

schalter kaufe ich meine Eintrittskarte: 200 Rand, umgerechnet 20 Euro.[120] Im ersten Stock kann die Ausstellung „Truth and Lies" besucht werden. Im Eingangsbereich hängt „Mr. Apartheid", eine große Puppe, die laut Text eine deutsche Anti-Apartheid-Organisation schuf. Kleine Fernseher und Fotos erzählen über Apartheidsstrukturen auf der Insel. Ich folge dem Schild „exhibition&ferry" und gehe eine Etage tiefer. Dort ist ein weiterer Teil der Ausstellung „Truth and Lies" zu sehen. Es bleibt wenig Zeit, die Schwarz-Weiß-Porträtfotos genauer anzuschauen. Ich gehe durch den Metalldetektor, die Eintrittskarte vorzeigend. Die Sicherheitsangestellten erklären mir den Weg zur Fähre. Auf dem Boot schließt nach den Sicherheitshinweisen ein englischsprachiger Film zur Geschichte der Insel an. Viele Sequenzen sind mit Musik unterlegt. Gezeigt werden historische Aufnahmen und Fotos von heute berühmten Männern in Südafrika.

Nachdem wir die Insel erreicht haben, warten Busse vor einem Tor. Ich folge der Gruppe entlang einer Mauer, auf der verschiedene Schwarz-Weiß-Fotos angebracht sind. Es sind historische Aufnahmen: Sie zeigen, wie ‚schwarze' Menschen denselben Weg wie ich gehen. Uns unterscheidet der Status der Freiheit. Während ich selbst wählte, diese Insel zu besuchen, bequem angereist bin und allein am Ufer entlang gehen kann, kommen die Abgebildeten auf einem Holzboot zusammengedrängt am Kai an. Das nächste Bild zeigt ihren Gang in Zweierreihen und in Handschellen – bewacht von ‚weißen' Menschen in Safari-Kleidung oder khakifarbenen Militäruniformen mit Gewehren. Kurz bevor ich in einen der Busse einsteige, lese ich die Inschrift eines offenen Steintores: „WE SERVE WITH PRIDE. ONS DIEN MET TROTS".

Abbildung 1: Eingangstor

120 Im Januar 2012 betrug der Preis für ein Ticket 220 Rand. Vgl. URL: http://www.webtickets.co.za/event.aspx?itemid=76219 (05.01.2012)

Der Busfahrer fährt los. Der Tourguide begrüßt uns und beginnt mit der Frage danach, woher wir kommen. Am Beispiel einzelner Nationalitäten im Bus stellt er dar, dass es nicht nur der Widerstandskampf von Südafrikanern und Südafrikanerinnen war, sondern dass jedes andere Land auf der Erde ihren Kampf unterstützt hätte. Zum Beispiel China, ein Land, aus dem zwei Touristen kommen. So erzählt der Tourguide, dass chinesische politische Gefangene auf der Insel waren und dass es auch revolutionäre Einflüsse aus China auf die Widerstandsbewegung in Südafrika gab: „It was chairman Mao who set the pace for our revolution. Great contribution."[121] Lobt der Tourguide einen Landesnamen, jubeln diejenigen, die sich diesem Land zugehörig fühlen. Beschreibt er einen schädigenden Einfluss wie die australischen Eukalyptusbäume, die verantwortlich für den Süßwasserentzug auf der Insel sind, ist es still im Bus.

Yasien Mohamed[122], so der Name des Tourguides, macht die politischen Gefangenen auf der Insel zum Thema und setzt in seiner Erzählung den ersten politischen Gefangenen auf der Insel im Jahr 1650 und den letzten politischen Gefangenen, der 1991 die Insel als freier Mann verließ, prominent. Er betont, dass es ohne die Unterstützung des Kampfes durch das Ausland nicht möglich wäre, heute die eigenen Geschichten zu erzählen.

Wir fahren an einem langen grauen Gebäude vorbei, von Stacheldraht und vereinzelten Wachtürmen umgeben. Vor einem der Gebäude weht die südafrikanische Flagge. Der Bus hält an der ersten Station der Reise, dem Lepra-Friedhof. Ein Schild benennt den Ort. Yasien Mohamed erklärt, dass man vor 250 Jahren an einer alten, ‚biblischen' Krankheit litt: Lepra. 1500 Gräber liegen hier. Manche haben ein weißes Kreuz als Grabkennzeichnung, andere einen Stein oder eine Metallkette als Grenzmarkierung. Der Tourguide wendet sich an die norwegischen Touristen, denn ein norwegischer Arzt namens Hansen fand die Krankheitsursache für Lepra. Wir fahren weiter und er weist uns auf die drittgrößte Pinguinkolonie der Welt hin, die hier auf Robben Island Zuhause sei. Allerdings sind keine Pinguine zu sehen. Der Busfahrer stoppt. Yasien macht uns auf ein kleines, frisch angestrichenes, beiges Haus aufmerksam, eingezäunt von Maschendraht und umgeben von Hundeställen: „The smallest prison in the entire world."

121 Im Folgenden beziehen sich, wenn nicht anders gekennzeichnet, die Zitate auf den Tourguide: Yasien Mohamed. Tour am 10.02.2010. Kapstadt: Robben Island Museum.

122 An allen Erinnerungsorten war es üblich, die Tourguides mit ihrem Vornamen anzusprechen.

Abbildung 2: Robert Sobukwe House

Der Pan Africanist Congress-Vorsitzende Robert Sobukwe wurde hier in Isolationshaft gefangen gehalten. Vor allem verbindet Yasien in seiner Erzählung Sobukwe mit Sharpeville: mit den landesweiten Demonstrationen am 21. März 1960, zu denen Sobukwe aufrief. Mit dem Mord an 69 Menschen durch Polizisten in Sharpeville. Mit dem Chaos im Land und der festen Überzeugung, für Freiheit zu sterben. All das führte, so Yasien, zur Wiedereröffnung von: „(…) Robben Island for political prisoners after the 2nd World War. They immediately built that prison on that side." Yasien beschreibt, wie sehr Sobukwe unter der Isolation litt – auch körperlich, indem das Sprechverbot seine Stimmbänder beeinträchtigte. Er fragt: „Now ladies and gentlemen, why is the 21st of March so sacred in our calender?" Und gibt selbst die Antwort: „Human Rights Day. It was on that day, too, that the eyes of the world opened up on South Africa."

Der Bus fährt an einer Kirche vorbei. Ein grauer Bau aus Steinen mit einem Kreuz auf dem hölzernen kleinen Vordach. Während der Fahrt beschreibt Yasien die Vegetation der Insel. Nach einigen Witzen wechselt er das Thema und spricht über die „hardcore criminals", die 1996 die Insel verließen.

Nachdem wir verschiedene Inselplagen – Eukalyptusbäume, Vögel, Katzen und Kaninchen – kennengelernt haben, kommen wir zu den Häusern der Gefängniswachen. Viele der ehemaligen Häuser der Wärter tragen heute einen neuen Farbanstrich in Ocker und Beige. Yasien berichtet, dass die politischen Gefangenen diesen Teil der Insel nie sehen durften. Heute werden die Gebäude als Konferenz- und Gästehäuser genutzt. Wir fahren an der *Garrison Church* vorbei, die 1841 gebaut wurde. Yasien erzählt, dass Missionare der London Missionary Society während der Leprazeit auf die Insel zogen. Gefolgt von der Information, dass auf der Spitze eine Fahne wehte, die anzeigte, ob ein Junge (blaue Farbe) oder ein Mädchen (rosa Farbe) auf der Insel geboren wurde.

Er berichtet von seiner Begegnung mit „Mr. Mandela" – nach dem Ende der Apartheid. „Mr. Nelson Mandela" durfte während seiner langen Gefangenschaft auf der Insel seine Kinder nicht sehen, da die Vorschrift besagte: „A child had to be 18 years old to come and visit the parents on the island." Yasien betont, dass „Mr. Mandela" von den Gefängniswachen erfuhr, dass sein ältester Sohn bei einem Autounfall starb. Nelson Mandela habe den Tod seines Sohnes als seinen größten Schmerz in der achtzehnjährigen Gefangenschaft auf der Insel empfunden. Yasien schaut in die Runde und schließt: „My friends, endless I can talk about this. Change over here."

Zu sehen sind die *John Craig Hall* und ein Gebäude, das den Namen *Asylum* trägt. Yasien stellt fest, dass die Regeln, wer mental krank gewesen wäre, wer als „lunatic" bezeichnet wurde und wer als „healthy", damals sehr streng ausfielen. Wenn diese heute angewendet werden würden, dann seien mindestens die Hälfte der Welt, wenn nicht gar Dreiviertel „lunatics". Er beschreibt auch die Zerstörungswut, mit der die jeweils Herrschenden die Insel behandelten. Doch ein Haus, nämlich das zu unserer rechten Seite, blieb erhalten: Im 18. Jahrhundert nächtigten in diesem „(...) all the great men and all the great women and all the dignities whoever came to the island". Und das sei das Haus, in dem er jetzt wohne.

Wir passieren die Grundschule, in der noch heute ein Lehrer 30 Kinder unterrichte. Die Älteren fahren auf das Festland. Die Schule ähnelt einem alten viktorianischen Gebäude und steht auf einer kleinen Anhöhe. Dann benennt er das *Gouvernor's House*. In neuem Anstrich ist es heute Gästehaus und Konferenzzentrum, ein Raum sei für Nelson Mandela vorbehalten. Hier erzählt Yasien über Nelson Mandelas Weg durch die Gefängnisse und seine vierzehnmalige Rückkehr nach Robben Island.

Der Bus hält an einem Leuchtturm. Dort sei der beste Blick auf Kapstadt und den Tafelberg, so der Tourguide. Wir steigen aus. Es gibt Toiletten, einen Wasserspender mit dem Logo vom *Robben Island Museum* und einen kleinen Laden. Fotos werden gemacht, Telefonate geführt, eingekauft, die Toiletten benutzt. Ich schaue mir den Bus näher an. „WE'RE ON THIS JOURNEY TOGETHER." Gemeinsam auf einer Reise in einem VOLKSBUS mit dem VW-Zeichen, unter dem „Commercial Vehicles" geschrieben steht, mit dem *Robben Island Museum*-Logo und dem Zeichen für Weltkulturerbe.

Abbildung 3: Tourbus

Der Tourguide gibt uns zu verstehen, dass es Zeit wird, wieder in den Bus einzusteigen. Wir fahren in die Inselmitte. Der nächste Zeitraum, von dem Yasien Mohamed erzählt, umfasst den 2. Weltkrieg und die Kanonen, die sich auf der Insel befinden. An einem eingezäunten Bereich ist auf einem Metallschild zu lesen: „WORK UNDERTAKEN BY ARMSCOR DOCKYARD". Ein kleines viereckiges Gebäude mit Flachdach, angemalt mit Tarnfarbe, ist zu erkennen. Der Tourguide ordnet es den Kanonen zu. Diese waren als Schutz vor deutschen und japanischen Angriffen gedacht. Allerdings seien die fünf Kanonen erst 1947 fertig gestellt worden, so dass sie während der Bedrohung nie zum Einsatz gekommen wären. Er endet mit: „The old African slogan? In Africa, we have time. In England, they have watches."

Es folgen kleinere Anekdoten aus Yasien Mohameds Leben als Tourguide für „high-profile delegates, statesmen from around the world", während wir an eingezäunten Häusern und Sportplätzen vorbeifahren. Wir halten jetzt an einem Steinbruch. Die Sonne lässt den Sand glühen. Das Gras ist vertrocknet. Yasien beginnt mit „Mr. Mandela", den dreizehn langen Jahren, die er hier arbeiten musste und den gesundheitlichen Schäden, die diese Zwangsarbeit verursachte:

„It was more a form of punishment and to keep them busy.“ Dann betont er, dass dieser Ort vor allem als Weiterbildungsmöglichkeit genutzt wurde:

> „(...) for the black man. (…) So many of them came down here that could not even read or write. But when they left the island, after ten years, twenty years, remember, some, when they left down here, would leave this island with two or three university degrees.“

Bildung war nur möglich, weil es internationalen Druck gab, so z. B. durch das Internationale Rote Kreuz in Vancouver. Nach 1966 durften Häftlinge mit Erlaubnis durch die Gefängnisverwaltung über Korrespondenzschulen in Pretoria oder London studieren.

Yasien betont: „Also the white warders came down for education. (...) the guards, too, when they left the island, would leave the island with two or three university degrees.“ Der Grund sei: „[o]ur political buzzword in this country and that is reconciliation. (...) The bottomline definition (...) in our language is: Do not take revenge!“ Er erzählt, dass Mandela das Wort reconciliation auf Martin Luther King und Mahatma Gandhi zurückführte, von denen er sich dieses Wort nur geborgt habe:

> „In short my friends, what I really try to get across to you: Feel extremely honoured. You‘re actually standing now on the campus of a university, once upon a time. (...) But those who educated down here are now head of affairs running South Africa. Ladies and gentlemen, a powerful area. The University of the Limestone Quarry.“

Wir steigen nicht aus und fahren weiter. Das ehemalige Hochsicherheitsgefängnis ist zu sehen. Neben einem Wachturm ist ein moscheeartiger Bau mit einem grünen Kuppeldach erkennbar. Zwei unbeflaggte Fahnenmäste stehen davor. *Moturu Kramat*, gebaut in Gedenken an Sayed Adurohman Moturu, der 1754 auf der Insel starb. Am Beispiel von Moturu umreißt Yasien kurz den Sklavenhandel und dankt dem Afrikaans sprechenden Touristen links von ihm dafür, dass „[f]rom our own mother‘s side 300 years ago it was a Malaysian Surinam that‘s brought to South Africa by the Dutch as political prisoner“ – mit einem verschmitzten „dankie well“.

Wir sind vor dem ehemaligen Gefängnis angekommen, dem Gebäude, das zu Beginn der Tour zu sehen war. Yasien bedankt sich ausführlich bei allen dafür, dass wir in Zeiten der hohen Arbeitslosigkeit in dieser Nation unseren Beitrag leisten: „You‘ll be part of job creation for us on this island.“ Wir sollen auch nicht darüber geschockt sein, dass ein ehemaliger politischer Gefangener seinen Schmerz durchlebt, wenn er uns durch das Gefängnis führen wird: „Not because he likes doing it, jobs opportunity.“

Ich stehe mit der Gruppe auf einem Vorplatz – sandig und trocken, hier und da grüne Grasbüschel. Wo der Stacheldraht anfängt, wächst nichts mehr. Erst bei genauerem Hinschauen bemerke ich, dass es eine weitere Lage Stacheldraht und Wachtürme gibt. Der Tourguide steht neben einem vergrößerten Schwarz-Weiß-Foto: ‚Schwarze' Männer stehen auf einem Boot. Die meisten strecken ihre Fäuste in die Luft, lächelnd. Ein Zitat von Ahmed Kathrada, „Prisoner 468/64 Robben Island 1964-1982", steht neben dem Wort FREEDOM: „I want Robben Island to reflect the triumph of freedom and human dignity over oppression and humiliation."

Der Tourguide, ehemaliger politischer Gefangener auf der Insel, stellt sich als Ntosa Talakumeni[123] vor. Seine Lautstärke steigt mit den Informationen. Es folgen Verhaltensregeln und die Warnung, dass, wenn wir keine Fragen stellten, wir in einer der Zellen eingesperrt würden: „Now, you are my prisoners. I am your prison warder. I'm the only one who is giving the instructions."[124] Stakkatoartig beschreibt er, dass er mit Stromschlägen gefoltert wurde. Die Stimmung wirkt bedrückt, die meisten Köpfe sind nach unten gerichtet. Er verweist auf das Schwarz-Weiß-Foto und die Freilassung, die „wir" in diesem Monat (Februar, 2010, A. S.) zum 20. Mal feiern. Dann gibt es verschiedene Informationen zu dem abgebildeten Boot Blouberg, das 1990 zur Fähre in die Freiheit wurde.

Ntosa geht los. Die Gruppe folgt ihm in das nahestehende Steingebäude mit vergitterten Fenstern, vorbei an Holztischen und Bänken, deren weiße Farbe bereits abgeblättert ist. Einige bleiben vor einem weiteren Foto am Eingang stehen. Es ist ein Gruppenfoto von ‚schwarzen' Männern, die vor dem gleichen Eingang stehen, durch den die Tourgruppe jetzt geht. Das Foto nennt keine Namen. Nur wenige auf dem Foto lächeln. Ntosa kommentiert das Bild nicht. Wir kommen in einen karg eingerichteten Flur, glatt gebohnert, grau-beige Wände.

---

123 Ntosa Talakumeni war derjenige, der Nelson Mandela nach dessen Freilassung aus dem Victor-Verster-Gefängnis als Fahrer begleitet hatte. Vgl. URL: http://www.a24media.com/downloads/pdf/scripts/english/End_Year_Specials_2010.pdf (05.03.2012)

124 Im Anschluss beziehen sich alle Zitate des Tourguides auf folgende Quelle: Talakumeni, Ntosa. Tour am 10.02.2010. Kapstadt: Robben Island Museum.

Der Tourguide steht in einem Türrahmen, der einen Blick in einen großen Raum ermöglicht:

Abbildung 4: Communal Cell

Ntosa erklärt, dass wir uns hier in der F-Section befänden: „This was my last section before I was released in 1990." Sechzig bis achtzig Insassen waren in den großen Zellen. „Comrade Nelson Mandela and the other political prisoners" waren in einem anderen Bereich untergebracht. Ntosa erklärt, dass das *Robben Island Maximum Security Prison* Anfang der 1960er-Jahre erst durch die Zwangsarbeit der Gefangenen errichtet und 1964 fertig gestellt wurde. Bevor das Gebäude entstand, „they were housed with common law prisoners". Er betont jede Silbe der Worte: „'com'mon 'law". Ntosa erzählt von der Nutzung der Insel im Jahr 1600 durch die Europäer. Der erste politische Gefangene wurde bereits 1658 auf Robben Island festgehalten. Es war Autshumato, „chief of the Khoi San". Ntosa zählt weitere Namen politischer Gefangener auf, die ebenfalls wie Autshumato versucht haben, von der Insel zu fliehen. Manchen gelang es. Anderen nicht. Eine Touristin will wissen, wie weit es bis zum Festland ist. Eine andere, ob es Haie im Wasser gäbe. Ntosa beantwortet die Fragen und hält fest: „[W]e're in South Africa, we've got the best swimmer in the world." Er fragt in die Runde, ob jemand weiß, wer sie sei. „Natalie du Toit", antwortet ein Mann leise. Ntosa bestärkt ihn, dass er richtig liege. „It is Natalie du Toit. She‘s got one leg.“

Ntosa kehrt in die Geschichte zurück und greift in seiner Erzählung den Faden um Gefangenschaft und Flucht auf. Dieses Mal am Beispiel von Chief Makana, David Stuurman, Hans Trompetter und 55 Jahre später, 1874, Chief Langalibalele. Er erzählt von der Nutzung als Militärbasis in der ersten Hälfte des 20. Jahrhunderts und den ungenutzten Kanonen im 2. Weltkrieg.

Gedanklich verlassen wir den Raum und folgen seinen Worten zur A-Section: dem Bereich, in dem Nelson Mandela und die anderen politischen Gefangenen festgehalten wurden. Die A-Section bestand aus Einzelzellen, in denen keine Toiletten waren – nur Eimer, die sie nachts nutzen und am nächsten Tag kurz vor dem Frühstück selbst ausleeren mussten. Anhand einer der beiden Papptafeln, die an der Wand neben ihm gelehnt stehen, zeigt er die unterschiedlichen Essensportionen (Menge und Inhalt) entsprechend der rassifizierten Identitätskategorien der Apartheid.[125] „They [political prisoners, A. S.] spent 18 years in this prison, sleeping on the floor, using only these mats as their mattresses. And four blankets.“ Er geht zu der Filzdecke in die Mitte des Raumes. Seine Stimme wird lauter: „They were beaten and ill-treated by the prison warders.“ Hilfe leisteten das Internationale Rote Kreuz aus Vancouver und „the honourable Lady Mrs. Helen Suzman“. Er erklärt, dass sich die Haftbedingungen nur langsam verbesserten und beschreibt die Trennung nach Hautfarbe und Geschlecht, die dazu führte, dass ‚weiße‘ und weibliche Gefangene nicht auf der Insel waren.

Ntosa hält kurz inne, ersetzt die erste Tafel durch die zweite: „The prison card of Billy Nair. His prison number was 69/64.“ Ntosa erklärt die Zahlensystematik. Billy Nair war der 69. Gefangene im Jahr 1964 auf Robben Island. Er nennt die Nummer von Nelson Mandela, dann seine eigene. Die Karte selbst musste in der Hemdtasche getragen werden. Sobald ein Wärter diese sehen wollte, war sie vorzuzeigen. Bei Nichtvorzeigen folgte Bestrafung. Wir bekommen die Gelegenheit, Fragen zu stellen. Doch niemand tut es. „Let‘s go.“

Im nächsten Flur schauen wir auf weiß gestrichene Wände und Linoleum. Holztüren verschließen die Zellen. Ntosa geht schnellen Schrittes, bleibt dann stehen und wartet, bis alle angekommen sind. Hier in der D-Section waren im 17. Jahrhundert sowohl die „Chiefs“ als auch von 1966 bis 1985 die Führungskräfte der SWAPO aus Namibia gefangen: „The first South African group to occupy this section after the Namibians, it was my group that here came through 1986.“ Wir gehen weiter in einen Innenhof und sind kurz im Freien. Auf einer kleinen Treppe stehend, erklärt Ntosa, dass wir jetzt gleich die A-Section betre-

125 Im Original lautet die Überschrift des Schaubildes: „Differences between B and C diets: B – Coloureds/Asiaties C – Bantus.“ Vgl. F-Section des ehemaligen Hochsicherheitsgefängnisses. Kapstadt: Robben Island Museum (10.02.2010).

ten werden. In den Zellen werden wir „short cell stories“ der Gefangenen lesen und Gegenstände von ihnen in kleinen Boxen finden. Er lächelt für einen Moment, als er davon erzählt, dass ein Weltcup zu sehen sein wird, den die Gefangenen selbst hergestellt hatten. Manchmal erlaubten die Wärter ihnen, im Innenhof Fußball zu spielen:

> „We made that cup with our own hands. That‘s why last year on the 4th of December, Robben Island was officially closed for the FIFA-executive. The president of FIFA, Sepp Blatter, was here. Cause it was our dream as prisoners that one day the World Cup must be hosted in South Africa. And then the dream came true.“

Zu sehen sei auch das Duplikat des Generalschlüssels, der von Sedick Isaacs und Bra Jeff Masemola hergestellt wurde.[126] Nicht jede Zelle kann ich mir anschauen. Die Zeit ist zu knapp. An den beigefarbenen Wänden, von denen die Farbe abblättert, kleben Porträtfotos der Insassen mit Namen und Lebensdaten, dazu ein Kurztext zu ihrem persönlichen Exponat – meist selbst verfasst und in der „ich-Form“ geschrieben. Am Ende des Flurs geht es eine Rampe hinunter auf einen Hof. Der Guide wartet bereits auf uns. Er lehnt an einer grauen, unverputzten Betonwand. Vor ihm sind drei stark vergrößerte Schwarz-Weiß-Fotos aufgestellt: Ntosa spricht über jedes der drei Fotos. Die ersten beiden publizierten britische Zeitungen im Jahr 1966, nachdem das Apartheidsregime ausgewählten Journalisten erlaubte, Nelson Mandela im Gefängnis zu fotografieren. So sollte der Beweis erbracht werden, dass Mandela noch am Leben war. Die Gruppe auf dem dritten Foto bestehe aus ehemaligen politischen Gefangenen: „Every month, we‘re inviting former political prisoners to come and visit the island while collecting the information for the longterm process.“ Er benennt ein paar der Fotografierten: z. B. Andibam Toivo ya Toivo aus Namibia. Das Foto wurde 1995 aufgenommen und zeigt die erste Wiedervereinigung nach der Freilassung der letzten politischen Gefangenen Robben Islands im Jahr 1991.

Ntosa verweist mit seinen Worten auf die rechte Ecke des Hofes. Dort stehen verschiedene Grünpflanzen und kleine Bäume: Mandelas Garten. Als Mandela mit dem mittlerweile verstorbenen Walter Sisulu, mit Ahmed Kathrada und Andrew Mlangeni in das Pollsmoor-Gefängnis im März 1982 verlegt wurde, übernahmen seinen Garten die mittlerweile verstorbenen Raymond Mhlaba, Elias Motsoaledi und Govan Mbeki. Ntosas Stimme wird heiser, aber er senkt seine Lautstärke nicht, als er berichtet, dass Mandela 1988 erneut verlegt wurde. Dieses Mal in das Victor-Verster-Gefängnis, aus dem er am 11. Februar 1990 entlassen wurde: „And now, I‘m going to take you to the cell of Mr. Nelson Mandela where he spent 18 years sleeping on the floor on the two mats and the

126 Das Original befindet sich in den Pretoria Archives.

four blankets.“ Mandela habe 1974 seine Autobiografie in dieser Zelle geschrieben: „The long walk to Freedom“. Das Manuskript vergrub Mandela im Garten. Allerdings wurden einige Seiten entdeckt, als neue Trennwände im Innenhof gebaut wurden, so dass Mandela vier Jahre nicht studieren durfte. Mac Maharaj schmuggelte das Manuskript aus dem Gefängnis.

Ntosa geht auf die Logik der Zellennummern ein. Wir drehen uns um und blicken auf die Zellen und deren vergitterte Fenster, die auf den Hof zeigen. Gezählt wurde: eins, drei, fünf, sieben. Zelle Nr. 7 ist das vierte Fenster auf der rechten Seite. Zelle Nr. 7 war Mandelas Ort der Gefangenschaft: „this way“, sagt er kurz und geht. Wir folgen und betreten die B-Section. Mir fallen die angebrachten Videokameras auf. Die Zellen haben zwei Türen. Die ersten sind aus Holz und stehen offen, gefolgt von geschlossenen Gittertüren, die Blicke in das Zelleninnere gewähren: eine Filzmatratze auf dem Boden, ein kleiner Holztisch, ein Toiletteneimer, von dem Ntosa bereits berichtet hatte. Nicht alle Zellen enthalten dieses Inventar. Ntosa beginnt zu erzählen:

> „The cell of Mr. Mandela where he spent eighteen years sleeping on the floor on the two mats, the four blankets, the dish, the cup, the bucket which was his toilet at night, the book Long walk to Freedom. He wrote that book in the cell. All the cells were the same. There was no difference.“

Dann schlägt er mit einer Hand auf die andere um zu betonen, dass Führungskräfte z. B. aus Namibia auch in diesem Bereich gefangen waren. Er nennt einen ihrer Namen: „An-dim-ba-Toi-vo-di-Toi-vo“. Ntosa räuspert sich erneut, fragt, ob es noch weitere Fragen gäbe, denn wir müssten jetzt zum Ende unserer „prison tour“ kommen. Er erklärt uns das weitere Prozedere der Rückfahrt und dass unser Boot exakt um zwölf den Hafen verlassen wird. Falls es Leute geben sollte, die die Pinguine sehen wollten, würde er sie ihnen draußen zeigen: „Remember that we are (!) the seven largest penguin colony in the world. I must say thank you very much.“ Zaghaftes, lauter werdendes Klatschen. Ich bemerke, dass viele aus der Gruppe noch ein Foto von sich und der Nelson-Mandela-Zelle machen oder die Zelle selbst digital festhalten, dann aber relativ zügig den Trakt verlassen.

Wir gehen in einen Hof und folgen einem geteerten Streifen, der uns durch mehrere Innenhöfe zum Ausgang führen wird. Es gibt überall Zugangsmöglichkeiten für Menschen im Rollstuhl. Eine weiß gestrichene Rakete, auf einem Zahnrad stehend, umgeben von einem Stacheldrahtzaun, steht unerklärt neben dem Weg. Zu sehen ist auch ein Fußballfeld mit alten verrosteten Toren: graue Steinmauern und Stacheldraht. Im letzten Hof steht ein Holzpfahl. Das Schiff wartet. Ntosa Talakumeni ist nicht mehr zu sehen. Ich verlasse den Hof, das Gefängnis, die Insel – Vorstellungen von gefolterten Menschen im Kopf.

2.1.1.2 Historische Genese des Erinnerungsortes

Über mehrere Jahrhunderte nutzten Menschen unterschiedlicher Herkunft die Insel Robben Island als einen Ort der Isolation: als Gefängnis, als Quarantänestation außerhalb des städtischen Raumes und als Psychiatrie. Das heutige Museum besteht offiziell seit 1996. Drei Jahre später erklärte es die UNESCO zum Weltkulturerbe. Seit 1996 ist das Museum auch südafrikanisches Nationalmonument, untersteht seitdem den Verwaltungsstrukturen des Kunst- und Kulturministeriums[127] und ist seit 2006 „a National Heritage Site"[128]. Das Ministerium ernennt die Mitglieder des Museumsrates für drei Jahre. Diese sind in ihrem Handeln gesetzlich dem Cultural Institutions Act von 1998 verpflichtet.[129] Das ausführende Management unterteilt sich in Bereiche wie dem Bildungsprogramm, dem „Heritage"-Programm und dem Tourismusprogramm.[130] Die Entscheidungsgewalt liegt beim „Executive Management" (Chief Executive Officer, Chief Operating Officer und Chief Financial Officer).[131] Auf der Internetseite ist die Vision des Museums zu lesen:

> „Robben Island Museum operates as a site and living museum. It aims to develop the Island as a national and international heritage and conservation institution. In managing its resources and activities, RIM will strive to maintain the unique and universal symbolism of the Island, nurture creativity and innovation as well as to contribute to the socio-economic development and transformation of the South African society and enrich humanity."[132]

Diesen Vorgaben folgend, setzte das Museumsmanagement Kernziele unter dem Stichwort „Mission" auf die betriebliche Agenda:

> „Maintaining the unique political and universal symbolism and value of RIM. Conserving and managing the natural and cultural resources and heritage of RIM. Pro-

127 Zu diesem Zeitpunkt war das Ministerium nicht nur für Kunst und Kultur zuständig, sondern auch für Wissenschaft und Technik. Am 1. August 2002 wurden die Bereiche in zwei Ministerien geteilt. Vgl. URL: http://www.dacst.gov.za/ (05.01.2012)

128 Vgl. URL: http://www.robben-island.org.za/index.php?option=com_content&view=article&id=2&Itemid=21 (10.10.2010)

129 Vgl. URL: http://www.robben-island.org.za/index.php?option=com_content&view=article&id=4&Itemid=73 (05.01.2012). Dort sind die einzelnen Zuständigkeiten aufgelistet.

130 Vgl. Makola, Lekgetho James. Interview, geführt von der Verfasserin. Kapstadt, 12.02.2010. S. 10f. Zur Zeit der Interviews im Februar 2010 wurden die „Departments" in „Programmes" umbenannt.

131 Vgl. URL: http://www.robben-island.org.za/index.php?option=com_content&view=article&id=6&Itemid=24 (05.01.2012)

132 URL: http://www.robben-island.org.za/index.php?option=com_content&view=article&id=3&Itemid=22 (05.01.2012)

> moting RIM as a platform for critical debate and life-long learning. Managing RIM in a manner that promotes economic sustainability and development.“[133]

Ökonomisch muss das Museum im Gegensatz zu anderen Erinnerungsorten vor allem mit der Besonderheit des Standortes umgehen. Die finanzielle Unterhaltung der Fähren ist immer wieder und aus unterschiedlichen Gründen herausfordernd. Bis zur Institutionalisierung des Projekts *Freedom Park* erfuhr RIM als nationaler Erinnerungsort die höchste monetäre Zuwendung in der südafrikanischen Kulturpolitik.

2.1.2 Detailanalyse: „a place of suffering, a place of struggle, a place of triumph“[134]

In diesem Teilkapitel will ich darstellen, was die Narration im *Robben Island Museum* im Kontext eines national-kulturellen Funktionsgedächtnisses kennzeichnet: Welche Themen stehen auf den Tour-Agenden? Welche Orte werden gezeigt? Wer kommt zu Wort? Und über wen wird wie gesprochen? Zusammengefasst: Von wem ist was im offiziellen Rahmen des nationalstaatlichen Erinnerungsortes sagbar und welche Funktionen hat das präsentierte Wissen? In meiner Analyse der Wissensproduktionen in Erinnerungsräumen frage ich auch nach dem, was nicht auf der Agenda steht, nach dem Wissen über das, was in bestimmten Konstellationen nicht gesagt wird und nach den Effekten, die Schweigen auf den Raum haben kann.

Wie in Kapitel 1.2 ausgeführt, arbeite ich mit einem relationalen Raumbegriff in Anlehnung an die Arbeiten Martina Löws: Welche Räume entstehen in den Narrationen und durch die musealen Gestaltungselemente auf Robben Island und den Orten auf dem Festland? Welche An-/Ordnungen des Wissens lassen sich darin lesen? Welche räumlichen Regeln stellen Raum her, die wiederum an gesellschaftliche Strukturkategorien wie das soziale Geschlecht, Rassifizierungen oder Klasse gebunden sind?

Ich verorte anhand meiner Analyseergebnisse den Museumsort im nationalstaatlichen, (kultur-)politischen Kontext: Kulturelle Gewissheiten verweisen laut Foucault sowohl auf das Sagbare, das Legitimierte als auch auf diejenigen Themen „(...), die auf jeden Fall nicht mehr zugelassen werden können“.[135] Dementsprechend sind die Gewissheiten von Macht strukturiert ebenso wie die Räume,

133 Ebd.

134 Whiteing, Richard. Interview, geführt von der Verfasserin. Kapstadt, 17.02.2010. S. 20.

135 Vgl. Foucault, Michel. „Archäologie des Wissens.“ *Michel Foucault. Die Hauptwerke*. Hg. Axel Honneth, Martin Saar. Frankfurt/M.: Suhrkamp, 2008 (1969). S. 498.

in denen sie sagbar oder tabuisiert werden. Das Sagbare näher zu analysieren und sie zu kritisieren, ermöglicht es, Machtverhältnissen in den Erzählungen auf die Spur zu kommen. Welche Referenzen auf gouvernementale und pastorale Machtstrukturen sich im *Robben Island Museum* lesen lassen, soll im Folgenden detailliert dargestellt werden.

Drei Grundsätze konstituieren die Narrationen des *Robben Island Museum* im Zeitraum 2008-2010 in meiner Analyse: „layered histories“, „different perspectives“ und „human rights education“. Die Erzählungen lassen ineinander verschränkte Räume entstehen.

2.1.2.1 Heterotope Räume

Die Stationen und Zeiten der zweigeteilten Tour (vgl. Kap. 2.1.1) referieren auf die These, dass das *Robben Island Museum* – wie alle anderen Erinnerungsorte dieser Studie auch – als heterotoper Ort im Foucaultschen Sinne betrachtet werden kann: Verschiedene Ereignisse werden gesammelt, archiviert und repräsentiert. An einem realen Ort wird eine Utopie von Gesellschaft erzählt, die sowohl unterschiedliche Zeiten als auch mehrere Orte benötigt bzw. miteinander verbindet, um vergangenen Ordnungen als Korrektiv entgegenzustehen oder gegenwärtige zu hinterfragen.[136] Der Ort ist dementsprechend heterochron und heterotop, illusionär und kompensatorisch.

Die Tourguides erzählen vom Kampf, der ein politischer war und von einem Kollektiv, das durch den politischen Kampf zusammengehalten wurde:

> „If you really want to understand and appreciate your tour on this island: It is so necessary that you‘ll get on this space. What was the fight all about? A thousands and ten reasons why we so much wanted to get rid of the old government, why people were posted to Robben Island as political prisoners by the thousands.“[137]

Die Zeit der Apartheid und der Kampf gegen das Regime werden in der Erzählung des Tourguides stark betont, sein eigenes Leben im Exil und sein Widerstand im Laufe der Tour dadurch gegenwärtig. Der Ort erscheint gegenüber den anderen Erinnerungsorten einzigartig: Hier erzählen (noch) vor allem Menschen, die entweder selbst politische Gefangene waren oder aber aktiv gegen die Apartheid kämpften. Die Inhalte hängen von den persönlichen Erfahrungen der ehe-

---

136 Vgl. Foucault, Michel. „Von anderen Räumen.“ *Raumtheorie. Grundlagentexte aus Philosophie und Kulturwissenschaften*. Hg. Jörg Dünne, Stephan Günzel. Frankfurt/M.: Suhrkamp, 2006 (1967). S. 320.

137 Mohamed, Yasien. Tour am 10.02.2010. Kapstadt: Robben Island Museum.

maligen politischen Gefangenen, ihrer Bereitschaft darüber zu sprechen und den Fragen aus den Besuchendengruppen ab:

> „So it's what's happening in their particular lives at the time. What they're focusing on. (…) And often … and I think this is a very, very important element is that depending who's in the group, what they ask, what their interest areas are will determine the outcome of the tour. (…). Depending on the kinds of questions that are asked. And that is what makes our tours special is that it is so personal and it is so dependent on the psychological profile of that person at that time."[138]

Die Tourguides sprechen auch über weit zurückliegende Ereignisse und über andere Nationalstaaten. Sie strukturieren die Geschichte Robben Islands als interrelational und heben so in der Erzählung die Isolation der Insel auf:

> „And also ladies and gentlemen, what makes this island so unique, so many nationalities came to Robben Island from all over the world over the hundreds and hundreds of years. You named a country in the world, it was either on the island or had an impact up on the history of Robben Island."[139]

Der Ort selbst steht für zwei staatliche Ordnungen: die überwundene und die gegenwärtige. Die Erinnerungen und die gegenwärtigen Praxen auf Robben Island korrigieren das vergangene System. In diesem Sinne symbolisiert der Ort auch eine Utopie – eine Zukunftsvision von einer freien Gesellschaft, die heute bereits realisiert scheint.

Heterotope Raumschichtungen

Die Tourguides lassen in ihren Erzählungen unterschiedliche Räume auf der Insel entstehen: Räume, die zu anderen Zeiten auf der Insel existierten und Räume, in denen zu anderen Zeiten und an anderen Orten wie bspw. in Europa oder den USA der Kampf gegen die Apartheid geführt wurde. Die Zeit- und Ortschichtungen sind Teil der Interpretationsstrategie, die Mitarbeiterinnen und Mitarbeiter des Museums verfolgen. Angelehnt an die Vorgaben der World Heritage Convention der UNESCO von 1972 und der australischen Burra Charter von 1999 – das *Robben Island Museum* ist seit 1999 Weltkulturerbe – entschied das Management, so wenig wie möglich zu intervenieren, da es um Originalität und Authentizität gehe. Der Senior Manager des Heritage Department Lekgetho James Makola betont: „We shouldn't fictionalise the story. The story has to be

138 Daniels, Sandra. Interview, geführt von der Verfasserin. Kapstadt, 10.02.2010. S. 20f.
139 Mohamed, Yasien. Tour am 10.02.2010. Kapstadt: Robben Island Museum.

relatively authentic."[140] So können die Schichten mit der Vielfalt des Ortes gleichgesetzt werden.[141] In den Erzählungen aller interviewten Managementmitarbeitenden wird das Konzept einer geschichteten Vergangenheit deutlich hervorgehoben und so ein Anspruch auf vollständiges Erfassen des Geschehenen impliziert. In diesem Sinne könnte mit Doreen Massey argumentiert werden, dass Robben Island in Form einer radikalen Geschichte erzählt würde:

> „Perhaps a really ‚radical' history of a place would be one which did not try to present either simple temporal continuity or only spatial simultaneity with no sense of historical depth. A way of understanding which, in the end, did not try to seal a place up into one neat and tidy ‚envelope of space-time' but which recognised that what has come together, in this place, now, is a conjunction of many histories and many spaces."[142]

Allerdings reicht es für eine Radikalität meines Erachtens nicht aus, allein die Verknüpfung vieler Geschichten und Räume in ihren historischen Kontexten sichtbar zu machen. Es ist auch eine Frage der Gewichtung und der Perspektiven: Das Wort „viele" weist bereits auf Auslassungen hin, auf Spuren, die da sind und sichtbar gemacht werden könnten, die aber nicht auf die narrative Museumsagenda gesetzt werden.

Bevor ich diesen Spuren nachgehe, will ich zunächst die Verknüpfungen der Zeit-Raum-Geschichten in den Erzählungen des Museums näher betrachten. Sichtbar ist die Losung Unity in Diversity, die seit 1994 den Nation-Building-Diskurs in Südafrika dominiert. Im Zentrum der Erzählungen steht die temporale Schicht der Apartheid, am stärksten verräumlicht im *Maximum Security Prison*. Die meisten anderen Orte der Insel werden mit Ereignissen aus dieser Zeit oder aber mit dem übergeordneten Motiv des (international unterstützten) Freiheitskampfes verbunden. Das Museum stellt Authentizität her, indem differente Aussagen von Zeitzeugen miteinander in Beziehung gesetzt werden.

Lekgetho James Makola erklärt, dass Authentizität immer subjektiv sei und dementsprechend verschiedene Stimmen hörbar sein müssen:

> „Authenticity to one is no authenticity to the next person. So it's a lot of contestation which leads to multiple voices. We should allow for different voices to speak cause we're talking about memory, you know. We're telling a story of individuals who were there for a common ahm, ahm ... not crime but, but offence to the state. Ah but

140 Makola, Lekgetho James. Interview, geführt von der Verfasserin. Kapstadt, 12.02.2010. S. 1.
141 Vgl. Whiteing, Richard. Interview, geführt von der Verfasserin. Kapstadt, 17.02.2010. S. 4.
142 Massey, Doreen. „Places and Their Pasts." *History Workshop Journal* 39 (1995). S. 191.

> they had their own individual experiences within that space. And that should be reflected in how we tell the story."[143]

In diesem Zitat deuten sich drei Problematiken an: Erstens die hergestellte Authentizität und Intimität[144] durch die Tourguides basieren auf Emotionen, die entstehen, weil es (noch) meist Tourguides sind, die selbst politische Gefangene auf der Insel waren. Zweitens das Zitieren des „we" schafft eine emotionale Gemeinschaft, die sowohl Nähe als auch Distanz durch Differenz produziert. Das ‚Wir' kann inkludieren, wenn es um die politische Gemeinschaft und den Widerstand gegen die Apartheid geht. Es kann jedoch auch Grenzziehungen vornehmen, da vermutlich die Besuchenden mehrheitlich nicht ehemalige (politische) Gefangene waren und die erzählten Erfahrungen nicht teilen. Drittens im gleichen Raum kreuzen sich Zugehörigkeiten zu unterschiedlichen Zeiten: Die Geschichten erzählen Menschen, die auf der Insel wegen einer „Straftat gegen den Staat" waren. Damals wurden sie als Kriminelle verurteilt. Heute werden sie offiziell als ehemalige politische Gefangene bezeichnet. Daraus ergibt sich die Schwierigkeit im Umgang mit der Zuordnung ‚kriminell'.

Im nächsten Abschnitt will ich auf die Stimmen ehemaliger ‚Krimineller' eingehen, die heute zu hören sind, weil sie zu politischen Gefangenen wurden. Dann will ich die nicht zu Wort Kommenden betrachten, die auch heute noch als ‚Kriminelle' gelten.

2.1.2.2 Identitäre Räume

Zwei Erzählstrategien waren trotz unterschiedlicher Tourguides, mit und ohne Hafterfahrungen, auf Robben Island deutlich: erstens die Verknüpfung der Insel mit dem Festland und anderen Teilen der Welt unter dem Aspekt eines internationalen Freiheitskampfes, dessen Akteurinnen und Akteure hauptsächlich männlich sind. Zweitens der Fokus auf bestimmte politische, männliche, ‚nicht-weiße' Gefangene – allerdings nur in Kombination mit dem ersten Aspekt: für die Freiheit zu kämpfen. Die diversen Stimmen sind vor allem individuelle Stimmen ehemaliger männlicher politischer Gefangener. Sie erzählen wiederum von ehemaligen politischen männlichen Gefangenen aus dem 17. bis zum 20. Jahrhundert. Erwähnt werden die Gruppe der ‚Kranken' (körperlich: Lepra, geistig: „Lunatics"), die Gruppe der ‚Kriminellen', die der Wärter und ein einzelner Frauenname: Helen Suzman.

143 Makola, Lekgetho James. Interview, geführt von der Verfasserin. Kapstadt, 12.02.2010. S. 1f.

144 Vgl. Coombes, Annie E. *History after Apartheid. Visual Culture and Public Memory in a Democratic South Africa*. Durham, London: Duke University, 2003. S. 88.

Vergeschlechtlichte Erinnerungsräume: „Robben Island is very male dominated.“[145]

Sandra Daniels, Vanessa Mitchell und Lekgetho James Makola, Mitarbeitende in der Bildungsabteilung des Museums, definieren Robben Island als einen Ort, der männliche Sichtweisen zentral setzt.[146] Begründet wird der Fokus mit der „historischen Realität“: „In a way, it‘s kind of difficult because of the site, ok? It‘s a, it‘s a very, very strong male dominated site. No women were incarcerated here between 1960 and 1996, so historically, there is that.“[147] Eine ähnliche Erklärung lautet:

> „But in the prison, because the prison was male, so the stories are male. They will talk about their loved ones from *in-out*, you know. Not necessarily from loved ones being incorporated in the prison complex. They were not allowed to get even closer to the prisons. So I think from there is where the focus is, you know, to limit the female voice and you know.“[148]

Die Praxis entkräftet die Begründungen für die Marginalisierung von Frauen in den Museumsnarrationen. Auf der Busrundfahrt werden die äußeren Bedingungen des Freiheitskampfes thematisiert: Nationen und Organisationen, die finanzielle Unterstützung leisteten, Anti-Apartheidsaktivisten, Boykottaufrufe gegen südafrikanisches Obst etc. Bekannte Männer wie Frank Sinatra, Stevie Wonder, Harry Belafonte oder Andrew Young werden als Unterstützer des Freiheitskampfes genannt – eine klare out-in-Perspektive.

Helen Suzman bleibt die einzige Frau, deren Name im Kontext der Verbesserung der Haftbedingungen genannt wird.[149] Sie kämpfte als Abgeordnete im

---

145 Daniels, Sandra. Interview, geführt von der Verfasserin. Kapstadt, 10.02.2010. S. 8.

146 So stellt Sandra Daniels fest: „We, as an institution, we have done other things or how can I put ... not even other things, as an institution we‘re aware of how unbalanced that is. This year, for the first time, it‘s something that I‘ve been working on for a long time and hopefully it will happen. We will have a young women‘s camp on Robben Island. So in a sense, we are aware of the disparity.“ Daniels, Sandra. Interview, geführt von der Verfasserin. 10.02.2010. S. 9.

147 Ebd. S. 9. Vgl. auch Mitchell, Vanessa. Interview, geführt von der Verfasserin. Kapstadt, 17.02.2010. Diese Argumentation lässt sich auch in den Interviews von Angestellten aus anderen Museen finden (vgl. Kap. 4.2.2).

148 Makola, Lekgetho James. Interview, geführt von der Verfasserin. Kapstadt, 12.02.2010. S. 16. Hervorh. A. S.

149 Meine Ergebnisse sehe ich durch die Ausführungen von Annie E. Coombes unterstützt. Sie schreibt: „The only time any women were mentioned on any of my tours to the island was in December 2000, when it was briefly remarked that women and white men were also imprisoned in the cause of the liberation struggle.“ Coombes, Annie E. *History after Apartheid. Visual Culture and Public Memory in a Democratic South Africa.* Durham, London: Duke University, 2003. S. 105.

Parlament des Apartheidsstaates für die Gefangenen. Es gäbe zahlreiche Möglichkeiten, die Aktivitäten von Frauen mit den verschiedenen Orten auf der Insel in der Erzählung zu verbinden: So protestierten Frauen öffentlich gegen die Apartheidsgesetze, betrieben das Untergrundsystem des Widerstands und hielten die Exil-Kontakte aufrecht. Nur einer der Tourguides benennt weibliche Gefangene: „Women political prisoners were kept in Kroonstad. The lights (!) of the lady Dorothy Nyembe, the lady Ngoyi, Winnie Madikizela-Mandela, Thandi Modise ...“[150]

Die Prinzipien der „layers of history“ und der „different perspectives“ entkräften ebenfalls das Argument: Seit die Insel von Menschen genutzt wurde, lebten auch Frauen auf Robben Island. Warum sie so selten sichtbar in den Erzählungen werden, bestätigt für mich die These von Anne McClintock, die vergeschlechtlichte und rassifizierte Nationalismusbewegungen in Südafrika zu unterschiedlichen Zeiten analysierte: „Women are typically constructed as the symbolic bearer of the nation, but are denied any direct relation to national agency.“[151] Meine empirischen Ergebnisse belegen auch zwei von ihr definierte Darstellungen von Frauen in nationalen Erzählungen: die Figur der Fürsorge Tragenden im Sinne der Aufrechterhaltung der Reproduktion des nationalen Kollektivs und die Figur der Ver-/Mittlerin von nationaler Kultur (vgl. Kap. 4.2).

Mittlerweile kommen an zwei zum Museum gehörenden Orten auf dem Festland Frauen zu Wort, u. a. durch Briefe und persönliche Gegenstände:[152] in den temporären Ausstellungen im Ticketgebäude *Nelson Mandela Gateway* und in *Jetty 1*. Die thematisierte Verbindung ist nicht die des Kampfes für die Freiheit, das wäre auch eine mögliche Figur nach McClintock, sondern die Rolle der Besuchenden und der Liebenden, oft als Ehefrau und/oder Mutter. So trug eine Ausstellung im Anschluss an ein Projekt den Titel „Journeys of Sorrow and Hope“[153]. In der Wortkombination „women, sorrow[154] and hope“ werden Leid

150 Talakumeni, Ntosa. Tour vom 10.02.2010. Kapstadt: Robben Island Museum.

151 McClintock, Anne. *Imperial Leather: Race, Gender, and Sexuality in the Colonial Contest.* New York: Routledge, 1995. S. 354.

152 Seit 1994, dem offiziellen Ende der Apartheid, gibt es Konflikte und starke Auseinandersetzungen über Repräsentationsweisen und die Nutzung vor Ort, bezüglich der Rolle von Frauen, der Vermarktung (vgl. Kap. 3.1.2 und 4.1) z. B. über Ökotourismusangebote, das Betonen von Zeiten und Ereignissen in der Narration oder die zentrale Setzung des ANC auf der narrativen Agenda. Vgl. Coombes, Annie E. *History after Apartheid. Visual Culture and Public Memory in a Democratic South Africa*. Durham, London: Duke University, 2003. S. 55-105. Deacon, Harriet. Memory *and History at Robben Island.* 2007. URL: http://www.celat.ulaval.ca/histoire.memoire/histoire/cape1/deacon.htm (06.07.2010)

153 Lekgetho James Makola informiert über die Ausstellung: „We had a project. One of them was called ‚Journeys of Hope and of Sorrow‘. So basically it‘s the journeys of families leaving, you know, their homesteads and coming to visit their loved ones. You go travelling for two to three days only to speak to their loved ones for, you know, thirty minutes. Sometimes, they were just

und Hoffnung weiblich konnotiert. Die Insel selbst wurde in offiziellen Darstellungen wie Presseerklärungen als „a place of suffering, a place of triumph" bezeichnet. Annie E. Coombes beschreibt, wie Robben Island von einem Ort des Leidens zu einem Ort des Triumphs nach 1994 wird: „We would want it [Robben Island, A. S.] to be a triumph of the human spirit against the forces of evil: a triumph of wisdom and largeness of spirit against small minds and pettiness; a triumph of courage and determination over human frailty and weakness, (...)."[155] Wenn die Narrationen der Insel vor allem männlich geprägt sind, werden Triumph, Wille, Klugheit, Mut und Bestimmtheit männlich konnotiert. Frauenbezüge referieren auf Familie; Männer auf das Geistige und auf die Gesellschaft. Frauen opferten sich für die Familie, für ihren Mann und erfüllten damit die Pflichten einer heteronormativen, staatlichen, sakralen Ehe. Männer opferten sich für eine größere, bedeutendere Sache über das Private hinaus: Sie litten für das nationale Kollektiv oder um es mit Anne McClintock zu benennen: für die nationale Familie.[156] Das organisierende Prinzip, um Emotionen und Leiden zu

cut off because they say something that they were not supposed to be, to say. Because the warders always listened to them. And they were trained in all languages. Ah and they will just cut you off five minutes and you have to travel three days back. So we have a huge archive of those stories told. We currently have an exhibition at Jetty 1. (...) it's about the women, ah mothers, ah daughters, ahm sisters telling ah stories, memories of them visiting their loved ones on Robben Island." Makola, Lekgetho James. Interview, geführt von der Verfasserin. Kapstadt, 12.02.2010. S. 4.

154 Das Wort ‚sorrow' kann etymologisch von Sorge abgeleitet werden. Das Wort ‚suffer' meint aushalten, ertragen.

155 Zitat von Ahmed Kathrada aus einer Rede zur Eröffnung der ersten Ausstellung über Robben Island 1993. Kathrada ist ehemaliger ‚politischer Gefangener' und Mitglied des Robben Island Museum Council. Vgl. Coombes, Annie E. *History after Apartheid. Visual Culture and Public Memory in a Democratic South Africa*. Durham, London: Duke University, 2003. S. 75f., 90. Das Zitat steht unter anderem auf einem Getränkeautomaten. Die letzten Zeilen fehlen: „(...); a triumph of non-racialism over bigotry and intolerance; a triumph of the new South Africa over the old." Auch Lekgetho James Makola beschreibt diesen Bedeutungswechsel: „I think I mean everything comes from the inception of the museum. Like, early '90s, mid-'90s, when ... the idea of turning Robben Island into a heritage site and, possibly a world heritage site. Ah it was around human ... ah the human ... the focus was more on triumph over hate you know like, like we know that people suffered but you know that's in the past. We triumphed and that's why we're here. So the stories what, what Robben Island actually gives to the world is hope. You know, hope that you know even through difficult times there's always, you know, an ultimate I mean ahm a triumph at the end." Makola, Lekgetho James. Interview, geführt von der Verfasserin. Kapstadt, 12.02.2010. S. 5.

156 Ähnliche Schlussfolgerungen ziehen auch Ulrike Auga und Fiona Ross in ihren Untersuchungen zur Wahrheits- und Versöhnungskommission und den vergeschlechtlichten Strukturen. Vgl. Auga, Ulrike. „Wahrheit und Versöhnung oder maskuline Erlösung am Kap? Religiöse Legitimierung nationaler Geschlechterformation." *Erlöser: Fantasmen und Figurationen männlicher Herrschaft*. Hg. Sven Glawion, Elahe Haschemi Yekani, Jana Husmann-Kastein.

beschreiben, ist das der Familie. Es verbindet sich hier auch mit Ewigkeitskonnotationen und damit zeitlichen Ordnungen und Hierarchien.[157]

Die vergeschlechtlichte Zeit im Erinnerungsraum wird auch deutlich, wenn es um die Verbindung von Feiertagen und Erinnerungsort geht:

> „Sandra Daniels: See, the thing is: All of them [Nationalfeiertage, A. S.] ... resonates with us. If, ok, Sharpeville, Human Rights Day, 21st of March 1960, Sharpeville, they all ended up on Robben Island. Ok? Sobukwe being one of them. It's Youth Day 1976. They all ended up here on Robben Island. Freedom Day is the result of what happened here on Robben Island. So all of our days, they, they speak to the site. I can't think, I mean whether it's Heritage Day ...
> Annett Schulze: The Women's Day? Do you also celebrate ...
> Sandra Daniels: Women's Day is different in that the women connection would be the visitor connection."[158]

Auch die Zeit, das Zelebrieren nationaler Feiertage auf der Insel wird männlich konnotiert, weil der Konnex die männlichen politischen Gefangenen sind. An diesem Tag und während der Feier wird das Ereignis selbst vermännlicht. Wenn die Zeit, der Ort, die Akteure männlich gedacht werden und der Anlass und die Funktion des Erinnerungsortes sowie der Nationalfeiertage ist, die Nation zu legitimieren, dann wird die Nation – zumindest mehrheitlich – von Männern gemacht.[159]

Erlösende Räume: von nationalen Männlichkeiten, politischen Opferbekenntnissen und religiösen Figuren

In den Erzählungen wurde die neue Nation nicht von allen Männern entworfen. Männlichkeit auf Robben Island bezieht sich auf Widerstand und Triumph. Beide stehen in den Geschichten immer auch in Verbindung mit „political leader-

Bielefeld: transcript, 2007. S. 197-210. Ross, Fiona. *Bearing Witness. Women and the Truth and Reconciliation Commission in South Africa.* London, Stirling: Pluto Press, 2003.

157 Vgl. McClintock, Anne. *Imperial Leather: Race, Gender, and Sexuality in the Colonial Contest.* New York: Routledge, 1995. S. 357ff.

158 Daniels, Sandra. Interview, geführt von der Verfasserin. Kapstadt, 10.02.2010. S. 22.

159 Vgl. u. a. Puwar, Nirmal. „Im/possible Inhabitations." *The Situated Politics of Belongings.* Hg. Nira Yuval-Davis, Kalpana Kannabiran, Ulrike Vieten. London: Sage. S. 75-83. Yuval-Davis, Nira. Gender & Nation. London: Sage, 1997. McClintock, Anne. *Imperial Leather: Race, Gender, and Sexuality in the Colonial Contest.* New York: Routledge, 1995. S. 352-389. Bhabha, Homi. *The Location of Culture.* London, New York: Routledge, 1994. Gunn, Shirley; Krwala, Sinazo, Hg. *Knocking on ... mothers and daughters in struggle in South Africa.* Johannesburg, Cape Town: Centre for the Studies of Violence and Reconciliation, 2008.

ship", Heldentum und Freiheit. Das ist mittlerweile mehrfach am Beispiel des Museums ausgearbeitet worden.[160] Für die Triumpherzählung braucht es die Bereitschaft, sich selbst und die eigene Freiheit für die (nationale) Gemeinschaft zu opfern. Das Wort opfern (to sacrifice) hat im Englischen einen deutlicheren Bezug zum heiligen Opfer als es im Deutschen heute erkennbar ist. So lassen sich christliche Mythenbilder der Kreuzigung Jesu in den Erzählungen und der Auswahl der Helden lesen.

Zwei Männlichkeiten dominieren diese Narrationen: erstens die sakrale Männlichkeit und zweitens die politische. Ihr Kollektivname lautet ‚ex-political prisoners'. Auffallend ist in diesem Kontext, dass vor allem die Führungsebene der politischen Organisationen in den Erzählungen individualisiert wird: Nelson Mandela, Walter Sisulu und Ahmed Kathrada für den ANC, Robert Sobukwe für den PAC und Andimba Toivo ya Toivo für die SWAPO aus Namibia. Auch Nichtgefangene, die den politischen Widerstand gegen die Apartheid unterstützten, und politisch Aktive aus anderen Ländern und zu anderen Zeiten bekommen einen Namen. Die ‚common law prisoners' werden in den Erzählungen der Tourguides als „criminals" bezeichnet. Dieser Kollektivname gewährt keine Chance auf Individualität und das Erinnern an Einzelne. Er stigmatisiert und schließt vom „we" der Tourguides aus.

In der Erzählung kann die Kreuzigungsszene der Evangelien gelesen werden. Die Jesusfigur wird zwischen zwei als Missetäter, Schächer (übersetzbar mit Räuber, Mörder), heute im Sinne des Wortes Verbrecher, bezeichneten Menschen hingerichtet. Alle drei, auch Jesus, werden als „gewöhnliche Verbrecher" verurteilt. In der Lukaserzählung, so führt es der Kirchenhistoriker Hans Förster aus, tragen die beiden „Verbrecher" links und rechts neben Jesus in den altlateinischen Übersetzungen des neuen Testaments je nach Version die Namen „Zoatham und Camma, Zoathan und Chammatha bzw. Joathas und Maggatras".[161] Förster stellt fest, dass im kollektiven Gedächtnis beide Namen nicht nachhaltig

160 Vgl. Marschall, Sabine. „Commemorating ‚Struggle Heroes': Constructing a Genealogy for the New South Africa." *International Journal of Heritage Studies* 12.2 (2006). S. 176-193. Coombes, Annie E. *History after Apartheid. Visual Culture and Public Memory in a Democratic South Africa.* Durham, London: Duke University, 2003. S. 55-105. Deacon, Harriet. *Memory and History at Robben Island.* 2007. URL: http://www.celat.ulaval.ca/histoire.memoire/histoire/cape1/deacon.htm (06.07.2010) Garuba, Harry. „A Second Life. Museums, Mimesis, and the Narratives of the Tour Guides of Robben Island." *Desire Lines: Space, Memory and Identity in the post-apartheid city.* Hg. Noëleen Murray, Nick Shepherd, Martin Hall. London: Routledge, 2007. S. 129-144.

161 Vgl. Förster, Hans. *Die zwei unwürdigen Gefährten.* 2007. URL: http://www.mscperu.org/deutsch/gschicht/kreuzraeuber.htm (24.05.2011)

geblieben sind. In der Schrift des Ananias, so Förster, heißen die beiden „Dysmas und Gestas“, in den Pilates-Akten „Kestês und Dêmas“.[162]

Einer der als „Übeltäter“ Bezeichneten erklärt im Dialog am Kreuz vor Pilates, dass Jesus zu Unrecht gekreuzigt würde, er und der andere als Missetäter Bezeichnete „empfangen die gerechte Vergeltung“ für ihre Taten. Die Einsicht des getanen Unrechts und die Anerkennung Jesu als „Herrn“ führen zur Erlösung: Jesus nimmt ihn mit ins Paradies. Ohne die Einsicht bleibt einer der beiden gewöhnlich, seine Taten egoistisch. Diese Lesart verweist auf einen Versöhnungsdiskurs, der ‚common law prisoners‘ anerkennt, wenn sie ihre Schuld einsähen und anerkennen würden. Im sozialen Sinne können so auch die „gewöhnlichen Gefangenen“ auferstehen.

Der Diskurs der Versöhnung steht wiederum in engem Zusammenhang mit einem religiösen Opferdiskurs. Im 1. Petrusbrief heißt es: „Denn auch Christus hat einmal für die Sünden gelitten, der Gerechte für den Ungerechten, (...). In ihm ist er auch hingegangen und hat gepredigt den Geistern im Gefängnis.“[163]

Die Erzählungen auf Robben Island legen eine Interpretation nahe, die Mandela und andere Führungsfiguren als Heiland, die ‚common law prisoners‘ als „Verbrecher“ lesen ließe. Die politischen Führungspersonen können als die Auferstandenen betrachtet werden: aus dem Gefängnis, der Unterwelt, in die neue Nation, dem Paradies und Triumph gegen die Kräfte des Bösen.[164] Der Aufstand des Politischen, der Widerstand der politischen Gefangenen, wird zur Auferstehung im christlichen Sinne. Der Aufstand unterbricht[165] und erlöst. In dieser Lesart können die politischen Gefangenen der Ausgangspunkt zweier Denkbewegungen sein: Einerseits erlöst sie das Politische, weil sie bereit waren, sich für die Gemeinschaft zu opfern, Außergewöhnliches zu leisten. Rechtlich werden sie sogar durch die Politik erlöst[166], deren Gesetze sie als ‚politische Gefangene‘ anerkennen und die ihre Freilassung veranlassten.

Andererseits erlösen sie als ‚political leader‘, je nach politischer bzw. Gruppenzugehörigkeit, das nationale Kollektiv und verkörpern so die Funktion der Erlösung. Sie gestalten dann das System der Gerechtigkeit über staatliche Gesetze und stehen für innerstaatliche Freiheiten. Die Gewalt, die sich in der Natiogenese wieder einschreibt, so Ulrike Auga, zeige sich in den hegemonialen Männ-

162 Vgl. Förster, Hans. „Kestês und Dêmas, die beiden Schächer am Kreuz – aus einer koptischen Paraphrase der Acta Pilati.“ *Zeitschrift für Antikes Christentum* 11.3 (2008). S. 405-420.

163 Förster, Hans. *Die zwei unwürdigen Gefährten*. 2007. URL: http://www.mscperu.org/deutsch/gschicht/kreuzraeuber.htm (24.05.2011).

164 Vgl. Ausführungen zur Fußnote 21.

165 Unterbrechen im Sinne des Politischen nach Alain Badiou. Siehe auch die Ausführungen auf den folgenden Seiten.

166 Im Englischen weisen die Worte release und redeem etymologisch auf den Erlösungsgedanken.

lichkeiten.[167] Diese Männlichkeiten sind auch in nationalstaatlichen Räumen zu differenzieren: Nicht alle werden hegemonial.

Heldenzuschnitte: Konflikte um die Deutungsmacht

In den Interviews formulierten die Museumsmitarbeitenden Kritik an der „Mandelarisierung“ des Ortes, die aus den Auseinandersetzungen um den Anspruch auf die Gestaltung der Geschichtserzählung zwischen dem ANC und anderen Anti-Apartheidsbewegungen wie dem Pan Africanist Congress hervorging. Thando Mama, Mitarbeiter des Heritage Department, schildert den Konflikt:

> „Because in the early days of the museum (...) it was a very short narrative around Sobukwe. Whereas in the Maximum Security Prison you had this Mandelasation of the prison. So the PAC is saying: Hello, hold on. This we need to kind of balance it, you know.“[168]

Das Museum ergriff entsprechende Maßnahmen, um einen Raum zu schaffen, „(...) where those voices have a say“[169]. Das Haus, in dem Robert Sobukwe von 1963 bis 1969 auf der Insel in Einzelhaft war, wurde teilrenoviert und zu einem Ausstellungsort umgestaltet, der zum Zeitpunkt der Untersuchung für die Öffentlichkeit noch nicht zugänglich war:[170]

> „And in very many ways, we try – and it‘s not that we‘re anti-hero – we try and counteract the hero. So you'll have ... people would accuse us of the Mandelasation of Robben Island and on the other hand, when you do get to the Sobukwe-complex, that‘s one of the ways in which we‘re shifting that and saying that Robben Island is about more than Nelson Mandela. And you can see it in the kinds of exhibitions that

167 Vgl. Auga, Ulrike. „Wahrheit und Versöhnung oder maskuline Erlösung am Kap? Religiöse Legitimierung nationaler Geschlechterformation.“ *Erlöser: Fantasmen und Figurationen männlicher Herrschaft*. Hg. Sven Glawion, Elahe Haschemi Yekani, Jana Husmann-Kastein. Bielefeld: transcript, 2007. S. 198.

168 Mama, Thando. Interview, geführt von der Verfasserin. Kapstadt, 10.02.2010. S. 5.

169 Ebd.

170 Öffentlich wird der Ort, wenn die neuen Angebote der Tourismusabteilung gelten. Die Absicht sei: „(...) to have what we call the new visitor experience. Instead of having people get up to bus they can book separate tours. So you have a prison tour which will include the prison, the harbour area, the visitor centre, Sobukwe, lime quarry. And maybe the stone quarry which is on the other side. That will be one tour you can book for. Then you can book for this tour that you went on register like the regular tour, on a half hour tour. Then people can book for a World War Two-tour cause then the guns will all be restored. We‘re busy with the restoration process now. (...) So you can come for a World War II-tour, (...).“ Mama, Thando. Interview, geführt von der Verfasserin. Kapstadt, 10.02.2010. S. 36.

we offer. Right now, at the Jetty 1, (...), you'll find Nelson Mandela in an image amongst other images and he's not the central focus. So, you'll find the women who came to visit. (...) You'll find the prisoners before 1960, so it's Autshumato and Makana and the women who were here: Cretoa and others. You'll find them represented within this. And for me, it's, it's evident of how far we've come."[171]

Hier geht es nicht nur darum, die Narrationen zu erweitern und andere Perspektiven aufzunehmen. Der Erinnerungsort als museales Unternehmen braucht neue, individuell zugeschnittene Angebote, um Besuchszahlen zu erhöhen.[172]

Sandra Daniels hält fest, dass auch Anwälte, andere Besucher der politischen Gefangenen, ehemalige Wärter und deren Familien zu Wort kommen und schließt ihr Statement:

„And so in a sense, you hear the voices that have been silenced in a way by this huge focus on the liberators-be-heroes. The Sobukwe-complex, even though it is about Robert Sobukwe, it's not just him that you find there. You find other people who've occupied that space as well. (...) You'll find the children, the grandchildren of Sobukwe there. You'll find the warders and their dogs ahm within that same space. And I think, those two exhibition examples go to show that there are other voices and I think, it's a measure of our maturity that so many years down the line that when we speak of Robben Island, Nelson Mandela is not the first word that comes to mind for us. And slowly, we're beginning to show that to the world in a sense."[173]

Den Wärtern wird zunehmend Öffentlichkeit ermöglicht. So werden ihre Stimmen u. a. im Sobukwe-Ausstellungshaus hörbar. Vanessa Mitchell bezeichnet in

171 Daniels, Sandra. Interview, geführt von der Verfasserin. Kapstadt, 10.02.2010. S. 10f. Vgl. auch Whiteing, Richard. Interview, geführt von der Verfasserin. Kapstadt, 17.02.2010. S. 3. Makana war ein Xhosa-Prophet, der 1819 auf der Insel inhaftiert war und bei einem Selbstbefreiungsversuch 1820 starb.

172 Ähnlich führt es Thando Mama aus: „(...) to have what we call the new visitor experience. Instead of having people get up to bus they can book separate tours. So you have a prison tour which will include the prison, the harbour area, the visitor centre, Sobukwe, lime quarry. And maybe the stone quarry which is on the ooother side. That will be one tour you can book for. Then you can book for this tour that you went on register(?) like the regular tour, on a half hour tour. Then people can book for a World War Two-tour cause then the guns will all be restored. I don't know if I told you about it. We're busy with the restoration process now. You may have driven past the big canon. But you also there's a lesson in there, you know. We don't had, need to have war to solve problems so there, there are lessons to be learned from it. Ahm, and then there's bird watching. We have a whole range of ahm about 131 bird species on the island (…)." Mama, Thando. Interview, geführt von der Verfasserin. Kapstadt, 10.02.2010. S. 18.

173 Daniels, Sandra. Interview, geführt von der Verfasserin. Kapstadt, 10.02.2010. S. 9f. In die gleiche Richtung argumentieren auch die anderen Interviewten z. B. Mitchell, Vanessa. Interview, geführt von der Verfasserin. Teil 2. Kapstadt, 17.02.2010. S. 2f.

einem der Interviews die Wärter selbst sogar als Gefangene. Sie begründet dies mit der eingeschränkten Bewegungsfreiheit, den Arbeitsbedingungen und der Autorität des Staates. Auch Thando Mama unterstützt diese Sichtweise. Richard Whiteing erzählt, dass Wärter ebenso auf der Insel isoliert waren – diese Erfahrung mit den Gefangenen teilten.[174] Das Argument der Autorität des Staates verweist hier auf eine ambivalente Positionierung der Gefängniswärter im heutigen Erinnerungsdiskurs: Einerseits sind sie diejenigen, die (mehrheitlich) staatlich autorisierte Gewalt ausübten, die das Apartheidssystem aktiv aufrecht erhielten und performativ verkörperten. Andererseits ermöglicht einigen von ihnen die Argumentationsfigur des jungen, unwissenden, vom Staat gesteuerten Mannes eine Entschuldigungsrhetorik, die zudem auch durch individuelle Brüche mit Vorschriften wirkt. Das Bild vom Staat als Allmacht wird gezeichnet und erhält für diese Gruppe Gültigkeit.

In einen größeren Kontext, dem der Wahrheits- und Versöhnungskommission, gesetzt, lässt sich die Argumentationsfigur auch als in die Irre geführte Figur lesen: Der Staat hat die Aufgabe, für seine Bürgerinnen und Bürger Sorge zu tragen. Als abstrakter Herrscher kann der Staat als wissend und weise imaginiert werden. In den gesetzlichen Regelungen für das Gewähren von Amnestie war laut Abschlussbericht von 2003 das Wort ‚political' maßgeblich – ein politisches Motiv, ein politischer Feind oder ein Befehl einer politischen Organisation: „Where, for example, an applicant had acted on the direct orders of a superior and the conduct in question seemed reasonable, the Committee would see this as going a long way towards satisfying the requirements of the Act."[175] So können die Gesetze zur Wahrheit und Versöhnung als in gutem Glauben und nicht wider besseren Wissens gehandelt zu haben, interpretiert werden. Der dem Staat Dienende gehorchte und vertraute darauf, im Namen und zum Schutz der Gesellschaft das Richtige zu tun. Die staatliche Autorität kann als sakralisierte gelesen werden; im Sinne der Ausführungen zum naturalisierten Kollektivkörper Christina von Brauns als „Weltwerdung des Glaubens" bzw. der „Verweltlichung religiöser Denkstrukturen" durch das (kolonialisierende) Christentum.[176]

174 Vgl. Mama, Thando. Interview, geführt von der Verfasserin. Kapstadt, 10.02.2010.S. 21f. Whiteing, Richard. Interview mit der Verfasserin. Kapstadt, 17.02.2010. S. 20.

175 Truth and Reconciliation Commission of South Africa. *Report*. 2003. URL: http://www.info.gov.za/otherdocs/2003/trc/ (20.06.2011). S. 9.

176 Vgl. Braun, Christina von. *Versuch über den Schwindel. Religion, Schrift, Bild, Geschlecht*. Zürich, Berlin: Pendo, 2001. S. 437f. Hinsichtlich der TRC-Forderungen ermöglicht der Glaube an Wahrheit Heil(ung) im Sinne der Pastoralmacht und deren Beziehung zum Gesetz. Die Forderung nach vollständiger Auskunft verdeutlicht den Wahrheitsanspruch: „The amnesty process had a critical role to play in helping establish the fullest possible picture of the past political conflict in the country. To this end, amnesty applicants were legally required to give a full and truthful account of the incidents in respect of which they were seeking amnesty. They were accordingly required to make full disclosure of all of the facts relevant to the incident in

Im Sinne von Foucaults Gouvernementalitätskonzept, das wiederum auf der Pastoralmacht aufbaut (vgl. Kap. 4) und in Verbindung mit den Forschungsarbeiten zum autoritären Charakter der Kritischen Theorie weist die Argumentationsfigur des unwissenden, für den Staat Arbeitenden auf die Verwaltungsstrukturen hin. Diese haben die bestehende Ordnung anzuerkennen, sichern sie und verkörpern staatliche Machtbeziehungen. Wenn Vanessa Mitchell festhält, dass es nicht nur schlechte oder gute Wärter gab[177], betrachtet sie die Gruppe der Täter und Täterinnen differenzierter und verursacht Brüche in homogeneren Erzählungen. Die Gruppe der Gefangenen wird anders konzipiert. Es gibt die ‚politischen Gefangenen', die ganz deutlich und mehrheitlich an den Orten zitiert werden und es gibt die ‚common law prisoners', die stumm bleiben. Dem Argument der Allmacht des Staates wird hier keine Gültigkeit verliehen.

Wenn ich im Folgenden diese beiden Männlichkeiten der Gefangenschaft betrachte, geht es mir nicht um eine Gleichsetzung von Beweggründen und Handlungen. Vielmehr frage ich mich, wie Geschichten im Kontext des Nationalstaates nach der Apartheid erzählt werden, wessen Anspruch, auf der Agenda sichtbar zu werden, wie legitimiert wird und wessen nicht.

Auch in der Zeit der Apartheid waren ‚common law prisoners' Teil der Realität auf Robben Island. Lisa Fran Buntman verortet diese historisch in einer Fußnote:

> „(...), this prison [maximum security political prison, A. S.] also housed common law or non-political prisoners until about 1970. The literature and interviews with former Islanders give different dates as to when the common law prisoners left and/or were housed in a separate prison on the Island. Dlamini (1984) says the hardened criminal gangs were removed in 1965, although, as discussed below, there were still other non-political prisoners. Alexander (1994, 13) puts the date the common laws prisoners were put into a separate prison as 1970. When the non-political prisoners were removed from the political prison, they were later housed in a separate, medium security prison on the Island."[178]

In den Tour-Narrativen werden ‚common law prisoners' nur am Rande und unter dem Namen „criminals" – oft mit dem Verweis auf Alcatraz – erwähnt. In den Interviews übernahmen die Museumsangestellten von den von mir angebotenen Termini „social prisoners or common law prisoners" letzteren, wenn ich Fragen

---

question." Truth and Reconciliation Commission of South Africa. *Report*. 2003. URL: http://www.info.gov.za/otherdocs/2003/trc/ (20.06.2011). S. 10.

177 Vgl. Mama, Thando; Mitchell, Vanessa. Interview, geführt von der Verfasserin. Kapstadt, 10.02.2010. S. 22. Laut Vanessa Mitchell arbeiten drei von ihnen für das heutige Museum.

178 Buntman, Fran Lisa. „Continuing and Extending Resistance and Struggle: The Role of Robben Island 1963-1976." 17.10.1994. Johannesburg: Witwatersrand University. S. 2.

über sie gestellt hatte. Mal zögerlich, mal genervt oder wütend wurde argumentiert, dass ‚common law prisoners' keinen wirklichen Anspruch auf den Ort hätten. Die Begründungen bezogen sich auf den Ort und seine Geschichte: Weil es ein politisches Gefängnissystem gewesen sei, läge der Fokus auf den Erzählungen der ‚political prisoners'.[179] Sie hätten den Ort zu dem gemacht, was er heute ist: Weltkulturerbe und nationales Museum.[180]

Es gibt jedoch auch über den Ort hinausgehende Begründungen, die eher gesellschaftliche Normen, Kriminalitätsdiskurse und den Rechtsstaat ansprechen:

> „The ex-political prisoners are the stakeholders. At some level, when we were busy with the, when we adopted this building for re-use, interviews were done with common law prisoners. But in terms of input, stake in the running of common law prisoners are not considered as stakeholders. And you would gonna have to really run very far and very wide finding somebody that will consider them a stakeholder. A major stakeholder that needs to be consulted on what happens on Robben Island. They ah, personally, I, they don't feature."[181]

Für Sandra Daniels zeichnen sich ‚common law prisoners' durch nichts aus, haben nichts Besonderes und werden dementsprechend auch nur minimal berücksichtigt – lesbar in den sozialen Praxen vor Ort und in den Texten, die über Robben Island geschrieben werden. Das *Medium Security Prison* war bspw. nie Teil meiner Führungen. Forscherinnen, die Texte zum Museum verfasst haben, z. B. Harriet Deacon, Annie E. Coombes oder Lisa Fran Buntman, schrieben vorwiegend über die Perspektiven ehemaliger ‚politischer Gefangener'.

Die Dominanz ehemaliger politischer Gefangener als Akteure ist offensichtlich. Ihre zentrale Setzung auf der Museumsagenda wird mit ihren Leistungen für die Gemeinschaft[182] begründet: dem Kampf für ein freies Südafrika. Das Wort ‚politisch' in ihrem Zugehörigkeitsnamen referiert auf diesen Aspekt der Auseinandersetzung. Die Wortkombination ‚politischer Gefangener' verdeutlicht ein Infragestellen der Ordnung des Apartheidsstaates. Die Gefangenschaft besteht wegen eines Widersprechens gegenüber der herrschenden Ordnung, gegenüber der institutionalisierten Politik. Die inhaltliche Ausrichtung des Widerspruchs ist damit noch nicht definiert.

Am Beispiel der Erinnerungsagenda des *Robben Island Museum* werden zwei Aspekte nationalstaatlicher Politik deutlich miteinander verknüpft: heutige politische Führung durch vergangene intellektuelle Dissidenz. Zunächst will ich

179 Vgl. Makola, Lekgetho James. Interview mit der Verfasserin. Kapstadt, 12.02.2010. S. 2.
180 Vgl. Daniels, Sandra. Interview, geführt von der Verfasserin. Kapstadt, 10.02.2010. S. 12.
181 Daniels, Sandra. Interview, geführt von der Verfasserin. Kapstadt, 10.02.2010. S. 12. Sandra Daniels ist die Tochter des ehemaligen ‚politischen Gefangenen' Eddie Daniels.
182 Vgl. ebd. S. 12; 18f.

auf den Aspekt des Politischen in Unterscheidung zur Politik eingehen. Im darauf folgenden Kapitel 2.2.3 diskutiere ich beides bzogen auf männlich codierte Intellektualität und „leadership"-Akzentuierungen.

Wie werden ‚common law prisoners' zu ‚politischen Gefangenen'?

In den Interviews mit Museumsverantwortlichen und in den Erzählungen der Tourguides auf Robben Island werden nur die ehemaligen politischen Gefangenen als anerkannte Akteure vorgestellt. Legitimiert werden sie, weil sie gegen die „alte Regierung" gekämpft, weil sie für „andere litten", weil sie „außer-/gewöhnliche Erfahrungen machten".[183] Kampf, Leid, Außergewöhnlichkeit verkörpern das Sagbare. So werden politisch Gefangene auf der Agenda und in den musealisierten Räumen sichtbar. Im Folgenden will ich mit der konzeptionellen Unterscheidung zwischen den Begriffen des Politischen und der Politik zeigen, wie staatliche Identitätszuweisungen in den musealen Narrationen Teilhabe an der Gestaltung des Erinnerungsortes legitimieren.

Im Anschluss an Thomas Bedorf wird das Politische in der Bezeichnung dieser kollektiven Zughörigkeit interdependent bestimmbar. Er führt fünf Kriterien an, um die „Konturen einer Differenz" zwischen dem Politischen und der Politik zu definieren: Norm (Arendt, Beck), Unterbrechung (Rancière, Badiou), Stiftung (Lefort), Sozialität (Nancy, Lacoue-Labarthe) und Hegemonie (Schmitt, Mouffe, Laclau).[184] Alle fünf Kriterien können in der narrativen Agenda gelesen werden. Die ehemaligen politischen Gefangenen werden nicht nur als Norm gesetzt, sondern verkörpern auch selbst Normen wie zum Beispiel Menschenrechte, die im heutigen Nationalstaat realisiert seien. Die Gefangenen stehen dabei für die Unterbrechung der alten Unrechtsordnung, indem sie die fehlende Gleichheit und Gleichbehandlung vor dem Gesetz im Apartheidssystem über ihre körperliche Gefangenschaft symbolisieren. Mit Claude Lefort gedacht, wird das Politische in heutigen Erzählungen vor Ort über die Stiftung neuer Werte und damit der Planung des demokratischen Nationalstaates nach der Apartheid begründet.[185]

---

183 Vgl. Mohamed, Yasien. Tour am 10.02.2010. Kapstadt: Robben Island Museum. Makola, Lekgetho James. Interview, geführt von der Verfasserin. Kapstadt, 12.02.2010. S. 2; 5. Whiteing, Richard. Interview der Verfasserin. Kapstadt, 17.02.2010. S. 1.

184 Vgl. Bedorf, Thomas. „Das Politische und die Politik. Konturen einer Differenz." *Das Politische und die Politik*. Hg. Thomas Bedorf, Kurt Röttgers. Frankfurt/M.: Suhrkamp, 2010. S. 16-32.

185 Auch der Stiftungscharakter wird hier deutlich: bezogen auf die formende Macht, die ehemalige ‚politische Gefangene' heute verkörpern, insofern sie politische Ämter verantworten.

Die Narrationen heben auch die soziale Gemeinschaft der ‚politischen Gefangenen' hervor. Diese Sozialität des Politischen wird manchmal als „ubuntu" oder als „reconciliation" bezeichnet, meint jedoch im Grunde Ähnliches: die „Erfahrung der (Mit-)Teilung der Gemeinschaft"[186] und „de[n] offene[n] Möglichkeitsraum der Singularitäten in ihrer Pluralität"[187].

Die politischen Gefangenen werden in den heutigen Erzählungen zum ‚Wir', weil sie gegenwärtig durch hegemoniale nationalstaatliche Kulturpolitik Legitimation erfahren. In der Apartheid waren sie die ‚Anderen', die Marginalisierten. Heute wiederum gibt es auch Grenzziehungen am Erinnerungsort: u. a. die zwischen den ehemaligen ‚politischen Gefangenen', die das ‚Wir' repräsentieren, und den ‚common law prisoners', die das ‚Sie' verkörpern.[188] Die sich daraus ergebenden Konflikte weisen über den Ort und die nationalstaatliche Institution *Robben Island Museum* hinaus auf gesamtgesellschaftliche Regulierungspraxen und Auseinandersetzungen. Sie verweisen auf die Politik. Die Politik kann in Differenz zum Politischen als Institutionalisierung im Sinne einer „‚ontischen' Ebene"[189] verstanden werden. So ist Politik das Formationsfeld der Gesamtheit dieser Ordnung herstellenden Institutionalisierungspraxen. Der Staat umfasst jene „Diskurse, Institutionen und Praxen"[190], die „historische Formen der Bestimmung, Legitimation und Durchsetzung von Herrschaft"[191] beinhalten.[192]

186 Vgl. Nancy, Jean-Luc. *L'expérience de la liberté*. Paris: Galilée, 1988. S. 105. Zitiert nach: Bedorf, Thomas. „Das Politische und die Politik. Konturen einer Differenz." *Das Politische und die Politik*. Hg. Thomas Bedorf, Kurt Röttgers. Frankfurt/M.: Suhrkamp, 2010. S. 30.

187 Vgl. ebd. S. 32.

188 Bedorf schreibt: „Politische Subjekte, die in diesen prekären und temporären Ordnungen operieren, existieren nicht per se, sondern entstehen aus den kontingenten Grenzziehungen hegemonialer Praxen, in denen ein ‚Wir' einem ‚Sie' entgegengesetzt wird." Ebd. Hervorh. i. O.

189 Vgl. Mouffe, Chantal. *Über das Politische. Wider die kosmopolitische Illusion*. Übers. Niels Neumeier. Frankfurt/M.: Suhrkamp, 2007. S. 15. Zitiert nach: Bedorf, Thomas. „Das Politische und die Politik. Konturen einer Differenz." *Das Politische und die Politik*. Hg. Thomas Bedorf, Kurt Röttgers. Frankfurt/M.: Suhrkamp, 2010. S. 22.

190 Vgl. Mouffe, Chantal. „Für eine agonistische Öffentlichkeit." *Demokratie als unvollendeter Prozeß*. Hg. Okwui Enwezor. Ostfildern: Hatje-Cantz, 2002. S. 105. Zitiert nach: Bedorf, Thomas. „Das Politische und die Politik. Konturen einer Differenz." *Das Politische und die Politik*. Hg. Thomas Bedorf, Kurt Röttgers. Frankfurt/M.: Suhrkamp, 2010. S. 22.

191 Unter Bezug auf Hannah Arendt vgl. Bedorf, Thomas. „Das Politische und die Politik. Konturen einer Differenz." *Das Politische und die Politik*. Hg. Thomas Bedorf, Kurt Röttgers. Frankfurt/M.: Suhrkamp, 2010. S. 17.

192 Bei Rancière geht es vor allem um Vorgänge des Harmonisierens, des Vereinens und des Übereinstimmens, wenn er von Politik spricht. Bedorf interpretiert Leforts Politikbegriff, indem Politik bedeute, dass der Konflikt institutionalisiert als auch die damit einhergehende Macht realisiert sei. Bei Nancy meint Politik vor allem die Aufrechterhaltung der Möglichkeiten von Unterschieden in der Gestaltung etc. Politik könne es ohne das Politische nicht geben. Vgl. ebd. S. 25, 29, 31.

Zusammenfassend lässt sich feststellen, dass Gefangene während der Apartheid als Unterbrechung der politischen Ordnung betrachtet werden können: Wenn die Selbstverständlichkeit des Common Law infrage gestellt wird, wird der ‚common law prisoner' zum Gefangenen der Politik. Und wenn die ‚common law prisoners' die Politik infrage stellen, dann können die ‚common law prisoners' zu politischen Gefangenen werden.[193]

Gesetz im Konflikt: „The law itself is criminal."[194]

Auch in Südafrika entstand das Genre der Gefängnisliteratur.[195] Autorinnen wie Rose Moss, Ellen Kuzwayo oder Caesarina Kona Makhoere charakterisieren bspw. das Staatsrecht und staatliche Strafen als per se kriminell. Caesarina Kona Makhoere schreibt: „All prisoners, black and white, are political prisoners." Moss hält fest: „The law itself is criminal."[196] Diese Aussagen beziehen sich nicht auf den heutigen Nationalstaat Südafrika, sondern auf dessen Vorgänger: den Apartheidsstaat. Und gerade deshalb lässt sich die Frage ableiten, wer Ende der 1980er-Jahre bzw. zu Beginn des Jahres 1990 zu einem politischen Gefangenen erklärt wurde.

Erst zum Ende der Apartheid gab es innerstaatlich die Kategorie ‚politische Gefangene'. Heutige ehemalige politische Gefangene wurden vorher als ‚Kriminelle'[197] ‚Terroristen', ‚Verschwörer', ‚Staatsverbrecher', ‚Hochverräter',

193 Nicht berücksichtigt werden zudem Entscheidungen von ‚common law prisoners', sich im Gefängnis gegen die Apartheid zu engagieren und dementsprechend politisch aktiv zu werden. Solche Kooperationen beschreibt bspw. Fran Buntman am Beispiel von Joe Shitlibane. Vgl. Buntman, Fran Lisa. *Robben Island and Prisoner Resistance to Apartheid.* Cambridge: Cambridge University Press, 2003. S. 41f. Jonny Steinberg zeigt die Verwobenheit zwischen gesellschaftlicher und individueller Gewalt am Beispiel von Magadien Wentzel, mit dem er zahlreiche Interviews im Pollsmoor Prison (Kapstadt) führte. Er zeigt auf, wie Zugehörigkeiten rissig werden, wenn das Gesetz kriminalisiert. Vgl. Steinberg, Jonny. *The Number. One man's search for identity in the Cape underworld and prison gangs.* Johannesburg, Kapstadt: Jonathan Ball Publishers, 2004.

194 Clayton, Cherry. „Post-colonial, Post-apartheid, Post-feminist: Family and State in Prison Narratives by South African Women." *On Shifting Sands. New Art and Literature from South Africa.* Hg. Kirsten Holst Peterson, Anna Rutherford. Portsmouth: Heinemann, 1992. S. 138.

195 Eirwen Elizabeth Oswald hält fest, dass die „Ära" der Gefängnisliteratur seit gut zehn Jahren vorbei sei. Oswald, Eirwen Elizabeth. *Writing in hostile spaces: a critical examination of South African prison literature.* 2007. URL: http://hdl.handle.net/10210/27 (08.08.2011). S. 28.

196 Clayton, Cherry. „Post-colonial, Post-apartheid, Post-feminist: Family and State in Prison Narratives by South African Women." *On Shifting Sands. New Art and Literature from South Africa.* Hg. Kirsten Holst Peterson, Anna Rutherford. Portsmouth: Heinemann, 1992. S. 138.

197 Zur historischen Genese des Begriffs ‚kriminell' und der Vorstellung vom Menschen als homo criminalis vgl. Lemke, Thomas. *Eine Kritik der politischen Vernunft. Foucaults Analyse der modernen Gesellschaft.* Berlin, Hamburg: Argument Verlag, 1997. S. 229.

‚Saboteurin' o. ä. bezeichnet. Am Beispiel der Erinnerungen der ehemaligen politischen Gefangenen Jean Middleton, die wegen ihrer Mitgliedschaft und ihren Aktivitäten in der Kommunistischen Partei Südafrikas ins Gefängnis musste, zeigt Archie Dick auf, wie der Minister für Justiz und Gefängnisse Piet Pelser 1967 politische Gefangene definierte:

> „[He, A. S.] announced in January 1967 that ‚with the possible exception of Robert Sobukwe, there were no political prisoners in South Africa'. Pelser saw this category of prisoners instead as ‚state offenders' convicted and sentenced by the courts for serious crimes against the public safety and security of the state (Middleton 1998: 113). These ‚serious crimes' often consisted of belonging to a banned organisation, attending a meeting, distributing a pamphlet, or simply painting a slogan."[198]

Deutlich wird, dass die Zuordnung des Begriffs ‚politischer Gefangener' abhängig von einem Zugeständnis seitens der Politik ist. Dass sich heute ein Teil der Gefangenen mit Stolz als ‚politische Gefangene' bezeichnen können, zeigt an, dass sie heute hegemonial geworden sind. Hätte sich die Sichtweise durchgesetzt, dass das gesamte Apartheidsrecht kriminell war, wie es Makhoere forderte, hätten alle Gefangenen Anspruch auf Entschädigung und auf die Bezeichnung ‚politisch'.

Kriminalitätsdiskurse: von der Kontinuität des Gefängnisses als staatlichem Disziplinarraum

‚Common law prisoners' werden in Texten über Apartheidsgefängnisse erwähnt, finden aber in der Analyse und einer möglichen Kritik an der Institution Gefängnis kaum Berücksichtigung. Verkörpern ‚common law prisoners' ein Wissen, über das nicht gesprochen wird?

Die Tourguides kritisieren in ihren Erzählungen die Haftbedingungen: Isolation, Zwangsarbeit, Regulierungen (Kontrollen und Überwachungen) des Körpers und der Intimsphäre, Demütigungen aufgrund der Macht der Wärter. Die Institution Gefängnis wird so in Bezug auf ihre Haftbedingungen kritisiert, das Justizsystem der Apartheid wegen der Kriminalisierung von Freiheitskämpfern. Das Unrecht beging das Apartheidssystem. Ich unterstütze diese Perspektive und dennoch will ich sie kritisieren, da das Bewertungssystem[199], das dem kritischen

198 Dick, Archie. „Censorship and the reading practices of political prisoners in South Africa, 1960-1990." *Innovation* 35 (2007). S. 26.

199 Vgl. Butler, Judith. *Was ist Kritik? Ein Essay über Foucaults Tugend.* Übers. Jürgen Brenner. 05.2001. URL: http://www.transform.eipcp.net/transversal/0806/butler/de#redir (19.10.2009). S. 3.

Wissen zugrunde liegt, selbst nicht infrage gestellt wird – und dies zunächst aus drei Gründen: Historisch waren die Freiheitskämpfer[200] von heute die Terroristen von gestern. Es bedurfte der staatlichen Zustimmung und Anerkennung, um den Namenswechsel zu legalisieren und damit die rechtliche Möglichkeit zu schaffen, aus den Gefängnissen entlassen zu werden.[201] Der Rahmen bleibt das Justizsystem. Die politisch-juridische Macht entscheidet über den Status und letztlich über das Leben. Die Erzählungen am nationalen Erinnerungsort *Robben Island Museum* verlassen diesen Rahmen nicht. Staatliche Gefangenschaft bleibt Teil der gesellschaftlichen Strukturierung. Alternativen werden nicht thematisiert.

Zweitens viele der kritisierten Haftbedingungen trafen und treffen auch heute noch auf ‚common law prisoners' zu. Ich will keinesfalls das Apartheidsystem mit dem heutigen demokratischen Südafrika gleichsetzen. Viele Gesetze wurden nach 1994 den allgemeinen Menschenrechten der UNO angeglichen. Einer rassistischen Gesetzgebung wie in Zeiten der Apartheid wurde so die Grundlage entzogen. Damit können juristische Rechte heute auch als Schutz und Unterstützung für alle (Staatsbürger und -bürgerinnen) geltend gemacht werden. Allerdings geht es auch hier um die Positionierung in der Gesellschaft und um Kräfteverhältnisse: Inwieweit kann ich die Rechte einfordern, die ich möglicherweise nicht kenne? Wo und wie könnte ich Unterstützung organisieren? Und werde ich gesellschaftlich als Mensch anerkannt, dem diese Rechte zustehen?[202]

Drittens das gesicherte Wissen und dessen Anordnung[203] zur Kritik der Institution Gefängnis im *Robben Island Museum* beinhaltet den Ausschluss von ‚common law prisoners'. Lekgetho James Makola begründet, warum die ‚common law prisoners' keinen Anspruch auf die Insel erheben:

> „They're not claiming, I think, the main thing is because they were criminals I don't think they feel that, you know, they ... own anything of Robben Island. You know, where like the space in terms of the importance of the space because they were there because they committed crimes ... against other people, not, not the same sort of crime that, you know, the political prisoners committed. So they were there for different reasons. So ... in a way they, they don't claim, they cannot claim that, that

200 Ich beziehe mich hier auf die männliche Führung des ANC.

201 Zu den Auseinandersetzungen um die Anerkennung des Status ‚politischer Gefangener' und den zu definierenden Kriterien ihrer Freilassung: Vgl. Savage, Kate. *Negotiating the Release of Political Prisoners in South Africa. Research Report for the Centre for the Study of Violence and Reconciliation*. Johannesburg, 2000.

202 Zur Ambivalenz des staatlichen Rechts und der Rechtsform vgl. Kapitel 3.1.1 und vgl. Buckel, Sonja. „Zwischen Schutz und Maskerade – Kritik(en) des Rechts." *Kritik und Materialität*. Hg. Alex Demirović. Münster: Westfälisches Dampfboot, 2008. S. 110-131.

203 Vgl. Auga, Ulrike. *Intellektuelle – zwischen Dissidenz und Legitimierung. Eine kulturkritische Theorie im Kontext Südafrikas*. Münster, Berlin: LIT Verlag, 2007. S. 37.

landscape, you know. They can assist in telling the story but I'm not sure about claiming."[204]

‚Weiße' Wärter werden in die Museumsarbeit miteinbezogen. Ihr Handeln wird nicht als staatliche Kriminalität benannt. Ihre Beteiligung am heutigen Museum wird mit dem Versuch, authentische Erzählungen zu rekonstruieren, legitimiert:

> „The warders, we're interested in. We engage with them quite a lot. And fortunately, we still have some of them working on Robben Island. And they have completed the story. They are part of the process. There's, we, we call them ... our stakeholders, quite important. The same as political prisoners. Because there're two sides of the story, you know. We strive for the authenticity. Whatever prisoners say about how were they treated and you know experiences of the space and so on has something to do with the warders. So we have to also you know verify some of the information of the warders, you know."[205]

Wie kommt es zu dieser Gewichtung? Auf der einen Seite fordern Museumsverantwortliche das Prinzip der Vielschichtigkeit und der verschiedenen Perspektiven. In der Praxis werden so auch ehemalige Täter, diejenigen, die das System der Apartheid aktiv und im Staatsdienst unterstützt haben, zu „Stakeholdern". Auf der anderen Seite gibt es eine Gruppe von Menschen, die ebenfalls während der Apartheid als ‚Kriminelle' galten – Gefangene, die nicht die Möglichkeit der Beteiligung am Aufbau der demokratischen Nation Südafrika erhalten. Ihr Zusatzname lautet nicht ‚ex-political prisoners', sondern ‚common law prisoners' – übersetzbar mit Gefangene aufgrund des allgemeingültigen oder gewöhnlichen Gesetzes. Hierbei ist elementar, dass ‚gewöhnlich' im juristischen Kontext eine doppelte Bedeutung hat: Erstens gilt das Gesetz für alle und so träfe der Freiheitsentzug alle gleich. Es hat also eine kollektive (nationalstaatliche) Gültigkeit:

> „An der Wende zwischen den beiden Jahrhunderten definiert eine neue Gesetzgebung die Strafgewalt als eine allgemeine Gesellschaftsfunktion, die in gleicher Weise an allen Mitgliedern der Gesellschaft ausgeübt wird und in der jedes Mitglied der Gesellschaft gleichermaßen repräsentiert ist."[206]

Foucault beschreibt die „Geburt des Gefängnisses" am Beispiel europäischer Nationalstaaten, die selbst erst seit gut einem Jahrhundert bestehen. Die Kolonialisierung Südafrikas bedeutete auch, justizielle Disziplinierungstechniken aus

204 Makola, Lekgetho James. Interview, geführt von der Verfasserin. Kapstadt, 12.02.2010. S. 3.
205 Ebd.
206 Foucault, Michel. „Überwachen und Strafen. Die Geburt des Gefängnisses." *Michel Foucault. Die Hauptwerke*. Hg. Axel Honneth, Martin Saar. Frankfurt/M.: Suhrkamp, 2008 (1975). S. 935.

Europa zur Unterwerfung in den Kolonien zu institutionalisieren. Gleichwohl kritisiert Foucault das scheinbare Gleichheitsprinzip: „Eine Justiz, die sich ‚gleich' nennt und eine Gerichtsbarkeit, die ‚autonom' sein will, jedoch von den Asymmetrien der Disziplinarunterwerfungen durchsetzt ist – (...)."[207] Die asymmetrischen Machtverhältnisse werden in Untersuchungen zur Produktion von Kriminalität deutlich.

Angela Y. Davis zeigt intersektionale Marginalisierungen (Rassifizierung, Vergeschlechtlichung, Migration und Armut) am Beispiel der Gefängnisentwicklung und Bestrafungsindustrie in den USA auf.[208] Auch im heutigen Südafrika lassen sich diese Marginalisierungen, sowohl bezogen auf Migration und Armut als auch auf die private Gefängnisindustrie, z. B. den international agierenden Konzern Wackenhut, finden.[209]

Zweitens ist das Common Law im Gegensatz zur politischen Justiz eben nicht besonders. Wann jedoch die Gefährdung der öffentlichen Sicherheit zum politischen oder gewöhnlichen Verbrechen wird, ist gerade wegen der Praxis der Rechtsstaatlichkeit auslegbar. Kategorien wie ‚Moral' und ‚Besserung' sind Teil des Kriminalitätsdiskurses, die auch heute weiterhin in Südafrika gültig sind. So verweist allein der Name des für die Gefängnisse zuständigen Ministeriums Department for Correctional Services auf den Korrekturgedanken. Die Institution des Gefängnisses wird (weltweit) kaum infrage gestellt. Funktionen des Gefängnisses im Nationalstaat sind auch heute Disziplinierung und staatliche Erziehung, durch Isolation von der Gesellschaft, durch Arbeit und durch die Kontrolle der Zeit.

Bereits kurz nach dem Bau der ersten Gefängnisse wurde deren Versagen thematisiert.[210] Und doch gelten sie als alternativlos – global, auch im neuen Südafrika. In diversen Menschenrechtsberichten über viele Nationalstaaten wird angeführt, wie stark die Rechte von Gefangenen trotz einer anders lautenden Gesetzgebung verletzt werden:[211] verletzt durch die Struktur des Gefängnisses

---

207 Ebd. S. 935f.

208 Davis, Angela Y. *Are Prisons Obsolete?* New York: Seven Stories Press, 2003.

209 Erste Hinweise darauf lese ich in den monatlichen Veröffentlichungen und in den Jahresberichten des Department for Corrective Services und im aktuellen südafrikanischen Zensus von 2001. Bezüglich des US-amerikanischen Konzerns Wackenhut Correction Corporations, Teil des Konzerns Wackenhut Corporation, wären zahlreiche Fragen spannend, von denen ich nur zwei stellvertretend formulieren will: Welche konkreten Politiken verfolgen Sicherheitsfirmen und private Gefängnisdienste wie die beteiligte dänische Sicherheitsfirma Group Four Falck? Welche Profitmaximierungsstrategien wie z. B. die Arbeit von Häftlingen im Bereich der Gefängnisse werden angewandt? Eine umfangreiche Analyse wäre eine weitere Arbeit wert.

210 Vgl. Foucault, Michel. „Überwachen und Strafen." *Michel Foucault. Die Hauptwerke*. Hg. Axel Honneth, Martin Saar. Frankfurt/M.: Suhrkamp, 2008. S. 936, 972ff.

211 U. a. vgl. Fernandez, Lovell. „The Criminal Justice System." *Reflections on Democracy and Human Rights: A Decade of the South African Constitution (Act 108 of 1996)*. Hg. South Afri-

und der Konnotation eines, wenn vielleicht nicht rechtsfreien Raumes, zumindest eines Raumes, in dem die Gefangenen einen Teil ihrer Grundrechte (auf Zeit) verwirkt zu haben scheinen.

Zwischenfazit

Die Kolonialisierung und die Apartheid haben eine extrem zerrissene Gesellschaft im Nationalstaat Südafrika verursacht. Um die ‚neue' Nation zu stabilisieren, wählten politisch Verantwortliche in Südafrika den Weg einer Wahrheits- und Versöhnungskommission.[212] Religiös konnotierte Vergebung stellte eine Möglichkeit dar, gesellschaftliche Ordnungen wie ein staatliches Rechtssystem zu reetablieren und Anerkennung der juridischen Macht wieder herzustellen – jetzt jedoch mit einem wesentlichen Unterschied: der Institutionalisierung von allgemeinen Menschenrechten.

Ehemalige ‚politische Gefangene' und ihre Erinnerungen legitimieren das national-kulturelle Funktionsgedächtnis: Mehrheitlich sind die Referenzen auf der Erinnerungsagenda männlich, ‚nicht-weiß' sowie heldenhaft übermenschlich. Das Recht auf Mitgestaltung des *Robben Island Museum* und dessen Erinnerungsagenda haben dementsprechend zunächst ehemalige politische Gefangene. Das Recht haben hier auch ehemalige Wärter: Im Sinne des Wahrheits- und Versöhnungsdiskurses können Verbrechen vergeben werden. Den Unmoralischen, den ‚gewöhnlich' gebliebenen Gefangenen, bleibt der Anspruch auf den Aufbau einer neuen Nation verwehrt. Ihre Erinnerungen legitimieren das national-kulturelle Funktionsgedächtnis nicht.

Den Erinnerungsort *Robben Island Museum* strukturieren neben heterotopen und identitären Räumen auch universitäre Räume. Das Sagbare vor Ort wird vor allem über die Referenz auf Bildung gerechtfertigt.

---

can Human Rights Commission. Johannesburg: South African Human Rights Commission, 2006. S. 125-143. Oder auch die zahlreichen Studien des Centre for the Study of Violence and Reconciliation zum Schwerpunkt Criminal Justice System. Zur Frage: „How Gender Structures the Prison System?" und daraus abgeleiteter vergeschlechtlichter und rassifizierter sexueller Gewalt vgl. Davis, Angela Y. *Are Prisons Obsolete?* New York: Seven Stories Press, 2003. S. 60-83. Insb. S. 77ff.

212 Für den gewählten Weg einer Wahrheits- und Versöhnungskommission plädiert: Gobodo-Madizikela, Pumla. *Das Erbe der Apartheid – Trauma, Erinnerung, Versöhnung*. Opladen, Farmington Hills: Barbara Budrich Verlag, 2006. Zur kritischen Auseinandersetzung mit den instutionalisierten Prozessen u. a. Mamdani, Mahmood. *Minutes of the ‚From Truth to Transformation' Conference on the Truth and Reconciliation Commission*. Johannesburg: Centre for the Study of Violence and Reconciliation, 1998.

2.1.2.3 Universitäre Räume

Die in den Erzählungen der Tourguides und in den Interviews mit den Museumsverantwortlichen geschaffenen Wissensräume verweisen dezidiert auf universitäre Bildung. Die Tourguides historisieren[213] die Erinnerungen, indem sie von der „University of the Limestone Quarry“, vom „Limestone Quarry as the campus of a university“ oder von bildungspolitischen Prinzipien wie „each one, teach one“ erzählen. Ihre Perspektive ist dabei stärker auf Vergangenheiten gerichtet – im Gegensatz zu den Interviews: Die Museumsmitarbeitenden beziehen sich deutlich auf die Gegenwart und nutzen vergangene Praxen, um heutige bildungspolitische Schwerpunkte, u. a. die Menschenrechte, und damit implizit die heutige Verfassung Südafrikas umzusetzen.

An dem Ort selbst gab es nie eine staatlich anerkannte Universität. Die Gefangenen erkämpften sich mit Unterstützung von (inter-)nationalen Anti-Apartheidsbewegungen und einzelnen Parlamentsabgeordneten wie Helen Suzman das Recht auf ein Studium im Gefängnis. Die Fernuniversität von Pretoria, UNISA, und die Universität von London stellten die Unterlagen zur Verfügung und nahmen die Prüfungen ab.

Die Referenz auf „Universität“[214] macht verschiedene miteinander verwobene Aspekte deutlich: erstens die Verbindung von Bildung und Staat. In den Narrationen der Tourguides wurde immer wieder betont, dass diejenigen, die heute an der Macht sind, in der „Universität des Kalksteinbruchs“ ausgebildet wurden oder aber selbst unterrichtet haben: „And when you go to parliament, these are the people that run the infrastructure today for us in this country.“ Oder auch: „But those who educated down here are now head of affairs running South Africa. Ladies and gentlemen, a powerful area. The University of the Limestone Quarry.“[215] So werden Politiker der Gegenwart in der Tourguide-Erzählung darüber legitimiert, dass sie sich selbst in Gefangenschaft weitergebildet haben – und zwar universitär, in der höheren Bildung, der akademischen Ausbildung der „community of masters and scholars“.[216] Macht wird in diesem Kontext über Leistung gerechtfertigt.

Das führt zum zweiten Punkt: dem Verhältnis zwischen dem Politischen und der Politik. Wie im vorherigen Abschnitt (vgl. Kap. 2.1.2.2) bereits ausgeführt, sind die ehemaligen politischen Gefangenen, deren politischer Status der

213 Das Wort ‚historisieren‘ benutze ich im Sinne von Geschichtswerdung.

214 Feststellbar ist die veränderte Wortnutzung von School zu University. Bspw. in Bezug auf „political education“: „Robben Island as political school.“ Buntman, Fran Lisa. „Jacob Zuma‘s Robben Island legacy.“ *Concerned African Scholars Bulletin* 84 (2010). URL: http://www.concernedafricascholars.org/docs/Bulletin84.pdf (05.03.2011). S. 63.

215 Mohamed, Yasien. Tour am 10.02.2010. Kapstadt: Robben Island Museum.

216 Vgl. URL: http://dictionary.reference.com/browse/university (24.06.2011)

Apartheidsstaat nicht anerkannte, zu Repräsentanten der Politik geworden. Das Politische verkörperten jene, die sich selbst als ‚politische Gefangene' bezeichneten. Sie stehen für den Widerstand, das Marginalisierte, das Ohnmächtige. Über Bildung versuchten sie, sich zu ermächtigen. Sie benötigten dafür die Erlaubnis der institutionalisierten Politik des Apartheidsstaates, die hegemonial war und über die Rechte der Gefangenen entschied.

Dementsprechend verkörpert drittens das Politische im Fall der ehemaligen politischen Gefangenen Robben Islands den Prozess zur hegemonialen Macht. Das Politische wird in den Erzählungen der Tourguides als selbstorganisiert geschildert – im Rahmen der Zugeständnisse durch die Wärter und durch die politischen Regulierungen in einem Hochsicherheitsgefängnis. Die Interviewten betonten, dass es klare Strukturen der Verantwortlichkeiten und Hierarchien in den Gefangenengruppen gab. Das Gesagte referiert auf die Zeit nach der Apartheid, auf die sich die ‚politischen Gefangenen' vorbereiteten.

Die heutige Politik, in der ehemalige Gefangene Verantwortung übernommen haben, ist bereits institutionalisiert und weist so auf den vierten Aspekt hin: die Legitimierung gegenwärtiger nationalstaatlicher Verhältnisse. Sie üben heute mehrheitlich die Funktion der Stabilisierung aus. Das Prozesshafte wiederum beinhaltet zwei funktionale Zuschreibungen, die Ulrike Auga als widerständige und entwerfende Tätigkeiten definiert.[217] Sie begreift Intellektuelle als „Personen, die einen *nachhaltigen* Einfluss auf die *national-kulturalistischen Diskurse* im Kontext von Nation und Staat besitzen."[218] Die Bezeichnung Intellektuelle ist sowohl in der Zitation Universität impliziert – und hier schließt sich meine Argumentation – als auch dann, wenn Tourguides davon sprechen, dass „(...) those who educated down here are now head of affairs running South Africa"[219]. Die ehemaligen ‚politischen Gefangenen' sind nicht nur Intellektuelle, sie sind politische Intellektuelle. Im *Robben Island Museum* wird die Gestaltungsmacht durch Bildung mit politischen Ansprüchen, Gesellschaft zu verändern, in den Erzählungen auf beiden Ebenen, der Ebene der Tourguides und der Ebene des Museumsmanagements, verknüpft.

Die Funktion der Dissidenz hat in der Museumsagenda vor allem einen Vergangenheitsbezug. Der Aspekt der Widerständigkeit wird in den Erzählungen deutlich, die das Engagement politischer Gefangener gegen das Apartheidsystem betonen. So ist der Dissidenzbegriff im Sinne von Julia Kristeva, Manuel Castells und Ulrike Auga auf der Erinnerungsagenda zwar mit ‚politischen Ge-

217 Vgl. Auga, Ulrike. *Intellektuelle – zwischen Dissidenz und Legitimierung. Eine kulturkritische Theorie im Kontext Südafrikas*. Münster, Berlin: LIT Verlag, 2007. S. 106.

218 Ebd. Hervorh. i. O.

219 Mohamed, Yasien. Tour am 10.02.2010. Kapstadt: Robben Island Museum.

fangenen‘ verknüpft. Der „erhobene Einspruch“[220] bezieht sich in den Narrationen des Forschungszeitraumes 2008 bis 2010 jedoch ganz konkret auf die Verletzung der Menschenrechte durch den Apartheidsstaat. Der Aspekt des Entwerfens wird lesbar in den Aussagen zur Zeit nach der Apartheid und in den Visionen einer nicht-diskriminierenden Gesellschaft im Sinne der Menschenrechte. Auch der Versöhnungsgedanke wird heute angesprochen – sowohl von Tourguides als auch von Museumsmitarbeitenden: ‚Weiße‘ Wärter wurden von den politischen Gefangenen ausgebildet und ließen sich ausbilden:

> „Ladies and gentlemen, even the guards came down for education. (...). Our political buzzword in this country? And that is reconciliation. (...). The bottom-line definition of the word reconciliation in our language is: Do not take revenge. (...). Where did it start? It started in this quarry. When the old white guards came down for education, Mr. Mandela had discipline. Mr. Mandela would tell his fellow inmates: Let us not fight this young white guards because they, too, are all victims of a vicious society. And Mr. Mandela would rather say: Just let us rather bring them down. Bring them closer to our chest and it worked. And with the help of the political prisoners, the guards, too, when they left the island would leave the island with two or three university degrees. Now, this is what we claim: The starting point of reconciliation in this country: Do not take revenge.“[221]

Sowohl soziale Güter wie Fotos, Architektur und Innengestaltung der Museumsorte als auch der Habitus und die verbalen Erzählungen der Tourguides lassen über die Referenzen auf Disziplin, Opferbereitschaft und ‚Opfer sein‘ Räume des Mitgefühls und der Anerkennung entstehen. Ein wichtiges Verbindungselement ist die Bereitschaft zu lernen und zu lehren – auch über historische Grenzziehungen zwischen Zugehörigkeiten hinweg. So legitimieren die Narrationen vor Ort, bspw. über das zitierte nationalisierte ‚we‘, ein national-kulturelles Funktionsgedächtnis und stabilisieren den Nationalstaat über kulturelle Nation-Building-Prozesse. Es scheint, als ob alle ehemaligen politischen Gefangenen in der Politik angekommen seien. Über ihre Disziplin, ihre Opferbereitschaft und ihren Versöhnungswillen bzw. dem Grundsatz, sich nicht zu rächen, werden sie zu ‚heldenhaften‘ Legitimationsfiguren des heutigen nationalstaatlichen Systems.

Auch in den universitären Räumen frage ich nach dem, was nicht zur Sprache kommt und über wen nicht gesprochen wird. Wenn Tourguides anführten, dass ehemalige politische Gefangene heute in staatlichen Machtpositionen sind, gerät heutige Dissidenz aus dem Blick, z. B. das Widersprechen ehemaliger Gefangener. Im Kontext der Dissidenz sind zwei Punkte im Zitat wesentlich: Die

220 Vgl. Auga, Ulrike. *Intellektuelle – zwischen Dissidenz und Legitimierung. Eine kulturkritische Theorie im Kontext Südafrikas*. Münster, Berlin: LIT Verlag, 2007. S. 106.

221 Mohamed, Yasien. Tour am 10.02.2010. Kapstadt: Robben Island Museum.

gesellschaftlichen Entwürfe für die Zeit nach der Apartheid sind nicht vollends umgesetzt worden.[222] Die (noch) nicht realisierten Vorstellungen wurden in den Touren, die ich analysierte, nicht thematisiert. Zudem gibt es einen Dissenz zwischen der offiziellen Politik, den Vorgaben des Kunst- und Kulturministeriums und den Vorstellungen ehemaliger politischer Gefangener bezüglich des Zugangs zum und der Bedeutung des *Robben Island Museum.*

Der Bildungskontext im Gefängnis hätte auch hinsichtlich der ‚common law prisoners' erzählt werden können. Wenn ‚weiße Wärter' von politischen Gefangenen gebildet wurden, warum dann nicht auch ‚common law prisoners', zumindest in den 1960er-Jahren, als beide Gruppen noch nicht voneinander getrennt wurden? Politische Bildung in den Apartheidsgefängnissen hieß auch, politische Zugehörigkeit herzustellen. Annie E. Coombes im schreibt im Anschluss an Fran Buntman: „(...), there was considerable competition among different political factions to recruit the youth, frequently resulting in physical violence."[223] Die Chance, dass sich auch ‚common law prisoners' entschieden, politisch aktiv zu werden, wäre denkbar.

Bildung war darüber hinaus auch eine Form des individuellen Überlebens, ebenso wie das Lesen religiöser Texte, die teilweise politisch interpretiert wurden.[224] Je nach dem eigenen Selbstbild, der Zugehörigkeitsrolle etc. gibt es sowohl Brüche in den Erzählungen der Tourguides als auch Unterschiede im Erzählten. Eine Homogenisierung der Erzählungen, wie es auch Ahmed Kathrada, ehemaliger politischer Gefangener auf Robben Island und Vorsitzender des Robben Island Council seit 1994 forderte[225], wird vermutlich durch die Ausbildung von heritage activists und nachfolgenden Tourguides stattfinden.

Die dazu entwickelten Bildungsprogramme durch die Mitarbeitenden in der Bildungsabteilung des Museums zielen nicht nur auf die Ausbildung von eigenem Personal, sondern auch auf die Bildung junger Menschen. So werden jährlich mehrere Veranstaltungen zusätzlich zu den Schulklassenbesuchen organisiert. Namen wie „Music as a intangible heritage" (2006), „The University for Life – Celebrating Our Crafts, Our Heritage" (2009) oder „Africa Unite and

---

222 Vgl. Kap. 5. Indirekt wird hier auch die zweistufige Revolution, mindestens jedoch die ökonomische Gleichstellung, angesprochen.

223 Coombes, Annie E. *History after Apartheid. Visual Culture and Public Memory in a Democratic South Africa.* Durham, London: Duke University, 2003. S. 100. Sie bezieht sich hier auf die Analyse von Buntman.

224 Dick, Archie. „Censorship and the reading practices of political prisoners in South Africa, 1960-1990." *Innovation* 35 (2007). S. 5f. Nagel, Mechthild. „‚I write what I like': African Prison Intellectuals and the Struggle for Freedom." *The Journal of Pan African Studies* 2.3 (2008). S. 73f.

225 Vgl. Coombes, Annie E. *History after Apartheid. Visual Culture and Public Memory in a Democratic South Africa.* Durham, London: Duke University, 2003. S. 100.

Fight Xenophobia" (2010) sind Losungen, die wiederum stark auf die Nation-Building-Zielsetzung verweisen (vgl. Kap. 3.1.2). Sandra Daniels fasst die Arbeitsweisen der Museumsabteilung im Kontext nationalkultureller Bildung wie folgt zusammen:

> „(...) I think that Robben Island unlike other museums came about (...) in a great space (...) in South African history in that we're the first declared post-Apartheid institution, cultural institution. So in a sense, who we are and what we're about is all caught up in the moment of nation-building. Our foundation in a sense is nation-building and reconciliation is part of that process. (...) the Education Department, our vision is Isivivane Solwazi which is a Xhosa word. And basically, the translation of it means to create lessons or to teach the history of Robben Island in a sense so that it can become part of lifelong learning to create that human rights culture that we all want. (...) So our focus (...) is always to encourage nation-building activities. Everything we do is in a sense to remind people that as South Africans we've come a very, very long way. And that part of the reason we come a long way is because lots of people were willing to, to sacrifice for us to get here. And we need to understand that. To acknowledge it. But they didn't do that so that we can destine it. They did it so that we can grow and be different kinds of people because the society that many South Africans were living in was not the kind of society that they could see themselves living in, in the future. And so that's really what we trying to get at."[226]

Dass vor allem Jugendliche und junge Erwachsene Zielgruppe von Nation-Building-Aktivitäten sind, liest sich auch in den Namen weiterer Projekte: „Nation-Building Youth Camps", „Young Ladies Academy" oder auch „Leadership Education". Das vor Ort entwickelte Nation-Building-Programm fokussiert auf Lernprozesse, die sichtbar machen, welcher Preis für das heutige System gezahlt wurde und welcher Einsatz notwendig sein kann, um eine (nationale) Zukunft zu haben. Dazu wählte die Bildungsabteilung des Museums die Form eines Human Rights Campus. Diese Bezeichnung verwenden auch Angestellte in *Constitution Hill*, um Staatsbürger und -bürgerinnen zu bilden.

2.2 Historisiertes Wissen in *Constitution Hill* (CH)

In den folgenden Unterkapiteln werde ich mich mit dem Erinnerungsort *Constitution Hill* auseinandersetzen. Wie Robben Island war das Gelände lange Zeit ein Gefängnis. Heute ist es ein Museum und der Sitz des ersten Verfassungsgerichtes Südafrikas. Die Narrationen des heutigen Museums greifen Ereignisse auf, die dementsprechend entlang der Themen Gewalt, Widerstand und Menschenrechte

226 Daniels, Sandra. Interview, geführt von der Verfasserin. Kapstadt, 10.02.2010. S. 6.

historisieren. Zuerst werde ich beispielhaft darauf eingehen, über welche Aspekte die Tourguides erzählten. Im Anschluss daran skizziere ich die Genese des Erinnerungsortes nach dem Ende der Apartheid. In Kapitel 2.2.2 analysiere ich drei Räume, die für mich in *Constitution Hill* besonders deutlich lesbar werden: architektonische, verrechtlichte und ohn-/mächtige Räume.

2.2.1 Tour und Genese

Constitution Hill ist sowohl historischer als auch neu geschaffener Ort in Johannesburg. Das Museumsgelände besteht aus mehreren ehemaligen Gefängnissen, die nach Hautfarbe und Geschlecht segregiert waren. Die nun folgenden deskriptiven und subjektiven Eindrücke beziehen sich auf eine Tour vom 19.01.2010.

2.2.1.1 Tourüberblick

Im Zentrum Johannesburgs befinden sich der Erinnerungsort und das Verfassungsgericht. Der Parkplatz liegt direkt vor einem der Eingänge. Ein Sicherheitsmitarbeiter bewacht die Autos der Besuchenden. Der Eingang führt durch einen von Gras bewachsenen Hügel. Durch ein schweres, offenstehendes Holztor gehe ich einen Gang entlang und komme zu stählernen, geöffneten Gittertüren. Eine metallene Tafel informiert über die Bauzeit (1896-99) und über Namen und Militärpositionen.

Ich blicke auf weiße Mauern, einen grünen Hügel und die Hochhäuser der Stadtbezirke Hillbrow und Braamfontein. Ein weiterer Sicherheitsmitarbeiter empfiehlt, den linken Weg zu nehmen, um mir eine Eintrittskarte für den Erinnerungsort kaufen zu können. Ich laufe den Hügel hinab und komme auf einen weitläufigen Platz namens *Constitution Square*. Die Glasplatten der Türme leuchten, sobald es dunkel wird. Auf kleinen Metallschildern ist der Zweck des Gebäudes zu lesen: „PRISONERS AWAITING TRIAL“.

Abbildung 5: Awaiting Trail Block

Die Schilder informieren über die Ruine, die der Ort der Untersuchungshaft war. Zitiert wird eine Aussage des „ex-political prisoner“ Victor Nkabinde, die er 2003 traf: „This place, given that the roof is gone, no longer has the same impact it had on me when I was kept there. There is a little bit of freedom now that I can see the sky. But the anger is not gone.“[227]

Am Rande des Platzes sind Tafeln angebracht, auf denen Firmennamen stehen. Es gibt vier Kategorien: Platinum, Gold, Silver, Bronze. Das Management dankt den Sponsoren des Erinnerungsortes. In den roten Backsteinboden sind langgezogene Menschenfiguren aus schwarzen Fliesen eingelassen. In den Figuren spiegeln sich ihre Betrachter und Betrachterinnen. An einem Ende des *Constitution Square* steht das neue Verfassungsgericht, umgeben von diversen Kunstinstallationen.

Ich überquere den Platz, um eine Tour zu buchen. Die Tickets können in einem ehemaligen Gefängnisgebäude gekauft werden: 22 Rand kostet der Eintritt,

227 Nkabinde, Victor. Awaiting Trial Block. Johannesburg: Constitution Hill, 2003 (19.01.2010)

15 Rand ermäßigt.[228] Nach dem Zahlen bekomme ich durch die Verkäuferin ein rotes Papierarmband um mein Handgelenk gebunden. Sie empfiehlt mir einen Film, der in dem Gebäude schräg gegenüber läuft. Der Film wird in einem ehemaligen Gefängnisraum gezeigt: grau, unverputzt, dunkel. Gegenüber der Leinwand stehen mehrere Bänke ohne Lehne. Der Film läuft in Dauerschleife.

Der männliche Off-Sprecher benutzt diverse südafrikanische Sprachen – Englisch dominiert. Er beginnt mit dem Satz: „All prisons are violent places." Die Stimme verweist darauf, dass die Gefängnisse der Apartheid unmenschlich waren und es große Unterschiede zum Heute gibt. Dies sichere vor allem die Verfassung. Sie bildet das Verbindungsstück zwischen Vergangenheit und Zukunft: „There can be no freedom without social equality." Hauptbezugspunkt des Films ist Johannesburg, „which is still struggling to overcome the injustices of the past between the places of white people and where black people live". Ehemalige politische Gefangene beschreiben ihre Erfahrungen. Eine Frau erzählt über die Entwürdigung, die das „Strip and Squad", das sich Ausziehen und Bücken vor den Wärterinnen, bedeutete. Die männliche Stimme kommentiert: „These people are coming back to reclaim their dignity."

Der Film kann bis zum Beginn der Tour geschaut werden. Der Tourstart ist abhängig von der Anzahl der Menschen, die ein Ticket erworben haben. Eine Frau bittet mich und zwei weitere Frauen, ihr zu folgen. Es geht zurück auf den *Constitution Square*. Neben dem Eingang des Ticketbüros zeigt eine Metalltafel eine Übersicht von *Constitution Hill*. Die Frau stellt sich als unser heutiger Tourguide vor. Ihr Name ist Lorraine.[229] Sie gibt einen Überblick über die verschiedenen Teile des Gefängnisses: Es gibt den *Awaiting Trial Block*. Das *Old Fort*, in dem ‚weiße' Männer gefangen gehalten wurden. Paul Krüger wies den Bau des Forts an, Führungsperson der Afrikaans sprechenden Gemeinschaft, der das Gebiet gegen die Briten um 1900 verteidigen wollte. Das Frauengefängnis[230] wurde etwas später gebaut und hielt ‚weiße' und ‚schwarze' Frauen getrennt gefangen. Zum Schluss nennt sie *Number Four*, den berühmtesten Teil des Erinnerungsortes, der eigentlich aus *Number Four and Five* bestand, aber „commonly known as Number Four" erinnert wird. Hier waren alle als ‚nicht-weiß' definierten Männer eingesperrt. Lorraine stellt uns zur Wahl, welche Teile wir besichtigen wollen. Während wir auswählen, lässt uns Lorraine wissen, dass das Verfassungsgericht Pflicht sei. Entschieden hat sich die durch Zufall gebildete Gruppe für: *the Women's Gaol*, *Number Four* und *Constitutional Court*.

228 Es gab die Regelung, dass der Dienstag für alle Besucher und Besucherinnen kostenfrei war.

229 Alle folgenden Zitate sind Aussagen von Lorraine, die die Tour am 19.01.2010 leitete. Ich beziehe mich dementsprechend auf die Tourbegleiterin mit „Lorraine".

230 Die Tourguides benennen das ehemalige Frauengefängnis entweder mit Women's Jail, Women's Prison oder Women's Gaol.

Lorraine gibt uns erste Daten: Wann welcher Teil gebaut, wer darin gefangen gehalten, wann es geschlossen wurde und wohin dann die Gefangenen kamen – nämlich ins Diepkloof Prison, welches heute auch als Sun City[231] bekannt ist. Sie verweist auf den *Awaiting Trial Block*, dessen Steine nach der Zerstörung im Verfassungsgericht und in den *African Steps* verbaut wurden. Die *African Steps* sind Treppenstufen zwischen *Number Four* und dem Verfassungsgericht: „So the steps that are dividing the past with Number Four and the future with the court. Because they wanted to show us: You can build the future with the bricks of the past."

Dann gehen wir zum Frauengefängnis: ein Gebäudekomplex aus rötlichbraunen Backsteinen. Auf dem Weg dorthin erzählt Lorraine, dass das *Old Fort* gebaut wurde, um „law and order" in der neu entstandenen Stadt Johannesburg nach den ersten Goldfunden zu sichern. Dann übernahmen die Briten die Stadt und bauten die *Ramparts*, von Gras bewachsene Hügel, die das Areal teilweise begrenzen. Am ehemaligen Frauengefängnis angekommen, stehe ich vor einem großen Gittertor, hinter dem eine Glaswand angebracht wurde, in der sich die Gruppe spiegelt:

Abbildung 6: Eingang zum Women‘s Gaol

231 Sun City ist eigentlich ein Casino- und Vergnügungspark, der eine Stunde von Johannesburg entfernt liegt und den vor allem ‚weiße' Menschen während der Apartheid nutzten. Heute steht der Park allen Menschen, abhängig vom Geldvermögen, zur Verfügung.

Das Gittertor war der Haupteingang zum Frauengefängnis für: „Black, Coloured and Indians. ... Some of them are famous.“ In dem Gefängnis waren sowohl „political prisoners“ als auch „common law criminals“, erzählt Lorraine. Hinter dem Gittertor liegt ein großer, heute mit Gras bewachsener Platz. Sie erklärt, dass die Gefangenen damals ihre Hände hinter ihrem Rücken verschränken, ihre Schuhe ausziehen und den Kopf senken mussten. So konnten sie nicht sehen, wohin die ‚weißen‘ Wärterinnen sie führten. Wir gehen ein paar Meter weiter zu einem Eingang, der in einen kleinen, weißen Raum führt. Eine Sicherheitsmitarbeiterin schaut uns an. Im Raum sind Fotos von Frauen auf einer Glaswand angebracht. Die Zeit reicht nicht, diese näher zu betrachten.

Im Innenhof lassen Glastafeln sowohl ehemalige Gefangene als auch ‚weiße‘ und ‚schwarze‘ Wärterinnen zu Wort kommen. Sie sprechen über die Lebensbedingungen im ‚nicht-weißen‘ Frauengefängnis. Erneut spiegeln wir uns in den Zitaten und den Beschreibungen. Auf dem Rasen entlang der Gebäude sind gemalte Bilder von Fatima Meer ausgestellt. Lorraine erklärt, dass Fatima Meer ‚politische Gefangene‘ im *Women's Gaol* war. Sie fand trotz des Malverbots einen Weg, während der Gartenarbeit die Haftbedingungen zu zeichnen und einige dieser Zeichnungen ihrem Anwalt zu geben. So konnten die Bilder aus dem Gefängnis gebracht werden.[232]

Kurz vor dem Gebäudekomplex ist auf dem Gras ein Rechteck zu erkennen. Lorraine erklärt, dass das Rechteck der Größe einer Zelle entspricht:

> „It was only designed for two prisoners. But because of overcrowding there were six prisoners here, sleeping on the floor. Two buckets. One for water and one for toilet. And then note this kind of material: In winter, it‘s freezing. In summer, it‘s boiling. So you can imagine ... with the two buckets inside.“

Sie beschreibt den Platz und die Vorschriften während der Apartheid: Es gab kein Gras, sondern nur den blanken Boden. Der Platz wurde zur Essenseinnahme genutzt. Die Gefangenen mussten auf dem Boden sitzend essen. Es war ihnen verboten zu sprechen. Wenn eine Frau redete, dann wurde ihr das Essen weggenommen. Sie wurde gezwungen, sich neben zwei an einer Wand befestigte Eimer zu stellen: „So they used to call them the roii emmers [the red buckets, A. S.].“ Die Frau kam in Einzelhaft. Auf Nachfrage einer Frau aus der Gruppe: „Just for talking?“ antwortete Lorraine: „Yes. Because they don‘t know whether they are planning to escape or they were talking about politics. Politics were not allowed here in prison. So that‘s why you were not allowed to talk while you were eating.“

232 Winnie Mandela konnte bei ihrer Entlassung aus dem Gefängnis ebenfalls einige Zeichnungen aus dem Gefängnis unentdeckt mitnehmen.

Lorraine wechselt zeitlich in die Gegenwart und zählt in diesem Gebäude ansässige Institutionen und Akteure wie die Public Protector Commission, pro bono-Anwälte oder die Commission for Gender Equality auf. Alle seien für die Einhaltung der Verfassung zuständig. Wir gehen hinein und stehen im Atrium. Lorraine fordert uns auf: „So let us see the holy ground." Sie erklärt, dass die hier gefangen gehaltenen Frauen den Kreis zwischen den Säulen nicht durchqueren durften. Die ‚weißen' Wärterinnen nutzten den Raum, um ihr Morgengebet zu sprechen. Lorraine erwähnt ein Gerücht, dass eine der ‚weißen' Wärterinnen dort begraben worden und ihr Geist noch immer hier sei. Nur eine hätte es je gewagt, die Regel zu brechen. Lorraine nimmt in ihrer Erzählung die Position dieser Frau ein: „I don't think there's someone who's lying here. So what I'm going to do, I'm going to cross here. And if there's a dead person, she rather wakes up. That was Winnie Mandela."

Dann zeigt sie uns die Einzelhaftzellen, in denen Winnie Mandela und andere mit Isolation bestraft wurden. Im Säulenkreis stehend, folge ich Lorraines Blick. Der erste Raum ist der „communal cells"-Trakt.[233] Der zweite Raum ist der Ort der Einzelhaft: „*SOLASIE CELLE* OR *KHULUKUDS* (ISOLATION CELLS)". Die Sicherheitstür des Raumes gleicht einer Tresortür und steht offen. Die einzelnen Isolationszellen zeigen Gegenstände und Videos von je einer ehemaligen Gefangenen. Gegenüber den Zellen sind Glastafeln angebracht.

Auf der linken Seite des Atriums befindet sich die *Section Two*, in der ebenfalls Gemeinschaftszellen waren. Es ist der Ort der temporären Ausstellungen. 2009 waren Bilder von Fatima Meer zu sehen. Zum Zeitpunkt der Tour im Januar 2010 werden in diesem ehemaligen Zellentrakt Fotos von Ahmed Kathrada, einem ehemaligen politischen Gefangenen auf *Robben Island*, ausgestellt.

Wir verlassen den Bereich und gehen in den ersten Stock, der den dritten und vierten Zellentrakt für „non-white women" beherbergte. Die gefangenen Frauen waren noch nicht verurteilt und gezwungen, in diesen Zellenbereichen auf ihre Gerichtsverhandlung zu warten. In der oberen Rotunde sind an den Wänden Tafeln angebracht. Zwischen den Tafeln gibt es auch immer wieder Exponate zum Text. In Glasbehältern werden Gegenstände aus der damaligen Zeit aufbewahrt – bspw. Pass, Stoffwindel oder auch die Uniformen der Wärterinnen, die sich nach Hautfarben unterschieden. Die ehemaligen Zellentrakte sind noch nicht begehbar und durch eine Glastür verschlossen.

233 2009 war darin ein als Dauerausstellung gekennzeichnetes Projekt namens Mapping Memory zu sehen. Ehemalige Gefangene gestalteten den damaligen Zellentrakt Eins materiell und textlich. Bei diesem Besuch existierte die Ausstellung nicht mehr. Auf der Internetseite des Erinnerungsortes ist das Projekt weiterhin aufgelistet. Vgl. URL: http://www.constitutionhill.org.za/exhibitions/permanent-exhibitions/ (08.01.2012)

Wir gehen zurück ins Atrium und dann durch einen Seiteneingang. Entlang rot-brauner Mauern kommen wir in einen kleineren Teil des Gebäudekomplexes, in dem ‚weiße' Frauen gefangen waren. Zuerst gehen wir am ehemaligen Krankentrakt vorbei, in dem nur die ‚nicht-weißen' Frauen behandelt wurden. Die als ‚weiß' klassifizierten Frauen ließ der Gefängnisarzt in das nahe gelegene Krankenhaus bringen, insofern er es als notwendig erachtete. Auf einer der Glasscheiben des Krankentraktes steht geschrieben:

> „‚My son was born here.
> And it has affected him forever.'
> Assienah Mnisi, prisoner, 1973"

Ich spiegele mich darin. Wir befinden uns jetzt auf dem Innenhof, der zu den Zellen für die ‚weißen' gefangenen Frauen führt. Auf dem Innenhof steht eine rote, rechteckige Metallstele. Sie belegt, dass es hier vorher eine Mauer gab, die diesen Platz teilte. Der hintere Teil war für die bereits Verurteilten, der vordere Teil für diejenigen Frauen, die noch auf ihre Verhandlung warten mussten. Jetzt ist in der Mitte ein kleiner Rosengarten gepflanzt. Wir blicken auf die ehemaligen Gemeinschaftszellen. Auch hier erklären Texte und Fotos auf gläsernen Tafeln die vergangenen Gefängnispraxen. Heute befinden sich in den ehemaligen Zellen Ausstellungsstücke wie Briefe, Spielzeug aus Kindertagen, Fotos und Videomaterial. Die Glastafeln in den ehemaligen Zellen weisen die gleiche Gestaltungslogik wie im Isloationsbereich für ‚nicht-weiße' Frauen auf. Alle ausgewählten ‚weißen' Frauen waren politische Gefangene. Es gibt eine Ausnahme: Daisy de Melker. Sie wurde wegen Mordes an männlichen Verwandten in den 1920er-Jahren verurteilt und ist die einzige, die nicht in der Zeit der Apartheid gefangen war. Eigentlich, so informiert uns Lorraine, waren die politischen Gefangenen nicht in diesen Zellen, sondern gegenüber in den Isolationszellen. Dort befindet sich heute ein Büro des Forum for the Empowerment of Women, ein Seminarraum, Küche und Toiletten. Lorraine gibt uns fünf Minuten Zeit, uns kurz umzusehen, dann verlassen wir diesen Bereich und überqueren *Constitution Square* in Richtung *Number Four and Five*. Wir passieren die ehemaligen Büros ‚weißer' Wärter, blicken auf deren Toiletten und den Raum, in dem der Film läuft. Durch einen grauen, schmalen Gang kommen wir zu einem weiteren großen Platz. An der Decke des Gangs sind drei Tafeln hintereinander angebracht:

> „‚It is said that no one truly knows a nation until one has been inside the jails. A nation should not be judged by how it treats its highest citizens, but its lowest ones – and South Africa treated its imprisoned African citizens like animals.'
> Nelson Mandela, former political prisoner and president of South Africa, 1994"

Wir sind in *Number Four* – im ehemaligen Gefängnistrakt für alle männlichen „non-white prisoners, for political as well as common law criminals". Lorraine bittet uns, in die Teilausstellung *Life in a Cell* zu gehen.

Abbildung 7: Communal Cell

Auf zwei Metallschildern werden die Zellenhierarchie und die damals zulässige Zelleneinrichtung, nach „white" und „non-white" getrennt, erklärt. Gegenüber vom Eingang ist eine große Leinwand angebracht. Im Dokumentarfilm kommen Menschen zu Wort, die in *Number Four* gefangen waren. ‚Nicht-weiße' Wärter sprechen ebenfalls über die Vergangenheit an diesem Ort. Lorraines Erzählungen verstärken mein Gefühl der Enge und Bedrücktheit. Sie erklärt, wie sowohl die überfüllten Zellen als auch die Zellenhierarchie die Lebensbedingungen z. B. für die neuen Gefangenen bestimmten: Sie schliefen in der Nähe der Toiletten und mussten den ‚cell bosses' „blankets" oder „pillows" abgeben. Lorraine hält fest, dass die Neuen den Bossen in jeglicher Form dienen mussten – auch sexuell.

Wir verlassen den Raum und gehen in die Zelle gegenüber. Die Ausstellung darin trägt den Titel: „Who is a Criminal?" Der Raum wirkt bedeutend heller, ist allerdings in den gleichen Farben gestrichen wie der vorherige. Gegenüber vom Eingang befinden sich Fotos verschiedener Männer. Eine Frage fordert uns auf, unsere Meinung zu den einzelnen Abgebildeten zu äußern: „These men were held here in Number Four between 1902 and 1983. Do you think they should have been imprisoned here? Please give us your responses."

Die Tafeln zeigen jeweils ein Schwarz-Weiß-Foto. Rechts daneben steht der Name, der Grund der Verurteilung, das Datum der Inhaftierung in *Number Four* und ein Zitat des Porträtierten, in dem er sich zu den Haftbedingungen äußert. Es gibt auch einen ‚nicht-weißen' Wärter unter den Abgebildeten. Lorraine informiert uns darüber, dass es nur „black guards at Number Four" gab. Die ‚weißen' Wärter arbeiteten im Old Fort bei den ‚weißen' Gefangenen, „but the conductions were done by the white guards."

Am Eingang der Zelle gibt es die Möglichkeit, auf Zetteln unsere Meinung mitzuteilen und an eine Wand zu hängen. Niemand von uns tut das. Es bleibt kaum Zeit. An den Seitenwänden sind graue Metalltafeln angebracht, auf denen Auszüge aus der neuen Verfassung und deren Pendants aus der Apartheid geschrieben stehen.

Wir verlassen den Raum und gehen zurück in den Innenhof: Der Steintisch sei die damalige Essensausgabe gewesen. Die Steinteller zeigen, wer welche Essensportion erhielt. Die geringste Menge und schlechteste Qualität gab es für die als „Africans" bezeichneten Menschen (D Diet), dann folgten „Coloureds and Asians" und „white people". An der Wand hinter dem Steintisch erklären uns Texttafeln, welches Essen es laut des Gefängnisbuches von 1960 an Weihnachten gab: für die ‚Weißen' einen Kuchen oder Pudding, für die „non-whites" einen Kaffee oder Tee mit einer Unze Zucker und Milch, wenn vorhanden.

Abbildung 8: Essensausgabe, Number Four

Zu lesen sind die tägliche Nahrungsmenge, eine Aussage eines ‚schwarzen' Wärters, Gefühle ‚schwarzer' Gefangener über den Handel innerhalb des Gefängnisses mit dem eigenen Körper und mit Essen, über die „D DIET" und ein Zitat eines ehemaligen ‚cell boss' zu den „Drie Maal Tye". Es bleibt auch hier kaum Zeit, die Tafeln durchzulesen.

Gegenüber vom Steintisch stehen drei Blechbehälter jeweils in einem Glaskasten auf dem Boden, die das Essen für die jeweilige rassifizierte Gruppe beinhalteten. Wir lassen den Steintisch hinter uns und steigen ein paar Treppen hinab. Auf dem zu sehenden überdachten Platz wurde gegessen. Zwischen dem oberen und dem unteren Platz sind die Toiletten angebracht, ohne Türen, nur mit einem schmalen Wellblech verkleidet, das die Geschlechtsorgane beim Stehen verdeckte. Wir stehen jetzt unter dem Dach und Lorraine erklärt uns die angebrachten Tafeln. Zwei Fotos zeigen einen nackten, ‚schwarzen' Mann, der sich vor einem uniformierten ‚Weißen' dreht und dabei seine Arme ausbreitet. Diese Erniedrigung wurde *Tausa* genannt. Hinter dem Erniedrigten ist eine Gruppe nackter, hockender ‚schwarzer' Männer zu sehen. Neben den Fotos lassen Zitate Gefangene und Wärter zu Wort kommen. Wir gehen weitere Treppen hinab.

Abbildung 9: Blick auf die Isolationshaft, Number Four and Five

Links und rechts stehen Duschen, deren Begrenzungssteine mittlerweile zerstört sind. Auch hier beschreiben die ausgewählten Zitate die Verhaltensweisen der ‚cell bosses' und die Hygienebedingungen. Am Ende des Platzes befinden sich zwei weitere Gemeinschaftszellen, deren Funktion jetzt das Zeigen von Ausstellungen ist. Im ersten Raum sind *Resistance and Resilience* thematisiert. Die Wärter riefen regelmäßig Wettbewerbe aus. Sie forderten die Gefangenen auf, aus ihren Decken Gegenstände wie bspw. Sitzmöbel zu schaffen. Eine große Leinwand zeigt Interviewausschnitte mit ehemaligen Gefangenen, die über die demütigenden Praxen sprechen.

In der gegenüberliegenden Zelle trägt die Ausstellung den Namen *Power and Punishment*. Bevor wir hineingehen, warnt uns ein Schild über den möglicherweise verstörenden Inhalt. Nach dem Eintreten hält mich ein grauer Schaukasten in Übergröße auf, in die kleine Fenster eingelassen sind, die denen in Gefängniszelltüren ähneln. Beim Hineinsehen sind verschiedene Folterwerkzeuge zu erkennen, u. a. Schlagstöcke, Handschellen und Peitschen. Am Ende des Raumes blicke ich auf eine Leinwand. Im Film dokumentieren Menschen ihre Folter.

Der Bereich *Number Four and Five* endet mit den ehemaligen Isolationszellen. Lorraine erklärt, dass sich diejenigen, die in Zelle Nr. 13 waren, darüber freuten, dass sie dann zumindest auf den Platz der Essenseinnahme blicken konnten und so nicht absolut isoliert waren. Ich schaue in den Himmel – durch ein Gitternetz. Das Verfassungsgericht und dessen Logo wirken durch das Drahtnetz zerschnitten.

Wir verlassen den Bereich der Islolationshaft und gehen den kleinen Hügel wieder hinauf. Schräg gegenüber der ehemaligen Essensausgabe steht ein weiteres Backsteingebäude. Ein Schild benennt die Ausstellung: *Gandhi, Prisoner of Conscience*. Wir gehen nicht hinein, sondern weiter zum Verfassungsgericht. Mittlerweile sind wir mehr als eine Stunde unterwegs.

Vor dem Gebäude des Verfassungsgerichtes halten wir an. Ich blicke auf den *Constitution Square*. Auf dem Gebäude sind ebenfalls gläserne Türme angebracht, die architektonisch denen des *Awaiting Trial Block* gleichen. Stein, unverputzter Beton und Glas wechseln sich ab. Lorraine verweist auf die Gestaltung der Vorderfront: Die ersten Verfassungsrichter und -richterinnen schrieben mit ihren Händen die dem Gericht höchsten Werte in den Beton: Würde, Freiheit und Gleichheit – in unterschiedlichen Sprachen. Jede Tafel auf der großen hölzernen Eingangstür bildet eines der 27 Grundrechte im Nationalstaat Südafrika ab. Auf dem Türgriff ist ein Grundrecht in Blindensprache eingraviert.

Abbildung 10: Eingangstür, Verfassungsgericht

Wir betreten das Verfassungsgericht. Zunächst müssen wir einzeln durch eine Sicherheitsschleuse, legen unsere Handys, Metallgegenstände etc. auf das Band, gehen durch und folgen Lorraine. Sie stoppt vor einer Leiter, deren Stufen aus verschiedenen Materialien angefertigt wurden. Von Lorraine erfahren wir, dass die Leiter das Südafrika während der Zeit des Goldrausches symbolisiere. Lorraine macht diesen für die verschiedenen Auseindersetzungen verantwortlich, die zur Apartheid führten: „And then we have the barrier. This is the blood that was shared." Eine andere Stufe besteht aus einem Elefantenknochen: „Elephant doesn't forget. So we mustn't forget our past. We must learn from it. So that we can prepare for our future. And then we have the snake which is the wisdom or eternity. And the last one that is democracy. Our 1994-elections." Hinter der Leiter sind an der unteren Mauer Schwarz-Weiß-Poster angebracht, auf denen ein Künstler die Namen aller politischen Gefangenen festhielt. Der gesamte Innenbereich wurde mit Kunstobjekten gestaltet. An der Decke hängen bspw. silberne Blattkonstruktionen. Lorraine erklärt, dass auch hier das Symbol für das Verfassungsgericht zitiert wird: *Justice under a tree* (vgl. Kap. 1, 2.2.2.2).

Abbildung 11: Gerichtssaal

Durch eine bronzene Tür kommen wir in den Gerichtssaal. Hier nehme ich zuerst die elf ledernen Stühle der Richterinnen und Richter wahr: „We have eleven justices representing our eleven official languages.“ An der Vorderfront des Richtertisches und an jedem Stuhl hängen schwarze Felle mit weißen Fleckenmustern. Lorraine erklärt die Verschiedenheit der weißen Muster mit der Individualität der Richter und Richterinnen. Die schwarze Farbe betone die Gleichheit. Hinter dem Tisch hängt die Nationalflagge, die von Ndebele-Frauen gewebt worden sei. Der Innenraum des Gerichtssaales ist hierarchisch geordnet. Die Richterinnen und Richter bilden das Podium. Vor ihnen befinden sich die Plätze der Gerichtsschreibenden. Dann folgen die jeweiligen Anwältinnen und Anwälte. Alle Tische sind aus Holz, die Stühle etwas weniger hoch als die der Richterinnen und Richter, aber auch aus Leder. Es gibt eine Rang ähnliche Etage für die Übersetzungskabinen und die Medien. Wir setzen uns auf die hölzernen Zuschauerbänke. Lorraine erklärt uns, dass die großen Fenster Licht auf den Teppich werfen. Im beigefarbenen Teppich sind blaue, unterschiedlich große Flecken eingewebt. Diese sollen die Schatten symbolisieren, die von der Sonne auf den imaginären großen Baum über dem Gerichtssaal geworfen werden. So nehme auch die Gestaltung des Gerichtssaals das Motto *Justice under a tree* auf.

Rechts gibt es einen kleinen, schmalen Glasstreifen, der immer wieder durch die Mauer aus Steinen unterbrochen wird. Auf Gehweghöhe werden die Beine der Vorbeigehenden sichtbar. Die Steine der Mauer kommen aus dem ehemaligen *Awaiting Trial Block*. Lorraine betont, dass die Steine die derzeitigen neun Richter und zwei Richterinnen in ihrer Arbeit und Rechtsprechung an die Vergangenheit erinnern sollen. Andererseits werde Transparenz hergestellt, da Menschen von außen in den Gerichtssaal hinein schauen können.

Lorraine fragt, ob wir noch etwas wissen wollen. Da es keine weiteren Fragen gibt, bedankt sie sich bei uns und erklärt die Führung für beendet. Sie sagt, dass wir nun zehn bis fünfzehn Minuten hätten, um uns auf dem Gelände nochmals umzuschauen und wünscht uns einen schönen Tag. Wir bedanken uns ebenfalls und verlassen den Saal, um den Rest des Gerichtsgebäudes zu erkunden.

Ich gehe an den Sesseln und Bänken vorbei, einen langen schmalen Gang entlang. Draußen begleiten mich die *African Steps*, die ich durch die große Glasfront sehen kann. Der innere Gang ist ebenfalls von Stufen unterbrochen, an deren Kanten ähnliche Kupferverzierungen wie an den Türen des Gerichtssaals angebracht wurden. Neben den Treppen führt ein flach abfallender Weg für Rollstuhlnutzende den Gang hinunter. Bienenkorb ähnliche Lampen beleuchten die glatte Steintreppe. Kunstobjekte gestalten die Flurdecke und Seitenmauern. Viele setzen sich mit der Vergangenheit auseinander, einige mit der Gegenwart z. B. dem Umgang mit HIV/Aids. Neben ihnen benennen kleine Tafeln den Namen der Künstlerin/des Künstlers und den Titel des Werkes, manchmal mit Zitat oder einer Erklärung.

Eine große Glaswand beginnt mit den Worten: „THE STORY OF OUR CONSTITUTION". Zwei weitere rote Felder stechen hervor: „DIGNITY, FREEDOM AND EQUALITY", gefolgt von „SOCIO-ECONOMIC RIGHTS". Darunter lese ich die folgende Aussage in roten Buchstaben:

> „A GROWING AWARENESS THAT CIVIL AND POLITICAL RIGHTS ARE OF LITTLE VALUE TO THOSE LIVING IN EXTREME POVERTY LED TO A RECOGNITION OF SOCIO-ECONOMIC RIGHTS IN SOUTH AFRICA'S CONSTITUTION."

Die Glaswand endet mit der Definition der Worte „Dignity, Equality, Freedom" und einigen Entscheidungen des Verfassungsgerichtes zugunsten sozio-ökonomischer Rechte z. B.: „LANDMARK CASE: MINISTER OF HEALTH AND OTHERS V TREATMENT ACTION CAMPAIGN AND OTHERS, 2002".

Nach der Treppe geht es in ein einseitig zugängliches Rechteck unter freiem Himmel. Zitiert wird Nelson Mandela. Acht dunkle Glastafeln mit Strichen in

Fünferschritten symbolisieren die Zeit, die Mandela im Gefängnis verbringen musste: 9377 Tage.

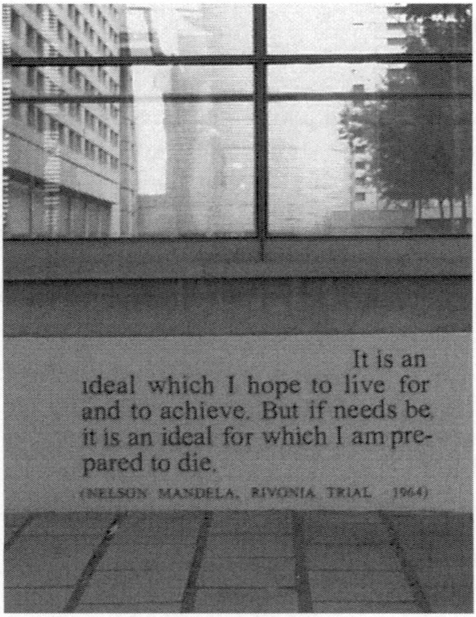

Abbildung 12: Zitat Mandelas

Am Ende des Flurs befindet sich die größte juristische Bibliothek der südlichen Hemisphäre, das hatte uns Lorraine erklärt, als wir draußen vor dem Gerichtsgebäude standen. Ich gehe die Treppen wieder hinauf, zurück zur Sicherheitsschleuse und auf den Platz, vor mir die unbelichteten Türme, die an den abgerissenen *Awaiting Trial Block* erinnern sollen.

2.2.1.2 Historische Genese des Erinnerungsortes

Constitution Hill liegt im Zentrum Johannesburgs, an der Grenze zwischen den Stadtteilen Hillbrow und Braamfontein. Sein erster Name, *Old Fort* (1892), weist auf die Auseinandersetzungen zwischen Buren und Briten um urbanen Raum hin. Bis 1987 wurde der Bereich des Forts überwiegend als Gefängnis genutzt. Mitte der 1990er-Jahre entschieden politisch Verantwortliche, dass das ehemalige Gefängnisgelände nun der Sitz des ersten südafrikanischen Verfassungsgerichtes sein solle. 1997 wurde eine Steuerungsgruppe eingesetzt, die auf ihrem ersten Treffen bereits einen Namen für das gesamte Areal nannte: *Constitution Hill*.[234] Die Gruppe bestand aus Politiker und Politikerinnen diverser Ministerien, aus der Stadtverwaltung Johannesburgs und Verfassungsrichtern, die seit dem Inkrafttreten der Verfassung 1996 in dieser Profession arbeiteten. Die Internetseite charakterisiert den Erinnerungsort als:

> „(...) the multi-million rand regeneration development project funded by Blue IQ, the Gauteng Provincial Government, the City of Johannesburg, the Department of Justice and philantropic organisations and delivered by the Johannesburg Development Agency [JDA, A. S.].“[235]

Die JDA trägt seit 2000 die Verantwortung für das Projekt *Constitution Hill*. So ist das Projekt deutlich stärker als andere Erinnerungsorte in die lokalen Verwaltungsstrukturen und in diverse politische Interessen eingebunden. Lokale, regionale und nationale Verwaltungsinstitutionen finanzierten *Constitution Hill*. Unterschiedliche Ministerien fungierten zudem als Geldgeber, sicherten jedoch nur unzureichend die Arbeit des Museumsmanagements ab.[236] Mittlerweile untersteht *Constitution Hill* als legacy project dem Ministerium für Kunst und Kultur.[237] Der Ort ist Mitglied in der International Coalition of Sites of Conscience mit Sitz in New York, USA. Diese Organisation finanzierte Projekte des Museums.[238]

Der Kulturbetrieb des Museums besteht aus Bereichen wie der Öffentlichkeitsarbeit oder dem Archiv.[239] Das Museum leitet Darryl Peterson. Zudem verwaltet ein Trust das Museum, der aus Personen der Politik, Wirtschaft und des Recht besteht. Den Vorsitz hat Cyril Ramaphosa, Gewerkschafter, Anti-Apartheid-Aktivist und Geschäftsmann. Der Trust soll Respekt für die Verfassung, für Demokratie und Menschenrechte generieren. Beabsichtigt sind:

> „1. Providing for educational programmes to be conducted at or in respect of Constitution Hill for the purpose of education South Africans on constitutionalism, human rights and democracy
> 2. Providing Grants for the purposes of promoting the objects set out in clause 4.1 and for purposes consistent herewith

---

234 Vgl. Noble, Alfred Jonathan. *African Identity in Post-Apartheid Public Architecture: White Skin, Black Masks*. Farnham: Ashgate, 2011. S. 119.

235 URL: http://www.constitutionhill.org.za (14.01.2009)

236 Vgl. Peterson, Darryl. Interview, geführt von der Verfasserin. Johannesburg, 16.04.2009. S. 23f.

237 Vgl. http://www.dac.gov.za/projects.htm (03.01.2012)

238 Vgl. Peterson, Darryl. Interview, geführt von der Verfasserin. Johannesburg, 16.04.2009. S. 24.

239 Vgl. Mbemba, David. Interview, geführt von der Verfasserin. Johannesburg, 31.03.2009. S. 1.

3. Raising funds for such purposes in and outside the Republic of South Africa in respect of the Trust and other public benefit organisations as defined in terms of section 30 of the Income Tax Act.“[240]

Im folgenden Abschnitt will ich die im Museum integrierten Nation-Building-Prozesse anhand von drei spezifischen Räumen in *Constitution Hill* analysieren:

1. architektonische Räume
2. verrechtlichte Räume und
3. ohn-/mächtige Räume.

2.2.2 Detailanalyse: „Beacon of Hope“

Alle musealen Räume entstehen durch die Architektur vor Ort, die Erzählungen der Tourguides sowie durch die schriftlichen, bildlichen und vertonten Zitate, die die heutigen musealen Bereiche gestalten. Der Logik meiner Analyse entspricht, zuerst auf materielle Gestaltungsformen einzugehen, die vor allem eine Sprache des Rechts sprechen. Menschenrechtsdiskurse sind sowohl Teil der Gestaltungselemente als auch der Narrationen vor Ort. Die Auswahl der sicht- und hörbaren Zitate folgt innerhalb dieses Rechtsdiskurses der Dichotomie von Entwürdigung und Ermächtigungsstrategien. Dabei ist Geschlecht Teil der Ausstellungskonzeptionen über die Vergangenheit, wird in der Gegenwart jedoch auch zu einer Leerstelle.

2.2.2.1 Architektonische Räume

Zunächst will ich mich exemplarisch mit materiellen Gestaltungsformen in der Neugestaltung des ehemaligen Frauengefängnisses befassen. Daran schließt die Analyse des neuen Verfassungsgerichtes an. Das Gericht ist immer Bestandteil der Touren, liegt jedoch nicht im Verantwortungsbereich der Museumsverwaltung. Sowohl die Neubauten als auch die historischen Orte werden zu kommunikativen Räumen im staatlichen Erinnerungsprojekt *Constitution Hill*. So will ich der Frage nachgehen, welche Inhalte materiell transportiert werden sollen.

240 URL: http://www.constitutionhill.org.za/trust/ (04.01.2012)

Kommunikative Architektur[241] *– vom Gefängnis zum Museum*

Architektur spricht: Sie erzählt über die Wertschätzung, die das Gebäude und seine Bewohnenden erfahren. Die Bauweisen sind funktional. In *Constitution Hill* blieben einige Gebäude nahezu unberührt, andere wurden umgestaltet. Die Funktionen wechselten: Aus der Haftanstalt wurde sowohl ein legacy project als auch ein Ort der Rechtsprechung. Die Überwachung von Gefangenen transformierte sich in die Überwachung des Staates durch die neuen Verfassungsnormen. Ich will diesen Funktionswechsel am Beispiel des ehemaligen Frauengefängnisses darstellen.

Viele der Zimmer sind hier neu gestrichen. Auch die Außenbereiche wurden architektonisch unter Anleitung der Architektin Kate Otten neu gestaltet. Einer der Archivmitarbeiter stellt im Interview fest:

> „When you go down to Number Four, you can feel this, ahm, this, this grimness. You feel like ... It feels grey in a way. You feel like there‘s no life here. You get these sentiments that this is a prison. It still feels like a prison. Ja. But when you go to the Women‘s Jail, it‘s nice, it‘s being repainted. It looks like a mansion. Some people say it looks like (lacht) a wedding place (...). The Number Four, it‘s being left the way it was. You can see the walls, ah, rusting. The paint is coming of. Actually, that‘s the way it should be.“[242]

Unterstützt wird diese Aussage von einer ehemaligen Gefangenen, die in einer temporären Ausstellung ihre Zelle rekonstruieren ließ.[243] Die Wellbleche, aus denen die Zelle besteht, kontrastieren den weiß gestrichenen, lichtdurchfluteten Raum. Zwei Veränderungen werden deutlich: Erstens das Gefängnis ist keines mehr, sondern ein Ort des Erinnerns und Ausstellens über Gefängnisse vergangener Zeiten. Zweitens dieser Bereich ist mittlerweile Sitz staatlicher Einrichtungen, deren Existenz verfassungsrechtlich[244] vorgeschrieben ist: Public Protector, die Commission for Gender Equality und die Commission for the Promotion and Protection of the Cultural, Religious and Linguistic Communities.

Heutige Institutionen der Macht brauchen eine andere Architektur. Ihre Sichtbarkeit soll die Sprache der Freiheit sprechen. Jonathan Alfred Noble stellt

241 Vgl. Guiliani, Thomas; Kehler, Timm. „Dynamik ausstrahlen. Bauen im Dienst der Markenkommunikation.“ *Architektur als Markenkommunikation*. Hg. Gernot Brauer. Basel, Boston, Berlin: Birkhäuser, 2002. S. 29.

242 Mbemba, David. Interview, geführt von der Verfasserin. Johannesburg, 31.03.2009. S. 9.

243 Vgl. „Mapping Memory. Why I wanted to recreate my cell.“ *Women's Gaol*. Johannesburg: Constitution Hill, o. A. (14.04.2009)

244 Vgl. Kapitel 9, Paragraph 181 der südafrikanischen Verfassung. URL: http://www.info.gov.za/documents/constitution/1996/a108-96.pdf (08.08.2011). S. 1331.

zur Architektur des Ortes folgende These auf: „(...), the prison is to the court as injustice is to freedom, as the past will be to a brighter future. (...) translated into a pervasive discourse on the nature of fundamental freedoms and the establishment of human rights.“[245] Bereits im ehemaligen Frauengefängnis lässt sich die These Nobles belegen. Die Architektin Otten nutzte die Bilder der ehemaligen ‚politischen Gefangenen‘ Fatima Meer (1928-2010), um die Museumsräume und die Räume der Politik neu zu gestalten. Die Kunst hat Funktion: Ihre auf Stoffleinwände gedruckten Bilder historisieren den Gefängnisalltag und autorisieren die heutige Erzählung von Menschenrechten über das dargestellte Unrecht. Das Museum selbst erhöht die Glaubwürdigkeit der Menschenrechte. Es versucht zu beweisen, dass zumindest an diesem Ort kein Unrecht in der vergangenen Form geschieht.

Kommunikative Architektur II – das neue Recht gestalten

Die Tour endet immer mit dem neuen Verfassungsgericht. Die Tourguides erläuterten die Gestaltungen der Außenfassaden, des Foyers und des Gerichtssaals. Das höchste Gericht des Nationalstaates ist ein „auf kommunikative Wirkung angelegtes Gebäude“[246]:„Form follows function.“[247] Die Zweckgerichtetheit seiner Architektur wird im Auswahlprozess des Designs deutlich.[248] Wie bereits im Kapitel 2.2.1 zur Tour dargestellt, sind das Grundgesetz und ethische Werte in den Baukörper eingeschrieben. Als Ornamente rekurrieren sie auf die nationale Verfassung und auf internationale Menschenrechte. Der Menschenrechtsdiskurs verweist historisch auf den Anti-Apartheidskampf, der bereits in den 1950er-Jahren in Gerichten zur Sprache kam.[249] Die Führung des ANC bestand vornehmlich aus Anwälten. Der Beruf wurde zur Berufung, die auch Anfang der 1990er-Jahre zu einer Kooperation südafrikanischer Anwältinnen und Anwälte mit Kollegen und Kolleginnen aus Europa und den USA, z. B. Kimberlé Crenshaw, führte, um staatliches Recht nach der Apartheid zu gestalten. Die internati-

245 Noble, Alfred Jonathan. *African Identity in Post-Apartheid Public Architecture: White Skin, Black Masks*. Farnham: Ashgate, 2011. S. 116.

246 Brauer, Gernot, Hg. *Architektur als Markenkommunikation*. Basel, Berlin, Boston: Birkhäuser, 2002. S. 13.

247 Sullivan, Louis Henri. „The tall office building artistically considered.“ *Lippincott's Magazine* 57.3 (1896). URL: http://www.personalweb.unito.it/andrea.carosso/nyc/texts/Louis%20Sullivan%20-%20The%20Tall%20Office%20building.pdf (07.08.2011). S. 4 (403-409).

248 Vgl. Noble, Alfred Jonathan. *African Identity in Post-Apartheid Public Architecture: White Skin, Black Masks*. Farnham: Ashgate, 2011. S. 119ff.

249 Vgl. Derrida, Jaques. „The Laws of Reflection: Nelson Mandela, in Admiration.“ Übers. Mary Ann Caws, Isabelle Lorenz. *Psyche. Inventions of the Other, Volume II*. Hg. Peggy Kamuf, Elizabeth Rottenberg. Stanford: Stanford University Press, 2008 (1987). S. 63-86.

onale Ausrichtung vieler Anti-Apartheidsbewegungen bedeutete auch, Werte unterschiedlicher Gruppen zu fusionieren. Ulrike Auga zeigt dies am Beispiel der Kulturpolitik „als Teil des nationalen Befreiungskampfes“.[250]

Das Verfassungsgericht wurde aus alten Steinen des ehemaligen Untersuchungsgefängnisses und aus neuen Materialien gebaut: Es beherbergt durch seine kommunikative Architektur Vergangenheit und Gegenwart, spricht beide Sprachen und ist im Sinne des Funktionsgedächtnisses (vgl. Kap. 1.2) auf die Zukunft und die Sicherung bestehender Verhältnisse gerichtet.[251]

Auch kommunikative Architektur re-/produziert Räume. Ihr *Spacing* gründet auf einer Fürsorge- und Vermittlerposition. Sie spricht für die Menschen und zu ihnen. Die gewählten Symbole am und im Gebäude bebildern die südafrikanische Nation und benennen kollektive Werte: ‚Freiheit‘, ‚Gleichheit‘ und ‚Würde‘ symbolisieren zudem den Versöhnungsprozess. Der so konstruierte nationale Gemeinschaftskörper wird gleichzeitig durch den Staat, für den das oberste Gericht steht, geschützt. In diesem Sinne spricht das Gebäude zu den Menschen, die es rechtlich in Anspruch nehmen können.

Die Tourguides erläuterten das Symbol des neuen Verfassungsgerichts *Justice under a tree* ausführlich an diesem Ort. Albie Sachs, ehemaliger Richter am Verfassungsgericht Südafrikas und Widerstandskämpfer während der Apartheid, erklärt die Symbolik des Logos: „The tree protects the people, and they look after the tree. Besides, in South Africa, justice has traditionally taken place under a tree.“[252] Ganz bewusst wurde dieser Entwurf unter den Ergebnissen eines ausgelobten Wettbewerbs[253] gewählt, weil sich die Symbolik von den westlichen Metaphern Waage und Justizia, deren Augen verbunden sind, abgrenzt: „What the Court did not want were clichéd images of the scales of justice and Roman columns.“[254] Das Wort Klischee weist auf den Verlust der Glaubwürdigkeit hin, den das Rechtssystem der Apartheid zu verantworten hat. Die durch Justizia beabsichtigte Fairness und Gleichbehandlung erlebten in dieser Zeit wenige Menschen.

Das neu gewählte Bild der Menschen unter einem Baum, der sie beschützt und den sie pflegen, ist Teil eines national-kulturellen Gedächtnisses, das sich vom hegemonialen Rechtsdiskurs der Apartheid unterscheiden soll. Sowohl im Vorraum als auch im Gerichtssaal wird das Symbol gestalterisch zitiert. Der

---

250 Vgl. Auga, Ulrike. *Intellektuelle – zwischen Dissidenz und Legitimierung. Eine kulturkritische Theorie im Kontext Südafrikas*. Münster, Berlin: LIT Verlag, 2007. S. 195-215.

251 Vgl. Assmann, Aleida. *Erinnerungsräume. Formen und Wandlungen des kulturellen Gedächtnisses*. 3. Aufl. München: C. H. Beck, 2006. S. 138.

252 URL: http://www.constitutionalcourt.org.za/site/thecourt/thelogo.htm (30.09.2009)

253 Zum Auswahlprozess des Symbols vgl. Noble, Jonathan Alfred. *African Identity in Post-Apartheid Public Architecture: White Skin, Black Masks*. Farnham: Ashgate, 2011. S. 137f.

254 URL: http://www.constitutionalcourt.org.za/site/thecourt/thelogo.htm (07.08.2011)

Baum selbst kann jedoch ebenfalls wie der Hügel im Namen *Constitution Hill* verschieden kulturalisiert werden: ‚europäisch-christlich', ‚afrikanisch-christlich', als Teil der ‚African Renaissance' – alle könnten das Symbol für sich und als Teil ihrer Zugehörigkeit interpretieren: „Einen ‚reinen' Blick auf das Kunstwerk gibt es nicht, was wir sehen, hängt immer davon ab, was wir wissen."[255] Als Wachstums- und Stammbaummetapher im Kontext der höchsten rechtssprechenden Institution im Staat wird es zu einem nationenbildenden Symbol, mit dem sich alle identifizieren sollen. Es bedurfte des zeitlich und symbolisch ‚Anderen', um das Unrecht in Recht zu verwandeln, um die Funktionsfähigkeit des Gerichts als Schutz der Menschenrechte erzählbar und moralisch glaubwürdig zu institutionalisieren. Im Gericht selbst wird weiterhin europäisierte Rechtsprechung praktiziert – die Fortsetzung nationalstaatlicher Funktionsweisen und -praxen: „[D]a man nicht hat erreichen können, daß das Gerechte und Angemessene auch stark und kräftig ist, hat man dafür gesorgt, daß das Starke und Kräftige gerecht und angemessen ist."[256] Die Organisationsform der Gesellschaft im heutigen Südafrika, der europäische Nationalstaat, ist geblieben – inklusive der Rechtspraxen als regulativer und machtvoller Norm.

Das Post-Apartheid-Recht kommuniziert auch durch Kunst, Kunsthandwerk und Kultur: Die Ikonographien eines traditionalisierten Afrikas sind handwerklich aufbereitet und werden durch das Zitieren an diesem Ort aufgewertet. Techniken der Gravur, des Webens, Knüpfens und Schnitzens sind Teil der Räume. Die Gestaltungselemente signifizieren die Vergangenheit und nicht-europäische Produktionspraxen als Kultur, die Zeit vor der Kolonialisierung wird wertvoll – eine Gegenerzählung zur meist abwertenden europäischen Geschichtsschreibung über afrikanische Gesellschaften. Die Architektur spiegelt die Inhalte: Die *Great African Steps* sind Teil der baulichen Erzählung vom Übergang in ein neues Rechtssystem. Auch das Gestaltungsmittel Glas sorgt dafür, dass sowohl Transparenzassoziationen als auch ein Zurückwerfen auf sich selbst im Sinne einer Reflexionsmöglichkeit aufgerufen werden.

Der Verfassungsrichter Albie Sachs, der bereits während des Widerstandes Kunst und Kultur als wesentliche Faktoren in marxistischer Tradition betrachtete, verantwortete die Auswahl der einzelnen Kunstobjekte. Die Werke sollen für ein kultiviertes Recht stehen, verbinden Kunst und Politik, erzählen von Unrecht und Gewalt während der Apartheid. Vor dem Gebäude, im Foyer und im langen

---

255 Muttenthaler, Roswitha; Wonisch, Regina. *Gesten des Zeigens. Zur Repräsentation von Gender und Race in Ausstellungen.* 1. Aufl. Bielefeld: transcript, 2006. S. 128.

256 Derrida, Jaques. *Gesetzeskraft. Der „mystische Grund der Autorität".* Übers. Alexander García Düttmann. Frankfurt/M.: Suhrkamp, 1991. Er bezieht sich hier auf Pascal, Blaise. *Pensées et opuscules*. Hg. Leon Brunschvicg. Paris: Librairie Hachette, 1912. S. 470.

Flur in Richtung Bibliothek sind Arbeiten meist lokaler Kunstschaffender[257] zu sehen – temporär, bspw. zu HIV/AIDS und dauerhaft zur Apartheid. Ihnen wird eine Plattform geboten, ihre Kunst öffentlich auszustellen und für sich sprechen zu lassen. Die Kunstwerke sind Geschenke an das Gericht. Sowohl das Gericht als auch die Künstlerinnen und Künstler nutzen sich so gegenseitig als kommunikative Plattform. Das Verfassungsgericht spricht in seiner Funktion als Hüter der Menschenrechte: Die ausgewählte Kunst erinnert erstens an Widerstandspraxen des Cultural Struggle und der Bedeutungsaufladung von Kunst als revolutionär.[258] Zweitens kann Albie Sachs selbst zur figurativen Erinnerung an die Verbindung von künstlerischer Freiheit und Menschlichkeit werden, wenn die Besuchenden seinen Standpunkt kennen. Sachs kritisierte, dass Kunst nur noch zweckgerichtet eingesetzt und produziert werden sollte:[259] „What are we fighting for, if not the right to express our humanity in all its forms, including our sense of fun and capacity for love and tenderness and our appreciation of the beauty of the world?“[260] Kunst und Menschenrechte werden durch die Ausstellungsobjekte versinnbildlicht: Die südafrikanische Verfassung wird selbst zum Menschenrechtsdokument.

Die Künstler und Künstlerinnen stellen ihre Werke nicht in einer kommerziellen Galerie aus und auch nicht in einem Museum: Sie präsentieren ihre Kunstwerke im Verfassungsgericht, einem machtvollen Ort, der auch ihre Freiheit garantieren soll. Das Gericht wird dadurch auch zu einer Galerie des Rechts. Die Handlungsmacht im Raum funktioniert als Ordnungslogik ‚national-staatlichen Rechts'. Das Recht wird in den Erzählungen zur Kultur und Kunst architektonisch inkorporiert, die Nationalstaatlichkeit durch die Gesetze an diesem Ort konstituiert und geschützt.

---

257 Zu den einzelnen Künstlern bzw. Künstlerinnen und ihren Werken vgl. URL: http://www.constitutionalcourt.org.za/site/artcollection/theartists.htm (07.08.2011)

258 Zu Auseinandersetzungen um revolutionäre Kunst in Südafrika, deren strategischer Nutzung und der Gegenwehr bezüglich gestalterischer Vorgaben vgl. Auga, Ulrike. *Intellektuelle – zwischen Dissidenz und Legitimierung. Eine kulturkritische Theorie im Kontext Südafrikas*. Münster, Berlin: LIT Verlag, 2007. S. 259-265.

259 Vgl. ebd. S. 260f. Maurice, Emile. *Art Collection*. URL: http://www.constitutionalcourt.org.za/site/artcollection/thecollection.htm (07.08.2011)

260 Sachs, Albie. „Preparing Ourselves for Freedom. Culture and the ANC Constitutional Guidelines.“ Zitiert nach: Maurice, Emile. *Art Collection*. URL: http://www.constitutionalcourt.org.za/site/artcollection/thecollection.htm (07.08.2011)

2.2.2.2 Verrechtlichte Räume

Wie im vorherigen Kapitel gezeigt, sind die architektonischen Räume vor allem geprägt vom Bezug auf die Verfassung des Nationalstaates Südafrika. Der gebauten Umwelt entsprechen auch die Narrationen in *Constitution Hill.* Sowohl die Tourguides als auch die schriftlichen Zitate ehemaliger Gefangener und Gefängniswärterinnen und -wärter berichten von der Transformation des Ortes und referieren auf rechtlich normierte Räume. Diese sind zentraler Bestandteil von Nation-Building-Prozessen. Die Erzählungen über den Gefängnisalltag wiederum verweisen auf Rassifizierungen, Vergeschlechtlichungen und Alterskonzeptionen, die sowohl von Rechts- als auch von Moralvorstellungen geprägt sind. Der Fokus dieses Kapitels liegt auf der Frage, wie die museale Unrechts-/Rechtserzählung über Gefängnispraxen mit der Konstruktion des Staatsbürgertums kontextualisiert wird.

Erinnerungen an Gefängnispraxen: rechtlich eingeschränktes Leben in Number Four und dem Women's Gaol

Die Ausstellungen in beiden ehemaligen Gefängnissen verwenden Zitate, um ehemalige Gefangene (‚political' und ‚common law prisoners') und Wärter bzw. Wärterinnen zu Wort kommen zu lassen. In Schrift, Bild und Ton werden ihre Erinnerungen Teil der öffentlichen Museumsagenda und somit bewahrt und fortgeschrieben. Quantitativ sprechen ehemalige politische ‚nicht-weiße' Gefangene am häufigsten. Nicht zu lesen sind Worte ehemaliger ‚weißer' Wärter. ‚Weiße' Wärterinnen werden jedoch zitiert. Alle thematisieren Diskriminierungen in unterschiedlicher Intensität aufgrund eigener Erfahrungen. Sowohl die Gefangenen als auch die ‚schwarzen' Wärterinnen und Wärter berichten, dass sie schlechter als ‚Weiße' behandelt wurden – beim Essen, in den Arbeits- und Wohnbedingungen. Die Narration zeichnet die Rechtsnormen der Apartheid nach: Das Recht war rassifiziert, dessen verletzende Konsequenzen auf jeden und jede Einzelne werden hier als entwürdigendes Recht erzählt.

Zunächst will ich die Aussagen ehemaliger Gefangener betrachten. In Workshops konnten sie über ihre Erinnerungen sprechen.[261] Teile davon wurden für die Museumserzählung ausgewählt, andere archiviert. Das Lesbare gibt Auskunft über mangelnde Hygienebedingungen, die den Gefangenen Privatsphäre, Gesundheit und Würde nahmen. Entscheidungen über den eigenen Körper wurden

261 Auch ehemalige Wärter und Wärterinnen wurden zu Workshops eingeladen. Das Archiv selbst war nicht Bestandteil meiner Untersuchung.

weitgehend kontrolliert: Der Gefängnisalltag disziplinierte jeden Bereich und besetzte nicht-kontrollierbare Räume wie Gemeinschaftszellen mit Angst.

Die Tourguides nutzen die Erinnerungen und baulichen Strukturen der ehemaligen Gefängnisbereiche als Referenzrahmen, um juristische Ordnungen und deren soziale Auswirkungen spürbar zu vermitteln. Dabei beziehen sie sich vornehmlich auf Zitate ehemaliger ‚politischer Gefangener'. Die Entscheidung, in Gefängnissen der Vergangenheit Erinnerungen auszustellen und die Logik vergangener Ordnungen in eine Erzählung des Un-/Rechts einzufügen, bedeutet, sowohl Vergangenheit als auch Gegenwart sprechen zu lassen. Veränderungen in normativen Ordnungen werden benannt, Kontinuitäten nicht. Während rassifizierte Räume thematisiert werden, bleiben vergeschlechtlichte Raumtrennungen in Gefängnissen unbenannt. Der Ursprung von Geschlechtertrennung in öffentlichen Räumen wie dem Gefängnis als Teil ‚christlich-europäischer' Bestrafungs- und Moralvorstellungen böte die Chance, Kontinuitäten vergeschlechtlichter ‚Moral' und des Law and Order-Diskurses lesbar zu machen.[262]

Die Erinnerungen und die Bauweisen im ehemaligen Gefängnis enthalten zahlreiche Anknüpfungspunkte: Bereits die Namen der ehemaligen Gefängnisbereiche verweisen auf die Annahme, dass Gefängnisse vor allem männlich kodiert werden. Nur das Frauengefängnis braucht im Namen die Geschlechtsspezifik: *Women's Prison* oder *Women's Gaol*. Die Norm eines Männergefängnisses wird sprachlich nicht markiert (*Number Four and Five*, *Old Fort*).[263] Vergeschlechtlichte Strukturen der Gesellschaft schreiben sich sowohl in Gefängnisse als auch in Museensagenden ein.

Teil der heutigen Museumsagenda ist ein weiterer Diskurs, der die Unterscheidung zwischen Recht und Unrecht verkompliziert. Die einfache Dichotomie von ‚redlichem' und ‚gesellschaftsschädigendem' Verhalten wird in der Erzählung über das rassifizierende Apartheidsrecht disfunktional. Die Gesetzesuntreuen von damals symbolisieren heute den Kampf für Menschenrechte und Freiheit. Beispielhaft für die Ambivalenz von Recht und Ordnung können die Hinweise der Tourguides auf den Bereich der Isolationshaft für ‚schwarze' gefangene Frauen gelesen werden: Die schwere Stahltür isolierte die als besonders gefährlich geltenden oder aber extra zu bestrafenden ‚schwarzen' Frauen. In den heuti-

262 Vgl. die historische Herleitung dominanter vergeschlechtlichter Moralvorstellungen für den US-amerikanischen Kontext u. a. Marcus-Mendoza, Susan T.; Klein-Saffran, Jody; Lutze, Faith. „A Feminist Examination of Boot Camp Prison Programs for Women." *Breaking the Rules. Women in Prison and Feminist Therapy*. Hg. Judy Harden, Marcia Hill. Binghampton: Haworth, 1998. S. 174ff.

263 Bis heute werden sowohl in Südafrika als auch weltweit mehr Männer als Frauen inhaftiert. Zur Situation in Südafrika vgl. u. a. URL: http://cspri.org.za/publications/newsletter/9%20-%20February%202005.pdf (28.01.2012)

gen Erzählungen wird die Tür zum Symbol für die Angst der Wärterinnen vor den schwarzen Frauen, die sich widersetzten.

Ambivalenzen im Kontrollbereich Gefängnis werden in der heutigen Museumsnarration zudem an anderer Stelle sichtbar. Der ehemalige Wärter Martin ‚Panyaza' Shabangu rekonstruiert in seiner Erinnerung die Grenze zwischen ‚Weiß' und ‚Nicht-Weiß'. Er erzählt, dass er nur widerwillig „Bekannten oder respektablen älteren Männern" in den Anus schaute, um dort möglicherweise versteckte Gegenstände zu finden. Unter der Überschrift „Shame" stellt er fest: „White warders wouldn't have done it to their own people. But it was a duty that we were forced to do."[264] Auf einer weiteren Tafel, betitelt mit „Hide", argumentiert er dann für die Untersuchung des Intimbereiches: „The prisoners were cleverer than us. When they came from court or work, they were carrying things like blades and money which they could hide up their anus."[265] In der Rolle des ‚black warder' spricht er sich gegen diese Art der Durchsuchung von ‚schwarzen' Menschen aus. In der Funktion des Gefängniswärters wiederum rechtfertigt er die entwürdigende Handlung mit der Pauschalverurteilung der Gefangenen, sich nicht an die Regeln zu halten. Die Narrationen in den Ausstellungsbereichen zeigen so widersprüchliches Verhalten, das hier durch unterschiedliche Rollenzuweisungen im Gesellschaftsbereich Gefängnis entsteht. Die Macht- und Gewaltverhältnisse des Apartheidssystems zwangen Menschen zur Erniedrigung – auch in Kooperationen mit dem System.

Eine weitere Ambivalenz markiert die Skandalisierung von Daisy de Melker. In der Museumserzählung bekam sie ihren Platz im ehemaligen ‚weißen' Frauengefängnis. De Melker (1886-1932) lebte allerdings vor der Apartheid und fällt somit aus der zeitlichen Logik der Dauerausstellungen in diesem Areal heraus. Angeklagt für die Ermordung zwei ihrer Ehemänner und ihres Sohnes, bekam sie für den letzten Mord die Todesstrafe. Sie wurde am 30.12.1932 im Pretoria Central Prison hingerichtet. Am Erinnerungsort wird ihre Geschichte vom Beginn ihrer ersten Ehe als eine des Todes und der Geister erzählt: „The ghost is said to haunt the jail."[266] Ihre Geschichte erfüllt in der Museumsnarration und in der Werbung zum Erinnerungsort[267] die Funktion des Abnormen, die auch Public Relations-Werte wie Sensation und Neugier enthält. An ihrem Beispiel wird jedoch auch die Transformation von Unrecht in Recht erzählt. Die Museumstafel informiert über die Legalität der Todesstrafe während der Apartheid, die im Post-

264 Shabangu, Martin ‚Panyaza'. „Shame." *Number Four*. Johannesburg: Constitution Hill, o. A. (31.03.2009)

265 Shabangu, Martin ‚Panyaza'. „Hide." *Number Four*. Johannesburg: Constitution Hill, o. A. (31.03.2009)

266 Vgl. O. A. *Women's Gaol*. Johannesburg: Constitution Hill, o. A. (11.05.2009)

267 Vgl. u. a. Johannesburg Development Agency. *Constitution Hill*. URL: http://www.jda.co.za/constitutionhill/other_projects.stm (25.11.2009). S. 2.

Apartheid-Südafrika abgeschafft wurde: „Everyone has the right to life. Section 11 of the Constitution, 1996.“[268]

Teil der heutigen Narration in *Constitution Hill* und ein weiteres Verbindungsmoment zum gesellschaftlichen Leben außerhalb des Gefängnisses ist die Organisationsform der Familie. Rechtliche Einschränkungen der Fürsorgepflicht werden am Beispiel der Mutterrolle und beschränkt auf den Bereich des ehemaligen Frauengefängnisses erzählt. So hört die Zuweisung von Sorge um Kinder im Gefängnis nicht auf. Kinder waren in den Zellen erlaubt. Die Fürsorgepflicht oblag ihren Müttern. Im Männergefängnis gibt es diese Bezüge nicht – weder in Form von Sorge um die Familie, bspw. die Geburtstage der Kinder noch bezüglich der zugewiesenen Kleidung oder der zeitweise fehlenden Unterwäsche. Muttenthaler und Wonisch sprechen davon, dass Frauen im Museum nicht andere Geschichten erzählen würden, „weil sie Frauen *sind*, sondern weil sie im jeweiligen herrschenden Geschlechterverhältnis in deren Rolle als Frauen andere gesellschaftliche Erfahrungen machen“[269]. Das zeigt sich auch an der geschlechtsspezifischen Arbeitsteilung im Gefängnis, die unsichtbar auf der Museumsagenda steht: Zwangsarbeit im Gefängnis weist eine Geschlechtsspezifik auf, die im Museum bisher nicht thematisiert wird. Während Frauen in den musealen Beschreibungen den Bereichen Reinigung und Essenszubereitung zugeordnet werden, wird bei den Männern die Farmarbeit genannt. Die Zitate thematisieren Räume der Macht, in denen die „Lieutenants“ genderstereotype Aufgaben wie Waschen und Bügeln der Kleidung weiblichen Gefangenen zuwiesen.[270] Die Erzählungen über Zwangsarbeit sind zudem durch die Zuordnung ‚political‘ und ‚common law prisoners‘ strukturiert. Zusätzliches emanzipatorisches Potenzial ergäbe sich, wenn in den gegenwärtigen Narrationen diese geschlechterstereotypen Erfahrungen mit deren Rollenzuweisungen[271] verknüpft und damit gesellschaftspolitisch gerahmt würden.

---

268 Vgl. Daisy de Melker. *Women's Gaol*. Johannesburg: Constitution Hill, o. A. (11.05.2009)

269 Muttenthaler, Roswitha; Wonisch, Regina. *Gesten des Zeigens. Zur Repräsentation von Gender und Race in Ausstellungen*. 1. Aufl. Bielefeld: transcript, 2006. S. 142. Hervorh. i. O.

270 Die geschlechtsstereotypen Zwangsarbeiten kommen auch in der oft autobiografischen Gefängnisliteratur Südafrikas zur Sprache. Männer haben schwere körperliche Arbeiten zu leisten. Frauen kochen, waschen, nähen, bügeln. Vgl. Oswald, Eirwen Elizabeth. *Writing in hostile spaces: a critical examination of South African prison literature*. 2007. URL: http://hdl.handle.net/10210/27 (08.08.2011). S. 207.

271 Angela Davis arbeitet am Beispiel von Frauengefängnissen der 1950er-Jahre in den USA heraus, dass diese Zuweisung von Arbeiten aufgrund des Geschlechts auf die Annahme zurückgehe, dass als „kriminell“ bezeichnete Frauen durch korrektes weibliches Verhalten rehabilitiert werden könnten: „(...) – that is, by becoming experts in domesticity – especially cooking, cleaning, and sewing.“ Vgl. Davis, Angela Y. *Are Prisons Obsolete?* New York: Seven Stories Press, 2003. S. 64.

Neben der Verschränkung von sozialem und biologischem Geschlecht mit dem Status des bzw. der Gefangenen bieten auch rassifizierte Zuordnungen auf der Museumsagenda die Chance, gesellschaftliche Komplexität der Vergangenheit und der Gegenwart auf der Agenda zu lesen: Kinder gebären und stillen, im Schmerz ohne ärztliche Versorgung gewesen zu sein, keine Möglichkeit zu haben, sich in der Zeit der Menstruation zu versorgen, ist Teil der erzählten Erfahrung von ‚schwarzen' weiblichen Gefangenen. Die ausgestellten Zitate ‚weißer' weiblicher Gefangener sprechen über die Schlechterbehandlung ‚schwarzer' gefangener Frauen. Beide Perspektivierungen bezeugen rassifizierendes Recht, das Leben für ‚Weiße' auch im Gefängnis qualitativ besser gestaltete.

Im Sinne der grundlegenden Narration „Reclaiming dignity"[272] eröffnen die Repräsentationen vor Ort jedoch mehr als Erniedrigungsmomente: Ausgestellt sind auch Fotos und Texte zu den Workshops, in denen ehemalige Gefangene selbst entschieden, welche Erinnerungen sie öffentlich machen wollten. Sie erzählten von ihren Erfahrungen und gestalteten nach der Apartheid den Ort ihrer Gefangenschaft mit. Das Museum ermöglicht ihnen, Autorin und Zeugin zu sein. Das Museum präsentiert den Besuchenden dies als Ermächtigungsstrategie.[273]

Über die Identitätskategorie ‚Alter' stellen die Museumserzählungen zudem rechtliche Vorschriften entweder infrage oder delegitimieren eine Schlechterbehandlung aufgrund von Rassifizierung: Ähnlich wie die Aussagen des Gefängniswärters Martin ‚Panyaza' Shabangu betonen ehemalige Gefangene in ihren Zitaten, dass sie die Kontrollen von Gefangenen durch den sogenannten „strip search" als respektlos gegenüber älteren, männlichen, ‚schwarzen' Gefangenen empfanden. Die Kategorie des ‚Alters' signifiziert die Entwürdigung in der Gefängnisvorschrift, gefangene Körper im Intimbereich zu durchsuchen. ‚Alter' wird zudem zu einer traditionalisierenden Kategorie: „It was wrong, it was not nice. For us, the children of the Basotho nation, we respect elderly people. A man can never undress in front of me. But in this place they don't care. You undress, the older men in front of the younger men."[274]

Im ehemaligen Frauengefängnis finden ähnliche Narrationen ihren Platz. Dort schildert die ‚weiße' politische Gefangene Sheila Weinberg, dass die Aufsicht ‚schwarze' Babys besser behandelte als deren Mütter:

> „In the Afrikaner warders there was a sentimentality that played itself out in frilly curtains, in pot plants everywhere and in looking after the babies. ‚Argh shame!',

272 Vgl. Gevisser, Mark. *Constitution Square Hoardings 2003*. 2010. URL: http://www.markgevisser.com/heritage.html (28.01.2012). S. 2.

273 Vgl. „Entrance." *Women's Gaol*. Johannesburg: Constitution Hill, o. A. (31.09.2009).

274 Nthute, Samuel. „Nakedness." *Number Four*. Johannesburg: Constitution Hill, o. A. (31.03.2009)

> they treated those babies like they were precious and wonderful and yet the mothers were treated with complete hate!“[275]

Auch hier verweisen interdependente Körperzugehörigkeiten, in diesem Fall ‚Geschlecht‘, ‚Hautfarbe‘ und ‚Alter‘, auf die Produktion von Wert und Würdelosigkeit. In Weinbergs Zitat wird zudem etwas über die Konstruktion von ‚weißer‘ Weiblichkeit lesbar. Sentimentalität wird ‚weiß‘ und weiblich konnotiert. Die Wahl dieses Zitates könnte auch etwas über die Vergeschlechtlichung und Rassifizierung von Affekt und Gefühl aussagen. So bestärken die Aussagen „looking after the babies“ und „they treated those babies like they were precious and wonderful“ das Gefühlvolle in ‚weißer‘ Weiblichkeit. Mitgefühl im Sinne von Mitmenschlichkeit wird jedoch infrage gestellt, da Weinberg gleichzeitig davon spricht, dass ‚weiße‘ Wärterinnen die Mütter der Babys hasserfüllt behandelten. Demgegenüber steht die Aussage von Assienah Mnisi: „My son was born here and it has affected him forever.“ Das Statement Mnisis bricht mit der romantisierten Perspektive Weinbergs. *Constitution Hill* macht Widersprüchlichkeiten sichtbar, indem die Kuratoren und Kuratorinnen gegensätzliche Sichtweisen an einem Ort ausstellen, ohne diese zu glätten.

Zusammenfassend dokumentiert die Museumsnarration den Gefängnisalltag, dessen rassifizierte und vergeschlechtlichte Praxen, die wiederum mit anderen gesellschaftlichen Strukturkategorien, wie hier am Beispiel des ‚Alters‘ dargestellt, korrelieren.

Vom entrechteten Gefangenen zur Staatsbürgerschaft

Neben Zitaten strukturieren auch Gesetzesauszüge die Narrationen im Museum: Rechtlich wirksam seit Februar 1997[276] kontrastieren an den ehemaligen Gefängnisorten neue Grundrechte vergangenes Apartheidsrecht. Der Kampf um die rechtliche Anerkennung als ‚citizen‘ und dessen erfolgreiches Ergebnis wird auf der Museumsagenda sichtbar positioniert. Sowohl im ehemaligen Frauengefängnis als auch in den Männergefängnissen kontrastiert die neue die alte Gesetzgebung. Im Frauengefängnis verdeutlichen ausgewählte Kurzbiografien ehemaliger Gefangener einzelne Apartheidsgesetze und deren Auswirkungen.

Das materialisierte Sprechen auf Ausstellungstafeln und Tonbändern an einem öffentlichen Ort heutiger Rechtsprechung verweist auf ein Wissen, das die damals legale Behandlung heute als Unrecht dekodiert. Die ausgewählten Zitate

275 Weinberg, Sheila. „Groot Hospitaalsel (Large Hospital Cell).“ *Women's Gaol*. Johannesburg: Constitution Hill, o. A. (11.05.2011)

276 Das Gesetz trat am 04.02.1997 in Kraft, bestätigt durch das Verfassungsgericht am 04.12.1996.

skizzieren die Grenzen, die die rechtliche Institution Gefängnis dem Leben auferlegt und die den einzelnen Körper zu disziplinieren versucht. Freiheit ist die Referenz, die die Erzählungen benötigen, um Unrecht darstellen zu können. Das Unrecht wird auf drei Ebenen erzählt: erstens auf der Ebene der Funktion von Gefängnissen in der Apartheid, zweitens auf der Ebene der Unterscheidung zwischen ‚political' und ‚common law prisoners' und drittens auf der Ebene der Institution Gefängnis an sich.

Die erste Ebene verdeutlicht Unrecht anhand der Schlechterbehandlung ‚nicht-weißer' Gefangener und Wärterinnen und Wärter durch die Benachteiligung von Körpern, die nicht der juristisch privilegierten Norm entsprachen und durch Mangelernährung bzw. schlechtere Gesundheitsversorgung. Es geht um das Apartheidsrecht selbst, das alle ‚nicht-weißen' Gefangenen und Wärter und Wärterinnen diskriminierte und hier im Gegensatz zu einer Rechtsauffassung steht, die als ‚gerecht' konstruiert wird. Eine Aussage Robert Sobukwes, Gefangener im März 1960 in *Number Four*, verdeutlicht stellvertretend die Erzählung vom Apartheidsrecht als Unrecht:

> „Without impugning your personal integrity and honour, Your Worship, we refuse to plead, because our contention is that the law under which we are charged is a law made exclusively by the white man, specifically for the oppression and suppression of the blacks, and the officers who administer that law are themselves white, and in this whole drama only the accused is black and we don't feel that justice can be done under the circumstances..."[277]

Die zweite Ebene knüpft an die Unrechtserzählung an, bezieht sich hier jedoch auf den spezifischen Unterschied zwischen ‚politischen Gefangenen' und ‚common law prisoners'. Auf einer Tafel in *Number Four* ist zu lesen:

> „Prisons like Number Four were part of a system of maintaining racial discrimination during the apartheid era. Going to prison was part of everyday life for black people. People whose only crime was that they were black would be thrown together with thieves, rapists and murderers. (...) This turned innocent people into criminals. Some became political activists in prison."[278]

Ehemalige ‚politische Gefangene' werden vor allem hinsichtlich der Entwürdigung durch öffentliches Nacktsein, durch sprachliche und körperliche Verletzungen, angeordnet in einem staatlichen Raum, und den sich formierenden Widerstand gegen die Unrechtsbehandlung zitiert. Ähnlich wie im *Robben Island Mu-*

277 Sobukwe, Robert. „Who is a criminal?" *Number Four*. Johannesburg: Constitution Hill, o. A. (14.04.2009)

278 „People and Prison." *Number Four*. Johannesburg: Constitution Hill, o. A. (24.03.2009)

seum referiert der Zusatz ‚politisch' in der Bezeichnung ‚politische/r Gefangene/r' bereits auf das Unrecht, das sie zu Gefangenen gemacht hat. Eine Verurteilung wegen politischer Aktivitäten eröffnet Zweifel an der Rechtmäßigkeit des Urteils. Die Gruppe der ‚common law prisoners' wird zudem als die gewalttätigere beschrieben: Zu ihnen gehören die ‚cell bosses', deren Gewalttätigkeit die Wärterinnen und Wärter nicht verhinderten und teilweise aktiv förderten (vgl. ohn-/mächtige Räume im nächsten Abschnitt dieses Kapitels). Das Bild von den ‚cell bosses' bekommt jedoch Risse, wenn das Zitat von Nongoloza Mathebula, an der gleichen Wand hängend, einbezogen wird: „I read in the Bible about the great state Nineveh which rebelled against the Lord and I selected the name for my gang as rebels against the Government's law."[279] Verurteilt wegen Raub, versuchten Mordes und des Angriffs auf einen Wärter, verdeutlichen seine Worte im Museumsnarrativ, dass die Regierungsgesetze, hier gleichgesetzt mit dem Gottesgesetz, ‚common law prisoners' veranlassen könnten, politisch zu agieren. Die Grenze zwischen ‚politischen' und ‚kriminellen' Häftlingen löst sich auf.

Auf einer dritten Ebene geht es dementsprechend um die Institution Gefängnis, die in den schriftlichen Zitaten als gewaltvoller Raum per se bezeichnet wird: Sowohl ‚schwarze' Wärter als auch Gefangene beider Gruppen beschreiben die Räume als gewaltvoll und korrupt. Ein ‚schwarzer' Wärter erklärt die Gewalt durch die rassifizierte Behandlung:

> „(...). When we got to Number Four, it was as if we were prisoners ourselves. We were in communal rooms with no privacy, even for going to the toilet. (...). The pay of warders was very low. So some warders started behaving like criminals, stealing from prisoners and taking bribes from them."[280]

Die Geschichte wird als Geschichte des Rechts erzählt – oder umgekehrt, die jeweils geltende Rechtsordnung erzählt Geschichte. Mahmood Mamdani bezeichnet diese Verbindung zwischen Geschichtsschreibung und Gesetzgebung als strategische Allianz: „Law identifies agency in history."[281] Die heutige Verfassung historisiert Apartheid und wird selbst zeitlos. Der internationale Menschenrechtsdiskurs hat sich in die Repräsentationen von Gesetz und Recht eingeschrieben. Die Universalität heutiger Rechtsgültigkeit hebt die Unterschiede auf und kodifiziert Allgemeingültigkeit vor dem Gesetz.

---

279 Nongoloza Mathebula (Jan Note). „Who is a criminal?" *Number Four*. Johannesburg: Constitution Hill, o. A. (14.04.2009)

280 Shabangu, Martin ‚Panyaza'. „Who is a criminal?" *Number Four*. Johannesburg: Constitution Hill, o. A. (14.04.2009)

281 Mamdani, Mahmood. „Race and Ethnicity as Political Identities in the African Context." *Keywords Identity. For a Different Kind of Globalization*. Hg. Nadia Tazi. New York: Other Press, 2004. S. 9.

Entsprechend berufen sich bspw. die Tourguides auf die heutigen Freiheiten, wenn sie über die Vergangenheit erzählen. Konkret meint Freiheit bürgerliche Grundfreiheiten, etwa das Recht auf freie Meinungsäußerung, freie Religionsausübung und Versammlungsfreiheit. Die Erfolgsgeschichte ist eine des bürgerlichen Subjektes. Die Entrassifizierung des Rechts der Kolonialzeit und Apartheid sorgt in der Erzählung für die Anerkennung seiner bürgerlichen Grundfreiheiten im heutigen Nationalstaat Südafrika.[282]

Die Tourguides sprechen sozio-ökonomische Freiheiten[283] nicht an. Im Flurbereich des Verfassungsgerichts werden diese in der „Story of our Constitution" nach dem Abschnitt „Dignity, Freedom and Equality" thematisiert. Der Dreiklang „Würde, Freiheit, Gleichheit" ist auch über der Eingangstür des Gerichts eingeschrieben. Auffällig für mich ist die Parallele zur Losung der Französischen Revolution „liberté, égalité, fraternité" aus dem Jahr 1789. Beide unterscheiden sich dennoch in einem Wort und der Wortreihenfolge: Im südafrikanischen Verfassungsgericht steht zuerst ‚Würde', gefolgt von ‚Freiheit' und ‚Gleichheit'. Letzteres ersetzt ‚Brüderlichkeit' und entspricht in seiner Offenheit dem 9. Artikel der Bill of Rights, in der ‚Gleichheit' unabhängig vom Geschlecht konzipiert wird.[284] Sowohl die Gestaltenden der Ausstellungstafel als auch die Richter und Richterinnen, welche die Worte in den Beton schrieben, entschieden sich für eine andere Gewichtung – vis-à-vis der historischen Orte, deren Praxis während der Apartheid die Entwürdigung von Menschen in Gefangenschaft war. Die Nähe zu ‚westlichen' Diskursen um Recht und Gerechtigkeit ist auffällig und dennoch markieren die bewusst gewählten Differenzen Distanz zu einem System, das jahrhundertelang über Rassifizierungen die eigene Rechtserzählung unglaubwürdig machte. Die Ambivalenzen des Rechts, u. a. in Nationalstaaten nach dem Kolonialismus, können abhängig von der Lesart den Unterschied zwischen Recht und Gerechtigkeit aufzeigen (vgl. 3.1.1).

Zur Funktion von Zitaten in den Museumsnarrationen

Das gewählte Stilmittel der Zitate erfüllt mehrere Funktionen in der Erzählung des Erinnerungsortes. Sie individualisieren die Räume des Un-/Rechts in *Consti-*

282 Vgl. Mamdani, Mahmood. *Citizen and Subject. Contemporary Africa and the Legacy of Late Colonialism*. Princeton: Princeton University Press, 1996. S. 288.

283 Die Interviewten aus dem Museumsmanagement gehen aber auf finanzielle Schwierigkeiten von Schulen aus armen Wohngegenden ein (vgl. Kap. 3).

284 In der Bill of Rights wiederum wird zuerst der Artikel zur Gleichheit genannt, gefolgt von menschlicher Würde, Leben und Freiheit sowie der Sicherheit der Person. Vgl. Constitution of South Africa (1996). Chapter 2 – Bill of Rights. URL: http://www.info.gov.za/documents/constitution/1996/96cons2.htm#9 (21.07.2011)

tution Hill: Pars pro Toto spricht der/die Zitierte über die Verhältnisse jener Zeit und damit für die jeweilige Gruppe am spezifischen Ort. Zitate sind hier Teil autobiografischer Erzählungen: Die Anführungsstriche signalisieren den Sprechendenwechsel. Die Quellenangabe markiert, dass ein Individuum mit entsprechender Funktion zu einer bestimmten Zeit an diesem Ort die Aussage trifft. Selbst in diesem Gefängnis gewesen zu sein,[285] verleiht ihnen Autorität. Die erzählten Erfahrungen der Autorinnen und Autoren bezeugen sich selbst – räumlich vor dem höchsten Gericht des Landes. Sie erlangen erst Bedeutsamkeit durch den nun prominenten Ort der Apartheidsgeschichte und der südafrikanischen Gegenwart.[286] Da *Constitution Hill* heute sowohl staatliches Museum als auch Sitz des Verfassungsgerichtes ist, erhöht sich die Glaubwürdigkeit der Zitate. Die sprachlichen Akte werden zu dokumentarischen Spuren und Zeugnissen.

Das Museum bietet ehemaligen Gefangenen und der Gefängnisaufsicht durch die Interviews und deren zitathafte Veröffentlichung einen Weg, die im Körper gespeicherten Erfahrungen zu externalisieren, sowie die Freiheit und Macht, öffentlich sprechen zu können.[287] So hat die Zitatform auch, wie J. U. Jacobs es für das Genre der Gefängnisliteratur beschreibt, einen Geständnis- und Erlösungscharakter[288]: Von Erniedrigungen zu erzählen und diese publik zu machen, hebt das Geheimnis auf, das aufgrund gesellschaftlicher Konventionen entsteht, weil ein Gefängnis kein Ort der Anerkennung ist – auch nicht für die Angestellten. Die Möglichkeit, Gehör zu finden, löst den Zwang zu schweigen ab.

Zitate können zudem Besuchenden Identifikation mit dem personalisierten Leid der Anderen bieten, oft unterstützt von Fotos und im ehemaligen Frauengefängnis durch persönliche Gegenstände. Für Befürwortende der Apartheid, die auch heute noch jegliche Verantwortung ablehnen, werden die Räume des Un-/Rechts jedoch kaum zu Räumen der Empathie werden. Paul Ricoeur schreibt, dass „[e]s Zeugen [gibt], die niemals auf die Zuhörerschaft stoßen, die imstande

285 Vgl. Ricoeur, Paul. *Gedächtnis, Geschichte, Vergessen. Übergänge*. Bd. 50. München: Wilhelm Fink Verlag, 2005. S. 252.

286 Vgl. ebd. S. 250f.

287 Vgl. der Analyse autobiografischer südafrikanischer Gefängnisliteratur durch Jacobs, J. U. „Confession, Interrogation and Self-interrogation in the New South African Prison Writing." *On Shifting Sands. New Art and Literature from South Africa*. Hg. Kirsten Holst Peterson, Anna Rutherford. Sidney: Dangaroo Press, 2001. S. 123ff. Sowie die Analysen von Godoba-Madizikela, Pumla. *Das Erbe der Apartheid – Trauma, Erinnerung, Versöhnung*. Opladen, Farmington Hills: Barbara Budrich Publishers, 2006. S. 108f.

288 Jacobs, J. U. „Confession, Interrogation and Self-interrogation in the New South African Prison Writing." *On Shifting Sands. New Art and Literature from South Africa*. Hg. Kirsten Holst Peterson, Anna Rutherford. Sidney: Dangaroo Press, 2001. S. 124f.

wäre, sie anzuhören und zu verstehen."[289] In meinem Forschungskontext kann ich diese Annahme bestätigen und schärfen: Die rassifizierenden Praxen der Vergangenheit und deren daraus resultierenden Zugehörigkeitsbildungen erschweren die Glaubwürdigkeit von Zeugenschaft der jeweiligen ‚Anderen'. Der biographische Nachweis, von dem Ricoeur schreibt, ist ein rassifizierter und steht hier sowohl für Zustimmung als auch Widerspruch.

Die dominante Kommunikationsform der Zitate ist die Schrift: „[Sie] erlaubt die räumliche und zeitliche ‚Zerdehnung' von Kommunikationssituationen (Ehlich 1983) – und damit das Unabhängigwerden der Gedächtnisinhalte von der Erinnerung einer lebenden und anwesenden Person."[290] Die persönlich erfahrenen Enteignungen von Stimme[291], Besitz und Entscheidungen werden durch die Externalisierung vom einzelnen Körper in Schrift ambivalent gewendet: Die Erinnerungen können jetzt sprechen – nicht mehr an den einzelnen Körper gebunden und doch individuell veräußert. In diesem Zusammenhang führt Nicolas Pethes aus, wie Derrida Schrift anhand der Betrachtungen Platons konzipiert[292] – ähnlich ambivalent wie ich es für den Begriff der Enteignung eben dargestellt habe: Schrift ist nicht die lebendige Erinnerung, zeigt jedoch gerade über ihre Existenz und Verwendung, dass die lebendige Erinnerung, erzählt von den Betroffenen, nicht anwesend ist. Damit markieren auch schriftliche Zitate den Mangel von Oralität.[293] Die Schrift hinterlässt im Sinne Freuds[294] Spuren, die den Ort und das national-kulturelle Funktionsgedächtnis, das hier als eines des Rechts materialisiert wurde, strukturieren. Dabei wird ausgewählten historisierten Erzählungen Bedeutung verliehen.

Das Vergangene heute für/wahr/nehmen kann funktionieren, weil es im Kon-/Text der gültigen Verfassung steht, die ehemalige Gefangene zu Besitzenden von Recht macht.

---

289 Ricoeur, Paul. *Gedächtnis, Geschichte, Vergessen. Übergänge*. Bd. 50. München: Wilhelm Fink Verlag, 2005. S. 254.

290 Pethes, Nicolas. *Kulturwissenschaftliche Gedächtnistheorien. Eine Einführung*. Hamburg: Junius Verlag, 2008. S. 106f.

291 Zur Zerstörung der Stimme von Häftlingen im Gefängnis vgl. Jacobs, J. U. „Confession, Interrogation and Self-interrogation in the New South African Prison Writing." *On Shifting Sands. New Art and Literature from South Africa*. Hg. Kirsten Holst Peterson, Anna Rutherford. Sidney: Dangaroo Press, 2001. S. 124f.

292 Vgl. Pethes, Nicolas. *Kulturwissenschaftliche Gedächtnistheorien. Eine Einführung*. Hamburg: Junius Verlag, 2008. S. 119.

293 Zum Begriff des Mangels in der Schrift vgl. Braun, Christina von. *Versuch über den Schwindel. Religion, Schrift, Bild, Geschlecht*. Berlin, Zürich: Pendo, 2001. S. 75ff.

294 Vgl. ebd. S. 120.

2.2.2.3 Ohn-/mächtige Räume

Sowohl in der Vergangenheit als auch in der Gegenwart braucht es machtvolle und ohnmächtige Räume am gleichen Ort, um Hierarchieverhältnisse herzustellen. Das Gefängnis ist dafür ein Paradebeispiel. Hier werden Zonen der Scham geschaffen. In den Museumsnarrationen hängt der Personenstatus von den gesetzlichen Normierungen ihrer Körper und von Aushandlungen über Sexualität ab – sowohl im Gefängnis als auch in den Zellen. Gefängnisaufsichten konnten Gewalt ausüben, weil das Gesetz sie legitimierte. Aus der Ohnmacht wird während der Tour Ermächtigung: Der personifizierten Gewalt einzelner Wärter und Wärterinnen und Zellenbosse stehen ikonisierte Namen der Politik wie Winnie Mandela, Barbara Hogan oder Mahatma Gandhi gegenüber. Referenzen der Tourguides auf die Aussagen berühmter Politiker und Politikerinnen konnotieren Nation-Building-Prozesse als Ermächtigung.

Hierarchische Machtpositionen in heutigen Museumsnarrationen

Die Agenda in *Constitution Hill* macht durch schriftliche Zitate ehemaliger Gefangener und Wärter bzw. Wärterinnen eine komplexe hierarchische Struktur sichtbar: ‚prisoner', ‚cell boss', ‚political prisoner' und ‚warder'.

Die Erzählungen in den verschiedenen Ausstellungsbereichen ordnen die Gefängnisräume entlang von Zugehörigkeiten. Sowohl die Positionen in der Zelle als auch zwischen den Gefangenen und Wärtern bzw. Wärterinnen verknüpfen sich mit Macht, Gewalt und Widerstand: Je nach Gruppennamen ist Macht hier entweder mit Gewalt (‚warders' und ‚cell bosses') oder mit Widerstand und Selbstbestimmung (meist bei den ‚politischen Gefangenen') verbunden. Die Erzählungen reihen die Positionen wie folgt: Die oberste Gewalt besaßen die Wärter – die ‚weißen' unter ihnen hatten zusätzliche Macht über die ‚schwarzen'. Die Zellenbosse folgten. Die Gewalt dieser beiden Gefängnisgruppen wird in den Narrationen als eine körperliche beschrieben. Verhandelt werden Körperlichkeiten im Gefängnis über Verbote und homosexualisierte Gewalt. Die ausgewählten Zitate verbinden den Zwang zum Nacktsein mit Scham und Würdelosigkeit: In der Erzählung nötigten die ‚warders' passiv voyeuristisch und aufgrund äußerlicher Zwänge, die als Jobpflichten beschrieben werden, die Gefangenen zum Ausziehen ihrer Kleidung. So beobachteten die ‚weißen' Wärter die Gefangenen während des Toilettengangs. Die Zitate beschreiben die Gewalt der Mächtigen unter den ‚common law prisoners' vor allem als eine sexualisierte aktive Gewalt (der egoistischen Befriedigung) – unabhängig von der Gruppenzugehörigkeit. In der Teilausstellung *Life in a Cell* sind die Rollenzuweisungen in einer männlichen, ‚nicht-weißen' Gemeinschaftszelle erläutert: „Strict hierarchies divided the prisoners, whose social power and status determined where and how they slept as well as what they could and could not do in the cells."[295] Der Aussage folgen die einzelnen Statusbezeichnungen und deren Position im Zellenraum.

Die Texte in der ehemaligen Zelle verdeutlichen auch ökonomische Strukturen innerhalb des Gefängnisalltages. Mitgebrachte Produkte von Besuchenden wurden im Gefängnis zu Waren: Der Tauschwert für die Besitzenden war die Sicherung des sozialen Status und/oder körperlicher Unversehrtheit. Die Zellenbosse legten die Höhe des Tauschwertes und die zu tauschenden Produkte fest. So konnten auch Körper zur Ware werden: „They [the warders, A. S.] would also sell new arrivals to the gang bosses for sex."[296]

Während also sowohl die Gruppen der ‚warders', der ‚cell bosses' und der ‚political prisoners' Macht bzw. Gegenmacht in den Erzählungen und ausgewählten Erinnerungen ausübten, sprechen die Zitate der ‚common law prisoners', die u. a. als „Underlings" bezeichnet werden, nur über das Erfahren von Macht und (homosexualisierter) Gewalt. Im Frauengefängnis beschreiben ehemalige Gefangene, dass in den Zellen Angst davor herrschte, zu einer „Freundin" gemacht zu werden. ‚Politische Gefangene' erzählten nicht davon, zum Sex gezwungen worden zu sein. Gewalttätige Sexualität wird so nur ‚common law prisoners' zugeschrieben. Zudem wird gewalttätige Sexualität homosexualisiert. Aufgrund der historischen Gegebenheiten, der Trennung zwischen männlichen und weiblichen Gefangenen, konnte es zu diesen Übergriffen nur zwischen dem gleichen körperlich definierten Geschlecht kommen. Bisher bleibt diese räumliche Trennung aufgrund des biologischen Geschlechts eine unhinterfragte Norm und damit normiertes Wissen, das epistemische Gewalt auf bestimmte Gruppen ausübt. Eine Kontextualisierung dieser Bedingungen als vergeschlechtlichte räumliche Trennung an einem grundlegend gewaltvollen Ort wie dem Gefängnis wäre ein Weg, die Konnotation von Gewalt und Homosexualität aufzubrechen.

Macht durch Widerstand wird im Museumsnarrativ den ‚politischen Gefangenen' zugeschrieben. Sich nicht den Befehlen der ‚warders' zu beugen und sich trotz Verboten solidarisch zu anderen Gefangenen zu verhalten, ist fester Bestandteil der Erzählungen der Tourguides. So thematisierten diverse Tourguides, dass sich Winnie Mandela unterschiedlichen Vorschriften widersetzte.[297] Ausgewählte Zitate ‚politischer Gefangener' beinhalten ebenfalls den Widerstandsge-

295 O. A. „Communal Cells." *Number Four*. Johannesburg: Constitution Hill, o. A. (31.03.2009)

296 Shabangu, Martin ‚Panyaza'. „Who is a criminal?" *Number Four*. Johannesburg: Constitution Hill, o. A. (14.04.2009)

297 Vgl. Tour am 12.03.2009, vgl. auch Touren am 24.03.2009, 31.03.2009, 14.04.2009, 21.04.2009, 11.05.2009, 19.01.2010.

danken: „The warders mocketed us for the nakedness they had ordered. Tausa! We refused, (...).“[298] Molefe A. Mmagauta trifft die folgende Aussage: „You had to be strong. (...). I was not going to go down begging on my knees because they wanted you to incriminate yourself and other people.“[299] Widerstand ist Teil der musealen Agenda, Aufgeben nicht. In einigen Autobiografien südafrikanischer Gefängnisliteratur wird Selbstmord als Ausweg thematisiert. Im Museum *Constitution Hill* ähnlich wie auf Robben Island ist Suizid kein Thema.[300]

Die Macht der ‚warders‘ begrenzte jedoch auch ihren Widerstand. Das wiederum beschämte:

> „It was 4 o‘clock in the morning and it was freezing. The matron was the most terrifying ogre I had ever seen. She shouted, ‚Strip!‘ I was so mesmerised that I stripped, absolutely stark naked. Then she said, ‚Sqat!‘ I said, ‚What?‘ She said, ‚Squat!‘ Sibo and I looked at each other, thinking ‚What does she mean?‘ And she came and she pushed us down and she shone her torch between our legs. This is one thing I‘ve never told my children, that I had to do that.“[301]

Die ausgewählten Zitate der ‚warders‘ unterstützen das Bild vom Gefängnis als Befehlsraum und von (gesetzlich legitimierter) Unfreiheit: „And prisons are about order. You are not free to do what you want to do.“[302] In den Zitaten der ‚warders‘ steht nichts über erfolgreichen Widerstand, der ihre Pflichterfüllung im Job infrage gestellt hätte. Im Frauengefängnis beschreiben ‚weiße‘ Wärterinnen ihre Angst vor den ‚Anderen‘, den ‚schwarzen‘ und ‚weißen‘ Gefangenen. Die Zitate kennzeichnen zudem ihr Wissen über die schlechten hygienischen Bedingungen in den Zellen. So verdeutlicht das Museumsnarrativ, dass sich die ‚warders‘ bewusst über ihre Machtposition waren und die schlechten Zustände akzeptierten.

Die bezeugte Scham, ausgelöst durch die Machtverhältnisse im Gefängnis, die fehlende Privatheit, das Ausgeliefertsein haben im heutigen Museumsnarrativ

298 Naidoo, Indres. „Strip. Tausa!“ *Number Four*. Johannesburg: Constitution Hill, o. A. (31.03.2009)

299 Molefe, Mmagauta A. „Isolasie Selle or Khulukuds (Isolation Cells).“ *Women‘s Gaol*. Johannesburg: Constitution Hill, o. A. (14.04.2009)

300 Bpsw. schreibt Ruth First, eine kommunistische Anti-Apartheids-Kämpferin und Gefangene u. a. im ehemaligen Frauengefängnis des Johannesburg Fort, über ihren Selbstmordversuch in ihrer Autobiografie „One Hundred and Seventeen Days“. Vgl. Oswald, Eirwen, Elizabeth. *Writing in hostile spaces: a critical examination of South African prison literature*. 2007. URL: http://hdl.handle.net/10210/27 (08.08.2011). S. 211f. Oder auch vgl. Gordimer, Nadine. *Telling Times. Writing and Living 1950-2008*. London, Berlin, New York: Bloomsberg, 2010. S. 267.

301 Noel, Jeannie. „Treatment. 1976.“ *Women‘s Gaol*. Johannesburg: Constitution Hill, o. A. (14.04.2009)

302 Swanepeol, Theresa. „Die Sentrale Saal (The Central Hall).“ *Women‘s Gaol*. Johannesburg: Constitution Hill, o. A. (14.04.2009)

mindestens zwei Funktionen: Erstens ist Scham sozial und zeigt in diesem Sinne Machtverhältnisse auf.[303] Zweitens perspektivieren die Zitate eine Sichtbarkeit individueller Entwürdigungen zur Zeit der Apartheid und der Existenz von Widerspruch. Über das Ansprechen von Dissidenz eröffnen die Zitate ethische Räume am ehemaligen Gefängnisort.

Eine bestimmte Form von Dissidenz wird an diesem nationalstaatlichen Ort der Erinnerung produziert, um sie in eine hegemoniale Erzählung einbinden zu können. Das Verhältnis zwischen Scham und ethischen Prämissen, die in der musealen Erzählung zu rechtlichen Prämissen werden, kennzeichne ich als ein ambivalentes. Christina von Braun schreibt: „Das Schamgefühl, das an die individuelle Leiblichkeit und an das Bewußtsein der eigenen Sterblichkeit gebunden ist, ist der kollektiven Erfahrung konträr."[304] Erst die museale Erzählung verwandelt Scham in eine kollektive Erfahrung, löst die Grenzen zwischen ‚Ich' und ‚Wir', zwischen individuellen Körpern und Nationalkollektiv auf. So wird erinnerte Scham zur Hüterin der Menschenrechte, wird das Gesetz zur Norm, „das die Kohäsion von Gemeinschaften"[305] sichere. Und Dissidenz erschwert.

Gegenwärtige Räume der Macht

Während der Tour erzählen die Guides nicht nur sprachlich von den Häftlingen des Ortes, sie imitieren ihre Vorstellungen von den Ereignissen körperlich. Praxen der Entmachtung über das Handeln des eigenen Körpers werden im Namen aller Gefangenen erzählt, bspw. über den Zwang, den Blick zu senken und die Hände auf den Rücken zu nehmen. Es gibt darüber hinaus jedoch auch besondere Ereignisse, die an bestimmte Personen gekoppelt sind: Die Geschichte, wie Winnie Mandela einen den Gefangenen verbotenen Weg ging, war narrativer Bestandteil jeder Tour, an der ich teilnahm. Die Tourguides problematisieren nicht, wer vor Ort wie erinnert wird. Das tut wiederum ein Ausstellungsbereich in *Number Four*, der den Titel *Who is a criminal?* trägt. Zwei Aussagen stehen miteinander in Konflikt. Der These, dass die Apartheidsgesetzgebung per se Unrecht war, steht die Behauptung gegenüber, dass nur bestimmte Handlungen, nämlich explizit ‚politische', zu Unrecht unter Strafe gestellt wurden. In den Interviews finden sich diese Positionen wieder: Der Museumsdirektor und einer der Archivmitarbeiter vertreten die Ansicht, dass nur die ehemaligen ‚politischen

303 Vgl. Williams, Bernard. *Shame and Necessity*. Berkeley, Los Angeles, London: University of California Press, 1993. S. 220. Zitiert nach: Braun, Christina von. *Versuch über den Schwindel. Religion, Schrift, Bild, Geschlecht*. Zürich, München: Pendo, 2001. S. 524.

304 Ebd. S. 526.

305 Ebd. S. 525.

Gefangenen‘ Vorbilder für die Menschenrechtsbildung an diesem Ort seien. Der Museumsdirektor erkennt an, dass alle gefangen waren. Seiner Ansicht nach können Prostituierte oder Menschen, die Raubüberfälle begangen haben, nicht auf öffentlichen Veranstaltungen des Museums sprechen. Die Handlungen dieser Menschen konterkarierten die Wertvorstellungen.[306] Diesen Aussagen widerspricht der Leiter der Bildungsabteilung. Er beantwortet meine Interviewfrage nach Vorbildern in *Constitution Hill* damit, dass es keine Vorbilder gäbe. Dass seine Perspektive nicht mit der Praxis und den Aussagen anderer Mitarbeiter übereinstimmt, verdeutlicht, dass auch persönliche Ansichten in die Erzählung über einen Ort einfließen können. Er begründet seine These wie folgt:

> „(...) how do you begin to commemorate criminality? Because the criminal, I mean the terminology, the term criminal it‘s kind of a contestant. Because before 1994, ahm, Mandela was a criminal. After that he became a hero. (...) Some of them are still in prison. Because of the difficulty of drawing the line between criminality and politics. And in fact that within the definition of criminality politics plays a major role in, in defining who the criminal is. (...). It‘s only the political prisoners of the ruling parties who have enjoyed the privilege of being released. So, at Conhill, we don‘t have an overall role model. We‘re saying, prisoners you might have been imprisoned here for a pity criminal charge but the treatment that they got was a similar treatment.“[307]

Der verrechtlichte Raum ist untrennbar mit dem der politischen Ohn-/Macht verbunden. Das Gesetz legte in der Apartheid fest, wer verfolgt wurde. Heute schreiben sich die Werte der Verfassung in *Constitution Hill* ein. Diese Werte und die Wertvorstellungen der Mitarbeitenden definieren, wer als Vorbild gelten kann. Der Direktor referiert auf den Gleichheitsbegriff in Artikel 9: „We can‘t be religiously intolerant. We can‘t be sexually intolerant. We‘ve got it because our Constitution entrenches all of these rights and protects them. Protects each and everybody.“[308] Die ‚Gleichheit‘ im Gesetz gerät mit den Alltagspraxen und Vorurteilen, z. B. gegenüber Sexarbeiterinnen, am Erinnerungsort in Konflikt. Zugleich sorgen bestimmte Perspektiven auf in der Verfassung festgeschriebene Werte wie ‚Würde‘ dafür, dass bspw. Sexarbeiterinnen als Freiheitsikonen im Nation-Building nicht darstellbar werden.

---

306 Vgl. Peterson, Darryl. Interview, geführt von der Verfasserin. Johannesburg, 16.04.2009. S. 27f.

307 Dlamuka, Mxolisi. Interview, geführt von der Verfasserin. Johannesburg, 14.04.2009. S. 5.

308 Peterson, Darryl. Interview, geführt von der Verfasserin. Johannesburg, 16.04.2009. S. 21.

Die Macht der Zugehörigkeit

In keiner der Touren, bei denen ich anwesend war, wurde das *Old Fort* gezeigt bzw. ausgewählt. Die Haftanstalt für ‚weiße', männliche Gefangene war 2009 und zu Beginnn von 2010 in einem desolaten Zustand: Die Wandfarben blätterten wie in *Number Four* ab, die Treppen wackelten und rosteten, überall waren Spinnweben und dicke Schichten Staub – bezeugten, dass der Ort kaum besucht wurde. Allein Nelson Mandelas Zelle im Atrium war vollständig renoviert und eingerichtet. Es gab wenige Museumsaufsteller, die etwas über den Ort und seine Gefangenen erzählten.

Renovierungsarbeiten wurden 2011 im Atrium und den ehemaligen Gefängnishöfen vorgenommen. Und dennoch scheint die Macht auszustellen und etwas zur Sprache zu bringen, nicht an alle gleichwertig zu erinnern: Die Museumsagenda setzte den Widerstand ‚weißer' Männer, vor allem jüdisch-/kommunistischer und links-liberaler oder die Inhaftierung von ‚weißen' Männern aufgrund eines Apartheidsgesetzes, das bspw. eine Beziehung zwischen Menschen verschiedener Hautfarben unter Strafe stellte, weniger prominent. Nicht alles Politische wurde zur Politik. ‚Weiße', männliche Körper markieren auch heute Apartheid, vielleicht sogar deutlicher als weibliche, da sie, kollektiv und gesellschaftlich betrachtet, Macht hatten, Entscheidungen zu treffen.

Einzelne widersprachen der Apartheid, schlossen sich dem ANC, der Kommunistischen Partei Südafrikas oder der liberalen Bürgerrechtsbewegung an und wurden dafür eingesperrt. Ihre Dissidenz ist auf der Agenda weniger sichtbar, möglicherweise, weil vor allem die Kommunisten unter ihnen Bürgerrechte und weitgehendere sozio-ökonomische Umverteilungen forderten, als es heute in Südafrika umgesetzt wurde: Diese Erinnerungen an die zweite Stufe der Revolution disfunktionalisieren das Gedächtnis vor Ort – ein Gedächtnis, welches an den Triumph erinnern soll und nicht an den heutigen Mangel. Nun sind nicht alle ‚weißen Körper' von der funktionalen Erinnerungsagenda des legacy project *Constitution Hill* ausgeschlossen: ‚Weiße' Gefangene, die auch als Kommunistinnen gekennzeichnet werden, sind Teil der Führung.[309] Der Unterschied könnte in der Symbolisierung von Gewalt liegen. Da Frauen Eigenschaften wie Empathie, Schwäche und Mütterlichkeit zugeschrieben werden, verkörpern sie weniger Feindschaft als ‚weiße' Männer.

Lässt sich das auch auf die Wärter und Wärterinnen anwenden? ‚Weiße' Wärterinnen kommen zu Wort, ‚weiße' Wärter nicht. Das kann mehrere Gründe

309 Joe Slovo, ANC-Aktivist, Mitglied in der Kommunistischen Partei Südafrikas und Gefangener im Old Fort in den Jahren 1956 und 1960, wird in Number Four gegenüber der Essensausgabe über die ungleiche Qualität des Essens, die ‚weiße' Gefangene privilegierte, zitiert. Vgl. *Number Four*. Johannesburg: Constitution Hill, o. A. (14.04.2009)

haben: Erstens möglicherweise wollten ‚weiße' Wärter im Gegensatz zu einigen ihrer Kolleginnen nicht sprechen. Zweitens vielleicht sollten auch ihre Zitate aus dem Archiv nicht ausgestellt werden. Drittens könnte den ‚weißen' Wärterinnen eine glaubwürdigere Zeuginnenschaft zugesprochen worden sein als ihren Kollegen. Die Intersektionalität in der Figur des ‚warders' ist neben dem Geschlecht und der Hautfarbe auch durch die Hierarchie und politische Positionierung in der Gesellschaftsordnung Apartheid strukturiert. Dass einige Tourguides das *Old Fort* nicht zeigen, könnte darauf hinweisen, dass auch Versöhnung eng mit Rassifizierung verknüpft ist.

Das *Old Fort* erinnert an die Haftzeit Nelson Mandelas, der als einziger ‚nicht-weißer' Mann hier Mitte der 1950er-Jahre eingesperrt wurde. Seine Zelle ist frisch gestrichen und zu einem Museumsraum geworden. Bereits vor dem Eingang hebt die glänzende hellgraue Metalltafel Mandela aus der Gruppe der Gefangenen heraus. Das Rauminnere referiert mit Film, Fotos und Ausstellungsgegenständen auf einen anderen Erinnerungsort: Robben Island, dem Gefängnis, in dem er fast zwei Jahrzehnte eingesperrt war. Der Boden ist mit Sand ausgelegt, ein Steinpfad führt zur Videoleinwand. Die Gestaltung dieses Gefängnisraumes verdeutlicht die In-Wert-Setzung der Figur Mandela im Nation-Building vor Ort. Es visualisiert die Differenz zwischen diversen Widerstandsgruppen. Sowohl im Gestern als auch im Heute werden ‚weiße' (‚politische') Gefangene und ihre Widerständigkeit als gering eingeschätzt. Der Museumsdirektor begründet bspw. die Isolierung Mandelas vom Bereich ‚schwarzer' Gefangener wie folgt: „(...) of course they [die Gefängnisverantwortlichen, A. S.] just didn't want him [Nelson Mandela, A. S.] to be close, too close to the others because they were scared that they would try to escape and plan for things."[310] Eine Solidarisierung zwischen ‚Weißen' und ‚Schwarzen' aufgrund gemeinsamer Ziele, die es in der Welt außerhalb des Gefängnisses gab, wird so ausgeschlossen. Die Vergleichskategorie ‚political prisoner' bleibt damit rassifiziert, die Ordnung entlang der Hautfarbe wird im heutigen Museumsnarrativ fortgeschrieben und zeigt die Brüchigkeit im Versöhnungsgedanken, den auch das *Apartheid Museum* aufgreift.

310 Peterson, Darryl. Interview, geführt von der Verfasserin. Johannesburg, 16.04.2009. S. 2.

2.3 Historisiertes Wissen im *Apartheid Museum* (AM)

2.3.1 Rundgang und Genese

Das *Apartheid Museum* ist in meiner Untersuchung das einzige, das aus privaten Mitteln finanziert wurde. Entstanden ist auch dieses durch ein Gesetz (vgl. 2.3.1.2). Es ist zudem das einzige, das ohne Tourguide begehbar ist. Zuerst will ich einen meiner Museumsrundgänge nachvollziehbar machen. Im Anschluss daran folgt die Entstehung des Ortes und dessen Prämissen.

2.3.1.1 Museumsrundgang[311]

Das *Apartheid Museum* liegt gegenüber von einem Kasino und einem Freizeitpark.

Abbildung 13: Blick auf das Apartheid Museum

311 Die nachfolgenden deskriptiven und subjektiven Eindrücke beziehen sich auf einen Rundgang vom 19.01.2010.

An einem Schlagbaum muss ich stoppen, ein Sicherheitsmitarbeiter erklärt mir den Weg zum Museum. Bevor es auf das Museumsgelände geht, können ein Café und Toiletten genutzt werden. Ich gehe durch ein geöffnetes, graues Metallgittertor, um mir am Ticketschalter eine Eintrittskarte für 40 Rand zu kaufen. Die Verkäuferin gibt mir im Austausch für mein Geld einen Übersichtsplan und eine Eintrittskarte aus Plastik, auf der „white" steht. Ich gehe zum Haupteingang des Museums, vorbei an einem kleinen Teich.

Abbildung 14: Eingang

Ein Mitarbeiter will meine Eintrittskarte sehen. Dann zeigt er auf das Gebäude hinter ihm und sagt, dass ich den Eingang nehmen soll, über dem „white" geschrieben steht. Ich befolge seine Anweisung, gehe durch die entsprechende metallene Drehtür und bin von Gitterkäfigen umgeben. Darin sind vergrößerte Pässe ausgestellt. Durch die Gitter ist zu lesen, wer welcher Gruppe zugeordnet wurde, sowohl bezüglich der Hautfarbe als auch des Geschlechts. Es gibt auch Informationstafeln, die die Ausweise kontextualisieren, z. B. mit dem Population Registration Act von 1950. Ein Artikel der Tageszeitung *The Star* aus dem Jahr 1986 zeigt, welche Willkür in der Zuordnung zu Hautfarbenkategorien bzw. in den Rassifizierungen bestand.

Im Raum ist es dunkel, nur wenige Spotlights sind gesetzt. Ich orientiere mich am Wegweisersystem und dem Plan, den mir die Ticketverkäuferin aushändigte. Die ‚Weißen' können ohne weitere Barrieren nach draußen gehen. Diejenigen mit der Eintrittskarte „non-white" müssen einen längeren Weg nehmen. Ein lebensgroßes Poster in Schwarz-Weiß konfrontiert sie mit vier ‚weißen' Männern, die an einem langen Holztisch sitzen und direkt auf die Betrachtenden blicken.[312] Dann können auch die „non-whites" ins Freie. Alle gehen den gleichen Weg eine leichte Anhöhe hinauf.

Abbildung 15: „Ramp"

Gegenüber der mit Steinen gefüllten Käfigmauer steht eine Mauer aus roten Steinen. In die Mauer sind viereckige Kabinen eingelassen, in denen die Anfänge Südafrikas skizziert werden. Auf der ersten grauen Metalltafel ist zu lesen: „Humanity was born in Africa. All people, ultimately, are African." Steinwerkzeuge, Schädelabbildungen und Wandmalereien bebildern den Anfang der Menschheit. In der letzten Kabine zeigt ein Bild ‚schwarze' Männer mit nacktem Oberkörper. Die Bildunterschrift lautet „Prisoners".

312 Diese Schilderung bezieht sich auf einen weiteren Besuch. Dort erhielt ich die Eintrittskarte „non-white".

Auf der Anhöhe informiert eine Tafel über das „Panorama of Johannesburg“. Ich stehe auf einer Plattform, die mir den Blick auf ehemalige Minenlandschaften, den Vergnügungspark und die *Pillars of the Constitution*, so heißen die Betonstelen im Orientierungsplan, bietet. Dann führen sowohl ein Fahrstuhl als auch eine Wendeltreppe nach unten.

Ein Schild weist darauf hin, dass „die Reise hier beginnt“. Unten angekommen, trete ich durch eine geöffnete Glastür. Gegenüber stehen am Informationsbereich eine Museumsangestellte und ein Sicherheitsmitarbeiter. Die Frau kündigt an, dass der Einführungsfilm jetzt beginne. Das nehme ich zum Anlass, zunächst in den Kinosaal zu gehen: ein paar Stufen nach unten, dann durch eine Tür. Ich nehme Platz. Der Raum ist hell gehalten – sowohl durch die künstliche Beleuchtung als auch durch die gewählten Materialien. Vor mir sitzt eine Schulklasse, hinter mir Touristinnen. Das Licht wird gedämmt. Der Film beginnt mit einem Fließtext, der erklärt, dass weder Kirche noch Staat ‚Schwarz‘ und ‚Weiß‘ gleich behandelten. Dann gibt die Kamera den Blick in der Vogelperspektive auf Naturlandschaften frei. Höhlenmalereien und akustische Signale unterstützen den Eindruck, eine Zeitreise zu machen. Die männliche Off-Stimme erzählt über die ersten Menschen in Südafrika, von der Zeit, als Europäer und Europäerinnen kamen und von Kapstadt aus in das Landesinnere zogen, von gewaltvollen Auseinandersetzungen und der Sklaverei. Konkretisiert werden diese Verbrechen am Beispiel einer jungen Frau, die aus Asien verschleppt, vom Sklavenhalter missbraucht und durch diesen geschwängert wurde. Sie tötete das Kind, wurde dafür verurteilt und in einen Turm gesperrt, in dem sie kurz danach verstarb.

Stimme und Bilder erzählen von mutigen Königen, die von den Briten hintergangen worden waren, vom Krieg zwischen Engländern und Buren, dem Sieg der ersteren und der Union Südafrika Anfang des 20. Jahrhunderts. Der Film spricht über die Gründung des African National Congress „as a response to the 1910 Union founding“. Die Suche nach Gold und das Benötigen von billigen Arbeitskräften sind ebenfalls Thema. Beides führte zur Gründung von Johannesburg. Der Film endet mit der Konkurrenz um Lohnarbeit und um Platz in den Städten – vor allem in den 1920er- und 1930er-Jahren zwischen den „weißen Buren“ und den „schwarzen Afrikanern“. Gezeigt wird der Sieg der National Party 1948, ihr Denkmal vom Great Trek – das Voortrekker Monument – und dessen Einweihung. Der Film endet mit: „The museum now traces the rise and fall of the apartheid state.“

Es wird wieder hell. Ich verlasse den Kinosaal, gehe die Treppen hinauf und stehe vor einem Plakat, das auf eine temporäre Ausstellung hinweist: „Art for AIDS International. Students from South Africa Canada Mozambique USA Uganda Netherlands Engaging the hearts and minds of tomorrow‘s leaders through for Arts."[313] Ich gehe kurz durch den runden, weiß gestrichenen Raum und sehe fotografierte Kunstwerke von Studierenden.

In der Nähe des Kinoeingangs führt ein Gang zum nächsten Ausstellungsabschnitt. Tageslicht fällt durch große Fenster. Erst jetzt lese ich die Tafel mit dem Hinweis auf das Auditorium: „The first 2500 years (An Introductory Film)". In der Nähe steht eine hölzerne Bank ohne Lehne. Ich setze mich kurz und schaue auf drei übereinander gestellte Fernseher, die Ausschnitte aus dem Film „Come Back, Africa" aus dem Jahr 1959 mit Miriam Makeba zeigen. Dazu gibt es Tafeln, die an die 2008 Verstorbene erinnern. Der Filmausschnitt zeigt in Dauerschleife mehrere ‚schwarze' Männer, die über ihr Verhalten gegenüber dem ‚weißen' Apartheidsstaat und mögliche Formen des Widerstandes debattieren. Die junge Miriam Makeba kommt hinzu und singt mit ihnen.

Ich gehe weiter. Auf der rechten Seite gibt es ein riesiges Poster in Schwarz-Weiß des Johannesburg' um 1900, das mit Textblöcken unterlegt ist. Im nächsten Teil des Raumes kann ich kurz rausgehen. Auf Kieselsteinen steht eine Bank. Ich bin von hohen Mauern umgeben, über mir sehe ich Himmel.

Wieder im Innenraum des Museums entdecke ich verschiedene Glaskästen, auf denen Namen von Menschen und kleine Fließtexte zu deren Leben stehen. In dem jeweils einer Person zugeordneten Glasbehälter befinden sich persönliche Gegenstände. Jetzt erst bringe ich einige der Personen mit den lebensgroßen Fotos in Verbindung, die die Anhöhe hinauf meinen Weg begleitet haben.

Im nächsten Raum werden temporäre Ausstellungen gezeigt. Seit knapp einem Jahr sind hier Perspektiven auf das Leben Nelson Mandelas zu sehen[314]: „COMRADE", „LEADER" „PRISONER", „NEGOTIATOR" und „STATESMAN". Zusätzlich gibt es die Bereiche: „CHARACTER, IMAGE, LEGACY" und „REPRESENTATION OF MANDELA'S PRISON CELL ON ROBBEN ISLAND". Die Ausstellung ist wie ein langes, sich an den Wänden des Raumes entlangziehendes Band gestaltet, auf dem Fotos und Fließtexte über das Leben Mandelas erzählen. Zum Schluss äußern sich die Ausstellungstexte kritisch über seine Entscheidungen als Präsident nach 1994, z. B. in der HIV/Aids-Frage oder dem Wechsel vom Redistribution and Development Programme (RDP) zum Growth, Employment and Redistribution Programme (GEAR).

---

313 2009 zeigte das Museum eine Ausstellung zu Helen Suzman, Mitglied der Liberal Party of South Africa und Kongressmitglied während der Apartheid. Ihr Handeln ist umstritten, weil sie nicht in die außerparlamentarische Apartheidsopposition ging. Nichtsdestotrotz erkämpfte sie als eine der wenigen Frauen im Parlament Verbesserungen der Haftbedingungen für die Apartheidsgegner und -gegnerinnen. Die Ausstellung wurde kurz nach ihrem Tod im Januar 2009 installiert.

314 Bei meinem ersten Besuch im März 2009 war diese Ausstellung extra zu bezahlen und erforderte einen weiteren Einlass gegenüber dem Eingang zur Dauerausstellung. Kurz danach gab es eine Erhöhung des Eintrittspreises, die Mandela-Ausstellung wurde in den Preis inkludiert.

Die Ausstellung endet draußen mit der „LEGACY SECTION“. Von drinnen ist Musik zu hören: Johnny Clegg und Savuka. Ich verlasse das Gebäude und sehe auf einem großen Fernseher ein Konzert, das, so entnehme ich den Untertiteln, in London aufgezeichnet wurde: zu Ehren Nelson Mandelas. Amy Winehouse wankt auf Stöckelschuhen, singt aber ebenso enthusiastisch mit Annie Lennox: „Free Mandela!“ Auf Stoffplakaten stehen verschiedene Zitate Mandelas geschrieben: den Farben Grün, Weiß, Gelb und Rot zugeordnet. Fotos vom jungen und alten Mandela bebildern die einzelnen Abschnitte. Ich werde von einem Text aufgefordert, eine der Farben zu wählen, mit deren Aussagen ich mich am meisten identifizieren könne. Dann soll ich einen Stab in der entsprechenden Farbe wählen und diesen in einen der großen rostigen Metallgitterbehälter auf dem Rasen stecken. Der Rasen selbst führt zum *Veld Garden*. Ich nehme das Angebot an.

Danach gehe ich zurück in das Gebäude. Verschiedene Lautsprecher lassen Stimmen der Zeit sprechen. Fernseher zeigen Interviews und Nachrichtenberichte. Ich muss durch den Bereich „STATESMAN“, passiere einen roten Mercedes, das Auto, in dem Nelson und Winnie Mandela ihre erste Fahrt als Präsidentenpaar gemacht hatten. Zurück in der Dauerausstellung gehe ich am Informationsbereich vorbei und beginne bei Tafel Nr. 11: „Segregation“. Ein zweigeteilter Gang liegt vor mir. Links befinden sich diverse Tafeln zur Union Südafrika 1910, deren neu verabschiedete Gesetze und den Auswirkungen auf den Alltag: die Segregation der urbanen Gebiete, Migration, Konflikte um Lohnarbeit und Gewerkschaftsgründungen. Alle Tafeln sind mit Fließtext und Fotos gestaltet. Rechts lese ich von Arbeitskämpfen ‚weißer‘ Männer in den 1910er- und 1920er-Jahren. Es beginnt mit: „ARCHITECTS OF SEGREGATION“ und fokussiert auf Jan Smuts und J. B. M. Hertzog, die als „the leading white politicians in South Africa in the inter-war years (1918-1939)“ bezeichnet werden.

Der nächste Abschnitt führt von der Segregation in die Apartheid: Ein neuer Raum wird eröffnet. Dieser ist genauso dunkel gehalten wie der zur „Segregation“. Es gibt nur wenig künstliches Licht. Ich blicke auf ein stark vergrößertes Schwarz-Weiß-Foto, das in der Vogelperspektive verschiedene Flachdachhäuser in mehreren Reihen zeigt. Daneben stehen Apartheidsgesetze: Name, Nummer des Gesetzes und Jahr. Ich spiegele mich in den großen, schwarzen Glasrechtecken. Der Bereich zur Apartheid hat ebenfalls zwei Anfänge: Rechts erzählen Symbole über das Selbstbild der Afrikaaner, über jene, die sich als ‚weiß‘ klassifizierten und Afrikaans sprachen. Videoausschnitte, Fotos und Text zeigen ihren Triumph, den aufkommenden Nationalismus und das Propagandamaterial in den 1920er- und 1930er-Jahren. Das Museumsnarrativ greift zudem die Rolle der Frauen auf und thematisiert die Armut der „white working-class“, vor allem zur Zeit der Weltwirtschaftskrise.

Der linke Anfang parallelisiert die Entwicklung von Gegenbewegungen: die Mobilisierung durch die Kommunistische Partei, der passive Widerstand der Bewegung um Mahatma Gandhi und die „wachsende Gewaltbereitschaft“ der Jugendliga des ANC. Auch die Lebensbedingungen der gesetzlich schlechter gestellten „Africans“ am Beispiel des „Squatter Movement“ und der Zwangsräumungen werden sichtbar.

Mein Blick wechselt zurück zum Erzählstrang über die Afrikaansgruppe: Dort wird vom Krieg und der urbanen Krise in den 1940ern erzählt. Der Abschnitt endet mit dem Sieg von D. F. Malan und seiner National Party (NP) 1948. Der *Broederbond*, eine extrem rechte Vereinigung, wird ebenfalls thematisiert. Der Text erzählt, dass der Bund nach der Wahl maßgeblich an den Politiken und deren konkreten Ausgestaltungen beteiligt war. Die letzte Tafel ist Hendrik Verwoerd gewidmet, der 1957 Premierminister von Südafrika wurde. Ausschnitte aus Nachrichten und Dokumentationen zeigen Originalreden und das erste Attentat, das er überlebte. Alle Tafeln, Bilder, Gegenstände und Fernseher sind fragmentarisch von Metallgittern umgeben.

Ich bleibe im gleichen Ausstellungsbereich, der sich durch Teilwände räumlich in Zeitabschnitte gliedert. Der nächste heißt „The introduction of apartheid“ und thematisiert die Eingriffe der Apartheidsgesetze in das gesellschaftliche Leben aller Menschen. Besonders betroffen waren jedoch die Menschen, die das rassifizierende System als ‚Africans‘ bezeichnete. Thematisiert werden Überwachungen, die Härte der Staatshüter und Regulationsbereiche: u. a. die kollektive Zugehörigkeit, der Wohnort, die Sexualität, die Nutzung öffentlicher Einrichtungen, Erholungsgebiete und Bildung. Der Text spricht über ‚weißen‘ Widerstand – parlamentarisch und außerparlamentarisch. Verschiedene Widerstandsgruppen werden dargestellt: Frauenwiderstand, ANC, „Rural Resistance“, „Black Resistance“ und „The Pan Africanist Congress“ (PAC). Dieser Teil endet mit einem der größten Gerichtsprozesse in den 1950er-Jahren, dem „Treason Trial“.

Es folgt: „THE TURN TO VIOLENCE“. Unter dem Titel „Managing Urbanisation“ werden staatliche Papiere wie Pässe oder Zulassungen wie die „Licence to accomodate Bantu“ der damaligen Zeit zu Zeugen der Rechtsgewalt. Gegenüber setzen sich drei quadratähnliche, offene Räume mit dem Sharpeville Massacre von 1960 auseinander, mit Umkontho We Sizwe in den Jahren 1961 bis 1963, dem militärischen Teil des ANC und mit POQO, dem militärischen Arm des PAC. Mittels großer Fotos, Film- und Zeitungsausschnitten sowie Textpassagen werden „Sabotage“-Aktionen und der Rivonia Trial thematisiert: Zuerst geht es um die Verhaftungen, dann um das Verfahren und die Urteile 1963 und 1964. Alle drei Räume verbindet eine Wand, von Metallgitterfenstern durchbrochen. Durch die Lücken sehe ich große Schwarz-Weiß-Poster: kniende Schülerinnen und Schüler, eine Frau mit einem von Hunger gekennzeichneten Kind im Arm und zwei Hände in Handschellen. Die Hautfarbe der gezeigten Menschen ist immer ‚schwarz'.

Ich verlasse den Bereich und komme in einen deutlich dunkleren, grauen Gang, begrenzt von einer Betonmauer und einer großen Tafel. Auf dieser sind die ersten Seiten des Buches „House of Bondage" von Ernest Cole abgebildet, begleitet von einer kurzen Einführung in das Leben des Autors. Geradeaus schaue ich auf ‚schwarze', nackte Männer, die mit den Händen nach oben in einer Reihe an einer Wand stehen. Dem Text links neben dem Bild entnehme ich, dass es Minenarbeiter waren. Bevor sie die Minen verlassen durften, mussten sie sich nackt ausziehen und berühren lassen. Die Besitzer ließen die Körperöffnungen auf versteckte Rohstoffe kontrollieren. Ich gehe auf das Bild zu und muss dann nach links drehen. Vor mir gibt es mehrere Fernseher, die an der Decke angebracht sind. An den Wänden hängen Schwarz-Weiß-Bilder und Textauszüge aus Coles Buch zu den Lebensbedingungen von „non-whites" im Apartheidsstaat.

Der nächste Teil heißt: „LIFE ON THE MINES". Hier zeigen Filmausschnitte das Leben der Minenarbeiter in den 1960er-Jahren. Dann folgt „THE HOMELANDS". In einem offenen Raum thematisiert eine Tafel „WHITE OPPOSITION" in den 1960er- bzw. 1970er-Jahren und deren Repressionen. Geografische Karten visualisieren die „Homeland"-Politik, erzwungene Migrationen und den berechneten Platz für die jeweilige – nach Hautfarbe definierte – Gruppe. In der sich anschließenden Raumbucht werden Gewerkschaftskämpfe thematisiert, u. a. „The 1973 Durban Strike Wave". Gegenüber hängt ein Porträt von Steve Bantu Biko. Unter dem Thema „Conscientisation" informiert eine Tafel über das Black Consciousness Movement (BCM).

Es folgt ein Raum, von dessen Decke dutzende Galgenschlingen hängen: „POLITICAL EXECUTIONS". Die Galgen werfen ihre Schatten auf den Boden, auf dem ich stehe. Gegenüber zeigen drei Tafeln je einen Mann in Bild und Text: Neil Aggett, Gewerkschafter, Steve Bantu Biko, BCM und Andrew Zondo, ein ANC-Mitglied. Staatsangestellte des Apartheidsstaates töteten alle drei. Ich sehe mein Spiegelbild in einer großen schwarzen Glastafel. Mein Bild durchqueren die Namen der Menschen, die während der Apartheid (bis 1989) durch die gesetzlich erlaubte Todesstrafe umgebracht wurden: alphabetisch mit dem Datum ihrer Hinrichtung. Seitlich sehe ich mich zwischen Steve Biko und Andrew Zondo. Solomon Mahlungus Aussage steht zwischen uns und den Galgen:

> „‚My blood will nourish the tree which will bear the fruits of freedom. Tell my people that I love them and that they must continue the struggle. Do not worry about me but about those who are suffering.'
> Solomon Mahlangu 1979"

Abbildung 16: „Political Executions", © Apartheid Museum

Der nächste Raum ist grau und kühl. Ich stehe neben drei nachgebauten Gefängniszellen mit geöffneten Türen. Ich gehe nicht hinein, sondern folge dem Weg in einen dunkleren Raum. Ein Militärfahrzeug (Casspir) dominiert den Raum. An der Wand hängen Informationen zu den Protesten der Schülerinnen und Schüler in Soweto 1976. Ich passiere das Militärfahrzeug und komme in einen halbkreisförmigen Gang. An der rot gestrichenen Wand zeigen acht hintereinander angebrachte Fernseher Dokumentarausschnitte über den Protest in Soweto. Menschen schildern in Interviews ihre Erlebnisse, vor allem ehemalige Schüler und Lehrer. Die Brutalität der in Camouflage gehaltenen Militäruniformen gekleideten ‚weißen' Männer unterbricht immer wieder ihre Statements.

Abbildung 17: Casspir, © Apartheid Museum

Am Ende des Ganges lese ich: „The 1980s" und komme in einen runden Raum. Ich setze mich auf eine der Holzbänke und schaue auf eine Leinwand, die einen singenden Mann zeigt. Die Menschen tanzen den Toyi-toyi und demonstrieren ihren politischen Widerstand. Der Film, in Dauerschleife, bebildert die Vereinigung der verschiedenen Anti-Apartheid-Organisationen im Jahr 1985, die Massenbeerdigungen, die politischer denn je genutzt wurden und die Gewalt, die in verschiedenen Gruppen zunahm. Auch das „Necklacing" wird thematisiert. Die Offstimme erklärt, dass Verräter und Verräterinnen ein brennender Reifen um den Hals gehängt wurde. Die Interviewten begründen dieses Vorgehen wie folgt: Die Spitzel der ‚Weißen' hatten viele Menschen in die Gefängnisse und damit in die Folterkammern gebracht. Das „Necklacing" sollte Loyalität sichern. Der Film endet mit der Aussage, dass das Land in vielen Gebieten unregierbar war und sich deshalb die politisch Verantwortlichen zu Gesprächen mit ‚Schwarzen' bereit erklärten.

Vom nächsten Raum aus sehe ich erneut den Casspir und bemerke, dass mich der Weg durch das Kino zurück in den Raum der Sowetoausstellung führte. Erst jetzt entdecke ich die bis an die Decke geklebten politischen Poster unterschiedlicher Gruppen aus den 1980er-Jahren. Texte und Bilder erzählen von lokalen Verwaltungen, die in einer Zeit der ökonomischen Krisenerscheinungen die Mieten und Gebühren für die Armen der Townships erhöhten. Sie berichten auch von Widerstandsformen ‚Schwarzer‘ und ‚Weißer‘, lokal und weltweit. Die nächste Informationstafel „SANCTIONS AND INTERNATIONAL SOLIDARITY“ beschreibt die langsame aber stetige Erhöhung des Drucks durch andere Staaten auf die Apartheidsregierung. Bereits während der Phase des Rückzugs europäischer Kolonialregierungen aus anderen Ländern auf dem afrikanischen Kontinent solidarisierten sich die Widerstandsgruppen und späteren Regierungen dieser Länder mit den Anti-Apartheidsbewegungen Südafrikas.

Am Ende dieser Teilwand angekommen, signalisieren mir ein Sicherheitsmitarbeiter, eine Metallkette und ein „Hier ist kein Durchgang“-Schild, dass ich umdrehen muss. Der Richtungswechsel bringt mich zum Teilbereich: „COVERT OPERATIONS OF THE APARTHEID STATE“. Die drei Wände des Raumes werden vertikal von einem Zeitstrahl getrennt. Über der Jahreszahllinie (1975-1989) sehe ich Bilder und Text zu „overt“; unterhalb zu „covert“-Aktionen. Auch hier nutzt die Museumsgestaltung die Farben schwarz und weiß: „Overt“ ist in weißen Großbuchstaben auf schwarzem Grund und „covert“ in schwarzen Großbuchstaben auf weißem Grund geschrieben. Gezeigt werden die Morde an Dissidenten und Dissidentinnen wie David Webster, Ruth First, Sicele Mhlanli oder Dulcie September: „assassinated by apartheid“.

Im Bereich „ROOTS OF COMPROMISE“ dominiert ein einzelnes Farbfoto den Raum: Zu sehen ist der Händedruck zwischen Mandela und De Klerk, dem damaligen südafrikanischen Staatspräsidenten. Ich entdecke die Infotafel Nr. 23: „MANDELA‘S RELEASE“. In einem aus roten Ziegeln gemauerten, schmalen Gang steht neben mir auf einem farbigen Poster eine Menschengruppe – die rechte Faust nach oben streckend. Über ihnen lese ich: „LONG LIVE ANC!“ Am Ende des Ganges ist ein großer TV-Bildschirm angebracht. Zu sehen ist die Fahrt Mandelas nach seiner Freilassung aus der Gefangenschaft. Tafeln informieren über den Verhandlungsprozess und über die Vorstellungen der zukünftigen Staats- und Gesellschaftsordnung.

Ich gehe in den nächsten Raum, der sehr groß gehalten ist. Geräusche aus Lautsprechern dröhnen auf mich ein: Schüsse, Schreie, Wortfetzen – „ON THE BRINK“. Gleich zu Beginn visualisiert ein Zeitstrahl die unterschiedlichen Schritte chronologisch. Allerdings lenken mich die Fernsehbilder gegenüber ab. Fünf kleine Fernseher, z. T. von Gittern umgeben, zeigen die Gewalt in der Zeit zwischen 1989 und 1994. Der Text erklärt, dass es sowohl ‚schwarze‘ als auch ‚weiße‘ Gruppen gab, die die Friedensverhandlungen mit ihrer Gewalt erschwerten, weil sie eine andere Ordnung als die absehbare wollten. Nachrichtenausschnitte bebildern Ereignisse, die als Massaker bezeichnet werden. Der Vorsitzende der Afrikaner Weerstandsbeweging (AWB) trägt faschistische Ideologie vor. Seine in Khaki-Uniformen gekleideten Anhängerinnen und Anhängern feiern ihn dafür. Auf der letzten Tafel steht die „LEIPZIG OPTION“: „[T]hat is, the use of people's power through mass action".[315] Hinter den Fernsehern stellt ein großer Metallgitterkäfig „DECOMMISSIONED WEAPONS" aus. Gegenüber dokumentieren drei große Leinwände die damalige Gewalt.

Abbildung 18: „Decommissioned Weapons", © Apartheid Museum

An diesen Raum schließt der Verhandlungsraum an: „THE NATIONAL PEACE ACCORD AND THE BILL OF RIGHTS". Vorher gehe ich an einem lebensgroßen Poster von Desmond Tutu im Habit und einem Poster, auf dem Mandela und De Klerk den Friedensnobelpreis erhalten, vorbei. Der Verhandlungsraum wirkt ruhiger: Ein Plakat informiert über die Struktur der Friedensvereinbarung. Handschriftliche Veränderungen wie durchgestrichene Wörter fallen mir ins Auge. Fünf große Fenster öffnen den Blick auf die drei großen Leinwände, auf der die Gewalt gezeigt wurde. „On the Brink" und „The National Peace Accord" sind

315 Gefolgt von: „... (the pattern of the ‚velvet revolutions' of Eastern Europe in the late 1980s)".

durch Glasscheiben visuell miteinander verbunden. Auch dieser Raum ist mit Fernsehern ausgestattet: Menschen, die an den Verhandlungen beteiligt waren, sprechen über die damalige Situation. Am Ende des Raumes hängt das südafrikanische Grundgesetz, die Bill of Rights.

Vom Verhandlungszimmer komme ich in einen kleineren Raum: An jeweils einer der drei Wände hängt eine Stofffahne mit einem Porträt darauf. Die Fahnen sind nicht betitelt. Ich erkenne keinen der drei Abgebildeten. Uninformiert gehe ich weiter und stehe vor Räumen, die Tageslicht erhellt. Ich lese die nächste Informationstafel: „THE TRANSITION TO DEMOCRACY". Verschiedene Gruppen werden thematisiert, die ihre Rechte im Nationalstaat Südafrika nach der Apartheid einfordern, u. a. „Gays and Lesbians" und „disabled persons". Eine Tafel fordert mich auf, eine grüne „Taking action for change"-Karte zu nehmen und aufzuschreiben, für welche Veränderungen ich mich eingesetzt hätte. Auf einem Farbposter kritisieren Frauen ihren Ausschluss aus dem CODESA[316]-Prozess und fordern politische Beteiligung.

Ich gehe in Richtung Ausgang, der sich parallel zum Eingang befindet. Licht fällt durch die Fenster der rechten Außenwand. Der vor mir liegende Bereich ist in drei Teilräume gegliedert. Alle thematisieren die Wahlen von 1994: Wahlplakate, Fotos und T-Shirts mit Forderungen, Wünschen und Versprechen. Im letzten Teilraum steht eine hölzerne Wahlkabine. Ein optisch vergrößerter Stimmzettel listet die zur Wahl stehenden Parteien auf. Zwei Poster erklären in Bildsprache und mit wenig Text (in zwei verschiedenen Sprachen), wie gewählt wird. Im Gang reihen sich fotografierte Gesichter, Fahnen und Wimpel.

Der nächste Raum ist verschlossen, da er noch nicht fertig ist. Eine Tafel benennt den Raum – „Truth and Reconciliation Commission" und informiert über den Versöhnungsprozess. Lebensgroße Fotos von Menschen und Zeichnungen von Schulkindern bebildern den Abschnitt zur neuen Verfassung. Ich passiere den museumsinternen Buchladen und komme zur Regierungsbildung und den Erwartungen der Menschen: „THE MIRACLE AND BEYOND". Thematisiert werden die Wahlen, die Regierung der nationalen Einheit und die Auseinandersetzungen zwischen der ehemaligen Regierungspartei (NP) und der neuen (ANC) als auch zwischen ANC und IFP. Große Farbposter bilden die *Union Buildings* ab, den Regierungssitz in Pretoria/Tshwane, die ersten freien Wahlen und die erste demokratisch gewählte Regierung Südafrikas. In einem offenen Raum zeigen Fernseher auf Augenhöhe Interviews, in denen Menschen von ihren Erwartungen, Hoffnungen und Ängsten sprechen. In der Mitte hängt ein großes Poster der Rugby-Weltmeisterschaft von 1995 mit dem Kapitän der südafrikani-

316 CODESA steht für die Convention for a Democratic South Africa und stellte den Versuch dar, den politischen Transformationsprozess des Staates Südafrika durch die Mitbestimmung unterschiedlicher Parteien zu regeln.

schen Mannschaft und Nelson Mandela. Das südafrikanische Rugby-Team gewann die WM 1995. Am Ende dieses Bereichs finde ich tagesaktuelle Zeitungsseiten in Glaskästen. Einige Artikel sind farblich hervorgehoben. Farbposter bekleiden die Wände. Das erste zeigt Thabo Mbeki und Nelson Mandela, ihre Hände zu einer Faust vereint und in die Luft gestreckt, das zweite ein fliegendes, bunt gestaltetes South African Airways-Flugzeug über Kapstadt.

Ich gehe durch einen gläsernen Gang, der wie eine Brücke wirkt, in den unverputzten, grauen Betonraum namens „CELEBRATING OUR CONSTITUTION". Eine Tafel erklärt die Bedeutung von Freiheit für Südafrika. Ich habe die Wahl: Der linke Weg führt in einen durch Glaswände abgetrennten Raum. Ein schmaler Weg durchquert diesen. Links vom Weg liegen Steine in einem metallenen, dreieckigen Behälter. Eine große südafrikanische Nationalflagge hängt an der Wand. Rechts wurde ein runder Kreis angelegt, in den ich einen Stein aus dem dreieckigen Behälter legen könnte. Nehme ich den Weg geradeaus, lasse also den Raum mit den Glaswänden links liegen, dann komme ich direkt an eine hölzerne Wahlkabine. Dort wird mir die Möglichkeit gegeben, meine Kritik am Museum aufzuschreiben. An den drei Betonwänden werden die Worte der außen stehenden Betonstelen zitiert: „DIVERSITY", „RESPECT", „RECONCILIATION", „EQUALITY", „RESPONSIBILITY", „DEMOCRACY" und „FREEDOM". In die Mauer sind Öffnungen aus Glas eingelassen: Durch sie schaue ich zurück auf den ersten Raum mit den vielen Metallgittern, in dem die Menschen nach Hautfarbe klassifiziert und entsprechend der Einordnung entrechtet wurden. Im Fußboden befinden sich zwei gläserne, kleine Kästen. Im ersten sind die Nationalsymbole des Post-Apartheid-Südafrika in kleiner Schrift und mit kleinen Abbildungen sichtbar. Der zweite ist leer. Der Raum selbst ist dunkler als der vorherige. Wenig Licht fällt hinein. Ich verlasse das Gebäude und lese die letzte Tafel der Ausstellung, Nr. 32: „VELD GARDEN". Der Ausgang ist gleichzeitig der Eingang. Erst jetzt nehme ich das Wasser wahr, das in den künstlich angelegten Teich mit dem Mandela-Zitat über die Betonwand fließt.

Abbildung 19: Ein- und Ausgangsbereich

2.3.1.2 Historische Genese des Erinnerungsortes

2001 eröffnete in Johannesburg das *Apartheid Museum*. Es liegt etwas außerhalb des Zentrums im ehemaligen Abbaugebiet der Minen – im Stadtteil Ormonde. Gebaut wurde das Museum aufgrund des National Gambling Act von 1996. Das Gesetz besagt, dass Kasino-Lizenzen in der Nähe urbaner Gebiete nur erteilt werden dürfen, wenn etwas für die Allgemeinheit geschaffen wird. Das Konsortium Akani Egoli (Pty) Limited, zugleich Hauptanteilseigner des Kasino-Komplexes Gold Reef City[317], erhielt die Erlaubnis, das Kasino zu bauen, weil es in ein Museum investieren wollte. Akani Egoli vermietete das gebaute Museum an die dafür gegründete Section 21 company für die Dauer der Kasinolizenz. Das Museum ist auf finanzielle Unterstützung angewiesen. Es nutzt nationale Regierungsstrukturen wie das Bildungs- oder das Außenministerium, um bspw. Schulklassenbesuche oder temporäre Ausstellungen zu finanzieren.[318] Auch regionale Verwaltungsbereiche wie das Gauteng Department of Education sind geldgebende Kooperationspartner und finanzieren bspw. Schulklassenbesuche.[319] Im Internetauftritt bittet der Direktor Christopher Till zudem um Spenden durch Referenzen auf die Prinzipien der Verfassung, Worte des Erzbischofs Desmond Tutu und den nationalen Sieg über die Gesellschaft zerstörende Kraft der Apartheid.[320]

Die betriebliche Struktur der Museumsorganisation ist wie folgt geregelt: „The museum is registered as a Section 21 company (incorporated not for gain) with an independent board of trustees, (…).“[321] Den Vorsitz des Trusts hat John Kani, Regisseur und Autor. Seit 2001 leitet das Museum Christopher Till. Es gibt zudem eine Bildungsabteilung.

2010 lautete die Botschaft des Museums auf der Internetseite: „(...) acknowledged as the pre-eminent museum in the world dealing with 20th century South Africa, at the heart at which is the apartheid story.“[322] 2012 wird das *Apartheid Museum* ergänzend wie folgt charakterisiert: „The museum is a bea-

317 Vgl. URL: http://www.casasa.org.za/member.htm (05.01.2012)

318 Vgl. Potenza, Emilia. Interview, geführt von der Verfasserin. Johannesburg, 29.04.2009. S. 8. Till, Christopher. Interview, geführt von der Verfasserin. Johannesburg, 31.03.2009. S. 4.

319 Vgl. Potenza, Emilia. Interview, geführt von der Verfasserin. Johannesburg, 29.04.2009. S. 5.

320 Vgl. URL: http://www.apartheidmuseum.org/support-museum (23.10.2011)

321 Auch zu lesen ist: „The company is separated from Akani Egoli, who has leased the museum to the section 21 company for the duration of the casino licence.“ URL: http://www.apartheid museum.org/about-museum-0 (05.01.2012)

322 URL: http://www.apartheidmuseum.org (10.04.2010) Am 1. Mai 2011 trat ein neues Gesetz in Kraft, der New Companies Act, welches Section 21 companies (Old Companies Act von 1973) in „Non-Profit-Organisations“ umbenennt. Zudem eröffnet das neue Gesetz auch die Möglichkeit, dass aus den ehemaligen Section 21 companies, die ausschließlich nicht profitorientiert zu sein hatten, „profit organisations“ werden können. Vgl. URL: http://www.usig.org/countryinfo/ southafrica.asp (05.01.2012)

con of hope showing the world how South Africa is coming to terms with its oppressive past and working towards a future that all South Africans can call their own."[323]

2.3.2 Detailanalyse: „The Rise and Fall of Apartheid"

Das *Apartheid Museum* unterscheidet sich von den anderen drei untersuchten Erinnerungsorten mehrfach: Es hat keine Tourguides, die verpflichtend den Rundgang begleiten, ist kein legacy oder heritage project und enthält sowohl dichte Beschreibungen in Schrift und Bild zu den einzelnen Dekaden als auch eine umfassende schriftliche Historisierung der Apartheidsgesellschaft. In diesem Kapitel will ich auf drei Räume eingehen, die durch die gewählte Museumsstruktur entstehen und den Ort im nationalisierten Erinnerungsdiskurs spezialisieren: auf den urbanen Raum, auf ‚weiße'/‚nicht-weiße' Räume und auf dokumentarische Räume.

2.3.2.1 Urbane Räume

Die architektonische Gestaltung und das Innendesign lassen im *Apartheid Museum* einen Stadtraum entstehen, der auf eine spezifische Zeit referiert: Die Bauweise verbindet die Apartheid mit der Metropole. Der Direktor Christopher Till erklärt den Konnex zwischen ausgestellter Apartheid und Stadtarchitektur: „(...) to use the building as part of that (...) story in a way. (...) looking in how your narrative and exhibit works with the structure (...)."[324] Phil Bonner, einer der maßgeblichen Historiker für die Entwicklung der Storyline des *Apartheid Museum*, erklärt:

> „(…) a key idea in the museum was to try and track, in one way or another, journeys of different kinds of South Africans, who came to meet in Johannesburg, thereafter to be separated by various legislative measures … that's what makes Johannesburg unique and that is what gives it its particular place in South African history, and that's what I felt was worth commemorating and what is interesting."[325]

---

323 URL: http://www.apartheidmuseum.org/about-museum-0 (05.01.2012)

324 Till, Christopher. Interview, geführt von der Verfasserin. Johannesburg, 31.03.2009. S. 3.

325 Kapelianis, Angie. „Apartheid Museum Opens in Johannesburg." *South African Broadcasting Corporation*. 30.11.2001. Zitiert nach: Bombardella, Pia; Hall, Martin. „Las Vegas in Africa." *Journal of Social Archaeology* 5.1 (2005). S. 15.

Erinnerungswürdig ist also der Standort des Museums: Johannesburg. Die Architektur referiert auf die Position im Stadtraum:

> „(...) it's next to the theme park. It's in sort of a semi-industrial area. (...) it was an attempt in a way to put this structure within the landscape. [It, A. S.] reflects a little bit the mine-dumps and the planting of the mine-dumping. (...) the language is robust and that you can see: It's steel and it's offshutted concrete. (...) the sort of linear form of the building, its integration into the landscape, the use of materials is an interesting juxtaposition of a ... singular quite (...) powerful statement of a building. But (...) with a beauty as well. (...) there is a rhythm to that (…). But there is water and grass and so on. So it's an interesting juxtaposition of that."[326]

Nebeneinander gestellt werden auch Vergangenheit und Gegenwart: Bereits der Eingang, der nach Hautfarbe trennt, macht Apartheid körperlich erfahrbar. Das schaffen zudem die abgebildeten Ordnungssysteme städtischer Räume: Ticketstellen, Parkbänke und Stadtschilder, die erlauben und zugleich verbieten. Die segregierten Bereiche der Stadt werden ergänzt durch visualisierte Verwaltungsprozesse: Lebensgroße Schwarz-Weiß-Fotos konfrontieren die Besuchenden mit ‚weißen' Männern im Anzug, die den Eindruck erwecken, die Betrachtenden mit ihren Blicken zu erfassen. Zeitungsausschnitte und Zitate machthabender Personen ihrer Zeit belegen die Fehlerhaftigkeit des Klassifikationssystems (bspw. der Ausstellungsabschnitt „The enormous consequences of classification"). Das Wort ‚classification' meint hier „racial classification". Bereits im Eingangsbereich kreuzen sich im Thema „Race Classification" alle drei Räume und bilden eine narrative Matrix: „The number of different ways of seeing encountered just in this introductory section of the museum, and the interplay between them, alerts one to the significance of different visual genres."[327] Bilder und Schrift dokumentieren die Trennung nach Hautfarbe in den Verwaltungszonen der Stadt.

Der Weg zwischen dem Eingangsbereich und der Hauptausstellung in der Außenanlage führt die Besuchenden über eine gebaute „Rampe" auf einen kleinen Hügel, von dem aus der Blick auf das Zentrum Johannesburgs gelenkt wird. Kevin Lynch beschreibt das Image der Stadt als eine Raumkonstruktion von enormem Ausmaß und zeitlicher Dauer.[328] Das Image der Stadt verleiht dem Museumsnarrativ visuelle Glaubwürdigkeit: Es gibt die Stadt, sie ist nah und das Museum erzählt anhand ihrer Geschichte die Geschichte der Nation. So entsteht

---

326 Till, Christopher. Interview, geführt von der Verfasserin. Johannesburg, 31.03.2009. S. 15.

327 Newbury, Darren. „‚Lest we forget': photography and the representation of history at the Apartheid Museum, Gold Reef City, and the Hector Pieterson Museum, Soweto." *Visual Communication* 4.3 (2005). S. 270.

328 Vgl. Lynch, Kevin. *The Image of the City*. Cambridge, London: M.I.T. Press, 1960. S. 1.

der urbane Raum im Museum durch die Lage des Gebietes, auf dem das *Apartheid Museum* errichtet wurde:

> „(...) we went to site and we looked up this place and realised that (...) the site had a nice view of Johannesburg and we also were on a place that were (!) associated with gold-mining. It was an old mine. And, so the land had been previously a mining site. So (...) the story begins from Johannesburg. (...) we decided it would be nice to deal with the fact that you can see Johannesburg if you elevate it. So, we thought it would be important that you got up and had a look back and you could then contemplate the city in relation to the content, the story. (...).“[329]

Spiegelstelen besetzen Teile des Weges zur Anhöhe, bedruckt mit Farbfotos von Menschen in Lebensgröße. Das Image der künstlich geschaffenen Umwelt verleiht dem Ort über Ikonografien von Individuen städtische Lebendigkeit: In der Stadt sind Straßen selten leer. Die hier geschaffene „Straße“ führt über den Blick auf die „echte“ Stadt in die Vergangenheit. Die Gestaltenden personalisieren Geschichte über individuelle Erinnerungen von Menschen, die nach Johannesburg gezogen sind. Ihre „Journeys to Johannesburg“, so der Titel des Teilbereichs auf der *Ramp*, werden noch nicht erzählt, als Namenlose wecken sie Neugier auf das, was noch kommt. An beiden Seiten Mauern, über ihnen blauer Himmel, unter ihnen Betonplatten, begleiten sie (noch) stumm die Besuchenden auf ihrer Reise in die Vergangenheit.

In Relation zur Umgebung, den in ihr arrangierten sozialen Gütern, entstehen individuelle Erinnerungsräume. Das gilt auch für künstlich geschaffene Orte wie das *Apartheid Museum*. Soziale Güter referieren hier auf die städtische Architektur der Apartheid. Neben der realen Architektur reisen die Besuchenden über Dokumentarfilme und -fotos in die gesellschaftlichen Verhältnisse der Apartheid. Visuelle Medienprodukte und architektonische Strukturen setzen Themen der Apartheid auf die Museumsagenda. Und doch wird diese nicht von allen Besuchenden gleich interpretiert: „Every citizen has had long associations with some part of the city, and his image is soaked in memories and meanings.“[330] Diese These korreliert sowohl mit Annahmen und Studien aus der soziologischen Raumforschung als auch mit Forschungsergebnissen aus dem Bereich des Agenda-Setting. Seit den 1970er-Jahren gehen Forschende der Medienwissenschaft davon aus, dass die gleiche Agenda nicht zu gleichen Sichtweisen führen muss. Auf den Raum übertragen hieße das: Die gleiche Umgebung schafft nicht gleiche Erfahrungen und Erinnerungen. Diese sind abhängig von gesellschaftlichen Strukturen und der sozio-historischen Positionierung von Individuen

329 Rose, Jeremy. Interview, geführt von der Verfasserin. Johannesburg, 05.05.2009. S. 4.
330 Lynch, Kevin. *The Image of the City*. Cambridge, London: M.I.T. Press, 1960. S. 1.

(vgl. Kap. 1.2 und 1.3). Ein Beispiel soll dies illustrieren: Emilia Potenza, die Leiterin des Bildungsbereiches schildert eine Situation ‚weißer', südafrikanischer Besuchender, die die Apartheid miterlebten:

> „(...) we had a group of, of Jewish pensioners coming from one of the old-age homes. And when they came out of the '80s-film ... three of them were crying ... and saying: I didn't know that things were this bad. (...). I've never, I've never seen this footage of this scene before and I feel ... so terrible, so guil, (…)."[331]

Der Film kann je nach zugewiesener und selbst bestimmter Positionierung, Gruppenzugehörigkeit und Erfahrung unterschiedliche Empfindungen hervorrufen, die bspw. den Raum enger werden lassen, Fluchtwünsche oder Freude über das Ende der Gewalt auslösen können. Ähnliches könnte für die Wirkungen der Architektur erhoben werden: Architektonische Stilmittel zitieren Bauweisen aus der Apartheid (z. B. die roten Backsteine, aus denen die Verwaltungsgebäude bestehen) und knüpfen, so der Architekt Jeremy Rose, an heutige Perspektiven auf Apartheid an:

> „(...) the landscape and that's really, from outside it's, it's got that wall and the sort of duvant, (...). But when you fly over it you, you get this feeling of a cut. And I liked that sense of it being a cut in the ground. Now, we felt that was powerful. (...) the story was underneath."[332]

Die Museumserzählung verbindet die fotografierten Menschen der Stelen mit dem Ausstellungsbereich „unter der Erde". Im Hauptgebäude sind ihre Migrationsgeschichten als persönliche Objekte, Zitate und Kurzbiografien – als ihre persönlichen Erinnerungen Teil der musealen Agenda. Den Individuen stehen Schwarz-Weiß-Fotos einer männlichen Masse gegenüber („Johannesburg – a place of gathering"). Die Fotos von Minenarbeitern schaffen hier urbanen Raum: der Stadt zugeordnete Themen wie Wohnraum, Arbeitskämpfe, Hunger, Verwaltungsstrukturen etc. werden visuell lesbar. Bevor erneut das Thema Apartheid im Museumsnarrativ aufgegriffen wird, findet das „Segregating the City" performativ statt: Die Gestaltung „(...) seems to echo, (…), the formal types of image elements into which we can conveniently divide the city image: path, landmark, edge, node, and district"[333]. Die An-/Ordnung spiegelt „urban scale of size, time, and complexity"[334].

331 Potenza, Emilia. Interview, geführt von der Verfasserin. Johannesburg, 29.04.2009. S. 10. Emilia Potenza brach das Wort ‚guilty' ab. Hervorh. A. S.

332 Rose, Jeremy. Interview, geführt von der Verfasserin. Johannesburg, 05.05.2009. S. 8.

333 Lynch, Kevin. *The Image of the City*. Cambridge, London: M.I.T. Press, 1960. S. 8.

334 Ebd. S. 3.

Von dem durch einfallendes Sonnenlicht erhellten Raum geht es in einen schmaler werdenden Pfad, der rechtwinklig durch die Ausstellung führt. Begleitet von Metallkäfigen, in denen Objekte ausgestellt sind, Gitterwänden und unverputzten Betonmauern, vermittelt der gewählte Architekturstil Enge, Distanzlosigkeit und Druck.[335] Das Spacing kreiert hier nicht nur das Stadtimage; auch Gefängnisassoziationen entstehen, weil Bauregeln Anwendung fanden, die u. a. für Haftanstalten gelten. So vergleicht Jeremy Rose die Bauweise mit:

> „(...) spaces of incarceration like a jail or a police station lock up or metals as hard and cold and militaristic (...): prisons, places of detention which [were, A. S.] always associated with Apartheid. Detention without trial. (…) So we created this space with concrete which is not finished beautifully it‘s quite rough and we mixed that up with this old Johannesburg landscape where there is rusting steel frame. (...) So we were able to put these metaphors and images together in, in a way where they come and reinforced each other because there were all kind of rough, cold, like a ruin, an industrial ruin and a relict. And it seemed to work and the spirit of the memory, of people who may have been tortured or may have been detained was expressed, particular on the inside. (...) it reinforces that memory of what Apartheid in our imagination was like.“[336]

Die Materialien, der Ort ihrer Verwendung und die durch sie geschaffenen Strukturen repräsentieren zwei Zeiten: Sie verkörpern Geschichte, vermitteln Informationen über industrielle Arbeits- und Umweltbedingungen und sprechen im Sinne des Funktionsgedächtnisses über das Heute, das anders als das Vergangene sein muss:

> „It [using basic elements like brick and concrete to build with, A. S.] was the beginning of creating a new language in a new time. Where you needed to start again. So

335 Ähnliche Schlüsse ziehen auch Elizabeth Rankin und Leonie Schmidt: „(...) the architecture builds on earlier experiences of starkness and enclosure. Brick and shuttered concrete shape restricted spaces in a predefined pathway that controls access and direction, continuing the preliminary theme of incarceration and its disorienting effects.“ Zitiert nach: Dies. „The Apartheid Museum: Performing a Spatial Dialectics.“ *journal of visual culture* 8.1 (2009). S. 91.

336 Rose, Jeremy. Interview, geführt von der Verfasserin. Johannesburg, 05.05.2009. S. 6f. Allerdings steht dessen klare Absicht, dem Museum ein Gefängnisimage zu geben, in Widerspruch zu Tills Aussage: „(...) this isn‘t done like a prison (...) it has a singular ... powerful beauty in my view. (...) its rawness was something (...) giving a metaphorical clue to what might happen within it. But that was (...) a result to working with the architects and getting a sense of what the exhibits would be (...) and I say we were able to strip out a lot of stuff which ... was an embellishment of the building which I felt I wanted the rawness (...) and that remained (...).“ Till, Christopher. Interview, geführt von der Verfasserin. Johannesburg, 31.03.2009. S. 16.

> we started with landscape which hadn't been encompassed in building as a part of the building fabric."[337]

Für Rose eignete sich unbebautes Gelände, „Landschaft" in seinem Sinne, als Signifikant eines Neuanfangs. Der Zustand, unbebaut zu sein, vermittelt erst die beabsichtigte Bedeutung und wird von der Architektur absorbiert. Räume im Raum entstehen, urbane Geschichte(n) im Museum der Gegenwart – dies jedoch zeitlich versetzt. Der Neubau außerhalb des Stadtzentrums wird zum „urban fabric", zum „historic fabric"[338] und zum „heritage".

Die Architektur paraphrasiert den Bau von Gefängnissen und den Versuch der sozialen Kontrolle, die urbanen Konfliktzonen, ihre Gewalt, Unsicherheit, Klassenstrukturen und Konkurrenz. Die ausgestellten Dinge, Fotografien, Filmsequenzen und die Schrift repräsentieren die Stadt Johannesburg – ihre Kontrollräume gesetzlicher Regelungen wie die Passgesetze etc. Sie repräsentieren zudem andere urbane Räume. Zitiert werden indirekt auch sozio-historische Praxen Europas aus dem 19. und frühen 20. Jahrhunderts, die mit der Industrialisierung im städtischen Raum einhergingen: Pauperismus, Rassismus, die Ausübung von Staatsgewalt und Disziplinierung durch Freiheitsstrafen.[339]

Die spezifische Urbanität Johannesburgs verliert sich im Laufe der Narration. Es entsteht eine nationale Erzählung über gesellschaftlichen Alltag und über Auseinandersetzungen zur Zeit der Apartheid und danach: „(...), the city is in itself the powerful symbol of a complex society."[340] Rose bestätigt die Historizität der Stadt als Teil nationaler Geschichte:

> „(...) it was an event which brought people ... to make it Johannesburg. And that was the discovery of gold. (…) we show something of the conflict around the mining of gold and (...) in 1948, there was a political event which entrenched discrimination and racism. (…) And what happened in Johannesburg was almost a microcosm of what happened in the rest of (...) the country."[341]

Die Kuratoren und Kuratorinnen wählten urbane Referenzräume, um Erzählungen über die Vergangenheit in Wert zu setzen: „(...) the Apartheid Museum is able to show anyone ... how easy it is to move into a space which you cannot

---

337 Rose, Jeremy. Interview, geführt von der Verfasserin. Johannesburg, 05.05.2009. S. 14.

338 Vgl. Bombardella, Pia; Hall, Martin. „Las Vegas in Africa." *Journal of Social Archaeology* 5.1 (2005). S. 10.

339 Eine ausführliche Studie zu Strafsystemen und sozialen Entwicklungen in Europa vgl. Rusche, Georg; Kirchheimer, Otto. *Punishment and Social Structure*. 5. Aufl. New Brunswick, New Jersey: Transaction Publishers, 2009 (1939).

340 Lynch, Kevin. *The Image of the City*. Cambridge, London: M.I.T. Press, 1960. S. 7.

341 Till, Christopher. Interview, geführt von der Verfasserin. Johannesburg, 31.03.2009. S. 6.

know if you would begin to imagine existed.‘“[342] Für den Direktor Christopher Till ermöglicht die Gestaltung des Museums eine Zeitreise, die räumlich Vergangenheit herstellt und so erfahrbar macht. Das Motiv der Zeitreise wurde auch für Bildungsmaterialien wie bspw. Comics gewählt.[343]

So reproduziert das *Apartheid Museum* urbanen Raum, eingebettet in dokumentarische Präsentationsweisen, die wiederum rassifizierende Raumstrukturen belegen. Apartheidsgesetze galten vor allem für die Metropolen, in denen ‚Weiße‘ ‚Nicht-Weiße‘ per Gesetz be- und ausgrenzten. Die historische Dimension des Museums legitimiert dessen Bauweise. Till betrachtet das Erfahren von Vergangenem und dessen Abbildungen als notwendig, um verstehen zu können, wie es damals war und heute nicht mehr ist: „(...) how do you understand those elements [Apartheid elements like rassification, A. S.] because you‘re not seeing them everyday.“[344] Zu zeigen, dass die rechtliche Trennung nach Hautfarben überwunden wurde, trage, so Till, wesentlich zum Nation-Building bei. Die Ausstellungen benötigen daher Referenzen auf ‚weiße‘ und ‚nicht-weiße‘ Erfahrungen. Deren farbliche bzw. materielle Gestaltungen repräsentieren die gesetzlich legitimierte Trennung eines heute als kriminell geltenden Staates und konstituieren musealen Raum.

2.3.2.2 ‚Weiße‘/‚nicht-weiße‘ Räume

Der Name des Museums weist bereits auf seinen Inhalt hin – die Zeit der Apartheid: „the system of segregation or discrimination on grounds of race in force in South Africa 1948-91“. Diese vom Museum angebotene Erklärung im Lexikonstil, mit Verweis auf die Aussprache des Wortes in Afrikaans, eröffnet die Ausstellung auf der unteren Museumsebene. Das Zitat verdeutlicht mindestens zwei Punkte: erstens die abgebildete Phonetik kennzeichnet die Macht habende Gruppe jener Zeit. Zweitens die Dominanz der Identitätskategorie ‚race‘ – Rechtfertigungslogik für Unrecht mit System.

Das Wort ‚race‘ wird im Laufe der Ausstellung nicht weiter kommentiert. Die normative Bedeutung von ‚race‘ gab dem vergangenen System die Macht, die das neue durch die Macht des Rechts ersetzt. So gibt es einklagbare Rechte, u. a. gegen Diskriminierungen aufgrund von ‚race‘. Der Begriff race bleibt. Der Eingangsbereich lässt das vergangene System mit dessen willkürlicher Einteilung körperlich spürbar werden: durch die Eintrittskarten aus Plastik („white“,

342 Ebd. S. 11.

343 Vgl. Apartheid Museum. *Timeliners*. Soweto in Flames. o. A. Das südafrikanische Bildungsministerium und Oxford Southern Africa unterstützten diesen Comic.

344 Till, Christopher. Interview, geführt von der Verfasserin. Johannesburg, 31.03.2009. S. 13.

„non-white"), durch die Schilder, die nach Hautfarbe die Zutrittsmöglichkeit bestimmen und die sich anschließenden Wege. So lässt die Bauweise, die den Weg entsprechend der zugeordneten Hautfarbe vorschreibt, die Besuchenden physisch erfahren, nicht frei wählen zu können und unterschiedlich behandelt zu werden. Till benennt im Interview die körperlichen Reaktionen, die der segregierte Eingangsbereich auslöse: „And they come into the Apartheid Museum and they are completely flabbergasted by a process of separation at the entrance cause that's what happened (...). (...), then they really understand what it's all about, (...)."[345]

Während der Beginn der Ausstellung verdeutlicht, dass „Rasse" ein Konstrukt ist, spricht das Ende der Dauerausstellung über das Ende der „race discrimination" mit dem Hinweis auf die Verfassung. Der Konstruktionscharakter von ‚race' schwindet zugunsten der juristischen Gleichstellung der „Rassen". Der juristische Text spricht weiterhin davon, dass es „Rassen" gäbe, diese jedoch nicht mehr diskriminiert werden dürfen.[346] Dass „Rassen" gesellschaftlich hergestellte Konstruktionen sind, weicht dem hegemonialen Diskurs um rechtliche Gleichstellung von Diversität: Der Herstellungsprozess wird zum Ergebnis, die Rassifizierung zur ‚Rasse'.

Sprachlich wird die Norm der Apartheid in der Narration durch den Gegensatz ‚white'/‚non-white' statt ‚white'/‚black' betont: „(...) apartheid's ubiquitous term ‚non-whites' perpetuat[es, A. S.] the concept of ‚whiteness' as the norm and the ‚blackness' of Africans as the negative, aberrant Other."[347] Die Norm der Apartheid repräsentiert abendländische Denktraditionen und Kolonialisierung.[348] Kolonialsprache ist unkommentiert benutzt, wenn im Bereich der *Ramp* die viereckigen Einlassungen, die auch als Höhle gelesen werden können, „African origins" als Geschichte der „bushmen" erzählen.[349] Jana Husmann weist darauf hin,

345 Ebd. S. 9.

346 Ähnliche Auseinandersetzungen über Gesetzestexte finden sich in der Diskussion um den Begriff ‚Rasse' in Deutschland. Vgl. u. a. Cremer, Hendrik. *„ ... und welcher Rasse gehören Sie an?" Zur Problematik des Begriffs „Rasse" in der Gesetzgebung*. 2. Aufl. 2009. URL: http://www.institut-fuer-menschenrechte.de/uploads/tx_commerce/policy_paper_10_und_welcher_rasse_gehoeren_sie_an_2_auflage.pdf (15.03.2011)

347 Rankin, Elizabeth; Schmidt, Leonie. „The Apartheid Museum: Performing a Spatial Dialectics." *journal of visual culture* 2009. 8 (1). S. 86.

348 Jana Husmann zeigt im europäischen Kontext, wie „Weißsein" gesellschaftlich zur Norm und synonym für Macht und Dominanz wurde. Vgl. Husmann, Jana. *Schwarz-Weiß-Symbolik. Dualistische Denktraditionen und die Imagination von „Rasse". Religion-Wissenschaft-Anthroposophie*. Bielefeld: transcript, 2010.

349 Zur historischen Auseinandersetzung mit dem Begriff „bushmen" vgl. u. a. Rassool, Ciraj; Hayes, Patricia. „Science and the Spectacle. /Khanako's South Africa, 1936-1937." *Deep hiStories. Gender and Colonialism in Southern Africa*. Hg. Wendy Woodward, Patricia Hayes, Gary Minkley. Amsterdam, New York: Rodopi B. V. S. 117-164. Coombes, Annie E. *History after Apartheid. Visual Culture and Public Memory in a Democratic South Africa*. Durham,

dass „sozio-politische Benennungspraktiken (...) und rassentheoretische Ordnungsmuster selbst“[350] wirkmächtige religiös-politische Imaginationen enthalten. Diese sind auch den Narrationen im *Apartheid Museum* eingeschrieben.

Die abgebildeten Ordnungsmuster schaffen weitere Zugehörigkeitsräume, die sich als Nebenstränge mit der Narration über die Identitätskategorie ‚race‘ verweben: Zugehörigkeitsräume, die Verschränkungen mit ‚gender‘ und ‚class‘ (als Identitätskategorien) als auch mit ‚Gesetz‘, ‚Gewalt‘, ‚struggle‘ und ‚nation‘ (verstanden als Strukturkategorien) entstehen lassen. Auf unterschiedlichen Ebenen formuliert die Narration Empathieangebote an die Besuchenden. Erst in den Erzählungen zur Post-Apartheid-Gesellschaft wird die Identitätskategorie der ‚sexuellen Orientierung‘ sichtbar. Somit greifen die Kuratorinnen und Kuratoren in ihrer Themenauswahl auf Geschichtsschreibungen zurück, die selbst wiederum vor allem konflikthafte Ereignisse ihrer Zeit behandeln. Gesellschaftliche Auseinandersetzungen kommen dann auf die zeitlich linear strukturierte Agenda, wenn sie auch öffentlich verhandelt wurden. Das Beispiel der ‚sexuellen Orientierung‘ verdeutlicht dies.

Nicht-sichtbares und sichtbares ‚Weiß‘

Nahezu unsichtbar ist in der Ausstellung der Reichtum, der aufgrund des Ausschlusses ‚nicht-weißer‘ Körper entstanden ist: Die Erzählung fokussiert auf ‚weiße‘ und ‚schwarze‘ Armut vor und auf ‚schwarze‘ Armut während der Apartheid. ‚Weiß‘ wird in der Zeit vor der Apartheid als Erklärungsindikator für das Entstehen des Apartheidssystems genutzt: So sind Fotos von armen ‚weißen‘ Kindern und Frauen zu sehen. ‚Weiße‘ Männer konkurrieren mit ‚schwarzen‘ um Arbeitsplätze und Stadträume. Politisch aktive, ‚weiße‘ Männer gründen entweder Gewerkschaften oder entwerfen das zukünftige Apartheidssystem, indem sie sich auf ihre europäische Herkunft, ihr ‚weißes‘ Aussehen und ihre Gottgläubigkeit berufen. In diesem Kontext lese ich die Bezeichnung „Architects of Apartheid“ der Führungspersonen Jan Smuts und J. B. M. Hertzog als Euphemismus. In den hier verwendeten Formulierungen deutet die Auswahl der Worte („bushmen“, „architects“ etc.) bestehende Rassifizierungen, Vorurteile und Zuschreibungen von Gruppen an. Die Museumsnarration erzählt dementsprechend mehr

---

London: Duke University, 2003. S. 206-242. Im deutschen Kontext u. a. Arndt, Susan. „Afrikafantasien, Wörter und Wörterbücher. Tradierte Schauplätze von ‚Rassen‘theorien.“ *German Language and Colonialism/Deutsche Sprache und Kolonialismus. Aspekte der nationalen Kommunikation 1884-1919*. Hg. Ingo H. Warnke. Berlin, New York: Walter de Gruyter, 2009. S. 293-314.

350 Husmann, Jana. *Schwarz-Weiß-Symbolik. Dualistische Denktraditionen und die Imagination von „Rasse“. Religion-Wissenschaft-Anthroposophie*. Bielefeld: transcript, 2010. S. 15.

als über Bilder der Vergangenheit: Sie verdeutlicht auch bestehende politische Ansichten der Museumsmachenden (vgl. Kap. 2.3.2.3).

Die gewählten Worte und Textbausteine zeigen zudem, dass die Interdependenzen von Kategorien in der musealen Erzählung lediglich in bestimmten Konstellationen funktionieren. Der Konnex ‚class' und ‚race' wird sichtbar, wenn es um das Abweichen von der Norm geht: Unrecht und Armut erzählen indirekt über Logiken rassifizierten Rechts und Besitzes. ‚Weißer' Reichtum bleibt nahezu unsichtbar.

‚Weißsein' selbst wird in der Narration nachbelichtet, bedingt durch die Struktur des Chronologischen und die historische bzw. mediale Agenda. Nachbelichtet meint, dass der Fokus auf „weißen Widerstand" deutlich an Schärfe und Intensität zunimmt, je mehr Besuchende von der Ausstellung sehen. Widerstand gegen das Apartheidssystem entwickelt sich in der Erzählung des Museums mit der Dauer des Systems: Je länger die Apartheid bestand, desto größer, vielfältiger und sichtbarer wurden Protestbewegungen. Bspw. wurde ‚weißer', nicht-gewerkschaftlicher Widerspruch erst im Abschnitt zu den 1970er- und 1980er-Jahren auf die museale Agenda gesetzt. Die skizzierten Zugehörigkeiten ‚weißer' Akteure und Akteurinnen zu Gewerkschaften, Kommunistischer Partei, ANC und einem intellektuellen Bildungsmilieu konstruieren ‚weiße' Dissidenz als politische intellektuelle Kraft. Viele ausgewählte ‚weiße' Akteure und Akteurinnen wurden zudem in der Zeit der Apartheid getötet. Die Differenzierung von ‚Weißsein' sei notwendig, so die für die Ausstellungen im Museum Verantwortliche Emilia Potenza, Lehrerin und Mitgestalterin des neuen nationalen Bildungsplans:

> „(...) for younger visitors who see the brutality of the Apartheid regime who you know if it's not mediated carefully can see it very much in racial terms you (...) do have young people, black South Africans saying: I hate whites. If I wasn't a Christian, you know, I would kill whites. (...) and you have white visitors feeling incredibly guilty and ashamed and: How come my parents never told me about this? Why was this allowed to happen? They go and they say to their parents: What did you do? Why didn't you do anything? Why did you just let it happen? Etc. etc. So it opens a whole can of worms (!) which is difficult and you know as an institution it's a big challenge for us (...)."[351]

Auch andere Perspektiven stellen die Narration infrage: Potenza benennt die „Indian Community" und „women of the coloured (!) community", die ihren Kampf gegen Apartheid als ungenügend wiedergegeben betrachten.[352]

351 Potenza, Emilia. Interview, geführt von der Verfasserin. Johannesburg, 29.04.2009. S. 7.
352 Vgl. ebd. S. 12.

Die Museumsverantwortlichen bieten drei Wege in den Interviews an, einen Umgang mit möglicher Gewalt, ausgelöst durch die Erzählung, und mit der Kritik, nicht angemessen auf der Agenda sichtbar geworden zu sein, zu finden. Erstens sind sich die Ausstellungsmachenden darüber bewusst, nicht alle genügend bedacht zu haben. In den Interviews betonten sie ihre Pläne, Änderungen im Laufe der Zeit vornehmen zu müssen. Zweitens stehen Erzählungen über ‚weiße' Widerständigkeit und über die erfolgreiche Überwindung des Apartheidssystems auf der Agenda des Museums:

> „(...) one of the key messages we're trying get across in the museum is that it was not a struggle of, you know, of all the black people in the country were activists and fighting the liberation struggle. And all the whites were oppressors (...). It wasn't like that. Most black South Africans did nothing and most white South Africans did nothing."[353]

Drittens wurden in die Bildungsmaterialien ‚weiße' positive Rollenvorbilder wegen geäußerter Bedenken des „leading historian" Phil Bonner aufgenommen. Der Text veränderte sich jedoch auf Kosten einer anderen Identitätskategorie: „And as a result we scrapped a page which was dealing with the whole lot of gender issues ... and replaced it with a page on whites (!) against Apartheid."[354] Die jetzt ausgewählten Ereignisse zeigen national-solidarisches Verhalten und Führungsverhalten, den Einsatz ‚weißer' Männer für das Wahlrecht von ‚coloured men', weil diese mit ihnen im 2. Weltkrieg kämpften und eine Leistung für die Nation erbrachten („The Torch Commando"). Auch das Engagement ‚weißer' Frauen in der „Black Sash"-Bewegung für Verfassungsrechte und Gleichheit ist als Nationenbildung lesbar. Teil der Publikation sind jetzt auch vier ‚weiße' Führungspersönlichkeiten, drei von ihnen männlich: „But obviously (...) there were many others. (...) we just (...) make the point that you know ... significantly it was a non-racial struggle and we are now building non-racialism in a Post-Apartheid era."[355]

Vermittelt werden sollen im Museum positive Gefühle, individuelle Handlungsmacht und affektives Wertschätzen des Erreichten: „(...) feeling that as an individual you can make a difference and that (...) we're living in a democracy now and for all its complications and the challenges that we face the basic building blocks are in place that we need to really safeguard (...)."[356] Hier spricht Emilia Potenza auch den Versöhnungsgedanken an, den diverse Teilbereiche der

353 Ebd. S. 6f.
354 Ebd. S. 11.
355 Ebd. S. 12.
356 Ebd. S. 7.

Ausstellung nach 1989 thematisieren (bspw. „The Truth and Reconciliation Commission“, „The miracle and beyond“). Versöhnung braucht Grauzonen, um die Gewalt der Binarität zwischen ‚weiß‘ und ‚schwarz‘ aufzulösen. Hoffnung vermittelt sich über das ‚Dazwischen‘. Nation-Building-Prozesse würden Versöhnung und Hoffnung benötigen: „So nation-building is of course an important part of, of the story and it‘s an important part of bringing black and white South Africans into a feeling of nationhood and a common sense of nationhood.“[357]

Der Dualismus im Denken der Ausstellungsmachenden findet sich in der Praxis des Museums wieder. So thematisieren tagesaktuelle Zeitungsausschnitte am Ende der Dauerausstellung Konflikte der Gegenwart. Die Agenda referiert hier auf zwei Ordnungssysteme: zum einen auf die Chronologie der Ausstellung, die von der Vergangenheit ins Heute führt. Zum anderen erzählen täglich wechselnde Berichte[358] über gegenwärtige Situationen in Südafrika und damit über die Schwierigkeiten in Nation-Building-Prozessen. Christopher Till vergleicht die jetzige Nation indirekt mit einer Ehe: „And honeymoon is long gone.“[359] Seine Symbolwahl könnte auch als ein Bündnis zwischen ‚schwarz‘ und ‚weiß‘ verstanden werden. Er und Emilia Potenza sprachen im Interview sowohl über aktuelle Probleme als auch über problematische Ausstellungsthemen.

Emilia Potenza thematisiert vor allem die Armut und die Gewalt gegen Frauen und Kinder. sie stellt die Verfassung der gesellschaftlichen Realität gegenüber:[360]

> „(...) the rights enshrined in the Constitution, you know, the rights to a house, the right to education, (...) the basic human rights that we‘re striving for, are certainly not the lived experience for the majority, aren‘t for 50% of the people in the country, which is big. The other thing [is, A. S.] (...) looking at (...) gender-based violence. (...) I think that is really an index of power relations in our society and I think the fact that women and children are so much the victims of violence largely of a domestic nature (...) that gives a very clear indication of unequal power relations between men and women in our society (...). ... the majority of women in our country are still, you know, treated as not much more than slaves. And what is this freedom

357 Till, Christopher. Interview, geführt von der Verfasserin. Johannesburg, 31.03.2009. S. 9.

358 Aktuelle Themen werden auch in temporären und damit wechselnden Ausstellungen thematisiert, bspw. Gay and Lesbian Rights oder „Xenophobia“.

359 Till, Christopher. Interview, geführt von der Verfasserin. Johannesburg, 31.03.2009. S. 10.

360 Auch Till thematisiert heutige Armut: „And I suppose in a way we as South Africans still are (...) there is still a divide between (...) those who were in a privileged position and those who were not in a privileged position. Because many of those people are still not in a privileged position because poverty is, is still there. The housing issues and the service delivering issues and all of that kind of stuff. So, (...) we‘re not the Cinderella Nation. Even if we believe it. I mean we are, there‘s (!) still fold lines.“ Till, Christopher. Interview, geführt von der Verfasserin. Johannesburg, 31.03.2009. S. 12.

> mean in that context, you know, until those relationships are transformed. We can't really claim victory as a country."[361]

Ihre Beispiele lenken den Blick auf die Brüche innerhalb der Hoffnungserzählung der Post-Apartheid-Gesellschaft. Das Narrativ des Museums endet jedoch nicht mit gegenwärtigen Konflikten: Es endet mit der Zukunft, die eine Zukunft des Rechts ist. Die Verfassungswerte werden auch hier zu Momenten der Hoffnung; „Equality" zur Überwindungsmöglichkeit ‚schwarz-weißer' Raumstrukturen. Das Dokumentarische, das immer auf bereits Vergangenes rekurriert, wird von der Hoffnung und dem Zukunftsglauben abgelöst.

„Si Poteris Narrare, Licet"[362] oder wer kann erzählen?

Zukunft und Museumserzählung werden auch in einem anderen Gesellschaftskonflikt zum Thema. Der Direktor Christopher Till spricht im Interview ein Thema an, das er sich zukünftig als Teil der Museumsausstellung vorstellen kann:

> „Now in this country, there is one exhibition which we still need to do. And that's one that I will do. Ahm ... white males of my generation ahm ... are ... amazed by coming into this museum in the sense and sometimes quite disturbed because all of us, unless you were a conscious objector where you'd be put in jail or you fled this country into exile, had to go through national military service. When you were young or when you were coming out of the school and the message given to us as white males was that you had to join the army because you were part of the East-West Cold War struggle and there was a fight against the Communist insurgence coming from the North, the Russians and the Cubans and the East Germans and the this and the that and that's what those guys were actually fighting for (…) on the borders of our country. And many of them are well adjusted, well educated ahm human beings who do not have racist tendencies. Ah, ah but that was the propaganda that was pushed out by the government, by the national party government. Ahm in, in, in justifying why this or that was happening."[363]

Si poteris narrare, licet! Während noch bruchstückhaft bspw. auf der Tafel zum Gewerkschafter Neil Aggett die Verweigerung des Militärdienstes und als Anti-Apartheid-Protest lesbar ist, verweist Tills Realisierungswunsch einer Ausstel-

361 Potenza, Emilia. Interview, geführt von der Verfasserin. Johannesburg, 29.04.2009. S. 13f.

362 Der Titel ist dem Kunstwerk von Jean Michel Bruyère entliehen. Vgl. Bruyère, Jean Michel. „Multimediale Installation." *Vom Funken zum Pixel.* 28.10.2007-14.01.2008. Berlin: Martin-Gropius-Bau.

363 Till, Christopher. Interview, geführt von der Verfasserin. Johannesburg, 31.03.2009. S. 14.

lung zur Macht antikommunistischer Staatspropaganda, staatlicher Inszenierung von Bedrohungsszenarien und nationalem Verteidigungsgebot auf andere Erinnerungsperspektiven. Till spricht von sich und seiner Generation ‚weißer' Männer, die in seiner Erzählung gezwungen wurde, Militärdienst zu leisten. Ansonsten hätten die Männer das Land verlassen müssen oder wären ins Gefängnis gekommen. Interessant ist, wie Till die Entscheidung für einen Militärdienst rhetorisch legitimiert, der im Museum Teil eines Unrechtsstaates ist (vgl. u. a. die Ausstellungsabschnitte „Covert and Overt Operations" in Kap. 2.2.1). Till nutzt Zuschreibungen wie „gut ausgebildet" und „gut geeicht" sein, um sie dadurch sprachlich von rassifizierenden Einstellungen abzugrenzen. Die Regierungspropaganda der Nationalen Partei und deren Begründungsfiguren hätten, so Till, junge Männer dazu bewegt, zum Militär zu gehen.

Si potere narraris, licet! Tills kulturpolitische Macht, öffentlich auszustellen und seine Rekonstruktion von Vergangenheit können zukünftige Erzählungen im Museum ermöglichen, für die derzeit gesellschaftspolitisch noch kein öffentlicher Raum besteht. Ähnlich wie in anderen Nationalstaaten kann der zeitliche Abstand vom Geschehenen auch Themen auf Agenden von Erinnerungsorten setzen, die vorher gesellschaftlichen Protest auslösten (vgl. die Auseinandersetzung über die Nennung ehemaliger SADF-Militärangehöriger im *Freedom Park*, Kap. 2.4.2.2). Ich fokussiere hier auf die persönliche Verantwortung von Ausstellungsmachenden, die auch in ethische und moralische Diskurse der jeweiligen Zeit eingebunden ist.

Der Medienwissenschaftler Bernhard C. Cohen stellte 1963 für das Medium Presse die These auf, dass Medien möglicherweise den Menschen nicht erzählen, was sie zu denken haben, aber doch darin erfolgreich sein könnten, den Rezipienten und Rezipientinnen zu vermitteln, worüber sie nachdenken.[364] Im Medium Erinnerungsort könnte die mediale Aufbereitung der Tillschen Sichtweise, keine Wahl gehabt zu haben, die Rolle ‚weißer' Soldaten im Dienste des Apartheidssystems legitimieren. Die Sichtweise Tills hat kein Alleinstellungsmerkmal. Auch diese rhetorische Legitimierungsstrategie findet sich sowohl in weiteren erinnerungspolitischen Kontexten (vgl. Kap. 2.4.2) des südafrikanischen Nationalstaates als auch in Untersuchungen zu anderen Konflikten um Widerstand und Kollaboration.[365] Für mich verweist dieses Diskursfragment auf

364 Im Original: „It [the press, A. S.] may not be successful much of the time in telling people what to think, but it is stunningly successful in telling its readers what to think about." Vgl. Cohen, Bernard C. *The Press and Foreign Policy*. Princeton: Princeton University Press, 1963. S. 13.

365 U. a. Welzer, Harald; Moller, Sabine; Tschuggnall, Karoline. *„Opa war kein Nazi". Nationalsozialismus und Holocaust im Familiengedächtnis*. Frankfurt/M.: Fischer, 2002. Achugar, Mariana. *What we remember: The Construction of Memory in Military Discourse*. Amsterdam, Philadelphia: John Benjamins, 2008.

eine Konzeption von Staat, in der dieser zur machtvollen Institution über Leben und Tod wird, dessen Bürgerinnen und Bürger somit als Ohnmächtige imaginiert werden (vgl. Kap. 4.3).

2.3.2.3 Dokumentarische Räume

Die Wahl anhand von Urbanität, bezogen auf den realen Ort Johannesburg, und anhand von „Schwarz-Weiß-Symboliken“[366], Apartheidsgeschichte zu erzählen, schafft einen weiteren Raum, der die Agenda des *Apartheid Museum* spezifiziert: den Raum der Dokumentation. Gewählt wurde eine chronologische Narrationsstruktur, die Historiker für das Museum entwickelten:

> „(...) so we took a chronological perspective and I pooled together a team of I think it was about thirteen historians (...) who were considered to be ... experts or, or ahm focused on particular periods of time. (…) getting them to write essentially the chapter of the storyline (...). And then we had a sort of a principal historian, (...), an editing historian and then an editor.“[367]

Zwei Professionen schaffen den Dokumentationsstil: die Geschichtswissenschaft, die erzählen will, wie es war und die Medienproduktion, die Geschichten visualisiert. Beide sollen als objektive Wissensproduzenten gelten.[368] In beiden Wissenschaften gibt es Zweifel daran, ob Objektivität überhaupt herstellbar sei. In der Geschichtswissenschaft zeigt Ricoeur am Beispiel der historiografischen Operation, dass subjektive Interpretation immer Teil der Erzählung ist: „(...)*, zum Beispiel auf der dokumentarischen Ebene mit der Selektion der Quellen, auf der erklärend-verstehenden Ebene mit der Auswahl von konkurrierenden Erklärungsmodi, und, (...), mit der Variation von Maßstäben.*“[369] Weischenberg stellte

366 Die Wortgruppe habe ich Jana Husmanns Dissertationsschrift entliehen: *Schwarz-Weiß-Symbolik. Dualistische Denktraditionen und die Imagination von „Rasse“. Religion-Wissenschaft-Anthroposophie.* Bielefeld: transcript, 2010.

367 Till, Christopher. Interview, geführt von der Verfasserin. Johannesburg, 31.03.2009. S. 3. Oder ebenfalls von Till: „(...), we need to say that our approach was we thought a literally balanced approach on the events that took place relate to ahm the contemporary historical narrative which was generated by a cross-section of historians who were working in those areas. So we didn‘t take a particular threat and follow that through other than a chronological threat.“ Ebd. S. 6.

368 Zum Selbstbild der Wissenschaftsdisziplin Geschichte vgl. u. a. Rassool, Ciraj. *The Individual, Auto/biography and History in South Africa.* Dissertation. 2004. URL: http://etd.uwc.ac.za/usr files/modules/etd/docs/etd_init_2781_1175238139.pdf (01.01.12). S. 195f.

369 Ricoeur, Paul. *Gedächtnis, Geschichte, Vergessen. Übergänge.* Bd. 50. München: Wilhelm Fink Verlag, 2005. S. 362. Hervorh. i. O.

bereits 1983 für die Journalistik fest, dass Objektivität nicht vorhanden, sondern immer abhängig von der subjektiven Perspektive der/des Betrachtenden in der jeweiligen Situation sei.[370] Das gilt auch für die Ausstellungsmachenden.

Im Museum verweisen die Quellenangaben auf eine wissenschaftliche Praxis des Zitierens. Einerseits werden einzelne Autoren und Autorinnen (z. B. Ashwin Desai) oder Archive (Robben Island Museum/UWC[371]/Mayibuye Archive) angegeben. Andererseits verleihen das Schreiben in der 3. Person Singular und die selbstreferentielle Quellenangabe *Apartheid Museum* dem Text Glaubwürdigkeit: „(...), the autocratic author who hides his control over the text behind the third person singular, the chronological unfolding of the story that creates the illusion of a natural, temporal development; the lifelike and detailed descriptions of how it really was.‘“[372] Die chronologische Ordnung der musealen Erzählung vom Unrecht zum Recht der Freiheit erhöht den Autoritätscharakter der produzierten Geschichte.

Autorität wirkt in der Organisationsstruktur des Museums auch aufgrund des Verhaltens und der Einstellungen des Museumsdirektors. Christopher Till sieht sich selbst als wesentliche Entscheidungs- und Gestaltungsinstanz: Im Unterschied zu den anderen Erinnerungsorten erachtet der Direktor Till Mitbestimmung[373] z. B. durch das „Board of Trustees“ nicht als unbedingt notwendig:

> „(...) he [John Kani, A. S.]‘s my chairman but, but he would speak from a sort of a ... a personal point of view being a black South African involved with the process like this or something like that. You know, he wouldn‘t be able to give you a lot of that actual detail of all, I think.“[374]

Till beginnt seine Antwort mit der Feststellung, dass John Kani sein Vorgesetzter sei. Er spricht Kani aktuelles Detailwissen über das Museum wegen dessen per-

370 Vgl. Weischenberg, Siegfried. „Investigativer Journalismus und ‚kapitalistischer Realismus‘. Zu den Strukturbedingungen eines anderen Paradigmas der Berichterstattung.“ *Rundfunk und Fernsehen* 3 (1983). S. 349-369.

371 UWC ist die Abkürzung für die University of the Western Cape.

372 Harries, Patrick. „Histories New and Old.“ *South African Historical Journal* 30.5 (1994). S. 130. Zitiert nach Rassool, Ciraj. „Power, knowledge and the politics of public pasts.“ *Reconciliation and the work of Memory in post-Apartheid South Africa: a Dialogue*. Houghton: Nelson Mandela Foundation, 02.-03.04.2009. URL: http://www.nelsonmandela.org/images/uploads/PAPER_-_RASSOOL.pdf (28.04.2011). S. 4f.

373 Dies wurde bereits an anderer Stelle kritisiert: „The lack of connection with black South African communities has also been a point of criticism; as Joseph O‘Reilly (2004) notes, the museum was assembled and organised by a multidisciplinary team of curators, (...).“ Vgl. Newbury, Darren. „‚Lest we forget‘: photography and the representation of history at the Apartheid Museum, Gold Reef City, and the Hector Pieterson Museum, Soweto.“ *Visual Communication* 4.3 (2005). S. 266.

374 Till, Christopher. Interview, geführt von der Verfasserin. Johannesburg, 31.03.2009. S. 21.

sönlicher Involviertheit ab. Die persönliche Perspektive hänge mit Kanis Hautfarbe zusammen. Till offenbart für mich in dieser Aussage seine Ansicht, dass er selbst der Kompetentere sei. Und das Kompetenz mit Abstand zu tun habe – und mit der Hautfarbe. Er rassifiziert Emotionen und Wissen und blendet seine eigene Involviertheit in rassifizierte Machtverhältnisse aus. Als Regisseur legt Till fest, welche Spotlights im Museum auf die Agenda gesetzt werden, wer welche Zeitabschnitte im Storyboard schreiben kann. Er führt auch den „cast of characters“[375] durch. Das von ihm ausgewählte Historikerteam erzählt über Apartheid, sie versuchen ihre Texte in die Welt ihrer Lesenden, in die Welt der Besuchenden, einzuschreiben[376] und sie schreiben Stadt[377], setzen die narrative Agenda – im Gegensatz zur Teilhabe von Anti-Apartheid-Gruppen und Überlebenden, die in den anderen Museen, laut der Interviews, an Ausstellungskonzeptionen partizipieren würden.

Der mediale Dokumentationsstil des *Apartheid Museum* nutzt zudem von Körpern losgelöste Erinnerungen: Genommen aus Archiven und meist Teil journalistischer Berichterstattungen aus der Zeit der Apartheid, objektivieren sie Geschichte und bedienen den traditionellen, europäisch geprägten Stil, im Museum auszustellen. Fotos, Zeitungsartikel, Buchauszüge, Biografierekonstruktionen, Dokumentarfilme in kinoähnlichen Räumen und Textbausteine erzählen in Bild/Schrift, wie es gewesen sein muss. Reflexionsmomente medialer Praxen in Museen bezüglich der Apartheid sind nicht Teil der Ausstellung.

Ciraj Rassool arbeitet in seiner Dissertation zu Biografien und Geschichtsproduktion in Südafrika heraus, welche unterschiedlichen Funktionen Fotografien in Erzählungen zum südafrikanischen Widerstand haben können. Ihnen werden inhärente Qualitäten der Objektivität, empirischer Beweiskraft und Realitätswiedergabe zugesprochen.[378] Viele der ausgewählten Fotos bilden einzelne Männer ab, deren Kurzbiografien unter dem Fokus des Politischen in das größere Narrativ der Apartheidsgeschichte eingebettet werden. Biografische Erzählungen selbst sind Teil des Dokumentarischen, werden an Erinnerungsorten nach der

375 Vgl. ebd. S. 3.

376 Vgl. Ricoeur, Paul. *Gedächtnis, Geschichte, Vergessen. Übergänge*. Bd. 50. München: Wilhelm Fink Verlag, 2005. S. 361.

377 Bremner bezieht sich in ihrem Werk zur Stadt auf Maurice Blanchot: „(...), in particular his notion of ‚literariness‘, and his explication of the idea that to write is to form, to bring to the surface something that is not yet there. Writing, precisely because it negates the city as lived space and substitutes an idea city to fill this absence, becomes the locus of theoretical and/or cultural work and a model for productive practice. How we write the city invents it, brings it into being, allows it to exist in very specific ways.“ Bremner, Lindsay. *Writing the City into Being. Essays on Johannesburg 1998-2008*. Johannesburg: fourthwall Books, 2010. S. 3f.

378 Vgl. Rassool, Ciraj. *The Individual, Auto/biography and History in South Africa*. Dissertation. 2004. URL: http://etd.uwc.ac.za/usrfiles/modules/etd/docs/etd_init_2781_1175238139.pdf (01.01.2012). S. 170f.

Apartheid zu „visuellen Codes“[379], die sowohl auf Fotopapier als auch auf Fernsehern das Museum mit einer „screen memory“[380] ausstatten. Michael Rothberg nutzt den Begriff der ‚Deckerinnerung‘ im Anschluss an Freud, um das Verhältnis zwischen erfahrener und rekonstruierter Erinnerung als multidirektionalen Prozess der Bedeutungsproduktion zu definieren.[381] Der Dokumentationsstil im *Apartheid Museum* lässt sich dann mit der Konzeption Rothbergs nicht mehr als neutral, sondern vor allem als konflikthaft lesen. Die Stilmittel und deren Produktionsweisen bekommen eine Ebene der Auseinandersetzung. Und so ließe sich fragen: Welche Perspektiven werden nicht gezeigt? Wer wird von biografischen Erzählungen ausgeschlossen? Welche Erinnerungen bleiben unerzählt?

Darren Newbury verbindet in seiner Analyse den Aspekt der Blickposition mit den gezeigten Objekten in der Dauerausstellung des *Apartheid Museum*:

> „In the centre of the museum is one of the few artefacts – a yellow Casspir armoured vehicle of the kind that security forces frequently used in the townships. The visitor is invited into the back of the vehicle to view footage as seen through the eyes of the security forces patrolling a township. Once more, the power associated with particular ways of seeing is invoked and at the same time reconfigured.“[382]

So stellen die ausgewählten Objekte, die Apartheid repräsentieren, machtvolle Blick- und Gewaltverhältnisse her. Der begehbare Casspir, kombiniert mit den Dokumentarausschnitten über den Aufstand in Soweto und dem Film über die 1980er-Jahre, kann von den Besuchenden als Zeichen der Brutalität und Macht gelesen werden,[383] ebenso die Waffen, die Anfang der 1990er-Jahre in Polizeistationen abgegeben werden konnten[384] oder die von der Decke hängenden Galgen im Trakt zur Todesstrafe[385].

Die Ikonografien der Gewalt, die meist konflikthaften Ereignissen zugeordnet sind, bestimmen den dokumentarischen Raum, legen zeitliche Spuren in die

379 Vgl. ebd. S. 198.

380 Vgl. Rothberg, Michael. *Multidirectional Memory. Remembering the Holocaust in the Age of Decolonization*. Stanford: Stanford Press, 2009. S. 12ff.

381 Vgl. ebd. S. 14.

382 Newbury, Darren. „‚Lest we forget‘: photography and the representation of history at the Apartheid Museum, Gold Reef City, and the Hector Pieterson Museum, Soweto.“ *Visual Communication* 4.3 (2005). S. 273.

383 Vgl. Ausstellungsabschnitte „The student uprisings of 1976“, „The 1980s – total onslaught, mass resistance“. In diesem Film wird auch die Praxis des „necklacing“ gezeigt. Emilia Potenza hält fest, dass u. a. dieser Film erst ab einem bestimmten Alter für Schulklassenführungen zugelassen sei. Vgl. Potenza, Emilia. Interview, geführt von der Verfasserin. Johannesburg, 29.04.2009. S. 2.

384 Vgl. Ausstellungsabschnitt „The early 1990s – on the brink“.

385 Vgl. Ausstellungsabschnitt „Political executions and detention without trial“.

Vergangenheit und produzieren Wissen, das anfassbar wird. Anfassbarkeit ermöglicht Distanzlosigkeit:

> „Of necessity, visitors stand close to the information to read it, personalizing both victims and viewers. These close-up encounters acquire another dimension through an installation of rope nooses that hang from the ceiling over one‘s head. The dimensions of the dense cluster – 131 nooses, one for each death – and its presentation in a restricted space so that it is impossible to distance oneself from it are infinitely shocking. The physicality of the presentation evokes a visceral response.“[386]

Dokumentarische Spuren: Ereignis und Repräsentation

Trotz des Versuchs, Apartheidsgeschichte be-/greifbar zu machen, bleibt die Ausstellung, wie alle historischen Erzählungen, in einem Dilemma: Die ausgewählten Ereignisse sind nur darstellbar über Repräsentationen. Das „Re“ weist darauf hin, dass das Präsens vergangen ist. Ricoeur betrachtet „Repräsentation“ im Anschluss an Antoine Furetière (1727) als dialektisch im Sinne einer „bipolaren Struktur“:

> „Nämlich auf der einen Seite die Evokation einer abwesenden Sache mittels einer substituierten, die deren Repräsentant notgedrungen ist; auf der anderen die Zurschaustellung einer augenscheinlichen Präsenz, bei der die Sichtbarkeit der gegenwärtigen Sache dazu neigt, die Substitutionsoperation, die einer wirklichen Ersetzung des Abwesenden gleichkommt, zu verdecken.“[387]

Abbilder und Abbildungen haben die Funktion, Vergangenes zu vergegenwärtigen, verständlich zu machen und zu erklären. Vor allem die Fotos in Schwarz-Weiß und in Lebensgröße unterstützen die Gedächtnisfunktion des Museums. Sie lassen nicht vergessen, welche Blicke auf soziale Verhältnisse möglich waren. Fotografinnen und Fotografen wie Ernest Cole („Life under apartheid in the 1960s“) konnten mit ihrem Kameraauge Gewalt und soziales Elend dokumentieren. Daran schließt sich die Frage an, ob es weniger um Sichtbarkeit, denn um ein „Sehen wollen“ geht. So ist der Stil der Dokumentation dialektisch: Als visuelle Zeugen bekräftigen die Archivfotos[388] die Narration über Apartheid, sind

386 Rankin, Elizabeth; Schmidt, Leonie. „The Apartheid Museum: Performing a Spatial Dialectics.“ *journal of visual culture* 8.1 (2009). S. 94.

387 Ricoeur, Paul. *Gedächtnis, Geschichte, Vergessen. Übergänge.* Bd. 50. München: Wilhelm Fink Verlag, 2005. S. 355.

388 „The museum depends heavily on still photography, many images for example from Bailey‘s African History Archives, and monitors showing film footage from the 1940s on, as well as more recent television news coverage (much of which would not have been seen in South Af-

jedoch selbst Teil des ‚struggle' gewesen und erzählen über nichtanwesende Quellen ihrer Entstehung und visuelle Praktiken. Newbury sieht deshalb in ihnen mehr als bloße Repräsentation: „(...); they are literally images within apartheid – the visual practices which created these images were structured by the apartheid era, and in many cases pitched directly for or against it."[389] Gleichzeitig werden die Besuchenden in ihrer Rolle als Blickende zu Zeugen und Zeuginnen des Abgebildeten.[390] Im Dokumentarstil sind dementsprechend immer auch Prozesse der Beweisführung und des Erinnerns enthalten. Strukturiert wird die Narration hier zweifach: Die dokumentarischen Spuren haben Ereignischarakter – sie zeigen die Entwicklungen gesellschaftlicher Strukturen hin zur Überwindung der Apartheid und die Hoffnung eines Neuanfangs auf. Die aus dem Archiv dafür ausgesuchten Beweise bilden das museale Funktionsgedächtnis.

Sublime Architektur und die Inszenierung von Hoffnung

Das *Apartheid Museum* versucht, Erinnerungen erlebbar zu machen. Die eingesetzten Filme lassen die Gegenwart vergessen und die Besuchenden in das Gezeigte eintauchen. Die kinoähnlichen Bereiche zitieren ein bekanntes Unterhaltungsformat. Sie professionalisieren jedoch über ihr technisches Format die Erzählung.

Die dokumentarischen Räume fordern die Besucher und Besucherinnen auf, die Zeit der Apartheid zu fühlen. Das Affektive wird jedoch unerträglicher, je stärker es dem Museum gelingt, tatsächlich als Gefängnis zu wirken bzw. je eher die Besuchenden diese räumliche Gestaltung (für)wahr nehmen. Lindsay Bremner argumentiert im Anschluss an Norberg-Schulz[391]: „In the Apartheid Museum, we ‚dwell poetically' (Norberg-Schult(!)z 1983: 67) in apartheid all

rica at the time)." Newbury betont die Bedeutung der Fotografie im Widerstandskampf gegen die Apartheid. Vgl. Newbury, Darren. „„Lest we forget': photography and the representation of history at the Apartheid Museum, Gold Reef City, and the Hector Pieterson Museum, Soweto." *Visual Communication* 4.3 (2005). S. 262f., 271.

389 Ebd. S. 286. In seinem Artikel führt er die historischen Entstehungsbedingungen der Fotos als Mittel des Widerstandes aus. Fotografie gelte als Beweis der Menschenrechtsverletzungen: „However, at the same time, perhaps these museums represent the last expression of humanist photography as an important presence in the public sphere? The peculiar circumstances of South Africa under apartheid – the cultural boycott, the late arrival of television, and the dehumanization of apartheid itself– provided a context in which photographic humanism led a protected existence, where its moral force was a necessary corollary of the goal of citizenship and where the criticisms of passivity and sentimentalism that were levelled elsewhere did not apply." Ebd. 287.

390 Vgl. ebd. S. 267.

391 Vgl. Norberg-Schulz, Christian. *Meaning in Western Architecture*. New York: Rizzoli, 1983.

over again."[392] Bremner spricht von der Begehbarkeit der Vergangenheit – Wissen über Ereignisse wird erklärbar und verständlich durch performatives Erleben. Dies betonen auch Elizabeth Rankin und Leonie Schmidt, wenn sie von „bodily experiences"[393] sprechen: „But, crucially, in seeking to replicate that experience, the Apartheid Museum uses not only its displays but the design of the museum. We contend that it is the building itself and the visitor‘s interaction with its divergent architectural spaces (...)."[394] Damit werden die architektonischen Räume auch zu dokumentarischen: Sie dokumentieren zugleich das Traumatische und die Hoffnung. Der Weg, der zur Hauptausstellung führt, verdeutlicht das insbebesonders. Der Architekt Jeremy Rose erklärt dessen Symbolcharakter:

> „And then what we said is that we wanted to get up to the top, get the view and we wanted to drop down into the belly of the beast. And we go down into the story and in the story is a long line (...). Calibrated through time. (...) and then we concealed this story under this landscape. Like it was something that you sweep under the carpet. You don‘t see the, the dirty, the dirty stuff, you know, it‘s kind of, it‘s underneath."[395]

Das von Rose benutzte Motiv „belly of the beast" ist auch Bestandteil biblischer Erzählungen. In dieser Lesart setzt er Apartheid heute rhetorisch mit einem Ungeheuer gleich. So signifiziert das biblische Motiv des Ungeheuers Apartheid mit Angst und Schrecken. Er erklärt, warum die Besuchenden eine Treppe hinab gehen müssen, um die eigentliche Geschichte der Apartheid zu erfahren. Die Welt unterhalb der sichtbaren Landschaft wird thematisch durch das Innendesign der engen, dunklen, zellenähnlichen Raumstrukturierungen verstärkt (vgl. Kap. 2.3.2.1). Und so dokumentieren die Sprache des Architekten und seine Architektursprache nicht nur Apartheid, sondern auch die christlichen Bezüge des Architekten, der Apartheidsgesellschaft und der Post-Apartheid-Gesellschaft.

Rose kontrastiert im Interview die „weiche Landschaft" mit der „nasty story" und nutzt dafür den Begriff „horrible-sublime"[396]. Er hält fest, dass seine Architekturfirma dieses Konzept sehr schätze und damit an diversen Erinnerungsorten gearbeitet hätte, u. a. auf Robben Island. In einem anderen Interview trifft er folgende Aussage:

---

392 Bremner, Lindsay. „Memory, Identity and the Post-apartheid City: The Apartheid Museum in Johannesburg." *Desire Lines: Space, Memory and Identity in the post-apartheid city*. Hg. Noeleen Murray, Nick Shepherd and Martin Hall. London: Routledge, 2007. S. 88.

393 Vgl. Rankin, Elizabeth; Schmidt, Leonie. „The Apartheid Museum: Performing a Spatial Dialectics." *journal of visual culture* 8.1 (2009). S. 94.

394 Ebd. S. 79.

395 Rose, Jeremy. Interview mit der Verfasserin. Johannesburg, 05.05.2009. S. 5.

396 Vgl. ebd. S. 8f.

> „There is something sublime about hiding the building. You are not building a temple. What I like most it is that it emerges out of the ground and delivers you onto that landscape. The fact that the garden is grassed over and the roof has grass growing on it is significant. In a way it's like finding a ruin, a house in ruin where the lawn has grown inside. I think it is like an unkempt graveyard. It works to convey a sense of the building being a part of the past ...“[397]

Das Sublime, auf das Rose rekurriert, hat sich als Theoriekonzeption aus der Philosophie in die Psychoanalyse und mittlerweile u. a. auch in die Architektur eingeschrieben.[398] Das Wort selbst wird je nach Kontext und Akteur bzw. Akteurin unterschiedlich signifiziert. Die Bandbreite bietet Bedeutungen wie „erhaben“, „faszinierend“ oder „unwiderstehlich“. Rose verband „sublime“ mit dem Wort „horrible“, in dem zweiten zitierten Interview zum *Apartheid Museum* mit Ausdrücken wie „verstecken“, „von Gras überwachsen“ oder „aus der Erde auftauchen und in die Landschaft entlassend“. Die Ästhetik des Museums basiert auf Verbindungselementen zur Natur. Er interpretiert seinen Designentwurf als von Zeit gezeichnet. So wird das Erhabene zum Überwältigenden einer anderen Zeit: Das geschaffene Gebäude selbst soll die Besuchenden fühlen lassen, dass es Vergangenheit repräsentiert. Der Ausstellungsfokus Apartheid selbst wird zur Vergangenheit. Der Bau des Museums und der Architekturhandgriff, das Gebäude „tiefer zu legen“ und von Gras bewachsen zu lassen, bildet die politische Transformation materiell nach. Die als natürlich vorgestellte Ordnung wird – im Sinne der Rechtmäßigkeit – wiederhergestellt. Und ähnlich wie in der Konstruktion von national-kulturellem Funktionsgedächtnis geht es auch in der entsprechenden Architektur nicht nur um das Vergangene, sondern auch und vor allem um die Gegenwart, die ihre Legitimation durch den sublimen Horror des Vergangenen erfährt. Ähnlich konzeptioniert Marilyn Sheppard sublime Architektur:

> „For a piece of architecture to reach sublimity, it has to be able to touch the user's soul. It has to make you think of the past, the present and the future, it has to get you angry and happy, sad and enthusiastic, and then in peace and freedom with yourself and the world. It has to reach this perfection and surpass it in a way that makes the spectator feel the will-to-live.“[399]

---

397 Hobbs, Stephen. *The aesthetics of disappearance: In conversation with Jeremy Rose*. URL: http://www.artthrob.co.za/02may/news/apartheid.html (19.03.2009). S. 2.

398 Einen Überblick bietet: Shaw, Philip. *The Sublime. The new Critical Idiom*. London, New York: Routledge, 2006.

399 Sheppard, Marilyn. *The music of architecture*. Masterarbeit. Blacksburg: Virginia Polytechnic Institute and State University, 2011. URL: http://scholar.lib.vt.edu/theses/available/etd-12022011-233544/unrestricted/Sheppard_M_T_2011.pdf (18.02.2012). S. 35.

Sheppard schließt an die Arbeiten von Arthur Schopenhauer und Etienne-Louis Boulée an. Sie begreift den Zusammenhang zwischen dem Sublimen in der Architektur und der Verwendung von Naturelementen wie folgt: „Nature transmits the idea of eternity, immortality, and these are related to the feeling of the Sublime."[400] Gerade weil Architektur Naturmaterialien benötige, so Sheppard, habe diese Kunst die Chance, Nähe zum Sublimen zu teilen.

Rose spricht von dem Gebäude als Wunde und Schnitt in den Boden („wound"/„cut in the ground"[401]). Das Gebäude verkörpert Apartheid, die synonym für Zerstörung und Verletzung der ‚natürlichen' Basis steht. Der Bau spricht architektonisch und medial über das „horrible-sublime", wie es Rose im Interview bezeichnete. Der Horror ist die Apartheid selbst – im Museum wird sie zum Objekt, gewalttätig und destruktiv. In Kombination mit dem Sublimen kann die Apartheid architektonisch beerdigt werden – in diesem Gebäude, über das Gras wächst. Als Friedhof erinnert das Gebäude jedoch an die Vergangenheit, die als Gedächtnisraum nicht vergessen werden soll – umso lebendiger werden die Gegenwart und die Betrachtenden.

Hoffnung wird mindestens über vier Stilmittel des Dokumentarischen erzählt: erstens über die Assoziation, dass es im Laufe der Zeitreise durch das Museum von der Vergangenheit in die Gegenwart besser werde. Das künstliche Licht weicht spätestens ab dem Ausstellungsbereich „The miracle and beyond" dem Sonnenlicht, da mehr Fenster in die Außenwände eingesetzt wurden. Die Besuchenden laufen parallel zur *Ramp*, in ihre entgegengesetzte Richtung. So kann das Licht zunehmen, da die Betonwand an Höhe verliert.

Zweitens der Übergang von Schwarz-Weiß- zu Farbfotos. Rose verbindet Licht und Fotografie:

> „Even the way you use light. (...) some of the old stock photograph and film in the '40s was in black and white but in the '90s is in full colour and I always liked that fade to colour. (...) from black and white to multicoloured (...). And dark to light. That's a circle."[402]

Newbury weitet diesen Konnex auf die Ausstellungsobjekte zur ersten demokratischen Wahl aus: „Towards the latter part of the narrative the austere black-and-white footage gives way to a visual celebration of struggle culture, with a colourful array of T-shirts, posters and banners: (…)."[403]

400 Ebd. S. 36.
401 Vgl. Rose, Jeremy. Interview, geführt von der Verfasserin. Johannesburg, 05.05.2009. S. 6.
402 Ebd. S. 9f.
403 Newbury, Darren. „‚Lest we forget': photography and the representation of history at the Apartheid Museum, Gold Reef City, and the Hector Pieterson Museum, Soweto." *Visual Communication* 4.3 (2005). S. 271.

Drittens die gestaltete Landschaft selbst, die bezeugt, dass die Geschichte der Apartheid sozio-historisch am ihr entsprechenden Platz in Süd-/Afrika verortet wurde:

> „[A]n industrial waste land. And then we (...) decided that [we, A. S.] get the project more associated with landscape. [B]ecause you'e trying to do something which is about the history of South Africa, (...) we should try and make the building feel, that it's encompassed by an indigenous landscape. (...), that would give it an Africaness. Because it was, had indigenous plant material. But we also had the old mining landscape. So we used those two elements: the indigenous landscape and the mining landscape.“[404]

Viertens die juristische Referenz auf die Verfassung als Hoffnungsträger für die gegenwärtige und zukünftige Gesellschaft – auch wenn die Gestaltung für Emilia Potenza noch nicht der Botschaft entspricht: „Constitution Hall (...) is a very cold, windy space and very grey. (...) it's the wrong ambience. (...) we're working on I think glassying in those open spaces that you don't get that draft ... it needs to be (...) bright colours because it's hope.“[405]

Der Einsatz von Glas könnte ähnlich wie in *Constitution Hill* noch zwei weitere Funktionen haben: Die gläsernen Oberflächen und Glasfenster ermöglichen Sichtbarkeiten in andere Räume, z. B. eine Rückschau vom Ausstellungsraum „Negotiation Hall“ in „The early 1990s – on the brink“. Die Besuchenden spiegeln sich in den Spiegelstelen und Glaswänden. Das Spiegeln kann sowohl Verständnis, Identifizierung mit den Abgebildeten als auch Reflexionsmomente auslösen.

Undokumentiertes

Darren Newbury schreibt: „(…), there is very little attention to the particular organizations and practices that gave rise to this work. One learns little from a visit (...) about the infrastructure that supported photography or the forms in which these images were originally disseminated.“[406] Newbury bezieht sich auf journalistische Widerstandspraxen, die durch Fotos die Gewalt bezeugen wollten. Weil das *Apartheid Museum* als Museum selbst Ort gefühlter Erinnerungen sein will, bleibt kein Raum für die Reflexion der inszenierten Mittel. Auch der Insze-

404 Rose, Jeremy. Interview, geführt von der Verfasserin. Johannesburg, 05.05.2009. S. 4.

405 Potenza, Emilia. Interview, geführt von der Verfasserin. Johannesburg, 29.04.2009. S. 31f.

406 Newbury, Darren. „‚Lest we forget': photography and the representation of history at the Apartheid Museum, Gold Reef City, and the Hector Pieterson Museum, Soweto.“ *Visual Communication* 4.3 (2005). S. 286.

nierungscharakter selbst weicht der Prämisse eines städtischen Raumes in der Vergangenheit: Zwar informiert der Internetauftritt des Museums über dessen ungewöhnliche Entstehung (vgl. 2.3.3.1). Im gebauten Museum wird es allerdings vergessen gemacht – bspw. über die Mauern: „Now the point of that was to separate you from the street noise and the casino. To hide it. (...) we didn‘t want to see that. We wanted to take you back in time.“[407]

Die Reise in die Vergangenheit hätte jedoch auch bedeuten können zu zeigen, wie gut es den Privilegierten ging: Auch dieser Aspekt wird im *Apartheid Museum* kaum visualisiert. Das daneben stehende Kasino gibt einen Eindruck davon, wie Stadtgeschichte auch erzählt werden kann: „Gauteng‘s Gold Reef Casino takes late nineteenth century Johannesburg as its theme, bringing the tradition of the Wild West to the highveld.“[408] Und weiter: „Johannesburg‘s Gold Reef City has, for more than a decade, invited its visitors to relax into a popular, fun-loving version of the city‘s history (Kros 1990, 1992).“[409]

Eine kritische Reflexion dieser meist ‚weißen‘ Lebensweisen in der Apartheid, ergänzend zur ‚schwarzen‘ Armut und den entrechteten Widerstandskämpferinnen und -kämpfern, könnte den Blick auf heutige strukturell bedingte Armuts- und Reichtumsbedingungen lenken. Ein Bezug zum Kasino selbst ermöglicht, den heutigen Stadtraum, Kontinuitäten und andere Perspektivierungen auf Apartheid sichtbar werden zu lassen. So könnte sich ein zweiter Denkraum eröffnen, der weniger meditativ wie der *Veld Garden*, sondern brüchiger, unversöhnlicher und gegenwartskritischer wäre. Das Verhältnis zwischen Museum und Kasino, die beide ganz unterschiedliche Repräsentationsstrategien wählten, problematisieren Pia Bombardella und Martin Hall:

> „How can they resolve the paradox of two, diametrically opposed, interpretations of the city that are side-by-side, part of the same development? (…) In the larger frame of the Gold Reef City complex as a whole – and Gauteng and South Africa‘s varied heritage destinations – the Apartheid Museum is one of a range of attractions, given value by its uniqueness and the depth of its sincerity.“[410]

Der urbane Raum, ‚weiße‘/‚nicht-weiße Räume‘ und der dokumentarische Raum ermöglichen im Museumsgebäude zur Apartheid ein „Spiegelbild“[411] der Vorstellungen und gesellschaftlichen Praxen von der Apartheidsgemeinschaft – vor

407 Rose, Jeremy. Interview, geführt von der Verfasserin. Johannesburg, 05.05.2009. S. 6.

408 Bombardella, Pia; Hall, Martin. „Las Vegas in Africa.“ *Journal of Social Archaeology* 5.1 (2005). S. 11.

409 Ebd. S. 13.

410 Ebd. S. 17.

411 Vgl. Braun, Christina von. Versuch *über den Schwindel. Religion, Schrift, Bild, Geschlecht.* Berlin, Zürich: Pendo, 2001. S. 510.

allem von deren Ausgrenzungen mit dem Fokus auf Rassifizierung entsprechend der Spiegelmetapher. Die Nachrangigkeit afrikanischer Sprachen[412] und Praxen wird durch die Narration wiederholt – im Gegensatz zum *Freedom Park*, dessen Raumspezifika ich nun darstellen will.

2.4 Historisiertes Wissen im *Freedom Park*[413] (FP)

2.4.1 Tour und Genese

Freedom Park, der jüngste der vier Erinnerungsorte, gilt als die „heritage destination"[414]. Die folgenden Abschnitte enthalten eine Beschreibung der Tour durch den Park sowie Informationen über die Parkentstehung. Dabei zeige ich am Beispiel einer Führung durch den bereits eröffneten Teil des Ortes, den „Garden of Remembrance"[415], was präsentiert wird und welche Informationen an die Besuchenden gegeben werden. Die Kontextualisierung und Analyse dieser Informationen erfolgt in Kapitel 2.4.2.

2.4.1.1 Tourüberblick

Am Stadtrand Pretorias wurden auf einem Hügel namens Salvokop eine großflächige Gartenanlage und mehrere Gebäude errichtet. Mit diesem Standort sind Blickachsen für den Erinnerungsort *Freedom Park* gewählt, die den Ort mit unterschiedlichen Zeugnissen der Vergangenheit und gegenwärtigen gesellschaftlichen Praxen verbinden. So liegt *Freedom Park* gegenüber dem *Pretoria Central Prison*, einer Haftanstalt, in der zur Zeit der Apartheid Hinrichtungen stattfanden. Mit einem Freund aus Sambia sehe ich mir den Park an. An einem Sicherheitshäuschen werden wir freundlich begrüßt. Ein Mitarbeiter bittet uns, ein Formular auszufüllen. Er verlangt Name, Institution, Autokennzeichen, Wohnort, Uhrzeit, Datum der Ankunft und eine Unterschrift. Dann öffnet er den Schlagbaum und erklärt, dass wir bis zum nächsten Informationshaus fahren sollen.

---

412 Bereits der Eingangsbereich zur Entstehung der Menschheit klammert Selbstbezeichnungen wie San ein und setzt das Wort „Bushmen" frei.

413 Die nachfolgenden deskriptiven und subjektiven Eindrücke beziehen sich auf eine Tour vom 23.04.2009.

414 URL: //http.www.freedompark.co.za/cms/index.php (14.10.2009)

415 Vgl. Serote, Wally Mongane. *The Significances and Relevance of the Freedom Park in the South African Context*. 18.05.2006. URL: http://www.freedompark.co.za/cms/index.php?option=com_docman&task=doc_details&gid=58&Itemid=3 (15.04.2010). S. 4, 7.

An der nächsten Informationsstelle angekommen, erzählen wir einer Sicherheitsmitarbeiterin, dass wir den Park besichtigen wollen. Sie erklärt, dass uns gleich jemand begleiten werde. Zunächst sollen wir weiter dem Straßenverlauf folgen und nach einem weiteren Sicherheitshäuschen auf dem Parkplatz für Besucher und Besucherinnen halten. Ein Golf Cart fährt auf den Parkplatz und eine junge Frau steigt aus. Sie stellt sich als Michelle[416], unsere heutige Tourbegleiterin, vor und bittet uns, wieder in unsere Autos zu steigen und dem Golf Cart zu folgen.

Wir fahren einen weiteren Teil des Hügels hinauf, halten auf dem nächsten Parkplatz, steigen aus und blicken auf das Stadtzentrum. Nordöstlich sind die *Union Buildings*, der Sitz der Regierung, zu erkennen. Vor uns sehen wir die *Paul Krüger Statue* und den städtischen Bahnhof. Michelle erklärt uns, dass diese Blickachsen einer der Vorteile des Standortes seien, weil so der Erinnerungsort in die Struktur der Stadt eingebunden sei und wichtige Bezüge auf die Vergangenheit eröffne. Später könnten wir die Universität UNISA und das *Voortrekker Monument* sehen. Dann folgen wir ihr einen erdigen Weg entlang. Metallstelen steigen seitlich die Anhöhe hinauf. Eine Wand aus flachen, aufeinandergelegten Steinen begrenzt das Areal. Mein Freund aus Sambia bemerkt, dass ihn die Optik an die Ruins of Great Zimbabwe[417] erinnere.

Am Ende des kurzen Weges bleiben wir vor einem sandfarbenen, halbrunden Gebäude stehen. Michelle erklärt, warum es *Freedom Park* gibt: „The public urged government to build the park. For us as a nation it was necessary to have a place where our fighters for freedom and humanity can be honoured, where our heritage has a place.“ Dann gehen wir in das Gebäude, das mich an einen modernen Kirchenbau erinnert.

Sanctuary, Eternal Flame und Reeds

Durch eine große, offen stehende Schiebetür aus dunklem Holz mit kupfernen Metallrändern blicken wir in einen weitläufigen, hellen Raum aus unverputztem Beton. Die rechte Wand bedecken aneinandergereihte Milchglasplatten. Rotfarbene Holzbänke ohne Lehne, die an beiden Seiten stehen, verstärken meine Assoziation mit einem Kirchenbau. Entlang der Wände ist in den Boden jeweils ein schmaler Wasserkanal eingelassen. Gegenüber vom Eingang trennt eine große Glaswand den Raum von der Außenumgebung. Sie gibt den Blick auf einen

416 Auch hier war es üblich, die Tourguides mit ihrem Vornamen anzusprechen. Im Folgenden werde ich mich dementsprechend auf die Tourbegleiterin mit „Michelle“ beziehen.

417 Näheres zu dem Ort, der seit 1986 Weltkulturerbe der UNESCO ist, vgl. URL: http://whc.unesco.org/pg.cfm?cid=31&id_site=364 (15.10.2009)

kleinen Hügel frei, der mit lehnenlosen und lückenhaften Steinbankreihen bebaut ist. Auf der linken Seite des Hügels reihen sich metallfarbene Stelen den Hügel hinauf, erreichen den Zenit und beginnen dann auf der rechten Seite an Größe zu verlieren. Auf dem runden Vorplatz brennt ein Feuer in einer Steinschale, die von Wasser umgeben ist.

Michelle unterbricht den Blick nach draußen, erklärt uns, dass das Gebäude, in dem wir stehen, *Sanctuary* heiße: „A reflective venue after the tour. It is usually used by religious groups." Diese Gruppen können für Besprechungen, Zeremonien und ähnliches einen Raum mieten, der auf der Seite des Eingangs liegt. Ich frage Michelle, weshalb die Form der Wände und die Steintechnik so ausgewählt wurden. Sie erklärt: „Freedom Park is similar to the Zimbabwe Ruins ... a natural environment in contact with the architecture. It portrays not-industrialised Western architecture." Die Steine kommen aus der südafrikanischen Limpopo Province. Erst jetzt nehme ich die sakral klingende Musik wahr, die aus dem Lautsprecher nahe der Glaswand ertönt. Akustik und Optik ergänzen sich gegenseitig.

Sie erläutert die Bedeutung der Steinschale und der Flamme. Die *Eternal Flame* stehe für „our unknown heroes and heroines of the eight conflicts that shaped our country today". Der Hügel hinter der Flamme sei das *Amphitheatre*, welches vor allem für Veranstaltungen genutzt werde. Dort wo die Flamme brenne, entstehe dann die Bühne, das Wasser werde für den Veranstaltungszeitraum abgelassen. Die Metallstelen, die *Reeds* genannt werden, symbolisieren den Aufbau der Nation und „growth because we must keep growing a democratic nation". Michelle lässt Zeit für Nachfragen.

Abbildung 20: Amphitheatre

Wall of Names

Wir verlassen das Gebäude durch die Eingangstür und gehen zur Außenwand des *Sanctuary*. Dieser Teil der Wand sei nicht nur ein Teil des *Sanctuary*, sondern auch ein Teil der *Wall of Names*, die hier ende. Die Oberfläche der Außenwand besteht aus schmalen Rechtecken. Auf einigen der Rechtecke stehen Namen und Jahreszahlen – die Geburts- und Todesjahre derjenigen, denen die Namen gehören. Michelle betont, dass es die Namen von „fighters for humanity and freedom" seien, die aus anderen Ländern wie etwa Kuba oder Angola den südafrikanischen „struggle" unterstützt hätten. Sie stünden für den internationalen Freiheitskampf – auch in den Kriegen an den Grenzen Südafrikas, den „border wars". Die Namen sind beliebig gereiht. Später soll es Touchscreens geben, die eine Suchfunktion anbieten.

Ein Name werde in die Wand eingeschrieben, wenn der folgende Entscheidungsprozess erfolgreich durchlaufen wurde: Die Öffentlichkeit schlägt Namen vor. Die Mitarbeitenden der Rechercheabteilung forschen zu den Lebensläufen der Personen. Danach entscheidet ein Komitee über die Gültigkeit des Namens. Bisher stehen an der Wand 71.000 Namen. Es bleibe Platz für kommende Generationen und deren Helden und Heldinnen. Michelle betont, dass das Ziel das Schaffen einer „atmosphere of an African tradition and area" sei. Wir folgen ihr entlang der Außenwand des *Sanctuary* und sehen mehrere parallel zueinander, unterschiedlich hoch stehende Steinwandblöcke. Sie bilden Zwischengänge. Die *Wall of Names* ist offensichtlich nicht eine Wand, sondern besteht aus mehreren Teilwänden. An den jeweiligen Fragmenten steht einer der acht Hauptkonflikte, von denen Michelle vorher sprach, bspw. der *South African War*. Auf der Außenwand des *Sanctuary* sind Namen von Gruppen zu lesen, so die *Communist Party of South Africa*. Darunter steht bspw.: „Mbeki, Thomas 1900-1940". Der Stein mit dem Gruppennamen hat die Höhe von drei Steinen.

Abbildung 21: Wall of Names

Michelle spricht über ein Ereignis aus der Zeit der Apartheid: dem *Sharpeville Massacre* im Jahr 1960. In Sharpeville wurden 69 Menschen erschossen, deren Namen an dieser Wand sind. Sie erzählt auch von den „seven policemen who were killed before in Cape Town and whose names are not on the wall“. Erneut registriere ich Musik im Hintergrund. Dieses Mal Sprechgesang auf Afrikaans. Ich entdecke die Lautsprecher unter Grasbüscheln und frage Michelle nach den Auswahlkriterien für die Namen. Nach kurzem Zögern antwortet sie, dass die Personen Teil des Konflikts gewesen sein müssen. „Aktiv oder passiv?“ frage ich. „Actively. They must have had fought for freedom and humanity. At least they must have had contributed to it. They must be dead.“

Auf der nächsten Konfliktwand sind der 1. und 2. Weltkrieg zusammengefasst. Zu lesen sind Namen, militärischer Rang und das Todesdatum. Die Namen sind den *Cape Corps*, den *Indian Malay Corps* oder der *Women's Auxiliary Air Force* zugeordnet.

Michelle informiert über den *South African War*: „Before it was named the Anglo-Boer War, but due to the fact that all South Africans fought against the British Empire, it is now called the South African War.“ Sie macht uns auf die Namen aufmerksam, die vor allem zu Frauen und Kindern gehören: „Women and children were the support for the Boers – their anchor so to speak. Especially the women were responsible for food suppliance and childcare. That's why the British established those concentration camps in which many of them died.“

Dann geht es zur Wand *Wars of Resistance*: „This is the time around the 16th and 17th century where tribal wars took place. One of the kings in that time was Zulu-King Shaka who was known for his cruelty and his leadership abilities.“ Michelle erzählt uns, dass Zulu-King Shaka weder Verrat noch Ungehorsam geduldet und seine Widersacher eigenhändig ermordet hätte. Sie hält fest: „Yet there is more research needed for that time period to find out names and put them onto the free plates of this wall.“

An der nächsten Wand stehen Namen zur Sklaverei. Die Musik wechselt. Jetzt ertönt sakral klingende Musik gefolgt von dem Lied Shosholoza[418]. Michelle erklärt: „The Chattel Slavery and the Inboekseling Slavery formed the North-Atlantic Slavery.“ Durch die Buchführung der europäischen Kolonisatoren und Kolonisatorinnen sei die Sklaverei der bestdokumentierte Konflikt, so dass die Namen leichter herausgefunden werden konnten. In der *Pre-Colonial Era* bewohnten das Land, so Michelle, „Khoi-Khoi-speaking people and the Bantu-speaking people“.

Schließlich stehen wir vor dem letzten der acht Konflikte an der *Wall of Names*: *Genocide*. Michelle definiert das Wort folgendermaßen: „Genocide re-

418 Shosholoza war ein Lied der Arbeiterinnen und Arbeiter. Während der Apartheid wurde das Lied einmal mehr zu einem Lied des Widerstands.

fers to mass killing and the events during the Khoi-Khoi genocide by other tribes. But also by early settlers, for example other genocides later from Holland, are commemorated on this wall." Sie fasst zusammen:

> „Here at Freedom Park we have three main elements. Sikhumbuto[419] is the heritage element. These are the Sanctuary, the Eternal Flame, the Amphitheatre, the Wall of Names and the Gallery of Leaders. The spiritual element is Isivivane to which we will go now. And the third element is the cultural one which is represented by Moshate. Mveledzo, the spiral path, links all elements."

Wir folgen Michelle den schmalen Weg entlang. Das *Voortrekker Monument* wird auf einem gegenüberliegenden Hügel erkennbar.[420] Der Pfad führt am Rand des Hügels entlang. Verschiedene Bäume und Sträucher werden uns mit dem Hinweis erklärt, dass diese alle afrikanischer Herkunft seien. Aus Europa und Australien importierte Pflanzen seien schädlich für den Boden und deshalb nach und nach entfernt worden. Der *Buffalo Thorn Tree* komme häufig im Park vor: „They believe that in these trees souls were transported to the next life." Vom Pfad aus sehe ich einen Steinkreis. Dann gehen wir den Hügel ein wenig hinab, eine kleine Mauer begleitet uns und markiert die Begrenzung des Ortes.

Isivivane[421]

Die Mauerhöhe steigt an. Es entsteht der Eindruck eines türlosen Eingangs. Vor uns liegt eine kreisförmige Fläche mit einer Bank aus Stein. An beiden Enden der Bank wurden Steine angehäuft. Wir gehen durch einen weiteren Engpass. Der Steinkreis von vorhin wird sichtbar. Es gibt zwei Wege: Gingen wir nach rechts, dürften wir die Schuhe anlassen – allerdings um den Preis, nicht an *Isivivane* heranzutreten. Meine Begleitung und ich ziehen die Schuhe aus und gehen nach links. Der Rest der Gruppe wählt den anderen Weg.

---

419 Es gibt zwei Schreibweisen des Wortes. Die zweite Schreibweise und die sprachlich korrektere lautet: S'khumbuto.

420 1949 von der Apartheidsregierung eingeweiht, erinnert der Monolith über der Stadt Pretoria/Tshwane an den Great Trek, den Mythos der Afrikaans sprechenden ‚Weißen', die sich selbst als Afrikaner und Afrikanerinnen bezeichnen.

421 Auf der Internetseite steht: „The concept of Isivivane is derived from the word ‚viva', which means ‚to come together in a group'. It can also be interpreted as ‚commitment to solidarity' and ‚unity of purpose'." URL: http://www.freedompark.co.za/cms/index.php?option=com_content&view=article&id=24&Itemid=30 (13.07.2011)

Abbildung 22: Isivivane

Isivivane: Lesaka

Ebenfalls auf Strümpfen geht Michelle mit uns zu einem Kreis, der aus elf unterschiedlich großen Steinbrocken besteht. Sie beschreibt jeden einzelnen Stein, dessen Herkunft und seine Symbolik: Neun der elf Steine stünden für jeweils eine der neun Provinzen Südafrikas. Der zehnte Stein symbolisiere die nationale Regierung, der elfte Stein die internationale Gemeinschaft. Jede Provinz hätte eine Gedenkzeremonie abgehalten, die an einen bestimmten Konflikt in dieser Region erinnere. Die Seelen der Toten, die in diesem Konflikt umkamen, seien symbolisch mit dem Baum und dem Stein nach *Isivivane* geschickt worden:

> „They have their ceremonies for funerals. They do it differently from how we do it. When somebody died for example in an accident, they [the family and friends, A. S.] would go to the place where the person died and fetch his belongings. Because they believe that this is the only way to get his soul travelling back to his home.“

Steinplatten füllen die Mitte des Steinkreises aus, sie ähneln den Steinen der Mauer. Der Ort wird *Lesaka* genannt und sei der „burial ground for those who died for freedom and humanity“. Aus der Mitte des Steinkreises steigt in regelmäßigen Abständen Nebel auf. Dieses Wasser stehe für die verschiedenen Religionen Südafrikas, die das Wasser vereine, da es in allen Glaubensrichtungen eine wichtige Rolle spiele: „For our nation, it symbolises cleansing and healing."

Isivivane: Lekgotla[422]

Wir gehen zu der halbkreisförmigen Bank, die gegenüber von *Lesaka* steht. An einem *Lekgotla*, so Michelle, haben sich die Ältesten eines Dorfes zusammengefunden und im Halbkreis unter dem Schatten eines Baumes Streitfälle beraten und geschlichtet: „They have their own law system." Ich frage, ob auch Frauen an solchen Beratungs- und Entscheidungsprozessen beteiligt waren. Michelle verneint.

Den Ort verlassen wir durch einen anderen Ausgang, an einem kleinen Wasserfall vorbeigehend. An einem Waschbecken sollen wir uns die Hände waschen. Wir tun es, gehen weiter und treffen auf die Menschen, die ihre Schuhe anbehalten wollten. Die Gruppe geht den Weg wieder hinauf. Der Sicherheitsdienst schaut zu uns herüber. Meine Begleitung fragt eine Mitarbeiterin, welche Bedeutung dieser Ort für sie habe. Sie antwortet: „For me the ones who died for my freedom get importance through this place." Ich frage sie, wer *Freedom Park* besucht: „During the week there are mostly delegations or tourists coming. But at the weekends poor people come because they don't have to work then." Wir gehen weiter und kommen zu einer Halle, deren Außenwand aus unverputztem Beton besteht. Michelle bittet uns, ihr in die *Gallery of Leaders* zu folgen.

Gallery of Leaders

Wir blicken in einen halbrunden Gang, dessen unverputzte äußere Betonwand liegt auf stützenden Betonpfeilern und bildet eine Schräge. In diese sind große, den Raum mit Licht durchflutende Fenster eingelassen.

422 Legkotla wird auf der Internetseite wie folgt definiert: „In some African traditions, important matters are discussed in the presence of ancestors, and the Lekgotla at Isivivane allows for such discussions to take place. It consists of a semi-circular seating area constructed around a Umlahlankosi tree." Ebd.

Abbildung 23: Gallery of Leaders

Auf glänzend poliertem, rotem Holzparkett gehen wir an einer Innenwand aus Beton entlang. Sie trennt den Raum kreisförmig. Sakrale Musik ertönt aus den Lautsprechern. An beiden Seiten des Ganges stehen rollbare Stellwände. Auf diesen befinden sich DIN A3-Plakate. Michelle stellt vor:

> „In the Gallery of Leaders, we honour people from our nation South Africa, from the continent and internationally who contributed to freedom and humanity. Until now, we identified twenty-four leaders. Now you will have ten minutes time to have a look on them."

Zehn Minuten ist nicht viel, aber es erlaubt doch, die Plakate näher zu betrachten und herauszufinden, wer die bisherigen ausgewählten Führer sind. Ich lese zunächst das Konzeptpapier zur Galerie. Unter anderem stehen dort Sätze wie: „The Park works from the assumption that Reconciliation is a catalyst to nation-building." „The intention is to foster a sense of unity, security and belonging." „Nation-building on the other hand is perceived from the perspective of a nation within the African milieu. Ubuntu (both or humane) principles bring to the fore African identity and encourage moral regeneration."

Benannt werden südafrikanische „Leader“: Stephen Bantu Biko, King Cetshwayo, Yusuf Mohammad Dadoo, Abram Louis Fischer, Helen Beatrice May Joseph, Moses Maune Kotane, Chief Albert John Luthuli, Regent, Queen Manthantisi, John Beaver Marks, King Moshoeshoe, Lillian Masediba Ngoyi, King Shaka, Robert Mangaliso Sobukwe und Oliver Reginald Tambo. Gefolgt von kontinentalen Führern auf mehreren Tafeln: Thomas Sankara, Julius Kambarage Nyerere, Kwame Nkrumah, António Agostinho Neto, Amílcar Lopes Cabral, Samora Moises Machel und John Garang de Mabior. Dann betrachte ich die Fotos der internationalen Führer: William Edward Burghardt Du Bois, Ernesto ‚Che‘ Guevara de la Serna und Françoise Domingue Toussaint Louverture. Nach zehn Minuten bittet uns Michelle, ihr zu folgen.

Moshate

Die nächste und letzte Station unserer Tour heißt *Moshate*. Michelle erklärt, dass dies der VIP-Bereich für Delegationen aus dem Ausland und für hohe Politiker und Politikerinnen im Allgemeinen sei. *Moshate* ist aus Stein gebaut. Mehrere gleich hohe Baumstelen und Sukkulenten umgeben das Gebäude.

Abbildung 24: Moshate

Es gibt zwei Eingänge mit roten Holztüren. Wir nehmen den vorderen. Es ist angenehm kühl in dem nicht allzu großen Raum. Wir setzen uns auf Holzbänke, die in mehreren Reihen aufgestellt wurden. An der Wand sind Tafeln angebracht, die Teil einer zeitlich begrenzten Ausstellung seien, so Michelle. Sie enthalten Informationen in der Sprache Pedi über den Park. Anhand zweier Tafeln dieser

Ausstellung erklärt sie, dass die *Pan African Archives*, *//hapo*[423] und *Senthlaga* 2011 fertig gestellt werden. Das erste sei für die Archivierung von Dokumenten zur Geschichte der Nation bestimmt. „*//hapo* will be a more visual and more conceptual form of an exhibition space." Und *Senthlaga* wird laut Michelle Schul- und Kindergartenkinder als Zielgruppe haben. Sie bekämen dann: „education about cultural heritage".

Michelle geht zum Fernseher und betätigt den DVD-Player: Es beginnt ein Werbefilm über *Freedom Park*, der die Stationen zeigt. In den aufeinanderfolgenden Sequenzen ist jeweils eine Gruppe zu sehen, die den Park besucht: Menschen im Rollstuhl, Menschen ohne Augenlicht, Männer in Anzügen und weinende Frauen. Gezeigt werden auch religiöse Gruppen, tanzend, singend, einen Kreis um *Isivivane* bildend. Die männliche Off-Stimme erklärt die Bedeutungen der einzelnen Parkelemente.

Dann spricht Thabo Mbeki, der ehemalige südafrikanische Präsident, zur Parkeröffnung am 16. Juni 2002. Unterlegt sind die Bilder mit Musik, die mich an Lieder von Ladysmith Black Mambazo, einer Band aus Südafrika, erinnert. Am Ende sprechen der Chief Executive Officer (CEO) des Freedom Park Trust, Wally Mongane Serote, und die Vorsitzende des Freedom Park Trust Board, Gertrude Shope.[424] Beide fordern diejenigen zu Spenden auf, die diesem Land etwas zurückgeben wollen. Gertrude Shope betont, dass es nicht auf die Höhe der finanziellen Spenden ankäme. Hauptsache es komme von Herzen: Denn *Freedom Park* biete die Möglichkeit, denen zu danken, die ihr Leben geopfert haben für die Freiheit, die ‚wir' heute hätten: „For more information contact the Freedom Park at tollfree 0800 473743."

2.4.1.2 Historische Genese des Erinnerungsortes

Seit 2001 wird *Freedom Park* in Pretoria/Tshwane, der Hauptstadt Südafrikas gebaut. Bis 2011 war nur die Gartenanlage für Publikumsbesuch geöffnet. *//hapo* befand sich noch in der Fertigstellung. Es gibt in den Narrationen vor Ort diverse Legitimationsstrategien für seine Existenz: Neben meinen Interviewpartnern und -partnerinnen benannten sowohl Tourguides als auch verschiedene Publikationen entweder Nelson Mandela, die Nation („the people"), die Wahrheits- und Ver-

423 Zu *//hapo* ist auf der Internetseite zu lesen: „The name //hapo means ‚dream', which has been drawn from a Khoi proverb ‚//hapo ge //hapo tama /haohasib dis tamas ka i bo' that translates into ‚A dream is not a dream until it is shared by the entire community.'" URL: http://www.-freedompark.co.za/cms/index.php?option=com_content&view=article&id=29&Itemid=35 (06.10.2011)

424 Beide sind mittlerweile im Ruhestand.

söhnungskommission oder eine Kombination aus diesen als Anstöße für den *Freedom Park*.[425] In seiner Doktorarbeit führt der Architekt Jonathan Alfred Noble an, dass der CEO des Parks Wally Mongane Serote den Standort mit der Qualität der Sichtbarkeit (Salvokop Hill) im Stadtraum begründete.[426] Lindiwe Gadd, erste CEO des Trusts, führte aus, dass Salvokop Hill dem staatlichen Transportunternehmen Transnet gehörte und dementsprechend zu einem günstigen Preis erworben werden konnte.[427] Auch die Blickachse zum *Voortrekker Monument*, dem Sinnbild für die Apartheid auf dem gegenüberliegenden Hügel Fort Schanskop, war einer der Gründe für die Ortswahl.[428]

Rechtlich rekurriert das Parkmanagement auf der Internetseite auf folgende Gesetze:

> „Freedom Park is governed by inter alia the following legal framework: The Constitution of the Republic of South Africa, 108 of 1996, Public Finance Management Act, 1 of 1999, National Heritage Resources Act, 25 of 1999, Cultural Institutions Act, 119 of 1998."[429]

Bis April 2009 verwaltete ein Trust den Park als private-public partnership. Mittlerweile ist die Rechtsform vergleichbar mit einer Körperschaft öffentlichen Rechts (Cultural Institutions Act, Abschnitt 3[1] 1998). Als staatliches legacy project verantwortet das Kunst- und Kulturministerium den Erinnerungsort. Das Management ist den politisch-gesetzlichen Leitlinien des Ministeriums verpflichtet. Der im Internet zu lesende öffentliche Auftrag des Parks, hier als „core business" bezeichnet, lautet:

> „The core function of Freedom Park is the creation of a memorial that will narrate the story of South Africa's pre-colonial, colonial, apartheid, and post-apartheid his-

---

425 Stellvertretend für die Kombinationen stehen hier die folgenden Interviews: Mandela: Marx, Lauren. Interview, geführt von der Verfasserin. Pretoria/Tshwane, 23.03.2009. S. 1. Nation und Mandela: Mufamadi, Jane. Interview, geführt von der Verfasserin. Pretoria/Tshwane, 05.05.2009. S. 13. Mandela und TRC: Kriger, Ethel. Interview, geführt von der Verfasserin. Pretoria/Tshwane, 03.04.2009. S. 7. Mandela, Nation und TRC: Abrahams, Ramzie. Interview, geführt von der Verfasserin. Pretoria/Tshwane, 07.04.2009. S. 1.

426 Vgl. Noble, Alfred Jonathan. *African Identity in Post-Apartheid Public Architecture: White Skin, Black Masks*. Farnham: Ashgate, 2011. S. 255, Fußnote 36. Eines der ersten Positionspapiere zum *Freedom Park* von 2000 begründet den Bau des Parks damit, dass verschiedene Interessensgruppen diesen Park von Thabo Mbeki, damaliger Regierungspräsident Südafrikas, gefordert hätten. Noble gibt in seinem Buch einen ausführlichen Überblick über den Entstehungsprozess des Parks, politische Prämissen und Gestaltungswettbewerbe.

427 Vgl. ebd. S. 255, Fußnote 36.

428 Ebd.

429 URL: http://www.freedompark.co.za/cms/index.php?option=com_content&view=article&id=1&Itemid=2 (10.10.2010)

tory and heritage, spanning a period of 3.6 billion years of humanity, to acknowledge those that contributed to the freedom of the country and managing the Freedom Park as a cultural institution."[430]

Die kulturelle Institution *Freedom Park* will führendes nationales und internationales Symbol für Menschlichkeit und Freiheit sein.[431] Die Botschaft heißt:

„To provide a pioneering and empowering heritage destination in order to mobilise for reconciliation and nation building in our country; to reflect upon our past, improving our present and building our future as a united nation; and to contribute continentally and internationally to the formation of better human understanding among nations and peoples."[432]

Das Management hat die Aufgabe, beides im Park zu realisieren. Die hierarchische Organisationsstruktur spiegelt die thematischen Schwerpunkte wider. Neben der Position der Geschäftsführung, deren Stellvertretung und dem Firmensekretariat gibt es zwei weitere Stellen mit Leitungsfunktion: im Bereich der Finanzen und Informationen. Die einzelnen Abteilungen sind in folgende Themenfelder gegliedert: „Incubation and Innovation", „Heritage and Knowledge", „Human Resources", „Park Operations" und „Public Participation".[433]

2.4.2 Detailanalyse: „Emancipating the African voice"

In der Öffentlichkeit ist der Park vor allem umstritten: nicht nur wegen der Schwerpunktsetzung des Parks auf Spiritualität und der Einbindung von traditionellen Heilern und Heilerinnen, sondern auch bezüglich der Repräsentationsansprüche. Für das verantwortliche Management steht Dekolonisation explizit im Zentrum des Projektes *Freedom Park*. Die vor Ort erzählte Geschichte ist dem Prinzip „Emancipating the African voice"[434] verpflichtet.

430 Ebd.

431 Vgl. URL: http://www.freedompark.co.za/cms/index.php?option=com_content&view=article&id=1&Itemid=4 (03.01.2012)

432 Ebd.

433 Vgl. URL: http://www.freedompark.co.za/cms/index.php?option=com_content&view=article&id=8&Itemid=9 (03.01.2012)

434 Vgl. URL: http://www.freedompark.co.za/cms/index.php?option=com_content&view=article&id=29:hapo&catid=13:the-park&Itemid=35 (11.10.2011). Da alle Interviews auf Englisch geführt wurden, habe ich die englischen Worte etymologisch untersucht. Der Einfluss der Kolonialsprache, die den Lohnarbeitsalltag in Südafrika deutlich prägt, lässt sich auch an den veröffentlichten und offiziellen ministerialen Erklärungen, Positionspapieren und Berichten zeigen. Die südafrikanische Verfassung räumt das Recht ein, Schriftstücke auch in den anderen zehn

Bevor ich die drei für mich besonderen Räume darstelle, will ich dieses Prinzip in zwei Kontexte einordnen, die mir meine Interviewpartner und -partnerinnen im *Freedom Park* in ihren Aussagen verdeutlichten. Der erste Kontext bezieht sich auf die persönlichen Erinnerungen an Apartheid, die Verantwortliche vor Ort äußerten. So erzählt Ramzie Abrahams („Departmental Head: Heritage and Knowledge") davon, dass er mir jetzt in die Augen schauen könne: „I had to look down and I then just turn off my he, head in my hand if I would to talk to you and now we are equal and we're equal before the law. It's a major (sehr betont) difference."[435] Die rassifizierten und heteronormativen, verrechtlichten Verhältnisse der Apartheid wirken nach. Die erlebte Abwertung seiner Person, subjektiviert als ‚schwarzer Mann', hat sich in seinen Habitus eingeschrieben. Ich, als ‚weiße Frau' aus Europa, erinnere ihn daran.

Der zweite Kontext bezieht sich auf Erfahrungen, die die Interviewten über gesellschaftliche Kontinuitäten schildern – von der Kolonialzeit über Apartheid bis in die Post-Apartheid-Gesellschaft. Jane Mufamadi, Managerin der Abteilung für „Incubation and Innovation"[436], erklärt, warum „Versöhnung" im *Freedom Park* eine bedeutende Rolle spielen müsse:

> „Ahm, our argument is that hence reconciliation and nation-building we cannot build a nation if one (!) not reconcile. So what we're trying to do is to ... create awareness for the need for reconciliation within South Africa. Because once we do that then we can build our nation in a sustainable manner. (…) in South Africa you realise that even white people need to reconcile with themselves. Because they lived under delusion for a long time. How do you debrief them to understand things properly? Because there is that fear of ... Ey, I'm not too sure Jane is black. Like when you meet a black man on the street, sometimes you see a criminal, you see what, what. And those things are, those are genuine fears because of ... where they come from, you know. And because of this system, (…). But in South Africa, you have this (!) stereotypes. A black is a rapist, is a thief or whatever. So you don't feel safe, you know. So those are some of the stereotypes that because of the systems it needs to be kind of, we need to decolonise our minds. Even black people believe, they say stereotypes. You know. So you need to ... ahm what is the ... what is that psychological term? Where, like you need to change the mindset which is a process which, that doesn't, so you find those things. So that is why we're saying it's, it's, we cannot take reconciliation for granted."[437]

---

offiziellen Sprachen zu erhalten. Die vorherrschende Praxis ist jedoch das Publizieren auf Englisch.

435 Abrahams, Ramzie. Interview, geführt von der Verfasserin. Pretoria/Tshwane, 07.04.2009. S. 5f., 18.

436 Zum Namen der Abteilung ausführlich vgl. Kap. 4.2.2.

437 Mufamadi, Jane. Interview, geführt von der Verfasserin. Pretoria/Tshwane, 05.05.2009. S. 6f.

Die gegenwärtigen Vorurteile, die sich an der Hautfarbe festmachen, bezog Mufamadi auf einen historischen Kontext, der sich weiterhin in die Gegenwart einschreibt. Dieses System habe bis heute Konsequenzen: Rassifizierungen sind Ursache und Wirkung. So sei Versöhnung nötig, die Jane Mufamadi als national konnotiert. Nation-Building müsse ihren Aussagen zufolge auch „Weißen" ermöglichen, „Dinge angemessen zu verstehen". Benötigt würde eine Änderung der Denkweise. Diese Änderung sei prozesshaft.

Sowohl Abrahams als auch Mufamadi bezogen sich in den Interviews auf ein Bewusstsein, das über ausgewählte kulturelle Praxen und Repräsentationsformen im Park zu schaffen sei. Referenzpunkt ist die „Dekolonialisierung der Köpfe". Darüber sei Versöhnung erreichbar. Dazu habe der Park seinen Beitrag zu leisten. Unter der Fragestellung, was architektonisch und sprachlich erzählt werden soll, will ich im Folgenden die Ordnungslogiken und das produzierte Wissen analysieren. Drei Raumkategorien werde ich verhandeln: ideelle, spirituelle und hegemoniale Räume.

2.4.2.1 Ideelle Räume

Die Verantwortlichen des *Freedom Park* entwarfen ein handlungsleitendes Prinzip, dem sie den Titel „Emancipating the African voice"[438] gaben. Sowohl Architektur, gebaute Umwelt als auch Tourguides sollen die ‚African voice' vermitteln. Dementsprechend werde ich auf drei Artikulationsformen eingehen: a) Sprache und Namen, b) Material und Gestaltung und c) ritualisierte Handlungen. Folgende Fragen bestimmen meine Analyse: Was kennzeichnet die ‚African voice'? Auf was beruft sich ‚African', auf was ‚voice'? Welche Ordnungs- und Handlungslogiken der Tour bzw. des Parks idealisieren die ‚African voice'?

Das Hauptprinzip ‚Emancipating the African voice'

Ramzie Abrahams beschreibt, welche Funktion das Prinzip ‚Emancipating the African voice' bezogen auf die Narration im *Freedom Park* hat:

> „What we want to do is we want to tell a story that present (!) an African reality. Now there are many realities. But the way we shape this reality is on a particular principle and that principle is what we call Emancipating the African voice, you know. (…) But when we want to present this African reality we want to say: This

438 Vgl. Abrahams, Ramzie. Interview, geführt von der Verfasserin. Pretoria/Tshwane, 07.04.2009. S. 5f., 17.

> reality is a consciousness that people have whether you‘re black or white or coloured or Indian or whatever. This reality is that consciousness which you should have, (...). Integrating history, culture and spirituality, (…) it‘s (...) different from being inclusive.“[439]

Im *Freedom Park* formt das undefinierte ‚Wir‘ eine Realität, die erzählt werden soll – eine Geschichte, die eine afrikanische Wirklichkeit darstelle. Gestaltet wird diese Realität entlang des Prinzips ‚Emancipating the African voice‘. Das Wort „emancipating“[440] weist in Verbindung mit „African voice“ auf eine Befreiung von historischen Unterdrückungsverhältnissen hin, die im Kontext des Kolonialismus und der Apartheid im Park verortet sind. Das geschaffene ‚Wir‘ beinhaltet jedoch Differenzierungen: Die von Ramzie Abrahams verwendeten Identitätskategorien ‚Black‘, ‚Indian‘ etc. wurden auch in allen anderen Interviews und in den parkeigenen Publikationen benutzt. Die Einteilung nach Hautfarbe geht historisch auf die Kolonialzeit und die Segregation zurück und wurde während der Apartheid gesetzlich festgeschrieben. Apartheidskategorien sind Teil des sprachlichen Alltags im Park, deren Rassifizierungen bleiben sprachliche Realität. Für Ramzie Abrahams ist das gemeinsame Bewusstsein trotz der sprachlichen Differenz und der „many realities“ der Weg zu einer gemeinsamen ‚African reality‘. Dieses Bewusstsein können Menschen unabhängig von der Identitätskategorie „Hautfarbe bzw. Nationalität“[441] erlangen, insofern Geschichte, Kultur und Spiritualität integriert seien. Diese drei Bestandteile von Bewusstsein spiegeln sich auch in der Aufteilung des Parks wider: heritage (*S‘khumbuto*), culture (*Isivivane*) und spirituality (*Moshate*) (vgl. Kap. 2.4.1.1).

Abrahams unterscheidet dann zwischen Repräsentation und Inklusion: „For us it is not about being inclusive. Because being inclusive means: I must take a look at, of your history and your leaders and put it in there. (…) and you got to end up with a mishmash of you don‘t know what.“[442] Während Abrahams zu-

439 Ebd. S. 5f.

440 Sowohl der Rechtsbezug als auch die Referenz auf Besitzstatus sind ursprüngliche Bedeutungszuweisungen an das Wort emancipate. Etymologisch bedeutet emancipating „setting free“. Historisch wurde es vor allem in Nordamerika in Bezug auf die Sklavenbefreiung 1785 benutzt, in Europa in Bezug auf die Befreiung von religiösen oder vergeschlechtlichten Restriktionen. Im römischen Recht bedeutete das Wort emancipare die Freiheit von der legalen Vorherrschaft (patria potestas) des Vaters bzw. Ehemanns.

441 Die Identitätszuschreibung über ‚race‘ wird auch in den eigenen Publikationen genutzt: „In order for successful nation building to take place, South African races (!) must reconcile.“ The Freedom Park. *One step backwards, two steps forward: Towards Diversity, Unity, Reconciliation and Nation Building. Progress on the Mobilisation of the Khoi-San, Indian, Afrikaaner and Coloured Constituencies*. Pretoria: Freedom Park, o. A.

442 Abrahams, Ramzie. Interview, geführt von der Verfasserin. Pretoria/Tshwane, 07.04.2009. S. 5.

nächst feststellt, dass die „African perspective“ ein Bewusstsein sei, das alle Menschen erlangen könnten, grenzt er im Anschluss „African“ von „non-African“ ab. So gehe es nicht um Inklusion und damit den Einschluss aller Realitäten in den Park.

Die ‚African voice‘ ruft laut meiner Analyse nach Identifikation und Integrationsbereitschaft: Die Perspektive der historisch unterdrückten ‚Africans‘ soll eingenommen werden. Die Repräsentationspraxen vor Ort symbolisieren zudem den politischen Transformationsprozess vom Apartheidsstaat in einen demokratischen Nationalstaat über die rechtlich kodifizierte Versöhnung. Die ‚African voice‘ ist Teil staatlicher Kulturprojekte mit dem Ziel, die vorher ausgegrenzte Mehrheit durch die Referenz auf ‚African‘ zu integrieren. So wird Repräsentation in seinen beiden Wortbedeutungen effektiv: politische Beteiligung im Sinne von gehört werden und kulturelle Aufwertung re-/konstruierter Praxen durch Abbildung.

Das Konzept der Stimme steht für Mündlichkeit und Tradition. Die Tourguides übersetzen die Sprache der Architektur und sind die Mittler der ‚African perspective‘ auf Realität (vgl. Kap. 3.1.2). Im Kontext des legacy project *Freedom Park* informieren sie über die Erinnerungen, die visuell auf der Erinnerungsagenda stehen. Die Stimme in ‚African voice‘ betont nicht nur das Prinzip der Mündlichkeit und Einheit, sie referiert auch auf eine andere Zeitvorstellung: Mündlichkeit erfordert Körperlichkeit (und zwar die der Tourguides), Wiederholung und Kontinuität.[443] Zyklische Zeiteinteilungen korrespondieren mit weiteren Gestaltungsprämissen des Parkmanagements: Die gewählten Kreisformen in der Architektursprache entsprechen zyklischen Zeitvorstellungen. Die Tourguides referieren auf die Philosophie ubuntu – die Vorstellung von Gemeinschaft als ewiger Kreislauf, bestehend aus „Noch-nicht-Geborenen“, „Lebenden“ und „Vorfahren“.[444] Form und Philosophie werden im Park identitär: Sie sollen sich von westlichen Zeitordnungen (Linearität) und Formpräferenzen („Viereckigkeit“) unterscheiden.

Das Prinzip der Mündlichkeit wird auch als Korrekturmöglichkeit vergangener Geschichtsschreibung kolonialer Ausprägung betrachtet. Der Erinnerungsort interveniert in bisherige Normierungen südafrikanischer Historiografie durch die zentrale Positionierung der ‚Stimme‘. Lauren Marx, Forscherin in der Abteilung „Heritage and Knowledge“ benennt, welche Aufgabe ‚Emancipation of the African voice‘ im Park für sie habe:

443 Vgl. Braun, Christina von. *Versuch über den Schwindel. Religion, Schrift, Bild, Geschlecht*. Berlin, Zürich: Pendo, 2001. S. 75f.

444 Vgl. Ramose, Mogobe B. „The Philosophy of Ubuntu and Ubuntu as a Philosophy.“ *The African Philosophy Reader*. Hg. Pieter Coetzee, Abraham Roux. New York: Routledge, 2003. S. 236f. Ramose spricht an dieser Stelle auch von ubuntu als „cosmic harmony“.

„(...) to correct certain things that have been screwed in, over the course of time by different historians and writers. And obviously history is written from the victor's side and that's very, very subjective. So Freedom Park wants to correct that by telling certain elements and reinvestigate in certain elements with a specific emphasis on ahm the African voice. The, the, the stories told by the Africans, for example the story of the Khoi-San people (...) have always been looked at in derogatory terms they have been called ah Hottentots and so on and so forth. Ahm we want to correct these screwed versions of the Khoi-San people ahm and put them in the correct context where they belong and reflect them in the way that they should be reflected. So that's really the point of Freedom Park and to also go back 3.6 billion years is a very novel project."[445]

Im Zitat lese ich folgende Aussagen: Erstens gehe es bei der ‚Stimme' nicht nur um eine Korrektur von Geschichte, sondern auch um Wissensproduktion, die immer Teil von Historiografie sei. Es gehe auch um Anerkennung und Aufwertung. So wolle das Parkmanagement zweitens vergangenes Unrecht über legitime Autorenschaft und Mitbestimmung wiedergutmachen.[446] Drittens scheint die jetzige Regierung außerhalb des Urteils zu stehen, dass Geschichte immer aus der Sicht von Siegern geschrieben werde. Die jetzige Geschichtsschreibung wäre dementsprechend nicht einseitig. Dass dieses Konzept im *Freedom Park* mit dem Konzept der nationalen Versöhnung in Konflikt gerät und an seine Grenzen stößt, wird in Kapitel 2.4.2.2 ausgeführt. Viertens sprach Lauren Marx über die Suche nach Herkunft durch die Referenz auf eine ursprüngliche Zeit von 3.6 Milliarden Jahren und auf die Gruppe der Khoi-San. Das ‚we' wird in der Gruppenreferenz dann zum ‚they'. Auch diverse Publikationen des *Freedom Park* greifen die Ursprungsthematik auf:

„Recent research shows that the Khoisan[447] have the largest genetic diversity in mtDNA[448] of all human populations. Y chromosome data also indicates that they were some of the first lineages to branch from the main human family tree. (...) The

445 Marx, Lauren. Interview, geführt von der Verfasserin. Pretoria/Tshwane, 23.03.2009. S. 1f.

446 Dazu wurden mehrfach Kommissionstreffen mit Vertretern der Khoi, Nama und San initiiert. Vgl. die Selbstdarstellung in einer der hauseigenen Publikationen: *The Freedom Park. One step backwards, two steps forward: Towards Diversity, Unity, Reconciliation and Nation Building. Progress on the Mobilisation of the Khoi-San, Indian, Afrikaaner and Coloured Constituencies*. Pretoria: Freedom Park, o. A. S. 8ff.

447 Je nach Präferenz gibt es unterschiedliche Schreibweisen für die Gruppe der Khoi-San, die aus der Gruppe der Khoi-Khoi und der San zusammengesetzt wurde.

448 MtDNA steht für mitochondriale Desoxyribonukleinsäure und für die Theorie der Ausbreitung der Menschen ausgehend vom Kontinent Afrika: Die Menschheit lasse sich auf eine genetische Vorfahrin zurückführen, die als mitochondriale Eva bezeichnet wird.

> distinct characteristics of all human varieties, (…) all have beginnings in the physiology of the Khoisan people.“[449]

Die Suche nach dem Ursprung ist eine wissenschaftliche, eine der Gene und biologisierend – eine Suche nach materiell-körperlicher Essenz. Der ‚indigeneity‘-Diskurs hinterlässt auch im *Freedom Park* seine Spuren und bringt gegenwärtige globale wissenschaftliche Wissensproduktion in den Park. Wie umstritten die Erzählungen über die Vergangenheit von Gruppen sind, bspw. die der San[450], steht im Park bisher nicht auf der Agenda.

Zusammengefasst lässt sich festhalten: Das Prinzip ‚Emancipating the African voice‘ soll zu einer ‚reality‘ im Park führen. Bewusstsein werde durch ein repräsentatives Abbilden von ‚reality‘ erreicht. Wie sich das Prinzip materiell vor Ort ausgestaltet und die Ordnungslogiken im Park dominiert, wird im Folgenden analytisch dargestellt.

Vom Prinzip zur Materialität oder vom Bewusstsein zum Sein

Ethel Kriger, freiberufliche Mitarbeiterin im „Department for Incubation and Innovation“, sagt aus, dass der Erinnerungsort *Freedom Park* versuche, das Konzept in materielle Realitäten zu übersetzen:

> „(...), essentially, (...) it‘s trying to establish a, ahm intellectual, conceptual platform translated into physical and material realities of how we‘re expressing what, where we come from and what it is that we want to achieve? You know that‘s the, our voice.“[451]

Ethel Kriger erklärt ähnlich wie Abrahams, dass das Prinzip der ‚African voice‘ als Bewusstsein zu einem bewussten Sein transformiert werden solle. Die Stimme sei die Herkunft und Zukunft, Vergangenheit und Utopie einer vorgestellten Gemeinschaft.

Aus den Interviews geht hervor, dass das Management erst einmal festlegen musste, worüber die ‚African voice‘ sprechen solle. Die Entscheidungstragenden suchten Antworten bei traditionellen Heilern und Heilerinnen, indigenisierten

---

449 The Freedom Park. *One step backwards, two steps forward: Towards Diversity, Unity, Reconciliation and Nation Building. Progress on the Mobilisation of the Khoi-San, Indian, Afrikaaner and Coloured Constituencies*. Pretoria: Freedom Park, o. A. S. 10. Die unterschiedliche Schreibweise von Khoi-San stellte ich in mehreren Publikationen fest.

450 Vgl. Comaroff, Jean, Comaroff, John L. *Ethnicity, Inc*. Scottsville: Kwa-Zulu Natal University Press, 2009. S. 95.

451 Kriger, Ethel. Interview mit der Verfasserin. Pretoria/Tshwane, 03.04.2009. S. 9.

Gruppen und ‚organic intellectuals' (vgl. Kap. 2.4.2.3). Die Vorschläge der Experten und Expertinnen führten zu unterschiedlichen Elementen im Park, die sich in drei Materialisierungsformen bündeln lassen: erstens dem Schwerpunkt auf Namen aus ‚afrikanischen' Sprachen, zweitens der Materialauswahl und den Gestaltungsformen und drittens den ritualisierten Handlungen vor Ort. Ich will nun diese drei Materialisierungen näher betrachten.

a) Namen und Sprachen

Mehr als die Hälfte der Orte innerhalb des Parkgeländes erhielt einen Namen, der nicht aus dem Englischen oder Afrikaans ist. Beispielhaft erinnert sei hier an *//hapo*, *Tiva*, *Isivivane*, *Mveledzo* (vgl. Kap. 2.4.1.1). Handlungen und Prinzipien, die während der Tour thematisiert werden, sind in einer Sprache des südlichen Afrikas oder in Englisch benannt: Batho Pele (im Park übersetzt mit „Putting people first"), Phahla („speaking to ancestors"), „Cleansing and Healing" oder auch „Rites of Passage". Die ‚African voice' spricht im Park vor allem Sprachen des südlichen Afrikas und die ehemalige Kolonialsprache Englisch. Der Park rekurriert mit dieser Sprachpraxis zudem auf rechtliche Normen der Verfassung von 1996, in der elf offizielle Sprachen kodifiziert sind. Die Verfassung garantiert eine Sprachenvielfalt in den Grenzen des Nationalstaates.

‚Schwarze' Menschen gehörten während der Apartheid nicht zum Nationalkollektiv. Die Apartheidsregierung grenzte sie über Rassifizierung als Differenznationen ab und segregierte sie in Gebiete mit schlechter Lebensqualität, den sogenannten „Homelands"[452]. Ihnen zugesprochene Lebensweisen und soziale Handlungen wurden durch Geschichtsschreibung, durch deren Platzierung an touristischen Orten oder in Naturkundemuseen, die sie als Natur festschrieben, abgewertet. Kulturelle Praxen der rassifizierten Differenznationen galten nicht als Kultur. Im heutigen Nationalstaatsprojekt *Freedom Park* erfahren Riten und Sprachen durch ihre Darstellung eine Anerkennung, die auch Emanzipation bedeuten kann: Erzählungen über ‚schwarze' Menschen werden von Abwertung befreit. Der Emanzipationsgedanke ist eingebettet in die Konstruktionsprozesse eines national-kulturellen Funktionsgedächtnisses: Kulturelle Präsentationen der ‚schwarzen' Nation Südafrikas werden Teil der Nationalkultur.

Wenn ich Butlers These, Namen seien machtvoll[453], auf die Benennungspraxen im *Freedom Park* beziehe, dann sprechen die gewählten Ortsnamen auch

452 Zur Homelandspolitik ausführlich vgl. Thompson, Leonhard. *A History of South Africa*. Johannesburg, Kapstadt: Jonathan Ball Publishers, 2006. S. 185ff.

453 Vgl. Butler, Judith. *Haß spricht. Zur Politik des Performativen*. Frankfurt/M.: Suhrkamp, 2006. S. 58.

von einer Sozialität des Ortes und von sprachlichen Konventionen der Zeit.[454] Die Macht liegt darin, dass sprachliche Existenz in einem öffentlichen Raum geschaffen wird und gesellschaftliche Kontexte durch die Wahl der Sprache und Worte verhandelt werden. Der Park soll dem Teil der Nation eine Stimme verleihen, der während der Kolonial- und Apartheidszeit unterdrückt war. Das sei seine gesellschaftliche Aufgabe innerhalb nationalstaatlicher Kulturpolitik.

b) Material und Gestaltung: der Stimme einen Klangkörper geben

Die drei Architekturfirmen Mashabane&Rose, MMA Architects und GAPP Architects hatten die Aufgabe, dem neu zu schaffenden Erinnerungsort ein materielles Aussehen zu verleihen – aus der ‚African perspective'[455]. Die gebaute Umwelt sollte in ihren Formen und Materialien ‚Afrikanisches' widerspiegeln. So spricht die ‚African voice' auch durch die Bauweisen und Materialien. Die Gestaltungskonzepte der Parkanlage variierten in den letzten Jahren. Wie ‚Afrika' aussähe, war also keineswegs klar und ist bis heute umstritten. Die Geschichten, die der Ort erzählen soll, mussten entweder an bereits fertig gestellte Bereiche des Parks angepasst werden (vgl. *Isivivane*). Oder aber es wurden neue Bauelemente wie die *Wall of Names* in den Park integriert, nachdem Thabo Mbeki, damaliger Staatspräsident, *Isivivane* besucht hatte und lesbare Namen von Individuen, sichtbare Ikonen, für die folgenden Generationen einforderte.[456]

Die Konzeptfindung für das Aussehen des Parks verdeutlicht den Konstruktionscharakter des Ortes. Der Architekt Jeremy Rose von Mashabane&Rose schildert, wie die Idee, inspiriert von bereits vorhandenen Strukturen, entstand:

> „And probably the most powerful moment in this design process was when I went to have a look at a traditional healer's house and his healing garden where people would go and see this traditional healer and talk to him and they would get advice about marriage or pains or something, Aids, or a dispute in the community, whatever. (...) Integrated. (...), since this is for (...) a whole approach. (…). And then there

454 Vgl. ebd. S. 52ff., insb. Fußnote 42. Auch wenn Butler hier den Akt der gegenseitigen Benennung von Subjekten meint, kann ich ihre Analyse der Namensgebung als sprachliche Verkörperung gesellschaftlicher Kontexte auch auf Objekte, Handlungen und Prinzipien anwenden.

455 Sowohl für den Park selbst als auch für einzelne Parkelemente gab es sogenannte Konzeptpapiere, die wiederum diverse Drafts erfuhren. In der 6. Version des Konzeptes für die Ausstellungsgebäude (*//hapo*) steht bspw. Folgendes: „In conceptualising the Freedom Park precinct, the conceptual frame or reference for development will be located within an African perspective." Vgl. The Freedom Park Trust. *//hapo. A Dream is not a Dream Until it is Shared by the Entire Community*. Unveröff. Konzept 6. Fassung. o. A., Mai 2006. S. 1.

456 Vgl. URL: http://www.freedompark.co.za/cms/index.php?option=com_content&view=article&id=21&Itemid=24 (01.03.2011)

> were these stones. These big boulders. In a circle and you could sit on the one. And he would sit on the other one. And he talks to you amongst, in this garden. So, we thought (...) it would make a nice idea for a building that you could make. Treat (...) the boulders as buildings and the garden as Freedom Park, the landscape. So it became a healing garden with these boulder-like buildings. And that was the concept."[457]

Der Garten eines traditionellen Heilers bot die Idee für das Design von *Freedom Park*. Das Management empfahl Rose, diesen Garten anzuschauen.[458] Die Prämisse des CEO für die Baufirmen lautete, das Organische architektonisch zu integrieren. Darüber sei der respektvolle Umgang mit der Natur gewährleistet.[459] Die Baufirmen verwendeten dementsprechend Naturmaterialien wie Steine, Wasser und Pflanzen. Stein- und Pflanzenarten sollten vor allem aus dem Nationalstaat Südafrika kommen. Diese Prämissen verdeutlichen die symbolische Dimension von Nation-Building-Prozessen, die auch in dem Prinzip der mündlichen Sprache zum Tragen kommt. So erfahren die Besucher und Besucherinnen im Park die „African Story of Creation"[460] auch durch wichtige architektonische Elemente wie die *Reeds* oder den See *Tiva*.[461] Erzählt wird der Beginn der Menschheit: Die ersten Menschen seien aus dem Schilf (*Reeds*) eines Sees entstanden.

Architektonisch zitiert der Park zudem Jahrtausende alte Bauten wie die *Stone Walls* von *Great Zimbabwe*. Rose begründet das bauliche Zitat wie folgt: „Well, ah, we wanted ahm to … make something of the earth."[462] Er nannte Materialien wie Kupfer und eine Steinsorte, die er beide in den Kontext von Boden und Erde setzte: „It's from the earth. You know, it's not steel or aluminium or grass. It's stone. So it has a sense of the ancient, something from the

---

457 Rose, Jeremy. Interview, geführt von der Verfasserin. Johannesburg, 05.05.2009. S. 14.

458 Auch Rose, ähnlich wie die Tourguides, glättete seine Version über die Konzeptfindung. Jonathan Alfred Noble untersuchte u. a. den Wettbewerb um die Realisierung der Entwürfe. Er zeigt, dass Rose nicht allein das komplette Aussehen des neuen Parks entwarf. Vielmehr entstand die gebaute Version aus einem Kompromiss zweier Entwürfe, einem Vorschlag von Mpethi Morojele, Partner in der Architekturfirma MMA Architects, und Jeremy Rose. Vgl. Noble, Alfred Jonathan. *African Identity in Post-Apartheid Public Architecture: White Skin, Black Masks*. Farnham: Ashgate, 2011. S. 247. Sowie Noble, Jonathan Alfred. Interview, geführt von der Verfasserin. Johannesburg, 09.09.2011.

459 Wally Mongane Serote. Zitiert nach: Noble, Alfred Jonathan. *African Identity in Post-Apartheid Public Architecture: White Skin, Black Masks*. Farnham: Ashgate, 2011. S. 247.

460 Zur Geschichtsversion, die für die Entwicklung des Freedom Parks maßgeblich war, vgl. The Freedom Park Trust. *//hapo. A Dream is not a Dream Until it is Shared by the Entire Community*. Unveröff. Konzept 6. Fassung. o. A., Mai 2006. S. 13ff.

461 Die „African Story of Creation" forcierten vor allem der ehemalige CEO Wally Mongane Serote und die beratende Professorin für „Social Anthropology" Harriet Ngubane.

462 Rose, Jeremy. Interview, geführt von der Verfasserin. Johannesburg, 05.05.2009. S. 16.

past." Er ergänzt: „[W]e used copper (…), which is out of the ground. And it's an African, African product."[463] Rhetorisch setzt Rose beide Materialien mit Natur und Unveränderlichkeit gleich. Wenn die Materialien die ‚African voice' repräsentieren sollen, dann kann ‚African' durch das verwendete Material als unveränderlich, ursprünglich und naturhaft gelesen werden. Rose perspektiviert die visuelle Sprache des Parks als eine natürliche, erdverbundene und identitätsbewahrende:

> „(...) what I, I like about that is that ah it establishes a strong identity for the park itself. So, you know, it's a visual language. So ah it reinforces that it as an African place ah that is made of the soil ah that it's natural ahm and that it's undulating. Cause I think also the ah softness of the garmentary is very important to ah that idea of the circular we talked about earlier. It's an echo of that. Ahm, our client has been very critical of using angular, sharp corners. They, they, they were, they hate that."[464]

Die Präferenz von Kreisen als Verkörperung der ‚African voice' gegenüber eckiger, scharfer Kanten wird deutlich. Die Anordnung der Bereiche in Kreisen[465] und der Ort selbst, Salvokop Hill, machen den Park an ‚afrikanische' Werte und Bauweisen anschlussfähig. Hügel gelten in vielen Erzählungen als Orte der Götter.[466] So auch in Südafrika. Die Ablehnung („they hate that") definiert Emanzipation auch als Befreiung von Materialisierungen des ‚Anderen'. „Zurück zu alten Werten" könnte das Motto des Parks sein, das in den (architektonischen) Narrationen idealisiert wird.

Die ‚African voice' soll nicht nur durch die gewählten Bauformen sprechen. Sie soll sich auch performativ über spezifisches Handeln herstellen: Im nächsten Abschnitt werden ausgewählte Riten beispielhaft analysiert.

---

463 Ebd. S. 17.

464 Ebd.

465 Zur Bedeutung des Kreises vgl. Rose, Jeremy. Interview, geführt von der Verfasserin. Johannesburg, 05.05.2009. S. 16. Marx, Lauren. Interview, geführt von der Verfasserin. Pretoria/ Tshwane, 23.03.09. S. 3. Mufamadi, Jane. Interview, geführt von der Verfasserin. Pretoria/ Tshwane, 05.05.09. S. 2.

466 Vgl. Tisbken, Joel E. „Mountains and Hills." *Encyclopedia of African Religion*. 25.04.2008. SAGE Publications. URL: http://www.sage-ereference.com/africanreligion/Article_n268.html (25.04.2010). Dieses Konzept wird im Freedom Park genutzt. Auch Rose bezog sich darauf im Interview, als ich ihn nach den Ruinen des Königreiches im heutigen Zimbabwe gefragt hatte: „So ah, again it's that Mapungubwe example of the, of the chiefs on top of the hill." Vgl. Rose, Jeremy. Interview, geführt von der Verfasserin. Johannesburg, 05.05.2009. S. 16. Berge als Heimat der Götter zu interpretieren, ist auch Teil nicht-afrikanischer Mythologien.

c) Ritualisierte Handlungen

Die gebauten Parkstrukturen werden in den Erzählungen der Tourguides mit Handlungen kombiniert, die als ‚afrikanisch', ‚rituell' und ‚indigen' markiert werden. Als Riten gelten „Phahla", „Cleansing and Healing"-Zeremonien (vgl. Kap. 2.4.2.2) und „Rites of Passage" (vgl. Kap. 2.4.2.3). Die Handlungen selbst seien Teil „indigener Wissenssysteme"[467]. Das Parkmanagement zielt auf eine Konstitution von Genealogien unter der Prämisse der ‚Emancipation of the African voice'. „Indigenous Knowledge" sei, so Jane Mufamadi, schwer zu definieren, da es ganz unterschiedliche Vorstellungen darüber gebe. Aber der Fokus liege auf

> „(...) locally derived mechanisms taking into cognisance that some of the things become indigenised. They may be adopted from outside and then they become indigenous because local people creative (!) in how they use it. (...) it's ah these are the issues or aspects that people have known, have used over time, have tested and validated in their own ways to be useful (...). Although you have other committees or people structures challenging us on that. (…), What the (...) special projects role is: We collect information ... we gather it and once we have the information, we look at it and say: How do we use the information? Then we have to become innovative."[468]

Der Prozess der Indigenisierung von Wissen benötigt dementsprechend mehrere Komponenten: einen längeren Zeitraum, Handlungen, die als nützlich bewertet und weiterhin praktiziert werden und Menschen, die auf lokaler Ebene diese Handlungen ausführen. Im spezifischen Kontext der Erinnerungspolitik in einer nationalstaatlichen Institution wie *Freedom Park* legitimieren das Alter („have used over time") und das Wort ‚indigen', etymologisch ableitbar von „dem Land entsprungen", die Handlungen als glaubwürdig. Erneut wird die Natur zur Legitimiationsfigur. Die ausgewählten Handlungen bezeichnen die Interviewten und Tourguides zudem als „rites" oder „rituals". Parameter der Zeit, des Ortes, der Natur und heutiger Ordnungs- und Machtstrukturen wie dem Nationalstaat sind dem Park eingeschrieben und produzieren gegenwärtige Vorstellungen von Zugehörigkeit im Sinne von Ursprung, Eigentum und Rechtmäßigkeit.

Jane Mufamadi konstatiert, dass das ausgewählte, gesammelte und präsentierte Wissen durch die Materialien und Handlungen umstritten sei. Sie verweist damit auf die spezifische Präsentationsform und Normierung von ‚indigenous knowledge' im Park, die von anderen Gruppen aus unterschiedlichen Gründen infrage gestellt wird. Das Management nahm selbst innovative Anpassungen an

467 Vgl. The Freedom Park Trust. *Rites of Passage and Their Normative Significance in South Africa*. Pretoria, o. A.

468 Mufamadi, Jane. Interview, geführt von der Verfasserin. Pretoria/Tshwane, 05.05.2009. S. 12f.

die gebaute Struktur des Parks vor. So erzählt Jane Mufamadi von einer ‚African tradition', die mit einer bereits bestehenden Bauform, dem Steinkreis *Lesaka*, in der Erzählung in Kongruenz gebracht werden musste:

> „And then there is another practice in African tradition that (…) if you're moving through a village, (…) you must greet people. But if you think you are rushing and you cannot get into, (...) you'll pick up a stone, breathe onto it or even spit on it and put it alongside the road. That is symbolic to say: I'm one with you but I cannot get into. I'm passing. Because by breathing or spitting onto the stone you are saying: I'm one with you. I'm connected to you as a people but I'm also connected to the earth. So normally it means that if so many people are rushing and they do that, there will be a pile of stones. It becomes a heap. (…) So through various consultations, Isivivane was constructed but we became innovative in the sense that we could not create a heap of stone because it was going to be (…) those boulders that form a circle. A circle is coming again. (…) those boulders are now forming that heap, symbolical heap. So we had to become innovative in terms of that heap but also all the traditions."[469]

Nach verschiedenen Beratungsrunden über das Design von *Isivivane* entschieden die Verantwortlichen, dass aus dem Steinhaufen ein Steinkreis werden sollte. Die Repräsentation der Wiederkehr durch den Kreis war den Entscheidenden wichtiger als die genaue Abbildung der Erzählung vom Stapeln der Steine. Der Umgang mit konkreten Erzählungen und die Neuinterpretationen verdeutlichen den Konstruktionscharakter vor Ort.

Am Beispiel von *Isivivane* bzw. *Lesaka* zeigt Jane Mufamadi zudem, dass das Park-Management, unabhängig von der individuellen Sozialisation, zuerst lernen musste, wie der Brauch funktioniert:

> „(...) a place called Lesaka that is where we are saying: The spirits are laid. Because certain African communities, not all of them, in the past when you died, they will bury you in the cattle kraal. So and they will bury you with your maybe certain belongings or your favourite stuff. So people, most Africans who practice that tradition will respect that cattle kraal to an extent that nobody just enters a cattle kraal. There will be certain observances that you will need to do. So having learnt all those we had to become creative. (...) Isivivane becomes an innovation of all traditions but we're doing them differently, symbolically. We're trying to be innovative. When you enter Isivivane, you take off your shoes."[470]

Erneut weist Mufamadi daraufhin, dass Erzählungen über die Vergangenheit eine Neuerung im Park erfahren. Traditionalisierte Bestattungsrituale werden vor Ort

469 Ebd. S. 14ff.
470 Ebd. S. 15f.

vom Management aufgrund architektonischer Gegebenheiten und der neuen gesetzlich legitimierten Ordnung verändert.

Bestimmte Ausschlüsse durch traditionalisierte Handlungsanweisungen werden nicht thematisiert. In vielen Gemeinschaften durften und dürfen Frauen den cattle kraal nicht betreten – weder im Alltag noch zu besonderen Anlässen wie Beerdigungen. Es kann Frauen zudem untersagt (gewesen) sein, in der Öffentlichkeit, am Eingang des Kraals, ihr Essen einzunehmen.[471] Solche Handlungsanweisungen in einem offiziellen und die heutige demokratische Staatsordnung repräsentierenden Nation-Building-Projekt würden jedoch gegen die Bill of Rights (u. a. Kap. 2, Art. 9, Abs. 2 und 4) verstoßen.[472] Das Management entspricht mit der gewählten narrativen Ordnung dem Teil der Gesetzgebung, der weltweit Anerkennung fand.[473] Und so wird mit dem Wissen über die Konstruktionsprozesse im Park das Prinzip der ‚Emancipation of the African voice' als Ordnungsfunktion gegenwärtiger Prämissen der Entscheidungsbefugten lesbar.

Die Tourguides selbst erzählen nichts über die Adaptionen oder Veränderungen. In ihren Narrationen bleiben die Bräuche seit Generationen unverändert. Der Park scheint diese schlicht widerzuspiegeln. Der Konstruktionscharakter des Ortes verschwindet unter der Oberfläche, die durch die Erzählung hergestellt wird.

Jeremy Rose spricht im Interview von der „spiritual nature of this place"[474]. Im Sinne der ‚Emancipation of the African voice', die Geschichte, Kultur und Spiritualität umfasse, sind alle ausgewählten Bräuche spirituell. Im nächsten Unterkapitel will ich analysieren, wie das Spirituelle am Erinnerungsort *Freedom Park* produziert wird.

2.4.2.2 Spirituelle Räume

Als staatliches legacy project ist die Aufgabe des Parks, hieran sei an dieser Stelle erinnert, Nation-Building-Prozesse voranzubringen (vgl. Kap. 1.1). ‚Spiritualität' anstelle des Wortes ‚Religion' zu wählen, eröffnet einen größeren Handlungsspielraum durch einen breiteren Identifikationsrahmen:

---

471 Vgl. Afolayan, Funso S. *Culture and Customs of South Africa*. Westport, Kapstadt: Greenwood, 2004. S. 157. *Waetjen, Thembisa. Workers and Warriors: Masculinity and the Struggle for Nation in South Africa*. Urbana: University of Illinois, 2004. S. 37.

472 Auch das Customary Law muss mit der Bill of Rights konform sein (vgl. Art. 39 der Verfassung).

473 Zur Auseinandersetzung mit dem Customary Law in Afrika und Südafrika vgl. Mamdani, Mahmood. *Citizen and Subject. Contemporary Africa and the Legacy of Late Colonialism*. Princeton: Princeton University Press, 1996.

474 Vgl. Rose, Jeremy. Interview, geführt von der Verfasserin. Johannesburg, 05.05.2009. S. 14.

> „We deliberately chose spirituality and not religion because spirituality, it binds all of us. That is what we strive towards through religion. (...) the emphasis is on spirituality to say: Even as we're different in terms of our religious belief systems, (...), most of the values within spirituality, they're striving for the same thing: We must be sympathetic. We must respect others. (...) I mean, if you look at those things, you see those commonalities. So that is why we're emphasising spirituality. And through that we are hoping that it will bring about reconciliation which is what we're trying to highlight."[475]

Die Parkverantwortlichen entschieden sich für Werte und Handlungen, die für mehrere Glaubensrichtungen bedeutend sind. Sie definieren Spiritualität als religionsübergreifend, um verschiedenen spirituellen Gruppen ein Identifikationsangebot zu machen. Spiritualität braucht mindestens zwei Voraussetzungen, um wirkmächtig zu werden: Erstens müssen Menschen entweder an die Rituale, an die Führungspersönlichkeiten, die diese anleiten oder an den Ort als heilige Stätte glauben. Zweitens müssen die Lebenden an etwas nach dem Tod glauben: an die Existenz von Seelen ohne materiellen Körper. Sie müssen zudem davon überzeugt sein oder werden, dass der Tod nicht umsonst war. Deshalb lautet ein Ordnungskriterium „died for humanity and freedom". *Freedom Park* bezeugt das Erreichte durch sein materielles Dasein: Der Park konnte nur gebaut werden, weil sich die Machtverhältnisse geändert haben.

„Cleansing and Healing"

Ein wesentlicher Bestandteil der Identifikationsangebote auf der Ebene der Spiritualität sind „Cleansing and Healing"-Prozeduren. Im *Sanctuary*, *Amphitheatre* und in *Isivivane* finden sie mehrheitlich statt. Jane Mufamadi beschreibt, welchen Inhalt die Praxis habe:

> „(...) through, I think, the person was (!) strongly recommended what we did, was Credo Mutwa. He told us of an African technique called Cleansing and Healing (…), he actually narrated an interesting story which we also adopted and used it in our own way. (…) So (...) we learned about the technique called Cleansing and Healing whereby for example, if somebody dies, say of an accident, of (!) far away, people usually visit the spot where the person die[d] and I think, this is mostly across cultures. They do it. Then Africans, when they do that, they will take a certain brunch of a certain tree. [T]hey will go to this spot with the brunch and then they will say whatever they say. So they symbolically collect the spirit of the person and take it home. Others will go to an extent that, if, as they are walking, they will be

475 Mufamadi, Jane. Interview mit der Verfasserin. Pretoria/Tshwane, 05.05.2009. S. 3.

> talking to say: Now we're approaching whatever, whatever. So when once they get home they perform certain rituals and then they believe that they've brought back the person home."[476]

Mufamadi sprach von mehreren Formen der „African technique Cleansing and Healing", die an die Parkstrukturen angepasst wurden. Die Adaption im Park erzählt die Geschichte nun wie folgt: „Cleansing and Healing" ermögliche den „Seelen" der Verstorbenen ein „zur Ruhe kommen" an diesem Ort der Freiheit und Menschlichkeit. Parkangestellte wie Jane Mufamadi mussten die Techniken von einem Heiler namens Credo Mutwa (vgl. Kap. 2.4.2.3) erst erlernen. Die von Abrahams intendierte Bewusstseinsbildung fand so auch auf der Ebene der Parkorganisation statt.

Heiler führten die Reinigungs- und Heilungszeremonien sowohl innerhalb des Parks als auch an historischen Orten außerhalb des Parks, über nationalstaatliche Grenzen hinaus, durch. So reisten Parkmitarbeitende mit ausgewählten Heilern an verschiedene Orte von historischer Bedeutung z. B. in die USA oder nach Mosambik, um die Seelen der Verstorbenen zurückzubringen. In der narrativen Logik des Rituals ist der Park das Zuhause, in das die Verstorbenen durch die Prozedur zurückkehren können. Der Park selbst als nationalstaatliches Projekt ist dann Teil der nationalen Heimat. In der Konzeption des Parks geht es im Sinne von ubuntu, nationalstaatlich imaginiert, vor allem um die Genesung des Kollektivkörpers.[477] Zur Heilung benötige es Reinigungsrituale, ohne die der Nationalkörper weiterhin kranken und so den Fortschritt beeinflussen würde: „If the cleansing does not happen, the body of the nation will continue to be diseased, and progress will be effected."[478]

„Cleansing and Healing"-Referenzen sind sowohl Bestandteil der regelmäßig angebotenen Touren als auch offizieller Events, die häufig an nationalstaatlichen Feiertagen stattfinden. Während der Tour wird der Raum spirituell. Die Tourguides fordern die Besuchenden zum Handeln auf: in *Isivivane* zum Ausziehen der Schuhe und zum Waschen der Hände. Der Einsatz von Wasser unterstützt die Sakralisierung des Ortes. Lauren Marx betont, dass Wasser in den meisten Religionen eine wichtige Rolle spiele.[479]

Einzelne Ereignisse wie der Besuch von religiös-spirituellen Personen schaffen im Park ebenfalls eine spirituelle Aura. So weihten bspw. religiöse

---

476 Ebd. S. 13f.

477 Vgl. u. a. Kriger, Ethel. Interview, geführt von der Verfasserin. Pretoria/Tshwane, 03.04.2009. S. 40.

478 The Freedom Park. *One step backwards, two steps forward: Towards Diversity, Unity, Reconciliation and Nation Building. Progress on the Mobilisation of the Khoi-San, Indian, Afrikaaner and Coloured Constituencies*. Pretoria: Freedom Park, o. A. S. 5.

479 Marx, Lauren. Interview, geführt von der Verfasserin. Pretoria/Tshwane, 23.03.2009. S. 3.

Führungspersonen unterschiedlicher Glaubensrichtungen den Bereich *Isivivane*: „Religious leaders from various faiths imbued Isivivane with a deep sense of spirituality by performing a number of sacred ceremonies and rituals that lay to rest the spirits of our fallen heroes and heroines."[480] Die konzipierte Anwesenheit von Seelen opferbereiter Freiheitskämpfer und -kämpferinnen spiritualisiert zudem den Raum.

Nicht alle Verstorbenen der nationalisierten Vergangenheit werden im Park erinnert: Nur diejenigen, die für Freiheit und Menschlichkeit ihr Leben aufgaben („sacrificed lives"[481]), wurden in den Park aufgenommen. „Cleansing and Healing" und die Ahnenanwesenheit realisieren performativ das „Ehren" der (heiligen) Opfer.[482]

In den Interviews finden sich mehrere Begründungen, warum der ‚Tod' zur zentralen Kategorie im Park wird. Zunächst beziehen sich die Interviewten auf die gewaltvolle Vergangenheit Südafrikas und den Tod zahlreicher Menschen. Im Sinne der Wahrheits- und Versöhnungskommission setzt das Konzept der Spiritualität die nationalstaatlich religiös aufgeladene Vergangenheitspolitik zur Sicherung gegenwärtiger Verhältnisse an einem festen Ort fort. Im Unterschied zum dominant christlichen Impetus der TRC betont der Park jedoch Umgangsweisen, die als ‚African' ausgewiesen werden. Ziel und Motivation sind: „dealing with loss"[483] und „finding closure"[484].

Intention der Parkverantwortlichen ist ein „never again", dem die Interviewten zwei Bedeutungen gaben: Erstens soll eine Wiederholung von Gewalt verhindert werden. Das könne die Kommunikation zwischen den Lebenden und den Toten an den sakralisierten Orten im Park ermöglichen,[485] z. B. in speziellen Zeremonien im *Sanctuary* oder an Nationalfeiertagen im *Amphitheatre*. Zweitens soll *Freedom Park* kein Mahnmal im Sinne von Trauern sein, sondern ein Kulturerbe. Seine Aufgabe sei es, das nationale Kollektiv zur Verantwortung zu rufen und zu ermutigen, Zukunft zu imaginieren: „In South Africa, we don't have Mahnmale. It's not a Mahnmal. (…) it's an encouragement to create something, you know. You don't keep looking back and say: Ah, you don't do that

480 URL: http://www.freedompark.co.za/cms/index.php?option=com_content&view=article&id=24&Itemid=30 (11.03.2011)

481 Vgl. URL: http://www.freedompark.co.za/cms/index.php?option=com_content&view=article&id=63:what-is-sikhumbuto&catid=15:faq&Itemid=39 (15.07.2010)

482 Vgl. Abrahams, Ramzie. Interview, geführt von der Verfasserin. Pretoria/Tshwane, 07.04.2009. S. 2. Mufamadi, Jane. Interview, geführt von der Verfasserin. Pretoria/Tshwane, 05.05.2009. S. 12.

483 Vgl. Abrahams, Ramzie. Interview, geführt von der Verfasserin. Pretoria/Tshwane, 07.04.2009. S. 2.

484 Vgl. ebd.

485 „(...) ancestors from a spiritual dimension (...) those who die live on." Abrahams, Ramzie. Interview, geführt von der Verfasserin. Pretoria/Tshwane, 07.04.2009. S. 7.

again and so on."[486] Auch wenn Ethel Kriger das Zurückschauen ablehnt, ist der Park genau darauf fokussiert: Das Management entschied, den (Opfer-)Tod zentral zu setzen. Das Opfer für Menschlichkeit und Freiheit hinterlässt die Verantwortung, Vergangenes zu erinnern: Die Toten mahnen. Ohne die beständige Vergegenwärtigung des Todesopfers gäbe es kein Kulturerbe oder wie Ulrike Kistner es in ihrer Analyse der „Genocide Series" in Ruanda unter dem Titel „Comemmoration and Counter-Memory" formuliert: „The ‚never again' that suggests narrative integration and closure, is itself subjected to the repetition and seriality of the commemorative logic."[487] Die Memorialisierung des Todes setzt den Tod selbst als Beginn der Nation, um diese dann unsterblich werden zu lassen.[488] Der Grad der Sakralisierung unterscheide, so Ulrike Kistner, Memorialisierungsprozesse von Historiografie. Ulrike Kistner schreibt über die Funktionalisierung der epistemischen Differenz zwischen Gedächtnis und Geschichte: „(...): the concrete invocation into presence of national memory, of what history recognises as an absence – of what which is no longer. Commemoration seizes upon the historical nation, to produce the memorial nation."[489] Kistner schlussfolgert, dass das ‚Gedächtnis', verstanden als ‚traditionell', ‚heilig' und ‚identitär' die Handlungsmacht im Nation-Building besitze.[490] Diese Konstruktion verstelle den Blick auf sich selbst und die Konstruktionsprozesse.

Die gewählten ‚spirituellen' Repräsentationsformen führen trotz des „verstellten Blicks" zu Brüchen, markieren Grenzen und erschweren Identifikation. Beispielhaft seien nun drei Bruchstellen mit dem Leitprinzip ‚Emancipation of the African voice' dargelegt: differierende Glaubenspraxen, Atheismus – und so widersprüchlich das an dieser Stelle noch scheint – der national-spirituelle Versöhnungsgedanke selbst.

Brüche

Die im Park dominant gesetzte Kategorie der ‚Spiritualität' produziert Wissen, das einschließt und ausgrenzt. Diese Fehlfunktion bietet die Chance, Ausschlüsse sichtbar zu machen. In den Interviews brachten einige Parkangestellte sowohl

---

486 Kriger, Ethel. Interview, geführt von der Verfasserin. Pretoria/Tshwane, 03.04.2009. S. 8.

487 Kistner, Ulrike. „Commemoration and Counter-Memory: ‚The Genocide Series'." *South African Historical Journal* 62.4 (2010). S. 629.

488 Diese Wissensproduktion über den Konnex Tod-Nation-Unsterblichkeit findet weltweit statt. Am Beispiel der Erinnerungspolitik von Ruanda zeigt dies Ulrike Kistner. Vgl. ebd. S. 619-633.

489 Ebd. S. 621.

490 Vgl. ebd. S. 632.

durch Mimik und Gestik als auch durch die Wortwahl (z. B. „they“[491]) ihre Skepsis gegenüber verschiedenen Ritualen zum Ausdruck. Lauren Marx schmunzelt, als sie mir den Vorgang des „Zurückbringens der Seelen“ erklärt und betont: „But it‘s a symbolic type of reparation. It‘s, it‘s not physically, obviously (lächelt), bringing the spirit back.“[492] Ethel Kriger, die sich selbst als Katholikin bezeichnet, muss ebenfalls lächeln und zögert, als sie über „Cleansing and Healing“-Handlungen spricht:

> „[N]ow when they went over to Zambia to fetch spirits or something ... say ... but ok that ah aspect (schmunzelt) ah they didn‘t say: Well, you know, it‘s, you know, it‘s, it‘s, it‘s, it‘s fetching the I don‘t know if they fetch the spirits or why general experience will put you on a very (wir lachen beide) I mean, he‘s a pagan (lacht herzhaft) no, (…).“[493]

Ich interpretiere ihre körperlichen Reaktionen als Hinweis darauf, dass die Rituale nicht ihrem Glauben entsprechen. Ihre jeweilige Religion setzt hier die Norm, ein Ritual anzuerkennen oder nicht. Der eigene Glaube, z. B. Katholizismus, wird zumindest in der Interviewsituation nicht als hegemoniales Wissen perspektiviert. Der gemeinsame Nenner ‚Spiritualität‘ wird rissig, wenn die konkreten Praxen und Denominationen in die Betrachtung rücken. Die Bedingung der Spiritualität schließt zudem Nichtgläubige aus. Wer dazu gehören will, muss sich damit identifizieren.

Der national-spirituelle Versöhnungsgedanke, der sich aus der Wahrheits- und Versöhnungskommission in den Park eingeschrieben hat, gerät in Widerspruch zu seiner Absicht, alle in die Nation einzuschließen. Eine nationales Aufsehen erregende Auseinandersetzung[494] um die *Wall of Names* im *Freedom Park* soll hier exemplarisch verdeutlichen, dass das Prinzip ‚Emancipation of the African voice‘ mit der nationalstaatlichen Prämisse der Versöhnung zwischen Staatsbürgern und -bürgerinnen unterschiedlich konstruierter Zugehörigkeit in Konflikt stehen kann.

Zunächst zum Konflikt: Das Konzept der *Wall of Names* erfordert konkrete Namen von Toten, die in die Wand eingraviert werden. Nach einem Vorschlag, z. B. durch ein ausgefülltes Internetformular,[495] entscheidet das Names Verifica-

491 Das „they“ nutzt auch Jane Mufamadi, wenn sie von „Africans“ spricht.

492 Marx, Lauren. Interview, geführt von der Verfasserin. Pretoria/Tshwane, 23.03.2009. S. 8.

493 Kriger, Ethel. Interview, geführt von der Verfasserin. Pretoria/Tshwane, 03.04.2009. S. 31. Dieser Ausschnitt verdeutlich auch, dass ich nicht an diese Praxis glaube.

494 Vgl. u. a. Baines, Gary. „South Africa‘s Forgotten War.“ *History Today* 59.4 (2009). URL: http://www.historytoday.com/gary-baines/south-africa‘s-forgotten-war (10.10.2011)

495 Vgl. URL: http://www.freedompark.co.za/cms/index.php?option=com_form&Itemid=96&phpMyAdmin=17b790ef730b81da09a13c43c12692b2 (12.03.2012)

tion Committee entlang feststehender Kriterien[496], ob der Name in die Wand eingraviert wird.[497] Der Freedom Park Trust ruft seit mehreren Jahren öffentlich und medial dazu auf, Namen für die *Wall of Names* vorzuschlagen. Das sichere öffentliche Teilhabe in einem demokratischen Gestaltungsprozess.

2007 forderte der Afrikaans-Sänger Steve Hofmeyr[498], dass während der Apartheid getötete Militärangehörige ebenfalls an der *Wall of Names* zu lesen sein müssen – mit dem Verweis auf die „Rainbow Nation“ und im Sinne des Versöhnungsgedankens.[499] Die Organisation AfriForum unterstützte einige Veteranen, u. a. Hofmeyr, und verhandelte für diese in den angebotenen Diskussionsrunden mit dem Freedom Park Trust. AfriForum engagiere sich laut Selbstpositionierung für die Rechte von Minderheiten, in den Projekten vor allem für ‚weiße‘ Afrikaner und Afrikanerinnen, „in order to ensure a future for us in Africa“[500]. Die südafrikanische Internetnachrichtenplattform IOL schrieb am 9. Februar 2007:

> „Hofmeyr echoed the concerns raised by many ex-SADF soldiers about including the names of Cuban soldiers in the monument and said it was his belief that the Afrikaner people, who were also ‚hurt by apartheid‘, should be included as part of a broader goal to achieve national reconciliation.“[501]

AfriForum argumentiert völkisch-nationalistisch: Kallie Kriel, CEO der Organisation, begründet seine Forderung nach einer Repräsentation getöteter SADF-Soldaten im Park wie folgt: „Members of the former security forces who died while busy combating terror attacks and a communist take-over during the cold

496 Diese Kriterien habe ich trotz mehrfacher Zusage unterschiedlicher Interviewpartnerinnen nie erhalten.

497 Eine grobe Beschreibung des Verfahrens gab mir Jane Mufamadi. Interview mit der Verfasserin. Pretoria/Tshwane, 05.05.2009. S. 38f.

498 Zum Akteur Steve Hofmeyr ausführlich vgl. Baines, Gary. *Two Hills and Three Walls of Remembrance*. 2009. URL: http://www.archivalplatform.org/images/resources/Baines_2009.pdf (22.12.2011). Baines vergleicht hier die Architekturelemente des *Freedom Park* mit dem gegenüberliegenden *Voortrekker Monument*.

499 Vgl. Baumann, Marcel. *Zwischenwelten: Weder Krieg noch Frieden. Über den konstruktiven Umgang mit Gewaltphänomenen im Prozess der Konflikttransformation*. Wiesbaden: VS Verlag für Sozialwissenschaften, 2008. S. 218.

500 Vgl. URL: http://www.afriforum.co.za/english/about/ (21.12.2011)

501 Und zitiert Steve Hofmeyr: „I plead with you to allow the Afrikaners, my people who were hurt by the past, to go through those names. I went through a thousand names of Cuban soldiers at the monument hoping that I will get to the names of my people before reaching the end of the memorial wall but none of them were mentioned.“ Vgl. Thokozani, Mtshali. *‚SADF dead do not belong in Freedom Park.‘* 09.02.2007. URL: http://www.iol.co.za/news/politics/sadf-dead-do-not-belong-in-freedom-park-1.314526 (22.12.2011)

war era, definitely need to be acknowledged."[502] Kriel setzt kubanische Soldaten mit einer kommunistischen Bedrohung gleich. In seiner Logik wird der Begriff der ‚Freiheit' zum Ziel des Apartheidsstaates und dessen Armee. So kann Freiheit als „empty signifier" (Lacan) mit einer Begründungsrhetorik gefüllt werden, die rassifizierende und antikommunistische Politiken als Freiheitsschutz deklariert.

Im *Freedom Park* entschieden sich das Names Verification Committee und der damalige CEO Wally Mongane Serote nach mehreren – auch öffentlichen – Diskussionen gegen das Einschreiben dieser Namen in die Wand, da die Soldaten nicht für die Befreiung vom diskriminierenden Apartheidsstaat gekämpft hätten.[503] Der Soziologe Duane Jethro weist auf folgende Begründung hin: „Freedom Park rejected the names on the grounds that the SADF symbolises oppression, represented military invasions and occupations of the townships and that these soldiers did not fight for a just cause."[504] Der Historiker Gary Baines hält fest:

> „However, he [Wally Mongane Serote, A. S.] reiterated the Trust's previous stand that the names of deceased SADF personnel did not deserve inclusion on the wall on the grounds that they had fought to preserve apartheid and defeat the struggle for liberation."[505]

Freedom Park eröffnet mit seiner Verortung als staatliches Nation-Building-Projekt und dem Versöhnungsgedanken, der nationale Einheit ermöglichen soll, zwei Konfliktlinien, die das oben geschilderte Ereignis verdeutlicht. Der Anspruch, alle Staatsbürger und -bürgerinnen zu vertreten, fordert Kontroversen heraus. Unterschiedliche Akteure und Akteurinnen bringen sich in öffentliche

---

502 In der gemeinsamen Presseerklärung des Freedom Park Trust und des AfriForum vom 30.01.2007 heißt es zudem: „Kriel says that it is unthinkable that Cubans, who fought for a communist ideology and not for freedom, will be honoured by The Freedom Park for their contribution during the Angolan border war, while members of the former South African Defence Force are to be excluded from any form of respect." URL: http://www.freedompark.co.za/cms/index.php?option=com_docman&task=doc_download&gid=94&Itemid=47 (22.12.2011). Vgl. auch: Govender, Rogini. „Introduction of Sikhumbuto to the President and the Nation." *The Freedom Park News* 3 (2007). URL: http://www.freedompark.co.za/cms/index.phpoption=com_docman&task=doc_download&gid=24&Itemid=3 (22.12.2011). S. 12f.

503 Vgl. Baines, Gary. *Two Hills and Three Walls of Remembrance*. 2009. URL: http://www.-archivalplatform.org/images/resources/Baines_2009.pdf (22.12.2011). S. 4.

504 Jethro, Duane. „Talking about the Real Thing: Authenticity and the Politics of Authentication at Freedom Park South Africa." *4th European Conference on African Studies African Engagements: On Whose Terms?* Uppsala. 15.-18.06.2011. URL: http://www.nai.uu.se/ecas-4/panels/101-120/panel-109/Duane-Jethro-full-paper.pdf (30.09.2011). S. 13.

505 Baines, Gary. *Two Hills and Three Walls of Remembrance*. 2009. URL: http://www.archival platform.org/images/resources/Baines_2009.pdf (22.12.2011). S. 4.

Debatten ein und behaupten eine Dominanz des ANC. Die politische Richtung wird erst in den Begründungssträngen deutlich. Während ehemalige Anti-Apartheid-Bewegungen wie der Pan African Congress[506] ihren Beitrag gegen das gewaltvolle System des Apartheidsstaates gewürdigt wissen wollen, verfolgen Akteure wie der Afrikaans-Sänger Steve Hofmeyr oder die Organisation AfriForum in ihrer Argumentation eine Anerkennung ihres „Volkes", das Teil Südafrikas sei.

In den von mir geführten Interviews kam der Konflikt immer dann zur Sprache, wenn es um Verbindungen zwischen dem Park und Versöhnungs- bzw. Nation-Building-Prozessen ging. Ramzie Abrahams hebt hervor, dass der Park die ‚Emancipation of the African voice' zum Ziel habe und es deshalb vertretbar sei, diese Namen nicht an die Wand zu schreiben.[507] Jane Mufamadi wiederum betont die staatliche Verpflichtung zum Militärdienst während der Apartheid. Für sie seien nur wenige die „masterminds" gewesen, einige hätten das Regime abgelehnt.[508] Jeremy Rose spricht kurz über die Debatten und schloss seine Ausführungen mit: „(...) so they still have to (...) embody that ah the names of those ah soldiers in this place (...) I think they ultimately will. (…). It's maybe timing."[509] Er betrachtet die Lösung des Konflikts als eine Frage der Zeit mit dem Ausgang, dass auch ehemalige Soldaten des Apartheidsmilitärs Teil der *Wall of Names* würden.[510] Lauren Marx wiederum beschreibt eine Kompromisslösung, die als spirituell-religiöses Ritual konzipiert ist und Versöhnung e/affektiv verwirklichen könne:

> „And ahm we have had events on site whereby we've invited the mothers and daughters and sisters of white people whose sons, husbands, boyfriends whatever the case might be have fallen in the Angolan War, the, the, Bush (!), Border War. Because those soldiers' names are not going to be included on the Wall of Names which is a controversial issue. And we thought it's important that the moms and also females do not feel excluded. So we invited them on Women's Day on the 9th of August of Freedom Park. And there wasn't a dry eye in the room. Everyone cried and they were so pleased that The Freedom Park was taking this initiative. And ahm

---

506 Ähnlich wie im *Robben Island Museum* und historisch auf die Abspaltung vom ANC zurückzuführen, werden Repräsentationsansprüche und -konflikte zwischen PAC und ANC in nationalstaatlichen Projekten und an lokalen Erinnerungsorten öffentlichkeitswirksam verhandelt.

507 Vgl. Abrahams, Ramzie. Interview, geführt von der Verfasserin. Pretoria/Tshwane, 07.04.2009. S. 5.

508 Vgl. Mufamadi, Jane. Interview, geführt von der Verfasserin. Pretoria/Tshwane, 05.05.2009. S. 6f.

509 Rose, Jeremy. Interview, geführt von der Verfasserin. Johannesburg, 05.05.2009. S. 15.

510 Ähnlich argumentiert Christopher Till (vgl. Kap. 2.3.2.2).

I really, really think that's, that's very important because they felt a part of Freedom Park where ordinarily they wouldn't have been invited even."[511]

Die Tränen der Frauen stehen in ihrer Schilderung sinnbildlich für den gemeinsamen Verlust, der als unpolitisch konzipiert wird. ‚Weiße' Frauen selbst könnten in diesem Verständnis auch das Unpolitische verkörpern, zumindest für das Nicht-Militärische und in dieser Logik Menschlichere stehen.

Die Beispiele zeigen, welche rhetorischen Strategien angewandt werden, um Brüche und Widersprüche im Bild der nationalen Versöhnung und Einheit zu rechtfertigen. Zwei Argumentationsmuster werden genutzt: erstens das Argument der Prinzipientreue, der staatlichen Unterdrückung und des Gehorsams in Bezug auf die militärisch agierenden Männer – der Staat zwang sie zum Militär. Zweitens der den Frauen unterstellte Inklusionswille, die als gefühlvoll imaginiert werden. Beide Interpretationen können Versöhnung herstellen.

Das Prinzip ‚Emancipation of the African voice' begründe auch, so Abrahams, den Ausschluss von Afrikaner-Führungsfiguren an einem anderem Ort im Park: in der *Gallery of Leaders*.[512] Afrikaner-Militärangehörige verkörpern die Unterdrückung und Zerrbilder von Wirklichkeit. ‚Emancipation of the African voice' hat in diesem Kontext mehrere Funktionen für den Park: Die Stimme erzählt aus anderen Perspektiven über das Vergangene. Die Emanzipation könne wiedergutmachen, insofern die Abbildung einer ‚African reality' zu einem Bewusstsein führe, das Geschichte, Kultur und Spiritualität integriere. Die Stimme ruft im staatspolitischen Nation-Building und legacy project *Freedom Park* nach einer öffentlichen Zeugenschaft und einem Bewusstsein, das vergangenes Unrecht anerkenne und darüber versöhne.[513]

Die Internetseite verdeutlicht, dass nicht alle Bürger und Bürgerinnen mit dem gewählten Konzept erreicht werden können: „The key strategic thrust of Freedom Park is to: Contribute to social cohesion by positioning Freedom Park as a symbol of national identity in 70% of identified target groups."[514] Marcel Baumann spricht in diesem Kontext von „Opfer-Hierarchisierungen" im „Prozess der Konflikttransformation".[515] Erfahrene Diskriminierungen, Mord und

511 Marx, Lauren. Interview, geführt von der Verfasserin. Pretoria/Tshwane, 23.03.09. S. 11.

512 Vgl. Abrahams, Ramzie. Interview, geführt von der Verfasserin. Pretoria/Tshwane, 07.04.09. S. 5.

513 Vgl. West, Cornel. „Prophetic Religion and the Future of Capitalist Civilization." *The Power of Religion in the Public Sphere*. Hg. Eduardo Mendieta, Jonathan VanAntwerpen. New York: Columbia University Press, 2011. S. 100.

514 URL: http://www.freedompark.co.za/cms/index.php?option=com_content&view=article&id=4:key-objectives&catid=3:about-us&Itemid=5 (11.10.2011)

515 Vgl. Baumann, Marcel. *Zwischenwelten: Weder Krieg noch Frieden. Über den konstruktiven Umgang mit Gewaltphänomenen im Prozess der Konflikttransformation*. Wiesbaden: VS Verlag für Sozialwissenschaften, 2008. S. 219.

Gewalt konfligieren mit dem Ziel, als Nation nach vorn zu schauen, die Toten zu erinnern, aber den Schmerz zu vergessen. Mindestens zwei Kriterien ordnen diesen Raum: erstens der Opfertod, der erfolgreich war, belegt durch die neue politische Ordnung des einklagbaren Rechts für alle Staatsbürger und Staatsbürgerinnen. Zweitens der mehrheitliche Bezug auf eine Zeit vor der Kolonialisierung und der Praxis von „death management“[516].

Unter Berufung auf das Leitkonzept ‚Emancipating the African voice‘ werden Prozeduren wie „Cleansing and Healing“ gerechtfertigt, um mit der schmerzvollen Vergangenheit abschließen zu können.[517] Auch wenn die Interviewten den Ort als einen Park, der für alle da sein solle,[518] beschreiben, weisen die Rituale auf die Zielgruppe „Africans“ hin: „There is quite an emphasis on spirituality (…), so they have this Cleansing and Healing (...) that aspect is able to mobilise even more Africans in that network, (…).“[519] Auch Rose definiert die spirituellen Räume als ‚African‘: „(...) it‘s an African spiritual place. That‘s very important.“[520] Die Parkverantwortlichen entschieden, „(...), no matter how other religions deal with it, but also to include ... African religions, rituals (...).“[521] Ramzie Abrahams erklärt, dass die Auswahl vom Unterdrückungsmoment abhänge:

> „So in telling the story of (!) earth, we are not focusing on the scientific but we‘re focusing on the spiritual stories or stories that are told within belief systems about how the earth originated and where it comes from or the universe for that matter. (...). And coming back to the principles of ... Emancipating the African voice ... we will therefore focus on the African story of creation. Because there is an African story of creation and ... once again, it‘s a story that is (!) been suppressed (...). And when people hear they say: ‚Argh, you know, folklore.‘ But if you would say the same of the Bible as example, of Hindu (Pause).“[522]

Ich teile seine Ansicht, dass es eine Hierarchie der Glaubensrichtungen und deren Wertschätzung gibt. Anders formuliert: Einige Mythen werden nicht als

516 Vgl. Abrahams, Ramzie. Interview, geführt von der Verfasserin. Pretoria/Tshwane, 07.04.2009. S. 2.

517 Vgl. The Freedom Park. *One step backwards, two steps forward: Towards Diversity, Unity, Reconciliation and Nation Building. Progress on the Mobilisation of the Khoi-San, Indian, Afrikaaner and Coloured Constituencies*. Pretoria: Freedom Park, o. A. S. 4f.

518 Vgl. Rose, Jeremy. Interview, geführt von der Verfasserin. Johannesburg, 05.05.2009. S. 19. Rose beschreibt die Funktion des Parks auch als „engag[ing people] (…) at different levels“. Ebd. S. 28.

519 Kriger, Ethel. Interview, geführt von der Verfasserin. Pretoria/Tshwane, 03.04.2009. S. 13f.

520 Rose, Jeremy. Interview, geführt von der Verfasserin. Johannesburg, 05.05.2009. S. 15.

521 Abrahams, Ramzie. Interview, geführt von der Verfasserin. Pretoria/Tshwane, 07.04.2009. S. 2.

522 Ebd. S. 6f.

Mythen betrachtet, weil sie Bestandteil hegemonialen Wissens sind. Allerdings verstehe ich die Etablierung marginalisierter Mythen neben der Bedeutungsdimension der Wiedergutmachung auch als Reproduktion hegemonialer Strukturen im Nation-Building-Projekt: Der Raum spricht als Projekt der Politik, das nationale Zugehörigkeit über eine spezifische spirituelle, kulturelle und historische Perspektive auf ‚African' schaffen will. Das politische Projekt ‚African Renaissance' ist in der Parkstruktur materialisiert und vernetzt die nationale Ebene mit lokalen Materialisierungen an Erinnerungsorten (vgl. Kap. 3.1.3).

Die Narration im Park zielt darauf ab, sowohl spiritualisiertes Wissen als auch eine süd-/afrikanische Identität zu produzieren. Das spiritualisierte Wissen selbst stellt in der Konstruktion des Parks süd-/afrikanische Identität her. Der Besitz sei über die Wiedergutmachung früherer Verluste realisierbar. In diesem Sinne schließen die Repräsentationspraxen im *Freedom Park* an Vorstellungen einer ‚kulturellen Identität' an, die Stuart Hall als „loss through colonisation" bezeichnet.[523]

Was verloren ging, legten u. a. traditionelle Heiler und Heilerinnen fest, indem sie über den Alltag in einer Zeit vor der Kolonialisierung sprachen. Diese Erzählungen werden Teil der ‚Indigenous Knowledge Systems' (IKS). Im nächsten Kapitel will ich zeigen, wie die gewählten Formen der Wissensproduktion im Park hegemoniale Räume schaffen.

2.4.2.3 Hegemoniale Räume

Hegemonie definiere ich im Anschluss an Gramsci als machtvolle Politikprozesse der Normierung von Wissen, die sowohl Druck, Dominanz als auch Zustimmung (common sense) benötigen, um wirksam zu sein (vgl. Kap. 1.1).[524] Die hergestellte Ordnung privilegiere Subjektpositionen, bei Gramsci das Subjekt der Arbeiterklasse.[525] Ernesto Laclau und Chantal Mouffe erweitern poststrukturalistisch (mit Derrida und Lacan) das Gramscianische Hegemoniekonzept, das auf einem marxistischen Verständnis von politischen Beziehungen basiert. Sie stellen eine bestimmte Logik des Sozialen in das Zentrum ihres Hegemoniebegriffes: Soziale Praktiken der (politischen) Artikulation produzieren differierende Zugehörigkeiten und Begrenzungen, die eine gemeinsame soziale Ordnung for-

523 Vgl. Hall, Stuart. „Cultural Identity and Diaspora." *Identity: Community, Culture, Difference.* Hg. Jonathan Rutherford. London: Lawrence & Wishart, 1990. S. 224.

524 Vgl. Gramsci, Antonio. *Selections from Political Writings (1921-1926).* Hg. und Übers. Quintin Hoare. London: Lawrence & Wishart, 1978. S. 443.

525 Vgl. ebd.

men – als Antwort auf historisch-gesellschaftliche Krisen.[526] Mouffe schlussfolgert: „The practices of articulation through which a given order is created and the meaning of social institutions is fixed, are what we call ‚hegemonic practices.' Every order is the temporary and precarious articulation of contingent practices."[527] Sie verweigert im Anschluss an Gramsci dem Sozialen eine Essenz und definiert Hegemonien als „diskursive (Bedeutungs-)Konstruktionen des Realen und Sozialen"[528].

In den hegemonialen Räumen gehe ich der Frage nach, welche Wissensproduktion und welche Wissensformen im *Freedom Park* legitimiert werden. Diese Frage greift Antworten auf, die bereits in den ideellen Räumen zur Sprache kamen, perspektiviert diese aber unter einem anderen Fokus, dem der Wissensproduktion als hegemonieherstellende und -stabilisierende Praxis. Daran schließt die Frage nach den autorisierenden Personen(-gruppen) an: Wer wird im Park zur Autorität und steht sinnbildlich für die Nation? Und wer berät die Entscheidenden in ihrer Auswahl von Wissen?

Das Management des *Freedom Park* privilegiert die Subjektposition der ‚African voice' durch ‚Emanzipation'. Dazu wird ein spezifisches Wissen an einem staatstragenden Ort verräumlicht, das notwendig hegemonial werden muss. In der Analyse will ich diesem Ansatz folgen, indem ich sowohl auf das hergestellte Subjekt ‚African voice' als auch auf die Produzenten und Produzentinnen eingehe. Mein Fokus liegt auf dem Konfliktpotenzial der ausgewählten Legitimationsstrategien von Führung: Indigenisierung, Traditionalisierung, Vergeschlechtlichung und Elitisierung.

„Rites of Passage": Indigenisierung von Wissen

Im Park werden Elemente, die als Wissensformen vor der Kolonialisierung gelten, präsentiert, z. B. *Isivivane* und „Cleansing and Healing", archiviert in den *Pan-African Archives* – „the underlying knowledge base of all the components of Freedom Park"[529]. Wie bereits in Kapitel 2.4.2.1 gezeigt, sind die Wissensformen als Teil der ‚African voice' konzipiert und als ‚indigen' klassifiziert (Indigenous Knowledge Systems [IKS]).

526 Vgl. Laclau, Ernesto; Mouffe, Chantal. *Hegemony and Socialist Strategy: Towards a Radical Democratic Politics*. 2. Aufl. London: Verso, 2001. S. 3, 14.

527 Mouffe, Chantal. *Kritik als gegenhegemoniale Intervention*. 04.2008. URL: http://transform.eipcp.net/transversal/0808/mouffe/de (07.12.2010). S. 4.

528 Vgl. Carpentier, Nico and Cammaerts, Bart. „Hegemony, democracy, agonism and journalism: an interview with Chantal Mouffe." *Journalism Studies* 7.6 (2006). S. 968.

529 Vgl. URL: http://www.freedompark.co.za/cms/index.php?option=com_content&view=article&id=30&Itemid=36 (08.12.2010)

Teil der IKS sind die „Rites of Passage“, in einer Broschüre des *Freedom Park* definiert als „traditional organic forms of life“[530]. Sie beziehen sich auf die Übergänge zwischen einzelnen Lebensabschnitten und den kollektiven Handlungen, die diese einleiten: Geburt, Pubertät und Initiation, Heirat, Alter und Tod. Die Riten sollen sozialen Zusammenhalt, Loyalität, Solidarität und Nation-Building sichern.[531] Sie bilden durch ihre Form und Funktion eine soziale Ordnung, die auch staatliche Hegemonie präsentiert und sich im Park wiederfindet:

> „There is increasing reference to traditional organic forms of life, which the government has promised to promote and develop in the face of Westernisation or in relation to the fear that they are being eroded by incorporation; and to the threat that industrialization and globalization poses to rites of passage and other indigenous practices. Freedom Park, (…), underscores the view that democracy is unlikely to be sustainable in the absence of patriotic identification with certain cultural forms, that is, unless citizens identify with the polity‘s particular cultural communities founded upon particular values.“[532]

Im Heft begründen diverse Argumentationslinien die Zentralität des Konzeptes „Rites of Passage“. Erstens soll *Freedom Park* Wissen über soziale Umgangsweisen generieren, die sich von westlich-industriell-globalisiert konnotierten unterscheiden sollen. Mit Chantal Mouffe könnte der Prozess folgendermaßen gelesen werden: „Every hegemonic order is susceptible of being challenged by counter-hegemonic practices which attempt to disarticulate it in order to install another form of hegemony.“[533] Die Wissensordnung der Vergangenheit ist mit dem Ende der Apartheidspolitik nicht verschwunden. Die neue staatliche Ordnung und ihre Institutionen müssen andere Wissensinhalte erst hegemonialisieren.

Zweitens nutzt *Freedom Park* als staatlich finanziertes legacy project die Hegemonie des Rechts, um seine Existenz zu sichern. Die demokratische Staatsordnung wird angerufen, um die Ordnungsstrukturen im Park zu legitimieren.

Drittens könne Demokratie nicht ohne „patriotische Identifikation“ mit der Politik spezifischer kultureller Gemeinschaften, die auf bestimmten Werten basiere, erhalten werden. „Rites of Passage“ symbolisieren sowohl die Werte, Praxen als auch die ausführenden Akteure und Akteurinnen, die die neue sozio-politische Ordnung der Gesellschaft repräsentieren sollen.

---

530 Vgl. The Freedom Park Trust. *Rites of Passage and Their Normative Significance in South Africa*. Pretoria, o. A. S. 1.

531 Vgl. ebd. S. 8.

532 Ebd. S. 1f.

533 Mouffe, Chantal. *Kritik als gegenhegemoniale Intervention*. 04.2008. URL: http://transform.eipcp.net/transversal/0808/mouffe/de (07.12.2010). S. 4.

Die „Rites of Passage“ gehören zum kulturellen Kapital (Bourdieu) und ermöglichen so Macht und Führung auf mehreren Ebenen. Auf der Mikroebene ermächtigen sie das Parkmanagement, die Tourguides (vgl. 4.1.1), Heilende, Wissenschaftler und Wissenschaftlerinnen und spezielle Gruppen wie lokale religiöse oder spirituelle Gemeinden, d. h. all jene, die die Praxen anerkennen. Auf der Makroebene und verwoben mit dem individuellen bzw. Gruppenhandeln dienen die „Rites of Passage“ dem Nation-Building der institutionalisierten Politik. Der Text der Broschüre betont Loyalität, Zugehörigkeit und klare Führung, die durch die „Rites of Passage“ erzeugt würden. Der Park als Erinnerungsort und rechtlich legitimiertes Regierungsprojekt wird zur Autorität durch die Autorität des staatlichen Gesetzes und durch die Autoritäten von Wissensbesitzenden. Eine Institution autorisiert die andere.

Führungskonzeptionen

Im Park gibt es diverse Vorstellungen von Führung, die sich in speziellen Elementen materialisieren: *Moshate*, *Gallery of Leaders* und denjenigen, die als Wissende anerkannt und zur Beratung hingezogen werden. Ramzie Abrahams beschreibt, welches Führungskonzept der ANC praktiziere und woran heute im Park erinnert werden soll:

> „Ultimately it, it is leadersh, leadership by consensus. There must be a consensus. In other words: Everyone must agree at the end of the day. So you get into huge debates. It takes long ahm sometimes it‘s seen as, you know, you‘re actually not moving forward fast enough whatever. But the idea is: You take everyone with you in terms of decision-making.“[534]

Die Konsenspolitik ist jedoch kein fester Bestandteil im Organisationsalltag. Das staatliche Unternehmen *Freedom Park* ist klar hierarchisch strukturiert. Die betrieblichen Führungsstrukturen der Parkorganisation belegen, dass das Management die Entscheidungsmacht und Verfügungsgewalt verkörpert. Freiberuflerinnen und Angestellte in den Rangebenen unterhalb des Managements haben deutlich schlechtere Arbeitsbedingungen.[535] Die Parkführung erschwerte einen Archivzugang oder Daten zum Projekt, vor allem für Forschende.[536] Hier könnte

534 Abrahams, Ramzie. Interview, geführt von der Verfasserin. Pretoria/Tshwane, 07.04.2009. S. 23.

535 In den Interviews mit Menschen, die nicht Teil des oberen Managements waren, wurde dies deutlich.

536 Auch Jonathan Alfred Noble erzählte mir in einem Interview (Johannesburg, 10.09.2011) von seinen Schwierigkeiten, recherchieren zu können.

eine Eigentumsvorstellung gelesen werden, die den Park im Sinne von corporate identity zu dem ihren mache. Ihr Eigentumsbegriff konfligiert an dieser Stelle mit dem Konzept, dass der Park für alle zugänglich sei.[537]

Laut Ramzie Abrahams widerspreche das Konzept „Führung durch Beratung und Konsens“ einem Machtverhältnis:

> „If you talk about power relations, power, power relations are never symmetrical. It‘s always asymmetrical. Because if power relations are symmetrical there‘s no power relation (…). Ahm it, it comes through as I say through negotiation, through consultation and being able to convince. So, so it, it‘s about sitting down. We talk about something. You agree up on something. And obviously such agreement comes from to what extent you will be able to convince me.“[538]

Dass aber genau diese asymmetrischen Machtverhältnisse Praxis im Park sind, zeigt auch die bisherige Vorgabe durch das Management, die Tour mit einem Guide zu machen. Die angestrebte ‚Emancipation of the African voice‘ wird vor allem auf Seiten der Definitionsmacht realisiert. Führung braucht Geführte: Im Park gibt es unterschiedliche Orte für die jeweiligen Zielgruppen. Für die Geführten gibt es den Picknickplatz (*Uitspanplek*[539]), *Isivivane* oder das *Amphitheatre*. Die Anordnungen, Handlungsvorschriften etc. stehen für das Parkmanagement und dessen Prämissen einer spirituellen und traditionellen Autorität. Für die Besucher und Besucherinnen ist das präsentierte Wissen vorgedacht und damit bereits perspektiviert. Das mag auch auf andere Erinnerungsorte oder Museen zutreffen. Das Management nutzt jedoch sprachlich andere Partizipationsmöglichkeiten, die den „interactive living space“,[540] die *//hapo* eben von traditionellen ‚westlichen‘ Museumskonzepten unterscheiden sollen.

Eigenen Assoziationen und Interpretationen wird (bisher) kaum Raum gegeben. Es bleibt während der eineinhalbstündigen Führung keine Zeit, die Informationen zu reflektieren. Deshalb soll an dieser Stelle der Konzeption von ‚Führung‘ in *Moshate* und der *Gallery of Leaders* Platz eingeräumt werden.

537 Vgl. URL: http://www.freedompark.co.za/cms/index.php?option=com_content&view=article&id=6&Itemid=7 (08.10.2011)

538 Abrahams, Ramzie. Interview, geführt von der Verfasserin. Pretoria/Tshwane, 07.04.2009. S. 23f.

539 *Uitspanplek* („Ochsenausspannplatz“) war nur einmal Teil der Tour. Der Name in Afrikaans eröffnet diverse Assoziationen mit der Vergangenheit, die im Sinne des Nation-Building auch als Erinnerung für die Afrikaner und ihren Great Trek im Park materialisiert sein soll. Der Picknickplatz ist jedoch weder Teil von *S'khumbuto* noch auf der gleichen Ebene wie die anderen Parkelemente. Es wurde auf halber Höhe des Hügels gebaut und unterscheidet sich durch seine Positionierung vom Rest des Parks.

540 Vgl. URL: http://www.freedompark.co.za/cms/index.php?option=com_content&view=article&id=29&Itemid=35 (06.10.2011)

Moshate: traditionalisierte Autoritäten – honouring „traditional leadership“[541]

Moshate wurde gegenüber der *Gallery of Leaders* gebaut. Beide Elemente verkörpern den Führungsgedanken: im Namen, im Zweck des Gebäudes und der entsprechenden Nutzung. Der Ort soll lebenden Führungspersönlichkeiten, „dignitaries“, „heads of government of other nations“[542], einen Raum für Verhandlungen, Diskussionen oder Vertragsabschlüsse bieten. Als „high-level hospitality suite, which will be used for presidential and diplomatic functions“[543] dient *Moshate* der Elitebindung. Ein Guide erklärte während der Tour vom 5. Mai 2009, dass das Wort ‚Moshate‘ aus der Sprache der Pedi sei, ins Englische übersetzbar mit: „the place where the king resides“[544]; verbunden mit „Dikgosi“[545] wird die Führung durch „kings“ oder „chiefs“ betont und auf die Erinnerungsagenda gesetzt.

Der „leadership“-Gedanke verbindet hier Jahrhunderte alte Ordnungsstrukturen von Gemeinschaften mit der heute gültigen Staatsform der präsidentiellen Demokratie. Dementsprechend ist *Moshate* laut der Management-Konzeption auch der Ort für Staatsoberhäupter, Botschafter und Botschafterinnen und Politiker und Politikerinnen. Betont wird „traditional leadership“. Damit rekurriert der Park auf die Anerkennung traditioneller Führung und dem dazugehörigen Customary Law in der staatsgebenden Verfassung (chapter 12, 211-212). Gruppen wie den Zulus, deren Gemeinschaft monarchisch strukturiert sei, wird auf lokaler Ebene eine Identifikationsmöglichkeit geboten, die auch das Leitprinzip ‚Emancipation of the African voice‘ aufgreift.

Die Auswahl von Regierungsweisen, die als traditionell gekennzeichnet werden, hat mindestens zwei Funktionen im Park: Erstens legitimiert die Präsentation an einem nationalstaatlichen Erinnerungsort Praxen, die in der Vergangenheit in europäischen Wissensordnungen nur wenig Anerkennung fanden. Zweitens werden Führungsvorstellungen als Tradition artikuliert. So legitimiert die Aufwertung vorstaatlicher Strukturen auch gegenwärtige Macht- und Herrschaftsverhältnisse. Ziel ist, durch hegemoniale politische Bedeutungszuschreibungen ein Bewusstsein zu schaffen, das die gegenwärtige Ordnung anerkennt.

Davon ausgehend, dass Hegemonie legitimiert und autorisiert, lässt sich auch Max Webers Begriff der Autorität in der Konstruktion von *Moshate* als kulturpolitischem Projekt und politischer Willensbekundung als Analyseinstru-

541 Vgl. Freedom Park Trust. *Annual Report 2008*. Pretoria: Freedom Park Trust, 2008. S. 38.

542 Vgl. Freedom Park Trust. *Annual Report 2006*. Pretoria: Freedom Park Trust, 2006. S. 19.

543 http://www.freedompark.co.za/cms/index.php?option=com_content&view=article&id=26&Itemid=32 (06.10.2011)

544 Vgl. Tour am 05.03.2009. Moshate wird auch übersetzt mit „chief‘s kraal“, „royal house“ oder „palace“.

545 Dikgosi meint auf Setswana „House of Chiefs“.

ment anwenden. Weber fasste Legitimation als Autorität und definierte drei Herrschaftstypen: die legale Herrschaft als „auf dem Glauben an die Legalität gesatzter Ordnungen und des Anweisungsrechts der durch sie zur Ausübung der Herrschaft Berufenen ruhen[d]“, die traditionale als „auf dem Alltagsglauben an die Heiligkeit von jeher geltender Traditionen und die Legitimität der durch sie zur Autorität Berufenen ruhen[d]“ und die charismatische Herrschaft als „auf der außeralltäglichen Hingabe an die Heiligkeit oder die Heldenkraft oder die Vorbildlichkeit einer Person und der durch sie offenbarten oder geschaffenen Ordnungen“ basierend.[546] Im Park lassen die entstehenden Räume der Idealisierung, Spiritualisierung und Hegemonialisierung alle drei Charakteristika von Herrschaft lesbar werden. Legale, traditionale und charismatische Dominanz durchkreuzen die Räume und bedingen sich gegenseitig: In der Sprache des Parks finden sich sowohl Verweise auf das Staatsrecht, auf die Spiritualität und deren Heilungsmacht und auf Helden und Heldinnen, die die heutige Ordnung der ‚Menschlichkeit und Freiheit‘ ermöglichten.

Moshate hat im Park die Funktion einer Elitebindung. Die lebenden Führungskräfte können sich vor Ort treffen und den Park für politische Verhandlungen oder aber zu Repräsentationszwecken nutzen. Die gegenwärtige Politik und deren Handlungsträger und -trägerinnen erfahren somit eine Aufwertung. Zudem spielt der Park als Kulturbetrieb eine Rolle: *Freedom Park* steht wie alle anderen Erinnerungsorte in Konkurrenz um staatliche Gelder. Durch ein Element wie *Moshate*, das politischen Führungskräften und Entscheidungsmächtigen vorbehalten ist, kann im Sinne der Kundenbetreuung Fundraising betrieben werden. Das Management schafft Aufmerksamkeitsstrukturen und nutzt die Möglichkeit, um staatliche Zuwendungen zu werben. Der Ort wertet die Staatsführungen auf und umgekehrt. Den besonderen Status von *Moshate* illustrieren der Internetauftritt und die Umbaupläne: Unter der Rubrik „Image Gallery“ ist die Kategorie „State Visits“ verlinkt, in der die Staatsbesuche für die Internetnutzenden visualisiert sind. *Moshate* selbst wird umgebaut. So erzählte die Tourbegleiterin einer Führung vom 28. Januar 2010, dass das bisherige Gebäude professioneller und Botschaftern angemessener umgestaltet werde. Einzelne Orte im Park können gemietet werden.[547] Heutige Strukturen holen die Erzählungen über die Vergangenheit ein: Architektonische Größe, exklusive Ausstattung und Vermietung sprechen eine Sprache der Hierarchie und der Ökonomisierung des Ortes. Wirt-

546 Vgl. Weber, Max. *Grundriss der Sozialökonomik. Wirtschaft und Gesellschaft*. Tübingen: Siebeck, 1922. S. 124.

547 Vgl. Preisliste auf der Internetseite. URL: http://www.freedompark.co.za/cms/index.php?option=com_docman&task=doc_download&gid=236&Itemid=3 (21.07.2011). Der Mietbetrag lag pro Acht-Stunden-Tag bei rund 650 Euro.

schaftlichkeit und Vermarktung werden zur handlungsstrukturierenden Autorität (vgl. Kap. 3.1).

Gallery of Leaders: zum vergeschlechtlichten Führungsgedanken

Im Gegensatz zur Elitebindung hat die *Gallery of Leaders* die Funktion der Elitebildung. Auf der Internetseite war 2011 zu lesen: „The Gallery of Leaders pays tribute to some of the many people whose leadership qualities and achievements have been pivotal in the struggle for humanity and freedom nationally, continentally and internationally."[548] Der ehemalige CEO des Parks, Wally Mongane Serote, verband in einer Presseerklärung den Aspekt der ‚Emancipation of the African voice' mit dem Aspekt „leadership": „(...) emancipating the African voice and showcasing African leadership as being on par with the rest of the world."[549] Jane Mufamadi beschreibt, was eine Person zu einer Führungsfigur mache:

> „(...) you should have fought for, for freedom and humanity or you should have contributed either directly or indirectly. For example, you find other people who do not, did not necessarily contributed directly to South Africa but what they stood for and propagated for was against human abuse or oppression whatever. Then through what they stood for had motivated or encouraged or assisted South Africa somehow to attain its freedom."[550]

Gemein ist den unterschiedlichen Darstellungsmedien und Positionen der Aussagenden, dass die *Gallery of Leaders* jenen Anerkennung geben soll, deren Führungsqualitäten und Leistungen ausschlaggebend im Kampf für Menschlichkeit und Freiheit waren: ‚African leadership' bezieht sich nicht nur auf die Nation und wird „auf Augenhöhe mit dem Rest der Welt" gesetzt. Jane Mufamadi betont auch die Symbolkraft der Personen, die als Figur „für etwas standen" und mit diesem „etwas" Südafrikas Befreiung unterstützten. Als „exemplary role models" seien sie es wert, nachgeahmt zu werden.[551] Sie sind sowohl Vorbild als

548 URL: http://www.freedompark.co.za/cms/index.php?option=com_content&view=article&id=-25&Itemid=31 (03.11.11)

549 Freedom Park Trust. *Freedom Park Trust responds to critique on the names to be included in the Gallery of Leaders*. 23.03.2009. URL: http://www.freedompark.co.za/cms/index.php?option=com_docman&task=doc_download&Itemid=3&gid=152 (10.05.2010). S. 1.

550 Mufamadi, Jane. Interview, geführt von der Verfasserin. Pretoria/Tshwane, 05.05.2009. S. 40.

551 Vgl. URL: http://www.freedompark.co.za/cms/index.php?option=com_content&view=article&id=25&Itemid=31 (10.08.2011). Freedom Park Trust. *Annual Report 2008*. Pretoria: Freedom Park Trust, 2008. S. 34.

auch Zeugen und Zeuginnen – sie stehen nicht nur für den Verlust, sondern vor allem für den Gewinn: die heutige Nation, die frei und menschlich sei.

Über die Auswahl entscheidet das Names Verification Committee, bestehend aus „experts, particularly historians, but also (…) main parties“[552]. Das Kriterium des Todes beschränkt die Wahl: Die Führungsperson muss bereits verstorben sein. Der Tod als Ordnungsfaktor lässt den Toten keinen Widerspruch. Ein Blick auf die Auswahl der „leader“ lohnt sich hinsichtlich ihrer Funktion im Nation-Building-Projekt. So kann ihnen rhetorisch auch eine Opferbereitschaft für heutige Verhältnisse zugesprochen werden (vgl. 2.4.2.2).

Warum wurden zusätzlich zur *Wall of Names* (bisher) 24 Namen ein besonderer Platz in einer eigenen Galerie zugewiesen? Die Namen von 75.000 Toten an der *Wall of Names* signifizieren Individualität durch die einzelnen Namen. Sie verwandeln durch ihre Zahl und die architektonische Gestaltung der Wand das Individuelle gleichzeitig in eine Masse der Gleichrangigkeit. Der Überblick kann leicht verloren gehen. Einzelnen eine Position in einer Galerie zu gewähren, bietet den Besuchenden eine Auswahl und dem Museumsmanagement eine deutlichere (funktionalisierte) Orientierungsmöglichkeit hinsichtlich herausragender Leistungen.

Konfliktpotenzial birgt der Entscheidungsprozess. Es gab öffentliche Diskussionen über die Auswahl der Namen: über Namen von Soldaten des Apartheid-Militärs[553] (vgl. Kap. 2.4.2.2) und über Mitglieder der Inkatha Freedom Party (IFP), die zwischen 1990 und 1994 in den gewalttätigen Auseinandersetzungen zwischen ANC und IFP starben.[554]

Ihre Inszenierung in der Galerie verdeutlicht die Stellung der „leader“ im Park: In Lichthöfen sind Plakate angebracht, auf denen ein längerer Text und Porträtfotos ihr Leben in Kurzform präsentieren. Im Jahr 2010 sind es vor allem ‚schwarze‘ Männer, die in bisherigen Geschichtsschreibungen marginalisiert waren. Das Management und dessen Beratung setzen im Namen des südafrikanischen Staates Erinnerungen auf die Agenda, die eine antiimperialistische und/oder antikoloniale Perspektive teilen. In dieser Hinsicht unterscheidet sich

---

552 Vgl. Mufamadi, Jane. Interview, geführt von der Verfasserin. Pretoria/Tshwane, 05.05.2009. S. 38.

553 Vgl. Freedom Park Trust. *Freedom Park Trust responds to critique on the names to be included in the Gallery of Leaders*. 23.03.2009. URL: http://www.freedompark.co.za/cms/index.php?option=com_docman&task=doc_download&Itemid=3&gid=152 (10.05.2010)

554 Vgl. Freedom Park Trust. *Outcomes of the seminar to discuss consideration of the IFP fallen names at Freedom Park*. 14.04.2011. Zitiert nach: Jethro, Duane. „Talking about the Real Thing: Authenticity and the Politics of Authentication at Freedom Park South Africa.“ *4th European Conference on African Studies African Engagements: On Whose Terms?* Uppsala. 15.-18.06.2011. URL: http://www.nai.uu.se/ecas-4/panels/101-120/panel-109/Duane-Jethro-full-paper.pdf (30.09.2011)

Freedom Park und fordert hegemoniale Geschichtsbilder westlicher kapitalistischer Demokratien heraus. Ein Großteil der heutigen politischen Verantwortlichen kooperierte bspw. mit sozialistisch ausgerichteten Gruppen und Nationalstaaten: So wertschätzt *Freedom Park* die Unterstützung ehemaliger Ostblockstaaten wie Kuba[555] durch die Visualisierung von Namen wie Ernesto Ché Guevara.[556] Frauen sind bisher nur in der Kategorie „South African Leaders" in der Galerie vertreten: Regent Queen Manthantisi, die Kommunistin Helen Beatrice May Joseph und die ehemalige Vorsitzende der ANC-Women's League Lillian Masediba Ngoyi. Auf meine Nachfrage zu diesem Verhältnis antwortet Lauren Marx:

> „What we've tried to do is we've tried to be as representative as possible in terms of gender. But un, unfortunately, I think we might have not failed in that respect but one has also to take into consideration there were very few female leaders throughout the history of the world. Ahm so we have representation of the women but it's very, very little compared to the men. Just simply because of the politics of the day (…)."[557]

Diese Sichtweise lässt sich durch andere südafrikanische Museen wie das *Apartheid Museum* widerlegen. Das *Apartheid Museum* erinnert u. a. an Charlotte Maxeke, „leader of the Bantu Women's League of the South African Native National Congress", dem Vorläufer des ANC. Offensichtlich muss es eine andere Erklärung für dieses Phänomen geben. Ethel Kriger erklärt den Repräsentationsmangel wie folgt:

> „[T]he gender aspect in ah, as I see it, in Freedom Park (lacht kurz) is subsumed ah into ahm it's not regarded as a sacred thing, ja. And that can be problematical. If you take, say, ah something like slavery and the names of the slaves on the wall, they're not gonna say only men's male slaves, you know what I mean? So when it comes to that it, it's like slaves as if it's a gender-neutral. So some of the things are regarded as gender-neutral anyway. When they went over to Zambia to fetch spirits or something, (...) it's again, (...) it's gender-neutral, you know? (...) if you look at it at a certain level, the subtext is male."[558]

---

555 Der Park hat auch der Unterstützung Kubas eine eigene Broschüre gewidmet. Vgl. Sithole, Jabulani. *Cuba's Internationalism in Africa 1962-1991*. Pretoria/Tshwane: The Freedom Park Trust, o. A.

556 Auch an der *Wall of Names* wird getöteten Menschen aus Kuba gedacht, die sich für die Freiheit Südafrikas einsetzten. Vgl. Freedom Park. *Che Guevara's daughter pays homage at Freedom Park to fallen Cuban freedom fighters*. 22.10.2009. URL: http://www.freedompark.co.za/cms/index.php?option=com_docman&task=doc_download&gid=172&Itemid=47 (10.04.2010)

557 Marx, Lauren. Interview, geführt von der Verfasserin. Pretoria/Tshwane, 23.03.2009. S. 14.

558 Kriger, Ethel. Interview, geführt von der Verfasserin. Pretoria/Tshwane, 03.04.2009. S. 30f.

Der Subtext, den Ethel Kriger anspricht, findet sich auch in hegemonialen Narrativen über Nationalgeschichte. Die Texte in der *Gallery of Leaders* präsentieren die männlichen Führungsfiguren als entwerfende Intellektuelle, die gleichzeitig den neuen Staat legitimieren.[559] Betont werden Titel, erworbene Qualifikationen und Führungsaspekte. Der vermännlichte dissidentische Diskurs rahmt in der Galerie offizielle nationalstaatliche Kulturpolitik; die Dissidenz ist eingebunden in die hegemonialen Institutionen. Das hegemonialisiert die Führungspersonen und ruft einen Statuswechsel zu hegemonialen Intellektuellen hervor.

Die Texte zu den drei weiblichen Führungsfiguren nennen zudem Führungsqualitäten, die vor allem als außergewöhnlich und (willens-)stark konnotiert sind. Die Beschreibungen kommen nicht ohne familiäre Bezüge aus. Im Gegensatz zu den männlichen Figuren, deren Familienkonstellationen nicht abgebildet werden, sind die drei weiblichen Figuren in mindestens einem Absatz „die Tochter", „die Frau/Witwe" oder „die Mutter" von …[560] Die vergeschlechtlichte Dichotomie von privat/öffentlich ist Bestandteil der Erzählungen zur Nationalgeschichte und ihrer Führungspersönlichkeiten. So wird „leadership" geschlechtsspezifisch konzeptionalisiert.

Dass Vergeschlechtlichungen implizit Wissen strukturieren, verdeutlichen auch die ausgewählten Informationen: Ähnlich meiner Analyse des Zitats von Lauren Marx zum Ungleichgewicht von Frauen und Männern in der Galerie schränkt das gelernte Wissen die Vorstellungskraft der Forschenden und ihre Suche ein: Die offiziellen Erinnerungen werden mit offensichtlichem Engagement gleichgesetzt, ohne Formen des Engagements abseits der politischen Bühne zu berücksichtigen.

Darüber hinaus begrenzt die dominante Kategorie ‚Leader' die Suche nach Namen, da sie das präsentierte Wissen ebenfalls strukturiert. Nicht nur diejenigen, die die Namen vorschlagen, das Komitee und das Management sind durch die Vorgabe, nach einer Führungspersönlichkeit zu suchen, in ihrer Wahl limitiert. Auch die Forschenden wählen anhand bereits archivierter Daten nach dem Kriterium „Führungsposition" aus. ‚Leadership' wird als eine machtvolle Qualität definiert, die Nationen vereinen kann. Lauren Marx verdeutlicht das am Beispiel von King Shaka und der heutigen Sicht auf seine Handlungen Ende des 18., Anfang des 19. Jahrhunderts:

> „[I]n classical literature, if you go back, you will find that Shaka was written to be ahm a monster, a total beast, you know. Someone that ahm was exceptionally ah

559 Zum Verhältnis von Nationalstaat und Intellektuellen vgl. Auga, Ulrike. *Intellektuelle – zwischen Dissidenz und Legitimierung. Eine kulturkritische Theorie im Kontext Südafrikas*. Münster, Berlin: LIT Verlag, 2007. Insb. S. 95-106.

560 Zur Rolle der doppelten Repräsentation weiblicher Intellektueller vgl. ebd. S. 188-190.

> disciplined but very, very strict. (…) But if you go and read on more contemporary trains of thought about him, (…) you will find that he unified an entire Zulu-nation and that (...) he had about 250.000 Zulus under him at the time. And he really established a proud strong nation. So, yes, the leadership is questionable. But the fact remains he had done something quite exceptional and he fought for the unification of the Zulu people. So the criteria displays these elements."[561]

Lauren Marx beschreibt ihre Sicht auf die hierarchische Organisation einer feudalen Gesellschaft aus dem 19. Jahrhundert auf dem Gebiet des heutigen Südafrikas. Sie hebt die Macht zu einen hervor und setzt Einheit mit Stärke und Stolz gleich. Ihre Interpretation von Shakas Leben lässt auch heutige Prämissen des Nation-Building erkennen. Mögliche undemokratische Strukturen bleiben im Sinne der ‚Emancipation of the African voice' unerzählt.

„The content forms the container" ist ein weiteres Hauptprinzip der Arbeit im *Freedom Park* und meint, dass die Beratungsgremien den Inhalt beschließen.[562] Dieses Prinzip knüpft an die Logik der ‚Emancipation of the African voice' an: Das Bewusstsein forme das Sein.[563] Das Management ist für die Umsetzung verantwortlich. Deshalb will ich im Anschluss an die Auseinandersetzungen um ‚indigenous knowledge', darin eingeschriebene vergeschlechtlichte Führungskonzeptionen und Nation-Building, zeigen, wer dieses Wissen produziert und auf die Agenda setzen kann.

Wissensproduzenten

Auch im Erinnerungsort *Freedom Park* wählen Menschen mit entsprechender Befugnis Wissen aus. Beratend tätig sind Komitees und Einzelpersonen.[564] Die Komitees[565] setzen sich aus Vertretungen einzelner Gruppen oder Parteien zu-

561 Marx, Lauren. Interview, geführt von der Verfasserin. Pretoria/Tshwane, 23.03.2009. S. 12f.

562 Vgl. Mufamadi, Jane. Interview, geführt von der Verfasserin. Pretoria/Tshwane, 05.05.2009. S. 1, 6, 9.

563 Hier lassen sich auch Parallelen zum Dialektikverständnis von Hegel ziehen. Vgl. Hegel, Georg Wilhelm Friedrich. *Zur Phänomenologie des Geistes*. Grin Verlag, 2009 (1807).

564 Ramzie Abrahams definiert deren Aufgabe im Rahmen der Anforderung, dass *Freedom Park* die Nation repräsentieren solle: „So for about two years the trust consulted with various organisations and individuals and communities and so forth (...)." Abrahams, Ramzie. Interview, geführt von der Verfasserin. Pretoria/Tshwane, 07.04.2009. S. 1.

565 Im Park gibt es u. a. das White Mobilisation Committee, welches vor allem die Gruppe der ‚Weißen' in den Park bringen soll. Jane Mufamadi erklärt, dass das Strategic Committee wiederum aus der Zivilgesellschaft, Frauen, Jugend und „all the racial groups" bestehe. Vgl. Mufamadi, Jane. Interview, geführt von der Verfasserin. Pretoria/Tshwane, 05.05.2009. S. 1. Kritik wurde u. a. an deren Zusammensetzung geäußert: Ethel Kriger bemerkte, dass es keine „Women's Commission" gäbe, auch keine Beteiligung einer „women's group" im Names Veri-

sammen und treffen sich in regelmäßigen Abständen. Die Beratungsstruktur der Komitees war mir nicht zugänglich.

Das Indigenous Knowledge Systems Committee verantwortet die Inhalte der zentral gesetzten ‚Indigenous Knowledge Systems'. Es besteht aus traditionellen Heilern, Älteren und organischen Intellektuellen.[566] Die Unterschiede zwischen den drei Kategorien sind nicht klar umrissen. Häufig vereinen die ausgewählten, lebenden Experten und Expertinnen mehrere Eigenschaften. Das hohe Alter scheint für die Autorität von „organic intellectuals" und „traditional healers" zu sprechen. Jane Mufamadi definiert organische Intellektuelle als:

> „(...) experts in their own right but who did not necessarily go to school or and who did, who learnt through their experience of life. For example, you have ... elders who cannot read or write but who are very wise and knowledge all about certain things. So those are what we, we ah call organic intellectuals. Vis-a-vis convention and convention will say this (!) are the people who acquired knowledge through learning, studying."[567]

Diese Begriffsbestimmung weist Ähnlichkeiten zur Definition Antonio Gramscis auf. Gramsci betonte „ihre Rolle in der Produktion und in der Organisation der Arbeit" und betrachtete eine Lehrausbildung als unnötig, um intellektuell zu sein.[568] Das Management übernahm die Gedanken der Vermittlungsrolle und des machtvollen Führungsaspekts, ersetzte „Arbeiterklasse" durch das spirituell aufgeladene Heilermilieu und ermächtigte dieses, „Urweisheiten"[569] zu verkünden. Im *Freedom Park* werden organische Intellektuelle einbezogen, die eine Retraditionalisierung und kulturalistisch-essentialisierende Perspektive auf Nation-Building-Prozesse einnehmen. Ihre Position und Funktion ist eine legitimierende durch Führung: „Not just traditional healers, traditional leaders."[570] Sie produzieren das Wissen über kulturelle Fragen der Vergangenheit, lokal entstandene Praxen und Kommunikationswege mit Vorfahren. Das Management benö-

fication Committee. Vgl. Kriger, Ethel. Interview, geführt von der Verfasserin. Pretoria/ Tshwane, 03.04.2009. S. 31.

566 Vgl. Mufamadi, Jane. Interview, geführt von der Verfasserin. Pretoria/Tshwane, 05.05.2009. S. 1.

567 Ebd. S. 5.

568 Vgl. Gramsci, Antonio. *Kritische Gesamtausgabe Gefängnishefte*. Hg. Klaus Bochmann. Hamburg: Argument, 1996. Zitiert nach: Auga, Ulrike. *Intellektuelle – zwischen Dissidenz und Legitimierung. Eine kulturkritische Theorie im Kontext Südafrikas*. Münster, Berlin: LIT Verlag, 2007. S. 149.

569 Vgl. Kriger, Ethel. Interview, geführt von der Verfasserin. Pretoria/Tshwane, 03.04.2009. S. 14.

570 Vgl. Mufamadi, Jane. Interview, geführt von der Verfasserin. Pretoria/Tshwane, 05.05.2009. S. 1.

tigt sie, um die zentralisierten Sichtweisen sowohl vertreten als auch darstellen zu lassen.[571] Die Wissensformationen, die Diskurse, stehen in einem spezifischen Verhältnis zu ihren Akteuren und Produzentinnen:

> „Diskurse funktionieren nicht ohne ihre Verkörperungen: Menschen setzen diese fort oder brechen mit ihnen, nehmen von der Norm abweichende Positionen ein, institutionalisieren oder verwerfen diese. (…) Sie [können] entscheiden, welche Botschaften sie repräsentieren – darstellen und vertreten: Welches Wissen soll, um mit den Worten Ulrike Augas zu sprechen, aktualisiert werden?“[572]

Die Beratenden benötigen die Anerkennung und Autorisierung ihres Wissens. Ihre Aufgabe im Park ist es, Wissen zu produzieren – ein Wissen, das im Sinne der ‚Emancipation of the African voice‘ über Spiritualitätsbezüge zu einem ‚African knowledge‘ wird. In den nächsten Abschnitten will ich drei Wissensproduzenten hervorheben, die auch Heiler sind. Das unterscheidet u. a. die Wissensproduktion im Park von den anderen Erinnerungsorten. Wally Mongane Serote, Andrew Masondo und Credo Mutwa nahmen die Aufgabe wahr, über Spiritualität als Wissensform ‚afrikanische Zugehörigkeit‘ zu generieren. Ihre Handschriften sind im Park deutlich lesbar. Die deskriptiv angelegten Kurzporträts dienen der beispielhaften Kontextualisierung der Akteure, die in den gegenwärtigen Nation-Building-Prozessen über Handlungsmacht verfügen. In den Kapiteln 3 und 4 werden diese Fäden unter dem Fokus der Gouverne/monu/mentalität und der Kategorien ‚Indigenous Knowledge Systems‘ und ‚African_‘ wieder aufgenommen.

Politik, Poesie, Heilung: Wally Mongane Serote

Wally Mongane Serote war Chief Executive Officer (CEO) des *Freedom Park* von 2002 bis 2011. Er zeichnet sich im Park verantwortlich für die Relevanz von ‚Indigenous Knowledge Systems‘. Eingebettet in Theorien des Black Consciousness Movement (BCM) finden sich Referenzen auf beide Wissensformationen sowohl in der Architektur als auch in den parkeigenen Broschüren: ‚Indigenous Knowledge Systems‘ sind Hauptbestandteil der *Pan African Archives*. Die Bauten und Naturelemente verkörpern die ‚African Renaissance‘ und präsentieren

571 Auga, Ulrike. *Intellektuelle – zwischen Dissidenz und Legitimierung. Eine kulturkritische Theorie im Kontext Südafrikas*. Münster, Berlin: LIT Verlag, 2007. S. 156.

572 Schulze, Annett; Schäfer, Thorsten. „‚Von gesunden Körpern und natürlicher Gesellschaft‘ – Normierungen in Wirtschaft, Politik und Wissenschaft.“ *Zur Re-Biologisierung der Gesellschaft. Menschenfeindliche Konstruktionen im Ökologischen und Sozialen*. Hg. Annett Schulze, Thorsten Schäfer. Aschaffenburg: Alibri, 2012. S. 48.

Zugehörigkeit und Ursprung. In den Broschüren und im Internetauftritt werden der Park und Afrika weiblich, symbolisch belegt mit Worten wie „(Wieder-)Geburt“ und Regeneration (vgl. Kap. 4.2).[573] Die Betonung von Sprache als Mündlichkeit findet sich sowohl im Hauptprinzip ‚Emancipation of the African voice‘ als auch in der Praxis der Touren durch den Park. Von Serote verwendete Metaphern und Motive verweisen auf eine Verbindung zwischen der literarischen Form der izibongo („praise poems“) und dem Impetus der Bewusstseinsbildung. Beide bilden die Grundlage für Serotes Interpretation der politischen Leitlinie ‚African Renaissance‘ in den 1990er-Jahren (vgl. Kap. 3.2).

Er hatte diese Schwerpunkte schon vor seiner Aufgabe als CEO des Parks definiert: Bereits im Widerstandskampf gegen die Apartheid identifizierte sich Serote mit Thematiken des BCM. Ihr Echo finden sie sowohl in seinen literarischen Produkten[574] als auch in seinen politischen Aktivitäten im ANC, in dessen militärischen Flügel Mkhonto we Sizwe (MK) und im Exil (Gabarone, London) als ANC-Kulturattaché. Er kehrte 1990 aus dem Exil nach Südafrika zurück und wurde Vorsitzender der Kulturabteilung des ANC. 1994 in Regierungsverantwortung übernahm Serote als ANC-Abgeordneter sowohl einen Sitz im Parlament als auch den Vorsitz des Parliamentary Portfolio Committee on Arts, Culture, Science and Technology. Unter seiner Leitung wurde die nationale Initiative zu ‚Indigenous Knowledge Systems‘ gestartet und der Indigenous Knowledge Systems of South Africa (iIKSSA) Trust gegründet.[575]

2002 beendete Serote seine Ausbildung zum inyanga, einem Heiler, die er wiederum bei einem anderen Heiler namens KwaMhlaba Uayalingana in KwaZulu-Natal absolvierte.[576] Serote setzte sich bereits in den 1990er-Jahren für die rechtliche Legitimierung und Absicherung „traditionellen Wissens“ und „traditioneller Heiler“ im südafrikanischen Parlament und einzelnen Ministerien wie dem Department for Science and Technology ein.[577]

---

573 Vgl. URL: http://www.freedompark.co.za/cms/index.php?option=com_content&view=article&id=6&Itemid=7 (06.02.2012)

574 Ausführlich hierzu vgl. Mde, Vukani. *Effulgent in the firmament: The Politics of Representation and the Politics of Reception in South Africa's „Poetry of Commitment“, 1968-1983.* Masterarbeit. Port Elizabeth, 2002. URL: http://www.nmmu.ac.za/documents/theses/MdeV.PDF (23.01.2012). S. 57ff., 64, 67ff.

575 Vgl. Govender, Rogini, Hg. *The Freedom Park News. A Nation in Dialogue* 4 (2007). URL: http://www.freedompark.co.za/cms/index.php?option=com_docman&task=cat_view&gid=6&Itemid=3 (06.02.2012). S. 14.

576 Vgl. O. A. *From Freedom Fighter to Traditional Healer.* 08.12.2002. URL: www.sundaytimes.co.uk (06.02.2012)

577 Vgl. bspw. Parliamentary Monitoring Group. *Traditional Healers Draft Bill: presentation by traditional healers.* 13.11.2001. URL: http://www.pmg.org.za/print/1237 (06.02.2012). Parliamentary Monitoring Group. *Electronic Communications & Transactions Bill: briefing; Vlakplaas Report: consideration.* URL: http://www.pmg.org.za/print/1754 (06.02.2012). Die

In offiziellen Interviews, bspw. im Talk Radio 702 von 2011, verband Serote in seinen Antworten Heilungsdiskurse mit *Freedom Park*. Er erzählte von der Anrufung der Toten (Generäle und Digkosi), sich auf dem gewählten Hügel niederzulassen, um das Monument *Freedom Park* bauen zu können.[578] Der ehemalige General und damalige Heiler Andrew Masondo rief damals die Toten an. Er war ebenfalls wie Serote Widerstandskämpfer gegen die Apartheid, Mitglied im ANC und MK.

Politik, Militär und Heilung: Andrew Masondo

Andrew Masondo (1937-2008) hatte vor allem eine beratende Funktion im Park inne. 1953 wurde er ANC-Mitglied, 1961 trat er der bereits verbotenen Kommunistischen Partei Südafrikas bei. Er war im militärischen Flügel des ANC, wurde in Moskau ausgebildet und Gefangener auf Robben Island. Nach dem Ende der Apartheid beteiligte sich Masondo maßgeblich an der Umstrukturierung des staatlichen Militärs.[579]

Im *Freedom Park* arbeitete er im Strategic Committee und mit Serote an einigen Projekten.[580] Wie auch Serote ließ sich Masondo zum traditionellen Heiler ausbilden. Andrew Masondo konnte in seiner Beratungsfunktion des Parks dreifach legitimiert werden: Freiheitskämpfer, Heiler und in leitender Position des Verteidigungsministeriums. Ehemalige militärische Kämpfer und Kämpferinnen gegen die Apartheid mussten in die Post-Apartheid-Gesellschaft aus dem Exil integriert werden. Das war die Aufgabe Masondos als Chief der Service

gleiche Rede hielt Serote auch vor dem Parlament: „Proceedings of the National Assembly." 24.06.2002. S. 178-185.

578 Vgl. Jethro, Duane. „Talking about the Real Thing: Authenticity and the Politics of Authentication at Freedom Park South Africa." *4th European Conference on African Studies African Engagements: On Whose Terms?* Uppsala. 15.-18.06.2011. URL: http://www.nai.uu.se/ecas-4/panels/101-120/panel-109/Duane-Jethro-full-paper.pdf (30.09.2011). S. 16.

579 Vgl. Mashike, John Lephophotho. *DOWN-SIZING AND RIGHT-SIZING: An Analysis of the Demobilisation Process in the South African National Defence Force.* Johannesburg: University of the Witwatersrand, 2006. URL: http://hdl.handle.net/10539/1645 (06.02.2012). Kap. 6: The Reintegration of former APLA and MK Soldiers into Civilian Society.

580 Auf der Internetseite des Parks wird Masondo kaum erwähnt, aber in Sekundärquellen gibt es Hinweise auf eine länger andauernde Kooperation der beiden. Vgl. u. a. Rakoma, Ally. „A struggle veteran redeploys to a new world." *South African Soldier* 5 (2008). URL: http://www.dod.mil.za/sasoldier/2008/May2008.pdf (23.01.2012). S. 18. Im Newsletter von April 2007 wird Masondo als einer unter vielen Beratenden beim Projekt „Promotion and Protection of Heritage National Living Treasures" genannt. Vgl. Govender, Rogini, Hg. *The Freedom Park News. A Nation in Dialogue* 4 (2007). URL: http://www.freedompark.co.za/cms/index.php?option=com_docman&task=cat_view&gid=6&Itemid=3 (06.02.2012). S. 15f.

Corps.[581] Dieser Herausforderung konnte auch durch das Anliegen des Parks zu versöhnen und die Nation aufzubauen, begegnet werden. So gab es seitens des Ministeriums offizielle Besuche, die im Park realisiert wurden.[582]

Als Heiler vertrat er offiziell den Kurs zu IKS, der sich in der Wissensproduktion des Parks wiederfindet. Masondo und Serote waren ebenfalls Diskutanten im Indigenous Knowledge Systems of South Africa Trust (IKKSA).[583] Masondo selbst war Mitglied im leitenden Gremium des IKKSA.[584]

Die IKS repräsentieren in Südafrika auch Menschen, die sich ausschließlich als Heiler definieren. Credo Mutwa ist einer davon. Als Heiler und organischer Intellektueller berät er Architekturfirmen und das *Freedom Park*-Management.

Heilung: Credo Mutwa

In einer Presseerklärung der parkeigenen Öffentlichkeitsabteilung wird Credo Mutwa wie folgt charakterisiert: „Credo Mutwa – visionary, historian, seer, prophet, sculptor, painter and unique individual with an uncanny ability to clearly understand the universe, the world and humanity, (...).“[585] Credo Mutwa steht als Akteur für Eigenschaften und Aufgaben wie spirituelle Führung, offizielle Geschichtsschreibung (in der Funktion eines High Sanusi) der Gruppe der Zulus und Kosmologie. Bereits in den 1970er-Jahren verdiente Mutwa Geld mit „ancestoral worhip“ für Touristen und Touristinnen in Soweto. Mutwa selbst bestreitet bis heute Vorwürfe, mit dem Apartheidsregime zusammengearbeitet zu

581 Vgl. Mashike, John Lephophotho. *DOWN-SIZING AND RIGHT-SIZING: An Analysis of the Demobilisation Process in the South African National Defence Force*. Johannesburg: University of the Witwatersrand, 2006. URL: http://hdl.handle.net/10539/1645 (06.02.2012). S. 262.

582 Vgl. The Freedom Park Trust. *High-Ranking SADF Officials to Honour Fallen Heroes and Heroines at The Freedom Park*. 27.07.2007. URL: http://www.freedompark.co.za/cms/index.php?option=com_docman&task=doc_download&Itemid=3&gid=95 (06.02.2012). Fotos (ohne Quellenangabe) zeigen uniformierte Männer vor einer der Außenwände des Parks. Freedom Park Trust. *Rites of Passage and their Normative Significance in South Africa*. Pretoria, o. A. S. 8. Rakoma, Ally. „Defence staff council visits the Freedom Park.“ *South African Soldier* 3 (2009). URL: http://www.dod.mil.za/sasoldier/2009/soldmar09.pdf (20.09.2011). S. 17.

583 Vgl. Masoga, Mogomme Alpheus. *Building on the Indigenous: Challenges of African Indigenous Knowledge*. URL: http://www.uct.ac.za/downloads/uct.ac.za/about/introducing/transfomation/reports/univ_in_africa.pdf (06.02.2012). S. 39. Niyanda, Siwiwe. *A young heart*. 25.04.2008. URL: http://mg.co.za/printformat/single/2008-04-25-a-young-heart/ (06.02.2012). S. 2.

584 Vgl. ebd. S. 1.

585 The Freedom Park. *Doyen of African culture, Credo Mutwa's historic visit to the Freedom Park*. 31.07.2009. URL: http://www.freedompark.co.za/cms/index.php?option=com_docman&task=doc_details&gid=170&Itemid=47 (22.06.2010). S. 1.

haben.[586] Im Widerstandskampf gegen die Apartheid kritisierten ihn dafür unterschiedliche politische Gruppen. Während der Aufstände in Soweto 1976 wurde sein Haus zerstört und er schwer verletzt; sein Sohn 1986 aufgrund politischer Motive ermordet.

Mutwas bedeutende Rolle lässt sich anhand der Presseerklärungen des Parks nachvollziehen. In einem Statement nach seinem Besuch vom 31. Juli 2009 wird er als „liebender Vater" bezeichnet: „Baba was consulted extensively on the conceptualisation and design of //hapo, drawing on his phenomenal expertise and vast knowledge."[587] Begründet wird die ihm erteilte Wertschätzung mit seinem Engagement im Naturschutz und seinen Kenntnissen über „African culture". Die gleiche Presseerklärung zitiert Mutwas Ansichten gegenüber dem ‚Westen':

> „There are many shameful things that are being done to Africa and her people by Western nations these days. These shameful things are also being done to African people by Western researchers as well as ordinary writers, who deliberately bypass my Motherland, driving her into isolation, and treating her as though she was not part and parcel of humankind. These writers and these researchers deliberately overlook many important facts about our people, and some go out of their way to deliberately merely skim the surface of African knowledge, overlooking the rest, and passing on to nations and races what they favour. There was a time when I wondered, why this was being done? But now I know, too late, the cold-blooded satanic purpose behind all this. The black man of South Africa must be denied his identity to make it easier for people with sinister agendas to turn him into a puppet, spiritually and physically dependent on the West and its rapacious and exploitive ways. The black man must be made to look down upon himself and the other nations too, must be made to look down upon him in contempt."[588]

Mutwa ruft in diesem Statement den ‚Westen' als Feindbild auf. Die Emanzipation betrifft in seinen Aussagen nur den ‚schwarzen' ‚afrikanischen' Mann. Dass

586 Mutwa selbst bestreitet den Vorwurf der Kooperation, indem er darauf verweist, dass er selbst kein Politiker, sondern ein Heiler sei. Auf seiner Website schreibt er: „In 1975 I succeeded in obtaining permission and funds to build the first living museum, for the preservation of my people's knowledge, religion and culture, in the centre of Soweto. Many black people misunderstood the purpose of my having built this living museum. They falsely accused me of cooperating with the apartheid regime and of quote - ‚glamorising the Soweto ghetto.' But I did not see myself as a politician, I saw myself as a healer, whose duty it was to preserve the greatness of his people, regardless of which government happened to be in power in South Africa." URL: http://credomutwa.com/about/biography-01/ (30.09.2011)

587 The Freedom Park. *Doyen of African culture, Credo Mutwa's historic visit to the Freedom Park.* 31.07.2009. URL: http://www.freedompark.co.za/cms/index.php?option=com_docman&task=doc_details&gid=170&Itemid=47 (22.06.2010). S. 2.

588 Ebd.

sowohl *Freedom Park* als auch Afrika in den englischen Texten als weiblich bezeichnet werden, scheint kein Zufall oder Irrtum zu sein. Das Zuhause, die Materie des nationalen Kollektivkörpers ist weiblich, dessen Handeln wird männlich konstruiert (vgl. Kap. 4.2).

Zusammengefasst repräsentieren alle drei Heilerpersonen in der Parkkonzeption ‚Indigenous Knowledge Systems'. Während Mutwa bereits während der Apartheid eine Heilerausbildung absolvierte, entschieden sich Serote und Masondo nach ihrem politischen und militärischen Widerstand für das Erlernen von Heilerwissen. Im Park selbst waren sie an der Gestaltung und Symbolauswahl des ‚Indigenen' beteiligt. Als Vorsitzender des Freedom Park Trust hatte Serote qua Position in der Organisationshierarchie des Kulturunternehmens maßgeblichen Einfluss auf die Wahl der Beratenden. Er arbeitete sowohl mit Masondo als auch mit Mutwa außerhalb des Parks in diversen Regierungsprojekten zusammen, um IKS zu promoten. Welche (inter-)nationalen Politiken IKS ebenfalls anspricht, werde ich in Kapitel 3.2 und 4.2 ausführlicher behandeln. Dass die zentrale Positionierung von IKS westlich geprägte Wissensordnungen mindestens infrage stellt, soll im nächsten Abschnitt am Beispiel der Auseinandersetzung um Beratungsqualitäten und den Begriff der Intellektualität gezeigt werden.

Konventionelle Intellektuelle und der Streit um Positionierungen: Who speaks with an ‚African voice'?

Neben Heilern sind auch Beratende mit Hochschulabschlüssen im *Freedom Park* tätig. Serote bspw. studierte von 1974-1979 an der Columbia University, NYC. Er kann damit sowohl als konventioneller Intellektueller als auch als organischer Intellektueller bezeichnet werden. Konventionelle Intellektuelle mit Beratungsfunktion waren z. B. Andries Oliphant von der UNISA, Pretoria/Tshwane oder Ciraj Rassool von der University of the Western Cape, Kapstadt. In Anbetracht der jahrhundertelangen Abwertung von Wissen und Praxen auf dem afrikanischen Kontinent ist die Vorsicht gegenüber Kritik am Park grundsätzlich nachvollziehbar. Problematisch ist jedoch die Rahmung von Kontroversen als vor allem negativ und voreingenommen.[589] Einer der Professoren der UNISA, Greg Cuthbertson, erzählt im Interview, dass er selbst beratend tätig war. Als er jedoch den Unterschied zwischen Geschichtsschreibung und Gedächtnisorten zugunsten

589 Vgl. Jethro, Duane. „Talking about the Real Thing: Authenticity and the Politics of Authentication at Freedom Park South Africa." *4th European Conference on African Studies African Engagements: On Whose Terms?* Uppsala. 15.-18.06.2011. URL: http://www.nai.uu.se/ecas-4/panels/101-120/panel-109/Duane-Jethro-full-paper.pdf (30.09.2011). S. 13f.

‚westlich' geprägter Historiografie bewertete, wurde er von den verantwortlichen Stellen nicht mehr eingeladen:

> „So, so what happens is history gets ah reconstructed in terms of the convenience of the moment of the time in making sense of it for the, for the now. And I think that's happened to museums and Freedom Park is probably the best example of that. Because what it did do was a dredging operation to take a string of pre-colonial moments and even the way that it is mapped out as a journey, a route through the past to particular moments. Those moments ahm were debated endlessly in and, and various committees were set up to, of historians and people were invited and then dismissed. It's got its own political history."[590]

Hier zeigt sich am Erinnerungsort *Freedom Park*, wie politische und machtvolle Entscheidungen die Konstruktion einer Narration über die Geschichte Südafrikas bestimmen. Mehrere Aspekte von Macht können in diesem Kontext näher betrachtet werden: Erstens die Platzierung im sozialen Gefüge Erinnerungsort (Management mit Entscheidungsgewalt, eingeladene Vertretung der Wissenschaft). Zweitens die Vorgaben durch das Ministerium (in Bezug auf die Definition eines legacy project, Black Economic Empowerment-Regulierungen, Haushaltspläne), die den Ort finanzieren. Drittens die Selbst-/Disziplinierung der Entscheidungstragenden, also ihre Kompromissbereitschaft, die Vorgaben zu erfüllen. Viertens die Eigeninteressen der entscheidenden Verantwortlichen. Fünftens die Selbst-/Disziplinierung der Wissenschaftler und Wissenschaftlerinnen, die Vorgaben und das Vorgehen anzuerkennen. Vor allem der Grad der Disziplinierung kann durch die Form der Machtausübung wie durch ökonomischen Druck und soziale Kontrolle erhöht werden.

Ein historisch auf die Kolonialisierung zurückgehender Konflikt schwelt heute in der Wissensproduktion des Parks: Das Parkmanagement kennzeichnet bisherige Wissenschaft als kulturellen Imperialismus des ‚Westens'. Das behindere die Emanzipation des ‚eigenen' Wissens. Ignoriert wird, dass das Attribut ‚westlich' ähnlich homogenisiert wie das Attribut ‚African'. Die Betonung des ‚Eigenen' gerät immer wieder in Widerspruch zur angestrebten Diversität.

An dieser Stelle erweitert der Blick auf Machtverhältnisse in der bereits etablierten Wissensproduktion die Perspektive: Die Wahlen 1994 ließen gesicherte Machtverhältnisse ins Wanken geraten – auch an Universitäten. Mit den Programmen des Black Economic Empowerment im Sinne affirmativer Politik können Positionen nun zugunsten der bisher diskriminierten Zugehörigkeit besetzt werden. Nicht mehr als Experte bzw. als Expertin zu gelten und die Anerkennung des Status als Wissenschaftler bzw. Wissenschaftlerin zu verlieren, sind

590 Cuthbertson, Greg. Interview, geführt von der Verfasserin. Pretoria/Tshwane, 18.03.2009.

nur zwei mögliche Ängste, die der Park mit seiner Politik der ‚Emancipation of the African voice' auslösen kann.

Schlussfolgerungen: Freedom Park als hegemoniales Projekt

Hegemoniale Räume im Park umfassen Legitimation und Autorität. Referenzpunkt ist die Nation. Die Wissensproduktion legitimiert den Nationalstaat und autorisiert seine Repräsentierenden. Hegemonialer Raum entsteht mindestens durch drei Prinzipien: erstens durch das Prinzip der institutionalisierten Führung – sowohl in den materiellen Repräsentationen wie *Moshate* oder der *Gallery of Leaders* als auch in den ausgewählten indigenisierten und spiritualisierten Wissensformen und Praxen. Die Praxen sind durch ihre Performativität bspw. die „Cleansing and Healing-ceremonies" wirksam.

Zweitens entsteht Autorität durch die aktive Übernahme der Managementprinzipien durch Angestellte. Die Tourguides befolgen ihre Anweisungen und/oder überschreiten diese, um eigene Prinzipien zur Regel zu erheben. Ethel Kriger und Lauren Marx glauben nicht an den Transport von Seelen in Bäumen, tragen die Erzählung jedoch mit und verleihen ihr dadurch Autorität. Jeremy Rose bezeichnet Credo Mutwa im Interview als „crazy healing person"[591], übernimmt jedoch als Designer Mutwasche Prinzipien der Spiritualität und materiellen Ordnung, strukturiert somit den Raum, der für die Besuchenden „a/effektiv" wird (vgl. Kap. 3.1.2).[592]

Ich kennzeichne in diesem Zusammenhang mit dem Konzept von Žižeks manipulativer Autorität die im Park präferierte Spiritualität als eine indirekte manipulative Autorität. Alle hier Genannten glauben nicht an diese Form der Spiritualität und deren Praxen im Park. Sie nutzen die Institution ‚Spiritualität' allerdings auch nicht, um andere ihrem Willen zu unterwerfen. Žižek beschreibt den Prozess folgendermaßen: „(...) [the] mystique of the Institution [is] proper to traditional power: we know that Authority is a fiction, but nevertheless this fiction regulates our actual, real behaviour; (…)."[593] Der Glaube an ein besseres politisches System oder aber der Zwang, Geld zu verdienen, lässt die Autorität des Parks als Erinnerungsort, Arbeitgeber und Abbild der Nation auf der lokalen

591 Vgl. Rose, Jeremy. Interview, geführt von der Verfasserin. Johannesburg, 05.05.2009. S. 27.

592 Vgl. Foucault, Michel. *Die Heterotopien/Der utopische Körper. Zwei Radiovorträge*. Frankfurt/M.: Suhrkamp, 2005.

593 Žižek, Slavoj. *For they not not what they do. Enjoyment as a political factor*. London, New York: Verso, 2008 (1991). S. 251. Schreibweise i. O.

Ebene wirklich werden. Vertragsgebundene stimmen so entweder im Sinne eines „Gehorchen wollens“[594] oder „bejahter Abhängigkeit“[595] zu.

Drittens die Autorität der Homogenisierung des Außergewöhnlichen: *Freedom Park* verleiht sich selbst Autorität, indem einerseits der Nationalstaat Südafrika und dessen Bürger und Bürgerinnen aufgrund ihrer Geschichte als außergewöhnlich dargestellt werden. Andererseits zitiert der Park aus diesem Nationalkollektiv besondere Führungspersönlichkeiten, die wie der Erzbischof Desmond Tutu das „südafrikanische Volk“ als „the Rainbow People of God“ bezeichnen.[596] Das Kollektiv ist bereits besonders, dessen Führung außergewöhnlich. Žižek beschreibt, dass totalitäre Autoritäten Kritik mit einem „gerade weil“ begegnen und so den Zusammenhalt und Glauben stärken. Im Park reagiert das Management nach außen ähnlich: Ohne totalitär zu sein, sind sie dennoch entschieden, Prinzipientreue vor Kritik zu stellen.[597]

Die Suche nach Emanzipation von Unterdrückungsformen (Praxen, Wissen, Verhalten) spricht über Freiheit, meint aber Befreiung.[598] Sie wurde spirituell aufgeladen, um nationale Einheit zu ermöglichen. *Freedom Park* versucht, Befreiung zu materialisieren. Freiheit und Menschlichkeit tragen symbolische Bedeutung, an die Menschen glauben wollen. Beide Werte sind im Vergleich zur Kolonialvergangenheit heute rechtlich einklagbar. Das Recht wird zur Autorität, die reale Unfreiheiten und Unmenschlichkeiten relativiert. Das Recht bekommt den Status des Spirituellen. Der Glaube und die Hoffnung zählen: Ohne die Anerkennung von Politik, Angestellten und Besuchenden würde dieser Park bedeutungslos bleiben.

---

594 Vgl. Weber, Max. *Grundriss der Sozialökonomik. Wirtschaft und Gesellschaft*. Tübingen: Siebeck, 1922.

595 Vgl. Horkheimer, Max. „Autorität und Familie.“ *Gesammelte Schriften*. Bd. 3. 1931-1936. Frankfurt/M.: Suhrkamp, 1988.

596 Vgl. The Freedom Park Trust. *One step backwards, two steps forward: Towards Diversity, Unity, Reconciliation and Nation Building. Progress on the Mobilisation of the Khoi-San, Indian, Afrikaaner and Coloured Constituencies*. Pretoria: Freedom Park Trust, o. A. S. 6.

597 Vgl. Abrahams, Ramzie. Interview mit der Verfasserin. Pretoria/Tshwane, 07.04.2009. S. 5.

598 Zum Unterschied zwischen Freiheit und Befreiung vgl. Arendt, Hannah. *Über die Revolution*. München: Piper Verlag, 1965.

3 Erinnerungsökonomien: Nationenwerdung als Aushandlungsprozess

Im zweiten Kapitel analysierte ich, welche diskursiven Räume die einzelnen Erinnerungsorte dominieren. In diesem Kapitel will ich zeigen, was alle vier Orte teilen: Erzählungen über ‚Recht', ‚Freiheit' und ‚African_' und die institutionelle Form des Kulturbetriebs. Ausgehandelt werden die narrativen und strukturellen Praxen des Kulturbetriebes je nach Erinnerungsort graduell unterschiedlich im Rahmen nationaler Kulturpolitik. Alle werden teilweise von staatlichen Ministerien finanziert und wurden durch ein Gesetz ermöglicht. Sie funktionieren in einem kapitalistisch-demokratischen Nationalstaat, dessen (kulturpolitische) Institutionen Erinnerungsorte normieren und regulieren: Wissen wird entsprechend der Gesetze und Richtlinien der jeweiligen Staatseinrichtung produziert. Das trifft vor allem für das heritage project *Robben Island Museum* und für die legacy projects *Freedom Park* und *Constitution Hill* zu. Auch wenn das *Apartheid Museum* kein staatliches Projekt ist, entstand es aufgrund eines Gesetzes (vgl. Kap. 2.3.1.2). Das Management muss sich dementsprechend an die gesetzlichen Regulierungen und Vergaberichtlinien halten. Rechtsnormen greifen auch, wenn Kofinanzierungen durch staatliche Institutionen gewährt werden.

Die offizielle Kulturpolitik im Nationalstaat Südafrika ist deutlich auf Nation-Building-Prozesse ausgerichtet. Ziel dieses Kapitels ist es zu zeigen, wie die offizielle Vision des südafrikanischen Kunst- und Kulturministeriums vor Ort produziert und verhandelt wird: „The vision of the Department of Arts and Culture is to develop and preserve South African culture to ensure social cohesion and nation-building."[599]

Unter der Überschrift WISSENSPRODUKTION gliedert sich Kapitel drei in zwei Schwerpunkte: Im ersten analysiere ich übergreifende Diskursstrategien, die Wissen mit dem Ziel der Nationenwerdung an den vier untersuchten Erinnerungsorten herstellen. Hier liegt der Fokus auf WISSENsproduktion. Im zweiten Abschnitt will ich die PRODUKTION von Wissen näher betrachten. Politisch-ökonomische Produktionsverhältnisse und Wissen lassen sich, so meine These, nicht voneinander trennen.

599 URL: http://www.dac.gov.za/vision_mission.htm (29.02.2012)

Wenn ich in diesem Unterkapitel von Ökonomien national(staatlich)-kultureller Räume der Erinnerung schreibe, dann verstehe ich unter dem Begriff ‚Ökonomie' politische Produktionsweisen nationaler Zugehörigkeit und Reproduktionsweisen nationalstaatlicher Hegemonien, die gesellschaftliche Bereiche wie den der Nationalökonomie regulieren.

Mein Ausgangspunkt im ersten Kapitel waren medien- und kulturwissenschaftliche Konzepte zum Assmannschen Funktionsgedächtnis, zum Agenda-Setting und -Building und zu Foucaultschen Diskursanalysen. In diesem Teil der Analyse werde ich Ulrike Kistners Argumentation der inhärenten Widersprüchlichkeit eines westlich geprägten Nationalstaatskonzeptes[600], das sie auf den Post-Apartheid-Kontext in Südafrika anwendet, mit dem Hegemoniekonzept von Antonio Gramsci in meiner Analyseoperation verbinden. Agenda-Building, verstanden in meinem Untersuchungskontext als Bilden von öffentlicher Meinung zum Zwecke nationaler Zugehörigkeit, ist Teil politischer hegemonialer Prozesse an nationalen Erinnerungsorten. Sie werden zur Projektionsfläche politischer Fantasien über kollektive Zukunft. Konsens und Gewalt, schreibt Gramsci, seien notwendig, um Hegemonie herzustellen.[601] Mario Candeias baut auf diesem Konzept auf und definiert den Staat als Akteur: „Für seine politischen Projekte und Maßnahmen lanciert der Staat eine öffentliche Kampagne, er organisiert Elemente der Zivilgesellschaft, greift in Diskurse ein."[602] Ideologieproduktion als Aufgabe staatlicher Kulturpolitik ist Teil postkolonialer Regierungspositionen im Anschluss an Philosophen und Politiker wie Kwame Nkrumah. Ideologie-/Wissensproduktion wird zur Aufgabe des national-kulturellen Funktionsgedächtnisses (vgl. Kap. 1.2): Der Staat soll kulturpolitisch legitimiert werden – und zwar hier an Orten, die Begegnungsräume zwischen Politik und Zivilgesellschaft schaffen. Dazu bedarf es bestimmter Vergangenheitskonstruktionen, die mit Imaginationen verwoben sind: Ideen, Sprache und materielle Praxen werden zum diskursiven Ausdruck nationaler Zugehörigkeitsvorstellungen. Auf diesen

600 Vgl. Kistner, Ulrike. *Commissioning and Contesting Post-Apartheid's Human Rights. HIV/AIDS – Racism – Truth and Reconciliation*. Münster, Berlin: LIT Verlag, 2003. S. 167. Zur Analyse von Nationenkonzepten vgl. u. a. Anderson, Benedict. *Die Erfindung der Nation. Zur Karriere eines folgenreichen Konzeptes*. Berlin: Ullstein, 1998 (1983). Zur Dekonstruktion von und Kritik an Nation und Staat vgl. Poulantzas, Nicos. „Die Internationalisierung der kapitalistischen Verhältnisse und der Nationalstaat." *Die Zukunft des Staates*. Hg. Joachim Hirsch, Bob Jessop, Nicos Poulantzas. Hamburg: VSA Verlag, 2001 (1973). S. 19-70.

601 Vgl. Gramsci, Antonio. *Gefängnishefte*. Bd. 4. Hg. K. Bochmann, W. Haug. Berlin, Hamburg: Argument Verlag, 1991. S. 916f. Zitiert nach: Candeias, Mario. *Neoliberalismus – Hochtechnologie – Hegemonie. Grundrisse einer transnationalen kapitalistischen Produktions- und Lebensweise. Eine Kritik*. Hamburg: Argument Verlag, 2004. S. 54.

602 Candeias, Mario. *Neoliberalismus – Hochtechnologie – Hegemonie. Grundrisse einer transnationalen kapitalistischen Produktions- und Lebensweise. Eine Kritik*. Hamburg: Argument Verlag, 2004. S. 54.

Konzepten aufbauend, begreife ich Hegemonie als prozesshaft, Stabilität suchend und widersprüchlich. Die Untersuchung der Erinnerungsagenden hinsichtlich gemeinsamer Perspektivierungen auf Nation und Funktionsweisen innerhalb des staatlichen Nation-Building öffnet den Blick auf gesellschaftliche Organisationselemente, die kulturpolitisch definiert werden (vgl. Kap. 1.3): entweder als wichtig – auf den Agenden der Erinnerungsorte abgebildet bzw. salient und damit ermöglicht oder als störend – in diesen Diskursfragmenten nicht sichtbar und damit verhindert.

Meine Analyse national(staatlich)-kultureller Räume der Erinnerung wird im Folgenden zeigen, dass staatliche Kulturpolitik und politisch-ökonomische Regulationen in Nation-Building-Prozessen Hegemonie re-/produzieren. Beide Bereiche müssen in einer Analyse zu Konstruktionsversuchen eines nationalkulturellen Funktionsgedächtnisses miteinander in Beziehung gesetzt werden.

3.1 WISSENsproduktion

> „(...) the aim of the department is to always as it says to develop and preserve South African culture, to insure social cohesion and nation-building. (...) And I think the national legacy projects are very important when it comes to building a South African nation and strengthening the notion of an identity and who we are as a people.“[603]
>
> Lisa Combrinck, Chief Director for Communication and Liaison des südafrikanischen Kunst- und Kulturministeriums

Wissen wird innerhalb der Erinnerungsorte an unterschiedlichen Positionen prominent gesetzt. Es gibt die offensichtlichen Verortungen in den Archiven. Das *Robben Island Museum* ist Mitbegründer des *Mayibuye Archive*. *Freedom Park* baut Archive auf, die den Namen *Pan African Archives* bekamen. *Constitution Hill* und das *Apartheid Museum* schufen eine eigene Abteilung für Archivierungen. Alle vier Erinnerungsprojekte arbeiten mit staatlichen Universitäten zusammen, um Wissen zu hinterfragen und zu generieren: Workshops, Konferenzen und gemeinsame Projekte, die mit Praktika und Werkverträgen einhergehen, resultieren aus diesen Kooperationen. Wissen wird, wie bereits mehrfach analysiert, auch als Materialisierung begriffen: Architektur und Kunst, alte und neue Strukturen der Erinnerungen erzählen über Geschichte und re-/konstruieren Vergangenheiten, die heute offiziell Anerkennung finden.

603 Combrinck, Lisa. Interview, geführt von der Verfasserin. Pretoria/Tshwane, 05.05.2009. S. 2, 6f.

Alle Agenden der Erinnerungsorte referieren auf ‚Recht', ‚Freiheit' und auf ‚African_', die als nationale Werte der Souveränität über die Zuschreibung Wissen signifiziert werden: Zum einen legitimiert sich die gegenwärtige hegemonialstaatliche Ordnung narrativ über den Konnex Freiheit und Recht (vgl. Kap. 3.1.1). Das produzierte Wissen rekurriert auf den Staat als Garant von Freiheit durch das Recht. Zum anderen benötigt es jedoch mehr als nur die staatlich-institutionelle Ebene, um die Nation im Nationalstaat vorstellbar werden zu lassen. Die Nation entsteht durch die Konstruktion[604] eines kulturellen Wissens, das vor allem über die Ansprache von Emotionen funktionieren soll. An den Erinnerungsorten wird diese kulturelle Ebene diskursiv über ‚African_' hergestellt. Die Leerstelle steht für die jeweilige Kombination, die vor Ort erzählbar wird, bspw. „African Renaissance", „African voice", „African identity", „Africanness", „Africans" (vgl. Kap. 3.1.2).

Ich versuche, die drei Werte ‚Recht', ‚Freiheit' und ‚African_' als Teil des nationalstaatlichen Memory-Building zu dekonstruieren. Dementsprechend will ich diese Werte in ihren begrifflichen Grenzen[605] betrachten und danach fragen, wie sie legitimiert werden, um selbst wiederum den Nationalstaat zu autorisieren. Im Anschluss an die Arbeit von Jaques Derrida, der die Autorität der Gesetzeskraft dekonstruiert, will ich die Werte ‚Freiheit', ‚Recht' und ‚African_' „aus dem Gleichgewicht (...) bringen, komplizierter und paradoxer (...) fassen"[606]. Die Dekonstruktion bedeutet auch eine Zerstörung der Triumpherzählung und des Glaubens daran, dass jetzt in allen Gesellschaftsbereichen Freiheit und Menschlichkeit realisiert worden seien. Oder wie es Derrida (im Anschluss an Pascal und Montaigne) ausdrückte: Es gehe um eine

> „Kritik der rechtlichen Ideologie: Eine Freilegung, eine Loslösung, eine Abtragung der Sedimente des rechtlichen Überbaus, dessen Strukturen die ökonomischen und politischen Interessen der herrschenden gesellschaftlichen Kräfte verbergen und zugleich spiegeln, (...)."[607]

604 Die Nation wird mittlerweile in Teilen der Forschung nicht mehr als naturgegeben verstanden, sondern im Zuge des Poststrukturalismus als sozial konstruiert. Benedict Anderson leistet dies für die Imagination von Nation. Ulrike Auga macht Andersons Theorien für den südafrikanischen Kontext fruchtbar. Vgl. Anderson, Benedict. *Die Erfindung der Nation. Zur Karriere eines folgenreichen Konzeptes*. Berlin: Ullstein, 1998 [1983]. Auga, Ulrike. *Intellektuelle – zwischen Dissidenz und Legitimierung. Eine kulturkritische Theorie im Kontext Südafrikas*. Münster, Berlin: LIT Verlag, 2007.

605 Vgl. Derrida, Jaques. Gesetzeskraft. *Der „mystische Grund der Autorität"*. Übers. Alexander García Düttmann. Frankfurt/M.: Suhrkamp, 1991. S. 40.

606 Ebd. S. 17.

607 Ebd. S. 27.

So sind auch an den Erinnerungsorten gesellschaftliche Machtverhältnisse und Ideologien des ‚Rechts' und der ‚Freiheit' lesbar.

Im Folgenden will ich in einer Wechselbewegung zeigen, was die Agenden der Erinnerungsorte sagbar werden lassen: Ich kontextualisiere erstens die Werte mit den Interviewaussagen und zweitens mit theoretischen Arbeiten zu Nationalstaatlichkeit, Recht und Emotionalisierung/Affekt. So will ich anhand des Materials die unterschiedlichen Legitimierungsfunktionen und Widersprüchlichkeiten darstellen, die auch auf das Nicht-Sagbare hinweisen.

3.1.1 WissensWerte ‚Freiheit' und ‚Recht'

An allen vier Erinnerungsorten wird in den Narrationen auf die Post-Apartheid-Verfassung rekurriert. Dabei spielen abstrakte Werte wie Diversität, Menschlichkeit oder Gleichheit visuell und sprachlich eine Rolle. Ein Wert wird an allen Erinnerungsorten visualisiert: der Wert der Freiheit. Die Tourguides der staatlichen Projekte und die Schrifttafeln im *Apartheid Museum* rahmen die Geschichte der Freiheit als einen Freiheitskampf, der zu dem heutigen Rechtsstaat geführt habe. Freiheit wird dementsprechend in den Grenzen des Rechts erzählt. Sie legitimiert zudem den heutigen Staat, der per Gesetz das Grundrecht auf Freiheit garantiere. Der heutige Staat sei und verkörpere Freiheit. Es wird in den Narrationen jedoch auch klar gemacht, dass die heutige Freiheit einen Preis hatte, der mit Leid und Tod bezahlt wurde.

Die Interviewten rahmen ‚Freiheit' als Grund- und Menschenrecht. Viele von ihnen sprechen allgemein von human rights, wenn sie Bildungsprogramme, Verfassungsbezüge und Ausstellungselemente beschreiben.[608] Sowohl Robben Island als auch *Constitution Hill* werden als „Human Rights Campus" bezeichnet. Sagbar wird Freiheit so einerseits in einem Menschenrechtsdiskurs, der global wirksam ist und Recht als für alle Menschen geltend macht. Andererseits wird Freiheit glaubhaft, weil sie sowohl in den sprachlich-materiellen Narrationen der Erinnerungsorte als auch in den Interviews als ihr Negativum erzählt wird: als eine gewaltvolle Vergangenheit und als Geschichte des Unrechts.

Die Tourguides und die Interviewten sprechen von bürgerlich-politischen Rechten, die wie das allgemeine Wahlrecht oder das Recht auf Bewegungsfrei-

608 Vgl. Mitchell, Vanessa. Interview, geführt von der Verfasserin. Kapstadt, 10.02.2010. S. 1. Mama, Thando. Interview, geführt von der Verfasserin. Kapstadt, 10.02.2010. S. 38f. Mbemba, David. Interview, geführt von der Verfasserin. Johannesburg, 31.03.2009. S. 2, 3, 4. Dlamuka, Mxolisi. Interview, geführt von der Verfasserin. Johannesburg, 14.04.2009. S. 7. Peterson, Darryl. Interview, geführt von der Verfasserin. Johannesburg, 16.04.2009. S. 9, 15, 20. Potenza, Emilia. Interview, geführt von der Verfasserin. Johannesburg, 29.04.2009. S. 2, 11, 13. Kriger, Ethel. Interview, geführt von der Verfasserin. Pretoria/Tshwane, 03.04.2009. S. 8.

heit bereits Gültigkeit haben. Sozio-ökonomische Rechte sind in allen musealen Erzählungen nachrangig. In den Interviews werden sie auch als noch nicht realisiert und dem Realen widersprüchlich konzipiert. So erzählt Emilia Potenza (vgl. Kap. 2.3.2.2):

> „(...) our Constitution, although it is celebrated, has been one of the most progressive constitutions in the world, is a vision of a better society. Ahm and one has to have a vision. But if you think of the (...) the reality of the levels of exclusion that still operate in our society, whether you look at it from a class lens, you know, the extreme poverty that we still experience in many parts of the country ahm I so would think I mean from the figures I've heard recently 50 per cent of the population live below the poverty (...) line still – 15 years after democracy. Ahm so that sort of makes a mockery of the rights enshrined in the Constitution, you know, the rights to a house, the right to education, you know, the, the basic human rights that we're striving for, are certainly not li, the lived experience for the majority, aren't for 50 per cent of the people in the country, which is big."[609]

Emilia Potenza perspektiviert gegenwärtige südafrikanische Gesellschaftsverhältnisse als einen Konflikt zwischen Anspruch und Wirklichkeit in Bezug auf verfassungsmäßige Menschenrechte. Ulrike Kistner argumentiert, dass in der südafrikanischen Verfassung Menschenrechte, die für alle gelten, und Bürgerrechte, deren Gültigkeit an Staatsbürgerschaft geknüpft ist, mit der Herausbildung des modernen demokratischen Nationalstaates zunehmend getrennt werden.[610] In diesem stehe die souveräne Macht des Staates in Konflikt mit Menschenrechten, die außerhalb eines Staates und als grundsätzlich gegeben, also als vorstaatlich konzipiert sind.[611] Ich unterscheide die beiden Rechtsformen auch anhand ihres Institutionalisierungsgrades. Thomas Bedorf liest Arendts Ausfüh-

609 Potenza, Emilia. Interview, geführt von der Verfasserin. Johannesburg, 29.04.2009. S. 13.

610 Vgl. Kistner, Ulrike. „Sovereign Power and Bare Life with HIV/AIDS. Bio-Politics South African Style." *Commissioning and Contesting Post-Apartheid's Human Rights. HIV/AIDS – Racism – Truth and Reconciliation.* Hg. Ulrike Kistner. Münster, Berlin: LIT Verlag, 2003. S. 155. Kistner stellt dies historisch auch für die „Declaration of the Rights of Man and of the Citizen" fest.

611 Vgl. ebd. S. 167. Kistner bezieht sich in ihrem Aufsatz „Adversities in Adherence: Paralogisms of ‚Biopolitical Citizenship' in South Africa" auf die Argumentation von Hannah Arendt: „The fragile status of human rights results from the fact that human rights themselves were, at the moment of their declaration at the end of the eighteenth century, located independently of all governments (Arendt [1951] 1994: 300). The pitfalls of the so-called ‚inalienable rights' lie in the fact that ‚the moment human beings lacked their own government and had to fall back upon their minimum rights, no authority was left to protect them and no institution was willing to guarantee them' (Arendt [1951] 1994: 292)." Kistner, Ulrike. *Adversities in Adherence: Paralogisms of ‚Biopolitical Citizenship' in South Africa.* 2009. URL: http://www.uni-leipzig.de/~ecas2009/index.php?option=com_docman&task=doc_download&gid=1398&Itemid=24 (27.06.2011). S. 4.

rungen zur Unterscheidung zwischen dem Politischen und der Politik wie folgt: „Das Politische ist nicht nur die Möglichkeitsbedingung für Politik, sondern auch und vor allem ihr kritischer Maßstab.“[612] Er interpretiert das Politische als „Potentialität des gemeinsamen *Handelns* gegenüber der Politik“[613]. Ulrike Kistner spricht im Anschluss an Arendt von einer Fragilität der Menschenrechte, weil sie „staatenlos“ und damit nicht-reguliert und nicht-regiert sind. In ihrer Fragilität liegt auch das Paradoxe: Das Fragile ermöglicht Auseinandersetzungsprozesse und damit Möglichkeitsbedingungen von Politik, wie sie Bedorf beschreibt. Ihre Institutionalisierung und damit Reg(ul)ierung in Form der Staatsbürgerrechte nimmt ihnen das Fragile, stabilisiert sie und schreibt sie gleichzeitig fest als Teil der ökonomischen und politischen Interessen herrschender Kräfte und ihrer dissidentischen Gegenüber. Deshalb gibt es die Differenz zwischen (Gesetzes-)Text und (Gesellschafts-)Praxis, wie sie Potenza schildert.[614]

Die vor Ort dominante Erzählung realisierter Rechte meint institutionalisierte (Staats-)Bürgerrechte und zielt damit auf die Funktion der Staatsgewalt, diese durchzusetzen. Historisch betrachtet ist das konsequent. In den Widerstandskämpfen vieler Anti-Apartheidsbewegungen spielte vor allem Ungleichheit aufgrund rassifizierter Zugehörigkeit eine Rolle.[615] Die bestehende Ungleichheit vor dem Gesetz wurde für Armutsverhältnisse und Gewalt verantwortlich gemacht. In diesen Betrachtungen waren die Gesetze und deren Mittel ungerecht. Im Nationalstaat nach der Apartheid gibt es weiterhin die Institution des Gesetzes, bürgerliche Freiheiten etc. – jetzt mit dem wichtigen Unterschied eines Entrassi-

612 Bedorf, Thomas. „Das Politische und die Politik. Konturen einer Differenz.“ *Das Politische und die Politik*. Hg. Thomas Bedorf, Kurt Röttgers. Frankfurt/M.: Suhrkamp, 2010. S. 18.

613 Ebd. Hervorh. i. O.

614 Sonja Buckel zeichnet in ihrem Aufsatz „Zwischen Schutz und Maskerade – Kritiken des Rechts“ nach, wie bspw. der Staatsrechtler Otto Kirchheimer, der marxistische Jurist Franz Neumann und feministische Rechtswissenschaftlerinnen und Philosophinnen wie Catherine MacKinnon, Judith Butler oder Wendy Brown die Funktion des Rechts als „Absicherung des Status quo“ betrachten. Vgl. Buckel, Sonja. „Zwischen Schutz und Maskerade – Kritik(en) des Rechts.“ *Kritik und Materialität*. Hg. Alex Demirović. Münster: Westfälisches Dampfboot, 2008. S. 110-131.

615 Derrida thematisiert die Argumentationen Mandelas während des Anti-Apartheidskampfes, in denen Mandela das europäische Rechtssystem bewundert. Mandela kritisierte gleichzeitig die rassistischen Praxen im Rechtsstaat der Apartheid, der wiederum auf dem europäischen System basierte. Mandela wies die Unverfasstheit der Verfassung in jener Zeit durch die Ausgrenzung eines Teils der Nation nach. Vgl. Derrida, Jaques. „The Laws of Reflection: Nelson Mandela, in Admiration.“ Übers. Mary Ann Caws, Isabelle Lorenz. *Psyche. Inventions of the Other, Volume II*. Hg. Peggy Kamuf, Elizabeth Rottenberg. Stanford: Stanford University Press, 2008 (1987). S. 65, 66ff. Mamdani argumentiert, dass sich aus diesen historischen Auseinandersetzungen auch gegenwärtige Politiken mit dem Schwerpunkt, Gesetze zu entrassifizieren, erklären lassen. Vgl. Mamdani, Mahmood. *Citizen and Subject. Contemporary Africa and the Legacy of Late Colonialism*. Princeton: Princeton University Press, 1996. S. 286ff.

fizierungsanspruches im Sinne einer rechtlichen Gleichstellung. In den Erzählungen der Erinnerungsorte wird das Recht durch diese Transformation gerecht. Die Interviewpassage Emilia Potenzas zeigt jedoch, dass auch dieses Recht nicht gerecht ist. Ihre Argumentation schließt an Ulrike Kistners Trennung zwischen Menschenrechten und Bürgerrechten an. Sozio-ökonomische Verhältnisse verweisen auf einen Bruch zwischen der Rechtserzählung als Gerechtigkeit und dem Recht als Heilsversprechen.

Christoph Menke wiederum unterscheidet nicht zwischen unterschiedlichen gegenwärtigen Rechtsformen. Er unterscheidet mit Walter Benjamin zwischen regressivem und reflexivem Recht. Während das erste in der Logik bleibe, das bestehende Recht durch seine Mittel gerechter zu machen, aber weiterhin gewaltsam über das Außer- oder Nichtrechtliche zu herrschen,[616] könne das reflexive Recht ein „Recht wider Willen“[617] sein. Er argumentiert:

> „(...): Auch eine noch so liberale, humanitäre Strafrechtsform kann an dem grundsätzlichen Zweifel, ob die Wiederverletzungen des Rechts im Namen der politischen Gleichheit berechtigt sind oder aber in Wahrheit die Herrschaft bestehender sozialer, ökonomischer Ungleichheiten exekutieren, nichts ändern.“[618]

Die politische Gleichheit ist im Post-Apartheid-Nationalstaat rechtlich hergestellt. Die Freiheit, von der an den Erinnerungsorten erzählt wird, ist Signifikat politischer Gleichheit. Sie steht für politische Gleichheit, nicht für sozio-ökonomische. Freiheit als Repräsentation des Rechts macht die Gewalt des Rechts vergessen. So sprechen die Narrationen an den Erinnerungsorten von einem regressiven Recht, das trotz politischer Gleichheit gewaltförmig ist.

Zur Gewalt des Rechts in der Rechtserzählung

Christoph Menke konstatiert im Anschluss an Walter Benjamins „Zur Kritik der Gewalt“:

> „(...): Die Gewalt des Rechts, die in Wahrheit der Kritik bedarf, liegt nicht in seinen Mitteln – nicht darin, dass auch das Recht einschränkt, droht und verletzt. Die Gewalt des Rechts ist vielmehr ‚schicksalhaft gekrönte Gewalt‘ (*Kritik*, S. 188). Das heißt, die Gewalt des Rechts besteht darin, als – wie das – Schicksal zu wirken. Ein

616 Vgl. Menke, Christoph. *Recht und Gewalt*. 2. Aufl. Berlin: August Verlag, 2011. S. 66f.

617 Vgl. ebd. S. 102f.

618 Ebd. S. 50.

> anderes Wort Benjamins dafür ist: Das Recht ist ‚mythische' Gewalt (*Kritik*, S. 198f.)."[619]

An den Erinnerungsorten wird das Ziel des Freiheitskampfes als rechtliche Freiheit erzählt, die heute durch die Verfassung realisiert sei. Die Verfassung verfasst den Nationalstaat, ist dessen Basis und Gerüst. Das Recht selbst wird hier imaginiert als Gerechtigkeit. Der Mythos der Gerechtigkeit sichert in der Erzählung die Anerkennung des heutigen Nationalstaates. Im Gegensatz zur inhärenten Gewalt des Rechts, die darin begründet liegt, dass das Recht als unausweichlich gültig und damit allmächtig konzipiert wird. Die Gewalt des Rechts wird unsagbar, weil die Gewalt des Rechts in seiner ‚geschichtlichen Funktion' liege: „Diese geschichtliche ‚Funktion der Gewalt in der Rechtsetzung' ist – (...) – die ‚Machtsetzung', und ‚Macht das Prinzip aller mythischen Rechtsetzung'."[620] Das Recht wäre demnach also das Signifikat der Macht und Macht sein Prinzip.

In den Narrationen der Erinnerungsorte gibt es kein Außerhalb des Rechts. Selbst die ‚politischen Gefangenen' (vgl. Kap. 2) benötigen den Rechtsstatus, um vom Staat anerkannt zu werden. Das Recht hebt sie in ihrem nun zugestandenen Namen auch von denjenigen ab, die diesen Namen nicht tragen dürfen, den ‚common law prisoners'. Beide bewegen sich innerhalb der Rechtslogiken: Sie markieren mit ihrem Status des Gefangenen die Macht des Rechts – in unterschiedlicher Weise: Die ‚politischen Gefangenen' verweisen auf die Unrechtserzählung, die den heutigen Staat als wirklichen Rechtsstaat legitimiert und nachweist, dass der Apartheidsstaat mit rechtlicher Ungleichheit einherging. Sie waren ‚outlaws' und wurden durch geschaffene Gesetze rehabilitiert. Hier geht es um den Rechtsstaat selbst und dessen Glaubwürdigkeit.

Die ‚common law prisoners' verkörpern das Außerrechtliche/Nichtrechtliche. Sie bleiben ‚outlaws': In diesem Fall stellen die Erzählungen an den Erinnerungsorten den Rechtsstaat selbst nicht in seiner politischen Prozedur des Urteilens infrage, aber teilweise (z. B. in *Constitution Hill*) in seiner ungleichen Strafpraxis. Die politische Prozedur des Urteilens selbst wird nicht als gewaltförmig dargestellt, sondern als berechtigte Gewalt gegenüber Rechtsverletzenden. Das Außer- bzw. Nichtrechtliche ist Teil des Rechts und damit Teil seiner Paradoxie: Denn das Recht bringt gleichzeitig das Nichtrechtliche hervor. Es gäbe kein Recht ohne dessen Gegenteil. Das Recht hat die Aufgabe, das Nichtrechtliche zu verrechtlichen und damit Gleichheit herzustellen. So schlussfolgert Menke, dass „(...) die Einheit von Legitimität und Gewalt, die das Recht ausmacht, ihre vollendete Gestalt in der Figur der Subjektivität gewinnt, zu deren

619 Ebd. S. 52.
620 Ebd. S. 65.

Ausbildung das autonome Recht seine Adressaten verflucht“[621]. ‚Common law prisoners‘ werden als Rechtsverletzende subjektiviert, ihre Strafe wird durch das Recht gerecht/-fertigt.

So sind auch *Justice under a tree* und die *Legkotla*-Plätze an den Erinnerungsorten in eine Rechtsgeschichte eingebettet, abgegrenzt vom ‚europäischen‘ Recht als ‚African practice‘. Sie fügen sich in die Normsetzung des Rechts ein, erhalten und legitimieren es. Sie sind eine Alternative innerhalb der Rechtslogik, Recht und Unrecht bleiben die entscheidende Unterscheidung. Eine Ent-Setzung, die Benjamin fordert, würde bedeuten, die Gewalt des Rechts auf die Agenda zu setzen und sie anzuzweifeln: Öffentlich darüber nachzudenken, dass das Nichtrechtliche erst durch eine Rechtsetzung hergestellt wird. Öffentlichkeit darüber herzustellen, dass sowohl Recht als auch Nichtrecht von Menschen geschaffen wurden und damit weder schicksalhaft noch unveränderbar sind, wie ich es am Beispiel des Statuswechsels der ‚politischen Gefangenen‘ gezeigt habe. Dabei geht es weder um „das Ende des Rechts noch [um den] Beginn der Gewaltlosigkeit“[622]. Es geht darum, die Gewalt zu hinterfragen, die entsteht, weil das Recht sich im Recht gegen das Nichtrechtliche glaubt und eine Utopie zu ermöglichen, die Recht auch als Nichtrecht denkbar werden lässt.

Die Narrationen an den Erinnerungsorten hinterfragen das Recht in Bezug zum Nichtrechtlichen nur innerhalb der Logik des Rechts, der Unterscheidung zwischen Rechtlichem und Nichtrechtlichem; das Nichtrechtliche bleibt dem Recht äußerlich. Und sie hinterfragen es nur für einen Teil der Verurteilten. Die Narrationen an den Erinnerungsorten schreiben die Gewalt des Rechts in ihre Erzählungen ein. Sie könnten mutiger sein, indem sie gegenwärtige (Rechts-) Ordnungen hinterfragen, indem sie die Ordnung durch das Recht hinterfragen und darauf aufmerksam machen, dass auch der Status ‚politische/r Gefangene/r‘ von der Rechtsgewalt abhängt. Gegendiskurse mit widerständigem, emanzipatorischem Potenzial könnten sich ergeben, wenn die Kritiken an gegenwärtigen Verhältnissen als Ergebnis der Paradoxie des Rechts[623] Teil des Museums würden. Ansätze davon gibt es bereits im *Apartheid Museum* (vgl. Kap. 2.3.1.1: Zeitungsschau) und in *Constitution Hill* z. B. in Form von Workshops, die wiederum temporär begrenzt und nicht Teil der Dauerausstellung sind. Die Ausstellungsmachenden könnten Kämpfe der Dissidenz und der (sozio-ökonomisch) Marginalisierten auf die Agenda der Erinnerungsorte setzen: gegen das und mit dem Recht. Material bietet die Post-Apartheid-Gesellschaft selbst: Community-Kämpfe auf unterschiedlichen Ebenen, auch der des Rechts, sind diskursiver

621 Ebd. S. 57.

622 Vgl. ebd. S. 101.

623 Vgl. auch Brown, Wendy. „Suffering the Paradoxes of Rights.“ *Left Legalism / Left Critique*. Hg. Wendy Brown, Janet Halley. Durham, London: Duke University Press, 2002. S. 420-434.

Bestandteil im demokratischen Südafrika – hör- und sagbar an anderen Orten im Nationalstaat. Öffentlich Gehör verschafften den Auseinandersetzungen u. a. Autoren wie Ashwin Desai, Sakhela Buhlungu und Community-Kampagnen wie die Anti Eviction Campaign oder Abahlali baseMjondolo.[624]

In Südafrika legitimiert die Rechtserzählung an den Erinnerungsorten eine Gouvernementalität (vgl. Kap. 4), die auf europäischen Nationalstaatsmodellen aufbaut. Wenn die Staatsgewalt durch Strukturen des Staatsrechts in Nationalstaaten gesichert wird, dann reproduziert auch der Post-Apartheid-Nationalstaat Gewaltstrukturen, die, wie eben dargelegt, dem Staatsrecht inhärent sind. Die Utopie einer Freiheit, für die gekämpft wurde, scheint bereits strukturell durch den heutigen Nationalstaat abgesichert. Das Recht selbst wird nicht infrage gestellt. Das Recht ist die Autorität, der Mythos und wird damit zum Schicksal der Nation.

3.1.2 WissensWert ‚African_‘

In den Erzählungen wird das Staatsrecht nicht nur als Verwirklichung von Freiheit dargestellt; es ermöglicht auch eine öffentliche Ursprungserzählung der vorher diskriminierten Gemeinschaft, die als rassifizierte Gemeinschaft nationalisiert wurde: der „black nation“. Jane Mufamadi (*Freedom Park*) bringt alle drei WissensWerte in eine Argumentationskette:

> „Because I think the African Renaissance, it‘s embedded in IKS. Actually, it is a vehicle towards that in the sense that ... for me the rebirth of Africa it‘s simply saying ... Yes, going back to our roots, to who we are. Because the struggle for freedom was also the struggle for freedom of religion and expression which was (!) denied for a long time. Remember in the past, you would be arrested for being a healer. It was banned. Forbidden. Although people still practised it but it was not legal. Hence they were not legally recognised. Certain practices were not allowed. So our understanding is that through that people lost a lot of who they are that which grounds them. So when the, the principle of African Renaissance is to say: Africans themselves can do certain things grounded on essence of who they are.“[625]

Jane Mufamadi beschreibt die ‚African Renaissance‘, die afrikanische Wiedergeburt, als Behelf (‚vehicle‘), um zu den Wurzeln zurückzukehren, zu dem, was

624 Vgl. Desai, Ashwin. *we are the poors. community struggles in post-apartheid south africa.* New York: Monthly Review Press, 2002. Buhlungu, Sakhela. *A Paradox of Victory. COSATU and the Democratic Transformation in South Africa.* Scottsville: University of Kwa-Zulu Natal Press, 2010.

625 Mufamadi, Jane. Interview, geführt von der Verfasserin. Pretoria/Tshwane, 05.05.2009. S. 25f.

das ‚Wir' sei. Der Freiheitskampf wird in ihrer Argumentation zu einem Rechtskampf, der das ‚Wir' ermöglichte. Das heutige Staatsrecht garantiere Religions- und Meinungsfreiheit, die wiederum Teil der bürgerlichen Grundrechte sind. Beide Freiheitsrechte schaffen heute Räume des Rechts für die Praxen des ‚Wirs'. Sie legalisieren ehemals Verbotenes und stellen so Wiedergutmachung her, rekurrieren indirekt auf den Versöhnungsgedanken, da das Post-Apartheid-Recht das Versprechen des bürgerlichen Rechtsstaats einlöse, wirklich für alle zu gelten.

Das Wort „vehicle" ist auch mit „Bindemittel" übersetzbar. Die ‚African Renaissance' als Wiedergeburt von ‚African' könnte als Funktion des Zusammenbindens des zu nationalisierenden Kollektivs gelesen werden. Während an den Erinnerungsorten der WissensWert ‚Recht' stärker für den Staat steht, interpretiere ich ‚African_' als Signifikat für die Nation. Der Wissenswert ‚African' rekurriert auf die kulturelle Ebene innerhalb der Reproduktion von Nationalstaatlichkeit. Ziel ist die kulturelle In-Wert-Setzung von (Wissens-)Praxen, denen während der Apartheid jeglicher Wert (auch rechtlich) abgesprochen wurde. Die Agenden sollen vermitteln, dass die Praxen untrennbar mit einem ‚Wir' verbunden seien. Sie sind die Ausdrucksform des ‚Wirs' – das, was das ‚Wir' ausmache, das, was das ‚Wir' erde. Mufamadi definiert das Prinzip der ‚African Renaissance', das für sie durch den Post-Apartheid-Staat ins Recht gesetzt wurde, als Ermöglichungsprinzip für „Africans". Es ermögliche dem ‚Wir' gewisse Dinge zu tun, die in der Essenz des ‚Wirs', in dem, was das ‚Wir' sei, „gründen/wurzeln" würden. Während für Mufamadi also „African" in „African Renaissance" für etwas dem ‚Wir' Inhärentes steht, beschreiben Ethel Kriger und Ramzie Abrahams „African" in „African voice" als eine Bewusstseinsform bzw. einen Übersetzungsprozess, der Wissen in Materialitäten einschreibt (vgl. Kap. 2.4.2.1).

Ähnlich wie beim Begriff ‚Recht' haben wir es auch bei ‚African_' mit einem Paradox zu tun, dessen konkrete Bedeutung ausgehandelt wird. Die Widersprüchlichkeit besteht hier zwischen dem ontologischen Wesen von ‚African_', das festschreibt, Essenz als ein historisches Apriori begreift und damit epistemische Gewalt[626] generiert und der Möglichkeitsform, ‚African_' zu werden, abhängig von der Einstellung zu „spirituality, history and culture". Wissensvermittlung im Park soll ein Verständnis über ‚African_' schaffen. An den Erinnerungs-

626 Zum Begriff der epistemischen Gewalt vgl. Said, Edward W. *Orientalism*. New York: Vintage Books, 2003 (1978). Gayatri Chakravorty Spivak lehnt diesen Begriff argumentativ an die Ausführungen Foucaults und Derridas an und verknüpft ihre Kritik an imperialistischen Machtverhältnissen mit diesem. Vgl. u. a. Spivak, Gayatri Chakravorty. *Outside in the Teaching Machine*. London, New York: Routledge, 1993. S. 122. Spivak, Gayatri Chakravorty. *A Critique of Postcolonial Reason: Toward a History of the Vanishing Present*. Cambridge: Harvard University Press, 1999.

orten verhandeln die unterschiedlichen Akteure und Akteurinnen sowohl Sein als auch Bewusstsein als Teil der Nationenwerdung. Sein und Bewusstsein bedingen sich gegenseitig: Generiert werden soll ein Sich-bewusst-sein, das auch mit einem Zu-sich-selbst-kommen[627] einhergeht und so ontologisiert wird. Ziel ist eine sich-ihrer-selbst-bewusst-werdende Nation. ‚African_' vereine. Das vor Ort re-/produzierte Wissen von organischen und traditionellen Intellektuellen (vgl. Kap. 2.1.2.3 und 2.4.2.3) soll zu einem Bewusstsein führen, dass ‚African_' ist oder wird. Den Intellektuellen wird der Status der Anrufung zugewiesen. Ihre Sprechakte bringen weitere Subjekte und Konventionen hervor.[628] Wichtig sind Institutionalisierungen, die erschaffen und erhalten. Ähnlich wie das Recht be-/gründet und erhalten werden muss, bedarf der Wissenswert ‚African_' einer Verortung, die die Dauerhaftigkeit des funktionalen Gedächtnisses ermöglicht. Darin liegt u. a. die Zweckmäßigkeit der Kooperation mit Universitäten und die Gründung von Archiven an den Erinnerungsorten.

Materialisierungsstrategien I

Die Verantwortlichen der Erinnerungsorte wählen neben der Archivierung weitere Strategien, um das angestrebte Bewusst-/Sein zu materialisieren. Sie setzen unterschiedlich stark Namen und Sprachen, Material und Gestaltungselemente sowie ritualisierte Praxen auf ihre Agenda. Wissen, das explizit als nichteuropäisch bezeichnet wird, spielt dabei eine bedeutende Rolle. Am deutlichsten setzt das Management im *Freedom Park* seinen Schwerpunkt auf ‚African_' (ausführlich dazu vgl. Kap. 2.4.2.2). Aber auch in den anderen untersuchten Erinnerungsorten finden sich Spuren. Bspw. im *Robben Island Museum*: Bereits 1997 wurde die Insel Robben Island, seit einem Jahr offiziell der erste[629] nationale Erinnerungsort, durch ein spirituelles Ritual gereinigt:

> „More than 100 sangomas from various Amagqirha (sangoma) organisations in the Western Cape are to take part in a ritual to ‚cleanse' Robben Island at the weekend. Included in the rituals will be the slaughtering of a goat and the drinking of special

627 Das Zu-sich-selbst-kommen als Identitätsproduktion wurde bereits bei Hegel, Feuerbach und Marx als Teil dialektischer Prozesse betrachtet. Während Hegel nach Übereinstimmungen zwischen Selbst und Geist suchte, stellten Feuerbach und Marx den gesellschaftlichen Menschen und die Aufhebung von Entfremdungsmomenten in den Mittelpunkt ihrer Analyse bestehender Gesellschaftsverhältnisse.

628 Vgl. Butler, Judith. *Haß spricht. Zur Politik des Performativen*. Frankfurt/M.: Suhrkamp, 2006. S. 44f.

629 Vgl. Robben Island Museum. *Robben Island. Spring School 2009. The University for Life. Celebrating Our Crafts, Our Heritage*. Kapstadt: Robben Island Museum, 2009. S. 4.

African beer brewed in the townships. The deputy tours manager at Robben Island museum Buyiswa Jack, also a sangoma, said the ritual would be performed to revive the spirit of among others, Xhosa prophet warrior Makanda who drowned off the coast of the island while trying to escape. ‚Makanda's bones were never recovered and the Amagqirha believe that he is with the ancestors,' Jack said. ‚The ritual will also cleanse Robben Island of all the bad things which happ[e]ned here in the past and pave the way for a brighter future on the Island.'"[630]

In dieser Veranstaltung gehörten zu der Zielgruppe nicht nur die mehr als einhundert Heiler und Heilerinnen aus der Provinz Westkap. Die Ankündigung in einem Newsletter des ANC verweist auch auf die Zielgruppe politisch Aktiver in dieser Organisation mit staatlicher Regierungsverantwortung. 1997 verschränkten sich Spiritualität, das Politische und Politik offiziell an einem staatlichen Erinnerungsort.

Ein Jahr zuvor hatte der damalige Vizepräsident und das ANC-Mitglied Thabo Mbeki seine Rede zum Inkrafttreten der neuen Verfassung „I am an African"[631] vor dem südafrikanischen Parlament gehalten, in der er sich für eine „African Renaissance" aussprach. Die Rede selbst markiert einen Anfangspunkt: „On an occasion such as this, we should, perhaps, start from the beginning. So, let me begin. I am an African."[632] ‚African' wird zum Ursprung der neuen in Recht setzenden Verfassung. Die Verfassung wiederum begründet das ‚Wir' des Nationalstaates.[633] Nachdem Mbeki diverse Bezüge zum Land selbst hergestellt hat, kommt er auf „ancestors" zu sprechen:

„Today, as a country, we keep an audible silence about these [Khoi and San, A. S.] ancestors of the generations that live, fearful to admit the horror of a former deed, seeking to obliterate from our memories a cruel occurrence which, in its remembering, should teach us not and never to be inhuman again."[634]

Die ehemalige ANC-Widerstandskämpferin, stellvertretende Tourmanagerin (1997) und heutige Mitarbeiterin der Provinzregierung des Westkaps Buyiswa

630 ANC. „SANGOMAS TO ‚CLEANSE' ROBBEN ISLAND." *ANC Daily News Briefing*. Kapstadt. 03.10.1997. URL: http://www.e-tools.co.za/newsbrief/1997/news1004 (03.03.2012). S. 10. Vgl. auch Chidester, David. *Wild Religion. Tracking the Sacred in South Africa*. Berkeley: University of California Press, 2012. S. 26, 34.

631 Vgl. Mbeki, Thabo. *Statement of Deputy President T. M. Mbeki, on behalf of the African National Congress, on the Ocassion of the Adoption by the Constitutional Assembly of ‚THE REPUBLIC OF SOUTH AFRICA CONSTITUTION BILL 1996'*. Kapstadt. 08.05.1996. URL: http://www.info.gov.za/speeches/1996/960819_23196.htm (04.05.2010).

632 Ebd. S. 1.

633 Später in dieser Rede spricht Mbeki von „the birth of our founding document". Vgl. ebd. S. 4.

634 Ebd. S. 1f.

Jack verwandelt die hörbare Stille in reinigende Hörbarkeit. Dabei funktioniert das Reinigungsritual in der Logik von ubuntu, dessen Konzeption von der Anwesenheit Verstorbener, und in der Logik von „Cleansing and Healing", die sich auch im *Freedom Park* und in *Constitution Hill* wiederfindet. In *Constitution Hill* erzählen im Eingangsbereich des ehemaligen Frauengefängnisses diverse Tafeln mit Fotos und Text von einem Workshop, der nach dem Ende der Apartheid vor Ort mit ehemaligen politischen Gefangenen durchgeführt wurde. Teil des Workshops war u. a. ein „cleansing ritual":

> „In July 2002, during the World Summit on Sustainable Development, the Commission on Gender Equality and the Women's Coalition organised a cleansing ritual at the Jail. The Cleansing was attended by women from all over the world. ‚We held calabashes and went from cell to cell. A woman priest dipped a grass reed into water and sprinkled it. We lit candles and we ex-prisoners gave testimony. The ritual removed all the demons and the horror and ushered in a new era.' Joyce Piliso Seroke, former political prisoner and Chairperson of the Commission on Gender Equality, 2005."[635]

Im Vergleich lässt sich eine quantitative Hierarchie an den drei Erinnerungsorten feststellen: Während auf *Robben Island* das „cleansing ritual" nur als ein Foto ohne Titel von dem Ereignis zeugt, auf das in den Touren, an denen ich teilnahm, kein Tourguide hinwies, wurde das Reinigungsritual in *Constitution Hill* als temporäres Ereignis zum Teil der Dauerausstellung. Die Verantwortlichen im *Freedom Park* konzipierten „Cleansing and Healing" als einen dauerhaften Bestandteil der mündlichen Tourerzählung und organisieren regelmäßige Veranstaltungen, meist an nationalen Feiertagen, an denen „Cleansing and Healing"-Zeremonien am Erinnerungsort praktiziert werden: „The Freedom Park, under direction from government and the former Truth and Reconciliation Commission embarks on annual Cleansing and Healing Ceremonies as a way of reconciling a scarred nation from the atrocities of the past."[636] Das Ritual selbst wirkt zudem durch das Einbeziehen der Teilnehmenden.

Die Beispiele zeigen, dass ‚African_' auf eine ganz bestimmte Weise an den Erinnerungsorten hergestellt wird. ‚African_' heißt hier spi-/rituell, reinigend und heilend. Im Kontext der Rechtserzählung ermöglicht das Recht Freiheit und Freiheit die Sichtbarkeit von ‚African_' an öffentlichen Orten und an Orten des Rechts. Die Leerstelle in ‚African_' wird hier zu ‚African freedom'. Die Visualität authentifiziert die Erzählung von Freiheit. Das Visuelle an offiziellen Erinne-

635 „WOMEN'S JAIL AFTER 1983." *Women's Gaol.* Johannesburg: Constitution Hill. (24.03.2009)

636 URL: http://www.freedompark.co.za/cms/index.php?option=com_docman&task=doc_download&Itemid=3&gid=13 (19.02.2010)

rungsorten verleiht ‚African_‘ Glaubwürdigkeit und Authentizität. So materialisieren sowohl das Symbol *Justice under a tree* im Verfassungsgericht in *Constitution Hill* und dessen Zitate durch Designelemente im Teppich, an Wand und Decken als auch die visuellen Markierungen von Land und Ursprünglichkeit (in Fellen, Handarbeit in der Nationalflagge und den Metallkacheln) den Wert ‚African_‘, der greifbar wird und der Bestand habende Elemente europäischer Gerichtsbarkeit in den Hintergrund verweist. Spi-/rituell, reinigend und heilend als ‚African_‘ funktioniert innerhalb der Rechts- und Freiheitserzählung, weil das bürgerliche Recht es in Form der Religionsfreiheit erlaubt. Es schafft durch Legalisierung und Anerkennung Vertrauen in die Form des Rechtsstaates, das der vorherige Rechtsstaat als Versprechen bürgerlicher Gleichheit mit seiner Rassifizierungspolitik konterkariere. Würde ‚African_‘ im Rahmen der Lohnarbeit thematisiert werden, könnten andere Erzählungen gegenwärtige Ordnungen infrage stellen. So schreibt Franco Barchiesi im Anschluss an Alverson und Jean und John Comaroff:

> „Among Tswana mineworkers in South Africa, ‚wage labour violates the very definition of ‚doing'' (Alverson 1978: 137). ‚Doing' (*go dira* or *tiro*) as purposeful action orientated to meaningful social relations, opposes in fact wage labour (*go bereka* or *mmereko*, a foreign word from the Afrikaans *werk*) as alienated, senseless, externally imposed performance (Alverson 1978: 118-19; Comaroff and Comaroff 1987).“[637]

Sichtbar werden also nur Fragmente des Wissenswertes ‚African_‘. Nicht alle Erinnerungen sind offiziell möglich. Das zeigt sich auch in der Entscheidung, welches Wissen als ‚indigen‘ und damit ‚African_‘ auf die Erinnerungsagenda gesetzt wird.

Materialisierungenstrategien II: Indigenous Knowledge als kulturelle In-Wert-Setzung

In diesem Unterkapitel, daran sei hier erinnert, geht es um WISSENsproduktion an Orten mit staatlicher Finanzierung. Alle vier Erinnerungsorte produzieren Bildungsmaterialien, entwickeln und organisieren Bildungseinheiten in Form von Führungen, Tagesveranstaltungen, Workshops, Camps oder Spring Schools. Sie kooperieren mit Ministerien auf lokaler, provinzieller und staatlicher Ebene,

637 Barchiesi, Franco. *Precarious Liberation. Workers, the State, and Contested Social Citizenship in Postapartheid South Africa*. Scottsville: University of KwaZulu-Natal Press, 2011. S. 17. Hervorh. i. O.

stimmen ihre Erzählungen auf den nationalen Lehrplan ab. Sie arbeiten mit Schulen und Universitäten zusammen und bilden selbst Lehrkräfte aus.

Auch in den Bildungskontexten spielt der Wert ‚African_‘ eine Rolle. Die Bildungsabteilung des *Robben Island Museum* bspw. entschied, die Spring School 2009 unter das Motto: „Robben Island the University for Life – Celebrating Our Crafts, Our Heritage“[638] zu stellen. An der seit 1998 jährlich stattfindenden Spring School nehmen ausgewählte Schüler und Schülerinnen der Oberstufe aus Südafrika, Namibia und anderen Staaten teil.[639] Auf dem Programm standen u. a. am Mittwoch, den 27. September 2009, von 20 bis 21 Uhr „indigenous games“.[640] Zwei Seminareinheiten trugen den Namen Umrhabulo[641]. In dieser Zeit berichteten ehemalige politische Gefangene über ihre Erfahrungen. Während der Apartheid stand der Name Umrhabulo für das von Gefangenen organisierte Bildungssystem im Gefängnis und bedeutete politische Bildung.[642] Robben Island wird interpretiert als das Erbe von Widerstand und Durchhalten. Für die Teilnehmenden ist es verbunden mit dem Nutzen von „traditional cultural expressions such as the design and produce of crafts; music; drama and radio programs, as their interpretation tools for the Robben Island Museum heritage“[643]. Die Leiterin der Bildungsabteilung Sandra Daniels erklärt diesen Ansatz wie folgt:

> „(...) the idea is that the information they got on Robben Island they need to make sense of. They use the artwork to interpret it through that and they‘re able to present to others. So the idea is that once they leave here, they don‘t leave ahm they don‘t just leave with knowledge of the history of Robben Island and South Africa and

638 Vgl. Robben Island Museum. *Spring School 2009. Robben Island The University for Life – Celebrating Our Crafts, Our Heritage.* Kapstadt: Robben Island Museum, 2009. S. 4.

639 Ahmed Kathrada, ehemaliger politischer Gefangener auf Robben Island und Mitglied im leitenden Gremium des Robben Island Museum, begrüßte die Teilnehmenden der Spring School 2005 u. a. mit folgenden Worten: „We are particularly happy once again to welcome our Namibian friends. The struggle for liberation in South Africa was so closely intertwined with that of Namibia.“ Robben Island Museum Education Department. *Spring School 2005. The Doors of Learning & Culture Shall be Opened.* Kapstadt: Robben Island Museum, 2005. S. 1. Eine Summer School ersetzte 2008 die Spring School, an der nur Lernende aus dem Western Cape und Namibia teilnahmen.

640 Eines der Spiele trägt den Namen Marabara und ist Teil der neu konzeptionierten Sobukwe-Ausstellung auf der Insel. Vgl. Mama, Thando. Interview, geführt von der Verfasserin. Kapstadt, 10.02.2010. S. 12ff.

641 Umrhabulo bedeutet auf Xhosa kosten und steht metaphorisch für: von der Weisheit lernen.

642 Vgl. South African Democracy Education Trust. *The Road to Democracy in South Africa: 1960-1970.* Bd. 1. Kapstadt: Zebra, 2004. S. 407.

643 Robben Island Museum Education Department. *Spring School 2009. Robben Island The University for Life – Celebrating Our Crafts, Our Heritage.* Kapstadt: Robben Island Museum, 2009. S. 21.

Apartheid. But they also leave with a skill or craft that they can share with other people ahm at home. So that's really ahm how we do it."[644]

„Traditionelle Kultur" wird zum Interpretationswerkzeug, sich die Geschichte und das Erbe der Insel anzueignen. Das Erlernen von „traditioneller Kultur" zeigt auch, dass es eben nicht Teil der Alltagserfahrung aller Schüler und Schülerinnen ist, wenn sie dieses Wissen mit nach Hause nehmen sollen, um es dort mit anderen zu teilen. Es geht vielmehr darum, Wissen und Techniken zu vermitteln, die als Tradition verstanden werden sollen. Das „our" in „celebrating our crafts, our heritage" muss erst als Zugehörigkeit hergestellt werden. WISSENsproduktion zielt hier auf Traditionalisierung und Politisierung.

Der Bildungsauftrag ergibt sich aus den Vorgaben des Kunst- und Kulturministeriums, das seine Politik entlang der Verfassung, des *White Paper on Arts, Culture and Heritage* vom 4. Juni 1996 und der daraus abgeleiteten Gesetzesentwürfe, die das Parlament beschließt, ausrichtet. Im Weißbuch wurde folgende Funktion des Nation-Building für Südafrika festgehalten:

> „Nation building: Shall foster a sense of pride and knowledge in all aspects of South African culture, heritage and the arts. Shall further encourage mutual respect and tolerance and inter-cultural exchange between the various cultures and forms of art to facilitate the emergence of a shared cultural identity constituted by diversity."[645]

Mxolisi Dlamuka (*Constitution Hill)* erklärt, dass die Ministerialvorgaben notwendig inkorporiert würden, weil es eine enge Kooperation mit dem Ministerium gäbe:[646]

> „(...) while it is not our priority but it is a priority of the Department of Arts and Culture but because we are an institution that works very closely with them, we try by all means to integrate the, the, the, the national anthem into all our educational plans, our educational programs so that all then of us feel much more accommodated and, and the spirit of unity is being stimulated among learners. (...), especially between young learners, below eight years, like drawing who you are, painting faces and also even demonstrating difference if there is difference. But we focus mainly on similarities: (...)."[647]

---

644 Daniels, Sandra. Interview, geführt von der Verfasserin. Kapstadt, 10.02.2010. S. 3.

645 Department of Arts and Culture. *White Paper on Arts, Culture and Heritage*. 04.06.1996. URL: http://www.dac.gov.za/white_paper.htm#CHAP2 (15.11.2010)

646 Mittlerweile ist *Constitution Hill* offizielles legacy project des Ministeriums. Zur Zeit des Interviews war noch nicht entschieden, welches Ministerium federführend werden würde. Im Gespräch war bspw. auch das Justizministerium.

647 Dlamuka, Mxolisi. Interview, geführt von der Verfasserin. Johannesburg, 14.04.2009. S. 8.

Die Mitarbeitenden des *Robben Island Museum* realisieren den Bildungsauftrag über erfahrungsorientierte und emotionalisierende Lernansätze und konzipieren ihre Bildungsangebote entlang der Prämissen des nationalen Curriculums. Allein 2001 kamen mehr als 24.000 Schüler und Schülerinnen aus 416 Schulen des Landes mit ihren Lehrern und Lehrerinnen auf die Insel.[648] Die Teilnehmenden erkundeten die Insel in Gruppen mit Arbeitsaufträgen „in the footsteps of political prisoners“[649]. Sie sammelten Antworten, die ihnen die Ausstellungen gaben und entwickelten entlang dieser Aufgaben eigene kleine Projekte, die sie in der Gesamtgruppe präsentierten. Die Emotionalisierung funktioniert dabei sowohl auf der Ebene der Darstellung durch die Tutoren und Tutorinnen (z. B. „Praise Songs on the beach for resistance leaders of earlier centuries“[650]) als auch auf der Ebene der Selbstinszenierung („Prison Scenes“, „Performing hard labour in the quarries“[651]).

Die Tour im *Freedom Park* enthält ebenfalls performative Elemente. Das Ausziehen der Schuhe, bevor Lesaka betreten werden darf („But the shoes, we don‘t compromise.“[652]), bindet physisch ein. Schulklassen z. B. aus der George Mbilaze School oder Community-Einrichtungen wie das Inkululeko Centre erleben die Erzählung von Respekt gegenüber den für Menschlichkeit und Freiheit Verstorbenen.[653] Jugendliche aus Kuba legten zur nationalisierten ‚Ehrung‘ der Toten einen Kranz an der *Wall of Names* für die „Cuban Freedom Fighters“ nieder. Körperlichkeit macht sich auch an Gefühlen wie z. B. Wut, Schuld und Scham fest, die Ausstellungselemente bewirken können.[654]

Die geschilderten (organisierten) Situationen verdeutlichen, dass heritage sites auch als „occasions for doing and feeling, of connecting different sensations, representations, and thoughts“[655] gelesen werden können. Berührungs- bzw. Emotionalisierungsstrategien funktionieren hier sowohl auf der Seite der Agen-

648 Vgl. Robben Island Museum Education Department. *Voices of Young People on Robben Island*. Kapstadt: Robben Island Museum, 2002. S. 3.

649 Vgl. ebd. S. 4. Die Bildungsmitarbeiterin Vanessa Mitchell erzählt ebenfalls von der Methode, sich in die vergangene Zeit und in einen politischen Gefangenen hineinzuversetzen: „So [a] question will be for example: Ahm, you, put yourself in Sobukwe‘s shoes. What are the kinds of things you would do to keep yourself going?“ Mitchell, Vanessa. Interview, geführt von der Verfasserin. Kapstadt, 10.02.2010. S. 3.

650 Vgl. Robben Island Museum Education Department. *Voices of Young People on Robben Island*. Kapstadt: Robben Island Museum, 2002. S. 8f.

651 Vgl. ebd. S. 10ff.

652 Mufamadi, Jane. Interview, geführt von der Verfasserin. Pretoria/Tshwane, 05.05.2009. S. 22.

653 Vgl. URL: http://www.freedompark.co.za/cms/index.php?option=com_joomgallery&func=viewcategory&catid=3&Itemid=121 (08.03.2012)

654 Vgl. Potenza, Emilia. Interview, geführt von der Verfasserin. Johannesburg, 29.04.2009. S. 7.

655 Vgl. Crang, Mike; Tolia-Kelly, Divya P. „Nation, race, and affect: senses and sensibilities at national heritage sites.“ *Environment and Planning A* 42 (2010). S. 2316.

da-Builder als auch auf der Seite der Rezipierenden am Erinnerungsort. Die Verantwortlichen entschieden, dass die Orte selbst fühlbar werden sollen. Die Schüler und Schülerinnen lernen durch körperliches Handeln, indem als Rituale gekennzeichnete Handlungen durchzuführen seien. ‚African_', verstanden als spi-/rituell, eröffnet die Möglichkeit zu emotionalisieren. Der Gemeinschaftszusammenhang und der Prozess des Identifizierens werden durch die Körper hergestellt.[656] Elisabeth Rankin und Leonie Schmidt interpretieren museale Strategien der Emotionalisierung als musealen Turn weg von unberührbaren Objekten hin zum sinnlichen Erfahren des Museums:

> „It might be said that the focus of these museums is less on object than experience. In this sense, innovative museum architecture parallels the reconfiguring of museum practice, as a focus on collecting, cataloguing and conserving gives way to proactive audience-focused agendas. Contemporary curators aim to involve viewers in more affective experiences: deliberate eliciting of subjectivity deposes apparent objectivity, with history to be perceived not merely as recounting, or even memorializing, but empathizing. Iconic narratives of public history are questioned and complicated with personal stories, often deploying digital technology in lieu of objects, and using ingenious display techniques, sometimes aligned with innovative architectural forms."[657]

So soll auch die Architektur berühren. Die Verkörperung von ‚African_' und/oder ‚Nation' ist im *Freedom Park* am deutlichsten zu sehen und zu spüren, weil die Parkverantwortlichen dieses materielle Spüren beabsichtigten und der Hügel aufgrund seiner vorherigen Nichtbenutzung ihren Vorstellungen entsprechend gestaltet werden konnte. Auch im neu errichteten Verfassungsgericht in *Constitution Hill* sind ‚African_'-Imaginationen architektonisch inkorporiert, so z. B. durch das bauliche Zitieren des Verfassungssymbols *Justice under a tree*. Robben Island als World Heritage Site unterliegt Konservierungsvorschriften, die auf der Insel selbst baulichen Repräsentationen Grenzen setzen.[658] An der Konzeption des *Apartheid Museum* sind unterschiedliche Ansprüche an einen Post-Apartheid-Erinnerungsort lesbar: Während der Klient Akani Egoli das Äußere

656 Vgl. Braun, Christina von. *Versuch über den Schwindel. Religion, Schrift, Bild, Geschlecht.* Berlin, Zürich: Pendo, 2001. S. 76.

657 Rankin, Elizabeth; Schmidt, Leonie. „The Apartheid Museum: Performing a Spatial Dialectics." *journal of visual culture* 8.1 (2009). S. 77.

658 So betont Lekgetho James Makola im Interview, dass die Authentizität des Ortes nicht durch die eigenen Interpretationen gefährdet werden dürfe. Vgl. Makola, Lekgetho James. Interview, geführt von der Verfasserin. Kapstadt, 12.02.2010. S. 1. In diesem Sinne führt auch Richard Whiteing die Fünfjahrespläne (Conservation Management Plans) an, die mit dem World Heritage Committee abgestimmt werden müssen. Vgl. Whiteing, Richard. Interview, geführt von der Verfasserin. Kapstadt, 17.02.2010. S. 3, 11.

des Museums als „African_" darstellen lassen wollte, hatte einer der Architekten andere Vorstellungen:

> „And, ahm, it got convoluted and lots of conversations with exhibit designers and fights about all sorts of things. How to best express, (...). And then the client wanted something a bit more African, so he started, he wanted more short of shaped surfaces. And I never liked that, personally. But we worked with it. And, ahm, eventually we, we got a very, very strong effect of ramping up, dropping down into the story and the story unfolding through time and then leaving this space into the landscape and then you looked now back up this thing."[659]

‚African_' wird verbunden mit Materialien und Formen, die wiederum Geschichte verkörpern sollen. Das genaue Aussehen bleibt konflikthaft und ist Ergebnis von Aushandlungsprozessen. Derek Hook betrachtet imaginierte Körper als eine Technologie von Affekten[660] und wendet seine theoretischen Vorannahmen auf den Kontext von Monumenten an. Monumente können an dieser Stelle auch für Erinnerungsorte stehen. Hook schreibt, die Aufgabe von Gestaltenden sei: „(...) [to] imbu[e] space with a distinctive aura, investing it with a certain authenticity or historical substance. (...) lending that space an iconic form, and along with it, a universal significance and legibility that may spread its history and testimony."[661] Am Beispiel von *Constitution Hill* als Erinnerungsort mit einer gewaltvollen Vergangenheit und einer hoffnungsvollen Zukunft, symbolisiert durch das Verfassungsgericht, wird deutlich, dass Authentizität in einer wechselseitigen Bewegung verliehen wird:

> „(...) the reason why we need to have the Court here is this site tells a history of its own. It tells what had happened. This is a living site as, as we like calling it. It gives a history, ah, ah, of, of what had happened to people here. But the history doesn't have to end with the bad things only. You bring the Constitutional Court to this site, we were trying to make the statement saying out of these atrocities, out of the history that we come from, we have come from this history to a place where we have a, a, a Court, the highest law in the land that protects all of the freedoms, all the rights, democracies, that were taken away from us. And we hold this place up as a beacon of hope and, ah, for the future."[662]

Die materialisierten Erzählungen haben demnach die Funktion, die Nation zu bilden. Darryl Peterson betrachtet *Constitution Hill* als: „(…) a very important

659 Rose, Jeremy. Interview, geführt von der Verfasserin. Johannesburg, 05.05.2009. S. 5.

660 Vgl. Hook, Derek. *Monumental Space and the Uncanny*. London: LSE Research Online. 09.2007. URL: http://www.eprints.lse.ac.uk/archive/951 (21.11.2011). S. 11.

661 Ebd.

662 Peterson, Darryl. Interview, geführt von der Verfasserin. Johannesburg, 16.04.2009. S. 3f.

site that not only looks at the legal aspect of the Constitution but at the educational aspect ensuring that, that the citizens of this country are educated about that document. So we make the constitutional document to be living."[663]

Ehemals entwertetes Wissen über ‚African_' materialisiert sich an den Erinnerungsorten in und durch Architektur, um „a/effektiv"[664] im Sinne von wertvoll zu werden, unterstützt durch die Rechtserzählung. Der Konstruktionsprozess und damit das geschichtliche Werden des Ortes verschwinden hinter der Erzählung (vgl. Kap. 2.4.2.1): „When history becomes second nature, the affect becomes literal: we assume we experience [African, A. S.] because ‚it' is [African, A. S.]."[665]

Die dazugehörigen Erzählungen enthalten als Sprechakte eine „rituelle Dimension"[666]. Das Handeln soll den Gegensatz zwischen ‚African_' sein und ‚African_' werden versöhnen. Das ‚African we' wird durch Anrufung und Handlung, durch Ritualisierungen an nationalen Orten der Erinnerung wirklich. Vanessa Mitchell verdeutlicht, dass Nation-Building fühlbar werden soll:

> „I think for the Education Department it's more intentional, the nation-building aspect in our projects that we knew of the young people and so there's maybe more intentional than, than for the, ja, exhibitions unit or whatever. Although there are processes in setting up the exhibition and those are you know the five senses how people feel after the exhibition both in the mind, in the heart, and you know, so there are intentions but may be some intentional but for certainly, for, in the Education Department has definitely in, in our objectives and aims for each and every programme that they have this nation-building ah concept running through our programmes."[667]

Ich möchte nochmals den Traditionalisierungsaspekt aufgreifen, in dem mehr als die bisher beschriebene Kombination von Politik, ‚African_' als Neotraditionalisierungsprozess und WISSENsproduktion auf nationalstaatlicher Ebene zu lesen ist. Darin enthalten sind auch Referenzen auf internationale Kulturabkommen. Das Motto der Spring School 2006 auf Robben Island lautete „Music as intangible heritage". Der Aspekt des immateriellen Kulturerbes findet sich nicht zufällig in den Bildungsprogrammen des *Robben Island Museum* wieder. „Intangible Heritage" ist Teil des Heritage-Gedankens als Kulturerbe, RIM selbst seit

663 Ebd. S. 5.

664 Vgl. Foucault, Michel. *Die Heterotopien/Der utopische Körper. Zwei Radiovorträge*. Frankfurt/M.: Suhrkamp, 2005. Vgl. Kap. 2.4.3.

665 Ahmed, Sarah. „Happy Objects." *The Affect Theory Reader*. Hg. Melissa Gregg, Gregory J. Seigworth. Durham, London: Duke University Press, 2010. S. 35.

666 Vgl. Butler, Judith. *Haß spricht. Zur Politik des Performativen*. Frankfurt/M.: Suhrkamp, 2006. S. 45ff. Im Anschluss an Austin und Althusser.

667 Vanessa Mitchell während des Interviews mit: Whiteing, Richard. Interview, geführt von der Verfasserin. Kapstadt, 17.02. 2010. S. 5.

1999 World Heritage Site der United Nations Educational, Scientific and Cultural Organisation (UNESCO). So wird das Programm mit den Richtlinien und Anforderungen diverser ratifizierter UNESCO-Konventionen abgestimmt. Zudem schreiben die Spring School-Publikationen Robben Island als Weltkulturerbe fest und buchstabieren die Bedeutung des immateriellen Erbes aus.[668]

Der Post-Apartheid-Staat Südafrika[669], Mitglied in der UNESCO seit dem 12.12.1994, hat u. a. die „Convention Concerning the Protection of the World Cultural and Natural Heritage" und die „Convention on the Protection and Promotion of the Diversity of Cultural Expressions"[670] rechtlich anerkannt und ist dementsprechend verpflichtet, die Inhalte der Konventionen in nationales Recht umzusetzen.[671] Die Konvention von 2005 erkennt die Bedeutung von ‚traditional knowledge' als eine Quelle immateriellen und materiellen Reichtums an: „(...) in particular the knowledge systems of indigenous peoples, and its positive contribution to sustainable development, as well as the need for its adequate protection and promotion, (...)."[672] Die Präambel der UNESCO Universal Declaration on Cultural Diversity von 2001 definiert Kultur als „(...) the set of distinctive spiritual, material, intellectual and emotional features of society or a social group, and that it encompasses, in addition to art and literature, lifestyles, ways of living together, value systems, traditions and beliefs."[673] In Artikel 3 heißt es:

> „Cultural diversity widens the range of options open to everyone; it is one of the roots of development, understood not simply in terms of economic growth, but also as a means to achieve a more satisfactory intellectual, emotional, moral and spiritual existence."[674]

---

668 Vgl. Robben Island Museum Education Department. *Spring School 2009. Robben Island. The University for Life – Celebrating Our Crafts, Our Heritage*. Kapstadt: Robben Island Museum, 2009. S. 14.

669 Der Segregationsstaat Südafrika und dessen Nachfolger, der Apartheidsstaat (mit den Parlamentswahlen vom 26.05.1948), waren Mitglied der UNESCO vom 04.11.1946 (Gründungsmitglied) bis zum 31.12.1956.

670 Als 37. Staat unterzeichnete Südafrika das Abkommen am 21.12.2006. In Kraft trat die Konvention am 20.10.2005 in Paris.

671 Die „Convention for the Safeguarding of Intangible Cultural Heritage (ICH)" wurde bisher allerdings noch nicht unterzeichnet, auch wenn das Kunst- und Kulturministerium sowohl an einem Entwurf einer nationalen Politikrichtlinie zu ICH arbeitet als auch eine Zustimmung zum UNESCO-Abkommen fordert. Vgl. Deacon, Harriet. *South Africa's role in the UNESCO Convention on Intangible Heritage*. 06.12.2009. URL: http://www.archivalplatform.org/blog/entry/south_africa_unesco_convention/ (08.03.2012)

672 URL: http://portal.unesco.org/en/ev.php-URL_ID=31038&URL_DO=DO_TOPIC&URL_SECTION=201.html (08.03.2012). Hervorh. i. O.

673 UNESCO. *Universal Declaration on Cultural Diversity*. 02.11.2001. URL: http://portal.unesco.org/en/ev.php-URL_ID=13179&URL_DO=DO_TOPIC&URL_SECTION=201.html (08.03.2012)

674 Ebd.

Das Kunst- und Kulturministerium habe darauf zu achten, seine Politik entlang der internationalen und nationalen Gesetzgebung zu gestalten. Maßgeblich sind u. a. der National Heritage Resources Act und der National Heritage Council Act von 1999. Beide enthalten Bezüge auf „intangible heritage“, das hier als „living heritage“ benannt wird.[675] „Living heritage“ meint im National Heritage Council Act:

> „(...) the intangible aspects of inherited culture, and may include – (a) cultural tradition; (b) oral history; (c) performance; (d) ritual; (e) popular memory; (f) skills and techniques; (g) indigenous knowledge systems; and (h) the holistic approach to nature, society and social relationships; (...).“[676]

Von kultureller Bedeutung sind „aesthetic, architectural, historical, scientific, social, spiritual, linguistic or technological value or significance“[677]. Es finden sich also in den Gesetzestexten die Grundlagen für die Praxen an den Erinnerungsorten. Die Autoren und Autorinnen deklinieren die unterschiedlichen Werte in den Publikationen zur Spring School am Beispiel des heritage project *Robben Island Museum* durch. So heißt es u. a. unter dem Punkt „Social Value“ im Heft des Jahres 2005: „(...), Robben Island is regarded, for socio-political reasons as a sacred place, inspirational and a spiritual site of reflection.“[678] Es überrascht daher nicht, dass in den Publikationen zusätzlich zu den Bezügen auf die World Heritage Convention der UNESCO auch der südafrikanische National Heritage Resources Act von 1999 zitiert wird.[679]

Resümierend lässt sich feststellen, dass ‚African_‘ eine doppelte Spezifik aufweist: erstens durch den Konstruktionsprozess. Die gewählten Repräsentationen von ‚African_‘ betonen einige Aspekte, während andere Erzählungen an den Erinnerungsorten stumm bleiben. Zweitens ist ‚African_‘ eine Besonderheit unter vielen. Die internationale Gesetzgebung und die Ratifizierung der Konventionen von meist mehr als einhundert Nationalstaaten weisen alle ihre nationalstaatlichen Besonderheiten auf. So wird der Konstruktionsprozess selbst, also das Bilden von nationalisierten Besonderheiten, zur Norm in internationalen Ab-

---

675 Vgl. Department of Arts and Culture. *National Heritage Resources Act. 2 (xxi)*. URL: http://www.dac.gov.za/acts/a25-99.pdf (07.03.2012).

676 Department for Arts and Culture. *National Heritage Council Act. 2 (iii)*. URL: http://www.dac.gov.za/acts/act11.pdf (07.03.2012)

677 Vgl. Department of Arts and Culture. *National Heritage Resources Act. 2 (xxi)*. URL: http://www.dac.gov.za/acts/a25-99.pdf (07.03.2012)

678 Robben Island Museum Education Department. *Spring School 2005. The Doors of Learning & Culture Shall be Opened.* Kapstadt: Robben Island Museum, 2005. S. 18.

679 Vgl. Robben Island Museum Education Department. *Spring School 2009. Robben Island The University for Life – Celebrating Our Crafts, Our Heritage*. Kapstadt: Robben Island Museum, 2009. S. 15ff.

kommen. Christina Petterson argumentiert am Beispiel der Konstruktion des „Grönländischen“, dass sich das Lokale und das Globale verschränken. Mit Hardt und Negri versteht sie Globalisierung und Lokalisierung als ein Regime, dass Zugehörigkeit und Differenz produziert, homo- und heterogenisiert.[680] Sie führt aus, dass das Lokale, insofern es als „natürlich“ und „ursprünglich“ gedacht wird, ein Produkt des Globalen sei, das wiederum Vermarktungschancen böte.

Die Vermarktungsmöglichkeit will ich am Beispiel von ‚African_‘ zeigen, da neben der Materialisierungsstrategie der kulturellen In-Wert-Setzung auch die ökonomische In-Wert-Setzung kulturpolitisch sichtbar wird. Wissen und Produktion sind meiner Ansicht nach untrennbar miteinander verbunden.

3.2 WissensPRODUKTION

Ein transdisziplinärer Zugang bietet die Chance, neben kulturwissenschaftlichen Analysen auch andere Wissensbereiche in die Betrachtung der empirischen Daten einzubeziehen. Im Folgenden will ich stärker auf wirtschafts- und kommunikationswissenschaftliche Perspektiven eingehen, um Wertbildungen im Kontext der Auswahl von Erinnerungen eines national-kulturellen Funktionsgedächtnisses komplexer und widersprüchlicher darzustellen.

Die nationalen Erinnerungsprojekte bilden Wert auf zwei Ebenen: Wie in Kapitel 3.1 gezeigt, werden ‚Freiheitskampf‘, ‚Recht‘ und ‚African_‘ in den Narrationen kulturpolitisch in Wert gesetzt. An den Erinnerungsorten finden jedoch auch ökonomische In-Wert-Setzungen statt. Die Erinnerungsorte selbst sind nicht nur nationale Projekte und Projekte von nationalem Wert (*Apartheid Museum*) sondern auch Kulturbetriebe. Sie funktionieren nach ökonomischen Prinzipien der Verwertung und kulturrechtlichen Normierungen. Ihr Erfolg wird dementsprechend sowohl anhand ihrer öffentlichkeitswirksamen und bildungspolitischen Tätigkeiten im Sinne des Nation-Building als auch anhand ihrer betriebswirtschaftlichen Bilanz gemessen.

Ich will das ökonomische In-Wert-Setzen auf zwei Ebenen untersuchen: auf der Ebene der ökonomischen Wert-Bildung an den Erinnerungsorten in ihrer Funktion als Kulturbetriebe. Zudem will ich die Verschränkungen zwischen lokalen Erinnerungsorten, der Markenbildung des Nationalstaates und globalen Institutionen beispielhaft darstellen.

680 Vgl. Petterson, Christina. *The Missionary, the Catechist and the Hunter. Governmentality and Masculinities in Greenland.* Unveröff. Dissertation. Sidney: Macquarie University, 2010. S. 195f.

3.2.1 Kommodifizierung von Erinnerungsorten

An allen Erinnerungsorten findet die ökonomische In-Wert-Setzung von Erinnerungen und der Erinnerungsorte selbst statt. Drei Handlungen kennzeichnen den Erinnerungsort als Kulturbetrieb: das Kommunizieren, das In-/Korporieren und das Konkurrieren von Marken auf dem Markt der Erinnerungen. Alle drei Praxen zielen auf die Herstellung der Marktförmigkeit von Erinnerungen und Erinnerungsorten.

3.2.1.1 In Kommunikation: das Corporate Identity-Portfolio nationalisierter Erinnerungen

Kulturellen Wert erhalten die Erinnerungen an den Orten u. a. durch die öffentliche Agenda, durch ihre Architektur und durch ihre Signifizierung als (historisches) Wissen. Das Management an den Erinnerungsorten hat zusätzlich die Aufgabe, den Erinnerungsort als Kulturbetrieb zu verwalten. Der Betriebsaufbau in einzelne Abteilungen mit je einem/r Vorgesetzten und deren Bezeichnungen als Manager bzw. Managerin oder „head of" (*Freedom Park*) unterscheiden sich nicht von Unternehmen und auch nicht von institutionalisierten Regierungsstrukturen. Die Zweckrationalität effizienter Arbeitsweisen regeln auch hier Strukturen wie Arbeitsteilung, Hierarchien, Zentralisierung von Entscheidungsmacht etc.[681] Die online gestellten Jahresberichte[682] der staatlichen Kulturbetriebe *Robben Island Museum* und *Freedom Park* bezeugen, dass ökonomische Wertproduktionen Teil ihrer Funktionslogik sind. In beiden werden bspw. „human capital"[683] bzw. „human resource management"[684] und „annual financial statements"[685] ausgewiesen. Die Performance, von der in den Jahresberichten seit der Institutionalisierung der Erinnerungsorte die Rede ist, wird an den Zahlen ge-

681 Vgl. Rosenstiel, Lutz von. *Grundlagen der Organisationspsychologie*. 4. Aufl. Stuttgart: Schäffer-Poeschel, 2000. S. 334f.

682 Die Verantwortlichen im *Apartheid Museum* haben die Jahresberichte bisher nicht auf die Internetseite gestellt. Sie sind dazu auch nicht verpflichtet, da sie zwar ein Museum von nationalem Wert leiten, das Museum selbst jedoch kein legacy oder heritage project ist. Ihr Rechenschaftsbericht muss von dem Trust bestätigt werden. *Constitution Hill* war bis 2010 diversen Institutionen verpflichtet, u. a. der Johannesburg Development Agency und dem Trust des Museums. Mittlerweile gehört es zu den legacy projects des südafrikanischen Kunst- und Kulturministeriums.

683 Vgl. Freedom Park Trust. *2008/09 Annual Report*. Pretoria: Freedom Park Trust, 2009. S. 2.

684 Vgl. Robben Island Museum. *Annual Report 2009*. Kapstadt: Robben Island Museum, 2009. S. 6.

685 Vgl. Freedom Park Trust. *2008/09 Annual Report*. Pretoria: Freedom Park Trust, 2009. S. 2. Robben Island Museum. *Annual Report 2009*. Kapstadt: Robben Island Museum, 2009. S. 6.

messen, die Ein- und Ausgaben belegen. Der Cash Flow gilt als Index für die Betriebswirtschaftlichkeit der Projekte. Sichtbar werden die Zahlen nicht nur online, vor den Parlamentsausschüssen und in Besprechungen mit dem verantwortlichen Ministerium. Ihre Bedeutung für das Management, dass der Ort sich rechne, materialisiert sich in den Public Relations-Praxen. Die Portfolio-Logiken sind Teil des stragischen Managements an den Erinnerungsorten und dienen als Instrument zur Analyse und Planung der Performance. Den „Portfolio Selection"-Ansatz entwickelte 1952 der Wirtschaftswissenschaftler Harry Markovitz für den Bereich der Finanzwirtschaft.[686] Mittlerweile arbeiten auch Kulturbetriebe wie die Erinnerungsorte mit der Kostenaufstellung zur Bewertung bisheriger Arbeitsleistungen. Verbunden damit ist die Entwicklung von Public Relations-Strategien, um den Ort entsprechend im Wettbewerb zu positionieren.

Alle Orte werden selbst zur Marke. Im Juni 2010 veröffentlichte *Freedom Park* sein Brand Manual, um die corporate identity des Ortes zu stärken. Detailliert beschrieben werden das Logo, die Farbpaletten, die Schrift und der „Tone of voice".[687] Ausgehend vom Kerngeschäft, der Vision, Mission und den Werten des Erinnerungsortes wird die Marke präsentiert: „Our brand is not just a logo, wordmark or design device, it is how we are recognised – it is our promise, our guarantee and our reputation."[688] Das Ziel ist Einheitlichkeit: „A single identity and brand unites us and helps our stakeholders better understand who we are and what we stand for."[689] Dem Individualkörper zugeschriebene Eigenschaften wie „eine Persönlichkeit haben" etc. werden nun auf den Organisationskörper übertragen.[690] Der Kulturbetrieb bekommt eine Identität, in der sich die lohnabhängig Beschäftigten wiederfinden sollen. Die kontinuierliche Herstellung der Identität für die Besuchenden durch die Angestellten erfordere Angemessenheit und Konsistenz in der Anwendung der Markenprinzipien: „(...) maintaining the integrity of the Freedom Park brand and building our brand equity."[691] Das Markenkapital kann hier sowohl als kulturelle als auch ökonomische Wertbildung des Erinnerungsortes interpretiert werden.

---

686 Vgl. Markowitz, Harry. „Portfolio Selection." *Journal of Finance* 7 (1952). S. 77-91.

687 Vgl. Freedom Park Department of Public Participation. *Freedom Park Corporate Identity. Brand Manual*. Pretoria: Juni 2010. S. 1.

688 Ebd.

689 Ebd.

690 Ähnlich beschreibt es Christina von Braun für die Übertragung von Eigenschaften des individuellen auf den imaginierten Kollektivkörper. Vgl. Braun, Christina von. *Versuch über den Schwindel. Religion, Schrift, Bild, Geschlecht*. Berlin, Zürich: Pendo, 2001. S. 291ff.

691 Freedom Park Department of Public Participation. *Freedom Park Corporate Identity. Brand Manual*. Pretoria: Juni 2010. S. 10.

Das Logo selbst wird zum „core identifier". Der Werbeslogan („strapline"[692]) „a heritage destination" ist als claim des Portfolios Teil des Logos. Die Farben sind „[e]ssential to the branding of Freedom Park".[693] An dieser Stelle sei an das Hauptprinzip des Parks erinnert: ‚Emancipating the African voice' (vgl. Kap. 2.4.2.1). Die Anleitung zur Markenproduktion greift das Konzept der Stimme auf und setzt auch hier den Aspekt der Mündlichkeit zentral, der im kolonialen Kontext im Vergleich zur Schrift abgewertet wurde. Der Tone of Voice (TOV)

> „(...) is the way you reflect your brand in the words that you use: ‚How you say, what you say.' Many people think of brands purely in visual terms, but people experience brands in many different ways. We come into contact with brands through environments other than the purely visual one – particularly through words, sounds and behaviour. TOV answers the same questions as visual identity using words rather than graphic means, which win people to our side and connect us with different audiences."[694]

Die kulturelle Visualität ergänzen Perspektiven der Mündlichkeit. Beiden wird die Qualität der Wahrnehmung und des Kontakts mit gebauter Umwelt zugewiesen. Die Erlebbarkeit der Marke *Freedom Park* soll über möglichst viele Sinne realisiert werden. Eigenschaften wie ‚wissenswert', ‚aufmerksam', ‚genuin' vertonen *Freedom Park.*[695] Die Identität des Parks materialisiert sich über visuelle, verbale und schriftliche Bezeugungen von ‚African_'. Die Tourguides und die Interviewten nutzten häufig ‚we' oder ‚our' in Bezug auf den Park. Dass dies gewünscht wird, verdeutlicht das Brand Manual: „[A]void detached writing by talking about ‚the institution' or ‚its', instead write ‚we', ‚us' and ‚our'."[696]

Auch die anderen drei Erinnerungsorte entwickeln ihre Marke, um sich auf dem Markt der Erinnerungen zu positionieren: Alle besitzen ein Logo, das sich auf den diversen betriebseigenen Publikationen wiederfindet. Dabei spricht das jeweilige Logo eine spezifische Sprache, die des Markenbildes. Das *Robben Island Museum* wählte ein Gitter, an dessen Ende ein Mensch die Arme nach oben streckt. Das *Apartheid Museum* spielt mit der Schrift: Während Apartheid in Schwarz geschrieben steht, wurde für das Wort Museum die Farbe Weiß gewählt. *Constitution Hill* operiert ähnlich, unterlegte den Schwarz-Weiß-Schriftzug allerdings mit einem schraffierten Hügel. Und *Freedom Park* positioniert das Wort Freiheit in Schreibschrift dynamisch leicht nach oben gehend über

692 Vgl. ebd. S. 2.
693 Vgl. ebd. S. 2, 7.
694 Ebd. S. 10.
695 Vgl. ebd.
696 Ebd.

die gerade gesetzten Druckbuchstaben PARK, dessen Basis durch einen Strich getrennt „a heritage destination" ist. So zielt das Design auf einen bestimmten Aspekt des Ortes, der wiederum erinnerungswürdig sein soll. Ich deute die Logos des *Robben Island Museum* und *Freedom Park* als freiheitsbetonend. Sie zielen auf das heute Erreichte ab. Während das *Apartheid Museum* und *Constitution Hill* einen Schwarz-Weiß-Kontrast nutzen und damit die Vergangenheit zentraler setzen.

Den Webauftritt gestalteten professionelle Werbefirmen.[697] Das *Robben Island Museum* engagierte bspw. die Firma interiority, die für Non-Profit-Organisationen Internetauftritte entwirft. Broschüren und Werbeauftritte werden im corporate design produziert – entlang von Kriterien, die auf den Erinnerungsort zugeschnitten sind. Die Marke wird gezielt in wichtigen Zeitschriften untergebracht. So warb *Freedom Park* zu Beginn des Jahres 2010 in einer zweiseitigen Anzeige im südafrikanischen Magazin „Good Morning Mr. President" mit folgendem Slogan: „The heart and soul of South Africa captured in breathtaking space ..." Die zahlreichen Fotos vom Ort illustriert der folgende Text:

> „The Freedom Park is about you and me – It (!) is about the South African tale in the voice of the South African people. Using our unique culture, heritage, history and spirituality, The Freedom Park tells our previously untold stories. It honors the efforts of our heroes and heroines that died in the struggles for humanity and freedom."[698]

Wie im Brand Manual gewünscht, wurde das Logo in der Markenlogik positioniert und das ‚our' benutzt.

Auch auf Messen präsentieren Angestellte den Ort werbewirksam. Dabei wirbt die Architektur für den Ort im Sinne der Brand Architecture. Ein Gremium der jährlichen Messe Design Indaba[699], an der auch das Kunst- und Kulturministerium beteiligt ist, nominierte für 2012 die zehn „schönsten und betörendsten" Designs des letzten Jahres für den „Most Beautiful Object in South Africa (MBOISA) Award": auf Position eins „//hapo museum" des *Freedom Park*.[700] Die Webpage des Parks wirbt mit zwei Designpreisen, die der Park 2005 und

697 Das *Apartheid Museum* engagierte die Firma Media Etc. *Constitution Hill* arbeitet mit der Werbeagentur Virtuosa zusammen. *Freedom Park* hat keine Werbefirma angegeben. Das Design wurde vermutlich mit einer Firma zusammen entwickelt.

698 *Good Morning Mr. President* 1.1 (2010). Johannesburg: Eyecentral Publishers, 2010. S. 2f.

699 Indaba bedeutet auf Zulu: „A council or meeting of indigenous peoples of southern Africa to discuss an important matter". URL: http://www.thefreedictionary.com/indaba (12.03.2012)

700 Vgl. URL: http://www.designindaba.com/news-snippet/most-beautiful-object-sa-2012-finalists (11.03.2012)

2009 vom South African Landscapers Institute (SALI) erhielt.[701] Auch die Architekturfirmen von *Constitution Hill*, *Apartheid Museum* und dem *Robben Island Museum* bewarben sich um Preise.[702]

Das Marketing des Erinnerungsortes funktioniert zudem über die sichtbare Positionierung des Portfolios: vor den Gebäuden durch Banner oder an Wasserspendern und im Gebäude als Quellenangaben auf den Ausstellungstafeln. Die Kommunikationssysteme für die Innen- und Außenbereiche markieren die Einzigartigkeit des Ortes durch die (geschützte) Marke und zeigen gleichzeitig, dass die Vermarktung selbst gängige Praxis ist.

Nicht nur die Baukörper repräsentieren den Erinnerungsort im corporate design, auch die individuellen Körper der Tourguides werden zur Werbefläche. Sie zeigen die corporate identity: Die getragenen Poloshirts unterschieden sich von Ort zu Ort in der Farbe und dem spezifischen Logo. Ihnen gemein war sowohl die Form des Oberteils als auch die Präsentation des Ortes durch ein Logo. Die Kleidung markiert ihre Zugehörigkeit zum Erinnerungsort und zum Unternehmen. Visuelle Marker adressieren die Angestellten und sprechen zu den Besuchenden.

An all diesen Beispielen aus dem Alltag der Erinnerungsorte lässt sich neben den Marketingstrategien ein Mehr ablesen. Die Praxen zeigen, dass der Betrieb als Organisation in gesellschaftliche Strukturen eingebettet ist:

> „Die Organisation ist Kultur (...). So betrachtet kann alles, was in der Organisation beobachtbar ist, als Ausdruck spezifischer, ihr zugrunde liegender Überzeugungen und Werte interpretiert werden. Dies gilt für verbale Äußerungen, für zwischenmenschliche Interaktionen und für Artefakte, z. B. für die in der Organisation zum Einsatz kommende Technik, für die Architektur der Hauptverwaltung oder die Uniform der Pförtner. Jeweils lässt sich die Frage stellen, was dies als Symbolisierung zugrunde liegender Kulturwerte bedeutet."[703]

---

701 Die eingescannten Urkunden finden sich unter: URL: http://www.freedompark.co.za/cms/index.php (12.03.2012)

702 So gewann Kate Otten 2005 für ihre Konzeption des ehemaligen Frauengefängnisses in *Constitution Hill* den South African Institute of Architects (SAIA) Regional Award of Commendation. An der Eingangstür zum Verfassungsgericht wirbt eine Plakette mit dem SAIA-Award für das Design des Gerichts, entworfen von OMM Design Workshop, Urban Solutions Architects und Urban Designers. Die Architekturfirma Mashabane and Rose belegte 2001 den ersten Platz für das *Robben Island Museum* (Millennium Structure). Die gleiche Firma gewann 2002 den Grand Prix Loerie Award, den Gauteng Institute for Architects Award of Merit, den South African Institute of Architects Award of Merit, den British Advertizing & Design Awards und den Fulton Concrete Award for the most innovative use of concrete für das *Apartheid Museum*.

703 Rosenstiel, Lutz von. „Organisationsanalyse." *Qualitative Forschung. Ein Handbuch*. Hg. Uwe Flick, Ernst von Kardoff, Ines Steinke. Reinbek: Rowohlt, 2000. S. 227f. Rosenstiel bezieht sich hier auf die Arbeiten von Smircich (1983) und Neuberger, Kompa (1987).

Die den Erinnerungsorten zugrunde liegenden Kulturwerte sprechen sowohl für das beabsichtigte Funktionsgedächtnis, das die Nation durch Erinnerungswerte herstellen soll als auch für betriebswirtschaftliche Logiken, die Teil der ökonomischen Strukturen der Gesellschaft sind.

3.2.1.2 In-/Korporierung: vermarktbare Erinnerungen

An allen untersuchten Orten sind Geschäfte in das Gelände integriert. Im *Apartheid Museum* ist der Museumsshop noch Teil der Dauerausstellung im Haupthaus.[704] Im *Robben Island Museum* gibt es drei Verkaufsräume: im Hauptgebäude, am Hafen auf der Insel und bei einem Halt während der Bustour. Neben dem *Visitor Centre* in *Constitution Hill* bot eine Filiale von David Krut Publishing bis 2010 Produkte (Bücher, Audio-CDs, DVDs) an, die Auseinandersetzungen mit dem Ort medialisierten. 2012 mietete die Räume Xarra books, dessen Fokus auf dem „afrikanischen Buch" liege.[705] Im *Freedom Park* ist für *//hapo* ein „Welcome Space" geplant, an den sowohl Geschäfte als auch Restaurants angrenzen: „The retail spaces should be within the African market theme (...)."[706]

Ausgewählte reproduzierte Objekte aus dem Museum werden zu Waren in den Geschäften an den vier Erinnerungsorten: z. B. Nelson Mandelas Zelle auf Postkarten mit dazugehöriger Briefmarke, Geschichtsdarstellungen in Büchern oder Nachdrucke von Postern, auf denen Boykottaufrufe visualisiert sind. Zum Verkauf stehen Merchandising-Produkte wie T-Shirts, Schlüsselanhänger oder Kaffeebecher mit dem jeweiligen Logo des Erinnerungsortes.

In einer Presseerklärung der Öffentlichkeitsverantwortlichen Ilse Posselt vom 16. Juni 2010 heißt es: „The gift shop, entitled Tshifiwa, which means ‚gift' in Tshivenda, allows visitors to purchase distinctly South African and Freedom Park-specific memorabilia."[707] Dinge zu kaufen, die des Erinnerns wert sind, ist laut der Öffentlichkeitserklärung die Aufgabe des Geschenkeartikelladens. „Memorabilia" bedeutet etymologisch auch „to bring to mind". Den kaufbaren Andenken wird ein Vergegenwärtigen des Parks und seiner Aufgabe, die Geschichte der Nation Südafrika zu erzählen, zugeschrieben. Vergangenheit in die Gegenwart zu holen, produziert auch Nostalgie. In seinen Wortbedeutungen

704 Es wurde zur Zeit der Untersuchung an einem neuen Standort auf dem Museumsgelände außerhalb des Hauptgebäudes gebaut.

705 Vgl. URL: http://www.xarrabooks.com/perspectives (11.03.2012)

706 The Freedom Park Trust. *//hapo. A Dream is not a Dream Until it is Shared by the Entire Community*. 6. Fassung. o. A., Mai 2006. S. 23f.

707 Freedom Park. *Freedom Park showcases its new developments on Youth Day*. 16.06.2010. URL: http://www.freedompark.co.za/cms/index.php?option=com_docman&task=doc_details&gid=211&Itemid=47 (15.02.2012). S. 2.

„Heimweh", „Nach-Hause-kommen" und „sehnsüchtiges Verlangen nach der Vergangenheit"[708] hat Nostalgie hier eine doppelte Funktion: erstens das Erzeugen eines Gefühls, nach Hause zu kommen und zweitens das Wecken von Sehnsucht nach der Vergangenheit. Beides ist besonders im Agenda-Building von *Freedom Park* ablesbar:

> „Freedom Park is a place of pilgrimage and healing and human communion, which sets it apart from, while it seeks to end, the divides that scar and fracture the national and global human society beyond its boundaries. (...). Through all time, humanity has striven to understand and control nature, as well as build a harmonious human village."[709]

Die Pilgerreise kann im Park enden, weil der Besuch des Parks selbst zum Heilsversprechen wird: „Ich war da" bezeugen die Memorabilia aus dem Museumsshop, die merklich ‚südafrikanisch' und *Freedom Park*-spezifisch sind. Der kulturelle Wert, den der Erinnerungsort samt seiner Exponate darstellt, wird im Shop käuflich: ökonomisch wertvoll für das Museum. Die Besuchenden setzen ihr ökonomisches Kapital ein, indem sie eine Eintrittskarte und Waren aus dem Museumsshop kaufen. Sie erwerben dadurch kulturelles Kapital. Der Erinnerungsort und die ansässigen Shops setzen ihr kulturelles Kapital ein, um ökonomisches Kapital zu gewinnen. Lindsay Bremner argumentiert in Bezug auf das *Apartheid Museum*, dass Geschichte, transformiert in Erinnerungen, zur Ware werde:

> „It [the Apartheid Museum, A. S.] has been incorporated into the relentless logic of capital, what Simmel (1950) has called the ‚culture of things', or Appiah (after Marx) calls the ‚money economy' (Appiah 1992: 234). The underlying dynamic of cultural modernity means that, as history is transformed into memory, it commodifies."[710]

Sharon MacDonald unterscheidet zwischen Museum und Shop und klassifiziert den Museumsshop[711] als „(...) transit point – the place where things are bought

---

708 Vgl. URL: http://www.etymonline.com/index.php?allowed_in_frame=0&search=nostalgia&searchmode=none (11.03.2012)

709 URL: http://www.freedompark.co.za/cms/index.php?option=com_content&view=article&id=6&Itemid=7 (11.03.2012)

710 Bremner, Lindsay Jill. „Memory, Identity and the Post-apartheid City: The Apartheid Museum in Johannesburg." *Desire Lines: Space, Memory and Identity in the post-apartheid city*. Hg. Noeleen Murray, Nick Shepherd and Martin Hall. London: Routledge, 2007. S. 100.

711 Ich will an dieser Stelle erneut darauf aufmerksam machen, dass *Freedom Park* bewusst die Zuschreibung Museum ablehnt. In Bezug auf meine Analyse der Erinnerungsorte trifft die Be-

for money, where the market rules, and the prime aim (‚the bottom line') is to make profit"[712]. Im Gegensatz zu Bremners These der unerbittlichen Logik des Kapitals, die das gesamte Museum erfasse, betont MacDonald das zwiespältige Verhältnis zwischen Museum und Shop und die Ambivalenz des Shops selbst. Beides macht sich sowohl an der Produktion von ökonomischem als auch kulturellem Kapital fest: „It [the shop, A. S.] provides us with things that we might try to make into durable stories about ourselves – things that we will transform from commodities into meaningful objects that are part of our ongoing lives."[713] Der Erinnerungsort wird konsumierbar durch dessen Inszenierungen. Der Shop ist Teil der Erlebbarkeit, die den Transport der Erfahrung durch die erworbenen Objekte ermöglicht.

Wie die Käufer und Käuferinnen für sich aus den erworbenen Waren Bedeutung gewinnen, wäre eine weiterführende Forschungsfrage, die bspw. durch die Untersuchung der Publikumsagenda innerhalb des Agenda-Setting abzudecken wäre. Dass die Besuchenden speziell mit Erinnerungsorten Sehnsüchte bzw. Begierden verbinden, lässt sich anhand der zahlreichen Fotos und Videoclips auf Plattformen wie YouTube oder in eigenen Blogs erahnen. Dort finden sich selbst produzierte mediale Er-/Zeugnisse von: „Ich war da." Häufig sind diese gekoppelt an emotionale Aufladungen wie einem Shakehands mit Tourguides, die einen Prominenzstatus bekommen. Auch einzelne Gegenstände werden auratisch, so z. B. die ehemalige Zelle von Nelson Mandela, die von außen und innen, mit oder ohne sich selbst fotografiert ins Netz gestellt wird. Das Visuelle beglaubigt das Da-gewesen-sein. Umgekehrt nutzen bspw. das *Apartheid Museum* und *Freedom Park* die mediale Plattform YouTube. Internetuser gelangen durch einen Klick zu einer durch Parkmitarbeitende erstellten YouTube-Seite, auf der Videomitschnitte zum Park aufgelistet sind.[714] Das *Apartheid Museum* wirbt mit verknüpften YouTube-Clips auf der eigenen Internetseite. Die Kurzvideos stehen unter dem Motto „a history forgotten is a future lost". In den Videos sprechen junge Erwachsene über ihren Besuch im *Apartheid Museum*.[715] So bezeugen sich Erinnerungsort und Besuchende gegenseitig und erhöhen ihr kulturelles Kapital. Alle Erinnerungsorte bis auf das *Robben Island Museum* sind im Übrigen mittlerweile mit Twitter und Facebook verlinkt. Diese Auftritte in sozia-

schreibung der Funktion von Museumsshops auch auf Shops an Erinnerungsorten zu. Deshalb arbeite ich mit dem Artikel von Sharon MacDonald „The Shop".

712 MacDonald, Sharon. „The Shop. Multiple Economies of Things in Museums." *Museum^x. Zur Neuvermessung eines mehrdimensionalen Raumes*. Hg. Friedrich von Bose, Kerstin Poehls, Franka Schneider, Annett Schulze. Berliner Blätter. Berlin: Panama Verlag, 2011. S. 39.

713 Ebd.

714 Vgl. URL: http://www.YouTube.com/ThefreedomPark (21.03.2012)

715 Vgl. URL: http://www.apartheidmuseum.org/content/home (21.03.2012)

len Netzwerken unterstützen die Imagination der Erinnerungsorte als Körper bzw. als Person.

Die Aneignung von kulturellem Kapital kann durch die kulturelle Praxis[716], einen Erinnerungsort besucht zu haben, mindestens dreifach belegt werden: durch das Aufbewahren der Eintrittskarte, durch die Aufnahme von Bildern und durch den Kauf von Waren aus dem Museumsshop bzw. den integrierten Geschäften. Der Besuch von Erinnerungsorten kann eine Vorstellung davon vermitteln, Wissen gewonnen zu haben. Das Gefühl schreibt sich in das individuelle Gedächtnis ein. Es inkorporiert sich auch über den Kauf, über das Gefühl, dieses Wissen jetzt zu besitzen. Das Geschäft weckt die Hoffnung, dass das Flüchtige des Besuchs durch den Besitz bedeutungsvoll bleibt.[717]

Körperlich erfahrbar werden Erinnerungsorte auch durch die angebotene Gastronomie. Coffee Shops gibt es bspw. an allen vier Orten. Auch hier zeigt *Freedom Park* am deutlichsten, dass das Konzept einer Leitvorstellung folgt: „(...), Freedom Park now also offers its guests a fully operational restaurant and coffee shop. In line with celebrating our country and continent, the restaurant boasts a menu with the finest offerings from the African continent.“[718] Das Restaurant soll Essen aus dem Land und vom Kontinent anbieten: Land und Kontinent können einverleibt werden. ‚African_‘ wird inkorporierbar. Das Angebot, ‚African_‘ zu sehen, zu fühlen, zu hören, zu schmecken, könnte auch als all-inclusive-incorporation-package interpretiert werden.

3.2.1.3 In Konkurrenz: Marketing und Drittmittelakquise

Die betriebseigene Marketingabteilung an den Erinnerungsorten kümmert sich darum, den Bekanntheitsgrad, die Besuchszahlen und damit auch den Umsatz zu steigern – durch Merchandising-Produkte und Waren im corporate design, mit dem individuellen Logo des Erinnerungsortes für unterschiedliche Zielgruppen, z. B. aus dem Tourismus, der Politik und potenziell Geld gebenden Institutionen. Die Marketingabteilung plant u. a. Veranstaltungen (Events) in Abstimmung mit den anderen Bereichen. Marketing und damit die Forderung nach Kreativität sind Bestandteile der täglichen Arbeit, um den Erinnerungsort national wie auch weltweit touristisch attraktiv zu machen. Die Merchandising-Produkte, die in den

716 Zum Zusammenhang von Bildung, Habitus und Kapital vgl. Bourdieu, Pierre. *Die feinen Unterschiede. Kritik der gesellschaftlichen Urteilskraft*. Frankfurt/M.: Suhrkamp, 1987 (1979).

717 Vgl. ebd. S. 46.

718 Freedom Park. *Freedom Park showcases its new developments on Youth Day*. 16.06.2010. URL: http://www.freedompark.co.za/cms/index.php?option=com_docman&task=doc_details&gid=211&Itemid=47 (15.02.2012). S. 2.

Läden vor Ort verkauft werden, stellen eine wichtige zusätzliche Einnahmequelle dar. Die Werbeabteilungen sind Vertriebseinheiten, die die knappen Ressourcen ausbessern können. Die Marketingabteilung des *Apartheid Museum* bewirbt z. B. gezielt und weltweit die temporären Ausstellungen, die durch die Bildungsabteilung in Personalunion mit dem Direktor des Museums entworfen werden. Nach der Entwicklung des Narrativs der Dauerausstellung nutzen die Verantwortlichen nun einzelne Themen oder Figuren, um eine vertiefende Auseinandersetzung anzubieten, bspw. eine Ausstellung zur Figur Nelson Mandela: „I mean there‘s one opening in Sweden in June. There‘s one opening in New York in July. And there‘s one opening in Spain. Ah, I mean, it‘s ridiculous, everybody wants this exhibition (...).“[719] Lächerlich ist die Nachfrage nach Mandela nicht, im Gegenteil. Richard Whiteing (*Robben Island Museum*) benennt den Konflikt zwischen Angebot und Nachfrage, zwischen Agenda-Builder bzw. Setterinnen und Rezipierenden, die zu Kunden und Kundinnen werden:

> „(...) there‘s like a major contradiction: (...) there are certain very interesting stories which we would like to tell through our interpretation of that period. (...) we are perhaps in, in the, the position where ahm we, we want to tell stories through using many voices ahm often the, the less unknown ones. Ahm but so many people who come to the island really only want the Mandela story.“[720]

Das Marktverhältnis von Angebot und Nachfrage verkompliziert das Verhältnis zwischen Ausstellungsmachenden und -besuchenden. Wenn die Nachfrage zum entscheidenden Kriterium wird, können auch Events realisiert werden, die eine Abteilung als angemessen betrachtet, während die andere Abteilung solche organisierten Ereignisse mit Sorge betrachtet:

> „We have the, the weddings on Valentine‘s Day. There are fourteen couples, I think, ja, it‘s, it‘s, it possibly started during the prison service period. (...) And it‘s unfortunately one of those traditions which has been kept on and I know, in Heritage we say, it doesn‘t exactly fit into what we‘re doing. But Marketing seems to, Marketing and Event seem to love the side here and so it, it‘s, it happens every year.“[721]

Richard Whiteing erzählt auch von Werbeslogans, die wenig wertschätzend mit historischen Verletzungen umgingen: „(...) one of the advertising campaigns, I mean, there was, you know, really silly things like ahm, you know, Robben Island has many bars but no cocktails. (...) And also the one about birds: We have

719 Till, Christopher. Interview, geführt von der Verfasserin. Johannesburg, 31.03.2009. S. 4.
720 Whiteing, Richard. Interview, geführt von der Verfasserin. Kapstadt, 17.02.2010. S. 3.
721 Ebd. 37f.

many birds and jailbirds, too.“[722] Und so erscheint seine Sichtweise am Anfang des Interviews logisch: „So at times, rather than really being a museum, we, we‘re more a tourist destination. And ahm our priorities are geared to that.“[723] Die Verheißungen des Marktes lassen den Erinnerungsort auch zu einem touristischen Ort werden: durch angebotene „underwater tours“[724], Fahrradtouren[725], „bird watching“[726] oder die Besichtigung der heute restaurierten Kanonen aus dem 2. Weltkrieg.[727] Richard Whiteing und Vanessa Mitchell glauben, dass die Gefängniserfahrung immer die „Nr. 1-Story“ bleiben werde:

> „But there are people who, you know, travel worldwide, often, you know, with, I suppose, carrying lots of, of credit cards and money or whatever and are willing to pay to hear some of the other stories and so, you know, it‘s, it‘s not that we want to be different things to different people but to be able to eventually provide the opportunity for those who want to come and do bird watching ahm for those who, you know, who want to learn about leprosy ahm to learn about, I mean, the first industries of the colonial period, you know, (...).“[728]

Das Konzept der „layers of history“ (vgl. Kap. 2.1.2.1) bietet der Marketingabteilung[729] zahlreiche Möglichkeiten, spezifische Produkte („can book separate tours“[730]) zu entwickeln – sowohl im Rahmen historisierter Erzählungen wie der neu konzeptionierten Sobukwe-Ausstellung als auch hinsichtlich stärker erlebnisorientierter Angebote.[731]

---

722 Ebd. S. 41.

723 Ebd. S. 11.

724 Vgl. ebd. S. 27. Die Unterwassertouren sollen einen Einblick in die Unterwasserwelt und einen Blick auf die siebzig gesunkenen Schiffwracks bieten.

725 Vgl. Mama, Thando. Interview, geführt von der Verfasserin. Kapstadt, 10.02.2010. S. 19. Thando Mama hebt hervor, dass Fahrradtouren auch mehr Bewegungsfreiheit als die Busfahrt böten: „(...) now you just have to get on to a bus and just do what we tell you to do. (lacht) Not what you want. We take your money. We tell you what to do.“

726 Vgl. ebd. S. 19.

727 Vgl. Whiteing, Richard. Interview, geführt von der Verfasserin. Kapstadt, 17.02.2010. S. 1. Makola, Lekgetho James. Interview, geführt von der Verfasserin. Kapstadt, 12.02.2010. S. 16f.

728 Whiteing, Richard. Interview, geführt von der Verfasserin. Kapstadt, 17.02.2010. S. 27.

729 Im *Robben Island Museum* erhielt diese den Namen Tourism Department.

730 Vgl. Mama, Thando. Interview, geführt von der Verfasserin. Kapstadt, 10.02.2010. S. 18.

731 Richard Whiteing erzählt von Nachfragen, deren Erlebniszentrierung einer historischen Aufarbeitung diametral entgegensteht: „So even we need to lock them up for a week first and they, they pay 2000/night or something and get bread and water or rice, water or something (lacht). (...), as a tourist destination, you get all these strange request (...) the survival thing, where they wanted to bring people on the island that then ... out in the bush (!) and teach them how to make fire. You know with curling fire? I mean how the how can you make fire on Robben Island? (...) You know and in summer when it, when it‘s such a ... and destroy everything, (...). (...), it just doesn‘t make sense some of the, the request. And (seufzt) I don‘t know, I guess we,

Die PR-Bereiche von *Freedom Park* und *Constitution Hill* sind derzeit eher eventorientiert. Der Park selbst soll zunächst an Bekanntheit gewinnen. Dementsprechend wurden diverse PR-Materialien entwickelt und Roadshows organisiert, die auch schon dem *Robben Island Museum* als Opener dienten.[732] Buchpublikationen, Workshops in Kooperation mit Universitäten, Vorträge und Besuche öffentlicher Personen oder spirituelle Zeremonien südafrikanischer Heiler (im *Freedom Park*) werden häufig gezielt auf nationale Feiertage gelegt. So findet gleichzeitig die kulturelle Wert-Bildung, das Nation-Building, statt. Die Agenda-Builder und Builderinnen setzen die Erinnerungen der Orte doppelt in Wert: Weil die Erinnerungen kulturell und national zu Wert wurden, lassen sie sich auch ökonomisieren. Heldenerzählungen (Mandela), Wundernarrative („South Africa's miracle") oder Opfererzählungen („heroes and heroines who died for freedom and humanity") generieren Nachfrage. Priorität der staatlichen Erinnerungsorte und deren Aufgabe ist Nation-Building. Dass sich Nation-Building-Aspekte aber auch ökonomisch verwerten lassen, zeigt das *Apartheid Museum*, das genau durch die Nutzung dieser Elemente zu einem Museum von nationaler Bedeutung geworden ist.

Die Praxis belegt, dass Erinnerungsorte mit diversen Praxen „Geld machen". Ob sie auch „Geld machen müssen", will ich im nächsten Abschnitt genauer betrachten.

„Under Pressure"

Alle untersuchten Erinnerungsorte finanzieren sich durch einen Mix aus öffentlichen und privaten Geldern. Öffentliche Gelder kommen von staatlichen Einrichtungen wie Ministerien auf unterschiedlichen Ebenen. Private Finanzierungen können aufgeteilt werden in Eintrittsgelder und Unternehmensgelder. In Form von Trusts, Spenden oder private-public partnerships unterstützen südafrikanische Unternehmen werbewirksam die Erinnerungsorte. Die Gestaltenden in *Constitution Hill* (Kampagne von 2006: „The Right to Education"[733]) und im *Robben Island Museum* (*Wall of Honour*[734]) wählten ähnliche Systeme der Visualisie-

our core function as a museum is ... overlooked and we, we, we're as just this money-making machine bringing thousands and thousands and thousands on the island a week." Whiteing, Richard. Interview, geführt von der Verfasserin. Kapstadt, 17.02.2010. S. 26.

732 Vgl. Mufamadi, Jane. Interview, geführt von der Verfasserin. Pretoria/Tshwane, 05.05.2009. S. 34. Dass beide Erinnerungsorte diese Form der Werbung einsetzen, könnte auch daran liegen, dass Ramzie Abrahams für beide Institutionen tätig war.

733 Zu sehen in der Nähe des Verfassungsgerichts gegenüber des ehemaligen *Awaiting Trial Block*.

734 Die *Wall of Honour* (vgl. Kap. 2.1.1.1) ist Teil der Eingangshalle des *Nelson Mandela Gateway*-Gebäudes, angebracht über den Ticketschaltern.

rung eingegangener Spenden. Das Spendenranking wurde entsprechend der Bodenschätze in Südafrika visualisiert: Eine Platin- oder Diamantzuordnung markiert die höchsten Spenden, gefolgt von Gold, Silber und Bronze. Das *Apartheid Museum* entschied, diese Form der visuellen Anerkennung und indirekten Werbung über den Internetauftritt zu realisieren. Bis 2011 war unter der Verknüpfung „Support the museum" der „Schedule of Sponsorship" abgebildet.[735] Im *Freedom Park*, der sich noch in der Fertigstellung befand, gab es noch keine Spendentafeln während meiner Forschungsaufenthalte von 2009 bis 2011. In der Werbe-DVD, die zum Ende der Tour lief, riefen die damalige Trust-Vorsitzende Gertrude Shope und der (ehemalige) CEO Wally Mongane Serote dazu auf, *Freedom Park* als Zeichen der nationalen Freiheit finanziell zu unterstützen.

Die Interviewten verdeutlichen, wie stark die Erinnerungsorte finanziell unter Druck stehen. Intern seien die finanziellen Engpässe bspw. verantwortlich für die meist nur oberflächliche Ausbildung der Tourguides, so Emilia Potenza:

> „But the guides who are young, who are genuinely not historians, you know, they, they've got grade 12, most of them had, had history for grade 12. But they have got no tertiary education, mainly because we can't afford to pay people, you know, there's the kind of sala, ideally all the guides should be teachers. Ahm, but we can't afford that."[736]

Christopher Till stellt die eigene Leistung der Konzeptionierung erfolgreicher Ausstellungen als Möglichkeit dar, das schmale Budget aufzustocken:

> „(...) I think the philosophy is, is to use the energy research, intellectual design ahm and all of that. Ah, not only for our institution but to make it valuable for a wider audience. And I think that's part of our philosophy of what we've trying to do. That we're not inward-looking but we're also outward-looking. And I think we've been fairly successful in achieving that with a very small, small staff ahm and always fighting for budget as everybody else does."[737]

„Um das Budget zu kämpfen, wie es alle anderen auch tun" – eine verallgemeinernde Aussage, die auch auf die von mir untersuchten Erinnerungsorte zutrifft, da alle um die knappen finanziellen Ressourcen im Kulturbereich konkurrieren. Darryl Peterson spricht von „budget reconstraints"[738] und erklärt, dass das Bildungsministerium das Museum zwar gut finde, aber nicht finanziell unterstütze:

---

735 Vgl. URL: http://www.apartheidmuseum.org/index-flash.html (02.11.2010). Der Internetauftritt wurde 2011 neu gestaltet, der „Schedule of Sponsorship" weggelassen.

736 Potenza, Emilia. Interview, geführt von der Verfasserin. Johannesburg, 29.04.2009. S. 9.

737 Till, Christopher. Interview, geführt von der Verfasserin. Johannesburg, 31.03.2009. S. 4.

738 Vgl. Peterson, Darryl. Interview, geführt von der Verfasserin. Johannesburg, 16.04.2009. S. 18.

> „We meet with them and they: Oh, great, we endorse you. They endorse our programmes right now. They, they basically, the message is out there to schools: We support Constitution Hill. That‘s the business. They: But Darryl, we can‘t support you financially. We can‘t pay.“[739]

Richard Whiteing beschreibt den ökonomischen Druck wie folgt: „(...) when something is not feasible, you know, we have to go with, perhaps what is. (...). [W]e‘re lacking resources.“[740] In den Interviews mit *Freedom Park*-Mitarbeitenden ist noch wenig von Budgetrestriktionen zu lesen. *Freedom Park* erhält jährlich die höchsten finanziellen Zuwendungen im Bereich der heritage legacy projects des Kunst- und Kulturministeriums.[741] Zwischen den Zeilen deuten sich jedoch Limitierungen an, die die Ausgaben des Jahreshaushaltes betreffen. Lauren Marx erklärt, dass erst 2010 ein „education officer“ angestellt werden wird, der/die sowohl für die Konzeption von Bildungselementen als auch deren Abstimmung mit dem nationalen Lehrplan und dem staatlichen Bildungsministerium zuständig sei.[742] Dann würde Bildung eine größere Rolle spielen.

Aleida Assmann schreibt, dass sich „[k]ollektive Handlungssubjekte wie Staaten oder Nationen über ein Funktionsgedächtnis [konstituieren], in dem sie sich eine bestimmte Vergangenheitskonstruktion zurechtlegen“[743]. Das „Zurechtlegen“ ist ein Prozess der Auswahl, der meiner Ansicht nach aus zwei Prioritätensetzungen besteht. Die erste ist abhängig von den Ressourcen (Finanzen, Arbeitszeit etc.). Darryl Peterson stellt das nachvollziehbar am Beispiel einer Zeitzeuginnenbefragung dar:

> „They [witnesses, A. S.]‘re growing old and, and my fear is: We need to get them and capture the histories, the oral histories, the traditions, so that it‘s there for the day, god for if they should not be there anymore, that we have this rich, that we can relate, you know. I don‘t want necessarily want to get it from books. If you can get it one-on-one, ahm, speaking to them and this is what we also, it‘s difficult to do because, ahm, ahm, you got to have these specific skills to do this. You want to be a researcher. You need to, you know, and we don‘t have the kind of finances to appoint somebody: Go out there. One lady is 90 years old. Ahm, Miss Sisulu, Albertina Sisulu. It‘s imperative: Do you have that history? Do we have everything captured? (...) It‘s so rich, it‘s, it‘s, it would be a waste if we don‘t, if we don‘t capture

739 Ebd. S. 24f.

740 Whiteing, Richard. Interview, geführt von der Verfasserin. Kapstadt, 17.02.2010. S. 20.

741 Zudem war der Bereich *//hapo* im Park noch fertigzustellen.

742 Vgl. Marx, Lauren. Interview, geführt von der Verfasserin. Pretoria/Tshwane, 23.03.2009. S. 5.

743 Assmann, Aleida. *Erinnerungsräume. Formen und Wandlungen des kulturellen Gedächtnisses.* 3. Aufl. München: C. H. Beck, 2006. S. 137. Vgl. auch Kap. 1.

that. We, we would lose a lifetime of, of, of, ahm, of words, of experiences that would so enrich our very own."[744]

Die Prämisse eines national-kulturellen Funktionsgedächtnisses wäre, diesen Reichtum an Erfahrungen ehemaliger Zeitzeugen und Zeitzeuginnen, die für das heutige System der Post-Apartheid stehen (könnten), zu archivieren. Albertina Sisulu bspw. kämpfte gegen die Passgesetze, war Mitglied in der Federation of South African Women. Für ihr Engagement wurde sie mehrfach mit Freiheitsentzug bestraft. Der Kulturbetrieb *Constitution Hill* hat jedoch keine Gelder, um ausgebildete Forscher und Forscherinnen zu bezahlen oder aber selbst die Ausbildungskosten tragen zu können. Betriebswirtschaftliche Rationalisierungen begrenzen die Auswahl.

Die zweite Prioritätensetzung betrifft die Auswahl innerhalb der Budgetgrenzen. Auch dafür gibt Peterson ein Beispiel:

„(...), it's very difficult working the way we are. Ahm, people come and ask for, ask me for, my managers, they need money to do an exhibition, ah, on xenophobia, ahm, then I ask: How much do you need? 20.000 Rand? You know what, I don't, do we really have to do that? Do you, now I know in a, in a, in an ideal situation, yes, we certainly must do that but you know, ahm, I then start prioritising. Do I have to do this? Let's choose, you know."[745]

Als Direktor muss er Entscheidungen darüber treffen, welche Ausstellungen finanziert werden und welche Themen nicht auf die Agenda kommen. Seine Entscheidungen sind abhängig von (institutionellen) Vorgaben bspw. des Trusts, der Ministerien, der Forderungen von Mitarbeitenden oder von eigenen Schwerpunktsetzungen.

Die doppelte Prioritätensetzung bedeutet, dass nicht-sichtbare Themen nicht nur nicht-sagbar sind, weil das entscheidende Subjekt im jeweiligen kulturpolitischen Diskurs bestimmte Verhältnisse nicht problematisieren will. Erinnerungen werden auch nicht öffentlich an den Erinnerungsorten, weil finanzielle Restriktionen wirken. In diesem Sinne verstehe ich Foucaults „Ökonomie der diskursiven Konstellation"[746] wortwörtlich:

„Eine diskursive Formation besetzt also nicht das ganze mögliche Volumen, das ihr die Formationssysteme ihrer Gegenstände, ihrer Äußerungen, ihrer Begriffe mit

744 Peterson, Darryl. Interview, geführt von der Verfasserin. Johannesburg, 16.04.2009. S. 28f.

745 Ebd. S. 24.

746 Vgl. Foucault, Michel. „Archäologie des Wissens." *Michel Foucault. Die Hauptwerke*. Hg. Axel Honneth, Martin Saar. Frankfurt/M.: Suhrkamp, 2008 (1969). S. 471-699. S. 543.

> Recht öffnen. Sie ist wesentlich lückenhaft, und dies durch das Formationssystem ihrer strategischen Wahl.“[747]

Die strategische Wahl, über die Foucault schreibt, ist sowohl eine des kulturpolitischen Diskurses als auch eine des politisch-ökonomischen. Die wirtschaftswissenschaftliche Perspektive öffnet den Blick auf Pragmatismen außerhalb idealisierter politisch-motivierter Entscheidungen.

Fehlende finanzielle Mittel bedeuten meist auch fehlendes Personal. Emilia Potenza vom *Apartheid Museum* schildert, welche Konsequenzen sich daraus ergeben:

> „So, we have underskilled guides ahm who basically know the narrative of the museum and you know can engage at a fairly superficial level. But when the situation requires a more layered approach and dealing with you know strong emotion they really struggle. Because you know you almost need a psychologist at that point to sort of work with the emotions of the group (...). I just wish that we could have a resident psychologist or trauma counsellor ahm as part of our staff who could be called in that situation. And that the guides they just hand over ... Ahm and the guides just handover to somebody who‘s, who‘s experienced.“[748]

Das Risiko, historische Gewalt durch deren Repräsentation in den Ausstellungen fortzuschreiben, ist bereits durch mediale Abbildungen der Apartheidsgewaltverhältnisse gegeben. Emilia Potenza ist sich dieser Situationen bewusst. Sie hat auch Lösungsvorschläge. Die finanzielle Situation begrenzt deren Realisierung.

Wenn Nation-Building durch die südafrikanische Regierung und ihre Ministerien derart prominent gesetzt wird, wie können dann die dafür vorgesehenen Orte unter Geldmangel leiden? Müsste der Staat nicht in seinem Interesse dafür sorgen, dass für seine Nationalisierung ausreichend Mittel zur Verfügung stehen?

Eine der Ursachen sehe ich im Prozess der In-Wert-Setzung, die, wie bereits mehrfach in diesem Kapitel ausgeführt, im staatlichen Nation-Building einer kapitalistischen Demokratie eine doppelte ist: kulturell und ökonomisch. Die kapitalistische Ökonomie ermöglicht Veräußerungen von Kultur und fordert, diese in der ihr eigenen Logik zu kapitalisieren. Dieser politisch-ökonomische Auftrag besteht auch für staatliche Institutionen. Wie Barchiesi am Beispiel des Nexus „work-citizenship“ in Südafrika gezeigt hat, liegt der Schwerpunkt der Post-Apartheid-Politik mittlerweile auf makroökonomischen Einsparpotenzialen

747 Ebd. S. 544.
748 Potenza, Emilia. Interview, geführt von der Verfasserin. Johannesburg, 29.04.2009. S. 9f.

durch die Aktivierung des ‚Selbst'.[749] Ulrike Auga skizziert neoliberale staatliche Kulturpolitiken, die mit der Growth, Employment and Redistribution (GEAR)-Strategie seit 1996 einhergingen.[750] Der stellvertretende Kunst- und Kulturminister Paul Mashatile hält für den ministerialen Strategieplan 2010-2014 fest:

> „In particular, the 2010-2014 Strategic Plan is presented at a time when government increasingly views the arts, culture and heritage sector as an important economic sector, capable of making a meaningful contribution to the objectives of creating decent work, fighting poverty and building sustainable livelihoods."[751]

Diese Absicht lässt sich auch in einem der eher allgemein gehaltenen Ziele in den Aufträgen des Ministeriums lesen: „Improve economic and other development opportunities for South African arts and culture nationally and globally through mutually beneficial partnerships, thereby ensuring the sustainability of the sector."[752]

Die Finanzierung der Erinnerungsorte über die Akquise von Drittmitteln ist weder allein ein kulturpolitisches noch ein südafrikanisches Phänomen. Das Reduzieren sozio-kultureller staatlicher Subventionspolitiken ist in vielen gesellschaftlichen Bereichen und global wahrzunehmen – abhängig von den jeweiligen politischen Machtverhältnissen. Barchiesi zeigt dies anhand der Sozialstaatspolitik Bill Clintons und Tony Blairs und reiht darin die Mbeki-Administration ein.[753] Der Arbeitsmarkt sei der Bereich, in welchem die Souveränität des Individuums möglich werde: „(…) as ‚economically active' citizens [who] freely choose to empower themselves and participate in the production of the social."[754] Die Selbstermächtigung diskursiviert sich als ökonomische Unabhängigkeit vom Staat; ökonomische Unabhängigkeit als Freiheit. In dieser Logik werden nicht nur individuelle Körper dazu angehalten, ökonomisch aktiv im Sinne des „Ar-

---

749 Vgl. Barchiesi, Franco. *Precarious Liberation. Workers, the State, and Contested Social Citizenship in Postapartheid South Africa*. Scottsville: University of KwaZulu-Natal Press, 2011.

750 Vgl. Auga, Ulrike. *Intellektuelle – zwischen Dissidenz und Legitimierung. Eine kulturkritische Theorie im Kontext Südafrikas*. Münster, Berlin: LIT Verlag, 2007. S. 319ff.

751 Department of Arts and Culture. *Medium Term Strategic Framework. April 2010-March 2014*. Pretoria: Department of Arts and Culture, o. A. S. 9.

752 URL: http://www.dac.gov.za/vision_mission.htm (12.10.2011). Zur kritischen Auseinandersetzung mit der Ökonomisierung von Heritage vgl. Witz, Leslie. „Sun City and Lwandle: Making Apartheid Museums." *Sun Tropes. Sun City and (Post-)Apartheid Culture in South Africa*. Hg. Marietta Kesting, Aljoscha Weskott. Berlin: August Verlag, 2009. S. 61-96.

753 Vgl. Barchiesi, Franco. *Precarious Liberation. Workers, the State, and Contested Social Citizenship in Postapartheid South Africa*. Scottsville: University of KwaZulu-Natal Press, 2011. S. 10f. In den 1990er-Jahren, mit der Auflösung vieler als sozialistisch geltender Nationalstaaten, gab es in diversen Nationalstaaten eine Verschiebung der Prioritätensetzung vom Sozial- hin zu einem Wettbewerbsstaat, so auch im Politik(dis)kurs der Schröder-Regierung.

754 Ebd. S. 10. Barchiesi knüpft hier an die Arbeit von Barry Hindess (2004) an.

beitskraftunternehmers"[755] zu werden, sondern auch Organisationskörper wie Erinnerungsorte (vgl. Kap. 4.3.2). Denn wie bereits zitiert, betrachtet die Regierung die Bereiche der Kunst, Kultur und des Kulturerbes zunehmend als wichtige ökonomische Sektoren. Zudem regulieren Einsparpotenziale den Organisationskörper: Wer dazugehört und wer nicht, entscheiden betriebswirtschaftliche Kriterien. So sind der Gastronomiebereich und die Buchläden nicht eigenfinanziert. Die Sicherheitsdienste werden von externen Firmen gekauft (vgl. Kap. 4.1.2). Leistungen werden finanziell und entsprechend der Hierarchie im Unternehmen Erinnerungsort bemessen.

Etwas Bedeutungsvolles beitragen zu wollen, lässt jedoch auch eine soziokulturelle Wertaufladung erkennen. Die Praxen an den Erinnerungsorten ent- und widersprechen diesen Zielen. Eintrittsgelder zu verlangen und für bestimmte Gruppen wie Schulklassen freien oder reduzierten Eintritt zu ermöglichen, verdeutlichen das Dilemma: Einerseits würde ein kostenfreier Eintritt der Absicht, die Nation zu bilden, am nächsten kommen. Andererseits geht es jedoch auch um Refinanzierungsmöglichkeiten in der Logik, sich selbst zu tragen. Das Finanzieren von Stellen entlang des Black Economic Empowerment (BEE) wiederum entspricht der Nation-Building-Prämisse zu entrassifizieren. Die Zweckrationalität betriebswirtschaftlicher Logiken kann kulturpolitischen Nation-Building-Maßnahmen zuwiderlaufen. Im Interesse des Staates liegen beide: sowohl Kosteneffizienz als auch Bildung von Staatsbürgern und Staatsbürgerinnen. Die konkreten Politiken werden vor Ort ausgehandelt und führen keinesfalls immer zu den gleichen Ergebnissen. So versucht Sandra Daniels (*Robben Island Museum*) kreativ mit dem limitierten Budget umzugehen:

> „(...) I think that, that's always the problem when we think collaboration then we think ‚Oh god. Money, money, money, money, money, money, money.' And I'm sick and tired of worrying about money. I'm so gonna beyond that (...) if we don't have money what can we do?"[756]

Sie nutzt neue Techniken wie Skype, die dem Museum im *Resource Centre* zur Verfügung stehen. Knappe Budgets zwingen Museen, sich neue Wege einer kostengünstigen Öffentlichkeitsarbeit zu erschließen. Abhängig von den jeweiligen kreativen Ressourcen und Wissenskapazitäten können diese Engpässe mit-

755 Zum Begriff des Arbeitskraftunternehmers vgl. Pongratz, Hans J.; Voß, G. Günter. *Arbeitskraftunternehmer. Erwerbsorientierungen in entgrenzten Arbeitsformen*. Berlin: edition sigma, 2003. Zum Verhältnis zwischen dem Idealtypus Arbeitskraftunternehmer, neuen Arbeitsformen und der Strukturkategorie Geschlecht vgl. Aulenbacher, Brigitte; Funder, Maria; Jacobsen, Heike; Völker, Susanne, Hg. *Arbeit und Geschlecht im Umbruch der modernen Gesellschaft. Forschung im Dialog*. Wiesbaden: VS Verlag für Sozialwissenschaften, 2007.

756 Daniels, Sandra. Interview, geführt von der Verfasserin. Kapstadt, 10.02.2010. S. 26.

tels technologischer Möglichkeiten neue Kundschaft binden, die vor allem bestimmte Zielgruppen, wie bspw. wohlhabende Jugendliche, ansprechen.

Paradoxe Konkurrenzsituationen

Am Erinnerungsort konkurrieren unterschiedliche Abteilungen um ihr Budget. In Konkurrenz stehen auch die vier Erinnerungsorte – eine Situation, die vereinheitlichenden Nation-Building-Prozessen entgegen stehen kann. Dabei verlaufen die Wettbewerbslinien erstens zwischen dem *Apartheid Museum* als Section 21 company und den drei Orten, die das Kunst- und Kulturministerium verantwortet.[757] Zweitens konkurrieren auf der Ebene nationaler Wertbildung alle vier miteinander um Besuchende und Kofinanzierungen. Ramzie Abrahams beschreibt eine Strategie des *Freedom Park*, um sich von den anderen Erinnerungsorten zu unterscheiden:

> „(...) another principle which we adhered which is ‚Minimum duplication, maximum coherence'. In other words: If I want to learn about evolution I can go to Maropeng[758]. There's a whole museum set up ah dealing with evolution. Ah or go to a natural science or a natural history museum. It's there. You know, so why must we duplicate the same story?"[759]

Das Angebot muss sich von denen, die bereits auf dem Markt zur Verfügung stehen, abheben.[760] So könne Aufmerksamkeit und Finanzierung zu sichern sein. Und dennoch kann das gleiche Prinzip nicht alle Zielgruppen erreichen: „So it's

---

757 Emilia Potenza deutet diesen Wettbewerb so an: „Before they all come to Constitution Hill (klopft mit der Hand auf den Tisch) or Freedom Park or they all come to the Apar, or, or Hector Peterson, they'll come to the Apartheid Museum. Obvious, Obviously some do more than one site. But if they're gonna do just one site, they're all do the Apartheid Museum. And it's partly cause it tells the bigger story." Potenza, Emilia. Interview, geführt von der Verfasserin. Johannesburg, 29.04.2009. S. 36.

758 Maropeng ist der Ort, an dem „die Wiege der Menschheit" besichtigt werden kann: archäologische Funde, die mehr als drei Millionen Jahre alt sind und deren Fundstelle zum Weltkulturerbe geworden ist. Die südafrikanische Provinz Gauteng, in der Maropeng liegt, wirbt in ihrem Internetauftritt mit dem Ort unter dem Begriff „geospatial tourism". Vgl. URL: http://www.maropeng.co.za/index.php/about/ (13.03.2012)

759 Abrahams, Ramzie. Interview, geführt von der Verfasserin. Pretoria/Tshwane, 07.04.2009. S. 7.

760 Daran schließt auch die Frage nach der Auswahl des Auszustellenden an, das wiederum Regelungen zum (intellektuellen) Eigentum unterliegt. Darren Newbury hat sich am Beispiel der Fotografien im Apartheid Museum damit auseinandergesetzt. Vgl. Newbury, Darren. „‚Lest we forget': photography and the representation of history at the Apartheid Museum, Gold Reef City, and the Hector Pieterson Museum, Soweto." *Visual Communication* 4.3 (2005). S. 286f.

difficult to target everybody. We try a, a, as much as we possibly can. We ah market The Freedom Park as well as what we can.“[761]

In zwei Interviews wurde ich nach anderen Erinnerungsorten und deren Entwicklungen gefragt.[762] Darryl Peterson vergleicht bspw. diverse Museen in Südafrika: „(...) the Department of Arts and Culture, we don‘t get the same kind of support that they render to Freedom Park. That they will give to Museum Africa.“[763] Für mich lässt sich daran ablesen, dass der Eintritt eines neuen Erinnerungsortes auf dem Markt der Erinnerungen mit Neugier und Sorge wahrgenommen wird bzw. dass die Geldvergabe in den Blick gerät. Denn auch das Ministerium hat entsprechend seines Jahresbudgets begrenzt Gelder zur Verfügung, um Erinnerungsprojekte zu finanzieren.[764] Dementsprechend gibt es auch Kritik gegenüber der Prioritätensetzung innerhalb der Förderpolitiken. Richard Whiteing kommt auf die Vorwürfe zu sprechen, die bezüglich der erhaltenen Gelder des *Robben Island Museum* erhoben wurden. In den ersten Jahren seiner Existenz als Museum wurde Kritik laut, dass andere Museen wie das *National Museum* oder die *South African National Gallery* wegen der hohen finanziellen Kosten[765] des *Robben Island Museum* zu wenig bekämen.[766] Kooperationen oder Absprachen zwischen Museen gibt es selten.

Nicht alles kann und wird in staatlich finanzierten Kulturpolitiken Verwertungslogiken untergeordnet. Entscheidungen sind abhängig von den Prioritätensetzungen der Verantwortlichen und deren Nachgeben gegenüber Zwängen und Vorgaben (Sachzwanglogik). Je knapper die Ressourcen werden, desto intensi-

761 Marx, Lauren. Interview, geführt von der Verfasserin. Pretoria/Tshwane, 23.03.2009. S. 11.

762 Vgl. Potenza, Emilia. Interview, geführt von der Verfasserin. Johannesburg, 29.04.2009. S. 4, 37. Till, Christopher. Interview, geführt von der Verfasserin. Johannesburg, 31.03.2009. S. 18.

763 Peterson, Darryl. Interview, geführt von der Verfasserin. Johannesburg, 16.04.2009. S. 23. Mittlerweile fällt *Constitution Hill* unter die Rubrik legacy projects innerhalb des Kunst- und Kulturministeriums.

764 Peterson fasst das treffend zusammen: „(...) one of the reasons why we have not, do not have that kind of funding is, is that, we came up, we started round about 2004 and it was felt by the Department of Arts and Culture there are too many museums, heritage sites. So really, we can‘t fund all of them so therefore.“ Peterson, Darryl. Interview, geführt von der Verfasserin. Johannesburg, 16.04.2009. S. 30. Interessant wäre hier nach internen und offiziellen Rankings in der Erinnerungslandschaft Südafrikas zu suchen, um deren Kriterien einer Analyse zu unterziehen. Die Fragestellung könnte dann auf die Bewertungsmaßstäbe der Wettbewerbsliste rekurrieren.

765 Das *Robben Island Museum* benötigt im Gegensatz zu den Museen auf dem Festland einen Fährbetrieb, der zusätzlich finanziert werden muss. Ich gehe an dieser Stelle nicht auf die Vorwürfe der Veruntreuung von Gelder ein, die auch zu Streiks der Mitarbeitenden führten. Vgl. u. a. Dolley, Caryn; Omar, Yusuf. *Robben Island Museum woes continue*. 28.09.2010. URL: http://www.news24.com/printArticle.aspx?iframe&aid=c0e1e01c-c316-4d9b-af17-d2768eefd03e&cid=1057 (27.10.2011). Dolley, Caryn; Omar, Yusuf. *Robben Island fiasco angers tourists*. 21.04.2011. URL: http://www.iol.co.za:80/news/south-africa/western-cape/robben-island-fiasco-angers-tourists-1.1060217 (25.06.2011)

766 Vgl. Whiteing, Richard. Interview, geführt von der Verfasserin. Kapstadt, 17.02.2010. S. 10.

ver wird nach Refinanzierungsmöglichkeiten gesucht: Kooperationen des Ministeriums mit anderen Ministerien wie dem Tourismusministerium oder dem Ministerium für Wissenschaft und Technologie sollen vor allem strategisch neue Märkte eröffnen.[767] Um konkurrenzfähig auf dem globalen Markt zu sein, werden auch internationale Instrumente wie internationale Abkommen zum Schutz des Kulturerbes genutzt, wie ich im Folgenden an den Beispielen ‚heritage' und ‚Indigenous Knowledge Systems' zeigen will.[768]

3.2.2 Branding South Africa: kultur-ökonomische Verortungen des Globalen an den Erinnerungsorten

2002 gründete die Regierung Südafrikas einen Trust, der den Namen Brand South Africa bekam. Seine Aufgabe ist es:

> „(...) to help create a positive and compelling brand image for South Africa. (...) it was evident that to attract tourism and investment there was a need to co-ordinate marketing initiatives to make them more effective. This led to the creation of Brand South Africa, whose main objective is the marketing of South Africa through the Brand South Africa campaign."[769]

Die Koordination der Vermarktung des Nationalstaates durch Werbekampagnen auf nationaler Ebene soll ein konsolidiertes Markenimage schaffen. Das wiederum kreiere „strategic advantages in terms of trade and tourism for the country in an increasingly competitive marketplace"[770]. Bevollmächtigt, Entscheidungen zu treffen, sind u. a. die Generaldirektoren des Kunst- und Kulturministeriums und des Ministeriums für Handel und Industrie.

Der Historiker Leslie Witz beschreibt diesen politisch-ökonomischen Diskurs als einen städtisch-globalen, der auch in Südafrika wahrnehmbar sei. Das Kunst- und Kulturministerium fordert sowohl die effiziente Anwendung begrenzter Mittel als auch die Eigenvermarktung durch das Branding des Nationalstaates: „(…) becom[ing] ‚part of a strategy of branding the Country (!) as a sought-after tourism destination'."[771] Und so schlussfolgert Witz, dass Museen in

767 Vgl. Department of Arts and Culture. *Medium Term Strategic Framework. April 2010-March 2014*. Pretoria: Department of Arts and Culture, o. A. S. 45.

768 Ebd. S. 38ff.

769 URL: http://www.imc.org.za/who-we-are.html (11.03.2012)

770 Ebd.

771 Leslie Witz zitiert aus dem Jahresbericht des südafrikanischen Kunst- und Kulturministeriums von 2000/2001. Vgl. Department of Arts, Culture, Science and Technology. *Annual Report 2001/2002*. S. 9. Zitiert nach: Witz, Lesie. *Museums, sustainability and memories of apartheid.*

Südafrika nicht mehr nur durch den Staat finanziert werden, sondern sich zunehmend kommerziell ausrichten sollen, um auf dem internationalen Tourismusmarkt mithalten zu können.[772]

Auch die vier von mir untersuchten Erinnerungsorte werden auf dieser und auf der Webpage „Gateway to the Nation" (www.southafrica.info) beworben. Die Marke Südafrika braucht die Erinnerungsorte als Orte, an denen die Marke konsumierbar wird. Gleichzeitig sind die Erinnerungsorte Teil der Marke Südafrika. Der Nationalstaat soll über Wissenstechnologien erfahrbar werden. Der Identitätsdiskurs stellt dieses Wissen über ‚South/African identity' her: Alleinstellungsmerkmale markieren den imaginierten Kollektivkörper, um Aufmerksamkeit zu sichern. Die Verschränkungen zwischen Identitäts- und Nationendiskurs sind wiederum in globale Kontexte eingebettet. Die Produktionsbedingungen nationaler Zugehörigkeit funktionieren im Rahmen globaler Wirtschaftszusammenhänge.

Moritz Csáky diskutiert für die Erinnerungsforschung das Verhältnis von lokal, national und global – ein Verhältnis, das bereits im 19. Jahrhundert Wirtschaftswissenschaftler wie Karl Marx in Bezug auf die zunehmende Kapitalisierung und die Entstehung des Nationalstaates aufgriffen. Diese Verschränkungen wurden in den 1980er-Jahren zunächst in der Wirtschaft mit den Begriffen des „Glokalen" oder der „Glocalization"[773] bezeichnet, um dann in den 1990er-Jahren in diversen Wissenschaftsdisziplinen diskutiert zu werden.[774] Roland Robertson skizziert die Begriffsbedeutungen in beiden Bereichen. In der Wirtschaft zielt Glokalisierung vor allem auf Marketingstrategien: „[T]he tailoring and advertising of goods and services on a global or near-global basis to increasingly differentiated local and particular markets."[775] Mit Sahlins argumentiert Robertson, dass selbst „autonom scheinende Wirtschaftstermini" in kulturellen

McGregor Museum, Kimberley. 19.05.2008. URL: http://www.lwandle.com/docs/kimberley talk.pdf (12.10.2011). S. 5.

772 Vgl. Witz, Leslie. *Museums, sustainability and memories of apartheid.* McGregor Museum, Kimberley. 19.05.2008. URL: http://www.lwandle.com/docs/kimberleytalk.pdf (12.10.2011). S. 5f.

773 Zur Begriffsgeschichte der Worte vgl. Robertson, Roland. „Glocalization: Time-Space and Homogeneity-Heterogeneity." *Global Modernities*. Hg. Mike Featherstone, Scott Lash, Roland Robertson. London: Sage, 1995. S. 25-44.

774 Vgl. u. a. Beck, Ulrich. *Perspektiven der Weltgesellschaft*. Frankfurt/M.: Suhrkamp, 1998. Swyngedouw, Erik. „Neither Global nor Local: ‚Glocalization' and the Politics of Scale." *Spaces of Globalization: Reasserting the Power of the Local*. Hg. Kevin R. Cox. New York: Guilford, 1997. S. 137-166. Zum Verhältnis zwischen Nationalem und Globalem vgl. u. a. Sassen, Saskia. „The global inside the national. A research agenda for sociology." *sociopedia.isa* (2010). URL: http://www.columbia.edu/~sjs2/PDFs/National.pdf (15.01.2012)

775 Robertson, Roland. „Glocalization: Time-Space and Homogeneity-Heterogeneity." *Global Modernities*. Hg. Mike Featherstone, Scott Lash, Roland Robertson. London: Sage, 1995. S. 28.

Kontexten zu verorten seien. Er betont im Anschluss an Handler, dass ‚Nationalität' bereits in global verbreiteten Parametern produziert werde.[776] So definiert er Glokalisierung als Prozesse der Verräumlichung des Lokalen bzw. Nationalen im Globalen und umgekehrt: „[G]lobalization – in the broadest sense, the compression of the world – has involved and increasingly involves the creation and the incorporation of locality, processes which themselves largely shape, in turn, the compression of the world as a whole."[777]

Dass auch an den südafrikanischen Erinnerungsorten lokal/national verortbare Wissensproduktion und internationale Regulierungen zum Kulturerbe und intellektuellem Eigentum ineinandergreifen, lässt sich anhand der ‚Indigenous Knowledge Systems (IKS)' verdeutlichen.

Glokale Materialisierungsstrategien: „compet[ing] effectively within the global world"[778]

Mit Bezug auf die Rede Mbekis „I am an African" skizziert der damalige Vorsitzende des parlamentarischen Ausschusses für Kunst, Kultur, Sprachen, Wissenschaft und Technik, Wally Mongane Serote den Zusammenhang zwischen „African Renaissance" und „Indigenous Knowledge Systems and Technologies" auf einer Sitzung der World Intellectual Property Organisation (WIPO) 1998 in Genf:

> „The ideals expressed in the notion of ‚African Renaissance' promote the rebirth of the African people and the forging of a new identity as South Africans emerge from the dark ages of colonialism and apartheid. (...). Indigenous knowledge and technologies that were denied, destroyed and suppressed in the past will form the basis of our rebirth."[779]

Die Basis der „Wiedergeburt des afrikanischen Volkes" seien demnach „indigenous knowledge and technologies". Serote betrachtet in seiner Genfer Rede beide Formen als wertbildend, erneut sowohl im kulturellen als auch im ökonomischen Sinn. Die Förderung wertbildender Technologien und Wissensformen, die WissensPRODUKTION, erfordert in seiner Argumentation auch den Schutz als

776 Vgl. ebd. S. 26.
777 Ebd. S. 40.
778 Mufamadi, Jane. Interview, geführt von der Verfasserin. Pretoria/Tshwane, 05.05.2009. S. 26.
779 Serote, Wally Mongane. „Initiatives for Protection of Rights of Holders of Traditional Knowledge, Indigenous Peoples and Local Communities." *Roundtable on Intellectual Property and Indigenous Peoples*. Genf: World Intellectual Property Organization, 23.-24.07.1998. URL: http//:www.wipo.int/edocs/mdocs/tk/en/wipo_indip_rt_98/ (11.01.2012). S. 3.

intellektuelles Eigentum, u. a. in den Parametern des Patentrechts.[780] Denn der geschaffene Wert wird in Eigentumslogiken gedacht, die als kommunale definiert werden (vgl. Kap. 4.3.2). Kollektiviert wird der Wert in Form von ökonomischer Selbstständigkeit. Die Regierung wolle dabei helfen, dieses Wissen in kleine, mittlere und Mikrounternehmen zu transformieren, die wiederum direkt denjenigen zugute kämen, die das Wissen anwenden und besitzen.[781] Diese Aussagen resultieren aus der Annahme, dass, „[t]he ideals of African Renaissance are accompanied by a macro-economic policy: Growth, Employment and Redistribution (GEAR). The promotion of Indigenous Knowledge and technologies is central to the achievement of the aims of this policy“[782].

Serote war bis 2011 CEO des *Freedom Park*. Im Park wurde ‚indigenous knowledge‘ zentral gesetzt (vgl. Kap. 2.4.2). Die *Pan African Archives* bilden eine grundlegende Säule in der Konzeptionierung des Erinnerungsortes, sind das „(...) nerve centre of the entire park“[783]. Die Archive sollen Wissen produzieren und speichern. Im Anschluss daran lässt sich fragen, wie lokal produziertes Wissen, Nation- bzw. Continent-Building und Globalität zusammenhängen. Jane Mufamadi, Managerin im Park, zeigt das am Beispiel der ‚African Renaissance‘:

> „(...) I, people normally think that African Renaissance is a new thing that we need to go to or it‘s, it means I remember when we in Mali we had a quite interesting, they were asking us: When you talk about African Renaissance where do you want us to go back to? Do you want us to go back to colonialism? Because as far as we know that is where we are coming from. And as far as we know then who we are past ah pre-colonialism. (...) [B]ut it‘s, it‘s really essence of anchoring because the argument in terms of African Renaissance is that if ... we are not grounded in our own uniqueness as African people, we cannot compete effectively within the global world.“[784]

Die Wissensproduktion ist aus der Perspektive Mufamadis demnach eine kulturhistorische; ihr Ergebnis die Einzigartigkeit der „African people“. Ohne dieses Bewusstsein der Einzigartigkeit sei wiederum ökonomische Konkurrenz in der globalen Welt nicht möglich. Die Reaktionen von Menschen auf das Anliegen, „Afrika wiederzugebären“, verdeutlichen, dass dieses Bewusstsein hergestellt werden muss und eben nicht offensichtlich ist (vgl. Kap. 2.4.2.1). Es muss auf die Agenda gesetzt werden – an den Erinnerungsorten. Innerhalb der Zugehörig-

780 Vgl. ebd. S. 5f.
781 Vgl. ebd. S. 5.
782 Ebd. S. 4.
783 Vgl. The Freedom Park Trust. *//hapo. A Dream is not a Dream Until it is Shared by the Entire Community.* 6. Fassung. o. A., Mai 2006. S. 25.
784 Mufamadi, Jane. Interview, geführt von der Verfasserin. Pretoria/Tshwane, 05.05.2009. S. 26.

keit zu ‚African' wird wiederum das Südafrikanische zu etwas Besonderem: „(...), there is something that makes you stand up hard because you are a South African. Because our, of our own experiences."[785] Die eigenen Erfahrungen als Unterschied zu markieren, lässt Südafrika einzigartig und zur Marke werden, die sich so global behaupten kann. Jean und John Comaroff fassen das mit der Souveränität des Unterschieds. Das Fazit ihrer Analyse von „Ethnicity, Inc." kann auch mit Blick auf die ‚Indigenous Knowledge Systems' als makro-ökonomische Politikstrategie und Unternehmensgründung gelesen werden:

> „(...), Ethnicity, Inc., to the extent that it founds claims to ‚inherent' rights and ‚natural' interests on the sovereignty of difference, *does* require both the incorporation of identity and a cultural substance of sorts to realize, recognize, and accomplish itself. (…), it is a living tautology: Without the first, it would have no sovereign materiality; without the second, it would be indistinguishable from any other species of business enterprise."[786]

Das Besondere an der Vermarktung nationalisierter Werte ist der Prozess der Inkorporierung von nationalisierten Gemeinsamkeiten, die sich von anderen nationalisierten Gemeinsamkeiten unterscheiden müssen. Das gemeinsame Sein wird als Indigenität gedacht. Das produzierte Wissen über diese Zugehörigkeit ist ein ganz bestimmtes Wissen. Es ist ein Wissen, dass Eigentumslogiken folgt. So kann es vermarktet werden. Diese Form nationalisierter indigenisierter Zugehörigkeit findet international Anwendung: Deutschland ist das Land der Ideen, Taiwan berührt Dein Herz und Südafrika ist die Regenbogennation – vereint in Vielfalt. Alle haben ihren Webauftritt, große Werbekampagnen und private-public partnerships.[787] In den Grußworten der Kunst- und Kulturministerin Lulama Xingwana wird die Marke zum Branding: „In addition, through the Shanghai Expo and other international events that we will participate in, we need to take cultural diplomacy to all parts of the world and stamp the South African brand on it."[788]

Die ‚Indigenität' als das Ursprüngliche des Landes bettet sich als Nationalstaatsreferenz in das Globale ein. So ist Mufamadis Bezug auf die globale Welt kein Zufall. Wie sich bereits an den Konventionen der UNESCO bezogen auf „intangible/traditional/indigenous heritage/knowledge" und „cultural diversity"

785 Ebd. S. 28.

786 Comaroff, John L.; Comaroff, Jean. *Ethnicity, Inc.* Scottsville: KwaZulu-Natal Press, 2009. S. 116. Hervorh. i. O.

787 Vgl. bspw. http://www.thebrandusa.com/ und http://www.brandsofspain.com/. Meist folgen die Seiten der gleichen Logik: www.name of the country.info.

788 Department of Arts and Culture. *Medium Term Strategic Framework. April 2010-March 2014.* Pretoria: Department of Arts and Culture, o. A. S. 7.

ablesen lässt, geht es nicht nur um den Schutz und die Förderung von ehemals abgewerteten Wissenselementen, sondern auch um das ihnen zugeschriebene Versprechen „materiellen Reichtums“[789], „nachhaltiger Entwicklung“[790] und „ökonomischen Wachstums“[791]. Als positive Auswirkungen kennzeichnen nationale Webauftritte staatlicher Regierungen und internationale Organisationen das Schaffen von Arbeitsplätzen, vor allem in der Tourismusindustrie. Kultur wird für die UNESCO zum Ort der Wissensökonomie: „(...) culture is at the heart of contemporary debates about identity, social cohesion, and the development of a knowledge-based economy, (...).“[792] So fordert auch das Globale dazu auf, eine nationale ursprüngliche Identität zu bilden. Die Logik des inkorporierten Eigentums verbleibt in der inszenierten Exotisierung von ‚Indigenität‘.

Diese Gemeinsamkeiten der von mir untersuchten Museen sind Teil der Nation-Building-Prozesse im Post-Apartheid-Nationalstaat Südafrika. Im folgenden Kapitel will ich diese Gemeinsamkeiten und die graduellen Unterschiede an den Erinnerungsorten zusammenbinden, um die Konstruktionsprozesse des nationalkulturellen Funktionsgedächtnisses unter dem Begriff Gouverne/monu/mentalität zu diskutieren.

789 Vgl. URL: http://portal.unesco.org/en/ev.php-URL_ID=31038&URL_DO=DO_TOPIC&URL_SECTION=201.html (08.03.2012)
790 Vgl. ebd.
791 Vgl. ebd.
792 Ebd.

4 Gouverne/monu/mentales

Nachdem ich sowohl die graduellen Unterschiede als auch die Gemeinsamkeiten der Erinnerungsorte von nationaler Bedeutung aus meiner Sicht dargelegt habe, will ich nun auf der Ebene nationalstaatlicher Politik Gouvernementalitätsaspekte des Monumentalen analysieren. Was verstehe ich darunter? Monumente symbolisieren die Ideale, Ziele und Handlungen einer Gesellschaft.[793] Christina Petterson definiert mit Foucault Gouvernementalität als „(...) signifying a certain type of power, an art of government, which ‚has the population as its target, political economy as its major form of knowledge, and apparatuses of security as its essential technical instrument‘ (Foucault 2007, p. 108)“[794].

Foucault arbeitete mehrere Jahre an seinem Gouvernementalitätskonzept, das Wissenschaftlerinnen und Wissenschaftler je nach Standpunkt unterschiedlich lesen und interpretieren. Patricia Purtschert, Katrin Meyer und Yves Winter skizzieren dies beispielhaft. Sie bieten eine Lesart an, die Staat und Gouvernementalität ineinander verschränkt denken lässt: „(...): der Staat ist Bedingung der Gouvernementalität und Gouvernementalität ist Bedingung des (modernen) Staates.“[795] Sie verweisen mit ihrer Interpretation auf ein Zitat von Foucault, in welchem er die folgende Aussage trifft: „Ursprung und Ziel der gouvernementalen Vernunft (…) ist der Staat. (...). Der Staat ist die regulative Idee der gouvernementalen Vernunft.“[796] Purtschert, Meyer und Winter schlussfolgern aus der Bedingtheit zwischen Staat und Gouvernementalität: „Gouvernementalität ist somit als Rationalität der Macht zu verstehen, welche, indem sie die Machttypen der Souveränität, Disziplin und Regierung rational verwaltet, eine konstitutive Dimension des modernen Staates beschreibt.“[797] Ich schließe mich diesem Ver-

793 Vgl. Sert, José Lluís; Léger, Fernand; Giedion, Sigfried. *Nine Points on Monumentality*. 1943. URL: http://www.ub.edu/escult/doctorat/html/lecturas/sert1.pdf (18.03.2012). S. 1.

794 Petterson, Christina. *The Missionary, the Catechist and the Hunter. Governmentality and Masculinities in Greenland*. Unveröff. Dissertation. Sidney: Macquarie University, 2010. S. 66.

795 Purtschert, Patricia; Meyer, Katrin; Winter, Yves, Hg. *Gouvernementalität und Sicherheit. Zeitdiagnostische Beiträge im Anschluss an Foucault*. Bielefeld: transcript, 2008. S. 10.

796 Foucault, Michel. *Geschichte der Gouvernementalität. Band 1: Sicherheit, Territorium, Bevölkerung*. Hg. Michel Sennelart. Frankfurt/M.: Suhrkamp, 2004. S. 415.

797 Purtschert, Patricia; Meyer, Katrin; Winter, Yves, Hg. *Gouvernementalität und Sicherheit. Zeitdiagnostische Beiträge im Anschluss an Foucault*. Bielefeld: transcript, 2008. S. 13.

ständnis von Staat, Macht und Regierungstechniken an und will der Frage nachgehen, wie ausgewählte Erinnerungen an öffentlichen Orten mit staatlichen Logiken aufgeladen werden und Nation-Building-Prozesse legitimieren.

Ulrike Kistner betitelte einen Workshop der University of South Africa im September 2011 mit „Vryheidspark and Other Governmonumentalities“[798]. Dieser Veranstaltung und der Idee Ulrike Kistners, Gouvernementalität an Monumenten zu verorten, verdanke ich meine daraus folgenden theoretischen Zugriffe auf die von mir untersuchten Erinnerungsorte. Ich definiere den Begriff Gouverne/monu/mentalität als Repräsentationen hegemonialen Wissens über Regierungstechniken, die gesellschaftliche Verhältnisse zwischen Staat und nationalisierten Staatsbürgern und Staatsbürgerinnen idealisieren. Die Rationalisierung der gerade herrschenden Machtverhältnisse findet ihren Platz u. a. an Erinnerungsorten. Hier werden Argumentationen (vgl. Kap. 4.1.1) geboten, die heutige gesellschaftliche Verhältnisse legitimieren. Rationalisiert werden im kulturhistorischen Bereich auch Lebensverhältnisse aus medizinischer und spiritueller Perspektive, so z. B. Praxen spiritueller Heiler und das Sammeln und Archivieren von ‚indigenous knowledge‘ (vgl. Kap. 3.1.2). Nation-Building-Prozesse sind dementsprechend in Hinsicht auf zwei Verhältnisse doppelt konnotiert: einerseits in Bezug auf das Verhältnis zwischen Tourguides und Besuchenden im Sinne der performativen Ansprache von Subjekten als Staatsbürger und Staatsbürgerinnen, die durch staatlich-rationalisierte Bildung hergestellt werden sollen. Andererseits bezogen auf das Verhältnis hegemonial rationalisierter Logiken und Handlungsweisen als die Bildung von Kapital, von dem sowohl die nationalstaatliche Ordnung als auch die Ordnung des Selbst profitieren.[799] Derzeit funktionieren in Südafrika beide unter der Prämisse der Eigenverantwortung und des Entrepreneurs (vgl. Kap. 3.2.2). In diesem Kapitel will ich diese Logik unter dem Stichwort „Knowledge governance“ (Yonah Seleti) weiter ausführen.

Im Folgenden behandele ich vier Themenschwerpunkte anhand meines Konzeptes von Gouverne/monu/mentalität: Zunächst analysiere ich akteurszentriert die Rolle der Tourguides an den Erinnerungsorten mit dem Konzept der Performativität im Anschluss an Judith Butler. Hier geht es mir darum, den Teilaspekt der ‚Bevölkerung‘ perspektiviert als Staatsbürgerschaft konkret am Material herauszuarbeiten. Danach stelle ich die Sicherheitsarchitekturen am Beispiel der privaten Sicherheitsdienste als raumbildende Akteure und Akteurinnen in-

798 Vgl. Department of Classics and World Languages. „Vryheidspark and Other Governmonumentalities – a Walkshop.“ 07.-08.09.2011. Pretoria/Tshwane: UNISA.

799 Thomas Lemke begreift den von Foucault charakterisierten Prozess wie folgt: „Foucault defines government as conduct, or, more precisely, as ‚the conduct of conduct‘ and thus as a term which ranges from ‚governing the self‘ to ‚governing others‘ (Foucault, 2000a: 340-342).“ Lemke, Thomas. *An indigestible meal? Foucault, governmentality and state theory*. URL: http://www.thomaslemkeweb.de/publikationen/IndigestibleMealfinal5.pdf (11.03.2012). S. 3.

nerhalb der Erinnerungsmonumente dar. Im zweiten und dritten Teil dieses Kapitels will ich Gouverne/monu/mentalitäten und Begrenzungen zusammendenken. Im Kapitel 4.2 lese ich die Erinnerungsorte mit dem Blick auf Vergeschlechtlichungen von Repräsentationen hegemonialen Wissens über Regieren und Macht. Im Anschluss daran betrachte ich Identitätskonstruktionen entlang der Linie geografisch perspektivierter Zugehörigkeits- und Abgrenzungslogiken und entlang der Linie kultureller Differenzproduktion mit dem Fokus auf das Ideal der Selbstverwertung.

4.1 Gouverne/monu/mentalität und Nation-Building

Das Regime der Repräsentationen[800], von dem Foucault schreibt, stellen an den Erinnerungsorten Akteurinnen und Akteure und soziale Güter täglich her. So gestalten nicht nur Architektur und Exponate den Ort und schaffen Raum. Auch die Angestellten des Kulturbetriebes produzieren Wissen, indem sie den Ort repräsentieren. Am Beispiel der Tourguides und der privaten Sicherheitsdienste will ich zeigen, dass beide gesellschaftlich rationalisiertes Wissen verkörpern und diesem (mal laut und mal leise) widersprechen können.

4.1.1 Tourguides: zur Herstellung von Staatsbürgerschaft

Sowohl auf *Robben Island*, im *Freedom Park* als auch in *Constitution Hill*[801] war die geführte Tour ein notwendiger Bestandteil des Museumsbesuchs. Das *Apartheid Museum* konnte auch ohne Tourguide besichtigt werden. Allerdings wurde der Tourguide immer bei Schulklassenbesuchen bzw. extra gebuchten Führungen eingesetzt.

Aus den Experten- und Expertinneninterviews geht hervor, dass erstens die Tourguides bezüglich des zu Erzählenden geschult wurden, bevor sie selbst Führungen geben durften. Eine Ausnahme bildet das *Robben Island Museum.* Hier führen auch (noch) ehemalige politische Gefangene über die Insel. Lekgetho James Makola und Sandra Daniels halten fest, dass die ehemaligen ‚politischen

800 Vgl. Foucault, Michel. *Geschichte der Gouvernementalität. Band 1: Sicherheit, Territorium, Bevölkerung*. Hg. Michel Sennelart. Frankfurt/M.: Suhrkamp, 2004.

801 In *Constitution Hill* gab es die Möglichkeit, die Standorte, an denen auch staatliche Institutionen und Nichtregierungsorganisationen ihren Sitz haben, ohne Eintrittsarmband zu betreten.

Gefangenen‘ von ihren Erfahrungen berichten. Dafür gäbe es keinen Leitfaden, sondern ihre Erinnerungen.[802]

Zweitens gibt es an jedem Erinnerungsort narrative Konzepte zu den einzelnen Elementen, in denen philosophisch-historische Grundlagen definiert und staat(-srecht)liche Bezüge hergestellt wurden. Eine Narration, die hier als Vermittlungsinstanz und Agenda definiert wird, kann hinsichtlich der Produktions- und der Rezeptionsseite analysiert werden (vgl. Kap. 1.3). Die Produktionsseite umfasst die Worte und Bilder, die auf die Agenda gesetzt werden und die Teil des Sprechaktes sind: Was will das Museum in seiner Funktion als legacy bzw. heritage project bzw. im Fall des *Apartheid Museum* als Section 21 company den Besuchenden vermitteln?

Die Rezeptionsseite setzt die Zuhörenden in den Mittelpunkt. Kommunikationswissenschaftlich gefragt: Ob und wenn ja, wie wird die Museums-Agenda Teil des individuellen Wissens und Teil der Erinnerungen der Rezipierenden?[803] Ich stelle die Produktionsseite in den Mittelpunkt meiner Betrachtungen um zu zeigen, wie diese kulturellen Institutionen dazu beitragen, Staatsbürgerinnen und Staatsbürger zu bilden – verstanden im doppelten Sinne. Eine Funktion der Museen ist es, Bildungsmaterialien und spezielle Angebote für Schulklassen und Interessengruppen wie Kirchengemeinden oder lokale Parteigruppen zu entwickeln. Erziehung wird zur zentralen Aufgabe. Bildung kann hier jedoch auch gelesen werden als die Formation von Staatsbürgern und Staatsbürgerinnen im Sinne einer Disziplinierung des körperlichen Verhaltens. So geht es an den Plätzen der Reinigung, Vergebung und Heilung innerhalb der Erinnerungsorte darum, bestimmte Bewegungen auszuführen, die Lautstärke zu senken oder Kleidung zu tragen bzw. abzulegen.

Die Tourguides vermitteln sowohl über Worte als auch Gesten Informationen. Ihre körperlichen Narrationen fasse ich als performative – wirksame bzw. Wirklichkeit erzeugende – Sprechakte auf der Ebene ihrer Funktion: der Herstellung und Legitimierung eines national-kulturellen Funktionsgedächtnisses im Post-Apartheid-Südafrika. Judith Butler definiert, nach Austin, Performativität als durch Worte bzw. durch Sprechen herbeigeführte Handlungen. Sie fragt: „Was heißt es, wenn ein Wort nicht nur etwas benennt, sondern etwas performa-

802 Vgl. u. a. Makola, Lekgetho James. Interview, geführt von der Verfasserin. Kapstadt, 12.02.2010. S. 5. Daniels, Sandra. Interview, geführt von der Verfasserin. Kapstadt, 10.02.2010. S. 20.

803 Eine ausführlichere Betrachtung der Rezeptionsseite bietet das Kapitel 3.1.4. Als Stichworte für die Rezeptionsanalyse sind zu nennen: das Awareness-, Salience- und Priorities-Modell. Vgl. Eichhorn, Wolfgang. *Agenda-Setting-Prozesse. Eine theoretische Analyse individueller und gesellschaftlicher Themenstrukturierung*. 2. Aufl. Digitale Ausgabe. 2005. URL: http://epub.ub.uni-muenchen.de/archive/00000734/ (15.11.2010). S. 15; 19ff.

tiv herbeiführt, und zwar genau das, was es benennt?"[804] Dabei bezieht sie ihre Analyse auf die gesellschaftliche Praxis der „hate speech". Ich wende ihre methodologischen Ausführungen auch auf die normativen Setzungen nationaler Identitäten an. Butler beschreibt, wie Anrufungen Subjektkonstitutionen und Zugehörigkeiten bewirken können:

> „Die Anrufung versucht nicht, eine bereits existierende Realität zu beschreiben, sondern eher eine Realität einzuführen, was ihr durch das Zitat der existierenden Konvention gelingt. (...) Ihre Absicht ist (...), ein Subjekt in der Unterwerfung zu zeigen und einzusetzen sowie seine gesellschaftlichen Umrisse in Raum und Zeit hervorzubringen. Ihr reiteratives Verfahren hat den Effekt, ihre ‚Position' über die Zeit hinweg zu sedimentieren."[805]

In den Erzählungen rufen die Tourguides die Besuchenden als Nationalkollektiv indirekt an, indem das Subjekt der Erzählung ein ‚Wir' ist, das die Zuhörenden einbindet, insofern sie sich Südafrika zugehörig fühlen.[806] Folgende beispielhafte Aussagen illustrieren die Anrufungsakte: „In the Gallery of Leaders, we honour people from our nation South Africa." „[W]e must keep growing a democratic nation."[807] „Our political buzzword in this country and that is reconciliation."[808] „We're in South Africa, we've got the best swimmer in the world."[809] „So we mustn't forget our past. We must learn from it. So that we can prepare for our future."[810] „We have eleven justices representing our eleven official languages."[811] Auch das *Apartheid Museum* setzt ein national-kollektives, südafrikanisches ‚Selbst' – so z. B. mit der Aussage „celebrating our constitution" im letzten Teil der Ausstellung, die das Heute bebildert.

Die Tourguides verweisen häufig auf die Verfassung als höchste Gesetzgebung des Nationalstaates und nennen historische Konventionen, die ein ‚Wir' ermöglichen, z. B. durch den Bezug auf den „struggle for freedom and humanity"[812]. Die zitierte Konvention ist die Zugehörigkeit zu Südafrika, das Konzept

---

804 Butler, Judith. *Haß spricht. Zur Politik des Performativen*. Frankfurt/M.: Suhrkamp, 2006. S. 72. Vgl. auch ebd. S. 152ff.

805 Ebd. S. 59.

806 Formal wäre ein Pass ausschlaggebend. In Südafrika gibt es jedoch häufig das Modell, dort aufgewachsen zu sein und trotzdem einen anderen Pass zu besitzen, weil vorherige Generationen der Familie aus Kolonialstaaten kamen.

807 Tour am 23.04.2009.

808 Tour am 10.02.2010.

809 Ebd.

810 Tour am 19.01.2010.

811 Ebd.

812 Vgl. Touren im *Freedom Park* am 10.03.2009, 11.03.2009, 16.03.2009, 23.03.2009, 26.03.2009, 23.04.2009, 28.01.2010.

der universalen Staatsbürgerschaft[813] wird impliziert. Das Ziel ist die Vermittlung einer Zugehörigkeit zum Nationalstaat. Angestellte zitieren die Norm, die für eine (zumindest teilweise) staatlich finanzierte Kulturinstitution arbeiten (vgl. Kap. 3). Sie produzieren über „Gesten des Zeigens“[814] und über Sprechakte Geschichte. Das Personal beruft sich auf eine rechtlich-juridische Souveränität, die sowohl Zugehörigkeit als auch Abgrenzung bedeutet. Die anrufenden und die angerufenen Subjekte bewegen sich im gesetzten nationalstaatlichen Rahmen. Ob die Anrufung gelingt, hängt u. a. von individuellen und kontextuellen Erfahrungen ab. Hier würde eine Untersuchung der Rezeptionsseite entsprechend der 2. Stufe des Agenda-Setting Anhaltspunkte über Herstellung/Autorisierung oder Ablehnung/Verwerfung von Zugehörigkeit ermöglichen.

Das südafrikanische ‚Wir‘ impliziert Abgrenzungen zum ‚Nicht-Wir‘, zu dem ‚Anderen‘, hergestellt durch Ausschlüsse und Begrenzungen, zu den Menschen, die keinen südafrikanischen Pass besitzen.[815] Das Ordnungssystem, welches das ‚Wir‘ repräsentiert, ist zumindest ein bekanntes: Der Nationalstaat ist Referenz und Zugehörigkeitsmerkmal für die meisten Besuchenden, auch denen, die zum ‚Nicht-Wir‘ gezählt werden.

Von Bedeutung ist an dieser Stelle, welche Absichten in den Äußerungen der Tourguides lesbar sind und was legitimiert werden soll. Da das Nationalstaatskonzept nicht neu ist und dessen Praktiken bereits seit Jahrzehnten Teil gesellschaftlicher Sozialisation sind, kann die Zuordnung zum Nationalstaat Südafrika, die Imagination südafrikanisch zu sein, funktionieren:

> „Wenn eine performative Äußerung gelingt (...), dann nicht, weil die Sprachhandlung durch eine Absicht erfolgreich kontrolliert wird, sondern nur deswegen, weil in ihr frühere Sprachhandlungen nachhallen und sie sich mit autoritativer Kraft anreichert, indem sie vorgängige autoritative Praktiken wiederholt bzw. zitiert. Der Sprechakt ist nicht einfach nur in eine Praktik eingebettet, sondern er ist selbst eine ritualisierte Praktik. Das heißt, daß eine performative Äußerung nur soweit funktioniert, wie sie aus ermöglichenden Konventionen, durch die sie mobilisiert wird, schöpft und diese zugleich verdeckt. In diesem Sinne kann ein Begriff oder eine Äu-

813 Vgl. Young, Iris Marion. „Das politische Gemeinwesen und die Gruppendifferenz. Eine Kritik am Ideal des universalen Staatsbürgerstatus.“ *Feministische Perspektiven der Politikwissenschaft*. Hg. Kathrin Braun, Gesine Fuchs, Christiane Lemke, Katrin Töns. München, Wien: R. Oldenbourg Verlag, 2000. S. 84-94.

814 Der Ausdruck ist folgendem Buch entlehnt: Muttenthaler, Roswitha; Wonisch, Regina. *Gesten des Zeigens. Zur Repräsentation von Gender und Race in Ausstellungen*. 1. Aufl. Bielefeld: transcript, 2006.

815 Eine Ausnahme bildete die im Kapitel 2.1.1 beschriebene Erzählung eines Tourguides auf Robben Island, der die Nationen durch den Bezug auf das gemeinsames Ziel des Anti-Apartheid-Kampfes einte.

ßerung nicht performativ funktionieren, wenn ihre Kraft nicht geschichtlich aufgebaut und zugleich verborgen ist."[816]

Die den Sprechakten der Tourguides zugrunde liegende Standardisierung entspricht einem Zitieren von Normen. Die Worte der Tourguides verweisen hier auf Normierungen, die gesellschaftlich bedingt sind. Südafrika ist, so konstatiert es die Verfassung, ein Nationalstaat. Ohne diesen legalen Rahmen wäre die Glaubwürdigkeit begrenzter. Die erzählte Geschichte am Beispiel des konkreten Erinnerungsortes ist die Geschichte des Nationalstaates. Ausgewählte Ereignisse und Personen verbinden die abstrakte Nationalstaatsgenese mit den fassbaren, materiellen Gütern der lokalen Ausstellung. Die Funktion der Erzählung verweist auf eine doppelte Legitimation: erstens die Legitimation des physischen Ortes als sichtbarer Bestandteil der Nationalgeschichte und als wichtiger Baustein der heutigen Ordnung. Zweitens legitimiert die Erzählung die gegenwärtige Nationalgeschichte selbst, ist damit Teil des national-kulturellen Funktionsgedächtnisses.

Das national-kulturelle Funktionsgedächtnis bedarf der nicht endenden Wiederholung, um von Dauer zu sein. Die Tourguides verantworten die durch das Management festgelegten Inhalte. Sie sprechen aufgrund ihrer beruflich-vertraglichen Zugehörigkeit im Namen der staatlich-finanzierten Institution Erinnerungsort. In diesem Kontext verbindet sich Performativität mit Autorität: „Tatsächlich stützt sich jede Performativität auf eine glaubwürdige Erzeugung von ‚Autorität' und ist daher nicht nur eine Wiederholung ihrer eigenen ersten Instanz – (...) –, sondern ihre Zitathaftigkeit nimmt die Gestalt endloser Abbildung an."[817]

Da die Tourguides in der Mündlichkeit die Sprechakte körperlich ausführen, bringen sie Lebendigkeit in die Vergangenheit und stellen eine Verbindung zur Gegenwart her. Ihre Körper als Repräsentanz des Kollektivkörpers authentifizieren dabei das national-kulturelle Gedächtnis.[818] Ihre individuellen Körper als Medium der Sprache und die Durchführung von spirituellen und religiösen Ritualen unter ihrer Anleitung ermöglichen, Gemeinschaft als *einen* ‚sozialen Körper' zu imaginären.[819]

Die Anrufungen, Teil der nationalen Gemeinschaft zu sein bzw. eine Existenz einer nationalen Gemeinschaft zu konstatieren, finden ihre Basis in gesell-

816 Butler, Judith. *Haß spricht. Zur Politik des Performativen*. Frankfurt/M.: Suhrkamp, 2006. S. 83f.

817 Ebd. S. 236.

818 Vgl. Braun, Christina von. *Versuch über den Schwindel. Religion, Schrift, Bild, Geschlecht*. Zürich; München: Pendo, 2001. S. 76ff.

819 Vgl. ebd. S. 44.

schaftlichen Normen, die wiederum historisch sind. Christina von Braun führt in ihrer Analyse aus, dass der soziale Körper mit der Herausbildung des säkularen, christlichen Nationalstaates als „unsterblicher Kollektivkörper der nationalen Gemeinschaft“[820] imaginiert wurde. Der heutige Nationalstaat Südafrika weist in seiner Genese sowohl die ‚christliche‘ Prägung durch die Kolonialisierung als auch das Ordnungssystem eines Nationalstaates durch ‚europäische‘ Nationalstaaten mit ‚christlicher‘ Tradition auf.[821]

Es bedarf also der Aneignung bzw. der Internalisierung dieser Normen, deren Wiederholung durch die Tourguides und durch die Besuchenden. Ziel ist, sich den Idealen des Nationalstaates und dessen Geschichte verpflichtet zu fühlen. Hier liegt der Fokus vor allem auf den „young learners“[822], die durch die staatliche Instanz der Schule gebildet werden. Eine mögliche Internalisierung des Gesprochenen bedeutet, dass die vermittelten Informationen Teil des individuellen Wissens werden. Die in den Narrationen als sozio-historische Tatsachen präsentierten Informationen werden zu einer Vorstellung davon, wie es war und damit zum Gegenstand von (Geschichts-)Wissen. Eine Wirklichkeit wird erzeugt, die zur Wahrheit wird und die sich epistemisch materialisiert. Die als wahr geltenden Informationen stützen auch die hegemoniale Ordnung, da sie im Rahmen nationalstaatlicher Institutionen geäußert werden.

Damit ist auch die Basis für das national-kulturelle Funktionsgedächtnis geschaffen, das über das Individuelle und Soziale hinausgeht, auf Zeitlosigkeit angelegt ist und eine die hegemoniale Ordnung stabilisierende Funktion hat. Über die Frage, was und wer nicht repräsentiert wird, können die Orte der Erinnerung als Orte der Macht gelesen werden: Die Auswahl der Informationen produziert begrenztes Wissen. Ausgewählt werden Erinnerungen und ihre Repräsentationsform unter funktionalen Kriterien, die zu einer Kodifizierung des Gedächtnisses führen.[823]

Beispielhaft will ich kurz auf die Tourguides eingehen. Ihre Position betrachte ich als ambivalent. Einerseits sind sie im Organisationsgefüge abhängig von den Vorgaben der jeweiligen Vorgesetzten und haben die Aufgabe, über die

820 Vgl. ebd. S. 301.

821 Vgl. Auga, Ulrike. *Intellektuelle – zwischen Dissidenz und Legitimierung. Eine kulturkritische Theorie im Kontext Südafrikas*. Münster, Berlin: LIT, 2007. S. 107-113; 196-202. Mamdani, Mahmood. *Citizen and Subject. Contemporary Africa and the Legacy of late Colonialism*. Princeton: Princeton University Press, 1996. S. 1-34.

822 Vgl. Marx, Lauren. Interview, geführt von der Verfasserin. Pretoria/Tshwane, 03.04.2009. S. 4f. Till, Christoper. Interview, geführt von der Verfasserin. Johannesburg, 03.04.2009. S. 11f.; 15. Dlamuka, Mxolisi. Interview, geführt von der Verfasserin. Johannesburg, 03.04.2009. S. 5. Makola, Lekgetho James. Interview, geführt von der Verfasserin. Kapstadt, 03.04.2009. S. 8.

823 Vgl. Butler, Judith. *Haß spricht. Zur Politik des Performativen*. Frankfurt/M.: Suhrkamp, 2006. S. 207.

Erinnerungsagenda entlang der jeweiligen Normen zu informieren. Eine Ausnahme bilden die ehemaligen politischen Gefangenen, die aus ihren Erinnerungen erzählen und wie Sandra Daniels (*Robben Island Museum*) es ausdrückte: „(...) it is so personal and it is so dependent on the psychological profile of that person at that time.“[824] Diese Aussage deutet bereits den Zwiespalt an, der zweifach entsteht: zum einen wegen ihrer Position als ehemalige politische Gefangene und dem besonderen Status, der daraus resultiert. Zum anderen – und das gilt für alle Tourguides an den Erinnerungsorten – verleiht ihnen ihre Position als Tourleitung in der Gruppe Macht. Regeln werden teilweise eigenmächtig festgelegt und können den Rahmen der Erzählung auch verlassen, ohne dass es die Besuchenden überprüfen können. In zwei Touren erklärte mir ein Tourguide, dass ich zusätzlich zum Ausziehen meiner Schuhe als Frau mein Haar bedecken müsse, wenn ich ganz nah an den Steinkreis herantreten wolle. Die Männer in der Gruppe wiederum mussten ihre Kopfbedeckung abnehmen, um den Ahnen Respekt entgegenzubringen. In anderen Touren war das keine Regel. Dementsprechend verunsichert fragte ich im Interview mit Jane Mufamadi nach. Sie antwortete:

> „I think it‘s whoever was just trying to be creative (lacht). (…) I think the men normally to show respect they normally take off their hats, when they go to certain places but the women … you can either cover or you don‘t. But at Freedom Park, it is civil one. It‘s no rule. It‘s just that from times, people will try to combine their own belief systems or what they know to what they think is appropriate. (...) So as far as I‘m concerned, in Freedom Park, you are not forced to cover your hair as a woman.“[825]

Die Umgebung und Praxen stellen hierarchische Beziehungen her: Dominante Kommentierungen erschweren eigene Assoziationen. Nicht überprüfbare Regeln, die eine Person festlegen kann, und Sicherheitsmitarbeitende erhöhen die Machtwirkungen. Die normierte Praxis ist, Tourguides zu folgen und ihren Erzählungen Glauben zu schenken, da wenig Zeit zur Verfügung gestellt wird, das Erzählte zu durchdenken. Dies widerspricht dem individuellen Emanzipationsgedanken: der Fähigkeit, eigene Urteile zu bilden und ausreichend Zeit zu haben, um Fragen zu formulieren. Andererseits bietet es den Tourguides einen eigenen Handlungsspielraum, über den sie im hierarchisch strukturierten Organisationsgefüge weit weniger verfügen.

Butler stellt – in Anlehnung an die Theorien Pierre Bourdieus, Toni Morrisons und Shoshona Feldmans zur Entstehung von Körpern durch Sprechakte –

824 Daniels, Sandra. Interview, geführt von der Verfasserin. Kapstadt, 10.02.2010. S. 21.
825 Mufamadi, Jane. Interview, geführt von der Verfasserin. Pretoria/Tshwane, 05.05.2009. 19ff.

fest, dass die Anrufung Körpern ein gesellschaftliches Leben ermögliche. Diese Anrufung sei „(...) sprachlich und produktiv zugleich (...). Die Form, (...), ist die stillschweigende und materiale Funktionsweise von Performativität“[826]. Dialektisch betrachtet produziert Materialität Wissen an (staatlich-finanzierten) Orten der Erinnerung. Zudem wechseln Körper ihren Status durch Anrufung: von Besuchenden in Staatsbürger und Staatsbürgerinnen. In dieser Produktion sind Zeit, Raum und Disziplinierung wichtige Komponenten.

Die anwesenden Menschen schaffen ebenfalls Raum. Die im Kapitel 1.3 dargestellte Dualität von Raum kommt an den Erinnerungsorten zum Tragen. Raum wird im Handeln generiert und produziert. Gleichzeitig strukturiert der Raum das Handeln der Menschen vor Ort.[827] Welche Rollen die Beschäftigten privater Sicherheitsfirmen in der Strukturierung von Raum an den Erinnerungsorten innehaben, will ich im folgenden Abschnitt darstellen.

4.1.2 Sicherheitsarchitekturen: Freiheit, Sicherheit und Kontrolle

Nicht nur die Tourguides waren an allen musealen Orten Teil des Raumes, auch die Mitarbeitenden der Sicherheitsdienste präsentieren Struktur. Sie gewähren den Zugang nach der Personenkontrolle durch das Öffnen der Sicherheitsschranke oder durch Metalldetektoren (im Lateinischen bedeutet das Wort detego u. a. „Offenbaren“ und „enthüllen“). Sie stehen an dem Gebäude, in dem der Eintritt zu zahlen ist und in der Nähe des Autoparkplatzes.

Im *Freedom Park* sind die Angestellten der Sicherheitsfirma die Ersten, auf die die Besuchenden treffen. Auf dem eigentlichen Gelände sind sie vor allem in den Bereichen *Isivivane*, *Sanctuary*, *Gallery of Leaders* und *Wall of Names* zu sehen. Die in einzelnen Räumen wie dem *Sanctuary* angebrachten Sicherheitskameras weisen auch auf die Effizienzbemühungen der Sicherheitsfirmen hin, die so weniger Personal einsetzen müssen.

Das *Robben Island Museum* ist, wie bereits im Kapitel 2.1.1.1 geschildert, in drei Bereiche für Besuchende aufgeteilt: Ticketverkauf und Haupthaus auf dem Festland, die damalige Abfahrtsstelle *Jetty 1* und die Insel mit dem ehemaligen Gefängnis. Der erste Sichtkontakt mit den Sicherheitsbeschäftigten erfolgt im Haupthaus: Im Erdgeschoss müssen alle Besuchenden durch die Sicherheitsschleuse, um zur Fähre und damit zur Insel zu gelangen. Während der Inselrundfahrt nahm ich kein Sicherheitspersonal wahr. Im ehemaligen Hochsicherheitsgefängnis waren wenige Mitarbeitende zu sehen.

826 Butler, Judith. *Haß spricht. Zur Politik des Performativen*. Frankfurt/M.: Suhrkamp, 2006. S. 239.

827 Vgl. Löw, Martina. *Raumsoziologie*. Frankfurt/M.: Suhrkamp, 2001. S. 244.

In *Constitution Hill* gab es eine erste Begegnung mit einem Sicherheitsbeschäftigten auf dem Parkplatz vor dem Eingang zum *Old Fort,* der die Autos bewachte. Auf dem Gelände stand eine Mitarbeiterin bzw. ein Mitarbeiter am Eingang des jeweiligen Teilbereiches, so z. B. im *Women's Prison*. Im Gerichtsgebäude des Verfassungsgerichtes arbeiteten mehrere Sicherheitsbeschäftigte an der Sicherheitsschleuse, die sich direkt hinter dem Haupteingang befand.

Vor dem *Apartheid Museum* gab es eine Sicherheitsschranke mit zwei Sicherheitsdienstmitarbeitern. Am Eingangstor des Museums bewachte ein Sicherheitsdienstangestellter das Gelände. Weitere waren erst wieder im Museumsgebäude zu sehen. Sie achteten darauf, dass keine Fotos gemacht und die Wege eingehalten wurden.

Sowohl die Sicherheitsbeschäftigten als auch die Tourguides sind in der Verantwortung, den reibungslosen, zeitlich durchstrukturierten Ablauf zu garantieren und dafür zu sorgen, dass die Besucher und Besucherinnen den Ort nach dem Ende der Tour wieder verlassen bzw. sich nicht mehr allein auf dem Gelände aufhalten. Sie sollen die Gebäude, Gegenstände und Besuchenden schützen.[828] Damit wird ihnen die Funktion zugewiesen, Sicherheit und Schutz zu verkörpern[829] – im Sinne der Unversehrtheit der Anwesenden durch die sichtbare Besetzung von Plätzen, die als Freiheitsschutz konzipiert wird. So hat Sicherheit „(...) die wesentliche Funktion, auf eine Realität zu antworten, so daß die Antwort die Realität aufhebt, auf die sie antwortet – sie aufhebt oder einschränkt oder bremst oder regelt“[830]. Unsicherheit scheint dennoch Realität zu sein. Das Management begegnet Sicherheitsbedenken mit dem Engagement privater Sicherheitsdienste.

Nirgends wurden die Sicherheitsbeschäftigten extra erwähnt oder deren Präsenz erklärt. Es schien selbstverständlich, dass die Orte eines bezahlten Schutzes bedurften. Weder die Touristen und Touristinnen noch die Schulklassen stellten die Autorität der Sicherheitsdienstmitarbeitenden während der Touren, an denen ich teilgenommen hatte, infrage. Der Preis für individuelle Freiheiten wie selbst-

828 Vgl. Kriger, Ethel. Interview, geführt von der Verfasserin. Pretoria/Tshwane, 03.04.2009. S. 34f.

829 „These people [private security officers, A. S.] become a visible reassurance that spaces and persons are being secured by means of guarding and patrolling duties.“ Berg, Julie. *The Accountability of South Africa's Private Security Industry. Mechanisms of Control and Challenges to Effective Oversight*. 2007. URL: http://www.osf.org.za/File_Uploads/docs/File_Download.asp?ThisFile=OSF_JulieBerg_to_print.pdf (04.02.2011). S. 8f.

830 Foucault, Michel. *Geschichte der Gouvernementalität. Band 1: Sicherheit, Territorium, Bevölkerung*. Hg. Michel Sennelart. Frankfurt/M.: Suhrkamp, 2004. S. 76.

bestimmte Bewegung oder Privatsphäre könnte ein gewohnheitsmäßig gezahlter sein.[831]

Eine zeitlich befristet tätige Forscherin im Department for Incubation and Innovation des *Freedom Park* erklärt den Einsatz des privaten Sicherheitsdienstes mit der Feststellung, dass es Vandalismus gegeben hätte:

> „Ja, but ah well, just on the issue of security (…) ahm we‘ve had great problems with vandalisation. Crime is a, is a reality. And we‘ve had people coming up there vandalising. Some of them are criminals and we don‘t know whether some of them are just pure criminals or whether it is people who politically, ja? So that is why, so the whole thing of the security guards to the extent that we have, and it‘s not open to the public yet as you know, it‘s only two sections basically, ahm, ahm that‘s, that‘s the only reason why we had to get this security firm in there. And ah they are because they also don‘t know and they‘re not exactly, *they're not Freedom Park.* They, they‘re doing their service. So and that, it‘s unfortunate but it‘s ahm I, they‘re, we are working at that. The organisation is working at it.“[832]

Offensichtlich ist der Sicherheitsdienst nicht Teil der Institution *Freedom Park.* Die Organisation arbeite an Verhaltensregeln, die einem Ort der Toten und des Verlustes entsprechen. So sei die Organisation verantwortlich und bemächtigt, entsprechende Maßnahmen gegenüber der Sicherheitsfirma zu ergreifen. Der architektonische Raum des Erinnerungsortes ist in Zonen aufgeteilt und parzelliert. Es entstehen Verantwortlichkeiten für Teilräume. Die dort stattfindenden Handlungen unterliegen der Kontrolle der verantwortlichen Sicherheitsdienstangestellten. Sie haben die Aufgabe, für das Einhalten der Regeln zu sorgen. Dementsprechend findet eine Disziplinierung der Besuchenden statt. Gleichzeitig bedeutet es jedoch auch die individuelle und gesellschaftliche Anerkennung der Autorität von privaten Sicherheitsdiensten. Die Rechtfertigung ihres Einsatzes durch einen Bezug auf Gewalt, einen Diskurs der Angst, der in Südafrika Teil der medialen und privaten Räume ist,[833] begrenzt auch hier Leben – sowohl sprachlich als auch materiell – durch Verhaltensregeln, Uniformen und Schranken.[834]

Das Sicherheitspersonal trägt Uniformen und Waffen, bspw. einen Schlagstock, zitiert Regeln und ermahnt. Sein Auftreten schafft die Ordnung auf dem

---

831 Vgl. Minhaar, Anthony. *Private Public Partnerships: Private Security, Crime Prevention and Policing in South Africa.* 2007. URL: http://www.IPES.info (27.02.2011). S. 15.

832 Vgl. Kriger, Ethel. Interview, geführt von der Verfasserin. Pretoria/Tshwane, 03.04.2009. S. 34f. Hervorh. A. S.

833 Vgl. Berg, Julie. *The Accountability of South Africa's Private Security Industry. Mechanisms of Control and Challenges to Effective Oversight.* 2007. URL: http://www.osf.org.za/File_Uploads/docs/File_Download.asp?ThisFile=OSF_JulieBerg_to_print.pdf (04.02.2011). S. 8ff.

834 Vgl. Studien zu Gated Communities u. a. von Low, Setha M. „Towards an Anthropological Theory of Space and Place.“ *Semiotica* 175-1.4 (2009). S. 31f.

Gelände und die entsprechenden Regeln. Die Körper des Sicherheitspersonals – Gestik, Mimik, Worte, Uniform und Arbeitsausrüstung – kreieren somit einen eigenen Raum in ihrer Arbeitszone an den Erinnerungsorten. Sie erzeugen eine Außenwirkung, eine Atmosphäre des Ortes – ebenso wie die Architekturen – die Formen und Farben, die Musik, die Gerüche. Sie beeinflussen mit ihrer Anwesenheit „(...) die Bewegung anderer Menschen durch den Raum oder die Dauer ihres Aufenthaltes im Raum...“[835]. Die Außenwirkung wiederum hängt auch von den individuell gemachten Erfahrungen der Besuchenden ab. Das laute Ermahnen und das Tragen einer Waffe durch einen uniformierten Sicherheitsdienstmitarbeiter können traumatische Erinnerungen wecken. So geschehen am 18. Februar 2009, als Jann Turner im *Freedom Park* an der *Wall of Names* den Namen ihres Vaters und Anti-Apartheid-Aktivisten, des Philosophen Rick Turner suchte.[836] Dieser wurde in seinem Haus im Beisein seiner damals dreizehnjährigen Tochter am 8. Januar 1978 erschossen, vermutlich durch den südafrikanischen Geheimdienst.[837]

An den Orten können unterschiedliche Räume gleichzeitig entstehen. Der Prozess ist dynamisch und flüchtig und an die Präsenz von Körpern gebunden. Die Körper sind als Teil gesellschaftlicher Strukturen u. a. vergeschlechtlicht, rassifiziert und klassenspezifisch geprägt: Jann Turner war an dem gleichen Ort wie der Sicherheitsdienstmitarbeiter. Beide haben jedoch unterschiedliche, subjektiv geprägte Räume wahrgenommen. Für die Tochter des Ermordeten kann der Ort den Erinnerungsraum symbolisieren: die Erinnerungen an den Tod des Vaters, die Zeit ihres Schmerzes und die Gewalterfahrung.

Der Sicherheitsmitarbeiter befolgte seine ihm zugewiesene Aufgabe, und somit die Aufgabe, die er als Lohnabhängiger angenommen hat: das Einhalten der Regeln zu gewährleisten. Er befand sich in seinem Arbeitsraum, der reglementierend wirkt. Neben den Besuchenden wird so auch das Sicherheitspersonal diszipliniert: Es gibt die Auftraggeber, hier das Management des jeweiligen Erinnerungsortes, die bestimmte Anforderungen und Erwartungen an die Arbeitskraft stellen, z. B. das Verhindern von Vandalismus.

---

835 Lorenz, Claudia. *Atmosphäre. Eine praktische Annäherung an den ästhetischen Begriff Gernot Böhmes am Beispiel des Museums für Moderne Kunst Frankfurt am Main*. 1999. URL: http://www2.hu-berlin.de/museumspaedagogik/forschung/lorenz/atmosphaere.html (14.03.2010). S. 8.

836 Vgl. URL: http://blogs.timeslive.co.za/minor/2009/02/ken-follett-and-jann-turners-traumatic-experience-at-freedom-park/ (03.01.2011)

837 Vgl. South African History Online. *Richard Albert Turner*. URL: http://www.sahistory.org.za/people/richard-albert-turner (21.12.2011). South African History Online. *Anti apartheid activist Dr. Richard Turner is assassinated*. URL: http://www.sahistory.org.za/dated-event/anti-apartheid-activist-dr-richard-turner-assassinated (21.01.2012)

In der Stellungnahme des Parkmanagements zu dem oben geschilderten Erlebnis heißt es, dass die Tourguides und das Sicherheitspersonal weitere Trainings erhielten. So könnten die Besuchenden eine Erfahrung auf „Weltklasse-Niveau" machen:

> „At the end of March 2009, The Freedom Park will merge from a project to an institution. We are thus going to great lengths and exploring every possible avenue to upgrade and improve the guest relations aspect of our tour guides and security personnel. This will ensure that they add to the welcoming experience at the Park. Intensive training programmes are being introduced to ensure that our guests are treated to a world-class visiting experience."[838]

Auch die Firmeninhaber und -inhaberinnen privater Sicherheitsdienste definieren den Aufgabenbereich, die darin enthaltenen Tätigkeiten und die Arbeitszeit der Mitarbeitenden. An den Sicherheitsschleusen im Hauptgebäude des *Robben Island Museum* oder im Verfassungsgericht in *Constitution Hill* sind ökonomische Faktoren für die genaue und schnelle Ausführung der Kontrolle maßgebend. Die messbaren Zeiteinheiten der Touren determinieren die Dauer und Gründlichkeit der Handlungen, die in der Verantwortung der Sicherheitskräfte liegen. Die Firmeninhaber bestimmen auch die Kleidung, die während der Arbeit zu tragen ist, und die Gegenstände, die von den lohnabhängig Beschäftigten mitzuführen sind. Der entsprechende Habitus entwickelt sich durch die Tätigkeiten vor Ort.

Die Sicherheitsbeschäftigten markieren Eigentum. Sicherheitsbedürfnisse, so wird es der noch folgende Exkurs zeigen, sind in den Gesellschaftsstrukturen Südafrikas sowohl in hegemonialen als auch in marginalisierten Milieus zu verorten. Die Sicherheitskräfte können als Schutz oder als Gewalt verkörpernde Instanzen wahrgenommen werden – je nach persönlichem Erfahrungshintergrund. Dass ihre Präsenz an Orten, die wiederum an Gewalt erinnern, nicht erklärungsbedürftig erscheint, sagt für mich etwas über die gegenwärtigen gesellschaftlichen Umgangsformen aus. Deshalb will ich in einem Exkurs die geschichtliche Entwicklung privater Sicherheitsdienste während und nach der Apartheid skizzieren.

838 Posselt, Ilse. *Freedom Park Trust explains: The Park is still under construction.* URL: http://www.freedompark.co.za/cms/index.php?option=com_docman&task=doc_details&gid=104&Itemid=3 (03.01.2011). S. 1.

Exkurs: Sicherheitsdenken während der Apartheid in hegemonialen und marginalisierten Räumen

Historisch betrachtet war das Sicherheitsdenken bereits Teil des alltäglichen Lebens vor und in der Apartheid – vor allem in den Städten, Townships und den sogenannten Homelands. Den Alltag durchzogen polizeiliche und militärische Strukturen. Die entsprechend geschaffenen Gesetze wie das Passgesetz oder der *Homelands Security Act* fallen unter den Begriff „positive Rechtsetzung"[839] und stellen Hegemonie her. Die Rechtsordnung[840] im rassistischen Apartheidsstaat legitimierte sich dabei über die politische Ordnung. Geregelt wurden der Aufenthalt und die Bewegungsmöglichkeiten von Menschen aufgrund der vorher auf den Ämtern definierten und in den Pass eingetragenen Hautfarbe bzw. rassifizierten Zugehörigkeit. Die Verurteilungen und Diskriminierungen galten als legal, da sie der Logik der Rechtsetzung folgten, also den geltenden Gesetzen und damit der staatlichen Souveränität. Gewalt ist Teil dieser Praxis: So bestimmt Walter Benjamin die staatliche Souveränität als „rechtsetzende Gewalt", da sie Garant für die bestehende Rechtsordnung ist und Gewalt „ins Recht setzt".[841]

Gegen das Apartheidsregime formierten sich Widerstandsbewegungen, die zunehmend an Stärke gewonnen. Das staatliche Regime baute seine Sicherheitsapparate aus, um seine Macht und seine Kontrolle nicht zu verlieren. Die Polizei konzentrierte sich auf das Erhalten der Apartheidstrukturen. Um andere Aufgabenbereiche ebenfalls abzusichern, förderte die Regierung den Ausbau der privaten Sicherheitsdienste ab dem Ende der 1970er-Jahre. Auch hier wurde die Politik der „positiven Rechtsetzung" angewandt – zuerst durch das Inkrafttreten des *Criminal Procedure Act 51 (*1977). Dieses Gesetz ermächtigt bis heute private Sicherheitsdienste, u. a. Menschen zu verhaften oder auch tödliche Gewalt anzuwenden, insofern der/die Verdächtige Widerstand leiste.[842] Das Personal behält jedoch den Status der Privatperson. Dementsprechend ist es ihnen gesetzlich erlaubt, als Privatperson während ihrer Arbeit Menschen unter bestimmten Bedingungen eigenmächtig Gewalt anzutun. Ausgebaut wurde das Gesetz durch den *National Key Point Act* im Jahr 1980, der Beschlagnahmungen und Durch-

839 Walter Benjamin definiert „positive Rechtsetzung" als werdendes Recht, das durch die Berechtigung der Mittel die Gerechtigkeit der Zwecke garantiere. Vgl. Benjamin, Walter. „Zur Kritik der Gewalt." *Walter Benjamin. Sprache und Geschichte. Philosophische Essays*. Hg. Rolf Tiedemann. Stuttgart: Reclam, 2005 (1921). S. 105.

840 Ausführlicher zum Verhältnis nationalstaatliches Recht – Gerechtigkeit vgl. Kapitel 3.1.1.

841 Vgl. Benjamin, Walter. „Zur Kritik der Gewalt." *Walter Benjamin. Sprache und Geschichte. Philosophische Essays*. Hg. Rolf Tiedemann. Stuttgart: Reclam, 2005 (1921). S. 116f.

842 Vgl. Berg, Julie. *The Accountability of South Africa's Private Security Industry. Mechanisms of Control and Challenges to Effective Oversight*. 2007. URL: http://www.osf.org.za/File_Uploads/docs/File_Download.asp?ThisFile=OSF_JulieBerg_to_print.pdf (04.02.2011). S. 12.

suchungen durch private Sicherheitsdienste legalisierte.[843] Das Gesetz erfuhr 2001 eine Novellierung[844] und wurde seitdem mehrfach erweitert.[845]

Auch in marginalisierten Stadträumen entwickelten sich privat organisierte Sicherheitsstrukturen. Es gab Straßenkomitees, Selbstverteidigungseinheiten und selbst organisierte Gemeindegerichte, um sich der Kontrolle des Apartheidsstaates zu entziehen und sich zu ermächtigen.[846] Der Widerstandskampf wurde nicht nur im Exil geführt, sondern auch in Südafrika. Die diversen Bewegungen nutzten zunehmend militärische Organisationsformen und -strategien, weil staatliche Kräfte repressiver wurden. Es galt, den Widerstandskampf konsequent zu reorganisieren.[847]

Nach dem Ende der Apartheid kam es in Südafrika zu einem Boom privater Sicherheitsfirmen, vor allem, weil viele der Wohlhabenden ‚weiß' waren und der neuen Regierung unter der Führung des ANC misstrauten. Ehemalige Militär-, Polizei- und staatliche Sicherheitsdienstangehörige gründeten entweder selbst eine Sicherheitsfirma oder aber arbeiteten nun für private Unternehmen und nicht mehr für den Staat. Einem Bericht der Nichtregierungsorganisation SAFERWORLD aus dem Jahr 2007 zufolge übersteigt in Südafrika die Anzahl der Beschäftigten im privaten Sicherheitsgewerbe mittlerweile die Anzahl der staatlich angestellten Gesetzesvertreter und -vertreterinnen.[848] Private Sicherheitsdienste sind Teil des Stadtbildes sowohl in Townships, in sogenannten gated communities der Wohlhabenden als auch in Einkaufszentren und Bürokomplexen. Regelmäßige Patrouillen, Bürgerwehren, aufgestellte Werbeschilder in den Wohnge-

843 Vgl. Irish, Jenny. *The future of South Africa's Private Security Industry*. 1999. URL: http://www.issafrica.org/Pubs/Monographs/No39/SAPrivSecIndustry.html (03.01.2011). S. 1.

844 Der aktuelle Titel des Gesetzes lautet: Commencement of the Private Security Industry Regulation Act Nr. 56/2001.

845 Details zu den Erweiterungen finden sich in: Berg, Julie. *The Accountability of South Africa's Private Security Industry. Mechanisms of Control and Challenges to Effective Oversight*. 2007. URL: http://www.osf.org.za/File_Uploads/docs/File_Download.asp?ThisFile=OSF_JulieBerg_to_print.pdf (04.02.2011). S. 12ff.

846 Vgl. Carrier, Ryan. „Dissolving boundaries. Private security and policing in South Africa." *African Security Review* 8.6 (1999). URL: http://www.iss.co.za/Pubs/ASR/8No6/DissolvingBoundaries.html#Anchor-53937 (03.01.2011). S. 2; 8.

847 So schilderten interviewte Frauen zu ihrer Zeit während der Apartheid, wie stark der von Männern dominierte Alltag unabhängig von der Hautfarbe die Lebensweise bestimmte. Es gab Kontrollen und Gewalt durch die Polizei und Gegenmaßnahmen wie Decknamen und die Kontrolle der Wohnung oder des Hauses durch andere Genossen. Vgl. Gunn, Shirley; Krwala, Sinazo, Hg. *Knocking on ... mothers and daughters in struggle in South Africa*. Johannesburg, Cape Town: Centre for the Studies of Violence and Reconciliation, 2008.

848 Vgl. Richards, Anna; Smith, Henry. *Addressing the Role of Private Security Companies within Security Sector Reform Programmes*. 2007. URL: http://www.saferworld.org.uk/downloads/pubdocs/PSC_%20report.pdf (03.01.2011). S. 6.

bieten und Werbeclips in den Medien lassen ein vermeintliches Sicherheitsbedürfnis nicht in Vergessenheit geraten.

Erinnerungsorte und Sicherheitsräume

An den Erinnerungsorten entstehen Sicherheitszonen, die Teil des südafrikanischen Alltags sind. In den Interviews wurde deutlich, dass die Erinnerungsorte als Eigentum der Nation gedacht werden. Eigentum sei zu schützen, auch das ist alltäglich. So bewachen Sicherheitsdienste die Orte. Aufgrund von Outsourcinglogiken und Einsparpotenzialen sind die Angestellten der Sicherheitsdienste keine staatlichen Sicherheitsbeschäftigten und wurden auch nicht vom jeweiligen Kulturbetrieb angestellt. Unter Vertrag stehen private Sicherheitsfirmen. Ihre Waffen und Uniformen erzeugen Ähnlichkeiten zur staatlichen Autorität. Der mehrheitliche Glaubenskonsens, dass es Sicherheitsstrukturen bedarf, wird angesprochen – umgekehrt spiegelt die selbstverständliche Akzeptanz von Bewachungs- und Kontrollinstanzen diesen Konsens wider.

Das Sicherheitsbedürfnis wird gleichzeitig zu einem ökonomischen Faktor. Getauscht wird auf mehreren Ebenen. Die Besuchenden tauschen ihre Bereitschaft, sich mit Vergangenheit zu beschäftigen gegen die Versicherung ihrer (körperlichen) Unversehrtheit. Die Sicherheitsmitarbeitenden tauschen ihre Arbeitskraft gegen Lohn. Das Management tauscht (staatliche) Gelder gegen Schutz(-versprechungen). So wird die Kategorie ‚Sicherheit' auch an Erinnerungsorten zur Ware, da ihre Umgebungen Unsicherheiten hervorrufen – entweder durch Stereotype, konkrete Verbrechen oder durch Tourismusunternehmen, die ihren Kunden und Kundinnen ebenfalls Sicherheit während einer Tour verkaufen. In den Großstädten, in denen die legacy heritage projects und das *Apartheid Museum* institutionalisiert wurden, steigert das Werben mit ‚Sicherheit' den Wert der zu verkaufenden Ware – hier eine Eintrittskarte, um den jeweiligen Erinnerungsort zu besuchen.

Zusammenfassend kann festgestellt werden, dass private Sicherheitsdienste im Museum keine Besonderheit sind. Die wahrgenommene Realität bestätigt die Besetzung der Orte durch uniformierte und mit Waffen ausgerüstete Arbeitskräfte aus dem Sicherheitsgewerbe. Das Dienstleistungsunternehmen Erinnerungsort wird für die Körper der Arbeitskräfte und für die Körper der Besuchenden zu einem „verschärften Disziplinarraum"[849]: für die Arbeitskräfte hinsichtlich der

849 Vgl. Ruoff, Michael. *Foucault-Lexikon.* 2. Aufl. Paderborn: Wilhelm-Fink-Verlag, 2009. S. 175. Zu den geschaffenen Disziplinarräumen durch private Sicherheitsdienste in Südafrika und deren konsequenter Trennung zwischen individuellem und sozio-ökonomischem Frieden vgl. Kempa, Michael; Singh, Anne-Marie. „Private security, political economy and the policing of race. Prob-

Anforderung der Konzentration in der ihnen zugewiesenen Zone der Beobachtung und der aktiven Sorge um die Regeleinhaltung. Für die Besuchenden entstehen Disziplinarräume, da sie die Regeln vor Ort zu befolgen haben. Die Körper bewegen sich der Ordnung und der Sprache entsprechend, werden so diszipliniert und disziplinieren sich selbst.

Der Disziplinarraum an den Erinnerungsorten könnte auch als Gegenerzählung zum dominanten Narrativ des struggle for freedom and humanity gelesen werden. Die Freiheit der Bewegung kann durch die meist vorgegebenen Wege der Tourguides und die besetzten Orte durch Sicherheitsdienstmitarbeitende als einschränkend empfunden werden. Alternativen zum Schutzempfinden, zum Geführtwerden, wären denkbar, wenn weitere Perspektiven auf die Sicherheitsregulierungen vor Ort Gewicht bekämen.

Formen der Sicherheitsarchitektur durchziehen die gesamte Gesellschaft. Sicherheit und Gewaltlogiken verschränken sich mit Freiheitsvorstellungen und reproduzieren sich im Mikrokosmos des Erinnerungsortes, der Teil staatlicher Gouvernementalitätsstrukturen ist. ‚Sicherheit' und ‚Freiheit', so versteht Alex Demirović Foucaults Gouvernementalitätskonzept, sind wiederum zwei Seiten derselben Medaille: Die Kunst des liberalen Regierens evoziere beide.[850] Auch an den Erinnerungsorten zeigt sich der Versuch, Stabilität durch Kontrolle herzustellen. Dabei signifiziert Freiheit das strategische Ziel der Stabilität und Stabilität meint Regierbarkeit, also das Organisieren und Koordinieren von Freiheit in gesellschaftlichen Räumen.

4.2 Gouverne/monu/mentalität und Vergeschlechtlichungen

Gouverne/monu/mentalität definierte ich als Repräsentationen hegemonialen Wissens über Idealisierungen gesellschaftlicher Verhältnisse zwischen Staat und nationalisierten Staatsbürgern und -bürgerinnen. Dieses Wissen produziert wiederum Gesellschaftsideale, die u. a. vergeschlechtlicht sind. Joan W. Scott definiert ‚gender' als „konstitutives Element von gesellschaftlichen Beziehungen"[851]. Diese seien immer durch Machtverhältnisse geprägt – sichtbar durch „kulturell zugängliche Symbole, die eine Vielzahl von (sich oft auch widersprechenden)

ing global hypotheses through the case of South Africa." *Theoretical Criminology* 12.3 (2008). S. 333-349.

850 Vgl. Demirović, Alex. „Liberale Freiheit und das Sicherheitsdispositiv. Der Beitrag von Michel Foucault." *Gouvernementalität und Sicherheit. Zeitdiagnostische Beiträge im Anschluss an Foucault.* Hg. Patricia Purtschert, Katrin Meyer, Yves Winter. Bielefeld: transcript, 2008. S. 247ff.

851 Vgl. Scott, Joan W. „Gender: Eine nützliche Kategorie der historischen Analyse." *Selbst Bewußt. Frauen in den USA*. Hg. Nancy Kaiser. Leipzig: Reclam, 1994. S. 53.

Repräsentationsformen hervorrufen“[852]. Mit dem Sichtbaren verbindet Scott normierende Konzeptionen, die wiederum scheinbar naheliegende Interpretationen des Sichtbaren vorgeben. Der von mir gewählte Auszug aus Scotts Definition zusammengedacht mit Agenda-Setting-Ansätzen kann Vergeschlechtlichungen auf der Produktionsseite der Agenda-Setter und Setterinnen verdeutlichen. Zu fragen ist, welche politischen Prämissen lassen sich in den kulturellen Repräsentationen an den Erinnerungsorten lesen? Erweitert auf den imaginierten Organisations- und Kollektivkörper will ich im Anschluss an die Analyse zum Kollektivkörper von Christina von Braun[853] darstellen, wie sich Vorstellungen von Reinheit, Zeitlosigkeit, Ursprünglichkeit und Naturalisierungen in den Idealen der Monumente verschränken und welche vergeschlechtlichten Eigenschaften eingeschrieben sind.

4.2.1 „Mother Africa“: zur Mutterlandsliebe in staatlichen Nation-Building-Prozessen Südafrikas

Die Repräsentationen an den untersuchten Erinnerungsorten sind im Sinne Joan W. Scotts in ihren widersprüchlichen Zuschreibungen aussagekräftig. An dieser Stelle will ich ‚gender‘ als Analysekategorie einsetzen. Während ich im Kapitel 2.1.2 am Beispiel vom *Robben Island Museum* Vergeschlechtlichungen von Leid und Triumpherzählungen analysierte, fokussiere ich in diesem Kapitel auf vergeschlechtlichte Landschafts- und Raumallegorien.

Der imaginierte Kollektivkörper wird in Analogie zum individuellen gedacht. Es gibt imaginierte Köpfe auf imaginierten Organisationskörpern, Archive, die zu Nervensystemen werden und einen Kontinent, der als Mutter gedacht wird. Zunächst will ich auf die Köpfe fokussieren. Die Bezeichnung der Managementposten im *Freedom Park* wechselte von „manager“ zu „departmental heads“[854]. Eine Abteilung, deren Kopf und Leitung Jane Mufamadi präsentiert, trägt den Namen „Incubation and Innovation“[855]. Mufamadi beschreibt die Aufgaben ihres Bereichs im Interview als Sammeln von Informationen über ‚Indigenous Knowledge Systems‘, Kooperationen mit organischen Intellektuellen und die Integration nationaler Prämissen in die Konzeptionen des Parks.[856] Darüber

852 Ebd. S. 54.
853 Vgl. Braun, Christina von. *Versuch über den Schwindel. Religion, Schrift, Bild, Geschlecht.* Berlin, Zürich: Pendo, 2001. S. 291-433.
854 Vgl. URL: http://www.freedompark.co.za/cms/index.php?option=com_content&view=article&id=7&Itemid=8 (02.11.2010)
855 Vgl. ebd.
856 Vgl. Mufamadi, Jane. Interview, geführt von der Verfasserin. Pretoria/Tshwane, 05.05.2009. S. 1.

hinaus verbindet sie mit dem Wort „innovation“ die Anpassung von Erzählungen an die Strukturen vor Ort:

> „(...), he [Credo Mutwa, A. S.] actually narrated an interesting story which we also adopted and used it in our own way. Because what we do – I think that is why my new name (...) comes from being incubation and innovation. (…): We collect information ... we gather it and once we have the information, we look at it and say: How do we use the information? Then we have to become innovative.“[857]

Auffällig ist in diesem Kontext die Wahl des Wortes „incubation“ – übersetzbar mit Einarbeitung, Brutzeit, Inkubation. Etymologisch bedeutet das lateinische Wort „incubito“ bebrüten und enthält Prozessuales wie die Entwicklung in geschützten Räumen. Die Spur des Wortes führt zu einer Aussage des ehemaligen Präsidenten Thabo Mbeki, die auf der Internetseite des Parks unter der Rubrik „the company – vision and mission“ zitiert wird. Mbekis Schwerpunkte prägen *Freedom Park* als „key presidential legacy project“ (vgl. Kap. 2.4.2):

> „‚Freedom Park will be a place of hope in which will be embedded the rich history of our country and all humanity. It will represent both a transformed landscape and historical memory intertwined. It will be a place which will hold our memories in incubation (!), allowing them to nurture a future free of bitterness, free of hatred, free of stereotypes, free of racism, and free of the destructive fury of war.‘
> Former president Thabo Mbeki“[858]

Mbeki erklärt in seiner Aussage den Park zu einem nationalen Symbol, das er sowohl vergeschlechtlicht als auch als Landschaft imaginiert. *Freedom Park* werden Eigenschaften zugeschrieben, die auch Schwangere erhalten. Als Ort soll er die Erinnerungen des Nationalkörpers („our memories“) aufbewahren und ihnen ermöglichen, eine Zukunft zu nähren, die mit „Freiheit von“ gleichzusetzen sei. Mbeki selbst konstruiert den Park als Schwangere, als Mutter „unserer“ Zukunft, die aus den Erinnerungen geboren werde. Erneut kommt der Kopf des Kollektivkörpers auf die Agenda. Erinnerungen und Vorstellungen sprechen von einer Zeitlichkeit, die den Körper selbst unsterblich werden lässt: Er war da und wird sein.

Die Landschaftsbezüge naturalisieren die Imagination als eine Realität, die vorstellbar wird, weil sie wirklich ist. Auch hier sind Bezüge zum Consciencism (zum Begriff vgl. Kap. 4.3.1) lesbar. So verschränken sich Landschaft und historische Erinnerung im Park: Die Landschaft beherbergt die Erinnerung, bewahrt

857 Ebd. S. 13.

858 URL: http://www.freedompark.co.za/cms/index.php?option=com_content&view=article&id=1&Itemid=4 (15.12.2011)

diese und ermöglicht so eine Zukunft für die Nation. Diese Funktion Landschaften zuzuschreiben, lässt zudem Parallelen zum weiblichen Körper ziehen. Und so überrascht die folgende sprachliche Verweiblichung des Parks auf der Internetseite nicht mehr:

> „Freedom Park will give all who visit her (!), the possibility to understand the origins of the earth and life, to position themselves as sojourners in a natural and human journey of countless millennia, and to commune in reverence with the ancestors and the gods, both of which are as native and as various as each who will visit the Park."[859]

Weibliche Allegorien von Landschaften sind im Kontext kolonialer Denkmuster und deren Gegenbewegungen Tradition. Ich will mich in meinem Forschungskontext des Agenda-Setting an hegemonialen Post-Apartheid-Erinnerungsorten auf die Agenda-Setter und auf diskurspolitische Spuren in frühere geschichtliche Zusammenhänge konzentrieren. Vor allem Vertreter der Black Consciousness-Bewegung verwendeten Bilder des ‚afrikanischen' Kontinents und konnotierten diese weiblich: „Mother Africa" wurde zur häufig genutzten Ikonografie in Literatur und Musik. Ende der 1970er-Jahre gab, so Vukani Mde, die Black Consciousness-Bewegung den Impuls: „(...) towards affirmation of all things African, beginning with black motherhood."[860]

Vukani Mde untersucht in ihrer Studie die Beziehungen zwischen Identitätskategorien wie ‚race' und ‚gender' in der südafrikanischen Black Consciousness-Bewegung und deren Überschneidungen mit anderen politischen Bewegungen wie der Negritude. Mde analysiert, wie ‚schwarze' Autoren Zugehörigkeit zu Blackness durch die Produktion von Gegenentwürfen zum ‚weißen' und ‚männlichen' Blick herstellen, die sich von kolonialem Wissen abgrenzen und dennoch regressive Gender-Stereotype herstellen. Sie kontextualisiert das Verhältnis zwischen Kolonialbildern und dem Gegen-diese-anschreiben durch meist männliche, ‚schwarze' Autoren und politisch Aktive wie z. B. Senghor oder Neto.[861] Beide sind Führungsfiguren in der *Gallery of Leaders* im *Freedom Park.*

Auch der ehemalige CEO des Parks Serote war und ist nicht nur politisch aktiv und heilend tätig, sondern auch literarisch. In seinen Gedichten verbindet er Ort/Zugehörigkeit, Mutterschaft/Ursprung und mündliche Sprache/Beten. Serote spielt als ehemals marginalisierter Intellektueller während der Apartheid in den

---

859 URL: http://www.freedompark.co.za/cms/index.php?option=com_content&view=article&id=6 &Itemid=7 (14.02.2012)

860 Mde, Vukani. *Effulgent in the firmament: The Politics of Representation and the Politics of Reception in South Africa's „Poetry of Commitment", 1968-1983*. Masterarbeit. Port Elizabeth, 2002. URL: http://www.nmmu.ac.za/documents/theses/MdeV.PDF (23.01.2012). S. 71.

861 Vgl. ebd. S. 33ff.

heutigen Nation-Building-Prozessen als „legitimierender Intellektueller“ (Auga) eine gestaltende Rolle im *Freedom Park* und national in der Förderung von Indigenous Knowledge Systems. Seine literarischen Vorstellungen von Gesellschaft materialisieren sich am Erinnerungsort. So trifft Mdes Schlussfolgerung sowohl auf Serotes „Selected Poems“ (1972) als auch auf sein Werk als CEO des *Freedom Park* zu: „Here African history is linked to the female reproductive role in the process of nation-building.“[862]

Mde analysiert beispielhaft, welche historischen Verhältnisse Serote in seinen Gedichten zur Sprache bringt – u. a. durch die von Apartheidspolitiken geschaffenen Gegensätze wie Stadt und Land. Er konzentriert sich in seinen Gedichten auf das Umfeld, in dem er aufwuchs: Alexandra. Serote konnotiert diese Township in Johannesburg mit dem menschenunwürdigen Leben in der Apartheid für ‚nicht-weiße‘ Menschen. Er verbindet den Stadtteil, in dem er aufwuchs, mit Vorstellungen von Mutterschaft.[863] Alexandra kann ihren Bewohnenden aufgrund der Apartheidsverhältnisse keine Lebensqualität bieten und sie beschützen, wie es eine gute Mutter tun würde.[864] Mde fragt: Wenn diese Township genau mit dem Gegenteil von Mutteridealen wie Nähren, Beschützen, Lieben verbunden wird, welchen Ort gibt es dann für die Imagination eines mütterlichen, nährenden Afrikas?[865] Serotes und Mbekis Antwort heute könnte lauten: *Freedom Park*. Das Besondere des Parks ist *S'khumbuto*: bebaute Natur, die in Form eines Parks Wissen ausstellt. Als *Garden of Remembrance* wird *S'khumbuto* Teil der Landschaft, die bereits da war und die jetzt Erinnerungselemente bewohnen: „On the crest of Salvokop, subtly blending into the curves of the hill, nestles S‘khumbuto – Freedom Park‘s major memorial element.“[866] Der Erinnerungsort selbst wird zum Raum, in dem Naturalisierungen, Nationalisierungen und ‚weiblich‘ konnotierte Vergeschlechtlichungen Bilder und Wissen über die südafrikanische Gesellschaft produzieren, die die Verantwortlichen als ideale Gesellschaft imaginieren.

Warum funktionieren nun diese drei Konstruktionsprozesse in ihrer Interdependenz mit der sichtbaren Parklandschaft? Allen drei Herstellungsweisen ist gemein, dass sie mit Zeitlosigkeit, Ursprungs- und Zugehörigkeitsfantasien einhergehen. Das Mutterbild unterstützt Geburtsmetaphern und im Fall des Post-Apartheid-Südafrika das Bild der Wiedergeburt in Familienlogiken, um ein nationales Kollektiv als einen Körper vorstellbar werden zu lassen. Der Anspruch

862 Ebd. S. 68.
863 Vgl. ebd. S. 70.
864 Vgl. Serote, Wally Mongane. *Yakhal' inkomo*. Johannesburg: Renoster, 1972. S. 30.
865 Vgl. ebd. S. 63.
866 URL: http://www.freedompark.co.za/cms/index.php?option=com_content&view=article&id=25&Itemid=31 (14.02.2012)

auf die Wiedergeburt Afrikas in Afrika wird durch das Land selbst legitimiert. Das Land ist der Einsatz an allen untersuchten Erinnerungsorten, der die Zugehörigkeit zum Konstrukt ‚African_‘ erhöht:

> „Land, symbolically saturated, intensifies ethnic identification, whether it be by condensing historical memory or by animating the sorts of emotionally laden attachment that come from ‚taking place.‘ Hence the spirited building of museums, (…), the ritual celebrations of the soil that so often follow upon sovereign recognition. Hence the anxious desire to perform ‚traditional‘ ceremonies on that soil, often for a witnessing tourist public; (…).“[867]

Jean und John Comaroff verbinden Land und symbolische Aufladungen unter der Perspektive der Ethnifizierung und Spiritualisierung. Ich interpretiere die Konstruktionsprozesse an den Erinnerungsorten zusätzlich unter dem Fokus auf Vergeschlechtlichungen. Drei Techniken verleihen den nationalen Erinnerungsorten Authentizität: durch Symbolisierungen von Mutterschaft, durch (vergeschlechtlichte) Naturbezüge in der Architektur und in den Naturelementen (Erde, Pflanzen, Steine etc.) und durch Spiritualisierung wie dem Weihen der Orte. Die praktizierten Rituale und die mündlichen Erzählungen der Tourguides ‚erden‘ die imaginierte Nation. Das Land bietet den Konnex zwischen dem imaginierten vergeschlechtlichten, nationalisierten Kollektivkörper und staatlichen Souveränitätsansprüchen. Es ermöglicht, Vorstellungen durch Praxen vor Ort zu kollektivieren.

Wenn gegenwärtige hegemoniale Kräfte Territorialansprüche in der Öffentlichkeit stellen, z. B. durch Erinnerungsorte, sind zwei Bewegungen für Jean und John Comaroff zu beobachten. Neben den staatlichen Prozessen der Bildung von Souveränität durch eher nüchtern und abstrakt scheinende Gesetze brauche es ein weiteres Bindemittel, um die Nation zu einen: direkt greifbar und ergreifend, Zugehörigkeit konsolidierend durch das Tun an einem spürbaren Ort, der zum Fühlen auffordert. *S'khumbuto* im *Freedom Park*, der *Veld Garden* im *Apartheid Museum*, die Strände auf Robben Island und *Constitution Square* in *Constitution Hill* bieten die Möglichkeit, unter freiem Himmel die Nation und sich selbst zu besonderen Gelegenheiten wie an Nationalfeiertagen zu zelebrieren. Historisch wurde der „land claim“ auch zum Thema in den literarischen Werken marginalisierter Intellektueller. Land und Geschichte zu besitzen, waren Anspruch und Forderung zugleich.[868] An den Erinnerungsorten soll der Besitz erinnert werden.

867 Comaroff, Jean; Comaroff, John L. *Ethnicity, Inc.* Scottsville: Kwa-Zulu Natal University Press, 2009. S. 81.

868 Mde beschreibt die historischen Schwerpunktsetzungen im 19. und 20. Jahrhundert sowohl für ‚weiße‘ als auch für ‚schwarze‘ Schriftsteller. Vgl. Mde, Vukani. *Effulgent in the firmament: The Politics of Representation and the Politics of Reception in South Africa's „Poetry of*

Die Erinnerungen haben dementsprechend die Aufgabe, auch Identifikationsprozesse zu unterstützen.

Neben dem Tun, dem „doing nation“[869], wird nationale Zugehörigkeit über das Sichtbare, über Natur- und Landschaftsbezüge, sagbar. In jedem der Erinnerungsorte werden architektonische Referenzen, die über den konkreten Ort hinaus auf das nationalstaatliche Territorium und den Kontinent verweisen, hergestellt. Im *Freedom Park* und im *Apartheid Museum* sind es z. B. die diversen Steinformationen. In *Constitution Hill* werden sowohl das Logo *Justice under a tree* als auch die Einrichtung des Gerichtssaals unter diesem Motto im Narrativ als „African landscape“[870] markiert. Und auf Robben Island verwiesen die Tourguides während der Bustour auf nationalisierte Besonderheiten wie die siebt-/drittgrößte[871] Pinguinkolonie, die Südafrika besitze. Homi Bhabha beschreibt die Visualisierung der Nation als eine Visualisierung von Zeit. Bezogen auf die Praxen der Erinnerungsorte finden sich zwei Zeitebenen, die bedient werden: „Doing Nation“ rekurriert einerseits auf die Jetztzeit, den heutigen Nationalstaat Südafrika an einem konkreten Ort innerhalb seines Territoriums. Dass dieses Handeln möglich ist, beweist gleichzeitig die staatliche Souveränität des Nationalen. Andererseits braucht die Nation eine Vorstellung davon, ewig zu sein, sowohl in Richtung Vergangenheit als auch in die Zukunft hinein. Landschaft als Realitätsbeweis und als Metapher für die der Nation innewohnende Wahrheit ermöglicht, wahres Sein an den Erinnerungsorten zu verkörpern: „The recurrent metaphor of landscape as the inscape of national identity emphasizes the quality of light, the question of social visibility, the power of the eye to naturalize the rhetoric of national affiliation and its forms of collective expression.“[872] Das Sichtbare wird zur Autorität, eben weil es sichtbar ist. Der Konstruktionsprozess wird unsichtbar, die Tautologie glaubwürdig.

Eingebunden sind diese singulären Ereignisse des „doing nation“ in das politisch-ideologische Programm der ‚African Renaissance‘ (vgl. Kap. 3.2.2), das langfristig Nation (Land und Spirit) und Staat (Gesetz und Souveränität) vereinen soll. Das Recht selbst, seine Verfassung, bezeugt als staatliches Instrument den Aufstieg der Nation, die in Mbekis Rede „I am an African“ vor allem als eine den Kontinent Afrika umfassende Nation imaginiert wird: „This thing that

Commitment“, 1968-1983. Masterarbeit. Port Elizabeth, 2002. URL: http://www.nmmu.ac.za/documents/theses/MdeV.PDF (23.01.2012). S. 58ff.

869 Den Begriff habe ich folgender Quelle der inhaltsanalytischen Journalismusforschung entnommen: Lingenberg, Swantje; Möller, Johanna; Hepp, Andreas. *„Doing nation“: Journalistische Praktiken der Nationalisierung Europas*. TranState working papers. 140. Sonderforschungsbereich 597. Bremen: Universität Bremen, 2010.

870 Vgl. Touren am 24.03.2009, 31.03.2009, 14.04.2009, 21.04.2009, 11.05.2009, 19.01.2010.

871 Die Größe der Pinguinkolonie variierte nach Erzählung.

872 Bhabha, Homi. *The Location of Culture*. London, New York: Routledge, 2001. S. 205.

we have done today, in this small corner of a great continent that has contributed so decisively to the evolution of humanity says that Africa reaffirms that she (!) is continuing her (!) rise from the ashes.“[873] Das verfasste Gesetz bestätigt das Auferstehen Afrikas. Die Wiedergeburt der Gesellschaft ist nicht nur eine naturalisierte, nationalisierte und mütterlich konnotierte, sie ist auch eine spirituelle. Das Auferstehen des Phönix aus der Asche wird lesbar. Afrika wird zum Phönix, der als Vogel in mythologischen Erzählungen ebenfalls häufig weiblich gedacht wurde.[874] Land und Nation finden in ihrer mütterlichen und spirituellen Konnotation ewiges Leben. So kann auch der Nationalstaat Südafrika selbst als dauerhaft imaginiert werden. Das Motiv findet sich sowohl in ägyptischen als auch in christlichen Mythologien – auch hier verschränken sich Diskurse, die heute mit ‚afrikanisch‘ und ‚europäisch‘ attribuiert sind.

Gemeinsam ist diesen spiritualisierten Nationaldiskursen ihr Konservatismus: Naturmetaphern bebildern das Bewahrende. Das Mutterland[875] wird zur Denkfigur des Nationalen. Die Suche nach dem Ursprung und einer Harmonisierung nach der erfahrenen Gewalt durch den Kolonialismus und die Apartheid hegemonialisieren auch in Südafrika solche Denkkonstrukte. Den Konstruktionen ist eine konservative Denkhaltung eigen, der eine nostalgische Sehnsucht nach einer Zeit vor der Gewalt eingeschrieben ist.[876] Der Schwerpunkt vieler Erinnerungspraxen liegt auf dem Erhalten von Werten, die als vorkolonial klassifiziert werden. Archive an den Erinnerungsorten haben die Aufgabe zu konservieren und zu beWAHRen. Vorstellungen einer Gesundung des Nationenkör-

---

873 Mbeki, Thabo. *Statement of Deputy President T. M. Mbeki, on behalf of the African National Congress, on the Ocassion of the Adoption by the Constitutional Assembly of ‚THE REPUBLIC OF SOUTH AFRICA CONSTITUTION BILL 1996‘*. Kapstadt. 08.05.1996. http://www.info.gov.za/speeches/1996/960819_23196.htm (04.05.2010). S. 5.

874 Carol Falvo Heffernan arbeitet historische, globale Bezüge zur Figur des Phönix am Beispiel zweier, in Europa zu verortender, Gedichte heraus, die sie unter Aspekten der Vergeschlechtlichung analysiert. Vgl. Heffernan, Carol Falvo. *The Phoenix at the Fountain. Images of Women and Eternity in Lactantius's Carmen de Ave Phoenice and the Old English Phoenix*. Cranbury: Associated University Press, 1988.

875 Vgl. Anthias, Floya; Yuval-Davis, Nira; Cain, Harriet. *Racialized Boundaries: Race, Nation, Gender, Colour and Class and the Anti-Racist Struggle*. London, New York: Routledge, 1993. S. 13; 19. Eine weiterführende Forschungsfrage in diesem Kontext wäre die nach der Binarität der Imagination von Vater- und Mutterland. Dieser Frage geht u. a. Patricia de Santana Pinho für die African Diaspora am Beispiel von Bahia in Brasilien nach. Vgl. Pinho, Patricia de Santana. *Mama Africa: Reinventing Blackness in Bahia*. Übers. Elena Langdon. Durham: Duke University Press, 2010. Auch Michelle Ann Stephens setzt sich mit Vorstellungen von US-Intellektuellen zum ‚afrikanischen‘ Vater- und Mutterland auseinander. Vgl. Stephens, Michelle Ann. *Black Empire. The Masculine Global Imaginary of Carribean Intellectuals in the United States 1914-1962*. Durham: Duke University Press, 2004.

876 Auch hier gibt es weiterführende Arbeiten, die ähnliche Denkkonstrukte für die African Diaspora aufzeigen, z. B. Abraham, Kinfe. *Politics of Black Nationalism. From Harlem to Soweto*. Trenton: Africa World Press, 1991. Insb. S. 123ff.

pers[877] und eines harmonischen Miteinanders zwischen Mensch und Natur[878] werden Teil der Erinnerungsorte. Die Orte beziehen sich alle auf die Verfassung und die Wahrheits- und Versöhnungskommission[879]. Beiden liegen Heilungsmetaphoriken und Gesundungsfantasien zugrunde. Als Denken in nationalstaatlichen Parametern rekurrieren die Ausstellungen an den Erinnerungsorten auf Bilder der harmonischen Einheit, der Versöhnung und Heilung.

Harmoniebestrebungen im Nation-Building: von Mutterlandsliebe und Erziehung

Harmonisierung bietet den Raum für die Interdependenz zwischen den Identitätskategorien ‚Mutter' und ‚Jugend'. Die Verantwortlichen der Erinnerungsorte konzentrieren sich auf die Jugend als Hoffnungsträger für die Zukunft. Stellvertretend für diese These soll hier die Aussage von Mxolisi Dlamuka (*Constitution Hill*) stehen: „You invest on young people, because the future of the country, of any country, relies on the young people."[880] In Analogie zum Kollektivkörper und zur Mutterlandsliebe sind die „Kinder der Nation" zu erziehen und erziehbar:

> „There is a Zulu or an African saying that says: You turn the plant when it is still young. So it means if you want to ensure that you grow a plant and you wanted to, when it grows, to have a U-turn, you do that while it is still young. Because what it is, it is still softer. Then it will grow within that shape. So that's our basic premise."[881]

877 Vgl. URL: http://www.freedompark.co.za/cms/index.php?option=com_content&view=article&id=6:testimonial&catid=3:about-us&Itemid=7 (21.02.2012)

878 Auf der Website des Parks heißt es: „Through all time, humanity has striven to understand and control nature, as well as build a harmonious human village. Through all time, the natural order of things has dictated that for any person to live as a human being demands co-operation and solidarity with all other human beings – motho ke motho ka batho." URL: http://www.freedompark.co.za/cms/index.php?option=com_content&view=article&id=6:testimonial&catid=3:about-us&Itemid=7 (21.02.2012)

879 Ulrike Auga arbeitet das Verhältnis von Nationalismus, Vergeschlechtlichung und Religion am Beispiel der südafrikanischen Wahrheits- und Versöhnungskommission heraus: Auga, Ulrike. „Wahrheit und Versöhnung oder maskuline Erlösung am Kap? Religiöse Legitimierung nationaler Geschlechterformation." *Erlöser: Fantasmen und Figurationen männlicher Herrschaft.* Hg. Sven Glawion, Elahe Haschemi Yekani, Jana Husmann-Kastein. Bielefeld: transcript, 2007. S. 197-210.

880 Dlamuka, Mxolisi. Interview, geführt von der Verfasserin. Johannesburg, 14.04.2009. S. 6.

881 Ebd.

Bildung wird zur Erziehung, die formt. Serote betrachtet die Jugend als geeignete Zielgruppe für Nation-Building-Maßnahmen, weil ihnen die Fähigkeit zu harmonisieren innewohne: „Our efforts to Nation Building have been targeted at the youth as they (!) accessible through their innate ability to harmonize."[882] Harmoniesehnsucht wird zur Sehnsucht nach Einheit trotz Diversität: Das Nation-Building-Motto Unity in Diversity enthält nicht nur einen spiritualisierten Versöhnungsaspekt, sondern auch die Sehnsucht nach harmonischer Einheit im „globalen Dorf"[883], die gegen die zerstörerischen Folgen ‚westlicher' Politik auf die Agenda gesetzt wird.[884] Die Bildung von Nation über naturalistische Weltbilder ist ein konservierender und konservativer Prozess. In diesem konservativen Weltbild verhält sich das imaginierte Mutterland, konzipiert als harmonische Einheit, ambivalent gegenüber Wissenschaft und Technik. Die Widersprüche werden in der Rhetorik an den Erinnerungsorten lesbar, bspw. im Verhältnis zwischen traditioneller Wissenschaft, hier konnotiert als ‚westlich' und ‚indigenen' Wissenstechnologien. Insofern die Verbindung von DNA-Logiken und Labordaten die Thesen unterstützen, werden sie in die Erzählungen an den Orten eingebunden. So verknüpft eine der *Freedom Park*-Broschüren den Ursprung der Menschheit im heutigen Südafrika mit den Körpern der Khoi-San unter Bezug auf die mitochondriale DNA (vgl. Kap. 2.4.2). Aktuelles Laborwissen soll Indigenität nachweisen. Zudem wird eine Urmutter-Legende in die Verbindung zwischen Indigenität und Labor eingeschrieben. Auf und aus dem Land entstanden seien die ersten Menschen, deren Mutter in dieser Erzählung die genetische Vorfahrin „Eva" ist. Archetypische Konstruktionen des Landes begleiten das Laborwissen. Von 3.6 Milliarden Jahren zu sprechen, macht die Geschichte Südafrikas zu einer Ursprungsgeschichte. Das Land selbst weckt die Sehnsucht nach einer wiederzugewinnenden Vergangenheit.[885]

---

882 Serote, Wally Mongane. *The Significances and Relevance of the Freedom Park in the South African Context*. The Central University of Technology, Free State. 18.05.2006. URL: http://www.freedompark.co.za/cms/index.php?option=com_docman&task=doc_download&Itemid=3&gid=58 (06.02.2012). S. 5.

883 Vgl. u. a. Serote, Wally Mongane. „We Hope to be in Time for Dialogue." *The Thinker* 31 (2011). S. 11. Serote, Wally Mongane. „Challenges Facing Traditional Health Practitioners in the Protection of Traditional Medicine." *Workshop on Indigenous Knowledge Systems and Intellectual Property Rights*. Hg. Department of Science and Technology, National Science and Technology Forum. Pretoria. 14.-15.07.2011. URL: http://www.nstf.org.za/ShowProperty?nodePath=/NSTF%20Repository/NSTF/files/Workshops/2011/IKSminutes2011.pdf (11.03.2012). S. 5.

884 Heilerfiguren wie Credo Mutwa stehen auf der Agenda für die Sichtweise, dass der ‚Westen' „satanische Zwecke" verfolge. Vgl. Kap. 2.4.2.

885 Sabine Marschall untersuchte Vergeschlechtlichungen in der aktuellen Nation-Building-Politik Südafrikas an Erinnerungsorten. Sie behauptet im Anschluss an Gilles und Johnson, dass öffentliche Monumente: „(...) often served as symbols of a ‚lost' past, nostalgically perceived and romantically constructed, while their real lives were largely forgotten. The female body has ex-

Während also das Land zur Mutter wird und die nationale Zugehörigkeit zur Mutterlandsliebe, werden die Männer zu Akteuren auf diesem Land: literarisch und kulturpolitisch. Mbeki zitiert den Dichter Keorapetse Kgositsile bei einem seiner Parkbesuche am 26. Juni 2008 mit folgendem Gedicht:

> „*And at the door of the eye*
> *is still the voice of the land,*
> *my father before my father*
> *knew the uses of fire,*
> *my father before my father*
> *with his multiple godhead,*
> *sat on his circular stool after the day was done,*
> *at times even between the redness of two suns,*
> *knowing that time was not born yesterday.*“[886]

Dieses Gedicht auszuwählen, zu rezitieren und es auf die Internetseite zu stellen, setzt das Männliche in der Figur des Vaters auf die Agenda des Erinnerungsortes. Der Vater sichere das Wissen, dessen Stimme würde das Wissen an die nächsten Generationen, die hier männlich sind, weitergeben. Das Männliche selbst interdependiert mit der Identitätskategorie ‚Hautfarbe'. Der Anspruch auf das Land, auf das Wissen, auf die Erinnerungen und auf die Zeit ist so ein ‚afrikanischer'. Mbekis Bezug auf das Gedicht Kgositsiles und somit auf die Väter des Landes spiegelt sich auch in folgendem Ausschnitt einer Rede Serotes an der Central University of Technology (Free State, Südafrika) wider. Er bezieht sich hier auf die „re-introduction of IKS (Indigenous Knowledge Systems)" im *Freedom Park* und die von Thabo Mbeki gesetzte Prämisse der ‚African Renaissance' („This is Africa's century…"[887]):

> „Many of our forefathers used herbs and natural remedies to treat ailments before the advent of Western medicine. Colonisation can be attributed for the decline and eventual loss of this knowledge. Another aim of Freedom Park is to rejuvenate this forgotten discipline."[888]

---

tensively been used for allegorical representations, especially in ambitious national monuments, (…)." Marschall, Sabine. „How to honour a woman: gendered memorialisation in post-apartheid South Africa." *Critical Arts* 10 (2010). URL: http://findarticles.com/p/articles/mi_hb6466/is_2_24/ai_n55040642/ (17.01.2012). S. 1.

886 URL: http://www.freedompark.co.za/cms/index.php?option=com_content&view=article&id=6&Itemid=7 (17.10.2009). Hervorh. i. O.

887 Serote, Wally Mongane. *The Significances and Relevance of the Freedom Park in the South African Context*. The Central University of Technology, Free State. 18.05.2006. URL: http://www.freedompark.co.za/cms/index.php?option=com_docman&task=doc_download&Itemid=3&gid=58 (06.02.2012). S. 3.

888 Ebd.

In der Wortwahl Serotes lässt sich die Strategie der Black Consciousness-Bewegung wiederfinden, gegen koloniale Stereotype zu sprechen und Kolonialisierung als gewaltvolles Vergessen zu markieren. Der Park regeneriere das verlorene und abgewertete Wissen. Serote entwirft, wie in seinem poetischen Werk, ‚Afrika' als einen Wissensraum, der sowohl Technologien als auch Fachwissen biete. Mbeki leitet aus dem Gedicht von Kgositsile für den Park Folgendes ab:

> „Freedom, too, like time itself, was not born yesterday. Freedom Park will live for all time as a monumental tribute and symbol to the unending human quest for the all-round liberation which will bless the human body, the human mind and the human soul with freedom as infinite as time and space."[889]

Für Mbeki lebt der Park „für alle Zeiten". Denn er signifiziere Freiheit, die wie die Zeit selbst zeitlos sei. Das Monumentale im Erinnerungsort wird zum Tribut an die Freiheit. Die „totale" Befreiung segnet den Dreiklang mit unendlicher Freiheit: den menschlichen Körper, den menschlichen Geist und die menschliche Seele.[890] Dieser Dreiklang erinnert deutlich an das Hauptprinzip des Parks – der ‚Emancipation of the African voice' und an deren drei Bedingungen: „history, culture and spirituality". Mbeki setzt Befreiung und Freiheit gleich (vgl. Kap. 2.4.2). Diese Gleichsetzung wird zu einer Triumpherzählung, die vor allem das männliche Leid, ähnlich wie auf Robben Island, in ein Opfer verwandelt, das sich gelohnt habe und heute gefeiert werden könne: „S'khumbuto would not be a place of grief and mourning but of celebration, a tribute to African and human dignity, and a place for the renewal of the human spirit."[891] Erneut wird die Metapher der Erneuerung genutzt.

Wie verschränken sich jetzt Land und Mütterlichkeit in ihrer vorgestellten Zeitlosigkeit? Das Konstrukt des kulturellen Ursprungs, das sowohl Natur als auch Kultur ist, mythologisiert den weiblichen Körper als Ort des Ursprungs. Die Gebärfunktion wird auf das Land übertragen. Für die nigerianische Feministin und Autorin Molara Ogundipe-Leslie ist die Figur „Mother Africa" eine der verletzenden Konstruktionen nationalistischer Mythologie.[892] Moji schlussfolgert im Anschluss an das Werk Ogundipe-Leslies:

---

889 URL: http://www.freedompark.co.za/cms/index.php?option=com_content&view=article&id=6&Itemid=7 (17.10.2009)

890 Ähnlichkeiten zwischen ‚afrikanischen' Philosophien und ‚christlichen' Mythen werden lesbar, so z. B. die ‚christliche' Dreifaltigkeit – der heilige Vater, Sohn und Geist.

891 URL: http://www.freedompark.co.za/cms/index.php?option=com_content&view=article&id=25&Itemid=31 (21.02.2012)

892 Vgl. Ogundipe-Leslie, Molara. *Re-creating Ourselves: African Women and Critical Transformations*. Trenton: Africa World Press, 1994. S. 9.

„Albeit a necessary metatextual mode to write back to Empire, such nationalist mythology represents the figure of the woman or mother as merely a vehicle or a vessel carrying African identity, easily corrupted by colonial influences. Representing ‚timelessness', the figure of the woman comes to exist then outside of History, too. As a result, she becomes an object existing at the periphery of nationalist discourse, rendered apolitical.“[893]

Ähnlich wie die „African Story of Creation“ im *Freedom Park* oder „Cleansing and Healing“-Praxen an allen Erinnerungsorten gegenüber christlichen Mythen und Ritualen Gegenentwürfe formulieren, symbolisieren die vergeschlechtlichten Repräsentationen und Figuren Antworten auf die Kolonisierung. In diese Antworten schreiben die Agenda-Setter bzw. Setterinnen jedoch epistemische Gewaltverhältnisse ein, indem Eigenschaften als spezifisch weiblich oder männlich konstruiert werden. Diese Eigenschaften sind eben nicht losgelöst von individuellen, nicht-imaginierten Körpern. Im Bild der „Mutter Afrika“ und dem Wissen über ‚African_' verschränken sich, laut Moji, im nationalen Diskurs Ideologie, Erinnerungen und nationale Geschichtsschreibung bzw. national-kulturelle Kanonbildung durch die Konstruktion des Mythos um eine vorkoloniale, gemeinsam geteilte „afrikanische Identität“[894]. Moji analysierte „And They Didn't Die“ der Schriftstellerin Lauretta Ngcobo aus dem Jahr 1990. Die Autorin Ngcobo zog diese Schlussfolgerung bereits 1986 in ihrem Vortrag: „African Motherhood – Myth and Reality“ auf der 2. Konferenz afrikanischer Schriftstellerinnen in Stockholm 1986.[895]

Dorothea Dornhof schrieb über den Begriff ‚gender', dass dieser ein „konstituierende[r] und evaluierende[r] Begriff“ sei, der „je nach theoretischen Verortungen, die Praktiken, die [er] zu beschreiben versuch[t], zugleich präg[t] und definier[t]“[896]. Ob Nation-Building-Prozesse an Erinnerungsorten auch Handlungsmacht über Repräsentationen der „Mutter der Nation“ herstellen können oder welche Fallstricke diesen Prozessen der Abbildung von Macht unterliegen, soll im folgenden Abschnitt untersucht werden. Zu überprüfen ist die These von Polo Belina Moji, die zwischen „Mother Africa“ als regressivem Genderbild und „Mother of the Nation“ als progressivem unterscheidet:

893 Moji, Polo Belina. „A Metatextual Reading of the ‚Mother Africa' Trope in Lauretta Ngcobo's And They Didn't Die (1990).“ *postamble* 7.1 (2011). URL: http://postamble.org/wp-content/uploads/2011/11/PoloMoji.pdf (21.03.2012) S. 2f.

894 Vgl. ebd. S. 1.

895 Vgl. Ngcobo, Lauretta. „African Motherhood – Myth and Reality.“ *Criticism and Ideology*. Hg. Kirsten Holsten Peterson. Uppsala: Nordiska Afrikainstitut, 1988. S. 141-154.

896 Dornhof, Dorothea. „Postmoderne.“ *Gender@Wissen. Ein Handbuch der Gender-Theorien*. Hg. Christina von Braun, Inge Stephan. Köln: Böhlau Verlag, 2005. S. 265.

„Although this [Mother of the Nation, A. S.] seems like a variation on the ‚Mother Africa' trope, I consider it a subversion of the mythology of the African woman as an object of culture/tradition. Where the ‚Mother Africa' is easily relegated to the immutable representation of cultural roots, the ‚Mother of the Nation' is intimately linked to the political and historical action of nation building, and empowers the female figure with agency."[897]

4.2.2 „True embodiment of African womanhood" und „mother of the nation"

Moji stellt also die These auf, dass die „Mütter der Nation" im Gegensatz zum Kollektivbild „Mutter Afrika" historische Handlungsfähigkeit reklamieren können. Nation-Building sei per se politisches und historisches Handeln. Als Teil dessen imaginiert und erinnert zu werden, mache die Frauenfiguren eben nicht mehr nur zu Müttern, sondern ermächtige sie zum Handeln und versinnbildliche Veränderung. Nationale Mütterlichkeit wird bei Moji zum Argument, öffentliche Teilhabe von Frauen zu fordern.[898] Mojis Perspektive auf die Nation als Organisationsform, die politische Teilhabe ermögliche, lässt die „Mutter der Nation" zu einer handelnden Repräsentationsfigur werden. Sie verbleibt damit meiner Ansicht nach dennoch in einem konservativen Mutterbild, dass Frauen Handeln zugesteht, weil sie Mütter sind. Signifikant ist für mich das Wort „mother" in „mother of the nation". Mde schlussfolgert am Beispiel der Zeitschrift Black Review aus den Jahren 1975/76[899]:

---

897 Moji, Polo Belina. „A Metatextual Reading of the ‚Mother Africa' Trope in Lauretta Ngcobo's And They Didn't Die (1990)." *postamble* 7.1 (2011). URL: http://postamble.org/wp-content/uploads/2011/11/PoloMoji.pdf (21.03.2012) S. 6.

898 Historisch hat sich dieser Shift in vielen national-konservativen Frauenbewegungen vollzogen, u. a. in Deutschland. Vgl. Brandt, Bettina. *Germania und ihre Söhne. Repräsentationen von Nation, Geschlecht und Politik in der Moderne*. Göttingen: Vandenhoeck&Ruprecht, 2010. S. 106-206.

899 In der Zeitschrift wurden folgende Aufgaben an ‚schwarze' Frauen verteilt: „1. Black women are basically responsible for the survival and maintenance of their families and largely the socialisation of the youth for the transmission of the black cultural heritage. 2. The need to present a united front and redirect the status of motherhood towards the fulfilment of the black people's social, cultural, economic and political aspirations (1991: 147-48)." Mde, Vukani. *Effulgent in the firmament: The Politics of Representation and the Politics of Reception in South Africa's „Poetry of Commitment", 1968-1983*. Masterarbeit. Port Elizabeth, 2002. URL: http://www.nmmu.ac.za/documents/theses/MdeV.PDF (23.01.2012). S. 35. Ähnlich argumentiert Philippa Lane, wenn sie diverse Aussagen von unterschiedlichen politischen Akteurinnen und Akteuren wie Sheila Masote, Govan Mbeki, AnnMarie Wolpe und Jean Middleton analysiert. Vgl. Lane, Philippa. *Gender and South African Political Prisoners*. Dissertation. URL: http://www.docstoc.com/Docs/Document-Detail-14.aspx?doc_id=19588918 (10.03.2012). S. 2f.

> „The role of women in the movement and in the culture is being defined as ‚bearer' of the cultural heritage and primary socialiser of men (‚youth') as social actors, and Black Consciousness is also reasserting the preferred role of the woman as ‚mother'. If black men are to have their ‚manhood' restored to them, the female corollary is to save black ‚motherhood'."[900]

Wie dieser „empty signifier" an den Erinnerungsorten aufgegriffen und mit Interpretationen am Beispiel realer Frauen „gefüllt" wird, sollen folgende Beispiele illustrieren. Im *Apartheid Museum* finden sich diverse Muttervariationen auf den Ausstellungstafeln über Miriam Makeba. Im Zitat von Nelson Mandela wird sie zu „Ma Miriam", „Mama Africa", „a mother to our struggle and to the young nation of ours".[901] In der Broschüre „Our Triumphs and Our Tears. Women's struggles in 20th century South Africa" reproduzieren die Autoren und Autorinnen zusätzlich zur Rolle Charlotte Maxekes als „key leader" in einer der Anti-Pass-Proteste 1913 die folgende Zuschreibung: „Maxeke was often honoured as ‚Mother of Black Freedom in South Africa', and had an ANC nursery school named after her in Tanzania."[902] Im *Freedom Park* wird in der *Gallery of Leaders* die nationale Heldin Lilian Masediba Ngoyi zu „Ma Ngoyi" und Helen Joseph erhält die Funktion der „loco parentis".[903] Bei beiden bestimmen Themen der Sorge- und Pflegearbeit für Familienmitglieder ihr Profil. In *Constitution Hill* wird keiner Frau schriftlich die Funktion „Mutter der Nation" zugeschrieben. Die Tourguides verdeutlichen mit ihrem Sprachgebrauch „the Winnie Mandelas, the Deborah Manchobas, the Sisulus", dass es um Kollektivierung von Eigenschaften geht, die jetzt einen Erinnerungswert erhalten. Der Direktor Darryl Peterson bezeichnet Albertina Sisulu als Matriarchin und hält fest: „This woman had gone through all of this experience where she, where she was in this little space. To come out of there and to encourage a nation to where we are."[904]

Die mündlichen und schriftlichen Erzählungen im *Robben Island Museum* präsentieren Frauen vor allem als Ehefrauen der ehemaligen ‚politischen Gefangenen'. In der 2010 fertig gestellten Ausstellung zur Person Robert Mangalisu Sobukwe ist ein Zitat von ihm zum 40. Geburtstag seiner Frau Veronika abgedruckt: „My heart is full because I have come to know what a great woman

900 Mde, Vukani. *Effulgent in the firmament: The Politics of Representation and the Politics of Reception in South Africa's „Poetry of Commitment", 1968-1983.* Masterarbeit. Port Elizabeth, 2002. URL: http://www.nmmu.ac.za/documents/theses/MdeV.PDF (23.01.2012). S. 35.

901 Vgl. „Mandela Exhibition." Johannesburg: Apartheid Museum (02.04.2009)

902 Apartheid Museum. *Our Triumphs and Our Tears. Women's struggles in 20th century South Africa*. Johannesburg: Apartheid Museum, 2006. S. 8.

903 Zu den Personen vgl. Kapitel 2.4.2.

904 Peterson, Darryl. Persönliches Interview, geführt von der Verfasserin. Johannesburg, 16.04.2009. S. 27.

you are – the true embodiment of African womanhood ...“[905] Sobukwe spricht von „afrikanischer Weiblichkeit“ als einer kollektivierten Identität, die seine Frau verkörpere. Auch hier lässt sich das Zitat historisch interpretieren: Das Bild von „true African womanhood“ kann als Gegenentwurf zum biologistisch-abwertenden Kolonialimago der „African woman“ gedeutet werden. Die Vorstellung der „wahren afrikanischen Weiblichkeit“ dominiert die Theorien und Literatur des „Black Nationalism“ sowohl in der Diaspora als auch auf dem afrikanischen Kontinent.[906] In diese Strategie der Ermächtigung und Aufwertung schreiben sich jedoch gleichzeitig Eigenschaften ein, die Weiblichkeit essentialisieren.

In den Texten werden ‚schwarze‘ wie ‚weiße‘ Frauen häufig über ihre Stellung innerhalb der Familie und ihre familiären Tätigkeiten charakterisiert. Bei den ausgewählten und präsentierten Männern spielen diese Charakterisierungen weit weniger eine Rolle. Ikonografisch erzählen die Fotos meist von weinenden und leidenden Frauen. Männer sind in großer Anzahl auch im Leid abbildbar. Viel häufiger wählen Ausstellungsentwerfende für sie jedoch einen fotografischen Auftritt in kämpferischer, nachdenkender oder stoischer Pose an den Erinnerungsorten.

Allerdings trifft diese Visualisierungsstrategie nicht auf alle Ereignisse zu. Bestimmte Erzählungen diskursivieren Ereignisse und Figuren abweichend von der Norm. Die Proteste von Frauen gegen die Passgesetze in den 1950er-Jahren werden durchweg von Fotos begleitet, auf denen die Frauen stark und entschlossen wirken. ‚Hautfarbe‘ und ‚gender‘ interdependieren auch in Bezug auf die „Mutter der Nation“. Im sozio-historischen Kontext Südafrikas werden allein ‚schwarze‘ Frauen als „mother of the nation“ angerufen. Es gibt auch Frauen, die als „military commander“ bezeichnet werden, so z. B. im *Freedom Park* Queen Manthanthisi in der *Gallery of Leaders*. Hier interdependieren mit der Hautfarbe und dem sozialen sowie biologischen Geschlecht die Kriterien „leadership“ und soziale Schicht. Auffällig ist in ihrem Kontext die Wortwahl des englischen „Queen“, das vermutlich einen höheren Wiedererkennungswert adliger Positionen als eine andere Sprache hat. Sie bildet allerdings die Ausnahme, weil sie männlich kodierte Eigenschaften verkörpert. Der Text zu Manthanthisi erklärt: „(...) whose ability in battle sent shockwaves amongst her male adversaries.“[907] Die Erinnerungsorte greifen damit eine Popularisierungsstrategie auf, die in der Öffentlichkeit häufig politisch Verantwortliche nutzen, wenn sie über Frauen

905 „Robert Sobukwe House.“ Robben Island: Robben Island Museum (10.02.2010)

906 Vgl. Abraham, Kinfe. *Politics of Black Nationalism. From Harlem to Soweto*. Trenton: Africa World Press, 1991. S. 124f.

907 „Regent Queen Manthanthisi.“ *Gallery of Leaders*. Pretoria: Freedom Park. (23.03.2009). Auffällig ist, wie stark ein Vokabular der Gegenwart („end of her career“, „managed“ oder „awesome reputation“) sie beschreibt.

sprechen. So musealisieren die Orte vergeschlechtlichtes Wissen, das Frauen vor allem zu Fürsorgefiguren erklärt, die die Reproduktion der eigenen Familie und des nationalen Kollektivs zu verantworten haben. Im Falle Miriam Makebas ist auch die Ver-/Mittlerinnenrolle von nationaler Kultur feststellbar. Ohne eine kritische Kommentierung schreiben die Erinnerungsorte dieses Wissen im Funktionsgedächtnis fort.

Die jeweils Verantwortlichen an den Erinnerungsorten wählten Repräsentationen in Bild und Sprache, die Weiblichkeit als Mütterlichkeit und als „African" definiert. Die Gründungsväter[908] finden ebenfalls Platz in der repräsentierten Nationalfamilie. Bezugspunkt ist für beide die Nation. Die Öffentlichkeit der Personen wird nationalisiert, ihr Leben als Teil der und für die Nation imaginiert. Die „Mütter der Nation" sollen „ihren Kindern" Mut machen, ihren Kampf nähren und das Gefühl der Zugehörigkeit stärken. In diesen Funktionen unterscheidet sich das Image „Mother of the Nation" nicht vom Bild „Mother Africa". Während das Land und die Nation weibliche Eigenschaften zugewiesen bekommen,[909] kann auch eine Person Land und Weiblichkeit zugleich symbolisieren. Entscheidend sind die Zuschreibungen, aber nur im Verhältnis zu den eröffneten Möglichkeiten, die denkbar werden und die Bewertungsmaßstäbe selbst infrage stellen (vgl. Kap. 5). Geht es also nicht um Kategorien wie biologisches oder ‚soziales Geschlecht' und ‚Nation', sondern würden in den symbolischen Zuschreibungen an den Erinnerungsorten Interessen und ihre Prozesshaftigkeit präsentiert, könnte Nation-Building anders perspektiviert werden. Dann ginge es nicht mehr um die Frage, ob das Bild „mother of the nation" progressiver als „Mother Africa" sei, sondern welche Bewertungskriterien überhaupt diese Rückschlüsse ziehen lassen, ähnlich wie es Dorothea Dornhof für die Kategorie ‚gender' argumentiert hat.

4.3 Gouverne/monu/mentalität und Differenzproduktion

Im ersten Kapitel argumentierte ich, dass Agenda-Setting verbunden mit Diskursanalyse die Möglichkeit bietet, exklusiv Ausgestelltes und Nicht-Expliziertes in ein Verhältnis zu bringen. Im Kontext des Gouverne/monu/mentalen ist die Analyse von Symbolen und Aussagen für die Herstellung von Regierungslogiken

908 Ulrike Kistner beschreibt im Anschluss an Ahluwalia (2001, 75), dass der Souveränitätsanspruch postkolonialer Nationalstaaten, der Staat und Nation miteinander „verschmelzen" sollte, häufig durch Gründungsväter-Figuren des ‚afrikanischen' Kontinents symbolisiert wurde. Vgl. Kistner, Ulrike. *Commissioning and Contesting Post-Apartheid's Human Rights. HIV/AIDS – Racism – Truth and Reconciliation*. Münster, Berlin: LIT Verlag, 2003. S. 184.

909 Für ‚christlich' geprägte Nationalstaaten zeigte dies: Braun, Christina von. *Versuch über den Schwindel. Religion, Schrift, Bild, Geschlecht*. Berlin, Zürich: Pendo, 2001. S. 385-391.

entscheidend. Die Erinnerungsorte von nationaler Bedeutung repräsentieren Monumentales: Gesellschaftliche Ideale werden ausgestellt und gefeiert. Eines der Ideale des Post-Apartheid-Staates ist das nationalisierte ‚African_‘ (vgl. Kap. 3.1.2). Im Folgenden will ich darstellen, wie diese Zugehörigkeitskonstruktion mit Spuren anderer Diskurse interdependiert.

4.3.1 Identitätskonstruktionen und Abgrenzungen: „A principle is indivisible“

Die Ausstellungen präsentieren Wissen, das den gegenwärtigen Nationalstaat legitimiert. Das hergestellte Wissen wiederum reproduziert Grenzen, um Identität zu konstruieren. Bspw. werden ausgewählte Ereignisse auf die Agenda gesetzt, die zudem aus einer Nationen stabilisierenden Perspektive vermittelt werden. Die Exponate selbst erzählen mehr als die Tour- und Audioguides, wenn entsprechendes Kontextwissen vorhanden ist bzw. über das Präsentierte hinausgehende Perspektiven eingenommen werden können. Im Zentrum steht nun das Verhältnis zwischen dem ‚Westen‘ und ‚Afrika‘, das vor allem entlang der Konfliktlinie Zugehörigkeit/Differenz verläuft.

Derek Hook definiert Identitätsproduktion als: „(...) not simply an effect of circulating patterns of representation and/or practice, but is in many ways instead the product of arrangements of prohibition (…).“[910] Identifizierung ist dementsprechend ein Produkt und prozessual. Es entsteht sowohl aus ähnlichen Abbildungen und Praxen als auch aus einem Komplex von Verboten. Wie bereits in Kapitel 3.1.2 ausgeführt ist das Ziel von Nation-Building-Prozessen an Erinnerungsorten von nationaler Bedeutung eine bestimmte Form von Identität: sich als südafrikanisch zu betrachten und dieses Bewusstsein wertzuschätzen. Die historischen Abwertungen durch Migranten und Migrantinnen aus Europa, die sich vor allem als überlegen aufgrund ihrer ‚weißen‘ Hautfarbe konstruierten, führen an gegenwärtigen (staatlichen) Erinnerungsorten auch zu einer Wissensproduktion, die sich von diesen Konstruktionen abgrenzt. Die Bewusstseinsbildung, wertvoll zu sein, entspricht meines Erachtens nach weniger einem Verbot als vielmehr dem aktiven und ermächtigenden Prozess der Ablehnung kolonialen Wissens. In Kombination mit der Aufwertung von ‚Indigenous Knowledge Systems‘, die das ‚Eigene‘ repräsentieren, wird Differenz hergestellt. Dementsprechend ersetze ich Hooks „prohibition“ (Verhindern/Fernhalten/Verbieten) durch Differenzieren, das ein Abgrenzen nach sich zieht. Gefragt werden kann in diesem definitorischen Verhältnis, wie sich Ermächtigungsprozesse des ‚Selbst‘ und staatliches, hegemoniales Nation-Building des ‚Kollektivs‘ miteinander arrangie-

910 Hook, Derek. *Monumental Space and the Uncanny*. London: LSE Research Online. 09.2007. URL: http://www.eprints.lse.ac.uk/archive/951 (21.11.2011). S. 12f.

ren lassen? Anders formuliert: Welche Grenzen setzt die Konstruktion nationaler Zugehörigkeit?

Im *Freedom Park* werden die Konflikte zwischen ‚Selbst' und ‚Kollektiv' und zwischen historischen Positionen und gegenwärtigen Legitimationsstrategien für mich besonders deutlich. Nationale Zugehörigkeit wird hier vor allem als Selbstbewusstsein konstruiert. Das ‚Selbst' ist in der Konstruktion des Nationalkollektivs der ‚African voice' nicht als „Subjekt der Ethik des Selbst" (Foucault) – als der Macht widerständig – konzipiert. Die Vorstellung von Selbstbewusstsein produziert innerhalb der definierten Zugehörigkeit Subjekte, die objektivierbar werden – und somit „Subjekte der Macht" (Foucault). Den Prozess der Objektivierung kennzeichnen zwei Denkformationen: erstens in der konkreten Kulturpolitik vor Ort das zur Norm erhobene Ideal der Gesellschaft, die als liberales Unternehmen gedacht wird (vgl. Kap. 4.2.2). Zweitens wird das „Subjekt der Macht" an den Erinnerungsorten in den Gouvernementalitätslogiken zusätzlich zur politischen Ökonomie auch durch kulturpolitische Ökonomien der Abgrenzung bestimmt, die das ‚Eigene' subventionieren. Dem präsentierten Wissen sind Wertvorstellungen eingeschrieben, die das betrachtende und hörende Subjekt zur Identifikation mit ‚African_' anhalten. Im *Freedom Park* zeigt sich diese Grenze bspw. in dem Gegensatz „thoroughly[911] African" und „Western tradition". Der Architekt Jeremy Rose beschreibt aus seiner Sicht den Prozess der Konstruktion:

> „(...) they[912]'re trying to reinvent a new concept of telling South African stories and exhibit space with archival research happening and exhibits being developed, so they don't want to be seen to going to Western tradition. They want to make it their own. So it comes out of, it's a new way of doing something which is thoroughly African. And they are always concerned by that."[913]

In der Außenwahrnehmung eines Auftragnehmers, in diesem Fall eines Architekten, bedingt „to make it their own" „being thoroughly African". Der Heritage Manager Ramzie Abrahams hält fest: „(...) for us we're reconstructing our heritage ah following the principle of ah ah Emancipating the African voice."[914]

---

911 Etymologisch bedeutet das Wort thorough im Altenglischen Puruh. Es rekurriert u. a. auf die Bedeutungsinhalte pur und rein. Vgl. URL: http://www.etymonline.com/index.php?allowed_in_frame=0&search=thorough&searchmode=none (21.03.2012)

912 Das „they" kann hier ebenfalls mehrfach gelesen werden: als Grenzmarkierung zwischen dem Auftraggeber *Freedom Park* und dem Auftragnehmer Mashabane&Rose oder zwischen Rose, der ein ‚weißer' Architekt ist, und dem Parkmanagement, das für die ‚Emancipation of the African voice' stehen will.

913 Rose, Jeremy. Interview, geführt von der Verfasserin. Johannesburg, 05.05.2009.S. 13.

914 Abrahams, Ramzie. Interview mit der Verfasserin. Pretoria/Tshwane, 07.04.2009. S. 22.

Rekonstruiert wird das Erbe als eine Vorstellung davon, wie es vor der Kolonial- und Apartheidsgewalt gewesen sein muss. Das Prinzip selbst lese ich als Suchbewegung nach dem Sein, das durch ein „Sich-seiner-selbst-bewusst-werden“ erreicht werden soll (vgl. Kap. 2.4.2). Ontologische Vorstellungen von „thoroughly African“ schreiben sich ein, wenn kulturelle, historische und spirituelle Aspekte notwendige Bedingungen sind. Foucault führt zum „Subjekt der Wissenssysteme“ an, dass das Subjekt immer in jeweils sozio-historischen Raumkonstellationen entstehe, es also abhängig von den jeweiligen Machtverhältnissen und keinesfalls als ‚essentialistisch‘ zu betrachten sei.[915] So stehen zwei Sichtweisen Abrahams‘ nebeneinander: Die ‚African voice‘ spreche eine andere Sprache, vor allem eine spirituelle, die zeitlos sei. Daneben erklärt er, dass es auch in Afrika gesellschaftliche Veränderungen und „forward movement“ gäbe – im Gegensatz zu der dem afrikanischen Kontinent unterstellten Nichtgeschichtlichkeit:

> „I mean something is ahistorical, it doesn‘t show forward movement. It doesn‘t, doesn‘t show the developments and so on. It freezes people in the past. It freezes their culture in a particular time period. (…). [T]he same theories ah that historians apply whether Marxists or liberal whatever ah fly to other histories can be applied to the history of Africa as well. And you will see forward movement.“[916]

Die Suche nach nationaler Identität an diesem Erinnerungsort arbeitet sich an der Vergangenheit und damit an Kolonialverhältnissen des Westens bzw. Europas ab. Je nach Kontext werden zwei Argumentationslinien genutzt, um die ‚African voice‘ zu emanzipieren. Wenn es um eine Gleichwertigkeit im Verhältnis zu Europa geht, dann wird das Prozesshafte im Sinne eines historischen Werdens als Ähnlichkeit zwischen Afrika und Europa angeführt. Wenn das Ziel eine Selbstständigkeit und damit eine Loslösung von Europa ist, werden Differenzen betont, die über das Ablehnen von Ähnlichkeiten hergestellt werden. So verdrängt das „vollständig“ in „thoroughly African“ historische Begegnungen in Zwischenräumen, die auch in Europa marginalisiert waren und sind. Das heißt die Kategorisierung ‚African_‘ führt zur Definition von Zugehörigkeiten. In der Wissensproduktion, die als Prozesse der In-Wert-Setzung konzipiert sind, werden Theorien und Produzenten benannt, die während der Kolonial- und Apartheidszeit nur wenig anerkannt waren. Gleichzeitig bilden die Zugehörigkeitskonstruktionen von ‚African_‘ historische wie gegenwärtige Verbindungslinien zwischen dem ‚Westen‘ und ‚Afrika‘ nicht in ihrer Komplexität ab. Auf diesem Weg gelingt es

915 Vgl. Foucault, Michel. *Von der Freundschaft als Lebensweise. Michel Foucault im Gespräch.* Übers. Marianne Karbe; Walter Seitter. Berlin: Merve Verlag, o. A. S. 137f.

916 Ebd. S. 9.

den Erinnerungsagenden, einen grundlegenden Gegensatz zwischen „Western tradition“ und „thoroughly African“ zu behaupten.

So bezieht sich Ramzie Abrahams im Kontext des Leitprinzips ‚Emancipation of the African voice‘ (vgl. Kap. 2.4.2) auf einen Intellektuellen und Politiker Ghanas, Kwame Nkrumah, um die Prinzipientreue zu autorisieren: „Ahm it reminds me of Kwame Nkrumah who said: A principle is indivisible. At if you compromise principle (!), it becomes something it is not.“[917] Nkrumah (1909-1972) war der erste Präsident eines postkolonialen Ghanas von 1960 bis 1966. Er studierte in den USA und Großbritannien und fokussierte sein politisches Engagement auch auf das Studium sozialistischer Theorien und kommunistischen Wissens. Ali Mazrui setzte sich in den 1960er-Jahren mit Nkrumahs Ideen auseinander und charakterisierte ihn u. a. als Leninisten.[918] Lenins Kritik des Imperialismus‘ wurde Teil von Nkrumahs Schriften und Politiken seines antikolonialen Kampfes um die Unabhängigkeit Ghanas.

Abrahams bezieht sich auf Nkrumah und erhebt ihn zum Urheber des Prinzips. Er stellt darüber Kohärenz zwischen ‚African voice‘ und ‚African leader‘ her. Die Konstruktion von Wissen als einem spezifisch ‚afrikanischen‘ ignoriert jedoch Wissensbewegungen im Sinne der travelling concepts. Nkrumah zitiert den ‚deutschen‘ Sozialdemokraten Wilhelm Liebknecht (1826-1900) in seinem 1945 veröffentlichten Buch *Towards Colonial Freedom. Africa in the Struggle Against World Imperialism*: „To negotiate with forces that are hostile on matters of principle means to sacrifice principle itself. Principle is indivisible. It is either wholly kept or wholly sacrificed. The slightest concession on matters of principle infers the abandonment of principle.“[919]

Ideentransfers

Wilhelm Liebknecht traf diese Aussage am 31. Mai 1869 in einem Vortrag für den demokratischen Arbeiterverein Berlin. Er sprach von undemokratischen Verhältnissen im damaligen Parlament des Norddeutschen Bundes unter der Führung Preußens. Der preußische König war Präsident des Bundes, Bismarck Bundeskanzler. Das Parlament selbst hatte die Legislative inne, ohne jedoch Präsident und Bundeskanzler in Verantwortung nehmen zu können. Liebknecht

917 Ebd. S. 5.

918 Vgl. Mazrui, Ali. „Nkrumah: The Leninist Czar.“ *Transition* 26 (1966). URL: http://www.jstor.org/stable/2934320 (21.12.2011). S. 8-17.

919 Nkrumah, Kwame. *Towards Colonial Freedom. Africa in the Struggle Against World Imperialism*. Accra: Guinea Press Ltd., 1957 (1945). S. 3.

vertrat die Position, dass das Parlament nicht der geeignete Ort wäre, um sozialistische Prinzipien durchzusetzen. Er konstatierte:

> „Verhandeln kann man nur, wo eine gemeinsame Grundlage besteht. Mit prinzipiellen Gegnern verhandeln, heißt sein Prinzip opfern. Prinzipien sind unteilbar, sie werden entweder ganz bewahrt oder ganz geopfert. Die geringste prinzipielle Konzession ist die Aufgebung des Prinzips."[920]

Die Rede wurde mehrfach im gleichen Jahr im *Demokratischen Wochenblatt* und als eigenständige Broschüre veröffentlicht. 1872 erschien eine weitere Publikation von Liebknecht, in der er über die Rede und über die folgenden Gerichtsprozesse wegen Hochverrats sprach. Diese wurde 1888 als 3. Auflage in der Sozialdemokratischen Bibliothek in London publiziert.

London und die London School of Economics (LSE) waren wiederum Studienorte von Kwame Nkrumah in den 1940er-Jahren. Begegnungen in Büchern oder persönlich im Exil, die historisch durch koloniale Verhältnisse erzwungen wurden, ermöglichten trotz der Verlusterfahrung weitere Perspektiven auf gesellschaftliche Verhältnisse und Vergleiche von sozio-historischen Positionierungen. Daraus entstanden Perspektiven, die transnationale Prägungen aufweisen.

„Trans-" wäre im Satz „a principle is indivisible" sichtbar, hätte Abrahams auf Nkrumah und Liebknecht verwiesen. Da ‚Emancipation of the African voice' zum unteilbaren Prinzip erhoben wird, sind den Beziehungen zwischen ‚Europa' und ‚Afrika' Grenzen gesetzt. „Trans-" ermöglicht, Klassenpositionen und Rassifizierungen grenzüberschreitend zu denken. Die Wahlrechtssituation im damaligen Bund erinnert an die Situation in den ehemaligen Kolonialstaaten: Während sich u. a. Sozialdemokraten und -demokratinnen für eine Gleichberechtigung der Arbeiterklasse in der politischen Mitbestimmung (Dreiklassenprinzip, politische Repräsentation und Wahlrecht abhängig von den gezahlten Steuern) einsetzten, wurde politische Teilhabe nach der Kategorie ‚Hautfarbe' in europäischen Kolonien per Gesetz verboten.

Die Vergeschlechtlichung des Wahlrechts spielte bei Liebknecht in der hier zitierten Rede keine Rolle. So verweist das Adjektiv „allgemein" auf sein Gegenteil „selektiv". Es schloss bspw. Menschen, deren Geschlecht als weiblich bestimmt wurde und Menschen ohne Nordbund-Zugehörigkeit vom Wahlrecht aus. Sowohl in der Gesellschaft des Nordbundes als auch in kolonialen Gesellschaften diskutierten diverse politische Bewegungen Möglichkeiten des Widerstandes. Die Positionen reichten von einer Beteiligung innerhalb des zugestandenen demokratischen Raumes bis zum Befürworten eines Kampfes außerhalb der

920 Liebknecht, Wilhelm. *Kleine politische Schriften*. Hg. Wolfgang Schröder. Leipzig: Reclam, 1976. S. 17f.

Parlamente. Liebknecht schloss, dass ein allgemeines Stimmrecht allein, „ohne Preßfreiheit, ohne Vereinsrecht, unter der Herrschaft des Polizei- und Soldatensäbels (…) nur Spiel- und Werkzeug des Absolutismus sein kann“[921]. Unter der Kolonialherrschaft strukturierten ähnliche Rechtsverhältnisse, dieses Mal entlang der Kategorie ‚non-white‘/‚nie-blankie‘/‚non-blanc‘/‚nicht-weiß‘ die Grenzen politischer Teilhabe: Presse-, Versammlungs- und Bewegungsfreiheit gab es nur für ‚Weiße‘.

Dass Nkrumah Liebknechts Aussage als Leitprinzip wählte, zeigt die Interdependenz sozialistischer Forderungen und Forderungen nach Dekolonialisierung. Dass Abrahams Nkrumahs Satz nicht mit Liebknecht verbindet, kann auch eine Enthistorisierung durch die Abwehr europäischen Wissens und dessen Produzenten bzw. Produzentinnen bedeuten. Abrahams verortet Nkrumahs Aussage wissenshistorisch nicht im ‚europäischen‘ Sozialismus des 19. Jahrhunderts durch die Referenz auf Liebknecht. Liebknecht verband in der Rede zur „Unteilbarkeit von Prinzipien“ Sozialismus und Demokratie untrennbar miteinander: „Der demokratische Staat ist die einzig mögliche Form der sozialistisch organisierten Gesellschaft.“[922] Noch nennt Abrahams im Interview „African Socialism“. Während das Wort „African“ für Unterschiede von Konzeptionen sozialistischer Gesellschaften zwischen Europa und Afrika steht, verweist das Wort „Socialism“ auf Europa. Im Sinne der travelling concepts deutet sich die Verwobenheit der Widerstandsbewegungen und der Konzepte von Bildung und Emanzipation an. Im Gegensatz zur Vorstellung von deutlich verorteten Konzeptionen waren die Praxen weniger zwanghaft begrenzt. ‚African_‘ ist eben nicht diskursiv losgelöst von politisch-ideologischen Entwürfen auf anderen Kontinenten.

In den ausgestellten Dokumenten und Objekten im *Robben Island Museum* finden sich ebenfalls Ideentransfers, bspw. in der neu konzipierten Ausstellung zu Robert Mangaliso Sobukwe. Eine Informationstafel zeigt einen Artikel Sobukwes im *Drum Magazin* vom November 1959, betitelt mit „My Idea of Africa in 1973“. Darin bezieht er sich politisch auf den ‚Westen‘ und ökonomisch auf den ‚Osten‘: „We stand for political democracy as understood in the West. Economically, we stand for a planned economy and the most equitable distribution of wealth, leading to equality of income.“[923] An den Erinnerungsorten finden sich Spuren, die nicht nur auf travelling concepts, sondern auch auf die dazugehörigen Personen und Praxen verweisen. Intertextuell werden Differenzen in den Widerstandsbewegungen gegen die Apartheid lesbar, die auch in hegemonialen Diskursen Bestand haben.

921 Ebd. S. 22.
922 Ebd. S. 14.
923 „Robert Sobukwe House.“ Robben Island: Robben Island Museum (10.02.2010)

Sozialismus und Antiimperialismus sind Vorstellungen, die Sobukwe und Nkrumah teilten. Während Sozialismus als nationalstaatliches Projekt auf den Agenden der Erinnerungsorte als Zukunftsprojekt des Nationalstaates nicht mehr hervorgehoben wird, sind die Ideologiemomente einer antiimperialistischen Kulturpolitik innerhalb einer kapitalistischen Demokratie von Relevanz.

Spiritueller Partikularismus vs. historischer Materialismus

Abrahams argumentiert ähnlich wie Nkrumah in Bezug auf die ‚Emancipation of the African voice'. Er konnotiert den Begriff Ideologie wie Nkrumah positiv: Ideologie sei notwendig und fruchtbar für die Entwicklung einer Gesellschaft. Abrahams bestimmt ‚African' als deren Basis. Die Ideologie führe zur Befreiung von einer einseitigen ‚europäischen' Geschichtsnarration und vermittle Wissen, das wiederum zu nationaler Emanzipation und Integrität führe.[924] Die Ideologie sei bewusstes Sein. Nkrumah betrachtet den Geist als Materialität, als eine Kategorie des Seins: „Philosophical consciencism, even though deeply rooted in materialism, is not necessarily atheistic."[925] Die geschilderten Merkmale sind Teil von Nkrumahs Philosophie des Consciencism[926]. Zusammengedacht mit der Unteilbarkeit eines Prinzips kann Spiritualität legitimiert werden.

Wie Bassam Tibi in der Zeitschrift *Argument* von 1968 erörtert, sah Nkrumah im Consciencism keinen Widerspruch zwischen Materialität und Religiosität. Consciencism ist für Nkrumah Ideologie und Materialität zugleich und soll historisch sein. Im Sinne des Marxschen Materialismus, so Tibi, würde die philosophische Methode des Consciencism notwendig ahistorisch werden müssen, da „Marx' historischer Materialismus den Zustand [kritisierte], in dem die Welt, die die Menschen selbst geschaffen haben, von ihrem Bewußtsein sich trennt und eigene Gesetzmäßigkeiten entwickelt."[927] Die Gesetzmäßigkeiten des Spirituellen, die die Geister der Ahnen in einer anderen Form der Materialität festlegen, würden also dem bewussten Sein in der Marxschen Definition entgegenstehen. Marx plädiert für die Übernahme von Verantwortung durch materielle Körper in der Gegenwart. Er widerspricht „schicksalhaften" Göttlichkeiten – Göttern, Ah-

924 Vgl. Nkrumah, Kwame. *Consciencism*. 3. Aufl. New York: Monthly Review Press, 2009 (1964). S. 8-11, 53-55, 66.

925 Ebd. S. 84.

926 Vgl. ebd. Ausführlich in: Owusu, Robert Yaw. *Kwame Nkrumah's Liberation Thought. A Paradigm for Religious Advocacy in Contemporary Ghana*. Asmara: Africa World Press, Inc., 2006.

927 Tibi, Bassam. „Nkrumah, Kwame: Consciencismus. Philosophie und Ideologie zur Entkolonialisierung und Entwicklung mit besonderer Berücksichtigung der afrikanischen Revolution." *Das Argument* 48.10 (1968). S. 398.

nen oder Gesetzen – Göttlichkeiten, die nicht zu „entsetzen“ (vgl. 3.1.1) seien. In einer Publikation des *Freedom Park* heißt es:

> „Karl Mark (!)‘s conception of communist society in which people identify with humanity as a whole and have no attachment to a particular group has had very little support in history. It is definitely not supported by the principles that inform rites of passage. It is therefore reasonable to suggest that rites of passage provide the necessary condition for other important national values such as compassion and caring.“[928]

Auch in diesem Ausschnitt wird Zugehörigkeit über Differenz und Ablehnung hergestellt. Marx‘ Konzeption einer kommunistischen Gesellschaft beinhaltet die Vorstellung davon, sich als Mensch und nicht als Nationalität zu betrachten. Das entzieht Nation-Building-Prozessen und ihren Begrenzungen die Legitimation. Werte wie Leidenschaft und Fürsorge wären dann per se menschlich und entnationalisiert. Sie wären als ‚indigenous knowledge‘ nicht mehr Teil der „Rites of Passage“, das hier als spezifisch südafrikanisch dargestellt wird. Das Wissenssystem „Rites of Passage“ schafft die Bedingungen für die Vorstellung von nationalen Subjekten. Nkrumahs Consciencism und die „Rites of Passage“ stützen die Ideologie nationaler Zugehörigkeit als primärer Subjektidentität und entschränken die grenzüberschreitenden Wissenskonzeptionen von einer befreiten Gesellschaft.

Sichtbar wird ein Denken in Oppositionsketten, die Stuart Hall bspw. als „westlich = urban = entwickelt“ und dessen Pendant „nicht-westlich = nicht-industriell = ländlich = landwirtschaftlich = nicht-entwickelt“ beschreibt.[929] Die Kategorie des ‚Westens‘ wird in dieser Argumentation indirekt wieder aufgegriffen – ihre Ambivalenz sichtbar: ‚Nation‘ als Denksystem und Gesellschaftsformation ist eine europäische Erfindung, die nicht infrage gestellt wird. Die Nation sorge dafür, dass Werte wie Fürsorge und Leidenschaft lebbar werden – Werte, die auch in IKS von Bedeutung sind. Da der Konnex zum ‚Westen‘ gar nicht erst auf die argumentative Agenda gesetzt wird, bleibt die Nation erstrebenswert. Andere Denk- und Repräsentationssysteme werden mit dem ‚Westen‘ und mit

928 The Freedom Park Trust. *Rites of Passage and Their Normative Significance in South Africa.* Pretoria, o. A. S. 9. In diesem Kontext ist die Begegnung des Vizepräsidenten Südafrikas Kgalema Motlanthe mit dem ‚deutschen‘ Außenminister Guido Westerwelle und dem Minister für wirtschaftliche Zusammenarbeit und Entwicklung Dirk Niebel vom 09. bis 10.04.2010 interessant. Mothlante traf die Aussage, dass die soziale Marktwirtschaft eine der besten deutschen Errungenschaften gewesen und Karl Marx für ihn der größte Denker aller Zeiten sei. Vgl. Dieterich, Johannes. „Als Tandem durch Südafrika.“ *Frankfurter Rundschau.* 11.04.2010.

929 Vgl. Hall, Stuart. „The West and the Rest: Discourse and Power.“ *Formations of Modernity.* Hg. Stuart Hall, Bram Gieben. Cambridge: Polity, 1992. S. 277.

Forderungen der ‚eigenen Anderen' assoziiert. Die Vorstellung einer Weltgemeinschaft von Marx, ebenfalls lokal in Europa entstanden, würde keine Bindung zu einer speziellen Gruppe herstellen. Die Geschichte habe gezeigt, dass diese Organisation von Gemeinschaft keine Unterstützung fand. Kritiker und Kritikerinnen des heutigen Nationalstaates, die dessen Funktionsweisen und Organisationsform infrage stellen, wird so der Platz genommen. An dieser Stelle fügt sich die Sichtweise von Katherine Verdery ein, die Nation als Symbol und Nationalismus als Konfliktfeld betrachtet, in dem sich verschiedene Gruppen über die Definition und deren legitimierende Effekte auseinandersetzen. Sie plädiert dafür zu fragen: „What is the global, societal, and institutional context in which different groups compete to control this symbol and its meanings?"[930] ‚Nation' wird nicht als ‚westliche' Erfindung konzipiert, sondern sei eine Werte generierende Praxis. Diese stabilisiere IKS.

Legitimiert wird letztlich ein „dritter Weg": Nation-Building in Südafrika besteht aus einem Staat, der ‚Recht' und ‚Freiheit' garantiere und sich in seinen Grundzügen (Gewaltenteilung, politische Mitbestimmung, Verfassung etc.) nicht wesentlich von anderen Nationalstaaten unterscheidet. Die Nation speist sich jedoch eher aus dem Wert ‚African_'. Mit der Analyse Stuart Halls „West and the Rest" lässt sich in umgekehrter Richtung zeigen, dass sowohl der ‚Westen' als auch ‚African_' Repräsentationssysteme sind, die sich aufeinander beziehen und in wechselseitigen Bestimmungen des ‚Eigenen' und des ‚Anderen' funktionieren. Sie sind die zwei Seiten derselben Identitätsmedaille, die der Nation verliehen wird.[931] In postkolonialen Staaten wie Südafrika wechseln die Machtverhältnisse zwischen dem Diskursverhältnis ‚Eigenes' und ‚Anderes'. Nach Kolonialismus und Apartheid wird in den Repräsentationssystemen an Erinnerungsorten von nationaler Bedeutung das ehemals ‚Andere', also ‚African_', zum nationalen ‚Eigenen'. Die vorherigen Machthaber, die sich selbst als das ‚Eigene' definierten und damit auch die Definitionsmacht besaßen, stellen heute das nationale ‚Andere' dar. Über die Differenzbildung können auch diejenigen zum ‚Anderen' werden, die sich für eine andere Gesellschaftsstrukturierung, bspw. eine nicht-kapitalistische, aussprechen (vgl. Kap. 5).

Dominant bleiben also im heutigen Südafrika Erinnerungen, die in ihren Repräsentationen einen „dritten Weg" zwischen Kapitalismus und Kommunismus entwerfen und das ‚Eigene' betonen. In seiner Autobiografie äußert Mandela Skepsis gegenüber dem Gesellschaftssystem ‚Kommunismus': „Wir waren

930 Verdery, Katherine. „Wither ‚Nation' and ‚Nationalism'?" *Mapping the Nation*. Hg. Gopal Balakrishnan. London, New York: Verso, 1996. S. 228.

931 Vgl. Hall, Stuart. „The West and the Rest: Discourse and Power." *Formations of Modernity*. Hg. Stuart Hall, Bram Gieben. Cambridge: Polity, 1992. S. 278ff.

äußerst vorsichtig gegenüber dem Kommunismus.“[932] 1944 heißt es im Manifest „Our Creed“ zur Gründung der Jugendliga des ANC: „We may borrow useful ideologies from foreign ideologies, but we reject the wholesale importation of foreign ideologies into Africa.“[933] Die Grenzkontrollen von Wissensimporten zeigen sich auch in den Diskussionen über die Konzepte von Feminismus als „un-African“[934].

„Rejection“ wird zur Selbstbehauptung und bietet die Möglichkeit, das ‚Eigene‘ zu konstruieren. Die Auswahl der erzählten und visualisierten Erinnerungen an den vier untersuchten Orten fokussiert auf spezifische Differenzen, die das ‚Eigene‘ erst ermöglichen. Die Architektur- und Ausstellungspraxen sollen sich dadurch vom vormals hegemonialen Wissen des Apartheidsstaates abgrenzen. Stuart Hall begreift das Regime der Repräsentationen intertextuell als „the whole repertoire of imagery and visual effects through which ‚difference‘ is represented at any one historical moment“[935]. Ich stelle diese Definition in einen Denkkontext mit der psychoanalytischen Definition von Hook zum Identifikationsprozess. Das ermöglicht, Ablehnung und Identifikation als Teil von Nation-Building-Prozessen an Erinnerungsorten zu lesen. Die Orte verkörpern Räume, die sowohl Zugehörigkeit als auch Ablehnung repräsentieren – in Kategorien, die auf- oder abgewertet werden. Die Klassifikationssysteme des ‚Anderen‘ werden zu eigenen Klassifikationssystemen. Die Ausstellungspraxen entziehen sich diesen klassifizierenden und (ein-)ordnenden Kategorien nicht. Im Gegenteil: Um Nation-Building zu betreiben, konstruieren sie aktiv Identitätskategorien wie ‚African_‘, die wiederum vergeschlechtlicht gedacht werden (vgl. Kap. 4.2.2) und dementsprechend Festschreibungen re-/produzieren. Die gegenwärtige Kritik an den Erinnerungsorten arbeitet sich an dem ‚Anderen‘ ab – das vor allem vergangene Hegemonie bezeichnet.[936] Das ist ein wichtiger Schritt, reicht meines Erachtens nach jedoch nicht aus. Denn dabei geraten gegenwärtige Machtverhältnisse aus dem Blick bzw. werden als die ‚Freiheit‘ sichernd legitimiert. Kategorien wie ‚African_‘ und Prinzipien wie ‚Emancipation of the African voice‘ oder Unity in Diversity werden, wenn nicht zu nationalisiertem Fetisch, dann

932 Mandela, Nelson. *Der lange Weg zur Freiheit*. Übers. Günter Panske. Hamburg: Spiegel-Verlag, 2006/2007 (1994). S. 132.

933 URL: http://www.ancyl.org.za/docs/manifesto/1944/ancylmany.html (29.01.2012). S. 7.

934 Vgl. u. a. Dosekun, Simidele. „Defending Feminism in Africa.“ *postamble* 3.1 (2007). URL: http://postamble.org/wp-content/uploads/2011/12/3.1-5.pdf (13.11.2011)

935 Hall, Stuart. „The Spectacle of the ‚Other‘.“ *Representation. Cultural Representation and Signifying Practice*. Hg. Stuart Hall. London: Sage, 1997. S. 232.

936 Vgl. Butler, Judith. *Was ist Kritik? Ein Essay über Foucaults Tugend*. Übers. Jürgen Brenner. 05.2001. URL: http://www.transform.eipcp.net/transversal/0806/butler/de#redir (19.10.09). S. 3.

doch zum „Paradigma der Kategorisierung“[937]. Isabelle Lorey kritisiert die Praxis der Kategorisierung, die Subjektpositionen homogenisiert. Sie plädiert mit Foucault und Butler für eine Kritik, die „die Legitimation der Rasterung zurückweist und die kategoriale Anrufung verweigert“[938]. Dann könne es Bewegungen geben, die sich auf verschiedenen Kontinenten gründen, die sowohl gemeinsame als auch partikuläre Interessen teilen und denen darüber eine Widerständigkeit möglich wird, die nicht nur nationale Grenzen, sondern auch nationale Subjektverständnisse überwindet (vgl. Kap. 5).

4.3.2 Vom Ideal der Selbstverwertung

Die Erinnerungsagenden propagieren einen „dritten Weg“, der konzeptionell für postkoloniale Staaten steht. Zum ‚Fremden‘ wird der ‚Westen‘, dessen Episteme laut Mandela überprüft gehören. Eine spezifische Abgrenzung wird zentral, die starre Identitäten im nationalen Diskurs herstellt. Ein Indiz für eine Identität in klaren Grenzen ist die nationalistisch aufgeladene Wertediskussion um den Begriff ‚African‘, die ein ‚post-African‘ nicht auf die Agenda setzen würde.

Es zeigt sich, dass Dekolonialisierungsprozesse machtvolle Restrukturierungsprozesse sind. Die Erinnerungsorte selbst sprechen von Macht, die sowohl Gegenmacht als auch hegemoniale Macht ist. Als Entwurf von Gesellschaft, der sich auf eine Verfassung beruft, die legale Instrumente gegen Diskriminierungsformen wie Rassismus und Sexismus bereitstellt, bezieht sich das ‚gegen‘ auf die Zeit des Nationalstaates, in der dieser von Kolonialismus und Apartheid strukturiert war. Zugleich ist dieser Gegenentwurf einer südafrikanischen Post-Apartheidsgesellschaft der eines hegemonialen Nationalstaates in der Gegenwart. Dessen kulturpolitische Prämissen enthalten Spuren anderer Diskurse, bspw. aus der Wirtschafts- oder Arbeitsmarktpolitik. Die Spuren verweisen auf ein hegemoniales Wissen, dessen epistemische Gewalt darin liegt, dass bestimmte Positionen dominant werden. Sie gelten als der richtige Weg und lassen andere Pfade in einer Sackgasse enden.

Ich will zunächst einer Spur nachgehen, die von einem Erinnerungsort zu diversen staatlichen Ministerien und internationalen Organisationen in der Wirtschafts-, Wissenschafts- und Technologiepolitik führt: Yonah Seleti war selbst bis zum Jahr 2006 Heritage Manager des Freedom Park Trust. Seine Prämisse liegt, wie auch die seines Nachfolgers Ramzie Abrahams und die seiner Kooperations-

937 Vgl. Lorey, Isabell. „Kritik und Kategorie. Zur Begrenzung politischer Praxis durch neuere Theoreme der Intersektionalität, Interdependenz und Kritischen Weißseinsforschung.“ *Kritik und Materialität*. Hg. Alex Demirović. Münster: Westfälisches Dampfboot, 2008. S. 145.

938 Ebd.

partner und -partnerinnen Wally Mongane Serote, Andrew Masondo und Harriet Ngubane auf ‚Indigenous Knowledge Systems'. Derzeit ist Seleti Chief Director für Indigenous Knowledge Systems im südafrikanischen Ministerium für Wissenschaft und Technologie. Auf einem Arbeitstreffen des Ministeriums und dem National Science and Technology Forum plädiert er für „Knowledge governance". Er definiert ‚Indigenous Knowledge' als Reichtum produzierende Regierungstechnologie[939]:

> „Knowledge has become an intrinsic part of democratic politics, and IKS should therefore relate to the democratic transformation of our society. Knowledge generates welfare in communities, through the day-to-day activities of ordinary people, and should be viewed in the holistic framework for societal development. The defensive approach to IKS should be discarded and replaced with a more aggressive approach that places IKS at the centre of epistemologies so that it can transform other kinds of knowledge."[940]

Seleti fordert, ‚Indigenous Knowledge Systems' in das Zentrum der Episteme zu stellen. Die diversen Kooperationen mit Universitäten und die Etablierung von Wissensarchiven, auch an den untersuchten Erinnerungsorten, bezeugen eine „Verwissenschaftlichung von Wissen" (Foucault), die jedoch explizit als Demokratisierungsbekundung und nicht als Elitebildung im postkolonialen bzw. Post-Apartheid-Kontext verstanden wird. Repräsentationen von ‚Indigenous Knowledge Systems' finden sich auf allen Agenden der Erinnerungsorte (vgl. Kap. 3.1.2). Die Erinnerungsorte bezeugen gesellschaftliche Veränderungen durch das Abbilden dieses Wissens. Der Fokus auf vorher benachteiligte Wissensformationen soll die Transformation des illegitimen Apartheidsstaates hin zu einem demokratischen Rechtsstaat in Südafrika unterstützen. Materielle Teilhabe rahmt zudem Demokratisierung. Immaterielles Wissen meint Alltagswissen von Gemeinschaften, die vor 1994 diskriminiert wurden. Es ist ein Wissen, das sich im Diskurs von vorher hegemonialem Wissen unterscheidet. Dieses Alltagswissen zu promoten, schaffe Gemeinwohl. Hier sind also mindestens drei Ideale miteinander verbunden, die zu monumentalen an den Erinnerungsorten werden: eine bestimmte Form von Wissen, das als ‚indigen' bestimmt wird, soll Teil eines Demokratisierungsprozesses werden und zu Reichtum führen.

Dass Menschen ihr Alltagshandeln und -wissen für diese Ziele einsetzen können, betrachte ich als ambivalent. Einerseits funktioniert diese Argumentation

939 Vgl. Department of Science and Technology and National Science and Technology Forum. „Workshop on Indigenous Knowledge Systems and Intellectual Property Rights." Pretoria. 14.-15.07.2011. URL: http://www.nstf.org.za/ShowProperty?nodePath=/NSTF%20Repository/NSTF/files/Workshops/2011/IKSminutes2011.pdf (11.03.2012). S. 27.

940 Ebd.

in der Logik der Selbstermächtigung, mit den eigenen Fähigkeiten für sich sorgen zu können. Andererseits fügt sich dieser Ansatz auch in Unternehmenslogiken derzeitiger gouvernementaler Prämissen ein. Das eigene Dasein wird verwertbar. Die Subjektposition, die an den Erinnerungsorten hergestellt wird, bewegt sich in nationalstaatlichen Diskursen von Zugehörigkeit. Das produzierte Wissen soll Emanzipation ermöglichen. Diese spezifischen Formen von Wissen über die Vergangenheit werden im Diskurs der Erinnerungsorte zu Erinnerungen an die Befreiung von historisch erfahrener Abwertung (vgl. Kap. 3.2). Es soll Subjekte hervorbringen, die sich der nationalisierten Werte ‚Freiheit', ‚Recht' und ‚African_' bewusst sind, die die Werte selbst sowohl als Richtmaß verinnerlichen als auch der jetzigen Regierung als Leistung und Fürsorge anrechnen. Das Regierungshandeln kombiniert die Werte mit historisierten Nationalismen, um Zugehörigkeit zum Nationalstaat und zu Unternehmenslogiken herzustellen.

Die Emanzipation ist demnach weniger Selbstermächtigung denn Subjektermächtigung – in staatlich finanzierten kulturpolitisch-ökonomischen Nation-Building-Prozessen um den Preis der Disziplinierung des ‚Selbst' als „Subjekt der Macht" (Foucault). Akteure und Akteurinnen in diversen staatlichen Politikbereichen bedienen den Diskurs der Subjektermächtigung im Kontext der Verbindung aus Staatsbürgerschaft und Lohnarbeit. Franco Barchiesi stellt diesen Zusammenhang in seinem Buch *Precarious Liberation. Workers, the State, and Contested Social Citizenship in Postapartheid South Africa* her.[941] Er bringt diverse Papiere, Reden und Protokolle miteinander ins Gespräch. So gelingt es ihm zu zeigen, dass das Agenda-Building politisch verantwortlicher und machtvoller Akteure und Akteurinnen in Regierungskontexten u. a. auf „Freiwilligkeit, Selbst-Aufopferung und dem Ablehnen finanzieller, staatlicher Unterstützungsleistungen" in Regierungskampagnen wie „letsema" oder „vuk'uzenzele" zielt.[942]

Im August 2011 rief die Regierung in drei Provinzen die Indigenous Knowledge System Awareness Campaign aus. Ziel war es u. a. die Menschen über ihre Eigentumsrechte zu informieren. Aus der Perspektive, dass Menschen in ruralen Gebieten über ‚indigenous knowledge' verfügen, sollten sie durch die Kampagne lernen, dieses Wissen wertzuschätzen. Das vermittle ihnen Stolz. Der Staat stelle die Rechtsmittel zur Seite. Darin ist auch lesbar, dass sie als Besitzende über dieses Wissen zudem dafür Sorge tragen müssen: Sie sollen dieses Wissen einsetzen, um ihre Lebenssituation zu verbessern – im Sinne einer Ermächtigung

941 Vgl. Barchiesi, Franco. *Precarious Liberation. Workers, the State, and Contested Social Citizenship in Postapartheid South Africa*. Scottsville: University of KwaZulu-Natal Press, 2011.

942 Vgl. Twala, Chitja. „The ‚Letsema/Ilima' Campaign: A Smokescreen or an Essential Strategy to Deal with the Unemployment Crisis in South Africa." *Journal for Contemporary History* 29.1 (2004). S. 184-198. Zitiert nach: Barchiesi, Franco. *Precarious Liberation. Workers, the State, and Contested Social Citizenship in Postapartheid South Africa*. Scottsville: University of KwaZulu-Natal Press, 2011. S. 132.

zur Selbstermächtigung. ‚Indigenous Knowledge Systems' wären dann Teil von Arbeitsmarktpolitiken.

Diskursfragmente aus Nation-Building-Diskursen finden sich in unterschiedlichen gesellschaftspolitischen Bereichen wieder – auch an den Erinnerungsorten. Die Spurensuche führt zum ehemaligen CEO des *Freedom Park*: Auch Wally Mongane Serote sprach auf dem Treffen in Pretoria. Er äußerte sich zum Thema „Challenges Facing Traditional Health Practitioners in the Protection of Traditional Medicine"[943]. Serote plädiert für den Einsatz von IKS, der Südafrika zu einem wahren afrikanischen Land mache und stellt diverse Praktiken innerhalb von IKS dar, u. a. Bongaka als „traditionelle Form der Heilung und des Segens". Die kulturelle In-Wert-Setzung, die IKS heute signifiziert, wird zur ökonomischen, wenn Serote davon spricht, dass

> „[o]ver generations, this rudimentary science has become sophisticated and informs today's biomedicine and pharmaceuticals. The private sector is involved in biotechnology, bioprospecting and biodiversity and should be in partnership with people at the grassroots who were the pioneers of all traditional knowledge and medicines that we have today."[944]

Er plädiert für ein Modell der private-public partnership, das den Wissensbereich ‚traditional knowledge' kapitalisieren könne. Organische Intellektuelle seien diejenigen, die über diese Form des Wissens verfügen, das vor allem auch ein spirituelles Wissen sei: „Traditional healing through divination (throwing bones) is a holistic diagnosis of a patient's health condition, made possible by the convergence of the language and the practice."[945] Spiritualität wird zum Glaubensgrundsatz, der Heilung ermögliche:

> „The strength of Bongaka is based primarily on the healing of the spirit, creating conditions that allow the patient to focus the healing process based on the strength of their spirituality. Conventional medical practices have witnessed that patients who have spiritual strength have a greater chance of survival and recovery."[946]

Serote nutzt die Sprache globalen medizinischen Wissens, um Vergleichbarkeit zwischen diesem Wissen und traditionalisierten Techniken herzustellen:

---

943 Vgl. Department of Science and Technology and National Science and Technology Forum. „Workshop on Indigenous Knowledge Systems and Intellectual Property Rights." Pretoria. 14.-15.07.2011. URL: http://www.nstf.org.za/ShowProperty?nodePath=/NSTF%20Repository/NSTF/files/Workshops/2011/IKSminutes2011.pdf (11.03.2012). S. 4.

944 Ebd.

945 Ebd.

946 Ebd.

> „*Bongaka* should inform the institutions of government by transferring its scientific and cultural experience to shape the conscientiousness and attitude towards *Dingaka.* The negative aspects of colonialism and the education process on *Bongaka* should be reversed.“[947]

Wissenschaft ist für ihn eine Methode, Wissen zu ordnen; Technologie ein Wissen, dass die Lebensverhältnisse verbessert. IKS wiederum verbindet für Serote beides miteinander und wird zur Wissenstechnologie, die auch der Basis der südafrikanischen Gesellschaft eine volle Staatsbürgerschaft ermögliche.[948] Serote engagierte sich für die rechtliche Absicherung und Unterstützung des geistigen Eigentums als soziales Kapital.[949] Er war selbst Vorsitzender des National Indigenous Knowledge System Steering Committee und konnte auf diversen Ebenen, wie mehrfach in den letzten drei Kapiteln gezeigt, Agenda-Building zum Thema IKS betreiben. Das Kunst- und Kulturministerium reagierte auf eine Ausschreibung des UNESCO-Programms „Memory of the World“ 2011. U. a. war die Medu Art Ensemble Collection für das Programm nominiert, die im *Freedom Park* ausgestellt ist.[950]

Der Link zwischen dem Erinnerungsort *Freedom Park* und nationalstaatlicher sozio-ökonomischer Politik sind die ‚Indigenous Knowledge Systems‘. Sie repräsentieren die von den Monumenten verkörperten Ideale, die ein bestimmtes bewusstes Sein produzieren sollen, und bewegen sich im Spannungsfeld zwischen kultureller und ökonomischer In-Wert-Setzung/Kapitalisierung. IKS ist nicht nur ein Instrument, das Nation-Building innerhalb der Grenzen des Nationalstaates vorantreiben soll. IKS wird auch genutzt, um sich im „global village“[951] zu behaupten. In der Eröffnungsrede zum Workshop hält Molapo Qhobela, in seiner Funktion als stellvertretender Generaldirektor der Abteilung „Human Capital and Knowledge Systems“ des Ministeriums für Wissenschaft und Technologie, fest, dass lokales Wissen durch Forschung und Innovationen an Wert gewinnen könne und so einen Wettbewerbsvorteil in der globalen Wirtschaft

947 Ebd. Hervorh. i. O.

948 Vgl. ebd. S. 5.

949 Vgl. World Intellectual Property Organisation. *Intergovernmental Committee on Intellectual Property and Genetic Resources, Traditional Knowledge and Folklore*. Genf. 13.-21.06.2002. URL: http://www.oapi.wipo.net/edocs/mdocs/tk/en/wipo_grtkf_ic_3/wipo_grtkf_ic_3_17-main 1.pdf (25.02.2012). S. 20.

950 Vgl. Wakashe, Thema W. *UNESCO and Cultural Diversity*. Department of Arts and Culture. URL: www.pmg.org.za/files/docs/100915unesco.ppt (08.03.2012). Folie 9.

951 Vgl. Department of Science and Technology and National Science and Technology Forum. „Workshop on Indigenous Knowledge Systems and Intellectual Property Rights.“ Pretoria. 14.-15.07.2011. URL: http://www.nstf.org.za/ShowProperty?nodePath=/NSTF%20Repository/NSTF/files/Workshops/2011/IKSminutes2011.pdf (11.03.2012). S. 5.

ermögliche.[952] Rechte zum intellektuellen Eigentum, bezogen auf African Traditional Medicine (ATM), seien entscheidend, um die technologische Führung und globale Wettbewerbsfähigkeit in den Biowissenschaften aufrechtzuerhalten. Staatliche Regulierungsinstitutionen sollen dieses zusätzlich absichern: „The National Intellectual Property Rights Office (NIPRO) and the Technology Innovation Agency (TIA) are further important interventions to regulate and to stimulate innovation in IK and ATM and to improve economic growth."[953]

Yonah Seleti beschreibt dies in einem seiner zahlreichen Vorträge als Vertreter des Ministeriums ähnlich. Auf dem Indigenous Knowledge Awareness Day seitens des DST und in Kooperation mit der University of Venda konstatierte er, dass es um die Fähigkeit einer Nation gehe, Wissen in Innovation und Reichtum zu konvertieren. Denn das sei ein entscheidender Faktor, sich unter anderen Nationen zu behaupten.[954] Seleti verantwortet das National Indigenous Knowledge Systems Office (NIKSO), das wiederum dem Ministerium für Wissenschaft und Technologie zugeordnet ist. NIKSO hat die Aufgabe, die politischen Richtlinien zum IKS umzusetzen, die das Kabinett 2004 bzw. 2008 beschloss. Seleti vertrat den Nationalstaat Südafrika in der World Intellectual Property Organization (WIPO). Die World Intellectual Property Organization beschreibt das Profil Seletis 2009 wie folgt:

> „Yonah Seleti has been at the core of the integration of African traditional Medicines into one of the five Grand challenges of the ‚Ten Year Innovation Plan for South Africa'. The ‚Farmer to Pharma' Grand challenge aims to bring together indigenous knowledge, the biodiversity and the biotechnology in building South Africa's bio-economy."[955]

Seletis Plädoyer für einen „aggressiveren Ansatz", der ‚Indigenous Knowledge Systems' ins Zentrum der Wissenspolitik stellt, ist in gegenwärtigen lokalen, nationalen und globalen Diskursen keineswegs ungewöhnlich (vgl. Kap. 3.2). Auch kontinental zeigen sich Gouvernementalitätstechniken in Bezug auf Wissensproduktionen. In Südafrika sprechen sich unterschiedliche politische und ökonomische Akteure für eine Systematisierung von Wissen auf kontinentaler Ebene aus. Ihr Fokus liegt auf ‚Indigenous Knowledge Systems'. Sie gründeten in Kooperation mit der Development Bank of Southern Africa (DBSA) und de-

952 Vgl. ebd. S. 1. Molapo Qhobela ist zudem Vizepräsident für die institutionelle Entwicklung der University of South Africa (UNISA), eine der kooperierenden Universitäten mit *Freedom Park*.

953 Ebd. S. 2.

954 Vgl. Seleti, Yonah. *Promoting Indigenous Knowledge*. 10.12.2010. URL: http://www.slideshare.net/BraamCronje/vuwani-science-centre-presentation (24.03.2012). Folie 4.

955 URL: http://www.wipo.int/meetings/en/2009/ip_gc_ge/bios/seleti.html (20.03.2011)

ren Partnern wie bspw. der New Partnership for Africa's Development (NEPAD)[956], einem Programm der Afrikanischen Union (AU), und der in Johannesburg ansässigen University of the Witwatersrand im Jahr 2005 die Initiative Knowledge Management Africa (KMA). Angelehnt wurde diese an bereits bestehende Projekte wie „KM Europe and KM Asia for example [which] provide respective continental platforms for effective techniques for capturing, creating, and sharing knowledge"[957]. Wie auf nationaler und globaler Ebene liegt auch hier zudem der Schwerpunkt auf der Analyse von Wettbewerbsvorteilen.[958] Die Wertbildung über Biowissenschaften verdeutlichen auch Institutionalisierungen wie die Africa Biosciences Initiative (ABI) und der African Ministerial Council on Science and Technology (AMCOST).

In dem Versuch, Wissen zu verdaten, zeigt sich eines der Hauptaugenmerke der Regierungskunst: die ‚Bevölkerung' statistisch zu reg(ul)ieren. Unter der Überschrift „Importance of statistical capacity building in Africa" argumentiert Snowy Khoza, Executive Manager des Knowledge Management Cluster der DBSA und Vorsitzender des KMA, auf dem Africa Symposium on Statistical Development im Jahr 2006 wie folgt: „(...) without robust nationally supported statistical capacities, hardly any credible means of measuring development outcomes is possible. Capacity building advocated in this context places national statistics high on national agenda."[959] Nationalisierungspolitiken dienen in Khozas Sichtweise einem Unabhängigwerden von der Expertise internationaler Experten und der Ermächtigung eigener Sichtweisen, verstanden als kollektive: „We must convince our leaders that evidence-based policymaking can only become reality with credible statistical capabilities. Otherwise we will continue to depend on ‚donated statistics' – as is the case in most of our countries at present."[960] Glaubhafte Daten, die selbst produziert werden, können dann in nationalstaatliche Politiken umgesetzt werden, die wiederum über statistische Durchschnittswerte verrechtlichte Disziplinierungen legitimieren. Trevor Manual, damaliger Finanzminister Südafrikas, war ebenfalls Gast des Symposiums. In seiner Eröffnungsrede begründet er diesen Ruf nach glaubwürdigen Daten mit den

956 Die Politiken des institutionalisierten Programms setzen u. a. auf den globalen Wettbewerb um Wissen und dessen Markfähigkeit. Vgl. Knowledge Management Africa. *General Report of the third Knowledge Management Africa conference „Knowledge to Reposition Africa in the Global Economy"*. Dakar: Le Meridien President Hotel, 04.-07.05.2009. URL: http://www.kmafrica.com/KMAfrica2009.General.Report (23.03.2012).

957 Khoza, Snowy. „The importance of Statistical Capacity Building in the Context of Knowledge Management Africa (KMA)." *2006 Africa Symposium on Statistical Development ‚THE 2010 Round Of Population And Housing Censuses'*. Kapstadt. 30.01.-02.02.2006. URL: http://www.statssa.gov.za/asc/Presentations/Day1_Session1_SnowyKhoza.pdf (03.04.2012). S. 2.

958 Vgl. ebd. S. 3.

959 Ebd. S. 6.

960 Ebd.

Zweifeln an den Prognosen, die internationale Experten und Expertinnen der UN, der Weltbank, des Internationalen Währungsfonds' und der Organisation für wirtschaftliche Zusammenarbeit und Entwicklung für Afrika und das Jahr 2015 bezüglich der ‚Bevölkerungsentwicklung' formulierten.[961] Nach einem historischen Vergleich der Verschiebung der Armutspolitiken von generellen Programmen hin zu partizipatorischen und implementierbaren durch die Institutionen von Bretton Woods plädiert er wie Khoza für die Ausbildung ‚eigener' Statistiker und Statistikerinnen. Er betont: „(...) the centrality of population and housing censuses in knowledge management in Africa, in the pursuit of evidence-based decision-making, and in monitoring progress made towards achieving national development goals cannot be overstated."[962] Und schließt seine Rede mit der These: „(...) if we can't measure it, we cannot manage it."[963] Sowohl bei Khoza als auch bei Manual geht es nicht nur darum, Messbarkeit herzustellen, sondern auch wahre Daten zu generieren. Das sei über eigene Institutionen und selbst erstellte Statistiken wahrscheinlicher.

Auch Erinnerungen werden zu messbaren Einheiten, wenn sie Wissen produzieren. Der Fokus auf ‚Indigenous Knowledge' und dessen Systematisierungen spricht gesellschaftspolitische Bereiche an, die Ziel statistischer Politiken sind:

> „The Department of Science and Technology (DST) has developed its Ten-Year Innovation Plan, which aims to establish South Africa as a world leader in biotechnology and pharmaceuticals, based on the nation's indigenous resources and an expanding knowledge base."[964]

Die gemeinsame Klammer bildet der Begriff ‚Biopolitik', der Regierungstechniken als Sicherheit stabilisierend produktiv macht. Die Vizedirektorin des Programms Biotechnology and Health Innovation des südafrikanischen Ministeriums für Wissenschaft und Technologie Theresa Smit erklärt die Perspektive des Ministeriums: „The DST regards biotechnology as a priority area that has the potential to significantly contribute to national priorities, such as improved quality of life through improved healthcare, food security, job and wealth creation,

961 Vgl. Manual, Trevor. „Address to the 2006 Africa Symposium on Statistical Development ‚THE 2010 Round Of Population And Housing Censuses'." *2006 Africa Symposium on Statistical Development ‚THE 2010 Round Of Population And Housing Censuses'.* Kapstadt. 30.01.-02.02.2006. URL: http://www.statssa.gov.za/asc/Presentations/Day1_Opening_MinisterTrevor Manuel.pdf (23.03.2012). S. 2.

962 Ebd. S. 4.

963 Ebd. S. 6.

964 Gabru, Fatima. *DST to build South Africa's bioeconomy.* 04.07.2008. URL: http://www.engineeringnews.co.za/article/dst-to-build-south-africas-bioeconomy-2008-07-04 (23.03.2012)

and environmental protection."[965] Dabei sichern unterschiedliche Instrumente die Re-/Produktion nationaler Politiken. ‚Indigenous Technologies' (vgl. 3.2) werden mit Technologien der Genforschung produktiv gemacht So schlussfolgert Smit:

> „Biotechnology, including genetically modified organisms (GMOs), could help produce more food by improving the yield a hectare planted, produce crops that are resistant to drought, insects or pests, produce crops that are disease resistant, produce crops that use water and nutrients in soil more efficiently and produce crops that are modified to increase their nutritional qualities and content. Already more than 12-million farmers in 23 countries, including South Africa, have planted more than 283-million acres of biotech crops."[966]

Viele Nationalstaaten entwickeln zudem „Farmer to Pharma"-Konzepte in unterschiedlichen Variationen und Benennungen, um vorher abgewertetes Wissen kulturell und ökonomisch in Wert zu setzen.[967] Diverse Ministerien verhandeln Kapitalisierungsprozesse von Wissen unter den Stichworten Biodiversity, Biotechnology und Bioeconomy. Dabei zielen die staatlichen Akteure und Akteurinnen und die lokalen Wissensproduzenten und -produzentinnen auf Ermächtigung durch Verrechtlichungen von Lebenswissen. Regierungskräfte betonen den Wert von Alltagswissen und weisen dieses als Lebenstechnologie aus. So wird vor allem für diejenigen eine Möglichkeit der Selbstaktivierung konstruiert, die auf dem Land leben und denen die Kolonial- und Apartheidspolitiken wenig Infrastruktur zugestanden.

Die Ermächtigungsstrategien funktionieren über den Konnex Staatsbürgerschaft und Kapitalisierung von Erfahrungen des ‚Selbst', das als ‚Subjekt' objektiviert wird. Dementsprechend rahmt der nationalstaatliche Komplex durch das Macht-Wissen-Gefüge Subjekte, die in der Vorstellung alle über die gleichen Ausgangschancen verfügen. Dieses Verständnis objektiviert sie. Gleichzeitig greift diese Subjektivierungsstrategie Widerstände des ‚Selbst' aus der Vergangenheit durch Revolutionsrhetorik auf und bindet diese durch die Technologien der In-Wert-Setzung des ‚Selbst' in gegenwärtige Machtverhältnisse ein. Barchiesi fokussiert in seiner Studie auf den „work-citizenship-nexus", der über „hard

965 Ebd.

966 Ebd.

967 Anhaltspunkte dafür liefern u. a. internationale Konferenzen, so z. B. die International Bioeconomy Conference (BioEco), die vom 26.-29.06.2011 inTianjin (China) unter dem Motto: „Develop Bioeconomy, Improve People's Livelihood" stattfand. Vgl. URL: http://www.bio eco.net.cn/english/index.htm (01.03.2012). Auch die Datenbank der UNESCO „Best Practices on Indigenous Knowledge" bietet einen Überblick über derzeitige Wissensproduktionen mit diesem Fokus u. a. in Peru, Costa Rica, Sri Lanka, Indien, Georgien und Kanada. Vgl. URL: http://www.unesco.org/most/bpindi.htm (01.03.2012)

work"[968], „dignity of work through employment" als „exercising their right to human dignity"[969] und „self reliance"[970] hergestellt wird. In diesem Verständnis lassen sich die Kapitalisierungsstrategien des Subjekts als Mikroentrepreneur auch als Disziplinierungsmaßnahmen der Subjekte lesen, da der Schwerpunkt auf „becoming employable"[971] liegt. IKS-Politiken verbinden Vorstellungen der Ermächtigung mit dem Befürworten einer „black corporate entrepreneurship", die Mbeki z. B. als „black economic empowerment" rahmt.[972] Das Programm der ‚African Renaissance', das ebenfalls Mbeki auf die öffentliche Agenda setzte, findet durch den Link IKS auch an den Erinnerungsorten Eingang. Ausgewähltes Wissen wird zum Schlüssel der Befreiung aus der Abhängigkeit staatlicher Programme.[973]

Zusammenfassend verstehe ich Gouvernementalität an monumentalen Erinnerungsorten von nationaler Bedeutung in Südafrika als Wissensproduktion, die Hegemonie über Subjektproduktion sichern will. Dabei ist dieses Wissen sowohl nationalisiert, spiritualisiert als auch vergeschlechtlicht. Die Subjekte an den Orten sind an der Reproduktion von Wissen beteiligt und werden selbst durch dieses Wissen hergestellt. Sie präsentieren[974] dieses Wissen im doppelten Sinne: Durch ihren Habitus stellen sie Prämissen dar und vergegenwärtigen diese. Die Raumbildung des national-kulturellen Gedächtnisses muss dementsprechend mit nationalstaatlichen Wissenspolitiken kontextualisiert werden.

968 Vgl. Barchiesi, Franco. *Precarious Liberation. Workers, the State, and Contested Social Citizenship in Postapartheid South Africa.* Scottsville: University of KwaZulu-Natal Press, 2011. S. 88.

969 Vgl. Mbeki, Thabo. *Address to the National Council Of Provinces.* 11.11.2003. URL: http://www.dfa.gov.za/docs/speeches/2003/mbek1111.htm (21.02.2012) Zitiert nach: Barchiesi, Franco. *Precarious Liberation. Workers, the State, and Contested Social Citizenship in Postapartheid South Africa.* Scottsville: University of KwaZulu-Natal Press, 2011. S. 131.

970 Vgl. Barchiesi, Franco. *Precarious Liberation. Workers, the State, and Contested Social Citizenship in Postapartheid South Africa.* Scottsville: University of KwaZulu-Natal Press, 2011. S. 131.

971 Vgl. ebd. S. 81.

972 Vgl. ebd. S. 84.

973 Zur Rhetorik der staatlichen Abhängigkeit und Marktdisziplinierung vgl. ebd. S. 87f., 98ff., 112ff.

974 Zur doppelten Bedeutung des Begriffs präsentieren im Museumskontext vgl. Gößwald, Udo. „Neulich im Museumscafé. Eine Gesprächsrunde über Museen, Alltagskultur und Berlin mit Diana Dressel, Udo Gößwald, Joachim Kallinich, Leonore Scholze-Irrlitz und Elisabeth Tietmeyer." *Museum^x. Zur Neuvermessung eines mehrdimensionalen Raumes.* Hg. Friedrich von Bose, Kerstin Poehls, Franka Schneider, Annett Schulze. Berlin: Panama Verlag, 2011. S. 109.

5 Begrenzendes Wissen und Grenzen des Sagbaren

Dieses Buch begann mit den Erinnerungspolitiken nach 1994, die Erinnerungen an den Widerstand gegen Kolonialismus und Apartheid auf die öffentlichen Agenden setzten: Straßennamen und Flughäfen wurden mit Widerständigen personifiziert, Orte des Verbrechens wurden zu Orten der Erinnerung, neue Monumente wurden gebaut. In meiner Analyse konzentrierte ich mich vor allem auf die hegemonialen Positionen, die sich in die heutigen Erinnerungsagenden einschreiben. Unter dem Stichwort Nation-Building materialisieren sich diese hegemonialen Bestrebungen auch an den Erinnerungsorten von nationaler Bedeutung. Aufgabe der Orte ist es, eine südafrikanische Nation durch ausgewählte Perspektiven auf Vergangenheit zu imaginieren. Die Geschichten an den von mir untersuchten Erinnerungsorten enden alle im Bild des „guten Staates“[975], der heute Freiheit und Menschenrechte sichere. In den Kapiteln 2 bis 4 habe ich dargestellt, dass diese Narration brüchig wird, wenn andere Positionierungen in den Blick kommen. Das Funktionsgedächtnis setzt sich aus bestimmten Gedenkpraxen und Erinnerungsfragmenten zusammen, die wiederum an den Orten eine konkrete Funktion erhalten. Die ausgewählten und zugeschnittenen Erinnerungen werden zu einem Wissenskanon, den die Orte in einer bestimmten Form vermitteln. Der Wissensbegriff enthält für mich zwei Fragen, denen ich im Folgenden nachgehen will: Was kann wie gewusst werden? Und was wird gewusst, ist aber nur an gewissen Orten sagbar? Diese Fragen verbinden für mich die Begriffe ‚Wissen‘ und ‚Kritik‘ in einer Weise, die sowohl Hegemonialisierungs- und Marginalisierungsbewegungen, Stabilisierung und Intervention als auch Konzepte der Reform und Systemkritik zueinander in ein Verhältnis setzt.

---

975 Den Begriff entlehne ich dem Buchtitel von Walter Schweidler, der das Verhältnis zwischen Geschichtsschreibung, Politik und Ethik in unterschiedlichen Zeiten des heute als westlich geltenden territorialen Denkens untersucht. Vgl. Schweidler, Walter. *Der gute Staat. Politische Ethik von Platon bis zur Gegenwart*. Stuttgart: Reclam, 2004.

5.1 Reformorientiertes Wissen zu Memorialisierungsprozessen: gegenwärtige Kritik an der Kritik der Gegenwart

Hegemonie steht nie für sich allein und ist immer auch umkämpft – sowohl innerhalb der hegemonialen Bereiche als auch in den marginalisierten Feldern der Dissidenz und der Reformierung. Unterschiedliche Organisationen, Gruppen und Bewegungen in Südafrika kritisieren Memorialisierungspraxen durch staatliche Institutionen. Das Centre for the Study of Violence and Reconciliation (CSVR) mit Sitz in Johannesburg und Kapstadt ist eine dieser Organisationen, die sich selbst als unabhängig vom Staat bezeichnet. Ich will diese hier beispielhaft vorstellen, um anhand ihrer Wissenskritiken den Verflechtungen zwischen hegemonial-legitimierendem Diskurswissen und intervenierendem Dissidenzwissen nachzugehen.

Das CSVR ist eine Nichtregierungsorganisation, die 1989 gegründet wurde. Im Unterschied zu den Erinnerungsorten wollen die Verantwortlichen des Zentrums in ihrer Vision und durch ihre Arbeit keine Nation-Building-Prozesse initiieren, sondern die Auswirkungen von Gewalt „heilen". Der Heilungsdiskurs findet sich im Auftrag der Organisation wieder: „CSVR adopts a multidisciplinary approach to understand and prevent violence, heal its effects and build sustainable peace locally, continentally and globally."[976] Der Diskurs um ‚African_' greift ebenfalls den Heilungsdiskurs auf und spiegelt sich im gewählten Organisationslogo:

> „The CSVR logo is symbolic of an ‚umqomboti' pot – a traditional African pot used in many African cultures. The ‚umqomboti' pot is a communal pot passed around for all to drink from. Once one has sipped from the communal pot, she must offer it to someone else in a courteous manner. This pot of traditional brew is always present at important ceremonies. It is also present during negotiations, and for solidifying agreements, between neighbouring tribes. This communal sharing, together with the pot's relevance to community (Ubuntu), respect, and compromise are the reasons it has been chosen to symbolise CSVR – for these are all the qualities needed to resolve conflict and heal the wounds of the past. Symbolically, the logo can be seen as a circle that is almost fully formed. Through building peace and reconciliation, CSVR aims to complete this circle, and in so doing, create the peace and unity reflected in the symbolism of a circle."[977]

976 URL: http://www.csvr.org.za/index.php?option=com_content&view=article&id=1881&Itemid=15 (12.02.2012)

977 URL: http://www.csvr.org.za/index.php?option=com_content&view=article&id=1878&Itemid=14 (21.03.2012)

Die Studien des Zentrums konzentrieren sich auf Gewaltverhältnisse im heutigen Südafrika. Sechs Programme setzen sich mit folgenden Themenschwerpunkten auseinander: „Criminal Justice“, „Gender-based Violence“, „Peacebuilding“, „Transitional Justice“, „Trauma and Transition“ und „Youth Violence“. Die Forscher und Forscherinnen verhandeln in ihren empirischen Erhebungen Erinnerungen und Gegenwartspolitiken der Post-Apartheid-Nation Südafrika. Sie beteiligten sich bspw. am staatlichen legacy project *Constitution Hill*. Die Analysen zum Erinnerungsort sind Teil des „Transitional Justice“-Programms. Unter dem Punkt „Memory and Memorialization“ sortierten die Archivverantwortlichen eine qualitative Fallstudie zu *Constitution Hill* in den Jahren 2002 und 2003 ein, die Ereshnee Naidu, eine der Forscherinnen, zusammenfasste. Naidu fokussiert auf das Potenzial des Erinnerungsortes, bürgerschaftliches Engagement und Versöhnung voranzutreiben, indem lokale Gemeinschaften in die Gestaltungsprozesse vor Ort einzubinden sind. In dieser Fallstudie waren Menschen unterschiedlicher Zugehörigkeiten von Interesse:

> „The stakeholders (associative communities) included people presently residing in Hillbrow; informal traders; sex workers; migrants; ex-prisoners; potential tenants; students; various departments at University of Witwatersrand; cultural institutions around the precinct; constitutional court judges etc.“[978]

Neben den Anwohnern und Anwohnerinnen wurden zusätzlich Menschen aus dem Bereich der öffentlichen Erinnerungsarbeit, der Unterstützungsarbeit von Überlebenden und aus Ministerien interviewt.[979]

Das CSVR verfolgte in diesem Projekt mehrere Interessen. Zum einen ging es um die Verankerung von Community-Bedürfnissen in einem nationalen Projekt der Erinnerung. Das Zentrum wurde zum Sprachrohr für die unterschiedlichen Belange der Ansässigen. Zum anderen kooperierte das CSVR in der Studie mit der Johannesburg Development Agency (JDA), die wiederum im Jahr 2000 zur Verantwortlichen für das Constitution Hill Development Project ernannt wurde.[980] Die JDA formulierte für das Projekt u. a. folgende Ziele: „(...) to oversee the design and development of the Constitutional Court as well the development of the heritage, education, tourism and commercial components into a high profile, multi-use campus.“[981] Sie verknüpfte in ihrer Zielsetzung thematisch und

978 Naidu, Ereshnee. *A Case Study of Constitution Hill*. Research Report for CSVR, 2003. URL: http://www.csvr.org.za/docs/livingmemory/casestudy.pdf (10.6.2010). S. 2.

979 Ebd.

980 Vgl. O. A. *Constitution Hill. The history of our future. HET Feasibility Study Report*. Johannesburg, 2002. URL: http://www.jda.org.za/keydocs/conhill/het_feasibility_study.pdf (02.11.2010)

981 Ebd. S. 4.

baulich das historische Gefängnis mit dem neuen Verfassungsgericht, um einen Campus zu schaffen, der Wissen für unterschiedliche gesellschaftliche Bereiche produziert und nutzbar macht. Dementsprechend fokussierten die Interviews auf Erinnerungen aus einer ganz bestimmten Perspektive, nämlich der Legitimierung des staatlichen Gesetzes nach der Apartheid: „(...) regarding the site, content and infrastructure needs, and attitudes of stakeholders with regards to themes outlined in the Constitution.“[982] Themen der Verfassung werden in die Gestaltung des Ortes eingeschrieben und mit Forderungen aus den Interviews verwoben. Das präsentierte und durch den Ort verkörperte Wissen ist dementsprechend ein hegemoniales, weil es den Gesetzestext, der den Staat verfasst und legitimiert, in anderen Formen zitiert. Staatliche Regierungslogiken sind an festen Orten zu institutionalisieren, um materiell wahrnehmbar zu werden. Das Wissen in *Constitution Hill* ist also ein gouvernementales, das sich monumentalisiert.

Die Studie von Naidu eröffnet jedoch auch ein Wissen, das sich aus einer anderen Ebene speist – der Ebene der Alltagserfahrungen, des lokalen Widerstandes und der gegenwärtigen Überlebensstrategien unterschiedlicher Akteure und Akteurinnen in den Bezirken Hillbrow und Braamfontein der Metropole Johannesburg. So forderten Befragte u. a. die Verbesserung sozio-ökonomischer Bedingungen in diesem Stadtraum durch ein Projekt wie *Constitution Hill.* Sie sprachen sich dafür aus, dass nicht nur Berühmtheiten wie Mandela repräsentiert würden, sondern auch die „voices of ‚ordinary‘ people who were incarcarated (!) on the site“[983]. Naidu präsentiert in ihrem Bericht diverse Fragen und Herausforderungen, die *Constitution Hill* in einen nationalen Kontext stellen. Sie greift Argumentationsstränge von „victim support groups“ wie der Khulumani Support Group[984] auf:

982 Naidu, Ereshnee. *A Case Study of Constitution Hill.* Research Report for CSVR, 2003. URL: http://www.csvr.org.za/docs/livingmemory/casestudy.pdf (10.6.2010). S. 2.

983 Ebd. S. 7.

984 Die Khulumani Support Group gründete sich 1995. Auf der Internetseite steht zudem, wer sie gründete und warum: „(...) by survivors and families of victims of the political conflict of South Africa‘s apartheid past. It was set up in response to the pending Truth and Reconciliation Commission by victims who felt the Commission should be used to speak out* about the past to ensure that such violations never occur again.“ URL: http://khulumani.net/khulumani/about-us/item/1-background.html (14.03.2012). Die Aktivisten und Aktivistinnen der Khulumani Support Group verdeutlichen, dass sie auch nach der Apartheid weiterhin von deren Konsequenzen betroffen sein werden. Für sie sei der TRC-Prozess noch nicht abgeschlossen. Dementsprechend forcierten sie die Kampagne gegenüber Wirtschaftsunternehmen, die während der Apartheid von den rassifizierenden Strukturen profitierten. So gelang es ihnen zur Fußballweltmeisterschaft 2010 in Südafrika u. a. auf die Verstrickungen von Daimler Benz medial aufmerksam zu machen. Vgl. URL: http://www.khulumani.net/khulumani/in-the-news/item/385-daimler-ags-shady-ties-with-apartheid-regime-in-south-africa.html (14.03.2012)

„(...) most respondents argued that Constitution Hill, did not represent all South Africans nor did it acknowledge the role of ordinary people in the struggle for democracy. The site was viewed, along with other Legacy Projects such as Freedom Park, as inaccessible and geographically bias towards Gauteng."[985]

Die Kritik an den Repräsentationen in *Constitution Hill* ist eine der Gegenstände, die den nationalen Rahmen nicht verlässt. Die Interviewten fordern eine Ausgewogenheit innerhalb nationaler Grenzen, indem sich alle Südafrikaner und Südafrikanerinnen vor Ort in den Ausstellungen über die Vergangenheit wiederfinden. Diese Kritik ist sagbar, weil sie sich an dem Wissen um Nation als Ordnungsschema orientiert, ohne diese Ordnung an sich infrage zu stellen. So bietet die Kritik ein Wissen, das das Sagbare an offiziellen Orten der Erinnerung erweitern will, die Grenzen der Bewertungsmaßstäbe jedoch selten überschreitet. Es ist eine Kritik, die durch ein anderes Wissen reformieren will. Sie greift zusätzliche Perspektiven auf, die als nationale gerahmt werden. Es ist zudem eine Kritik, die dem hegemonialen Wissen um „famous personalities" ein Wissen der „‚ordinary' people" zur Seite stellt – „offering alternate perspectives of history and experiences of a previously divided nation"[986]. Unity in Diversity kann an dieser Stelle als nationale Einheit unterschiedlicher Erinnerungen interpretiert werden. Diversität hat eine gemeinsame Komponente und Zielrichtung, die der nationalen Zugehörigkeit zu einem staatlichen Gebilde. Naidu schlussfolgert aus der Studie:

„To ensure that Constitution Hill is successful in its mission to promote civic growth, (…). (...), Constitution Hill is one of the few Legacy projects that has the power to mediate reconciliation as it contains a vast history within its wall and tells the story of all South Africans. It is necessary therefore, that Constitution Hill portrays the true spirit of reconciliation by giving voice to the different narratives within the country and not merely portraying a nationalist agenda."[987]

Sie will sicherstellen, dass das Projekt *Constitution Hill* zivilgesellschaftliche Beteiligung befördert. Die Zivilgesellschaft markiert für Naidu Demokratie. Die Organisationslogik des Zentrums basiert auf der Annahme, dass demokratische Beteiligungsstrukturen sowohl Konflikte lösen als auch Frieden und Einheit schaffen. Die geäußerte Kritik bewegt sich in Diskursfragmenten wie „reconciliation" und „healing", die als nationalisierte „issues" auf der staatlichen Agenda stehen. Naidus Intervention ist ein Plädoyer für den „true spirit of reconciliati-

985 Naidu, Ereshnee. *A Case Study of Constitution Hill*. Research Report for CSVR, 2003. URL: http://www.csvr.org.za/docs/livingmemory/casestudy.pdf (10.6.2010). S. 6.
986 Ebd. S. 7.
987 Ebd.

on". Sie kritisiert also, dass es bisher auf einer nationalistischen Agenda nicht um den wahren Gehalt der Versöhnung gehe. Die Kritik ist eine wichtige, verbleibt jedoch auf der Ebene der Gegenstände und deren Bewertung. Judith Butler beschreibt in ihrem Text, wie Foucault den Begriff der Kritik inhaltlich um die Ebene der Bewertungsmaßstäbe erweitert:

> „Kritik hängt von ihren Gegenständen ab, die ihrerseits jedoch die genaue Bedeutung von Kritik definieren. Zudem besteht die Hauptaufgabe der Kritik nicht darin zu bewerten, ob ihre Gegenstände – gesellschaftliche Bedingungen, Praktiken, Wissensformen, Macht und Diskurs – gut oder schlecht, hoch oder niedrig geschätzt sind; vielmehr soll die Kritik das System der Bewertung selbst herausarbeiten. Welches Verhältnis besteht zwischen Wissen und Macht, sodass sich unsere epistemologischen Gewissheiten als Unterstützung einer Strukturierungsweise der Welt herausstellen, die alternative Möglichkeiten des Ordnens verwirft."[988]

Bezogen auf die von mir untersuchten Nation-Building-Prozesse im Post-Apartheid-Südafrika sehe ich drei wichtige Kritikansätze, die unterschiedliche Bewertungsebenen ansprechen. Zunächst gibt es eine Kritik der Gegenwart und der gegenwärtigen Verhältnisse, die aus der Vergangenheit resultieren und die es durch nationalstaatliche Erinnerungsprojekte zu verändern gilt: Ausstellungspraxen der Vergangenheit, rassistische Ordnungsweisen von Gesellschaft und machtvolle Ausschlussmechanismen. Die Erinnerungsorte schaffen andere Ordnungsweisen und unterscheiden sich hinsichtlich der rassistischen Klassifikationslogiken von vorgängigen hegemonialen Projekten des Kolonialismus und der Apartheid. Hörbar wird auch die gegenwärtige Kritik durch das CSVR an der Kritik der Gegenwart durch staatliche Erinnerungsprojekte. Diese Kritik bewegt sich in der Logik, Einheit herzustellen und formuliert den Mangel an Partizipation und Re-/Präsentation innerhalb der angestrebten Ziele wie Versöhnung, ziviles Engagement und Nation-Building. Mit dem Verständnis von Butler auf die Praxen von Kritik geschaut, gibt es eine dritte Form von Kritik, die versucht, das Normieren von Wissen selbst zu befragen. An den Erinnerungsorten werden die Nation und der Nationalstaat als ein spezifisches Wissen präsentiert, das sowohl Realität abbildet als auch deren Anerkennung produziert. Dieses Wissen ist gegebenen Machtverhältnissen nicht äußerlich, sondern inhärent.

In diesem Kontext lässt sich erneut mit dem Entwurf der kulturkritischen Theorie Ulrike Augas arbeiten, die zwischen hegemonialen und dissidentischen Diskursen unterscheidet. Diesen Diskursen ist gemein, dass sie Wissen über kollektive Zugehörigkeit bilden. Ulrike Auga definiert in ihrer Theorie drei Ty-

988 Butler, Judith. *Was ist Kritik? Ein Essay über Foucaults Tugend*. Übers. Jürgen Brenner. 05.2001. URL: http://www.transform.eipcp.net/transversal/0806/butler/de#redir (19.10.2009). S. 3.

pen von Intellektuellen: die legitimierenden (vgl. Kap. 2.1.2), die widerständigen und die entwerfenden Intellektuellen. Letztere imaginieren „die Möglichkeitsbedingungen von Gemeinschaftlichkeit jenseits von nationalen Konstellationen“[989]. Sie betont, dass es sowohl zu Überschneidungen zwischen diesen Funktionen als auch zu Funktionswechseln kommen kann. Mit Lefort bestimmt sie nicht den Staat als Ort des Politischen. Vielmehr gehe es „um eine Instituierung jeweils *neuer demokratischer Mittel* in der öffentlich-politischen Sphäre“[990]. Die Typen von Intellektuellen lassen sich auch auf die von ihnen hergestellten Produkte anwenden: Die Wissensformationen beinhalten nach Funktion und Weltbild legitimierende, widerständige und/oder entwerfende Elemente. Sie sind weder neutral noch objektiv. Bereits der Produktionsprozess von Wissen, so begreift es Mario Candeias, ist „selbst immer schon in bestimmte gesellschaftliche Verhältnisse eingeschrieben“[991]. Diese Wissensformationen sind heterogen und rissig. Beides ermögliche überhaupt erst Widerspruch und Krisen. Widersprüchliches Wissen wird an allen Orten der Wissensproduktion, unabhängig von deren Legitimierungs- oder Dissidenzfunktion, hergestellt. Das Centre for the Study of Violence and Reconciliation ist in seinen Kritikansätzen ebenso widersprüchlich wie andere Instanzen der Intervention. So lassen sich in den Studien und Positionspapieren des Zentrums Ansätze finden, die das Nationale als Bezugskategorie infrage stellen, z. B. in der Studie „‚Human Dignity Has No Nationality‘: A Situational Analysis of the Health Needs of Exiled Torture Survivors Living in Johannesburg, South Africa“[992]. Craig Higson-Smith, Beverly Mulde und Serame Masith arbeiten Bedürfnisse von Menschen, die Folter überlebten und in Südafrika Zuflucht fanden, entlang der Frage nach Menschenwürde und Menschenrechten heraus. Das Wissen um Menschenrechte wird auch an den Erinnerungsorten in unterschiedlicher Intensität zitiert und gerät implizit in Konflikt mit der Exklusivität nationaler Staatsbürgerschaft und deren Rechten. Die Richter und Richterinnen des Verfassungsgerichtes sprachen sich dafür aus, dass

> „[h]uman dignity has no nationality. It is inherent in all people – citizens and non-citizens alike – simply because they are human. And while that person happens to be

989 Auga, Ulrike. *Intellektuelle – zwischen Dissidenz und Legitimierung. Eine kulturkritische Theorie im Kontext Südafrikas*. Münster: LIT Verlag, 2007. S. 106.

990 Ebd. Hervorh. i. O.

991 Candeias, Mario. *Neoliberalismus – Hochtechnologie – Hegemonie. Grundrisse einer transnationalen kapitalistischen Produktions- und Lebensweise. Eine Kritik*. Hamburg: Argument Verlag, 2004. S. 52, Fußnote 89.

992 Vgl. Higson-Smith, Craig; Mulde, Beverly; Masith, Serame. *„Human Dignity Has No Nationality“: A Situational Analysis of the Health Needs of Exiled Torture Survivors Living in Johannesburg, South Africa*. Unveröff. Forschungsbericht. Centre for the Study of Violence and Reconciliation: Johannesburg, 2006. URL: http://www.csvr.org.za/docs/Humandignityhasnonationality.pdf (13.01.2010). Das „s“ steht für Section.

in this country – for whatever reason – it must be respected, and is protected, by s 10 of the Bill of Rights.
Nugent in *Watchenuka and Another vs Minister of Home Affairs* (2003, para 25).“[993]

Diese Wertung verstehe ich als Krise im Wissen um Nationalitäten. Das Urteil, Menschenwürde habe keine Nationalität, setzt die Privilegien einer nationalstaatlichen Zugehörigkeit außer Kraft und stürzt Nationalismen in eine Krise. Krisen begreife ich als Chance, gesellschaftliche Verhältnisse zu reartikulieren. Diese Reartikulationen können reformistisch oder emanzipatorisch sein. Emanzipation definiere ich als den beständigen Versuch, nicht zu gehorchen, unter der Prämisse, sich in Auseinandersetzung mit gegebenen Wissensverhältnissen von diesem Gehorsam zu befreien, um z. B. gegenwärtige sozio-ökonomische Verhältnisse der Ungleichheit durch Mitgestaltung zu überwinden. In einer bestimmten Weise nicht zu gehorchen, entwirft ein Miteinander, das entlang anderer Achsen als die der Identitätskategorien gesellschaftliche Verhältnisse imaginiert und organisiert. Die feministischen Aktivistinnen der Gruppe Precarias a la deriva, auf die sich u. a. auch Isabell Lorey in ihrer Analyse des Verhältnisses „Kritik und Kategorie“ bezieht, stellen keine Identitätskategorien in ihren Arbeitskontext, sondern „Achsen partikulärer und gemeinsamer Interessen“: „Grenzen, Mobilität, Einkommen, Körper, Wissen und Beziehungen, unternehmerische Logik, Konflikt“[994]. Möglicherweise könnten prozessorientierte Begriffe eine Solidarisierung entgegen festschreibender Identitätskategorien ermöglichen.

5.2 Krisenhaftes Wissen über die Nation

Das national-kulturelle Funktionsgedächtnis schreibt sich in die vier untersuchten Erinnerungsorte ein. Das eingeschriebene Wissen ist ein Wissen in Bewegung, das konflikthaft Zustimmung und Ablehnung generiert. Die Auseinandersetzungen unterschiedlicher Interessengruppen an den Erinnerungsorten um Ausstellungsinhalte und -praxen verdeutlichen die Unabgeschlossenheit des Funktionsgedächtnisses. Wie ich in meiner Analyse zeigte, ist seine Funktion als national-kulturelles Gedächtnis das Initiieren von Nation-Building-Prozessen. An den Erinnerungsorten wird ein Wissen hergestellt, das durch Machtbeziehungen konstituiert ist und Machtverhältnisse produziert.[995] Dieses Wissen rekonstruiert

993 Ebd. S. 14. Hervorh. i. O.
994 Precarias a la deriva. *Streifzüge durch die Kreisläufe feminisierter prekärer Arbeit*. 2004. URL: http://republicart.net/disc/precariat/precarias01_de.pdf (21.10.2011) S. 2.
995 Vgl. Sato, Yoshiyuki. *Pouvoir et Résistance. Foucault, Deleuze, Derrida, Althusser*. Paris: L‘Hartmattan, 2007. S. 35ff.

Geschichte unter dem Fokus der Nation. Es erzählt von rassistischen Gewaltverhältnissen und widerständigem Handeln in der Vergangenheit. Wenn die Gegenwart zur Sprache kommt, wird die Nation als Garant bürgerlicher Freiheiten gerahmt: In den Mittelpunkt rücken die Werte ‚Recht' und ‚African_' (vgl. Kap. 3). Nation-Building ist in den Narrationen an den Erinnerungsorten ein positiver Prozess, der diese Werte sichert.

Wenn ich, wie von Butler u. a. vorgeschlagen, nicht nur die Themenagenda des Nation-Building in den Blick nehme, sondern darüber hinaus auch die Bewertungsmaßstäbe, dann kann das Wissen um die verhandelten Themen anders perspektiviert werden. Es bietet Antworten auf die Frage, welche Werte den Maßstäben eingeschrieben sind. An den Erinnerungsorten wird Nation-Building als Möglichkeit betrachtet, Zugehörigkeit herzustellen, die wiederum Regierbarkeit sichert. Das Ziel, Regierbarkeit zu ermöglichen, ist vor allem historisch zu verorten. Eine der Widerstandsstrategien gegen das Apartheidsregime in Südafrika lautete, das Land unregierbar zu machen. Nation-Building-Prozesse nach den ersten freien Wahlen für alle Menschen mit einem südafrikanischen Pass 1994 hatten die Aufgabe, diese Widerstandsstrategie aufzulösen, um Regierbarkeit, jetzt unter anderen Vorzeichen, wiederherzustellen: die Befriedung des Zivilen oder genauer ausgedrückt die Reorganisation von Staats-/Bürgerlichkeit. Barchiesi beschreibt diese Veränderung wie folgt: „As the ANC ascended to political rule, nation-building replaced national liberation."[996] Die Auseinandersetzungen um den politischen Kurs nach der Apartheid zeigen sich bspw. an dem parlamentarischen Konflikt um die Prämisse „housing is a right, not a commodity"[997]. Während ANC-Mitglieder in den 1980er-Jahren explizit zur Zahlungsverweigerung von Mieten, Wasser- und Stromkosten aufriefen, um dem Apartheidsstaat nicht zu gehorchen, legitimierte der „housing minister" Joe Slovo, selbst Vorsitzender der kommunistischen Partei Südafrika, 1995 einen „law and order"-Diskurs als „individual empowerment"[998]. Barchiesi schreibt:

> „Slovo warned that the government would not ‚keep listening to excuses' from poor residents unable to pay bills, rents, and mortgages, adding: ‚Let me make very clear that people who refuse to respond to [our] very fair offers will be occupying accomodation which neither belongs to them nor to which they have any right. We are

---

996 Barchiesi, Franco. *Precarious Liberation. Workers, the State, and Contested Social Citizenship in Postapartheid South Africa*. Scottsville: University of KwaZulu-Natal Press, 2011. S. 71.

997 Vgl. Hansard. 16.05.1995. S. 1290. Zitiert nach: Barchiesi, Franco. *Precarious Liberation. Workers, the State, and Contested Social Citizenship in Postapartheid South Africa*. Scottsville: University of KwaZulu-Natal Press, 2011. S. 106. Der Hansard ist eine wörtliche Mitschrift der Parlamentsdebatten, die nach dem ‚englischen' Drucker Luke Hansard (1752-1828) benannt wurde.

998 Vgl. ebd. S. 106.

determined for the rule of law to take its course in these instances. We are saying to the communities that it is in their interest to support the rule of law, because only then can they hope to attract housing investment on a sufficiently large scale.“[999]

Barchiesi argumentiert, dass Teile des ANC revolutionäre und marxistische Redeweisen nutzen, um erinnerungspolitisch an Erzählungen und Widerstandsformen der Vergangenheit anzuknüpfen, gegenwärtig jedoch darüber Marktdisziplin und Kürzungen öffentlicher Gelder rechtfertigen.[1000] Das sind die Werte, die dem Maßstab, die Nation aufzubauen, eingeschrieben sind. Diese Werte kommen möglicherweise schwerer in den Blick, wenn allein die Handlungsaufforderungen innerhalb des Gegenstands Nation-Building betrachtet werden. So z. B. die Marktchancen, die eine breitere Verteilung benötigen oder Bildungsansätze, die vor allem auf die Verwertung des ‚Selbst‘ im Sinne eines „guten staatsbürgerlichen Verhaltens“ gerichtet sind.[1001]

Nation-Building wird also an unterschiedlichen Orten rhetorisch divers legitimiert. In den Parlamentsdebatten und Positionspapieren der Regierungsparteien geht es deutlicher um eine Marktkonformität, als es die Erinnerungsorte selbst durch ihr Wissen betonen. Und dennoch lassen sich auch hier Spuren des sozioökonomischen Diskurses um „hard work“ und „self empowerment through labour work“ finden. Interessant sind dementsprechend die Anschlussfähigkeiten der ausgewählten Erinnerungen an den Erinnerungsorten. Am Beispiel der ‚Indigenous Knowledge Systems‘ in Kapitel 3 und 4 habe ich einige dieser Anknüpfungspunkte und Verbindungslinien dargestellt.

Eine weitere wichtige Perspektive richtet sich auf die In- und Exklusionen, die das nationalisierte Wissen auf den Erinnerungsagenden produziert. An mehreren Punkten habe ich diese Begrenzungen und Ausschlüsse aufgezeigt – zunächst an der Identitätskonstruktion der ‚politischen Gefangenen‘ versus der ‚common law prisoners‘, die zudem eine vergeschlechtlichte ist. Während die Benennung ‚politisch‘ im Namen während der Apartheid ein Ausdruck des Unrechts war, wird die Bezeichnung heute nur noch auf die Vergangenheit und für eine spezielle Gruppe bzw. exakt begrenzte Handlungen angewandt. Viele durch das Apartheidsrecht unter Strafe gestellte Handlungen, die häufig und aus vergeschlechtlichten Rollenverteilungen Frauen ausführten, erhielten in den Transformationsverhandlungen nicht den Status ‚politisch‘.[1002] Die ausgewählten Er-

999 Hansard. 16.05.1995. S. 1325. Zitiert nach: Barchiesi, Franco. *Precarious Liberation. Workers, the State, and Contested Social Citizenship in Postapartheid South Africa*. Scottsville: University of KwaZulu-Natal Press, 2011. S. 106.

1000 Vgl. ebd.

1001 Vgl. ebd. S. 125ff.

1002 Vgl. Lane, Philippa. *Gender and South African Political Prisoners*. URL: http://www.docstoc.com/Docs/Document-Detail-14.aspx?doc_id=19588918 (10.03.2012). S. 2f.

innerungen thematisieren dieses Wissen unzureichend und tradieren so stereotype Vergeschlechtlichungen des Sozio-Politischen. Zusätzlich zu der dualistischen Trennung von Privatheit und Öffentlichkeit vermitteln die Erinnerungsagenden auch den Eindruck, dass es im Post-Apartheid-Nationalstaat Südafrika keine politischen Gefangenen mehr geben könne. Wer heute gegen bürgerliches Recht verstößt, wird als Gesetzesbrecher bzw. -brecherin bezeichnet. Aktivisten und Aktivistinnen, die sich gegen menschenunwürdige Lebensbedingungen und gegen das Gesetz wehren, sind zwar politisch. Im Fall ihrer Inhaftierung wären sie jedoch keine politischen Gefangenen. Der heutige Nationalstaat wird als einer der Rechte und der Gerechtigkeit imaginiert. Die Museen schreiben diesen Diskurs fort, ohne vergangenes und heutiges Wissen in ein kritisches Verhältnis zu setzen.

Drittens werden sowohl Recht und Gerechtigkeit als auch Befreiung und Freiheit in den musealen Erzählungen über die Post-Apartheid-Nation gleichgesetzt. Die präsentierte Freiheit umfasst bürgerliche Freiheiten, die per Gesetz allen in Südafrika lebenden Menschen, vorzugsweise mit einem staatlichen Ausweis, zustehen. In dieser Hinsicht besteht Gleichheit. Ungleich werden die Freiheiten, wenn sozio-ökonomische Aspekte in den Mittelpunkt rücken.

Widerständiges Wissen gegenüber Geschichtskonstruktionen aus der Apartheid an den untersuchten Orten ist eines, dass derassifiziert und gleichzeitig den Rassebegriff rekonstruiert. Die Grenzen des präsentierten Wissens zur Identitätskategorie ‚race' zeichnen sich entlang der Linie Kritik des Gegenstands und Kritik der Bewertungsmaßstäbe ab. Die Ausstellungen präsentieren die Gewaltverhältnisse durch europäisches Wissen und kritisieren die Ungleichbehandlungen aufgrund der gebildeten Kategorien ‚Black', ‚Coloured', ‚Indian' und ‚White'. Sie plädieren mit Hilfe der Verfassung für eine Gleichbehandlung des Diversen, das über kulturalisierende Zuschreibungen Unterschiede rekonstruiert. Der Bewertungsmaßstab ist der der Gleichbehandlung. Würde jedoch ein Wissen relevant werden, das die Norm der Diversität nicht kulturalistisch essentialisiert, sondern die Kategorie ‚race' dekonstruiert, gäbe es einen anderen Zugriff auf scheinbare Realitäten. Andere Achsen als die der Identitätskonstruktion könnten an Bedeutung gewinnen – z. B. Armuts- und Reichtumsverhältnisse, deren erlaubte und unerwünschte Diskursfragmente. Während sozio-ökonomische Verhältnisse der Vergangenheit fester Bestandteil der Erinnerungsagenden sind, verblassen sozio-ökonomische Verhältnisse der Gegenwart auf den Erinnerungsagenden. Mit ihnen schwindet auch die Möglichkeit zu überprüfen, ob die Forderungen bspw. der Freedom Charter aus den 1950er-Jahren heute eingelöst wurden. Viele Angestellte der Erinnerungsorte und des Centre for the Study of Violence and Reconciliation sind sich dieser Differenzen bewusst. Sandra Daniels (*Robben Island Museum*) erklärt:

„(...) my father is an ex-political prisoner as well. I think he can tell you, he tells you straight up: ‚No. I did not fought for what we got now.‘ Extremely, dis, ah disturbing, I think that one of the things is: We did not fight to be rich. And somehow that seems to be what, what is up the most in quite a lot of comrades‘ minds. (...), I was in a meeting with ex-political prisoners the other day. And he was saying that when, when they were fighting for Robben Island becoming a museum, they had very big ideas about the meaning of Robben Island to South Africans. And right now it costs 200 Rand for a South African to go to Robben Island. And that was not what they had in mind when they wanted this space to become a museum.“[1003]

Sie beschreibt in ihrer Aussage den Widerspruch zwischen den Zielen des Widerstands, „nicht reich werden zu wollen“ und auch „nicht die gegenwärtigen Verhältnisse erkämpft haben zu wollen“ und der realen Politik nach 1994 am konkreten Ort Robben Island im Prozess seiner Musealisierung. Sandra Daniels verdeutlicht, dass ehemalige politische Gefangene, die den Ort als „stakeholders“ mitgestalten, die Differenz zwischen dem Ideal und der Praxis vor Ort auf ihren Treffen diskutieren. Sie resümiert: „Ahm so in, in, in so many ways I think the reality of the dream is very, very, very, very different from the dream itself.“[1004] Es lässt sich die Frage stellen, warum Mitarbeitende nicht dieses Wissen auf die öffentliche Agenda des Erinnerungsortes setzen, sondern in den Erzählungen hegemoniale Sichtweisen der (absoluten) Freiheit und Gerechtigkeit reproduzieren und ihre eigenen kritischen Sichtweisen marginalisieren. Warum wird die Kritik im Rahmen der Treffen sagbar, aber nicht im Rahmen einer öffentlichen Tour im Namen des staatlichen heritage project *Robben Island Museum*? Wann kommt also was in welchen Räumen zur Sprache? Und warum bleibt ein spezifisches Wissen in der Praxis anerkannt, obwohl es infrage gestellt wird?

Cyril Adonis, ein Mitarbeiter des CSVR in Johannesburg, kritisiert die bisherige Erinnerungsarbeit im Post-Apartheid-Nationalstaat zudem als ein „top-down-Prinzip“:

„(...) focusing on all of these well-known individuals and well-known events and in South Africa the only time that we, that, you know, you hear about the issue of memory in public is when it‘s June 16 ah Sharpeville Day, you know, all the things that people are familiar with. And our belief is that, that‘s a lot of people that contributed to ... our democracy, that sacrifice and that there‘s a need ah you know to have their voices heard. Ah so we have the saying that, you know, in the past, memory in South Africa used to be about big white men. But that has now been replaced by stories of big black men and we‘re not happy with either of the two. So we‘re trying to promote a more community-focused bottoms up approach (…).“[1005]

1003 Daniels, Sandra. Interview, geführt von der Verfasserin. Kapstadt, 10.02.2010. S. 19.
1004 Ebd. S. 20.
1005 Adonis, Cyril. Interview, geführt von der Verfasserin. Johannesburg, 21.04.2009. S. 1f.

Die Heldenerzählung und deren Opfer überschreiben Differenzen und lassen andere Erinnerungen im Speichergedächtnis verschwinden. Elemente des Hegemonialen, wie der Opferdiskurs, finden sich auch in den Forderungen nichtstaatlicher Organisationen wie dem CSVR wieder, um Repräsentation beanspruchen zu können. Das Hegemoniale innerhalb der Demokratie wird reartikuliert und für alle eingefordert, die sich für eine demokratische Gesellschaftsform einsetzten. Das Wort ‚Volksherrschaft' ist in dieser Argumentation ausbuchstabiert, um das Optimum zu erreichen. Cyril Adonis sieht dementsprechend eine vollständige Demokratie noch nicht realisiert.

Sandra Daniels argumentiert, dass das System selbst für den Unterschied zwischen Ideal und Realität verantwortlich sei: „So, in a sense, ahm ah democracy has benefitted some and not everybody. So. And, and that's a huge thing. Because the assumption is that: ‚When we are free, we'll all be free.' But, ja, we got democracy. So (lächelt) and that is a different problem."[1006] Sie erklärt die Differenz zwischen Anspruch und Wirklichkeit damit, dass Demokratie nicht alle befreie und nur einigen zugutekomme. Diese beiden unterschiedlichen Positionen der Kritik an gegenwärtigen Verhältnissen beziehen sich meiner Ansicht nach auf das uneingelöste Versprechen der Vorstellung von einer demokratischen Gesellschaft, die auch sozio-ökonomische Gleichheit schaffe. Das ist jedoch nicht der Anspruch einer limitierten Demokratie aufgrund einer kapitalistischen Wirtschaftsweise, die neoliberales Wissen hegemonialisiert.

Ziel des Nation-Building an den Erinnerungsorten ist in diesem Verständnis von Gesellschaft die Produktion eines Wissens, das eine nationale Gemeinschaft innerhalb einer „African community" anruft – durch Praxen der Versöhnung und Spiritualität wie „Cleansing and Healing".

Die Konsequenzen gesellschaftlicher Strukturen reproduzieren sich auch an den Erinnerungsorten. Sie in ihrer Konflikthaftigkeit zwischen sagbarem und nichtsagbarem Wissen darzustellen, ist eine der Leistungen dieser Arbeit. In diesem ersten Resümee deuten sich Vertiefungsmöglichkeiten an, die zu interessanten anschlussfähigen Fragen in unterschiedlichen Fachrichtungen führen. Einige seien hier ausblickend und beispielhaft formuliert: Wenn Heilungsdiskurse an nationalen Erinnerungsorten ‚Klasse' als Ungleichheitskategorie dethematisieren, wie wird dann Gerechtigkeit gefasst? An diese sozialphilosophische Frage schließen sich auch rechtsphilosophische Aspekte an: So könnte die Verwobenheit mit aktuellen Menschenrechtsdiskursen im Verhältnis zum nationalstaatlichen Recht untersucht werden. Wenn Erinnerungsorte als heterotope Orte sowohl über Utopien als auch Wiedergutmachungen sprechen und gleichzeitig ein Wissen vermitteln, das von einem Scheitern der Utopie zeugt, wie könnten in

1006 Daniels, Sandra. Interview, geführt von der Verfasserin. Kapstadt, 10.02.2010. S. 20.

den Museum Studies politikwissenschaftliche Konzepte von Hegemonie für die musealen Ausstellungsweisen und Ordnungslogiken produktiv gemacht werden? Wie das Wissen auf diesen Agenden gedeutet wird, ob es Zustimmung oder Ablehnung hervorruft, und in welchen Weisen die Rezipierenden für sich aus dem produzierten und präsentierten Wissen Sinn erschließen, wären weiterführende Fragestellungen in der Publizistik- und Kommunikationswissenschaft. Im soziologischen Kontext ließe sich der Gedanke der g/lokalen Aushandlungsprozesse um Beteiligung an kommunalem Wissen aufgreifen und mit Konzepten sozialer Ungleichheit und trans-/nationalen Kapitalisierungsprozessen zusammendenken. In den Geschlechterstudien und den Post Colonial Studies zeigen sich die Verwobenheiten von Identitätskategorien und deren Konstruiertheit. Der Prozess der Dekonstruktion schreibt auch immer Rekonstruktionen ein. So würde sich im Anschluss an Isabell Loreys Kritik an Kategoriebildungen[1007] und im Anschluss an meine empirische Analyse der Geschlechterkonstruktion in Nation-Building-Prozessen einer postkolonialen Gesellschaft fragen lassen: Welche alternativen Ordnungsweisen wären denkbar, die anstatt auf Identität zu verweisen, prozessorientierte Formen der Solidarisierung ermöglichen? Dementsprechend könnte auch die Armutsforschung transdisziplinäre Fragen nach Prekarisierung aus der Perspektive der Geschlechterforschung und der Postcolonial Studies intensivieren.

Deutlich wird, dass diese Studie durch viele Perspektiven möglich wurde und weitere Sichtweisen eröffnet. Und so will ich erneut die Frage nach den Möglichkeitsbedingungen von Kritik und widerständigem Wissen im Kontext von hegemonialen Nation-Building-Prozessen stellen: Wie kann ‚Nation' abseits von hegemonialen Diskursen gewusst werden?

1007 Vgl. Lorey, Isabell. „Kritik und Kategorie. Zur Begrenzung politischer Praxis durch neuere Theoreme der Intersektionalität, Interdependenz und Kritischen Weißseinsforschung." *Kritik und Materialität*. Hg. Alex Demirović. Münster: Westfälisches Dampfboot, 2008.

Blick zurück

Während der Kolonialzeit und der Apartheid repräsentierten Erinnerungsorte in hegemonialen Strukturen, also staatlich finanzierte und regulierte Museen und Denkmäler wie z. B. das *Voortrekker Monument* in Pretoria oder das *South African Museum* in Kapstadt, ‚weiße' Identitätsvorstellungen und deren Erhöhung über andere Zugehörigkeitsentwürfe. Vor allem ‚schwarze' und ‚kommunistische' Zugehörigkeiten wurden entwertet und als ‚abnorm' eingeordnet.

Mit der „verhandelten Revolution" von 1994 löste die ANC-Regierung die Apartheidsregierung ab. Die Nationenwerdung nach der Apartheid begann in den Utopieentwürfen der Marginalisierten weit vor der Regierungsübernahme, materialisierte sich in konkreten Gestaltungen an offiziellen Orten jedoch erst mit ihrer Machtübernahme. Der Prozess des Nation-Building ist damit aber nicht abgeschlossen. Vielmehr lässt sich am Beispiel Südafrikas die Konstruktion einer als Nation gedachten Einheit eines ‚Staatsvolkes' auf einem definierten Territorium als andauernder Prozess beobachten und analysieren. Der Fokus auf das Post-Apartheid-Südafrika eröffnet so einerseits Perspektiven auf spezifisch postkoloniale Prozesse gesellschaftlicher Entwicklung und Aushandlungen. Andererseits lassen sich am Beispiel der erst seit 1994 in dieser Form bestehenden Nation Südafrika allgemeinere Mechanismen von Nationenwerdung aufzeigen.

Bereits in vielen Utopien eines Post-Apartheid-Südafrika galt die Nation, die allen Staatsbürgern und -bürgerinnen unabhängig von der rassifizierten Zugehörigkeit die gleichen Rechte zugestehen würde, als Befreiungsmöglichkeit. Während die imaginierte Nation im Apartheidsstaat diverse Nationen schuf – die ‚White', ‚Coloured', ‚Indian' und ‚Black' Nations – und diese zugunsten der ‚White Nation' gesetzlich und gesellschaftlich hierarchisierte, wollte die Post-Apartheid-Regierung unter dem zentralen Motto Unity in Diversity eine südafrikanische Nation schaffen. Elemente des ‚westlichen' Konzepts von Nation bzw. Nationalstaat, vor allem bezogen auf Organisationsstrukturen wie Gewaltenteilung, Gesetzesnormen und regulierende Verwaltungsstrukturen, bleiben Teil der gegenwärtigen gesellschaftlichen Verhältnisse. Die in sie eingeschriebenen Agenden und Ordnungslogiken hegemonialen Wissens sind im Post-Apartheid-Nationalstaat sowohl mit demokratischen Konzeptionen von Mitbestimmung als auch mit kapitalistischen Verwertungslogiken verwoben. Alternative Ordnungsmöglichkeiten, bspw. hinsichtlich der Wirtschaftsweise, wurden im Rahmen der politischen Auseinandersetzungen unter den Apartheidsgegnerinnen und –gegnern durchaus erwogen, im Zuge konkreter gesellschaftlicher Gestaltungsmacht jedoch verworfen.[1008] Die dem Konzept der Nation inhärenten Prozesse von Inklusion und Exklusion, Homogenisierung und nationaler Identifikation zeigten sich in den letzten Jahren deutlich: Ausschreitungen gegenüber Menschen, die als Nicht-Südafrikaner und -afrikanerinnen kategorisiert wurden, vergeschlechtlichte Führungsstrukturen und Einschränkungen der in vielen Teilen progressiven Verfassung, u. a. der Pressefreiheit durch das geänderte Pressegesetz. Das neue Gesetz trägt den Namen Protection of Information Bill und wurde vom Parlament am 22.11.2011 verabschiedet. Die Informationsfreiheit von Journalisten und Journalistinnen ist durch die Bezeichnung von Informationen als Regierungsgeheimnis deutlich eingeschränkt.[1009] Wo nationalstaatliche Hegemonie durch Gewalt abgesichert wird und ihrerseits Gewalt hervorbringt, ist machtvolles Wissen nicht ohne epistemische Gewalt zu denken.

An nationalen Erinnerungsorten werden Teile dieses hegemonialen Wissens reproduziert bzw. verhandelt und ausgestellt. Die Räume der Erinnerungen fungieren als Wissensspeicher und sind Orte, an denen Nation-Building-Prozesse greifbar werden. Der dort produzierte Wissenskanon strukturiert seinerseits ein national-kulturelles Funktionsgedächtnis. Das nationale Gedächtnis ist aus mehreren Gründen ein funktionales. Die Erinnerungsorte verfolgen einen staatlichen Bildungsauftrag im doppelten Sinne: Sie bilden die Besuchenden über die Vermittlung der dort präsentierten Erinnerungen und damit einhergehender spezifischer Narrationen über das Wie und Woher der eigenen Nation. Dieser Transfer hegemonialisierten Wissens zielt zugleich auf die Bildung von sich ihrer selbst bewussten Staatsbürger und -bürgerinnen. Zudem sollen die gesammelten Erinnerungen hegemoniale Verhältnisse etablieren und stabilisieren.

Um den Bruch mit der Vergangenheit zu verdeutlichen und neuen Narrationen über die Post-Apartheid-Nation Raum zu geben, braucht das heutige Südafrika andere, neue Erinnerungsorte. Die Verantwortlichen im Kunst- und Kulturministerium institutionalisierten heritage legacy projects, deren staatlicher Auftrag lautet, die „Nation zu bilden". Zu diesen heritage legacy projects gehören das *Robben Island Museum*, *Constitution Hill* und *Freedom Park*. Das *Apartheid*

1008 Barchiesi belegt das eindrucksvoll am Beispiel des „work-citizenship-Nexus". Vgl. Barchiesi, Franco. *Precarious Liberation. Workers, the State, and Contested Social Citizenship in Postapartheid South Africa*. Scottsville: University of KwaZulu-Natal Press, 2011.

1009 Vgl. URL: http://www.nytimes.com/2011/11/23/world/africa/south-african-parliament-to-vote-on-press-law.html?pagewanted=all (15.12.2011). Besorgt zeigt sich auch die staatliche South African Human Rigths Commission vgl. URL: http://www.sahrc.org.za/home/index.php?ipkMenuID=&ipkArticleID=85 (15.12.2012). Die Einschränkung der Pressefreiheit mit der Begründung, den Staat zu schützen, ist kein neues Phänomen und wird vor allem in Krisenzeiten zur Sicherung von Hegemonie eingesetzt.

Museum unterliegt einer anderen staatlichen gesetzlichen Regulierung: Als Section 21 company ist es ein Non-Profit-Unternehmen, das dem südafrikanischen Ministerium für soziale Entwicklung verpflichtet ist. Zudem finanziert sich das *Apartheid Museum* maßgeblich mit staatlichen Geldern diverser Ministerien wie bspw. dem Bildungs- oder dem Justizministerium.

Alle vier Erinnerungsorte teilen drei Werte auf ihrer Agenda: ‚Freiheit', ‚Recht' und ‚African_'. Diese Werte sind im Nation-Building-Diskurs des Post-Apartheid-Südafrika an den Erinnerungsorten auf besondere Weise signifiziert. Während ‚Freiheit' durch ihren positiven Bezug auf Menschenrechte und ihre Abgrenzung gegen Unrecht für die Nation an Bedeutung gewinnt, rekurriert ‚Recht' auf die nationalstaatliche Verfassung und greift die Freiheitserzählung unter dem Zuschnitt auf bürgerliche Freiheitsrechte wieder auf. Damit signifiziert ‚Freiheit' zum einen eine bestimmte Form von Recht, das des Staatsbürgertums. Zum anderen wird eine spezifische Vorstellung von Recht eröffnet, das als Gerechtigkeit imaginiert wird.

‚African_' lässt vor allem das Post in ‚Post-Apartheid-Nationalstaat' bedeutsam werden, ohne ein Entwurf von ‚Post-African' zu sein. Es bedurfte der Identitätsaufwertung über eine spezifische Wissensproduktion und der Produktion spezifischen Wissens: Das Wissen definiert Zugehörigkeiten entlang der Kategorien ‚African' vs. ‚West'. Die post-koloniale nationale Identität bildet sich durch eine Überaffirmation von ‚African'.

So greift ‚African_' die beiden anderen Begriffe in seinen Bezügen wieder auf. Alle drei Begriffe enthalten Paradoxien, deren konkreter Bedeutungsgehalt in Aushandlungsprozessen entsteht. Die In-Recht-Setzung bürgerlicher Freiheiten bedingt eine In-Wert-Setzung von Wissen, das zudem unter der Perspektive ‚African_' ein spezifisches Wissen von Alltag mit nationaler Kultur verbindet. Diese Spezifik bezieht sich zunächst auf den Konstruktionsprozess des Funktionsgedächtnisses: Es bedarf, entsprechend der Funktionen, einer Auswahl von Repräsentationen. Zunächst ging es darum zu zeigen, welches Wissen konkret in den Räumen der Erinnerungen unter dem Fokus Nationenwerdung sagbar wird.

Im *Robben Island Museum* werden die politischen Gefangenen prominent gesetzt. Selten zur Sprache kommen die ‚common law prisoners'. Das vor Ort produzierte Wissen verhandelt die beiden Akteursgruppen in einem diametralen Verhältnis zueinander. Während die ‚political prisoners' über das Politische in ihrem Namen aufgewertet werden, bleiben die ‚common law prisoners' gewöhnlich und kriminalisiert. Positionen, die bereits während der Apartheid das damals gültige Staatsrecht als ‚kriminell' kategorisierten, finden sich in dem an den heutigen Erinnerungsorten reproduzierten Wissen nicht wieder. Das Museum entspricht in seinem Narrativ der grundsätzlichen Haltung der institutionalisierten Politik des Post-Apartheid-Staates, sich mit der inhärenten Gewaltförmigkeit von Rechtsprechung und Rechtsetzung nicht auseinanderzusetzen. Eine Rehabilitation aller Gefangenen aufgrund der Gesetzgebung des Apartheidsstaates würde die Komplexität von Bestrafungsmechanismen durch staatliches Recht thematisieren. Das könnte auch heutige nationalstaatliche Strukturen infrage stellen, ihnen möglicherweise die Legitimation entziehen und Hegemonie destabilisieren.

An die Wissensform des Staatsrechts schließt ein Rechtsdiskurs an, der sich vor allem als gerecht und frei imaginiert. In *Constitution Hill* findet dieser am stärksten Ausdruck. In den verrechtlichten Räumen des Erinnerungsortes ist das dort ansässige Verfassungsgericht überall spürbar. Die Architektur, das Innendesign, die illustrierenden Ausstellungsdisplays erzählen von der heutigen Verfassung als dem Dokument, das für Gerechtigkeit sorge. Dazu benötigt es Bezüge auf Vergangenheit, um Glaubwürdigkeit herzustellen: Zitate ehemaliger Gefangener und Wärter bzw. Wärterinnen authentifizieren das Museumsnarrativ vom Recht als Gerechtigkeit. Die produzierte Rechtsvorstellung bezieht sich zudem konkret auf ‚African_': Im Gegensatz zur Vorstellung griechisch-römischer Rechtsnormen wird in *Constitution Hill* durch die gewählten Symbole wie *Justice under a tree* das Recht als ein ‚African law' präsentiert. Diese Unterscheidung ist wesentlicher Bestandteil der heutigen Gerechtigkeitsvorstellungen. Die Rechtsprechung und deren Organisationsweisen entsprechen jedoch ‚westlichen' Praxen der Gerichtsbarkeit.

Im *Apartheid Museum* fokussieren die ausgestellten Erinnerungen auf eine spezifische Auseinandersetzung mit Apartheid. Die Historisierung der Apartheidsgesellschaft bietet sowohl Anknüpfungspunkte der Verarbeitung als auch der Versöhnung. Das produzierte Wissen lässt vor allem die Perspektive zu, dass Apartheid jetzt vergangen sei. Der Architekt Jeremy Rose fasste das in seiner Wortwahl „Belly of the Beast" prägnant zusammen: Die gewählte Architektur des Museums verbannt das „Ungeheuer" Apartheid unter die Erde. Prämissen der Post-Apartheid-Architektur, die vor allem Naturbezüge nutzt, unterstützen diese Lesart.

Naturelemente kommen auch im *Freedom Park* zur Anwendung. Ähnlichkeiten in der architektonischen Gestaltung entstanden nicht nur, weil gleiche Firmen mit dem Entwurf beauftragt wurden, sondern auch aufgrund der Vorstellungen des Parkmanagements entlang der Vorgaben des Kunst- und Kulturministeriums. Gerade die Tatsache, dass der Park auf einem vorher unbebauten Gelände entstand, schuf zahlreiche Möglichkeiten, das Hauptprinzip ‚Emancipating the African voice' als naturgegebene und jetzt rechtmäßige Natiogenese im Sinne der ‚African Renaissance' zu konstruieren. Die Erinnerungsräume rahmen die nationale Geschichte als Menschheitsgeschichte, die zudem als eine spirituelle erzählt wird: Das Bewusstsein führe zum Sein, zur ‚African reality'.

Diese verschiedenen auf die Agenden gesetzten Sagbarkeiten produzieren ein konkretes Wissen an den Erinnerungsorten, das gegenwärtige Machtverhältnisse rationalisiert und in dem sich jeder Mensch wiederfinden kann. Die spezifischen Signifikationen von ‚Recht, ‚Freiheit' und ‚African_' beschreiben den Post-Apartheid-Staat Südafrika und versuchen, die heutige Nation als Realisierung vorkolonialer Vorstellungen zu rahmen. Souveränität wird nicht als Macht habend begründet, sondern mit Emanzipation als einer Befreiung aus gewaltvollen Verhältnissen.

Durch Regulations- und Regierungsweisen wie z. B. vorgegebene Wege, die visuell durch Sicherheitspersonal markiert sind, oder Tourguides, die stark strukturierend agieren, wirken die Erinnerungsorte disziplinierend. Die Ordnungsweisen referieren dabei auch auf gesellschaftliche Kontexte außerhalb der Monumente. So formiert sich an den Erinnerungsorten eine Form von Gouvernementalität, die eine monumentale Gewissheit von Wissen produziert. Gouverne/monu/mentalität (Kistner) verstehe ich als materialisiertes hegemoniales Wissen über Regierungstechniken, wie bspw. die disziplinierenden Sicherheitsarchitekturen, die der Idealisierung gesellschaftlicher Verhältnisse zwischen Staat und nationalisierten Staatsbürgern und -bürgerinnen dienen.

Die Performativität von Sprache (Butler) zeigt die Gouverne/monu/mentalität an den Erinnerungsorten: Die Anrufungen der Besucher und Besucherinnen als Staatsbürger und -bürgerinnen durch Tourguides behaupten gemeinsame Interessen und sollen die Identifikation mit der Nation befördern. Prozesse der Wissenshomogenisierung werden lesbar.

Die Theoriekonzepte der Gender Studies ermöglichten mir das Zusammendenken von Gouverne/monu/mentalität und nationalisierten Vergeschlechtlichungen, die ebenfalls Bevölkerungspolitiken aufgreifen: Nation-Building ist als vergeschlechtlichter Prozess zu denken, da geschlechtsspezifische Zuschreibungen unterschiedliche Konzeptionen von Staatsbürgerschaft herstellen. Während das Mutterland passiv, aufnehmend, nährend und gebährend sei, wird der Vater als aktiv, schaffend, Land bewirtschaftend imaginiert. Diejenigen, die über die Erzählungen verfügen, greifen das alte Sehnsuchtsbild von „Mother Africa", das bereits in den 1970er-Jahren in der Black Consciousness-Bewegung Politik- und Poesiekonzepte dominierte, wieder auf.

Auch die politische Ökonomie materialisiert sich an den Erinnerungsorten in zwei Prozessen: erstens in der Indigenisierung von Wissen, das als nationale politische Prämisse an den Erinnerungsorten Archivpolitik bestimmt und damit auch globale Anforderungen erfüllt. Zweitens in der kulturellen In-Wert-Setzung, die ‚indigene Wissenssysteme' als technologisch signifiziert, um damit das Wissen ökonomisch in Wert zu setzen. Diese Prozesse verdeutlichen den Konflikt zwischen einem historischen Wissen, das sich durch ein gewaltförmiges

‚westliches' Konzept wie den Nationalstaat bildete und einem Wissen, das als das ‚Eigene' markiert werden soll. Abhängigkeiten, Emanzipationsstreben und die Nutzung von gewinnorientierten hegemonialen Konzepten verschränken sich in dieser spezifischen Wissensproduktion von ‚Indigenous Knowledge Systems'. Diese Wissensform macht das Wissen vermarktbar und ist nicht nur in Südafrika zu beobachten, sondern referiert auf globale Entwicklungen und Anforderungen durch Institutionen von Staatenbünden wie der UNESCO, der Weltbank oder dem Internationalen Währungsfonds.

Die dargestellten, miteinander verwobenen Bewegungen kennzeichnen die Erinnerungsorte als Kulturbetriebe, denen soziale und ökonomische Verkehrsweisen der nationalisierten und globalisierten Gesellschaft inhärent sind. Der Erinnerungsort steht nicht außerhalb der Produktionslogiken, auch nicht in Bezug auf die Wissensproduktion. Die Analyse national(staatlich)-kultureller Räume der Erinnerung zeigte, dass staatliche Kulturpolitik und politisch-ökonomische Regulationen in Nation-Building-Prozessen Hegemonie re-/produzieren. Die Produktionsweise artikuliert sich im Politischen, Ideologischen und Ökonomischen[1010], das sich an den Erinnerungsorten materialisiert. Die Verschränkungen zwischen dem Lokalen, Nationalen und Globalen fordern ein Wissen ein, das bestimmten Kriterien genügen muss, um Gelder zu akquirieren und Anerkennung zu finden. Während der Nationalstaat als gesellschaftliche Organisationsform allen heutigen Gesellschaften gemein ist, die auf der internationalen Ebene anerkannt werden wollen, versuchen sich die einzelnen Nationalstaaten über Besonderheiten abzuheben. Dabei teilen sie die Form von in-/tangible heritage und entsprechender Indigenisierungsprozesse von Wissen. ‚African_' steht so für eine Indigenisierung unter vielen.

Politisch-ökonomische Produktionsverhältnisse und Wissen lassen sich, so meine These, nicht voneinander trennen. Dementsprechend zeigte ich, wie sich Produktionsbedingungen und Produktionsweisen an nationalen Erinnerungsorten mit dem materialisierten Wissen verschränken. Das Materialität gewordene Wissen beinhaltet wiederum (aus diskursanalytischer Perspektive) auch Spuren und Verweise auf ein widersprüchliches und ein widersprechendes Wissen. Neben der Kritik an bestimmten Organisationsweisen der Erinnerungsorte existiert auch ein Wissen, das Gegendiskurse füllt. Den gleichen Raum gestalten hegemoniale, widerständige und entwerfende Diskurse (Auga) – allerdings zu unterschiedlichen Anteilen. Was wann und wo sagbar wird und Gehör findet, hängt von den jeweiligen Hierarchie- und Machtverhältnissen ab. Auf unterschiedlichen Ebenen

1010 Vgl. Althusser, Louis; Balibar, Etienne. *Das Kapital lesen*. Reinbek bei Hamburg: Rowohlt, 1972. S. 254. Zitiert nach: Candeias, Mario. *Neoliberalismus – Hochtechnologie – Hegemonie. Grundrisse einer transnationalen kapitalistischen Produktions- und Lebensweise. Eine Kritik.* Hamburg: Argument Verlag, 2004. S. 19.

wird ein Wissen um Alternativen sichtbar, die bspw. die ökonomische Organisationsform einer Gesellschaft betreffen. Das dissidentische Wissen findet sich in den Interviews der Angestellten am Erinnerungsort, an Universitäten und in Nichtregierungsorganisationen. Die Akteure und Akteurinnen, die die Erinnerungsorte gestalten und an den Narrativen arbeiten, verfügen sowohl über Hegemonie stabilisierendes als auch destabilisierendes Wissen. Welche Informationen und Perspektiven sie einnehmen, hängt von den konkreten Situationen und ihrer Positionierung darin ab. Dementsprechend lautet die Frage nicht: Warum wissen die Angestellten so wenig über marginalisierte Erinnerungen? Sondern wann thematisieren sie welches Wissen und wie legitimieren sie es?

Die zentralen Fragen dieser Studie – Wie wird Wissen über Erinnerungsprozesse an den Orten hergestellt? Und wie hängen diese Wissensagenden wiederum mit Regierungsweisen zusammen, die Nation-Building-Prozesse zum Ziel haben? – ließen sich nur mit einem transdisziplinären Zugang in ihrer Vielschichtigkeit erfassen. Aus verschiedenen Theoriekonzepten der Politik-, Kommunikations- und Kulturwissenschaften, der Gender Studies und der Rechtsphilosophie operationalisierte ich methodologisch ein interdisziplinäres Forschungsdesign, das Agenda-Setting-Ansätze mit Methoden der Diskursanalyse vernetzte und Ethnografien der Erinnerungsorte zu Hilfe nahm.

Mein Interesse war, die Produktion von nationalisiertem Erinnerungswissen in diesen konkreten Kontexten begreifen zu wollen. Die Erinnerungsorte in einem Transformationsstaat wie Südafrika eigneten sich besonders, um dieses Vorhaben zu realisieren. Bestimmte theoretische Ableitungen konnte ich erst aus der Empirie entwickeln. Das von mir erhobene empirische Material ermöglichte es, die spezifischen Konnotationen zunächst abstrakter Begrifflichkeiten in den Verhandlungsprozessen um hegemoniales Wissen herauszuarbeiten und bietet Anschlussmöglichkeiten für weitere wissenschaftliche Forschungen. Das heißt im Umkehrschluss auch, dass die Repräsentationen auf der Mikroebene der Erinnerungsorte als materialisierte gesellschaftliche Ausdrucksformen ernstzunehmen sind, da sie auf die Artikulationen von Hegemonie verweisen. Oder um mit Althusser zu sprechen: „Die Struktur [des Gesellschaftlichen] ist ihren Wirkungen immanent (…) *ihre ganze Existenz besteht in ihren Wirkungen.*“[1011]

1011 Ebd. Hervorh. i. O.

Literaturverzeichnis

Abraham, Kinfe. *Politics of Black Nationalism. From Harlem to Soweto.* Trenton: Africa World Press, 1991.

Abrahams, Ramzie. Interview, geführt von der Verfasserin. Pretoria/Tshwane, 07.04.2009.

Abrahams, Ramzie. Interview, geführt von der Verfasserin. Pretoria/Tshwane, 10.03.2009.

Achugar, Mariana. *What we remember: The Construction of Memory in Military Discourse.* Amsterdam, Philadelphia: John Benjamins, 2008.

Adonis, Cyril. Interview, geführt von der Verfasserin. Johannesburg, 21.04.2009.

Afolayan, Funso S. *Culture and Customs of South Africa.* Westport, Kapstadt: Greenwood, 2004.

African National Congress. „SANGOMAS TO ‚CLEANSE' ROBBEN ISLAND." *ANC Daily News Briefing.* 03.10.1997. URL: http://www.e-tools.co.za/newsbrief/1997/news1004 (03.03.2012).

Ahmed, Sarah. „Happy Objects." *The Affect Theory Reader.* Hg. Melissa Gregg, Gregory J. Seigworth. Durham, London: Duke University Press, 2010.

Al-Kassim, Dina. „Archiving Resistance. Women's Testimony at the Threshold of the State." *Cultural Dynamics* 20.2 (2008). S. 167-192.

Althusser, Louis; Balibar, Etienne. *Das Kapital lesen.* Reinbek bei Hamburg: Rowohlt, 1972.

Anderson, Benedict. *Die Erfindung der Nation. Zur Karriere eines folgenreichen Konzeptes.* Berlin: Ullstein, 1998 (1983).

Anthias, Floya; Yuval-Davis, Nira; Cain, Harriet. *Racialized Boundaries: Race, Nation, Gender, Colour and Class and the Anti-Racist Struggle.* London, New York: Routledge, 1993.

Apartheid Museum. *Our Triumphs and Our Tears. Women's struggles in 20th century South Africa.* Johannesburg: Apartheid Museum, 2006.

Apartheid Museum. *Timeliners. Soweto in Flames.* o. A.

Arendt, Hannah. *Über die Revolution.* München: Piper Verlag, 1965.

Arndt, Susan. „Afrikafantasien, Wörter und Wörterbücher. Tradierte Schauplätze von ‚Rassen'theorien." *German Language and Colonialism/Deutsche Sprache und Kolonialismus. Aspekte der nationalen Kommunikation 1884-1919.* Hg. Ingo H. Warnke. Berlin, New York: Walter de Gruyter, 2009. S. 293-314.

Assmann, Aleida. *Erinnerungsräume. Formen und Wandlungen des kulturellen Gedächtnisses.* 3. Aufl. München: C. H. Beck, 2006.

Assmann, Aleida. „Kollektives und soziales Gedächtnis." *Kulturelles Gedächtnis. China zwischen Vergangenheit und Zukunft.* Berlin. 24.-26.03.2006. URL: www.bpb.de/files/0FW1JZ.pdf (17.05.2009).

Assmann, Aleida. „Konstruktion von Geschichte in Museen." *Aus Politik und Zeitgeschichte: „Museen und Gesellschaft"* 49 (2007). S. 6-13.

Assmann, Jan. *Das kulturelle Gedächtnis. Schrift, Erinnerung und politische Identität in frühen Hochkulturen.* 5. Aufl. München: Beck, 2005.

Assmann, Jan. „Der Begriff des kulturellen Gedächtnisses." *Kulturelles Gedächtnis im 21. Jahrhundert.* Hg. Thomas Dreier, Ellen Euler. Karlsruhe. 23.04.2005. URL: http://digbib.ubka.uni-karlsruhe.de/volltexte/1000003721 (17.05.2009). S. 19-29.

Assmann, Jan. „Kollektives Gedächtnis und kulturelle Identität." *Kultur und Gedächtnis.* Hg. Jan, Assmann, Tonio Hölscher. Frankfurt/M.: Suhrkamp, 1998. S. 9-19.

Auga, Ulrike. *Intellektuelle – zwischen Dissidenz und Legitimierung. Eine kulturkritische Theorie im Kontext Südafrikas.* Münster, Berlin: LIT Verlag, 2007.

Auga, Ulrike. „Wahrheit und Versöhnung oder maskuline Erlösung am Kap? Religiöse Legitimierung nationaler Geschlechterformation." *Erlöser: Fantasmen und Figurationen männlicher Herrschaft.* Hg. Sven Glawion, Elahe Haschemi Yekani, Jana Husmann-Kastein. Bielefeld: transcript, 2007. S. 197-210.

Aulenbacher, Brigitte; Funder, Maria; Jacobsen, Heike; Völker, Susanne, Hg. *Arbeit und Geschlecht im Umbruch der modernen Gesellschaft. Forschung im Dialog.* Wiesbaden: VS Verlag für Sozialwissenschaften, 2007.

Baines, Gary. „South Africa's Forgotten War." *History Today 59.4* (2009). URL: http://www.historytoday.com/gary-baines/south-africa's-forgotten-war (10.10.2011).

Baines, Gary. *Two Hills and Three Walls of Remembrance.* 2009. URL: http://www.archivalplatform.org/images/resources/Baines_2009.pdf (22.12.2011).

Balibar, Etienne; Wallerstein, Immanuel. *Rasse, Klasse, Nation. Ambivalente Identitäten.* Übers. Michael Haupt, Ilse Utz. 2. Aufl. Hamburg: Argument Verlag, 1998.

Barchiesi, Franco. *Precarious Liberation. Workers, the State, and Contested Social Citizenship in Postapartheid South Africa.* Scottsville: University of KwaZulu-Natal Press, 2011.

Baumann, Marcel. *Zwischenwelten: Weder Krieg noch Frieden. Über den konstruktiven Umgang mit Gewaltphänomenen im Prozess der Konflikttransformation.* Wiesbaden: VS Verlag für Sozialwissenschaften, 2008.

Beck, Ulrich. *Perspektiven der Weltgesellschaft.* Frankfurt/M.: Suhrkamp, 1998.

Bedorf, Thomas. „Das Politische und die Politik. Konturen einer Differenz." *Das Politische und die Politik.* Hg. Thomas Bedorf, Kurt Röttgers. Frankfurt/M.: Suhrkamp, 2010. S. 13-37.

Benjamin, Walter. *Gesammelte Schriften.* Bd. 1. Hg. Rolf Tiedemann. Frankfurt/M.: Suhrkamp, 1980.

Benjamin, Walter. „Zur Kritik der Gewalt." *Walter Benjamin. Sprache und Geschichte. Philosophische Essays.* Hg. Rolf Tiedemann. Stuttgart: Reclam, 2005 (1921).

Berg, Julie. *The Accountability of South Africa's Private Security Industry. Mechanisms of Control and Challenges to Effective Oversight.* 2007. URL: http://www.osf.org.za/File_Uploads/docs/File_Download.asp?ThisFile=OSF_JulieBerg_to_print.pdf (04.02.2011).

Bhabha, Homi. *The Location of Culture*. London, New York: Routledge, 1994.

Biko, Steve. *I write what I like. A Selection of his Writings*. Hg. Aelred Stubbs C. R. Johannesburg: Picador Africa, 2004.

Bogner, Alexander; Menz, Wolfgang. „Das theoriegenerierende Experteninterview. Erkenntnisinteresse, Wissensformen, Interaktion.“ *Das Experteninterview. Theorie, Methode, Anwendung*. Hg. Alexander Bogner, Beate Littig, Wolfgang Menz. 2. Aufl. Wiesbaden: Verlag für Sozialwissenschaften, 2005. S. 33-70.

Bogner, Alexander; Littig, Beate; Menz, Wolfgang, Hg. *Das Experteninterview. Theorie, Methode, Anwendung*. 2. Aufl. Wiesbaden: Verlag für Sozialwissenschaften, 2005.

Bombardella, Pia; Hall, Martin. „Las Vegas in Africa.“ *Journal of Social Archaeology* 5.1 (2005). S. 5-24.

Bose, Friedrich von; Poehls, Kerstin; Schneider, Franka; Schulze, Annett, Hg. *Museum*^{x}*: Zur Neuvermessung eines mehrdimensionalen Raumes*. Berliner Blätter. Berlin: Panama Verlag, 2011.

Bourdieu, Pierre. *Die feinen Unterschiede. Kritik der gesellschaftlichen Urteilskraft*. Frankfurt/M.: Suhrkamp, 1987 (1979).

Brandt, Bettina. *Germania und ihre Söhne. Repräsentationen von Nation, Geschlecht und Politik in der Moderne*. Göttingen: Vandenhoeck&Ruprecht, 2010.

Brauer, Gernot. *Architektur als Markenkommunikation*. Basel, Berlin, Boston: Birkhäuser, 2002.

Braun, Christina von. „Kollektives Gedächtnis und individuelle Erinnerung.“ *Kunstforum* 127 (1994). S. 156-165.

Braun, Christina von. *Versuch über den Schwindel. Religion, Schrift, Bild, Geschlecht*. Berlin, Zürich: Pendo, 2001.

Braun, Christina von; Stephan, Inge, Hg. *Gender@Wissen. Ein Handbuch der Gender-Theorien*. Köln, Weimar, Wien: Böhlau, 2005.

Bremner, Lindsay Jill. „Memory, Identity and the Post-apartheid City: The Apartheid Museum in Johannesburg.“ *Desire Lines: Space, Memory and Identity in the post-apartheid city*. Hg. Noeleen Murray, Nick Shepherd, Martin Hall. London: Routledge, 2007. S. 85-103.

Bremner, Lindsay Jill. *Writing the City into Being: Essays on Johannesburg 1998-2008*. Johannesburg: Fourthwall Books, 2010.

Brown, Wendy. „Suffering the Paradoxes of Rights.“ *Left Legalism / Left Critique*. Hg. Wendy Brown, Janet Halley. Durham, London: Duke University Press, 2002. S. 420-434.

Brown, Wendy. „Untimelessness and Unpunctuality. Critical Theory in Dark Times.“ *Edgework. Critical Essays on Knowledge and Politics*. Hg. Wendy Brown. Princeton: Princeton University Press, 2005. S. 1-16.

Bruyère, Jean Michel. „Multimediale Installation.“ *Vom Funken zum Pixel*. 28.10.2007-14.01.2008. Berlin: Martin-Gropius-Bau.

Buckel, Sonja. „Zwischen Schutz und Maskerade – Kritik(en) des Rechts.“ *Kritik und Materialität*. Hg. Alex Demirović. Münster: Westfälisches Dampfboot, 2008. S. 110-131.

Buhlungu, Sakhela. *A Paradox of Victory. COSATU and the Democratic Transformation in South Africa*. Scottsville: University of Kwa-Zulu Natal Press, 2010.

Buntman, Fran Lisa. „Continuing and Extending Resistance and Struggle: The Role of Robben Island 1963-1976." 17.10.1994. Johannesburg: University of the Witwatersrand.

Buntman, Fran Lisa. „Jacob Zuma's Robben Island legacy." *Concerned African Scholars Bulletin* 84 (2010). URL: http://concernedafricascholars.org/docs/Bulletin84.pdf (05.03.2011). S. 62-65.

Buntman Fran Lisa. „Resistance on Robben Island." *The Island. A History of Robben Island 1488-1990*. Hg. Harriet Deacon. Kapstadt: Mayibuye Books & David Philip, 1996. S. 93-136.

Buntman, Fran Lisa. *Robben Island and Prisoner Resistance to Apartheid.* Cambridge: Cambridge University Press, 2003.

Butler, Judith; Habermas, Jürgen; Taylor, Charles; West, Cornel. *The Power of Religion in the Public Sphere*. New York: Columbia University Press, 2011.

Butler, Judith. *Haß spricht. Zur Politik des Performativen.* Frankfurt/M.: Suhrkamp, 2006.

Butler, Judith. *Was ist Kritik? Ein Essay über Foucaults Tugend.* Übers. Jürgen Brenner. 05.2001. URL: http://www.transform.eipcp.net/transversal/0806/butler/de#redir (19.10.2009).

Candeias, Mario. *Neoliberalismus – Hochtechnologie – Hegemonie. Grundrisse einer transnationalen kapitalistischen Produktions- und Lebensweise. Eine Kritik.* Hamburg: Argument Verlag, 2004.

Carpentier, Nico and Cammaerts, Bart. „Hegemony, democracy, agonism and journalism: an interview with Chantal Mouffe." *Journalism Studies* 7.6 (2006). S. 964-975.

Carrier, Ryan. „Dissolving boundaries. Private security and policing in South Africa." *African Security Review* 8.6 (1999). URL: http://www.iss.co.za/Pubs/ASR/8No6/DissolvingBoundaries.html#Anchor-53937 (03.01.2011).

Chidester, David. *Wild Religion. Tracking the Sacred in South Africa.* Berkeley: University of California Press, 2012.

Clayton, Cherry. „Post-colonial, Post-apartheid, Post-feminist: Family and State in Prison Narratives by South African Women." *On Shifting Sands. New Art and Literature from South Africa.* Hg. Kirsten Holst Peterson, Anna Rutherford. Portsmouth: Heinemann, 1992. S. 136-144.

Cobb, Roger W.; Elder, Charles D. *Participation in American Politics. The Dynamics of Agenda Building.* Baltimore: Johns Hopkins University Press, 1983.

Cobb, Roger W.; Ross, Jennie-Keith; Ross, Mark Howard. „Agenda Building as a Comparative Political Process." *American Political Science Review* 70 (1976). S. 126-138.

Cohen, Bernard C. *The Press and Foreign Policy*. Princeton: Princetion University Press, 1963.

Comaroff, Jean, Comaroff, John L. *Ethnicity, Inc.* Scottsville: Kwa-Zulu Natal University Press, 2009.

Combrinck, Lisa. Interview, geführt von der Verfasserin. Pretoria/Tshwane, 15.05.2009.

Coombes, Annie E. *History after Apartheid. Visual Culture and Public Memory in a Democratic South Africa.* Durham, London: Duke University, 2003.

Court, Anthony. Interview, geführt von der Verfasserin. Pretoria/Tshwane, 18.03.2009.

Crang, Mike; Tolia-Kelly, Divya P. „Nation, race, and affect: senses and sensibilities at national heritage sites." *Environment and Planning A* 42 (2010). S. 2315-2331.

Cremer, Hendrik. *„ ... und welcher Rasse gehören Sie an?" Zur Problematik des Begriffs „Rasse" in der Gesetzgebung*. 2. Aufl. Berlin: Deutsches Institut für Menschenrechte, 2009. URL: http://www.institut-fuer-menschenrechte.de/uploads/tx_commerce/policy_paper_10_und_welcher_rasse_gehoeren_sie_an_2_auflage.pdf (15.03.2011).

Cuthbertson, Greg. Interview, geführt von der Verfasserin. Pretoria/Tshwane, 18.03.2009.

Daniels, Sandra. Interview, geführt von der Verfasserin. Kapstadt, 10.02.2010.

Davis, Angela Y. *Are Prisons Obsolete?* New York: Seven Stories Press, 2003.

Deacon, Harriet, Hg. *The Island. A History of Robben Island 1488-1990*. Kapstadt: Mayibuye Books & David Philip, 1996.

Deacon, Harriet. *Memory and History at Robben Island*. 2007. URL: http://www.celat.ulaval.ca/histoire.memoire/histoire/cape1/deacon.htm (06.07.2010).

Deacon, Harriet. *South Africa's role in the UNESCO Convention on Intangible Heritage*. 06.12.2009. URL: http://www.archivalplatform.org/blog/entry/south_africa_unesco_convention/ (08.03.2012).

Deacon, Harriet. „The Medical Institutions on Robben Island 1846-1931". *The Island. A History of Robben Island 1488-1990*. Hg. Harriet Deacon. Kapstadt: Mayibuye Books & David Philip, 1996. S. 57-75.

Dearing, James W.; Rogers, Everett. *Agenda-Setting*. Thousand Oaks: Sage, 1996.

Demirović, Alex. „Leidenschaft und Wahrheit. Für einen neuen Modus der Kritik." *Kritik und Materialität*. Hg. Alex Demirović. Münster: Westfälisches Dampfboot, 2008. S. 9-40.

Demirović, Alex. „Liberale Freiheit und das Sicherheitsdispositiv. Der Beitrag von Michel Foucault." *Gouvernementalität und Sicherheit. Zeitdiagnostische Beiträge im Anschluss an Foucault*. Hg. Patricia Purtschert, Katrin Meyer, Yves Winter. Bielefeld: transcript, 2008. S. 229-250.

Department of Arts and Culture. *Annual Report 2006/2007*. URL: http://www.dac.gov.za/publications/annual_report/DAC%20annual%20report06-07.pdf (21.04.2011).

Department of Arts and Culture. *Medium Term Strategic Framework. April 2010-March 2014*. Pretoria: Department of Arts and Culture, o. A.

Department of Arts and Culture. *National Heritage Council Act*. URL: http://www.dac.gov.za/acts/act11.pdf (07.03.2012).

Department of Arts and Culture. *National Heritage Resources Act*. URL: http://www.dac.gov.za/acts/a25-99.pdf (07.03.2012).

Department of Arts and Culture. *Procedures for Changing Geographical Names*. URL: http://www.dac.gov.za/projects/heritage/geographical_names/procedures.htm (30.09.2009).

Department of Arts and Culture. *White Paper on Arts, Culture and Heritage*. 04.06.1996. URL: http://www.dac.gov.za/white_paper.htm#CHAP2 (15.11.2010).

Department of Classics and World Languages. „Vryheidspark and Other Governmonumentalities – a Walkshop." 07.-08.09.2011. Pretoria/Tshwane: UNISA.

Department of Science and Technology and National Science and Technology Forum. „Workshop on Indigenous Knowledge Systems and Intellectual Property Rights." Pretoria. 14.-15.07.2011. URL: http://www.nstf.org.za/ShowProperty?nodePath=/

NSTF%20Repository/NSTF/files/Workshops/2011/IKSminutes2011.pdf (11.03.2012).
Derrida, Jaques. *Gesetzeskraft. Der „mystische Grund der Autorität“*. Übers. Alexander García Düttmann. Frankfurt/M.: Suhrkamp, 1991.
Derrida, Jaques. „The Laws of Reflection: Nelson Mandela, in Admiration.“ Übers. Mary Ann Caws, Isabelle Lorenz. *Psyche. Inventions of the Other, Volume II.* Hg. Peggy Kamuf, Elizabeth Rottenberg. Stanford: Stanford University Press, 2008 (1987). S. 63-86.
Desai, Ashwin. *we are the poors. community struggles in post-apartheid south africa.* New York: Monthly Review Press, 2002.
Dick, Archie. „Censorship and the reading practices of political prisoners in South Africa, 1960-1990.“ *Innovation* 35 (2007). S. 24-55.
Dieterich, Johannes. „Als Tandem durch Südafrika.“ *Frankfurter Rundschau.* 11.04.2010.
Dietze, Gabriele. „Intersektionalität und Hegemonie(selbst)kritik.“ *Transkulturalität. Gender- und bildungstheoretische Perspektiven.* Hg. Wolfgang Gippert, Petra Götte, Elke Kleinau. Bielefeld: transcript, 2008. S. 27-44.
Dlamuka, Mxolisi. Interview, geführt von der Verfasserin. Johannesburg, 14.04.2009.
Dolley, Caryn; Omar, Yusuf. *Robben Island fiasco angers tourists.* 21.04.2011. URL: http://www.iol.co.za:80/news/south-africa/western-cape/robben-island-fiasco-angers-tourists-1.1060217 (25.06.2011).
Dolley, Caryn; Omar, Yusuf. *Robben Island Museum woes continue.* 28.09.2010. URL: http://www.news24.com/printArticle.aspx?iframe&aid=c0e1e01c-c316-4d9b-af17-d2768eefd03e&cid=1057 (27.10.2011).
Dornhof, Dorothea. „Postmoderne.“ *Gender@Wissen. Ein Handbuch der Gender-Theorien.* Hg. Christina von Braun, Inge Stephan. Köln: Böhlau Verlag, 2005. S. 261-284.
Dosekun, Simidele. „Defending Feminism in Africa.“ *postamble* 3.1 (2007). URL: http://postamble.org/wp-content/uploads/2011/12/3.1-5.pdf (13.11.2011).
Eichhorn, Wolfgang. *Agenda-Setting-Prozesse. Eine theoretische Analyse individueller und gesellschaftlicher Themenstrukturierung.* 2. Aufl. Digitale Ausgabe. 2005. URL: http://epub.ub.uni-muenchen.de/archive/00000734/ (10.11.2010).
Ellis, Stephen; Sechaba, Tsepo. *Comrades against Apartheid. The ANC and the South African Communist Party in Exile.* Bloomington: Indiana University Press, 1992.
Fabian, Johannes. „Erinnerung/Gegen-Erinnerung, Sammeln/Verstreuen. Reflektionen aus einer ethnographischen Perspektive.“ *Erinnern verhandeln. Kolonialismus im kollektiven Gedächtnis Afrikas und Europas.* Hg. Steffi Hobuß, Ulrich Lölke. 2., erw. Aufl. Münster: Westfälisches Dampfboot, 2007. S. 13-45.
Fernandez, Lovell. „The Criminal Justice System.“ *Reflections on Democracy and Human Rights: A Decade of the South African Constitution (Act 108 of 1996).* Hg. South African Human Rights Commission. Johannesburg: South African Human Rights Commission, 2006. S. 125-143.
Förster, Hans. *Die zwei unwürdigen Gefährten.* 2007. URL: http://www.mscperu.org/deutsch/gschicht/kreuzraeuber.htm (24.05.2011).

Förster, Hans. „Kestês und Dêmas, die beiden Schächer am Kreuz – aus einer koptischen Paraphrase der Acta Pilati.“ *Zeitschrift für Antikes Christentum* 11.3 (2008). S. 405-420.

Foucault, Michel. „Archäologie des Wissens.“ *Michel Foucault. Die Hauptwerke*. Hg. Axel Honneth, Martin Saar. Frankfurt/M.: Suhrkamp, 2008 (1969). S. 471-699.

Foucault, Michel. „Die Bühne der Philosophie.“ *Dits et Ecrits. Schriften*. Band III. 1976-1979. Hg. Daniel Defert, François Ewald, Jacques Lagrange. Frankfurt/M.: Suhrkamp, 2003. S. 718-747.

Foucault, Michel. „Die ‚Gouvernementalität‘.“ *Dits et Ecrits. Schriften*. Band III. 1976-1979. Hg. Daniel Defert, François Ewald, Jacques Lagrange. Frankfurt/M.: Suhrkamp, 2003. S. 796-822.

Foucault, Michel. *Die Heterotopien/Der utopische Körper*. Zwei Radiovorträge. Frankfurt/M.: Suhrkamp, 2005.

Foucault, Michel. *Geschichte der Gouvernementalität. Band 1: Sicherheit, Territorium, Bevölkerung*. Hg. Michel Sennelart. Frankfurt/M.: Suhrkamp, 2004.

Foucault, Michel. „Nietzsche, die Genealogie, die Historie.“ *Dits et Ecrits. Schriften*. Band II. 1970-1975. Hg. Daniel Defert, François Ewald, Jacques Lagrange. Frankfurt/M.: Suhrkamp, 2002. S. 166-191.

Foucault, Michel. „Strukturalismus und Poststrukturalismus.“ *Dits et Ecrits. Schriften*. Band IV. 1980-1988. Hg. Daniel Defert, François Ewald, Jacques Lagrange. Frankfurt/M.: Suhrkamp, 2005. S. 521-555.

Foucault, Michel. „Über die Archäologie der Wissenschaften. Antwort auf den Cercle d‘épistémologie.“ *Dits et Ecrits. Schriften*. Band I. 1954-1969. Hg. Daniel Defert, François Ewald, Jacques Lagrange. Frankfurt/M.: Suhrkamp, 2001. S. 887-931.

Foucault, Michel. „Überwachen und Strafen. Die Geburt des Gefängnisses.“ *Michel Foucault. Die Hauptwerke*. Hg. Axel Honneth, Martin Saar. Frankfurt/M.: Suhrkamp, 2008 (1975). S. 702-1019.

Foucault, Michel. „Von anderen Räumen.“ *Raumtheorie. Grundlagentexte aus Philosophie und Kulturwissenschaften*. Hg. Jörg Dünne, Stephan Günzel. Frankfurt/M.: Suhrkamp, 2006 (1967). S. 317-329.

Foucault, Michel. *Von der Freundschaft als Lebensweise. Michel Foucault im Gespräch*. Übers. Marianne Karbe; Walter Seitter. Berlin: Merve Verlag, o. A.

Freedom Park. *Che Guevara‘s daughter pays homage at Freedom Park to fallen Cuban freedom* fighters. 22.10.2009. URL: http://www.freedompark.co.za/cms/index.php?option=com_docman&task=doc_download&gid=172&Itemid=47 (10.04.2010).

Freedom Park Department of Public Participation. *Freedom Park Corporate Identity. Brand Manual*. Pretoria: Juni 2010.

Freedom Park. *Freedom Park showcases its new developments on Youth Day*. 16.06.2010. URL: http://www.freedompark.co.za/cms/index.php?option=com_docman&task=doc_details&gid=211&Itemid=47 (15.02.2012).

Freedom Park Trust. *2008/09 Annual Report*. Pretoria: Freedom Park Trust, 2009.

Freedom Park Trust. *Annual Report 2008*. Pretoria: Freedom Park Trust, 2008.

Freedom Park Trust. *Annual Report 2006*. Pretoria: Freedom Park Trust, 2006.

Freedom Park Trust. *Freedom Park Trust responds to critique on the names to be included in the Gallery of Leaders*. 23.03.2009. URL: http://www.freedompark.co.za/

cms/index.php?option=com_docman&task=doc_download&Itemid=3&gid=152 (10.05.2010).

Gabru, Fatima. *DST to build South Africa's bioeconomy.* 04.07.2008. URL: http://www.engineeringnews.co.za/article/dst-to-build-south-africas-bioeconomy-2008-07-04 (23.03.2012).

Garuba, Harry. „A Second Life. Museums, Mimesis, and the Narratives of the Tour Guides of Robben Island." *Desire Lines: Space, Memory and Identity in the post-apartheid city.* Hg. Noëleen Murray, Nick Shepherd, Martin Hall. London: Routledge, 2007. S. 129-144.

Gear, Sasha. „Imprisoning men in violence. Masculinity and sexual abuse: a view from South African prisons." *South African Crime Quaterly* 33 (2010). S. 25-32.

Gear, Sasha; Kindiza Ngubeni. „YOUR BROTHER, MY WIFE. Sex and gender behind bars." *South African Crime Quaterly* 4 (2003). S. 11-16.

Geertz, Clifford. *Dichte Beschreibung. Beiträge zum Verstehen kultureller Systeme.* Frankfurt/M.: Suhrkamp, 1983.

Gevisser, Mark. *Constitution Square Hoardings 2003.* 2010. URL: http://www.markgevisser.com/heritage.html (28.01.2012).

Gobodo-Madizikela, Pumla. *Das Erbe der Apartheid – Trauma, Erinnerung, Versöhnung.* Opladen, Farmington Hills: Barbara Budrich Publishers, 2006.

Gobodo-Madikizela, Pumla. „Intersubjectivity and Embodiment: Exploring the Role of the Maternal in the Language of Forgiveness and Reconciliation." *Signs* 36.3 (2011). S. 541-551.

Good Morning Mr. President 1.1 (2010). Johannesburg: Eyecentral Publishers, 2010.

Gordimer, Nadine. *Telling Times. Writing and Living 1950-2008.* London, Berlin, New York: Bloomsberg, 2010.

Govender, Rogini, Hg. *The Freedom Park News. A Nation in Dialogue* 4 (2007). URL: http://www.freedompark.co.za/cms/index.php?option=com_docman&task=cat_view&gid=6&Itemid=3 (06.02.2012).

Govender, Rogini. „Introduction of Sikhumbuto to the President and the Nation." *The Freedom Park News* 3 (2007). URL: http://www.freedompark.co.za/cms/index.phpoption=com_docman&task=doc_download&gid=24&Itemid=3 (22.12.2011).

Gramsci, Antonio. *Gefängnishefte.* Band 4. Hg. K. Bochmann, W. Haug. Berlin, Hamburg: Argument Verlag, 1991.

Gramsci, Antonio. *Selections from Political Writings (1921-1926).* Hg. und Übers. Quintin Hoare. London: Lawrence & Wishart, 1978.

Guiliani, Thomas; Kehler, Timm. „Dynamik ausstrahlen. Bauen im Dienst der Markenkommunikation." *Architektur als Markenkommunikation.* Hg. Gernot Brauer. Basel, Boston, Berlin: Birkhäuser, 2002. S. 29-34.

Gunn, Shirley; Krwala, Sinazo, Hg. *Knocking on ... mothers and daughters in struggle in South Africa.* Johannesburg, Cape Town: Centre for the Studies of Violence and Reconciliation, 2008.

Halbwachs, Maurice. *Das Gedächtnis und seine sozialen Bedingungen.* Frankfurt/M.: Suhrkamp, 1985 (1925).

Hall, Stuart. „Cultural Identity and Diaspora." *Identity: Community, Culture, Difference.* Hg. Jonathan Rutherford. London: Lawrence & Wishart, 1990. S. 222-237.

Hall, Stuart. „The West and the Rest: Discourse and Power." *Formations of Modernity.* Hg. Stuart Hall, Bram Gieben. Cambridge: Polity, 1992. S. 275-320.

Hark, Sabine. „Magical Sign. On the politics of inter- and transdisciplinarity." *Graduate Journal of Social Science* 4.2 (2007). S. 11-33.

Harries, Patrick. „Histories New and Old." *South African Historical Journal* 30.5 (1994). S. 121-134.

Heffernan, Carol Falvo. *The Phoenix at the Fountain. Images of Women and Eternity in Lactantius's Carmen de Ave Phoenice and the Old English Phoenix.* Cranbury: Associated University Press, 1988.

Hegel, Georg Wilhelm Friedrich. *Zur Phänomenologie des Geistes.* Grin Verlag, 2009 (1807).

Helbrecht, Ilse. „Der Wille zur ‚totalen Gestaltung': Zur Kulturgeographie der Dinge." *Kulturgeographie. Aktuelle Ansätze und Entwicklungen.* Hg. Hans Gebhardt, Paul Reuber, Günter Wolkersdorfer. Heidelberg, Berlin: Spektrum, 2003. S. 149-170.

Higson-Smith, Craig; Mulde, Beverly; Masith, Serame. *„Human Dignity Has No Nationality": A Situational Analysis of the Health Needs of Exiled Torture Survivors Living in Johannesburg, South Africa.* Unveröff. Forschungsbericht. Centre for the Study of Violence and Reconciliation: Johannesburg, 2006. URL: http://www.csvr.org.za/docs/Humandignityhasnonationality.pdf (13.01.2010).

Hlongwane, Ali. „Commemoration, Memory and Monuments in the Contested Language of Black Liberation: The South African Experience." *The Journal of Pan African Studies* 2.4 (2008). S. 135-170.

Hlongwane, Ali. *The Commemoration of Sharpeville.* 2000. URL: http://www.sahistory.org.za/pages/library-resources/articles_papers/1960_2000_sharpeville_commemora tion_paper.html (12.10.2009).

Hobbs, Stephen. *The aesthetics of disappearance: In conversation with Jeremy Rose.* URL: http://www.artthrob.co.za/02may/news/apartheid.html (19.03.2009).

Holst Peterson, Kirsten; Rutherford, Anna, Hg. *On Shifting Sands. New Art and Literature from South Africa.* Sidney: Dangaroo Press, 2001.

Hook, Derek. *Monumental Space and the Uncanny.* London: LSE Research Online. 09.2007. URL: http://www.eprints.lse.ac.uk/archive/951 (21.11.2011).

Horkheimer, Max. *„Autorität und Familie." Gesammelte Schriften.* Bd. 3. 1931-1936. Frankfurt/M.: Suhrkamp, 1988.

Hügli, Anton; Lübcke, Paul, Hg. *Philosophielexikon. Personen und Begriffe der abendländischen Philosophie von der Antike bis zur Gegenwart.* 2. Aufl. Reinbek bei Hamburg: Rowohlt, 1998.

Husmann, Jana. *Schwarz-Weiß-Symbolik. Dualistische Denktraditionen und die Imagination von „Rasse". Religion-Wissenschaft-Anthroposophie.* Bielefeld: transcript, 2010.

Irish, Jenny. *The future of South Africa's Private Security Industry.* 1999. URL: http://www.issafrica.org/Pubs/Monographs/No39/SAPrivSecIndustry.html (03.01.2011).

Iyengar, Shanto; Kinder, Donald R. *News That Matters. Television and American Opinion.* Chicago: University of Chicago Press, 1987.

Jacobs, J. U. „Confession, Interrogation and Self-interrogation in the New South African Prison Writing." *On Shifting Sands. New Art and Literature from South Africa.* Hg.

Kirsten Holst Peterson, Anna Rutherford. Sidney: Dangaroo Press, 2001. S. 115-127.

Jethro, Duane. „Talking about the Real Thing: Authenticity and the Politics of Authentication at Freedom Park South Africa.“ *4th European Conference on African Studies African Engagements: On Whose Terms?* Uppsala. 15.-18.06.2011. URL: http://www.nai.uu.se/ecas-4/panels/101-120/panel-109/Duane-Jethro-full-paper.pdf (30.09.2011).

Kaschuba, Wolfgang. *Einführung in die Europäische Ethnologie.* München: Beck, 1999.

Kempa, Michael; Singh, Anne-Marie. „Private security, political economy and the policing of race. Probing global hypotheses through the case of South Africa.“ *Theoretical Criminology* 12.3 (2008). S. 333-349.

Khoza, Snowy. „The importance of Statistical Capacity Building in the Context of Knowledge Management Africa (KMA).“ *2006 Africa Symposium on Statistical Development ‚THE 2010 Round Of Population And Housing Censuses‘.* Kapstadt. 30.01.-02.02.2006. URL: http://www.statssa.gov.za/asc/Presentations/Day1_Session1_SnowyKhoza.pdf (03.04.2012).

Khulumani Support Group. *How the TRC failed Women in South Africa: A failure that has proved fertile ground for the gender violence women in South Africa face today.* URL: http://khulumani.net/truth-a-memory/item/527-how-the-trc-failed-women-in-south-africa-a-failure-that-has-proved-fertile-ground-for-the-gender-violence-women-in-south-africa-face-today.html (11.12.2011).

Kistner, Ulrike. *Adversities in Adherence: Paralogisms of ‚Biopolitical Citizenship‘ in South Africa.* 2009. URL: http://www.uni-leipzig.de/~ecas2009/index.php?option=com_docman&task=doc_download&gid=1398&Itemid=24 (27.06.2011).

Kistner, Ulrike. „Commemoration and Counter-Memory: ‚The Genocide Series‘.“ *South African Historical Journal* 62.4 (2010). S. 619-633.

Kistner, Ulrike. „Sovereign Power and Bare Life with HIV/AIDS. Bio-Politics South African Style.“ *Commissioning and Contesting Post-Apartheid's Human Rights. HIV/AIDS – Racism – Truth and Reconciliation.* Hg. Ulrike Kistner. Münster, Berlin: LIT Verlag, 2003. S. 135-166.

Knowledge Management Africa. *General Report of the third Knowledge Management Africa conference „Knowledge to Reposition Africa in the Global Economy“.* Dakar: Le Meridien President Hotel, 04.-07.05.2009. URL: http://www.kmafrica.com/KMAfrica2009.General.Report (23.03.2012).

Kriger, Ethel. Interview, geführt von der Verfasserin. Pretoria/Tshwane, 03.04.2009.

Kromrey, Helmut. *Empirische Sozialforschung. Modelle und Methoden der standardisierten Datenerhebung und Datenauswertung.* 9., korr. Aufl. Opladen: Leske + Budrich, 2000.

Kusafuka, Ayumi. „Truth commissions and gender: A South African case study.“ *African Journal on Conflict Solution* 9.2 (2009). S. 45-67.

Laclau, Ernesto; Mouffe, Chantal. *Hegemony and Socialist Strategy: Towards a Radical Democratic Politics.* 2. Aufl. London: Verso, 2001.

Lane, Philippa. *Gender and South African Political Prisoners.* URL: http://www.docstoc.com/Docs/Document-Detail-14.aspx?doc_id=19588918 (10.03.2012).

Lang, Gladys Engel; Lang, Kurt. „Watergate – an exploration of the agenda-building process." *Mass Communication Review Yearbook Vol. 2.* Hg. Cleveland Wilhoit, Harold DeBock. Beverly Hills: Sage, 1981. S. 447-468.

Laufenberg, Mike. „Der Preis der Wahrheit. Michel Foucaults Wissenschaftskritik und die Politik post-souveräner Wissenschaften." *Erkenntnis und Kritik. Zeitgenössische Positionen.* Hg. Devi Dumbadze, Johannes Geffers, Jan Haut, Arne Klöpper, Vanessa Lux, Irene Pimminger. Bielefeld: transcript, 2009. S. 69-88.

Lemke, Thomas. *An indigestible meal? Foucault, governmentality and state theory.* URL: http://www.thomaslemkeweb.de/publikationen/IndigestibleMealfinal5.pdf (11.03.2012).

Lemke, Thomas. *Eine Kritik der politischen Vernunft. Foucaults Analyse der modernen Gesellschaft.* Berlin, Hamburg: Argument Verlag, 1997.

Liebknecht, Wilhelm. *Kleine politische Schriften.* Hg. Wolfgang Schröder. Leipzig: Reclam, 1976.

Liepitz, Alain. „Akkumulation, Krisen und Auswege aus der Krise. Einige methodische Überlegungen zum Begriff der ‚Regulation'." *Prokla* 58 (1985). S. 109-137.

Lingenberg, Swantje; Möller, Johanna; Hepp, Andreas. *„Doing nation": Journalistische Praktiken der Nationalisierung Europas.* TranState working papers. 140. Sonderforschungsbereich 597. Bremen: Universität Bremen, 2010.

Lorenz, Claudia. Atmosphäre. *Eine praktische Annäherung an den ästhetischen Begriff Gernot Böhmes am Beispiel des Museums für Moderne Kunst Frankfurt am Main.* 1999. URL: http://www2.hu-berlin.de/museumspaedagogik/forschung/lorenz/atmosphaere.html (14.03.2010).

Lorey, Isabell. „Kritik und Kategorie. Zur Begrenzung politischer Praxis durch neuere Theoreme der Intersektionalität, Interdependenz und Kritischen Weißseinsforschung." *Kritik und Materialität.* Hg. Alex Demirović. Münster: Westfälisches Dampfboot, 2008. S. 132-148.

Löw, Martina. *Raumsoziologie.* Frankfurt/M.: Suhrkamp, 2001.

Low, Setha M. „Towards an Anthropological Theory of Space and Place." *Semiotica* 175-1.4 (2009). S. 21-37.

Lowery, Shearon, DeFleur, Melvin. *Milestones in Mass Communication Research: Media Effects.* 3. Aufl. New York: Longman, 1995.

Lynch, Kevin. *The Image of the City.* Cambridge, London: M.I.T. Press, 1960.

MacDonald, Sharon. „The Shop. Multiple Economies of Things." *Museum^x. Zur Neuvermessung eines mehrdimensionalen Raumes.* Hg. Friedrich von Bose, Kerstin Poehls, Franka Schneider, Annett Schulze. Berliner Blätter. Berlin: Panama Verlag, 2011.

Makola, Lekgetho James. Interview, geführt von der Verfasserin. Kapstadt, 12.02.2010.

Mama, Thando. Interview, geführt von der Verfasserin. Kapstadt, 10.02.2010.

Mamdani, Mahmood. *Citizen and Subject. Contemporary Africa and the Legacy of Late Colonialism.* Princeton: Princeton University Press, 1996.

Mamdani, Mahmood. *Minutes of the ‚From Truth to Transformation' Conference on the Truth and Reconciliation Commission.* Johannesburg: Centre for the Study of Violence and Reconciliation, 1998.

Mamdani, Mahmood. „Race and Ethnicity as Political Identities in the African Context.“ *Keywords Identity. For a Different Kind of Globalization.* Hg. Nadia Tazi. New York: Other Press, 2004. S. 1-23.

Mandela, Nelson. *Der lange Weg zur Freiheit.* Übers. Günter Panske. Hamburg: Spiegel-Verlag, 2006/2007 (1994).

Manual, Trevor. „Address to the 2006 Africa Symposium on Statistical Development ‚THE 2010 Round Of Population And Housing Censuses‘.“ *2006 Africa Symposium on Statistical Development ‚THE 2010 Round Of Population And Housing Censuses‘.* Kapstadt. 30.01.-02.02.2006. URL: http://www.statssa.gov.za/asc/Presentations/Day1_Opening_MinisterTrevorManuel.pdf (23.03.2012).

Marcus-Mendoza, Susan T.; Klein-Saffran, Jody; Lutze, Faith. „A Feminist Examination of Boot Camp Prison Programs for Women.“ *Breaking the Rules. Women in Prison and Feminist Therapy*. Hg. Judy Harden, Marcia Hill. Binghampton: Haworth, 1998.

Markowitz, Harry. „Portfolio Selection.“ *Journal of Finance* 7 (1952). S. 77-91.

Marschall, Sabine. „Commemorating ‚Struggle Heroes‘: Constructing a Genealogy for the New South Africa.“ *International Journal of Heritage Studies* 12.2 (2006). S. 176-193.

Marschall, Sabine. „How to honour a woman: gendered memorialisation in post-apartheid South Africa.“ *Critical Arts* 10 (2010). URL: http://findarticles.com/p/articles/mi_hb6466/is_2_24/ai_n55040642/ (17.01.2012).

Marschall, Sabine. „Pointing to the Dead: Martyrs and Public Memory in South Africa.“ *South African Historical Journal* 60.1 (2008). S. 103-123.

Marx, Lauren. Interview, geführt von der Verfasserin. Pretoria/Tshwane, 23.03.2009.

Mashike, John Lephophotho. *DOWN-SIZING AND RIGHT-SIZING: An Analysis of the Demobilisation Process in the South African National Defence Force*. Johannesburg: University of the Witwatersrand, 2006. URL: http://hdl.handle.net/10539/1645 (06.02.2012).

Masoga, Mogomme Alpheus. Building on the Indigenous: Challenges of African Indigenous Knowledge. URL: http://www.uct.ac.za/downloads/uct.ac.za/about/introducing/transformation/reports/univ_in_africa.pdf (06.02.2012).

Massey, Doreen. „Places and Their Pasts.“ *History Workshop Journal* 39 (1995). S. 182-192.

Maurice, Emile. *Art Collection.* URL: http://www.constitutionalcourt.org.za/site/artcollection/thecollection.htm (07.08.2011).

May, Julian. „Poverty Eradication: The South African Experience.“ *NEPAD Division Expert Grob Meeting Ono Poverty Eradication.* Addis Abeba: United Nations Conference Centre, 15.-17.09.2010. URL: http://www.un.org/esa/socdev/social/meetings/egm10/documents/May%20paper.pdf (11.03.2012).

Mazrui, Ali. „Nkrumah: The Leninist Czar.“ *Transition* 26 (1966). URL: http://www.jstor.org/stable/2934320 (21.12.2011). S. 8-17.

Mbeki, Thabo. *Address to the National Council Of Provinces.* 11.11.2003. URL: http://www.dfa.gov.za/docs/speeches/2003/mbek1111.htm (21.02.2012).

Mbeki, Thabo. *Statement of Deputy President T. M. Mbeki, on behalf of the African National Congress, on the Ocassion of the Adoption by the Constitutional Assembly of ‚THE RE-*

PUBLIC OF SOUTH AFRICA CONSTITUTION BILL 1996'. Kapstadt. 08.05.1996. URL: http://www.info.gov.za/speeches/1996/960819_23196.htm (04.05.2010).

Mbemba, David. Interview, geführt von der Verfasserin. Johannesburg, 31.03.2009.

McClintock, Anne. *Imperial Leather: Race, Gender, and Sexuality in the Colonial Contest*. New York: Routledge, 1995.

McClintock, Anne. „,No Longer in a Future Heaven': Women and Nationalism in South Africa." *Transition* 51 (1991). S. 104-123.

Mde, Vukani. *Effulgent in the firmament: The Politics of Representation and the Politics of Reception in South Africa's „Poetry of Commitment", 1968-1983*. Masterarbeit. Port Elizabeth, 2002. URL: http://www.nmmu.ac.za/documents/theses/MdeV.PDF (23.01.2012).

Menke, Christoph. *Recht und Gewalt*. 2. Aufl. Berlin: August Verlag, 2011.

Meuser, Michael; Nagel, Ulrike. „ExpertInneninterview – vielfach erprobt, wenig bedacht. Ein Beitrag zur qualitativen Methodendiskussion." *Das Experteninterview. Theorie, Methode, Anwendung*. Hg. Alexander Bogner, Beate Littig, Wolfgang Menz. 2. Aufl. Wiesbaden: Verlag für Sozialwissenschaften, 2005. S. 71-93.

Minhaar, Anthony. *Private Public Partnerships: Private Security, Crime Prevention and Policing in South Africa*. 2007. URL: www.IPES.info (27.02.2011).

Mitchell, Vanessa. Interview, geführt von der Verfasserin. Kapstadt, 10.02.2010.

Moji, Polo Belina. „A Metatextual Reading of the ‚Mother Africa' Trope in Lauretta Ngcobo's And They Didn't Die (1990)." *postamble* 7.1 (2011). URL: http://postamble.org/wp-content/uploads/2011/11/PoloMoji.pdf (21.03.2012).

Mouffe, Chantal. „Für eine agonistische Öffentlichkeit." *Demokratie als unvollendeter Prozeß*. Hg. Okwui Enwezor. Ostfildern: Hatje-Cantz, 2002. S. 101-122.

Mouffe, Chantal. *Kritik als gegenhegemoniale Intervention*. 04.2008. URL: http://transform.eipcp.net/transversal/0808/mouffe/de (07.12.2010).

Mouffe, Chantal. *Über das Politische. Wider die kosmopolitische Illusion*. Übers. Niels Neumeier. Frankfurt/M.: Suhrkamp, 2007.

Mufamadi, Jane. Interview, geführt von der Verfasserin. Pretoria/Tshwane, 05.05.2009.

Muttenthaler, Roswitha; Wonisch, Regina. *Gesten des Zeigens. Zur Repräsentation von Gender und Race in Ausstellungen*. 1. Aufl. Bielefeld: transcript, 2006.

Nagel, Mechthild. „,I write what I like': African Prison Intellectuals and the Struggle for Freedom." *The Journal of Pan African Studies* 2.3 (2008). S. 68-80.

Naidu, Ereshnee. *A Case Study of Constitution Hill*. Research Report for CSVR. 2003. URL: http://www.csvr.org.za/docs/livingmemory/casestudy.pdf (10.6.2010).

Nancy, Jean-Luc. *L'expérience de la liberté*. Paris: Galilée, 1988.

Newbury, Darren. „,Lest we forget': photography and the representation of history at the Apartheid Museum, Gold Reef City, and the Hector Pieterson Museum, Soweto." *Visual Communication* 4.3 (2005). S. 259-295.

Ngcobo, Lauretta. „African Motherhood – Myth and Reality." *Criticism and Ideology*. Hg. Kirsten Holsten Peterson. Uppsala: Nordiska Afrikainstitut, 1988. S. 141-154.

Niethammer, Lutz. *Kollektive Identität. Heimliche Quellen einer unheimlichen Konjunktur*. Reinbek bei Hamburg: Rowohlt, 2000.

Niyanda, Siwiwe. *A young heart*. 25.04.2008. URL: http://mg.co.za/printformat/single/2008-04-25-a-young-heart/ (06.02.2012).

Nkrumah, Kwame. *Consciencism. Philosophy and Ideology for De-Colonization and Development with particular reference to the African Revolution.* 3. Aufl. New York: Monthly Review Press, 2009 (1964).

Nkrumah, Kwame. *Towards Colonial Freedom. Africa in the Struggle Against World Imperialism.* Accra: Guinea Press Ltd., 1957 (1945).

Noble, Alfred Jonathan. *African Identity in Post-Apartheid Public Architecture: White Skin, Black Masks.* Farnham: Ashgate, 2011.

Noble, Jonathan Alfred. Interview, geführt von der Verfasserin. Johannesburg, 09.09.2011.

Nora, Pierre. *Zwischen Geschichte und Gedächtnis.* Frankfurt/M.: Suhrkamp, 1998.

Norberg-Schulz, Christian. *Meaning in Western Architecture.* New York: Rizzoli, 1983.

O. A. Constitution Hill. *The history of our future. HET Feasibility Study Report.* Johannesburg, 2002. URL: http://www.jda.org.za/keydocs/conhill/het_feasibility_study.pdf (02.11.2010).

Ogundipe-Leslie, Molara. *Re-creating Ourselves: African Women and Critical Transformations.* Trenton: Africa World Press, 1994.

Oswald, Eirwen Elizabeth. *Writing in hostile spaces: a critical examination of South African prison literature.* 2007. URL: http://hdl.handle.net/10210/27 (08.08.2011).

Owusu, Robert Yaw. *Kwame Nkrumah's Liberation Thought. A Paradigm for Religious Advocacy in Contemporary Ghana.* Asmara: Africa World Press, Inc., 2006.

Parliamentary Monitoring Group. *Traditional Healers Draft Bill: presentation by traditional healers.* 13.11.2001. URL: http://www.pmg.org.za/print/1237 (06.02.2012).

Parliamentary Monitoring Group. *Electronic Communications & Transactions Bill: briefing; Vlakplaas Report: consideration.* URL: http://www.pmg.org.za/print/1754 (06.02.2012).

Peterson, Darryl. Interview, geführt von der Verfasserin. Johannesburg, 16.04.2009.

Pethes, Nicolas. *Kulturwissenschaftliche Gedächtnistheorien zur Einführung.* Hamburg: Junius, 2008.

Petterson, Christina. *The Missionary, the Catechist and the Hunter. Governmentality and Masculinities in Greenland.* Unveröff. Dissertation. Sidney: Macquarie University, 2010.

Pheko, Motsoko. *The True History of Robben Island must be Preserved. Robben Island Prisoners Speak.* Johannesburg: Tokoloho Development Association, 2002.

Pinho, Patricia de Santana. *Mama Africa: Reinventing Blackness in Bahia.* Übers. Elena Langdon. Durham: Duke University Press, 2010.

Pongratz, Hans J.; Voß, G. Günter. *Arbeitskraftunternehmer. Erwerbsorientierungen in entgrenzten Arbeitsformen.* Berlin: edition sigma, 2003.

Posselt, Ilse. *Freedom Park Trust explains: The Park is still under construction.* URL: http://www.freedompark.co.za/cms/index.php?option=com_docman&task=doc_details&gid=104&Itemid=3 (03.01.2011).

Potenza, Emilia. Interview, geführt von der Verfasserin. Johannesburg, 29.04.2009.

Poulantzas, Nicos. „Die Internationalisierung der kapitalistischen Verhältnisse und der Nationalstaat." *Die Zukunft des Staates.* Hg. Joachim Hirsch, Bob Jessop, Nicos Poulantzas. Hamburg: VSA Verlag, 2001 (1973). S. 19-70.

Poulantzas, Nicos. *Staatstheorie.* Hamburg: VSA Verlag, 1978.

Prange, Regine. *Der Verrat der Bilder. Foucault über Magritte.* Freiburg im Breisgau: Rombach, 2001.

Precarias a la deriva. *Streifzüge durch die Kreisläufe feminisierter prekärer Arbeit.* 2004. URL: http://republicart.net/disc/precariat/precarias01_de.pdf (21.10.2011).

Purtschert, Patricia; Meyer, Katrin; Winter, Yves, Hg. *Gouvernementalität und Sicherheit. Zeitdiagnostische Beiträge im Anschluss an Foucault.* Bielefeld: transcript, 2008.

Puwar, Nirmal. „Im/possible Inhabitations." *The Situated Politics of Belongings.* Hg. Nira Yuval-Davis, Kalpana Kannabiran, Ulrike Vieten. London: Sage. S. 75-83.

Rakoma, Ally. „A struggle veteran redeploys to a new world." *South African Soldier* 5 (2008). URL: http://www.dod.mil.za/sasoldier/2008/May2008.pdf (23.01.2012).

Rakoma, Ally. „Defence staff council visits the Freedom Park." *South African Soldier* 3 (2009). URL: http://www.dod.mil.za/sasoldier/2009/soldmar09.pdf (20.09.2011).

Ramose, Mogobe B. „The Philosophy of Ubuntu and Ubuntu as a Philosophy." *The African Philosophy Reader.* Hg. Pieter Coetzee, Abraham Roux. New York: Routledge, 2003. S. 230-238.

Rankin, Elizabeth; Schmidt, Leoni. „The Apartheid Museum: Performing a Spatial Dialectics." *journal of visual culture* 8.1 (2009). S. 76-102.

Rassool, Ciraj; Hayes, Patricia. „Science and the Spectacle. /Khanako's South Africa, 1936-1937." *Deep hiStories. Gender and Colonialism in Southern Africa.* Hg. Wendy Woodward, Patricia Hayes, Gary Minkley. Amsterdam, New York: Rodopi B. V., 2002. S. 117-164.

Rassool, Ciraj. „Power, knowledge and the politics of public pasts." *Reconciliation and the work of Memory in post-Apartheid South Africa: a Dialogue.* Houghton: Nelson Mandela Foundation, 02.-03.04.2009. URL:_http://www.nelsonmandela.org/images/uploads/PAPER_-_RASSOOL.pdf (28.04.2011).

Rassool, Ciraj. *The Individual, Auto/biography and History in South Africa.* Dissertation. 2004. URL: http://etd.uwc.ac.za/usrfiles/modules/etd/docs/etd_init_2781_1175238139.pdf (21.01.2011).

Richards, Anna; Smith, Henry. *Addressing the Role of Private Security Companies within Security Sector Reform Programmes.* 2007. URL: http://www.saferworld.org.uk/downloads/pubdocs/PSC_%20report.pdf (03.01.2011).

Ricoeur, Paul. *Gedächtnis, Geschichte, Vergessen.* Übergänge. Bd. 50. München: Wilhelm Fink Verlag, 2005.

Robben Island Museum. *Annual Report 2009.* Kapstadt: Robben Island Museum, 2009.

Robben Island Museum Education Department. *Spring School 2005. The Doors of Learning & Culture Shall be Opened.* Kapstadt: Robben Island Museum, 2005.

Robben Island Museum Education Department. *Spring School 2009. Robben Island. The University for Life – Celebrating Our Crafts, Our Heritage.* Kapstadt: Robben Island Museum, 2009.

Robben Island Museum Education Department. *Voices of Young People on Robben Island.* Kapstadt: Robben Island Museum, 2002.

Robertson, Roland. „Glocalization: Time-Space and Homogeneity-Heterogeneity." *Global Modernities.* Hg. Mike Featherstone, Scott Lash, Roland Robertson. London: Sage, 1995. S. 25-44.

Rose, Jeremy. Interview, geführt von der Verfasserin. Johannesburg, 05.05.2009.

Rosenstiel, Lutz von. *Grundlagen der Organisationspsychologie.* 4. Aufl. Stuttgart: Schäffer-Poeschel, 2000.

Rosenstiel, Lutz von. „Organisationsanalyse." *Qualitative Forschung. Ein Handbuch.* Hg. Uwe Flick, Ernst von Kardoff, Ines Steinke. Reinbek: Rowohlt, 2000. S. 224-238.

Ross, Fiona. Bearing Witness. *Women and the Truth and Reconciliation Commission in South Africa.* London, Stirling: Pluto Press, 2003.

Rothberg, Michael. *Multidirectional Memory. Remembering the Holocaust in the Age of Decolonization.* Stanford: Stanford University Press, 2009.

Ruoff, Michael. *Foucault-Lexikon.* 2. Aufl. Paderborn: Wilhelm Fink Verlag, 2007.

Rusche, Georg; Kirchheimer, Otto. *Punishment and Social Structure.* 5. Aufl. New Brunswick, New Jersey: Transaction Publishers, 2009 (1939).

Said, Edward W. *Orientalism.* New York: Vintage Books, 2003 (1978).

Sassen, Saskia. „The global inside the national. A research agenda for sociology." *sociopedia.isa* (2010). URL: http://www.columbia.edu/~sjs2/PDFs/National.pdf (15.01.2012).

Sato, Yoshiyuki. *Pouvoir et Résistance. Foucault, Deleuze, Derrida, Althusser.* Paris: L'Hartmattan, 2007.

Savage, Kate. *Negotiating the Release of Political Prisoners in South Africa. Research Report for the Centre for the Study of Violence and Reconciliation.* Johannesburg, 2000.

Schulze, Annett; Schäfer, Thorsten. „‚Von gesunden Körpern und natürlicher Gesellschaft' – Normierungen in Wirtschaft, Politik und Wissenschaft." *Zur Re-Biologisierung der Gesellschaft. Menschenfeindliche Konstruktionen im Ökologischen und Sozialen.* Hg. Annett Schulze, Thorsten Schäfer. Aschaffenburg: Alibri, 2012. S. 23-94.

Schweidler, Walter. *Der gute Staat. Politische Ethik von Platon bis zur Gegenwart.* Stuttgart: Reclam, 2004.

Scott, Joan W. „Gender: Eine nützliche Kategorie der historischen Analyse." *Selbst Bewußt. Frauen in den USA.* Hg. Nancy Kaiser. Leipzig: Reclam, 1994. S. 27-75.

Seleti, Yonah. *Promoting Indigenous Knowledge.* 10.12.2010. URL: http://www.slideshare.net/BraamCronje/vuwani-science-centre-presentation (24.03.2012).

Serote, Wally Mongane. „Challenges Facing Traditional Health Practitioners in the Protection of Traditional Medicine." *Workshop on Indigenous Knowledge Systems and Intellectual Property Rights.* Hg. Department of Science and Technology, National Science and Technology Forum. Pretoria. 14.-15.07.2011. URL: http://www.nstf.org.za/ShowProperty?nodePath=/NSTF%20Repository/NSTF/files/Workshops/2011/IKSminutes2011.pdf (11.03.2012). S. 4-5.

Serote, Wally Mongane. „Initiatives for Protection of Rights of Holders of Traditional Knowledge, Indigenous Peoples and Local Communities." *Roundtable on Intellectual Property and Indigenous Peoples.* Genf: World Intellectual Property Organization, 23.-24.07.1998. URL: http//:www.wipo.int/edocs/mdocs/tk/en/wipo_indip_rt_98/ (11.01.2012).

Serote, Wally Mongane. *The Significances and Relevance of the Freedom Park in the South African Context.* 18.05.2006. URL: http://www.freedompark.co.za/cms/index.php?option=com_docman&task=doc_details&gid=58&Itemid=3 (06.02.2012).

Serote, Wally Mongane. „We Hope to be in Time for Dialogue." The Thinker 31 (2011). S. 10-16.

Serote, Wally Mongane. *Yakhal'inkomo*. Johannesburg: Renoster, 1972.

Sert, José Lluís; Léger, Fernand; Giedion, Sigfried. Nine Points on Monumentality. 1943. URL: http://www.ub.edu/escult/doctorat/html/lecturas/sert1.pdf (18.03.2012).

Sharpe, Matthew. „Jacques Lacan (1901-1981)." *Internet Encyclopedia of Philosophy. A Peer-Reviewed Academic Resource*. 07.11.2002. URL: http://www.iep.utm.edu/lacweb/ (12.01.2011).

Shaw, Philip. *The Sublime. The new Critical Idiom*. London, New York: Routledge, 2006.

Sheppard, Marilyn. *the music of architecture*. Masterarbeit. Blacksburg: Virginia Polytechnic Institute and State University, 2011. URL: http://scholar.lib.vt.edu/theses/available/etd-12022011-233544/unrestricted/Sheppard_M_T_2011.pdf (18.02.2012).

Sithole, Jabulani. *Cuba's Internationalism in Africa 1962-1991*. Pretoria/Tshwane: The Freedom Park Trust, o. A.

South African Democracy Education Trust. *The Road to Democracy in South Africa: 1960-1970*. Bd. 1. Kapstadt: Zebra, 2004.

South African History Online. *Anti apartheid activist Dr. Richard Turner is assassinated*. URL: http://www.sahistory.org.za/dated-event/anti-apartheid-activist-dr-richard-turner-assassinated (21.01.2012).

South African History Online. *Richard Albert Turner*. URL: http://www.sahistory.org.za/people/richard-albert-turner (21.12.2011).

Spivak, Gayatri Chakravorty. *A Critique of Postcolonial Reason: Toward a History of the Vanishing Present*. Cambridge: Harvard University Press, 1999.

Spivak, Gayatri Chakravorty. *Outside in the Teaching Machine*. London, New York: Routledge, 1993.

Steinberg, Jonny. *The Number. One man's search for identity in the Cape underworld and prison gangs*. Johannesburg, Kapstadt: Jonathan Ball Publishers, 2004.

Stephens, Michelle Ann. *Black Empire. The Masculine Global Imaginary of Carribean Intellectuals in the United States 1914-1962*. Durham: Duke University Press, 2004.

Stoler, Ann Laura. *Carnal Knowledge and Imperial Power. Race and the Intimate in Colonial Rule*. 2. Aufl. Berkeley, Los Angeles: University of California Press, 2010.

Sullivan, Louis Henri. „The tall office building artistically considered." *Lippincott's Magazine* 57.3 (1896). URL: http://www.personalweb.unito.it/andrea.carosso/nyc/texts/Louis%20Sullivan%20-%20The%20Tall%20Office%20building.pdf (07.08.2011).

Swyngedouw, Erik. „Neither Global nor Local: ‚Glocalization' and the Politics of Scale." *Spaces of Globalization: Reasserting the Power of the Local*. Hg. Kevin R. Cox. New York: Guilford, 1997. S. 137-166.

The Freedom Park Trust. *//hapo. A Dream is not a Dream Until it is Shared by the Entire Community*. Unveröff. Konzept. 6. Fassung. o. A., Mai 2006.

The Freedom Park. *Doyen of African culture, Credo Mutwa's historic visit to the Freedom Park*. 31.07.2009. URL: http://www.freedompark.co.za/cms/index.php?option=com_docman&task=doc_details&gid=170&Itemid=47 (22.06.2010).

The Freedom Park Trust. *High-Ranking SADF Officials to Honour Fallen Heroes and Heroines at The Freedom Park*. 27.07.2007. URL: http://www.freedompark.co.za/

cms/index.php?option=com_docman&task=doc_download&Itemid=3&gid=95 (06.02.2012).

The Freedom Park. *One step backwards, two steps forward: Towards Diversity, Unity, Reconciliation and Nation Building. Progress on the Mobilisation of the Khoi-San, Indian, Afrikaaner and Coloured Constituencies.* Pretoria: Freedom Park, o. A.

The Freedom Park Trust. *Rites of Passage and Their Normative Significance in South Africa.* Pretoria, o. A.

Thokozani, Mtshali. *‚SADF dead do not belong in Freedom Park.‘* 09.02.2007. URL: http://www.iol.co.za/news/politics/sadf-dead-do-not-belong-in-freedom-park-1.314526 (22.12.2011).

Thompson, Leonhard. *A History of South Africa.* Johannesburg, Kapstadt: Jonathan Ball Publishers, 2006.

Tibi, Bassam. „Nkrumah, Kwame: Consciencismus. Philosophie und Ideologie zur Entkolonialisierung und Entwicklung mit besonderer Berücksichtigung der afrikanischen Revolution.“ *Das Argument* 48.10 (1968). S. 395-399.

Till, Christopher. Interview, geführt von der Verfasserin. Johannesburg, 31.03.2009.

Tisbken, Joel E. „Mountains and Hills.“ *Encyclopedia of African Religion.* 25.04.2008. SAGE Publications. URL: http://www.sage-ereference.com/africanreligion/Article_n268.html (25.04.2010).

Truth and Reconciliation Commission of South Africa. *Report.* 2003. URL: http://www.info.gov.za/otherdocs/2003/trc/ (20.06.2011).

Twala, Chitja. „The ‚Letsema/Ilima‘ Campaign: A Smokescreen or an Essential Strategy to Deal with the Unemployment Crisis in South Africa.“ *Journal for Contemporary History* 29.1 (2004). S. 184-198.

UNESCO. *Convention for the Safeguarding of Intangible Cultural Heritage.* 23.10.2003. URL: http://www.unesco.org/culture/ich/en/convention/ (07.03.2012).

UNESCO. *Universal Declaration on Cultural Diversity.* 02.11.2001. http://portal.unesco.org/en/ev.php-URL_ID=13179&URL_DO=DO_TOPIC&URL_SECTION=201.html (08.03.2012).

Verdery, Katherine. „Wither ‚Nation‘ and ‚Nationalism‘?“ *Mapping the nation.* Hg. Gopal Balakrishnan. London, New York: Verso, 1996. S. 226-234.

Waetjen, Thembisa. „The Limits of Gender Rhetoric for Nationalism: A Case Study from Southern Africa.“ *Theory and Society* 30 (2001). S. 121-152.

Waetjen, Thembisa. *Workers and Warriors: Masculinity and the Struggle for Nation in South Africa.* Urbana: University of Illinois, 2004.

Wakashe, Thema W. *„UNESCO and Cultural Diversity.“* Department of Arts and Culture. URL: www.pmg.org.za/files/docs/100915unesco.ppt (08.03.2012).

Weber, Max. *Grundriss der Sozialökonomik. Wirtschaft und Gesellschaft.* Tübingen: Siebeck, 1922.

Weischenberg, Siegfried. „Investigativer Journalismus und ‚kapitalistischer Realismus‘. Zu den Strukturbedingungen eines anderen Paradigmas der Berichterstattung.“ *Rundfunk und Fernsehen* 3 (1983). S. 349-369.

Weischenberg, Siegfried. *Journalistik. Medienkommunikation: Theorie und Praxis.* Bd. 1. 3. überarb., erw. Aufl. Wiesbaden: Verlag für Sozialwissenschaften, 2004.

Welzer, Harald. *Das kommunikative Gedächtnis. Eine Theorie der Erinnerung.* München: Beck, 2008.

Welzer, Harald; Moller, Sabine; Tschuggnall, Karoline. *„Opa war kein Nazi". Nationalsozialismus und Holocaust im Familiengedächtnis.* Frankfurt/M.: Fischer, 2002.

West, Cornel. „Prophetic Religion and the Future of Capitalist Civilization." *The Power of Religion in the Public Sphere.* Hg. Eduardo Mendieta, Jonathan VanAntwerpen. New York: Columbia University Press, 2011. S. 92-100.

White, David M. „‚The Gate-Keeper': A Case Study in the Selection of News." *Journalism Quarterly* 27 (1950). S. 383-390.

Whiteing, Richard. Interview, geführt von der Verfasserin. Kapstadt, 17.02.2010.

Williams, Bernard. *Shame and Necessity.* Berkeley, Los Angeles, London: University of California Press, 1993.

Williams, Raymond. *Keywords: A Vocabulary of Culture and Society.* London: Fontana Press, 1988 (1976).

Witz, Lesie. „Museums, sustainability and memories of apartheid." Kimberley: McGregor Museum, 19.05.2008. URL: http://www.lwandle.com/docs/kimberleytalk.pdf (12.10.2011).

Witz, Leslie. „Sun City and Lwandle: Making Apartheid Museums." *Sun Tropes. Sun City and (Post-)Apartheid Culture in South Africa.* Hg. Marietta Kesting, Aljoscha Weskott. Berlin: August Verlag, 2009. S. 61-96.

World Intellectual Property Organisation. *Intergovernmental Committee on Intellectual Property and Genetic Resources, Traditional Knowledge and Folklore.* Genf. 13.-21.06.2002. URL: http://www.oapi.wipo.net/edocs/mdocs/tk/en/wipo_grtkf_ic_3/wipo_grtkf_ic_3_17-main1.pdf (25.02.2012).

Young, Iris Marion. „Das politische Gemeinwesen und die Gruppendifferenz. Eine Kritik am Ideal des universalen Staatsbürgerstatus." *Feministische Perspektiven der Politikwissenschaft.* Hg. Kathrin Braun, Gesine Fuchs, Christiane Lemke, Katrin Töns. München, Wien: R. Oldenbourg Verlag, 2000. S. 84-94.

Yuval-Davis, Nira. *Gender & Nation.* London: Sage, 1997.

Žižek, Slavoj. *For they not not what they do. Enjoyment as a political factor.* London, New York: Verso, 2008 (1991).